Rainha da Moda

Caroline Weber

Rainha da Moda

como Maria Antonieta se vestiu para a Revolução

Tradução:
Maria Luiza X. de A. Borges

ZAHAR

Para Tom, como sempre

Título original:
Queen of Fashion
(What Marie Antoinette Wore to the Revolution)

Tradução autorizada da primeira edição norte-americana,
publicada em 2006 por Henry Holt,
de Nova York, Estados Unidos

Jorge Zahar Editor Ltda.
rua Marquês de S. Vicente 99 – 1º | 22451-041 Rio de Janeiro, RJ
tel. (21) 2529-4750 | fax (21) 2529-4787
editora@zahar.com.br | www.zahar.com.br

Capa: Miriam Lerner
Ilustração da capa: Maria Antonieta, óleo sobre tela de Martin II Mytens (1695-1770)
©Schloss Schonbrunn, Viena, Áustria/ The Bridgeman Art Library
Composição: Letra e Imagem

CIP-Brasil. Catalogação-na-fonte
Sindicato Nacional dos Editores de Livros, RJ

Weber, Caroline, 1969-
W382r Rainha da moda: como Maria Antonieta se vestiu para a Revolução / Caroline Weber; tradução Maria Luiza X. de A. Borges. — Rio de Janeiro: Zahar, 2008.
il.

Tradução de: Queen of fashion: what Marie Antoinette wore to the Revolution
Inclui bibliografia e índice
ISBN 978-85-378-0092-8

1. Maria Antonieta, Rainha, consorte de Luís XVI, Rei da França, 1755-1793 – Vestuário. 2. Moda – França – História – Século XVIII. 3. França – História – Luís XVI, 1774-1793. I. Título.

CDD: 391.00944
08-2600 CDU: 391(44)

"Ser a mulher mais *à la mode* de todas parecia [a Maria Antonieta] a coisa mais desejável que se poderia imaginar; e essa fraqueza, indigna de uma grande soberana, foi a única causa de todos os defeitos exagerados que o povo tão cruelmente lhe atribuiu."

CONDESSA DE BOIGNE

* * *

"Estas modas são simbólicas e mulheres de escol saberão perfeitamente como interpretá-las."

Le Journal de la Mode et du Goût

Sumário

Introdução

Desenhado para sua coleção Christian Dior de 2000, "Masquerade and Bondage" ("Fantasia e sujeição"), o vestido "Maria Antonieta" de John Galliano conta uma história inesperada. Fiel à arquitetura do traje de corte do século XVIII, o vestido apresenta um decote provocante, uma cintura rigidamente espartilhada, uma escada ou *échelle* de laços graciosos no corpete e uma profusão de saias de babados infladas por anáguas e armação. Seu esplêndido excesso evoca a mais colorida rainha da França... antes mesmo que notemos os retratos bordados da própria dama que adornam cada um dos painéis nos quadris da saia-balão (ver prancha 1).

No entanto, os dois retratos merecem um olhar mais atento, pois são eles que contam a história. No painel do quadril esquerdo, o estilista pôs uma imagem de Maria Antonieta em seu famoso falso traje de pastora – um arrebicado aventalzinho amarrado sobre um vestido pastel, um cajado decorativo envolto em ondeantes fitas cor-de-rosa e um penteado altíssimo, evidentemente inadequado para o cuidado do gado. Em conformidade com a frívola reputação da rainha, o conjunto bordado é mais sugestivo de Little Bo Peep* que de sublime esplendor monárquico. No painel do quadril direito, Galliano oferece uma representação da mesma mulher, também desprovida de atributos régios, mas desta vez de maneira mais medonha que extravagante. Aqui, ela usa um vestido notadamente prático, despojado, com um simples lenço branco amarrado no pescoço e um rubro e pendente "barrete frígio" – o emblema de seus perseguidores revolucionários – enfiado na cabeça brutalmente tosada. Essa imagem retrata a rainha caminhando penosamente rumo à guilhotina para pousar a cabeça sob a lâmina.

* Personagem de uma canção infantil, é uma pastorinha que perde suas ovelhas. (N.T.)

As vinhetas opostas de Galliano expressam de forma elegante a conhecida trajetória da rainha dos franceses, do glamour à tragédia, do privilégio extravagante à completa derrota. A justaposição, contudo, faz ainda mais. Ao tecer o arco de sua existência de altos e baixos na própria fazenda de um vestido, o estilista postula o que parece ser uma relação direta entre a ostentação de Maria Antonieta e sua morte. Parece sugerir que seu destino como ícone tanto da frivolidade do Ancien Régime quanto da vingança revolucionária – da fantasia caprichosa e privilegiada e da sujeição política fatal – está estreitamente entrelaçado com a história de seu vestuário. Esta é uma formulação que me parece realmente reveladora, pois, como Galliano, examinei as declarações de moda de Maria Antonieta. E descobri que foram, em todos os sentidos, complementares à campanha que ela conduziu contra as críticas culturais opressivas e as ásperas animosidades políticas que a cercaram durante todos os 23 anos em que foi rainha da França.

Esta é uma obra sobre a função da moda na vida de Maria Antonieta, cujas escolhas de vestuário – tão influentes nas últimas décadas do século XVIII – desempenharam um papel na determinação tanto de sua própria sorte quanto na do Ancien Régime como um todo. Esta não é uma história que outros biógrafos tenham optado por contar. De Edmund Burke no século XVIII a Stefan Zweig no século XX, muitos cronistas de sua vida e seu tempo moldaram Maria Antonieta como o ícone de uma ordem social requintada mas condenada, e não sem razão.[1] De fato, a própria presença da rainha na coleção de Galliano e em muitos outros meios de comunicação culturais contemporâneos – da imprensa de moda ao cinema popular, das performances e cartazes de Madonna à recente campanha publicitária de uma companhia suíça de relógios – confirma sua capacidade intacta de evocar ao mesmo tempo a ostentação e o desvario de um mundo aristocrático desaparecido.[2]

Mas penso que há mais a considerar com relação a esse ícone. Ao cartografar a fatídica trajetória de Maria Antonieta dos salões dourados de Versalhes aos degraus salpicados de sangue da guilhotina, os historiadores raramente enfatizam a enorme importância que o público atribuiu ao que ela vestiu em cada passo ao longo do caminho. Em uma recente antologia editada por Dena Goodman, um grupo de estudiosos contemporâneos explora como "controvérsias políticas e culturais decisivas tiveram lugar sobre o próprio corpo da rainha".[3] Nessas análises, mostra-se que a sexualidade, a fertilidade e outras características físicas de Maria Antonieta foram tanto pretextos quanto catalisadores para os inflamados debates sobre gênero, classe e poder que sacudiram o Ancien Régime e estimularam a Revolução. Contudo, curiosamente, os trajes de Maria Antonieta – e o que significavam para as pessoas à sua volta – recebem pouca atenção no volume de Goodman, exceto em algumas passagens brilhantes de Pierre Saint-Amand (que sugere corretamente que "a história de Maria Antonieta pode ser lida como uma série de eventos a fantasia") e Mary Sheriff (que analisa um retrato da rainha vestida com um traje particularmente incomum).[4] Afora esses dois estudiosos, Chantal Thomas, cujo magnífico livro *The Wicked Queen* identifica a importância atribuída à moda por Maria Antonieta como uma das muitas razões que levaram o povo francês a se virar contra ela, foi praticamente a única a considerar as "controvérsias políticas e culturais decisivas" suscitadas pelas audaciosas modas da rainha.[5]

É hora de um tratamento ainda mais detalhado dessa questão, porque um reexame cuidadoso da biografia de Maria Antonieta revela a surpreendente coerência e força com que seus trajes desencadearam graves desordens sociopolíticas. Como sugere o vestido de Galliano, entre a rainha e seu povo teve lugar uma ação recíproca incendiária e finalmente fatal. Examinando a política de alfaiataria que conformou sua ascensão e queda, espero projetar nova luz sobre essa figura histórica incansavelmente analisada e sempre fascinante.

Desde o momento em que Maria Antônia, a arquiduquesa de 14 anos nascida na Áustria, chegou à França para se casar com o herdeiro do trono Bourbon, questões de vestuário e aparência provaram-se centrais para a sua existência. Como futura rainha, e mais tarde a rainha reinante, um rígido protocolo governava muito do que ela vestia, como vestia, quando vestia e até quem a vestia. Destinado a exibir e afirmar a magnificência da dinastia Bourbon, esse protocolo havia sido imposto por monarcas franceses aos seus cortesãos, e às suas rainhas, por gerações.

Antes mesmo de deixar sua Viena natal pela corte da França na primavera de 1770, a jovem princesa recebeu um curso concentrado e intensivo sobre a maneira como os Bourbon lidavam com a aparência, o vestuário e a imagem pública. Ela foi redesenhada da cabeça aos pés, e um renomado instrutor de dança francês treinou-a para se mover graciosamente ao usar saltos altos, saias-balão e uma pesada e incômoda cauda. Sua aparência, os mais velhos lembravam-lhe incessantemente, decidiria seu sucesso ou fracasso como esposa real francesa.

No entanto, desde seus primeiros dias em Versalhes, Maria Antonieta encenou uma revolta contra a etiqueta cortesã arraigada, transformando suas roupas e acessórios em expressões desafiadoras de autonomia e prestígio. Embora, como muitos estudiosos salientaram, ela não manifestasse um interesse constante por política, quer num plano internacional amplo, quer no âmbito doméstico, creio que ela tenha identificado a moda como uma arma-chave em sua luta por prestígio pessoal, autoridade e por vezes mera sobrevivência.[6] Seus esforços nesse sentido tornaram-se cada vez mais complexos e sofisticados à medida que chegou à idade adulta e se adaptou ao clima político sempre cambiante à sua volta. Mas foi muito cedo, como uma adolescente recém-chegada à França, que fez pela primeira vez uma admirável tentativa de assumir o controle sobre sua imagem tal como transmitida pelo que vestia. Dando início a uma série de audaciosos experimentos estilísticos que durariam a vida inteira (e que um aristocrata contemporâneo descreveu como constituindo "uma verdadeira revolução na indumentária"), ela desafiou as idéias estabelecidas sobre o tipo e a extensão do poder que uma rainha francesa deveria possuir.[7]

Tradicionalmente, esse poder era severamente restringido por um princípio conhecido como lei sálica, que excluía as mulheres da linha de sucessão régia.[8] Exceto em casos em que uma rainha-viúva atuava como regente para o filho ainda jovem demais para reinar por conta própria, o papel da esposa do rei francês era basicamente restrito à sua capacidade de dar à luz herdeiros do trono. Mas durante os sete primeiros anos de seu casamento com Luís Augusto, que se tornou o rei Luís XVI em 1774, Maria Antonieta encontrou essa via fechada para si. Em razão de uma combinação de debilitante reticência psicológica e sexual, seu jovem esposo recusou-se a consumar a união, o que deixou Maria Antonieta – casada para cimentar uma união política entre a Áustria e a França – numa posição profundamente desconfortável.[9] Afinal, como sua mãe, a imperatriz Maria Teresa, nunca se cansava de lhe lembrar, nem a aliança franco-austríaca, nem o lugar da própria Maria Antonieta em Versalhes estariam seguros a menos que ela desse um herdeiro à dinastia Bourbon. Até esse dia, os muitos cortesãos franceses que deploravam a aliança (destinada a pôr fim a uma inimizade secular entre as duas nações) não hesitariam em insistir na sua substituição por uma princesa mais fértil.

Isolada e hostilizada por essas facções intrigantes, a recém-chegada austríaca viu-se assim diante de duas opções: admitir a derrota e voltar para Viena em desgraça ou encontrar outro meio de se estabelecer na França. Como as altas apostas geopolíticas de seu casamento punham a primeira alternativa inteiramente fora de questão, Maria Antonieta pôs-se a combater seus inimigos com estilo. Mediante roupas e acessórios cuidadosamente selecionados, não convencionais, ela cultivou o que mais tarde chamou de "*aparência* de prestígio [político]", ao mesmo tempo em que enfrentava um contínuo fracasso no front da procriação.[10] Do traje de montaria masculino que exibia nas caçadas reais às peles brancas e aos diamantes que apreciava para passeios de trenó, e dos penteados monumentais que ostentava nos lugares mais elegantes de Paris aos disfarces intricados que usava para bailes a fantasia em Versalhes, as surpreendentes modas que Maria Antonieta lançou revelaram-na como mais do que apenas uma esposa inadequada ou o símbolo de um esforço diplomático fracassado. Vou demonstrar que esses trajes, com demasiada freqüência menosprezados como meros exemplos da frivolidade irrefletida da rainha, identificaram-na como uma mulher que podia vestir, gastar e fazer exatamente como bem entendia.

Até certa medida, essa estratégia não era nova. O Rei Sol, Luís XIV – com quem Maria Antonieta tinha um laço de parentesco distante e cujas proezas ela estudou quando criança –, havia promovido suas pretensões absolutistas em parte mediante a adoção de trajes tão imponentes e assombrosos que os espectadores tinham pouca escolha senão admitir sua supremacia.[11] Também ele tivera uma queda por bailes de máscaras rebuscados, perucas enormes, jóias cintilantes e trajes de caça que sugeriam domínio sobre todas as criaturas, grandes e pequenas.[12] Mais recentemente, as madames de Pompadour e Du Barry, amantes do sucessor de Luís XIV, Luís XV, haviam exibido sua influência sem rival sobre a coroa despendendo uma soma régia em vestidos e jóias. Para elas, como para o Rei Sol, a roupa funcionava como um veículo eficiente para demonstrar poder político.

No entanto, não sendo ela nem rei nem amante de rei, a atitude de Maria Antonieta em relação às roupas representou um chocante desvio do costume cortesão estabelecido. Que a esposa de um rei francês modificasse as convenções da aparência real, ou procurasse atenção e aprovação em seus próprios termos, era algo praticamente inédito. Mas foi exatamente isso que Maria Antonieta fez, de maneira cada vez mais ousada, após ascender ao trono em 1774.[13] Sem ter sua estatura desafiada por uma amante real rival – porque o tímido Luís XVI não tinha nenhuma –, a jovem rainha logo abandonou o estilo real estagnado e antiquado que por muito tempo funcionara para evocar a atemporalidade do reinado Bourbon, e partiu em estimulantes novas direções. Auxiliada por uma florescente classe de talentosos estilistas parisienses, os antepassados dos costureiros superstars de hoje, Maria Antonieta cultivou aparências brincalhonas e coquetes, efêmeras e imprevisíveis, sedutoras e modernas.

No lado mais extravagante, uma de suas modas características foi o *pouf*, um oscilante penteado, feito com muito talco, que recriava cenas rebuscadas de eventos correntes (como uma vitória naval contra os britânicos ou o nascimento de um eminente duque francês) ou de idílios bucólicos imaginários (a que não faltavam moinhos, animais pastando, camponeses na faina e riachos murmurantes). Menos ostentosos mas igualmente inovadores eram os graciosos e desestruturados vestidos *chemise*, que a rainha veio a apreciar como uma reação contra as rígidas armações de saias e os espartilhos de barbatana de baleia usuais na corte. Adotadas como o uniforme não-oficial do Petit Trianon – o retiro campestre privado que Maria Antonieta ganhou de presente do marido pouco após a ascensão de ambos –, essas *chemises* soltas facilitavam folguedos manifestamente não reais, como piqueniques na relva, jogos de cabra-cega e brincadeiras em meio a lindos e perfumados rebanhos de carneiros. Apesar dos protestos dos cortesãos conservadores de que os vestidos tornavam as nobres damas que os usavam indistinguíveis das criadas, a rainha e suas companheiras se deliciavam com a liberdade e o conforto que o novo traje lhes proporcionava.

Em meio à nobreza e à burguesia endinheirada, mesmo as mulheres que achavam essas inovações chocantes na esposa do rei não conseguiam deixar de acompanhá-las. "Por uma dessas contradições mais comuns na França que em qualquer outra parte", escreveu um observador contemporâneo, "ao mesmo tempo em que criticavam a rainha por suas roupas, as pessoas continuavam a imitá-la freneticamente. Toda mulher desejava ter o mesmo *déshabillé*, o mesmo toucado que a haviam visto usar."[14] Impelida para a notoriedade pela engenhosidade de estilistas a quem o povo passou a se referir como o "ministério da moda", Maria Antonieta estabeleceu-se com uma força a ser levada em conta – como uma rainha que atraía tanta atenção quanto o mais deslumbrante rei ou amante, e cuja estatura imponente nada tinha a ver com suas perspectivas maternas.

A celebridade, no entanto, teve um preço. Obsessivamente monitorado pelos que a cercavam, o estilo heterodoxo de Maria Antonieta incitava uma reação violenta entre cortesãos que se opunham vigorosamente à sua ascensão e se irritavam com o modo como ela contestava veneráveis costumes reais. Esses aristocratas, por sua vez, insultavam-na como uma afoita intrusa austríaca que transgredia imprudentemente os limites de sua posição de rainha, eclipsando o marido como o centro da atenção dos súditos e degradando assim sua sagrada autoridade. Acusavam-na também, e ao seu "ministério da moda", de esvaziar os cofres da França, que, em razão de uma recente série de crises internas e internacionais, não estavam em condições de ser drenados para intermináveis toucados e vestidos.

Fluindo dos palácios dos nobres para as ruas de Paris, muitas vezes por meio de panfletos e caricaturas clandestinas, rumores sobre as façanhas da rainha no terreno da moda estimulavam indignação também entre os súditos de extração mais baixa. Fora do mundo privilegiado de Versalhes, o caro vestuário de Maria Antonieta passou a sintetizar as vastas desigualdades econômicas que condenavam tão grande parte do populacho francês à miséria abjeta. Além disso, alguns de seus críticos ofendiam-se porque mantinham a expectativa de que a rainha respeitasse os limites estabelecidos de sua posição, conservasse o ar de dócil conformidade e o verniz anódino que rainhas anteriores (como a falecida mulher de Luís XV, Maria Leczinska) haviam transmitido de maneira tão tranqüilizadora.[15] Contudo, a maneira provocante de se vestir da nova rainha revelavam que ela não tinha nenhuma intenção de fazê-lo.

O paradoxo resultante da carreira de Maria Antonieta como figura pública foi que, apesar de sua apreensão intuitiva do potencial do vestuário para expressar status e força, ela muitas vezes avaliou mal as reações que sua toalete despertaria nos súditos. O fato de que se apresentava para uma dupla audiência – aristocratas e plebeus – significava quase necessariamente que não podia agradar a todos ao mesmo tempo. Na maior parte das vezes, porém, sua rebelião na indumentária gerava ou exacerbava queixas em ambos os contingentes, a tal ponto que a nobreza e o populacho, imensamente separados em tantas questões políticas, chegaram a um explosivo consenso em seu ódio a Maria Antonieta. Como Cláudio, o ilegitimamente coroado "rei de farrapos e remendos" que personificava para Hamlet todo o pútrido reino da Dinamarca, essa rainha de *poufs* e plumas tornou-se o emblema dos piores aspectos do privilégio real – e das melhores razões para uma revolução.

* * *

Em sua reforma radical da sociedade e da cultura francesas, os revolucionários que derrubaram o regime de Luís XVI conseguiram obliterar não só um sistema político baseado em distinções de casta arraigadas e iníquas como também os emblemas – palácios e prisões, brasões e coroas – que davam a essas distinções sua forma material.[16] Lamentavelmente para os propósitos deste estudo, o frenesi destrutivo dos rebeldes reduziu a magnífica coleção de roupas de Maria Antonieta a, precisamente, uma pilha de farrapos e remendos. Antes que as forças revolucionárias tomassem Versalhes de assalto em outubro de 1789, a coleção enchia três aposentos inteiros do castelo: salas que eram abertas ao público e proporcionavam aos visitantes uma olhadela em primeira mão nos incontáveis acessórios e vestidos da rainha.[17] Após a insurreição de outubro, os monarcas foram forçados a se mudar de Versalhes para as Tulherias, sua residência parisiense; muitas roupas de Maria Antonieta não danificadas na invasão foram enviadas para lá. Contudo, nem esses trajes nem os novos que ela encomendou quando estava em Paris sobreviveram ao tumulto posterior da Revolução.

Em junho de 1791, durante a tentativa abortada da família real de fugir da capital, consta que uma multidão de saqueadores invadiu as Tulherias e pilhou os armários da rainha fugitiva, apossando-se dos artigos que, durante o período revolucionário, haviam continuado a proclamar seu senso inabalado de prestígio monárquico – e portanto continuado a atrair a ira do povo.[18] Catorze meses mais tarde, em 10 de agosto de 1792, turbas mais uma vez sitiaram as Tulherias, dessa vez enviando o rei e a rainha para um encarceramento que só terminou com suas execuções em 1793. Com exceção do sapatinho enfeitado com fitas que ela perdeu ao fugir do palácio, e de amostras de peças de roupa destruídas preservadas mais tarde como relíquias pelos legalistas, quase nada do guarda-roupa de Maria Antonieta escapou intacto ao furioso ataque.[19]

Os fragmentos que restam – dispersos, manchados e horríveis de se contemplar – são lamentavelmente incapazes de recriar as modas da rainha em toda a sua grandiosa glória. A história das preferências de Maria Antonieta em relação ao vestuário ainda pode, contudo, ser compilada a partir de uma variedade de outros materiais do século XVIII: de retratos formais a charges satíricas, de revistas de moda a panfletos pornográficos e das lembranças de seus contemporâneos aos livros contábeis de fornecedores de roupas e da administradora de seu guarda-roupa. Além disso, peças dessa história podem ser reconstituídas a partir da pesquisa daqueles biógrafos que, embora sem ter como foco principal o caso de amor de Maria Antonieta com a moda, prestam estreita atenção às extravagâncias de seus trajes. A conhecida e recente biografia de Antonia Fraser foi-me particularmente útil sob esse aspecto, pelos esplêndidos detalhes que oferece sobre a maneira de se vestir da rainha e pelo interesse que demonstra por isso. Como eu, Fraser empreendeu o processo não tão evidente de obter permissão para consultar em primeira mão as poucas *gazettes des atours* – maravilhosos "mostruários" do século XVIII contendo tiras de tecido e descrições abreviadas de roupas, com base nos quais Maria Antonieta escolhia seus trajes cada manhã – que foram preservadas nos Arquivos Nacionais da França.[20]

Reconhecidamente, determinar com absoluta certeza o que Maria Antonieta usou e quando usou torna-se quase impossível em razão das distorções e omissões inerentes mesmo aos mais "neutros" registros históricos.[21] E quando um assunto gera reações tão variadas e severas quanto as roupas dessa controversa rainha, pode ser especialmente difícil demarcar as linhas entre fato biográfico e ficção cultural. (O mesmo pode ser dito acerca das ações de Maria Antonieta em geral; ao mapear os elementos biográficos mais notáveis em seu itinerário na moda, vali-me, portanto, da escrupulosa pesquisa de gerações de biógrafos que, agradecidamente, cito com abundância ao longo destas páginas.) Sem pretender resolver essas dificuldades com relação ao vestuário de Maria Antonieta, tentei tratá-las documentando minhas fontes tão cuidadosamente quanto possível, e realçando os lugares em que a posição política dominante de um observador – seja ela antiaustríaca, antifeminista, pró-monarquista ou pró-revolucionária – põe a fidedignidade de suas afirmações mais agudamente em questão.[22]

Ao mesmo tempo, tomei a decisão consciente de não excluir deste estudo as distorções e fantasias que afloraram acerca da persona vestida da rainha, pois também elas nos dizem algo de valioso sobre como essa persona era representada e percebida.[23] Como Lynn Hunt demonstrou em seu trabalho sobre pornografia revolucionária, casos desvairadamente exagerados, muitas vezes completamente inventados, sobre a ninfomania, o lesbianismo e outras "perversões" sexuais de Maria Antonieta não só desmentiam a arraigada misoginia da política republicana como foram arrolados pelos adversários da rainha para justificar legalmente sua execução.[24] Essas fabricações, mostrou Hunt, podem ter peso político real e significação histórica real. Elas têm o poder de mudar vidas – até de lhes pôr fim.

Mais ou menos da mesma maneira, adoto a idéia de que tanto os relatos ostensivamente neutros quanto aqueles obviamente exagerados das escolhas de trajes de Maria Antonieta iluminam a capacidade que tinham essas escolhas de provocar comentários e gerar sublevação em grande escala. Como escreveu Michael Ondaatje na voz de outro dos mais elusivos anti-heróis da história, Billy the Kid, "o sangue foi um colar em mim a vida toda".[25] Insultada repetidamente por seus crimes de moda, Maria Antonieta poderia certamente ter-se descrito com palavras muito parecidas. De fato, segundo a biógrafa Carrolly Erickson, pouco depois que a guilhotina cortou sua versão sangrenta de um colar no pescoço de Maria Antonieta, mulheres bem-nascidas de Paris passaram a atar "finas fitas vermelhas em torno do pescoço como lembretes do que logo poderiam sofrer".[26] Assim, até na morte a rainha afirmou um vínculo poderoso entre moda e política. Mas foi um vínculo que, como a mais notável e controversa estampa de moda da nação, ela havia passado toda uma vida forjando. Sempre imaginativo, ainda que por vezes imaginário, o guarda-roupa de Maria Antonieta foi matéria de sonhos e espaço de pesadelos.

1

Caixa de Pandora

Vinte e um de abril de 1770. Cinqüenta e sete carruagens ricamente aparelhadas, conduzindo um número mais de duas vezes maior de dignitários e puxadas por um número seis vezes maior de cavalos, haviam enchido o majestoso pátio central do Hofburg desde o amanhecer.[1] Quando a família imperial saiu do palácio às nove horas, a multidão começou a se separar, abrindo caminho para Maria Teresa, a corpulenta imperatriz da Áustria e rainha da Hungria, de 52 anos. Altiva e imponente em seu traje preto de luto, seu uniforme diário desde a morte do marido Francisco Estêvão cinco anos antes, a mulher às vezes chamada de "rei Maria Teresa" caminhou solenemente pelo pátio.[2] Além do acompanhamento usual de cortesãos e soldados do corpo de Guarda, estava flanqueada por vários de seus dez filhos vivos, entre os quais o mais velho e co-regente, o sacro imperador romano José II, e a filha caçula, a arquiduquesa Maria Antonieta, de 14 anos.

Soldados imperiais empertigados dispararam salvas; sinos de igreja repicaram alegremente por toda a cidade. Autoridades da corte arengavam para os viajantes e curiosos em alemão, francês e latim, suas vozes elevando-se sobre o alarido geral. *Bella gerant alii, tu Austria felix nube*. Embora viesse ultimamente estudando os clássicos com seu preceptor particular vindo da França, o abade de Vermond, Maria Antonieta não precisava recorrer às suas lições para traduzir essa frase particular. Era o moto da família Habsburgo, e sua mãe o repetira para ela muitas vezes em meses recentes: "Que outras nações façam guerra; tu, feliz Áustria, alcanças teus fins pelo casamento."

O aforismo era perfeito para a ocasião dessa manhã, que celebrava um dos mais audaciosos feitos diplomáticos de Maria Teresa até então. Esse plano envolvia o casamento de Maria Antonieta com o delfim Luís Augusto, o neto de 15 anos do rei Luís XV da França e herdeiro do trono Bourbon. Arranjada pela imperatriz da Áustria, o rei francês e os respectivos conselheiros, a união destinava-se a cimentar uma aliança estratégica iniciada pelo Tratado de Paris em 1756. Antes disso, a Áustria e a França estiveram por longo tempo em desavença – haviam sido acerbos adversários tão recentemente quanto na Guerra da Sucessão Austríaca (1740-48), em que a França lutara ao lado do inimigo hereditário da Áustria, a Prússia. Sete anos depois desse conflito, porém, Frederico II da Prússia havia mudado inteiramente de posição, assinando um tratado com o antigo inimigo da própria França, a Inglaterra. Esse desdobramento, alarmante tanto para a França quanto para a Áustria, incitara os dois países a negociarem um pacto defensivo mutuamente vantajoso.[3]

O primeiro esforço militar conjunto franco-austríaco, a Guerra dos Sete Anos (1756-63), havia se provado desastroso, culminando numa retumbante vitória da Grã-Bretanha. Apesar disso, no período subseqüente Maria Teresa procurou estreitar ainda mais os laços entre sua nação e a de Luís XV. Fiel ao moto de sua família, a imperatriz decidiu oferecer sua filha mais nova como noiva para o herdeiro convenientemente solteiro de seu aliado Bourbon. O ministro mais confiável e influente de Luís XV, o duque de Choiseul, trabalhou diligentemente em apoio ao plano, e após anos de delicadas negociações os dois países concordaram formalmente com o casamento. Agora, nessa manhã de primavera, Maria Antonieta deveria partir para a França em triunfo, um emblema vivo da política exterior da mãe.

Uma bem-vestida loura arruivada, com grandes olhos azuis, faces rosadas e porte gracioso, prejudicada apenas por um lábio inferior proeminente que a identificava como membro do clã Habsburgo, a futura noiva tentava conter as lágrimas ao se preparar para deixar sua família e seu lar, acotovelada por centenas de vienenses que, tendo vindo lhe desejar boa sorte, a cumulavam de buquês e outras lembranças.[4] Embora visivelmente comovida, a jovem arquiduquesa esforçou-se por sorrir e abriu caminho graciosamente entre a multidão.[5] Desde o seu noivado, no verão anterior, ela vinha trabalhando intensamente com o legendário dançarino e teórico do balé francês Jean-Georges Noverre. Na corte de Versalhes, como Noverre havia reiterado em suas rigorosas sessões, as damas não andam – elas deslizam. Sim, os espartilhos de barbatana de baleia causam dor e os saltos dos sapatos são altos, mas elas flutuam como se seus corpos não pesassem. Como se seus pés nunca tocassem o chão.[6]

Para a viagem que estava prestes a empreender, as damas de Maria Antonieta haviam-na vestido nas vastas pregas de um *grand habit de cour* – o traje de gala da corte de Versalhes – cortado do mais lustroso brocado que o dinheiro podia comprar. Com seu corpete justo prodigamente adornado com fitas, suas volumosas saias-balão caindo sobre amplos *paniers* ("cestas" presas aos quadris sob o vestido) e sua longa cauda combinada pendendo em pregas engomadas atrás dos ombros, o vestido exibia uma silhueta impressionante, ainda que extremamente estilizada. Como Versalhes era uma fonte inspiradora de moda para praticamente todas as cortes da Europa, o aspecto não era desconhecido da arquiduquesa: ela usara versões modificadas do *habit de cour* em funções oficiais durante toda a sua infância.[7] Contudo, tal como o falecido imperador Francisco Estêvão, seu irmão José II era contrário a uma etiqueta cortesã excessivamente rigorosa, e com sua ascensão ao trono teve início uma vigorosa campanha para reduzir o rebuscamento dos trajes na corte vienense.[8] Vestir-se hoje com o *grand habit* representava portanto um rompimento com os códigos de vestuário relativamente relaxados de seu meio nativo, e antecipava o mundo de incessante formalidade que a esperava em Versalhes.

EMBORA SEUS COMPATRIOTAS na França fossem mais tarde atribuir grande importância ao seu pendor para a indigna informalidade "austríaca", a criação vienense de Maria Antonieta lhe proporcionara algum treinamento em matéria de ornamentação e artifício: mesmo quando crianças, os Habsburgo não estavam isentos de representações cerimoniais na corte.[9] Quando tinha apenas dez anos de idade, ela, Maximiliano e Fernando (seus dois irmãos com idades mais próximas à sua) haviam dançado um balé para os convidados do casamento do irmão, o arquiduque José, com Josefa da Baviera. Na encantadora pintura que Martin Myten fez do bailado – e que Maria Teresa lhe enviaria mais tarde para a França como uma preciosa lembrança de casa –, a arquiduquesa aparece em uma pose que impressiona pela graciosidade, apesar da rigidez e da cintura apertada do elaborado vestido de saia-balão (ver prancha 2). Anos antes de ter Noverre como preceptor, ela parecera "primorosamente aprumada, seu famoso porte já em evidência": mostrando-se digna de seu ilustre nascimento e das elevadas expectativas da mãe.[10] Sobressaindo-se na dança mais que em qualquer outra forma de arte, a filha caçula da imperatriz gravitou assim em tenra idade para uma habilidade que seria decisiva à sua assimilação na França.

Outra das atividades fortuitas da arquiduquesa na infância foi brincar com bonecas, diversão que lhe permitia praticar a manipulação e o embelezamento da forma feminina. Seu interesse por esse passatempo foi captado num retrato de 1762 pintado por sua irmã mais velha, a arquiduquesa Maria Cristina, e hoje exposto no Kunsthistorisches Museum em Viena. Ele representa a família imperial reunida para um café-da-manhã íntimo no dia de são Nicolau. A maior parte dos elementos da pintura sugere a convidativa e descontraída domesticidade que, em contraste com a formalidade implacável de Versalhes, Maria Teresa e seu clã cultivavam quando não estavam participando de solenidades. Cercada por vários membros da família, todos celebrando a festividade de maneira informal e confortável, Maria Antonieta, com seus sete anos de idade, brinca alegre com uma grande boneca trajada num elegante vestido amarelo.

À primeira vista, parece não haver nada de incomum na concentração da futura delfina em sua boneca, pois a festa de são Nicolau era então, como hoje, um dia de distribuição de presentes dedicado enlevadamente pelas crianças aos seus brinquedos novos. O que *há* de incomum na imagem, e que sugere algo de singular sobre a relação de Maria Antonieta com esse brinquedo particular, é antes a roupa que ela veste. Em acentuado contraste com a mãe e a irmã mais velha, Maria Cristina (cuja roupa na pintura Antonia Fraser descreveu adequadamente como "mais parecida com a de uma criada que [com a de] uma arquiduquesa"), a princesinha está usando uma enfeitada *robe à la française*, uma variação ligeiramente menos incômoda do *grand habit* cerimonial, identificável pelo corpete apertado, de cintura baixa, e pela cauda pregueada que pende de seus pequeninos ombros.[11] (Em Versalhes, a *robe à la française* era usada em todas as ocasiões, exceto as de gala extraordinária.) Nada na cena que a envolve explica ou justifica o traje hiperelegante da arquiduquesa – isto é, nada exceto a presença da boneca, cujo traje suntuoso ela parece estar copiando com o seu.[12] Quer seja um fato histórico real ou um embelezamento imaginário da parte da artista, esse estranho detalhe é sugestivo, pois vincula a atração de Maria Antonieta por bonecas – atração que conservaria durante toda a sua infância – ao que um observador descreveu como seu crescente "ardor por roupas novas".[13]

Assim afeita às alegrias da brincadeira de vestir, Maria Antonieta estava eminentemente bem preparada para uma das atividades-chave de que sua mãe lhe incumbiu alguns anos mais tarde ao prepará-la para Versalhes – fazer compras para o enxoval de casamento. Isso exigia que a arquiduquesa de 13 anos passasse horas intermináveis com costureiros e chapeleiros convocados de Paris para supri-la de um guarda-roupa adequadamente luxuoso. Para exibir seus artigos, os modistas freqüentemente se valiam de *poupées de mode* – "bonecas de moda" feitas de madeira articulada ou de gesso, precursoras tanto do manequim de loja como do modelo de passarela – vestidas com versões em tamanho reduzido das últimas modas parisienses.[14] Comumente conhecidas como Pandoras (a "pequena Pandora" exibia trajes matinais ou informais, enquanto a "grande Pandora" era vestida com trajes de gala e de noite), essas bonecas eram cruciais na disseminação das últimas tendências da moda ditadas pela cidade que já era reconhecida como a porta-estandarte do estilo internacional.[15] Segundo o historiador Daniel Roche, "em tempos de guerra, as *poupées* gozavam de imunidade diplomática, e contavam até com escolta montada para assegurar que chegassem incólumes".[16]

Como a biógrafa Carrolly Erickson observou, "grande número dessas bonecas começou a chegar ao Hofburg assim que [a arquiduquesa] completou 13 anos, usando versões em miniatura dos mantos e vestidos propostos para ela"; e estes incluíam:

> vestidos de baile, vestidos para a tarde, roupões e anáguas numa variedade de tons delicados, as sedas bordadas com desenhos florais ou aplicações de fita de seda, as orlas adornadas com grinaldas sinuosas de renda de prata e ouro, ... tecidos já superdecorados [adornados] com campos de flores artificiais, plumas, borlas e laços de fita de seda, rosetas e babados, *passementerie*, contas e custosas franjas metálicas.[17]

Mesmo para uma futura rainha, o enxoval que Maria Antonieta acumulou era espetacular. Ao ser preparada para usar esses vestidos suntuosos, observou Pierre Saint-Amand, a jovem arquiduquesa transformou-se ela própria numa espécie de "manequim em miniatura ... cuidadosamente preparado para desfrutar a corte francesa".[18] Na verdade, mais ou menos como uma *poupée de mode*, ela deveria servir como um valioso objeto de troca entre duas nações, transcendendo rancores diplomáticos e fomentando a mútua cooperação e boa vontade. Mas a adoção do exuberante vestuário das bonecas teve também outras implicações. A transformação de Maria Antonieta numa boneca viva, que respirava, permitiu-lhe participar ativamente da mágica das transformações operadas pelo vestuário e, ao mesmo tempo, sujeitou-a, no sentido mais literal possível, aos padrões exigentes de seus futuros compatriotas.

De fato, suas sessões de prova com os fornecedores de moda parisienses baseavam-se no pressuposto de que, na famosamente refinada e exigente corte de Versalhes, o vestuário era a moeda de aceitação social e sobrevivência política. Na verdade, fora ninguém menos que o duque de Choiseul, o mais forte defensor da união Habsburgo–Bourbon na França, que estipulara a inspeção do guarda-roupa da arquiduquesa como uma precondição para o casamento. O próprio Luís XV deixara claro que não faria uma proposta de casamento em nome do neto sem primeiro averiguar se Maria Antonieta era atraente o bastante para honrar sua corte – e Choiseul teve boas razões para desejar satisfazer seu amo nesse ponto. Como Choiseul (e todos os demais súditos do monarca) sabia muito bem, o rei era um notório mulherengo, que havia negligenciado sua falecida esposa, Maria Leczinska, em favor de uma série de amantes chamativas.[19] Embora o herdeiro do rei e futuro marido de Maria Antonieta, Luís Augusto, não demonstrasse nada além de um atemorizado mal-estar na proximidade do sexo oposto, Choiseul esperava claramente que, dando ao rapaz uma noiva bonita e glamorosa, seria possível, como o expressou Pierre Saint-Amand, "estabilizar a monarquia Bourbon e pôr fim a sua reputação de adúltera".[20] No entanto, quando Choiseul perguntou pela primeira vez a seus principais contatos em Viena – o preceptor de Maria Antonieta, abade de Vermond, e o embaixador da França, marquês de Durfort – sobre a aparência física da menina, ambos queixaram-se de suas muitas deficiências. Estas, Maria Teresa e seus emissários foram informados, teriam de ser remediadas se os austríacos desejassem assegurar sua aliança com a França.

A imperatriz levou a instrução a sério, e não poupou nenhuma despesa para tornar a filha uma noiva Bourbon visivelmente digna. Numa época em que o guarda-roupa de toda uma família francesa da classe trabalhadora tinha um valor médio de 30 libras, e em que o guarda-roupa coletivo de um rico casal aristocrático valia algo entre 2 mil e 5 mil libras, Maria Teresa gastou assombrosas 400 mil libras com o enxoval da filha caçula.[21] (Segundo a conversão útil embora extremamente aproximada de Jean Sgard, uma libra nos dias de Maria Antonieta valia provavelmente algo entre 20 e 30 dólares americanos hoje.[22]) Essa quantia excedeu de longe as somas que a imperatriz desembolsara para os enxovais combinados de todas as suas outras filhas. Igualmente importante, todas as peças compradas haviam sido confeccionadas na França. Somente com trajes que ostentassem essa proveniência Maria Antonieta poderia ter a esperança de satisfazer às exigências do rei francês e de seus cortesãos.

Choiseul e seus emissários sugeriram também alterações no físico da arquiduquesa. Durante as negociações para o casamento, eles notaram que os dentes da menina eram lamentavelmente tortos. A toda pressa, um dentista francês foi convocado para empreender as necessárias cirurgias orais. Embora as intervenções, realizadas sem anestesia, tenham sido extremamente dolorosas e exigido três longos meses para se completar, a arquiduquesa foi recompensada com um sorriso "muito bonito e regular".[23]

O contingente de Choiseul decretou também que algo tinha de ser feito com o cabelo da princesa. A massa indisciplinada de cachos louro-avermelhados de Maria Antonieta era habitualmente puxada para trás da testa por uma áspera faixa de lã que se esgarçava contra o cabelo. Essa faixa estava começando a causar feias manchas calvas ao longo do contorno do couro cabeludo; o que era pior, ao criar uma alta "montanha de cachos" no alto da cabeça da menina, o penteado acentuava o que as autoridades francesas viam como uma testa inaceitavelmente alta.[24] Para cuidar desses alarmantes problemas, a elegante irmã de Choiseul, a duquesa de Grammont, veio em seu socorro, enviando Larsenneur, que servira como cabeleireiro da própria rainha de Luís XV, para Viena com a missão de pentear a arquiduquesa *à la française*.[25] Recriando o penteado que a querida amante de Luís XV, a falecida madame de Pompadour, tornara famoso, Larsenneur domou os cachos da arquiduquesa num penteado baixo, empoado e escovado para o alto da cabeça, salpicado de gemas decorativas. A aparência resultante suavizou sua testa proeminente, salvou-a da progressão da calvície e alinhou-a imediatamente com as convenções de Versalhes relativas a penteado. Mais ainda, a mudança causou forte impressão nas senhoras de Viena, que, como as de toda a Europa, viam os cortesãos franceses como modelos de estilo: não demorou muito e essas mulheres estavam "ao que se dizia, abandonando seus cachos em favor de um estilo [chamado] *à la dauphine*".[26] Aos 13 anos, Maria Antonieta já se tornara uma lançadora de tendências de moda atentamente observada e avidamente copiada.

Os representantes de Luís XV arranjaram também que um retratista francês chamado Joseph Ducreux viajasse a Viena para fazer sua parte em prol da aliança. Esse pintor foi encarregado de documentar os efeitos do amplo tratamento a que a aparência da arquiduquesa fora submetida, pois Luís XV havia declarado que não concordaria definitivamente com a união sem ver que aspecto tinha de fato a futura noiva. Antes da chegada de Ducreux, em janeiro de 1769, Maria Teresa havia tentado muitas vezes ganhar tempo, protelando o atendimento dos pedidos do monarca Bourbon "como se nenhum artista fosse capaz de realmente captar a beleza de sua filha".[27] Depois que Maria Antonieta sofreu sua metamorfose, a imperatriz tornou-se mais cordata e apressou-se em enviar a Luís XV a primeira pintura concluída por Ducreux, em abril.

Lamentavelmente, a tela original foi perdida, mas na primavera de 1769 Ducreux pintou mais dois retratos em rápida sucessão, ambos enviados para Versalhes e amplamente copiados por pintores e gravadores franceses (ver prancha 3).[28] As réplicas que sobrevivem mostram uma jovem delfina encantadora, com penteado e traje impecavelmente franceses que claramente dissiparam de uma vez por todas as dúvidas do rei sobre sua adequação – pois ele aprovou formalmente o enlace pouco depois que o primeiro retrato de Ducreux chegou à sua corte. O tratamento funcionara. Agora, dependeria de Maria Antonieta simplesmente manter a imagem em que os mais velhos a haviam moldado com tanto esmero.

QUANDO A ARQUIDUQUESA emergiu do Hofburg para iniciar a viagem à sua nova pátria, não havia, ao que parece, muito o que aperfeiçoar em sua aparência. Com o penteado *pompadour*, o sorriso cosmeticamente realçado e o primoroso vestido de brocado, consta que parecia a própria imagem da impecável princesa francesa. E ao manobrar sem esforço suas enormes saias-balão e cauda, conduzia-se também como tal. Até seus mais empedernidos detratores em Versalhes admitiriam mais tarde que Maria Antonieta sabia deslizar como as melhores delas.[29]

De repente, seus leves e flutuantes movimentos deram lugar a um verdadeiro ainda que momentâneo vôo, quando seu vistoso irmão Fernando a ergueu para a espaçosa *berline* que Luís XV enviara para buscá-la. Projetada pelo fabricante de carruagens parisiense Francien segundo instruções detalhadas do duque de Choiseul, a berlinda assemelhava-se em todos os aspectos a uma caixa de jóias gigante.[30] Os painéis da frente, dos lados e de trás, feitos quase inteiramente de vidro, e seus arremates exteriores em guirlandas ricamente lavradas de ouro branco, rosa e amarelo, arrancavam assobios de admiração da multidão. Na sólida lâmina de ouro do teto, "buquês de flores de ouro de diferentes cores tremulavam graciosamente à mais leve brisa".[31] Magníficos arreios dourados amarravam oito cavalos brancos à carruagem; as altas plumas em suas crinas meneavam-se a compasso quando eles bufavam e pateavam a terra.[32]

No interior da berlinda, suntuoso estofamento carmim representava as quatro estações, esmeradamente bordadas com fio de ouro por um mestre artesão chamado Trumeau.[33] Sobre a primavera, Maria Antonieta já ouvira falar muito ultimamente. Durante a semana anterior, ela fora a convidada de honra de uma série aparentemente interminável de jantares e festas de gala celebrando os novos começos, a juventude intacta, os dias frutíferos que estavam por vir. Em meio a todas essas festividades, no entanto, ninguém havia pensado em preparar a menina para os desafios que seu futuro lhe reservava. Haviam lhe dito simplesmente que ela ganhara o prêmio mais esplendoroso que qualquer pessoa, mesmo uma arquiduquesa Habsburgo, poderia esperar obter.[34]

Fora da carruagem estavam a família da arquiduquesa, o palácio onde ela passara a infância, os amigos e criados que conhecera durante a vida inteira. Com muito poucas exceções, jamais veria algum deles novamente.[35] Através de uma parede de vidro, contemplava lá fora a imperatriz, que não sorria. Recentemente Maria Teresa consultara um médium quanto às perspectivas de sucesso da filha em Versalhes, e ouvira dele: "Cada par de ombros tem sua cruz para carregar."[36] Com um último olhar suplicante para a mãe, a jovem começou a chorar.[37]

Os corneteiros soaram seus instrumentos e os guardas suíços dispararam suas armas numa saudação ensurdecedora. Escoltada por batedores em libré azul e dourada que a acompanhariam até os portões da cidade, a carruagem da arquiduquesa juntou-se ao vasto cortejo de veículos que se esbarravam e deixou lentamente o pátio. Em sua esteira, lembrou seu companheiro de brincadeiras de infância Joseph Weber, "as avenidas e ruas de Viena ressoavam com expressões de pesar".[38] Talvez numa tentativa de esconder sua emoção da princesa de Paar – uma amiga de sua mãe de longa data, sua única companheira na enorme berlinda –, Maria Antonieta ocupou-se do cãozinho pug, Mops, enroscado em seu colo.[39] Apesar disso, espectadores que observavam sua passagem notaram com alarme que "suas faces estavam banhadas em lágrimas".[40] Segundo Joseph Weber, o choro tornou-se especialmente evidente quando a menina enfiou a cabeça para fora da janela, esticando o pescoço e voltando os olhos para o Hofburg, atrás de si, até que a figura vestida de preto da imperatriz finalmente desaparecesse de vista.

Mas Maria Teresa permaneceu com ela em espírito. Como presente de despedida, Maria Antonieta havia recebido da mãe um pequenino relógio de ouro que haveria de ser sempre um de seus bens mais estimados, mesmo quando sua coleção de jóias se expandiu para incluir peças muito mais extravagantes. Igualmente importante, quando o cortejo parou em Freiburg, dias depois, a arquiduquesa recebeu uma carta que a mãe escrevera aparentemente assim que sua berlinda deixara Hofburg. Intitulada "Regulamento para ler todos os meses", a missiva fornecia conselhos detalhados e profusos sobre como Maria Antonieta deveria se conduzir em Versalhes. "Você não deve fazer nada de inusitado", instruía a carta. "Ao contrário, deve se prestar de maneira absoluta ao que a corte está acostumada a fazer."[41]

Depois, várias linhas adiante, a advertência intimidante: "Todos os olhos estarão fixos em você."[42]

Assim que ela se tornasse delfina, todos os olhos estariam realmente fixos em Maria Antonieta como uma figura no próprio centro do ritual cortesão. Nas cerimônias espetaculares de Versalhes, regulamentos governando quando, como e em companhia de quem ela se vestia serviriam como lembretes constantes de que seu corpo não apenas pertencia à coroa – ele existia como uma prova viva de seu esplendor. Especialmente desde o longo reinado (1643-1715) de Luís XIV, adornos pessoais opulentos haviam servido para sublinhar o poder absoluto dos Bourbon. Como mostraram historiadores subseqüentes, até aparentes trivialidades como cabelo, bordado, fitas, metais preciosos, gemas e renda – essas características indispensáveis do traje real francês – eram instantaneamente reconhecíveis para os súditos dos Bourbon como "efeitos de poder".[43] De maneira silenciosa, mas eloqüente, essa ornamentação convencia todos os espectadores da capacidade de seu rei de canalizar recursos ilimitados para a suprema glorificação de si mesmo e de sua família. Como esposa do futuro monarca francês, Maria Antonieta teria de personificar esse princípio até nos mínimos detalhes de sua aparência e apresentar-se para a aprovação de um sem-número de olhares tenazes.[44]

Contudo, nem mesmo a aparência mais meticulosamente cultivada podia garantir que ela obteria aprovação. Muitos franceses culpavam a Áustria pelo fracasso na Guerra dos Sete Anos, em que a França fora obrigada a ceder suas colônias canadenses e indianas à Inglaterra.[45] De fato, um número considerável de cortesãos em Versalhes havia começado desde então a pressionar seriamente por um retorno do reino à posição anterior de desconfiança intransigente acerca de Maria Teresa e seus compatriotas. O fato de a nova postura ter sido obra do duque de Choiseul, cuja vasta influência política e posições controversas sobre filosofia e religião haviam lhe valido incontáveis inimigos na corte, tornava esses indivíduos ainda mais determinados a derrubar a aliança austríaca.

Embora frouxamente reunida sob o nome abrangente de "o partido francês", a facção antiaustríaca da corte pertencia a dois grupos distintos sob outros aspectos. O primeiro deles era a cabala de aristocratas que apoiavam a mais recente amante titular do rei, madame Du Barry. Choiseul havia se beneficiado intensamente da proteção da predecessora de Du Barry, madame de Pompadour, e, depois que esta morreu, os que o detestavam haviam procurado uma amante real que promovesse seus próprios interesses à custa dele. Liderado pelo maquiavélico duque d'Aiguillon e o duque de La Vauguyon, preceptor do jovem delfim, esse grupo tentou destruir o poderoso ministro instalando madame Du Barry – uma encantadora ex-prostituta amante de artigos de luxo e com poucas idéias políticas próprias – na cama de Luís XV. Num nível pessoal, não havia nenhuma afeição entre a nova "favorita" (como eram comumente conhecidas as *maîtresses en titre* ou *maîtresses déclarées* do rei) e Choiseul, cuja irmã, a duquesa de Grammont, desprezava Du Barry por sua baixa extração e ambiente de origem promíscuo.[46]

Apesar disso, os inimigos de Choiseul reconheceram, muito corretamente, que com a chegada à corte de uma outra bela jovem madame Du Barry talvez não conservasse seu monopólio sobre as boas graças notoriamente volúveis do soberano. (De fato, nos estágios iniciais de suas negociações com Maria Teresa para o casamento, Luís XV pensara em se propor ele mesmo como o noivo, antes de concluir que o neto seria o candidato mais sensato.) Maria Antonieta representava, assim, uma ameaça para a própria madame Du Barry e para o grupo cujo progresso social na corte ia de par com a posição inigualável ali ocupada pela favorita.[47]

A outra ala importante do partido francês – mais comumente conhecida como o partido devoto, em razão das firmes convicções religiosas de seus membros – era encabeçada pelas três filhas solteironas de Luís XV, Adelaide, Vitória e Sofia. Conhecidas coletivamente como "Mesdames" (o nome convencional para filhas do rei) ou "as Tias" (dada sua relação com o herdeiro do trono), essas mulheres piedosas, pouco atraentes e infelizes desprezavam Du Barry, mas tinham, também elas, contas a acertar com Choiseul.[48] Estas iam desde sua amizade com a falecida madame de Pompadour, que elas haviam invejado amargamente, até a perseguição bem-sucedida que ele moveu contra os padres jesuítas na França, que haviam sido apoiados ardorosamente por elas.[49] Esses fatores suplantavam até mesmo o ódio duradouro que Mesdames nutriam pela meretriz de origem humilde e sorriso afetado cujos artifícios mantinham seu pai escravizado.[50]

Assim, tanto para Mesdames como para os barrystas, a posição de Choiseul com relação à Áustria constituía mais uma razão urgente para tramar sua derrocada. Mais especificamente, a noiva que ele importara para o delfim tornou-se alvo de todo tipo de intrigas e estratégicas punhaladas pelas costas. Caso fosse incapaz de produzir um herdeiro ou de se comportar de maneira exemplar, talvez Maria Antonieta pudesse ser enviada de volta para Viena. Se isso ocorresse, a política exterior de Choiseul e sua reputação estariam em andrajos. Essa era a esperança secreta dos antiaustríacos.[51]

O futuro da arquiduquesa de 14 anos era complicado também pelo fato de que a França era um reino em doença terminal. Os cofres da nação estavam deploravelmente esvaziados e grande parte do povo subalimentado. Seu soberano – outrora chamado de "Luís o Bem-Amado" – perdera nos últimos tempos o apelido juntamente com o respeito dos súditos.[52] Gravemente prejudicada pela Guerra dos Sete Anos, a reputação do rei deteriorara-se também em razão do estilo autocrático e tirânico de seu governo, bem como das impopulares reformas tributárias que ele impusera aos súditos por meio de sessões especiais chamadas *lits de justice*. Nessas sessões, o rei refutava pessoalmente as objeções levantadas contra suas propostas pelos *parlements*, os corpos judiciários encarregados, em princípio, da tarefa de registrar editos reais. "*Le roi le veut*" ("o rei quer assim"): num *lit de justice*, essa era a única justificativa oferecida para esmagar completamente parlamentares discordantes.[53]

Condenado entre os florescentes círculos iluministas de Paris, nos quais intelectuais progressistas propunham novas idéias sobre a igualdade fundamental da humanidade e debatiam acaloradamente a própria legitimidade do governo monárquico, o recurso de Luís XV ao *lit de justice* tornou-se um exemplo por excelência do absolutismo desvairado. O rei, porém, parecia muito feliz em conduzir seus assuntos políticos no espírito do famigerado grito de batalha de Pompadour, "*Après nous, le déluge*" ("Depois de nós, o dilúvio").[54] Como essa máxima sugeria, os graves problemas que haviam se desenvolvido durante o governo de Luís XV lhe davam poucos motivos de preocupação, pois um dia outra pessoa é que teria de enfrentá-los.

Depois havia a questão, já considerada por Choiseul, das estripulias extramaritais do rei com Pompadour e Du Barry, abominadas tanto dentro quanto fora da corte pelo poder que essas mulheres exerciam, pelas riquezas que o rei lhes prodigalizava, pela cumplicidade delas em seu declínio moral e pela simples e injusta arbitrariedade da elevada posição de que desfrutavam. Durante muito tempo, e em grande medida, o povo francês conseguiu deslocar para essas favoritas reais muitas de suas principais queixas contra o próprio monarca.

Luís XV, porém, contrariava ainda mais os seus súditos, entregando-se à franca libertinagem venal. Além de suas amantes oficiais, as conquistas do soberano incluíam inúmeras moças escolhidas nas chamadas classes vis, muitas das quais ele mantinha em bordéis privados não longe de Versalhes. Estabelecidos numa área chamada Parc aux Cerfs (isto é, o Parque dos Cervos, onde Luís XIII se entregara a caçadas mais aceitáveis), esses bordéis eram prova do deslizamento irreversível do "Bem-Odiado" na imoralidade. Quando madame Du Barry, ansiosa por manter uma vigilância mais estreita sobre o amante, conseguiu obrigá-lo a fechar os bordéis, isso não teve muita importância; no que dizia respeito a muitos súditos, o dano à reputação do rei já estava feito havia muito tempo.

ASSIM, QUANDO PÔS UM SAPATINHO de seda no palco da vida pública francesa em 1770, Maria Antonieta estava, sem o saber, enfrentando uma audiência inquieta e dividida. Por um lado, uma corte cheia de rivalidade e vendetas que a via como um peão de fácil manejo em suas lutas por importantes fatias de poder. Por outro, uma nação à beira da revolta que esperava que ela insuflasse nova vida na monarquia decadente. Embora diferentes em muitos aspectos, esses grupos partilhavam uma convicção implícita: a aparência da delfina era decisiva para o papel que lhe fora atribuído. Uma das estampas produzidas no período que preparou o caminho para o casamento, um retrato da noiva vestida numa elegante *robe à la française*, expressou essa idéia nitidamente em sua legenda:

Conquistando com sua beleza os nossos corações
E a virtude decorando o seu,
Ela já é adorada pela França e
Aqui há de instaurar a felicidade.[55]

A própria Maria Teresa não teria exprimido isso melhor. Ela não havia gastado 400 mil libras no enxoval da filha para nada, compreendendo muito bem que na França em geral, e em Versalhes em particular, nunca se devia subestimar o poder da censura Bourbon que equiparava beleza principesca com virtude, aparência superficial com essência subjacente.[56] Manter essas equações seria uma das obrigações mais importantes, e menos negociáveis, de Maria Antonieta como delfina. Seu sucesso ou fracasso em "instaurar a felicidade" de seus súditos dependeria, pelo menos em parte, de sua disposição em se vestir para o sucesso.

Afastando-se de Viena através dos territórios da mãe, a arquiduquesa de 14 anos certamente esperava comportar-se da melhor forma. Enfeitada com seus magníficos ornamentos franceses, ela entregou-se a atividades inocentes dentro da berlinda de vidro. Contemplava pela janela o cenário que passava. Escondia as lágrimas, sorrindo e acenando para as multidões que margeavam as estradas a fim de aclamá-la. Conversava animadamente com a princesa de Paar, a quem mais tarde presentearia, em retribuição à sua companhia durante a viagem, com um corpete de vestido bordado com mais de 1.200 diamantes de diferentes tamanhos.[57] E, abraçando forte seu cãozinho em busca de consolo, relia a carta da mãe. Obedecendo ao conselho que ela expressava, a menina não estava fazendo nada fora do comum... até então.

Mas tempos extraordinários geram medidas extraordinárias, e quando, após duas semanas e meia de viagem, chegasse à fronteira entre a França e a Áustria, Maria Antonieta se confrontaria com a primeira das muitas circunstâncias singulares que marcaram seu reinado como a estrela mais brilhante da moda francesa e sua vítima mais infeliz. Enquanto isso, em Viena, uma ansiosa Maria Teresa passava muito mais tempo que de costume rezando, implorando "a Deus que evitasse um desastre que apenas ela previra".[58] Repetidamente, esse desastre se desenrolaria na superfície do corpo bem-vestido de sua filha. Como um cartum político acusaria anos depois, ao enviar Maria Antonieta à França a imperatriz havia explodido a tampa da caixa de Pandora.[59]

❊ 2 ❊

Despida

Pesadas nuvens de tempestade pendiam sobre a Floresta Negra na tarde de 7 de maio de 1770, quando a carruagem de apresentação de Maria Antonieta parou à margem do rio Reno, exatamente no lado oposto à cidade francesa de Estrasburgo. Na noite anterior, na abadia de Schüttern, a viajante real e sua comitiva haviam passado a última noite em território Habsburgo, com as autoridades da Igreja local e do governo dirigindo-se a ela em seu alemão natal e saudando-a como uma filha da Áustria. Agora, porém, a arquiduquesa deixaria sua pátria para sempre.

Com as rodas da frente estacionadas na ponte que levava a uma ilhota no meio do rio e as rodas traseiras ainda em solo Habsburgo, a berlinda assumiu, à frente do cortejo de 57 carruagens, uma posição simbolicamente neutra entre os dois reinos. Atrás dela estendia-se o império de Maria Teresa, representado mais proximamente pela cidade vizinha de Kehl. Do outro lado do rio, a França esperava a nova delfina.

Quando Maria Antonieta desceu de sua carruagem de conto de fadas naquela ponte, não estava, em termos geopolíticos rigorosos, nem lá nem cá. Durante os arranjos para a viagem, diplomatas franceses e austríacos haviam discutido intensamente o lugar em que a entrega (*remise*) deveria ocorrer. Os representantes de cada nação acreditavam que realizar essa importante cerimônia no território da outra seria conceder a esse Estado, e a esse soberano, indevida precedência. Finalmente o impasse foi evitado quando um dos negociadores lembrou a existência de uma obscura ilhota, a île des Épis, entre Kehl e Estrasburgo, e propôs o local como uma solução de compromisso. Nesse pedaço de terra arenoso e desabitado, os diplomatas ordenaram a construção de um *pavillon de remise*, construído às pressas com madeira barata, mas projetado para se assemelhar à miniatura de um castelo francês. O pavilhão era dividido em três partes. Continha uma série de aposentos que davam para a margem direita do Reno, destinados a abrigar o contingente austríaco, e uma série correspondente dando para a margem esquerda, destinada à delegação vinda de Versalhes. Essas duas alas eram separadas no centro por uma ampla *salle de remise*, "o vasto salão em que a arquiduquesa seria definitivamente metamorfoseada na herdeira do trono da França".[1]

A metamorfose começou assim que Maria Antonieta entrou no pavilhão pelo lado austríaco, escoltada por seu "padrinho", o príncipe Starhemberg, enviado extraordinário da corte de Maria Teresa. O interior da construção provou-se frio e cheio de correntes de ar naquela tarde nublada, e parecia inóspito, apesar da decoração pretensamente luxuosa: uma diversificada profusão de móveis emprestados pelas famílias mais importantes de Estrasburgo e vindos do *garde-meuble* do próprio Luís XV em Paris. Notavelmente, essa última fonte havia fornecido antigas tapeçarias *gobelin* para adornar as paredes, mas elas pouco faziam para isolar o espaço contra os ventos que assobiavam através das fissuras das paredes de madeira crua do pavilhão. Postada no centro da grande comitiva reunida, a arquiduquesa tinha o corpo delgado sacudido por calafrios incontroláveis. Seu *grand habit de cour* formal, decotado e muito justo – sob o qual ela usava apenas uma delicada *chemise* e um rígido conjunto de espartilho e *paniers* que davam ao vestido sua forma exagerada – oferecia pouca proteção contra o frio. Maria Antonieta, no entanto, não se beneficiou por muito tempo nem desse pouco conforto, pois a primeira e principal tarefa das damas que a haviam acompanhado até o pavilhão era desnudá-la.

Da pesada cauda às volumosas saias, das mangas de renda com babados ao corpete enfeitado com fitas, das jóias no cabelo às fivelas nos sapatos, cada um dos artigos esmeradamente escolhidos para fazerem a menina parecer francesa foram removidos, confiscados como um vínculo simbólico com a Casa de Habsburgo. Como uma de suas damas de companhia em Versalhes, madame Campan, explicaria mais tarde, o protocolo Bourbon exigia esse ritual para assegurar que a noiva estrangeira "não conservaria nenhum traço de [sua] corte [de origem], nem mesmo sua combinação ou suas meias".[2]

O fato de que essa estrangeira em particular usava somente peças confeccionadas na França não a eximiu do tradicional ritual do desnudamento.[3] Com exceção do pequeno relógio que sua mãe lhe dera, a que de algum modo conseguiu se agarrar enquanto as damas confiscavam suas outras posses, "ela nada deveria guardar que pudesse ser uma lembrança querida, nem um anel, nem uma cruz... [nem] uma fivela, um fecho ou um bracelete favorito".[4] Ainda que esses artigos fossem parisienses, havia o risco de que carregassem consigo associações austríacas inadequadas. Como tais, tiveram de ser abandonados, juntamente com o acessório extravestuário favorito de sua dona, o amado pug amarelo-castanho. Mops, as damas de Maria Antonieta lhe informaram, seria mandado de volta para Viena em vez de acompanhá-la dali em diante; era simplesmente impossível permitir suas patas sujas em volta de uma mulher que, agora mais do que nunca, deveria ter a melhor aparência possível.

O alarme que esse anúncio pode ter causado em Maria Antonieta, qualquer que tenha sido, passou despercebido enquanto as mulheres continuavam a desmontar sua rebuscada toalete e a discutir entre si sobre que itens cada uma levaria para casa como lembranças da viagem. Alguns desses artigos acabaram indo parar nas mãos das damas francesas no pavilhão, mais tarde provocando casos de surpreso reconhecimento da parte de Maria Antonieta quando voltaram à superfície, usados por membros de seu *entourage* em Versalhes. A etiqueta a impedia de protestar, mais ainda de pedir a devolução das peças de roupa furtadas. Esperava-se dela que tolerasse a ofensa com a benevolência adequada a uma futura rainha.

Como as mulheres a disputar os artigos mais desejáveis de seu vestuário, os homens no grupo austríaco estavam preocupados demais – com a logística da *remise* e a longa viagem de volta – para prestar atenção à crescente consternação da princesa à medida que seu desnudamento prosseguia acelerado. Agrupados em torno de Starhemberg, eles reagiam ao espetáculo de sua nudez com vago interesse, só ocasionalmente interrompendo as conversas para avaliar uma parte recém-exposta do corpo ou uma faixa de pele. (Os seios talvez tenham despertado particular interesse, pois, durante as negociações para o casamento, Luís XV havia indagado especificamente sobre seu tamanho e forma, tendo Maria Teresa lhe assegurado que a menina ainda era nova e certamente se desenvolveria com os anos.[5]) Durante todo o tempo, prisioneira dos olhares avaliadores dos homens e dos serviços intrometidos das mulheres, Maria Antonieta procurou conter lágrimas quentes e raivosas. Pela primeira vez desde que se despedira da mãe em 21 de abril, começou a se curvar perceptivelmente sob a pressão da nova posição.

Ninguém havia esperado que reagisse dessa maneira. Treinada desde a infância para apresentar a seus súditos uma fachada de irrepreensível dignidade real, a menina inocente havia até aquele ponto se comportado admiravelmente aos olhos do público. Durante boa parte de um mês, agora, havia suportado um árduo regime de oito horas por dia de viagem, durante as quais estava constantemente à vista através dos painéis de vidro de sua carruagem. Obedientemente, sorrira para as multidões apesar do frio cada vez maior que sentia.[6] À noite, havia participado, empertigada como um cabo de vassoura e ainda sorrindo, de intermináveis banquetes e celebrações municipais promovidos em sua homenagem a cada parada. Ouvira longas declamações em latim louvando sua juventude e beleza. Havia aceitado buquês de crianças vestidas com curiosos costumes regionais. Havia aplaudido com gratidão incontáveis números musicais, bailados e queimas de fogos de artifício.[7] Nunca, aparentemente, se esquecera de que todos os olhos estavam sobre si.

No entanto, despida diante de toda a delegação austríaca, a arquiduquesa finalmente começou a perder a serenidade. Essa questão da nudez não era simplesmente uma obrigação entre as muitas que agora constituíam seu mandato real – era algo com que era mais difícil lidar, especialmente para uma menina exausta pela viagem, resfriada e dotada, como muitos de seus conhecidos observariam mais tarde, de um sentimento de pudor intenso, incomum em pessoas de sua condição social.[8] "Naquele dia", lembraria uma das nobres presentes à *remise*, não sem uma pontada de desaprovação, "ela chorou muito."[9]

APESAR DO TREMOR e das lágrimas, a princesa nua conservava muitos dos atrativos físicos sobre os quais Luís XV indagara com tanta insistência. A mesma observadora que comentou suas lágrimas admitiu também que a lourinha de olhos azuis tinha uma linda cútis, que outro contemporâneo descreveu como "delicadamente nuançada de rosa, de uma brancura deslumbrante".[10] Uma das damas que compareceram à cerimônia – uma jovem nobre alsaciana chamada Henriette-Louise de Waldner, que mais tarde seria conhecida sob o nome de casada como baronesa d'Oberkirch – descreveu de maneira semelhante a pele exposta de Maria Antonieta como "combinando literalmente lírios e rosas".[11]

Havia nesses elogios uma mensagem política subjacente, pois a paleta branca como o lírio e rósea que evocavam tinha conotações iconográficas específicas. A rosa, todos sabiam, representava a Casa de Habsburgo, ao passo que o lírio (*fleur-de-lys*, ou flor-de-lis) era o emblema igualmente reconhecível dos Bourbon. (Ele aparecia, por exemplo, nos buquês dourados delicadamente tremulantes que engrinaldavam o teto da carruagem em que Maria Antonieta viajava.) Juntamente com a metáfora da primavera que tantas vezes saudara a menina em Viena – e que se prenderia a ela ao longo de seus primeiros anos como rainha –, o entrelaçamento da rosa Habsburgo com o lírio Bourbon foi uma imagem favorita entre os poetas, oradores, artistas e entusiastas do casamento real de ambos os países. Como uma quadrinha francesa da época anunciou:

A rosa do Danúbio e o lírio do Sena,
Mesclando suas cores, adornam os dois países:
Com essa guirlanda o amor faz uma corrente,
Que une estreitamente seus corações felizes.[12]

Desse ponto de vista, era significativo que o delicioso aspecto rosa e branco da arquiduquesa parecesse, para parafrasear mademoiselle de Waldner, literalmente combinar as esperanças, alimentadas pelas duas nações, de uma união franco-austríaca harmoniosa. Sem dúvida, esperava-se que essa combinação literal fosse por fim tomar a forma de filhos reais: esperava-se que Maria Antonieta, como delfina, assegurasse a continuidade dinástica da linhagem Bourbon. Mas, antes mesmo de desempenhar essa missão reprodutiva, a menina encarnava o que Maria Teresa, numa carta ao rei francês, chamou de "o mais doce compromisso existente entre nossos Estados e Casas".[13] Dois dias após a *remise*, um jovem sacerdote chamado príncipe de Rohan emitiu uma nota similar em seu encômio na catedral de Estrasburgo: "[Madame la dauphine] combina a alma de Maria Teresa e a alma dos Bourbon."[14]

Mas Habsburgo e Bourbon não deveriam se misturar em proporções completamente iguais. Alguns comentadores concentraram-se unicamente na "deslumbrante brancura de sua pele" e na bela "alma branca" que esta necessariamente sugeria.[15] De forma mais precisa que a retórica da combinação floral, esses relatos identificavam a primeira missão política da delfina, que era abandonar a rosa dos Habsburgo pela flor-de-lis de sua nova família. Em sua alvura, ela era uma lousa em branco. Depurada de suas marcas austríacas, estava pronta para que escrevessem nela os códigos e interesses exclusivos da monarquia francesa.

Para iniciar esse processo, havia sido requerido dela antes do casamento que repudiasse formalmente sua pátria e adotasse a fidelidade nacional do noivo como sua própria – dois atos que a organização patriarcal da família real francesa exigia de todas as noivas estrangeiras. Como o resto de sua transformação em francesa, a conformidade de Maria Antonieta a essa exigência começara quando ela ainda estava na corte Habsburgo, ao assumir um nome francês para corresponder à nova aparência. Seu nome de batismo era Maria Antônia Josefa Joana, e foi chamada de "Antônia" até que o abade de Vermond, o preceptor francês escolhido por Choiseul a fim de prepará-la para a vida como delfina, começou a chamá-la de "madame Antoine", apelido que se converteu no igualmente francês "Marie Antoinette" pouco antes que ela deixasse sua casa.[16]

Em 17 de abril, quatro dias antes de sua partida, ela havia renunciado oficialmente aos direitos hereditários de sucessão como arquiduquesa do império. Duas noites depois, usando um caro vestido de tecido de prata, casara-se com Luís Augusto por procuração, tendo seu irmão Fernando representado o noivo.[17] Realizado à luz de velas na singelamente majestosa igreja dos freis agostinianos – a mesma em que Maria Antonieta havia sido batizada quando bebê –, o serviço investiu a noiva com o título legal de delfina. A cerimônia no *pavillon de remise* foi, portanto, concebida por seus organizadores para dar os toques finais à nova condição francesa da arquiduquesa.

* * *

À MEDIDA QUE AS CORRENTES DE AR que se infiltravam entre os painéis mal unidos davam lugar a uma chuva pesada, as damas de companhia de Maria Antonieta apressavam-se em concluir sua tarefa. Antes de passar a vestir novamente a menina nua, cobriram seu penteado com uma camada extra de pó, depois aplicaram uma grossa maquiagem branca em seu rosto e fizeram novos círculos vermelhos de ruge em suas faces: três detalhes indispensáveis entre as damas da corte de Luís XV, mesmo aquelas (como Maria Antonieta) cujo cabelo naturalmente claro e pele rosada pareciam não exigir nenhum realce.[18]

Depois de aplicar esses toques, as mulheres puseram-se a vestir a menina, primeiro enfiando-a numa nova e delicada *chemise* de batista, depois apertando bem a cintura com um novo espartilho de barbatanas de baleia. Em seguida prenderam *paniers* sobre seus quadris e calçaram-lhe um par de meias bordadas a ouro, tecidas de seda clara e cintilante. Finalmente, organizaram-se para ajudá-la a vestir um pesado e brilhante vestido de gala feito de tecido de ouro.[19] Como o traje que substituiu, tratava-se de um *grand habit* completo e formal. Seu peitilho de cintura baixa era profusamente decorado com uma "escada" (*échelle*) de laços de cetim encrespados, enquanto mais babados, fitas, renda, pedras preciosas e flores de seda adornavam o resto do vestido.[20] Um par de sapatos altos de cetim, feitos para ela por um eminente sapateiro francês e adornados com fivelas de diamante, completava a toalete.[21] Ao menos na superfície, o magnífico vestido dourado da delfina havia tomado o lugar de tudo "que pudesse ser uma lembrança querida" e a transformara definitivamente numa *française*.[22]

Enquanto isso, a água da chuva jorrava rápida e furiosamente pelos tetos e paredes frágeis do pavilhão. Ainda uma criança, apesar do vestido de adulta e dos saltos altos, a delfina parou de chorar tempo suficiente para rir dos penteados encharcados de suas damas, que se decompunham rapidamente.[23] Menos ofendidas pela risada da menina que temerosas de que o penteado habilmente construído dela própria fosse logo sofrer a mesma sorte, as damas cortaram sua alegria pela raiz lembrando-a do que teria de acontecer em seguida. Agora que abandonara suas roupas austríacas, informaram-lhe, teria de se livrar também de sua comitiva austríaca.

Advertida pelas companheiras, a delfina deslocou-se então pela antecâmara para se despedir de todos, exceto do príncipe Starhemberg, que a acompanharia até a câmara central para os *actes de remise* formais. Seu corpo esbelto mais uma vez sacudiu-se com soluços enquanto ela dava adeus às damas e aos cavalheiros da corte de sua mãe, muitos dos quais lhe haviam servido desde a infância. Como Mops, agora choramingando no colo de um criado, esses leais companheiros da vida inteira receberam palavras de despedida particularmente sentimentais de sua ama.

Como semelhante extravasamento de emoção constituía um indesejável desvio em relação à solenidade régia dos procedimentos, o príncipe Starhemberg, de maneira respeitosa mas firme, abreviou as efusões da menina, conduzindo-a para o grande salão que ficava diante da porta dos austríacos. Ali, três emissários de Luís XV – o conde de Noailles e messieurs Gérard e Bouret – saudaram-na sobre um estrado elevado, disposto atrás de uma comprida mesa coberta de veludo carmim e destinada a representar a fronteira franco-austríaca.

O resto da delegação de Versalhes esperava protocolarmente atrás da porta fechada de uma câmara exatamente em frente aos aposentos austríacos; só seriam apresentados à delfina depois da assinatura dos documentos espalhados sobre a mesa. (A curiosidade dos cortesãos franceses, contudo, certamente não podia tolerar esse adiamento. Uma das mulheres mais ativas do grupo havia deliberadamente prendido a cauda do vestido no vão da porta entre a antecâmara francesa e o salão central, de modo que ela e suas companheiras puderam, antecipadamente, furtar olhadelas de relance à sua futura rainha.) Conduzindo-se cautelosamente pela *salle* cheia de poças, Starhemberg e Maria Antonieta subiram no estrado e cumprimentaram os enviados de Luís XV.

O conde de Noailles informou ao par austríaco que o rei enviava suas saudações e que Sua Majestade aguardava ansiosamente o encontro com Maria Antonieta em Compiègne dali a sete dias. Assim como seu soberano, continuou Noailles, o povo francês regozijava-se diante da perspectiva de uma união entre "duas das mais antigas Casas no universo", e esperava que ela levasse uma "felicidade" sem precedentes para a nação.[24] Maria Antonieta aceitou esses cumprimentos baixando graciosamente a cabeça e em seguida permitiu que Noailles e Starhemberg a ajudassem a se instalar na grande poltrona semelhante a um trono posicionada para ela no centro da mesa. Tratava-se de uma proeza considerável, dado o estorvo representado pelos enormes *paniers* e a cauda que a menina usava. Na qualidade de cortesãos consumados, porém, Noailles e Starhemberg se desincumbiram da tarefa com *aplomb*. Depois que ela estava sentada, os homens fizeram o mesmo e, reexaminando os *actes de remise* dispostos diante de si, passaram aos trabalhos de formalização da troca.

Enquanto isso, Maria Antonieta parece ter se distraído com a visão das tapeçarias *gobelin* penduradas na parede atrás da mesa. Estas, entre as mais preciosas tomadas de empréstimo do *garde-meuble* do rei francês e exibidas sem nenhuma atenção aparente a seu tema, representavam a união mitológica de Jasão e Medéia, como originalmente mostrada em alguns célebres "cartões de Rafael".[25] A instrução clássica com o abade de Vermond deve ter preparado Maria Antonieta para reconhecer a narrativa, pois ao notar as tapeçarias ela exclamou, para ninguém em particular: "Oh, veja! Que tipo de agouro é esse?"[26] Ignorando a manifestação, Starhemberg e os enviados franceses continuaram as formalidades; com o futuro da geopolítica européia pendendo na balança, não havia tempo para prestar atenção àquele desconforto de menina.

* * *

SEGUNDO PELO MENOS dois contemporâneos, contudo, a observação sombria da delfina sobre as tapeçarias pareceu inteiramente compreensível. O primeiro desses contemporâneos, um estudante da Universidade de Estrasburgo chamado Johann Wolfgang von Goethe, havia visitado o pavilhão apenas alguns dias antes da *remise* e ficara furioso pelo fato de algum funcionário francês irrefletido ter escolhido uma tapeçaria que mostrava "o mais desastroso de todos os casamentos" para saudar a hóspede de honra austríaca.[27] De maneira muito semelhante, mademoiselle de Waldner irritou-se com as "estúpidas tapeçarias representando Medéia e Jasão, seus massacres e disputas domésticas".[28] Que tipo de acolhida, perguntou ela mais tarde retoricamente, esperava-se que essas imagens proporcionassem a uma delfina de 14 anos?

No entanto, Waldner, que diferentemente de Goethe estava presente à *remise*, notou que Maria Antonieta pareceu menos perturbada que "impressionada" com as tapeçarias – uma reação que suscita a questão de que tipo de "agouro" a arquiduquesa realmente vira nelas.[29] Pois como sua instrução com o abade de Vermond certamente lhe ensinara, Medéia era, como Maria Antonieta, uma princesa levada pelo casamento para uma terra estrangeira – e uma princesa que usou o vestuário para superar os desafios que ali enfrentou.

Mais precisamente: Medéia deixara sua casa e família para se casar com Jasão, que mais tarde, por razões de conveniência política, decidiu desposar outra princesa. Em vez de aceitar as razões de Jasão para o novo casamento, Medéia criou um vestido e um diadema de irresistível beleza, revestiu-os de veneno e enviou-os para a rival como presentes de casamento. O traje e a jóia desintegraram sem demora a carne da mulher e a destruíram. Após vingar-se outra vez ainda de Jasão matando os filhos que lhe dera, Medéia fugiu numa biga enviada por seu ancestral Apolo, o deus do sol, para salvá-la.

Não por acaso, Maria Antonieta jactava-se ela mesma de uma genealogia quase-divina, orientada para o sol. Através do falecido pai, Francisco Estêvão, ela tinha um parentesco sangüíneo com Luís XIV, ancestral de seu futuro marido e que cultivara a imagem de Rei Sol fantasiando-se de Apolo em bailes de máscara da corte (ver prancha 4). No lado materno, Habsburgo, sua linhagem remontava a Augusto César, que se proclamava filho de Apolo. Ao contemplar as maquinações de Medéia, a menina que havia sido saudada desde o nascimento como "a filha dos Césares" poderia ter assim identificado algo aplicável à difícil situação em que se encontrava.[30] A história talvez lhe tenha sugerido que mesmo uma princesa solitária podia, com a vestimenta adequada, resistir às humilhações a que outros tentavam insensivelmente submetê-la.

A ocasião era certamente apropriada para que Maria Antonieta se entregasse a reflexões nessas linhas, dado que a visão das tapeçarias seguiu-se imediatamente a seu desnudamento público. Como, de fato, poderia ela não fitar espantada quando o cenário que decifrava nas tapeçarias se opunha tão completamente àquele de que ela acabava de emergir? Neste último, um vestido era removido e uma princesa renunciava docilmente a seu poder; no primeiro, um vestido era trajado e a heroína real afirmava seu poder absoluto. Embora fossem como imagens espelhadas em negativo, ambas as cenas refletiam a mesma idéia: que a vestimenta de uma mulher era fonte de imensa potência política, de uma mágica transformacional que caberia a ela controlar ou suportar.

A tinta nos *actes de remise* mal secara quando a porta para a câmara adjacente se abriu e cortesãos franceses caíram sobre a jovem noiva às dúzias. Como o protocolo exigia que as apresentações fossem feitas segundo a posição social, o eminente conde de Noailles, cuja esposa Luís XV designara para servir como *dame d'honneur* e guardiã titular de Maria Antonieta, presidiu o processo. Como a esposa, Noailles, que vinha de uma das mais insignes famílias da França, era um fanático da etiqueta, e sua presença assegurava que a cerimônia se desenrolaria com a fluência de um minueto bem coreografado.[31] Sob sua direção, os aristocratas se enfileiraram para conhecê-la: os cavalheiros parecendo joviais com as perucas empoadas, os chapéus de plumas e os sapatos de salto de sua classe; as damas em seus ricos vestidos de corte, movendo-se com a graça impecável que o professor de dança de Maria Antonieta, Noverre, a preparara para esperar. Um após outro, eles se curvavam e faziam reverências aos pés da nova ama, penhorando-lhe lealmente seus serviços.

No entanto, segundo pelo menos um relato, nem todos os novos compatriotas da delfina ficaram impressionados com o que viram. As damas, em particular, deram risinhos à vista de seu "traje mal escolhido", supondo erroneamente que ela estava usando um "vestido austríaco e não um francês".[32] (Sem que Maria Antonieta e sua mãe o soubessem, era prática comum entre comerciantes de roupas franceses viajar pelo Sacro Império Romano para tentar impingir suas criações fora de moda ou de segunda classe a desavisados camponeses germânicos.[33] Esse fenômeno pode ter contribuído para o ceticismo dos cortesãos franceses em relação ao traje estrangeiro da menina.) Diante de sua roupa não deslumbrante e de seu ruge raiado por lágrimas, os que simpatizavam com a posição antiaustríaca do partido francês haviam encontrado as primeiras razões de queixa em relação à nova delfina. Alegremente, registraram a informação para posterior discussão com camaradas de idéias semelhantes em Versalhes.

Reprovaram também silenciosamente quando Maria Antonieta, esmagada pela emoção do momento – e talvez também pelos cochichos zombeteiros das damas escondidas atrás de seus leques –, procurou consolo jogando-se nos braços da condessa de Noailles, que sua mãe a instruíra a obedecer em todas as coisas.[34] (Por "obediência", Maria Teresa não tivera em mente apego infantil; a imperatriz, que nunca mimara a filha, esperava que ela recorresse à nova guardiã em busca de orientação, não de amor.) A empertigada e gélida condessa de meia-idade "transpirava etiqueta", como gracejou certa vez madame Campan, a tal ponto que "parecia que poderia morrer sufocada diante mesmo da menor perturbação na ordem consagrada das coisas".[35] Até Luís XV, quando lhe apresentavam um problema espinhoso de protocolo, nunca deixava de perguntar: "Madame de Noailles foi consultada?"

Como a condessa sabia muito bem, a etiqueta considerava os corpos dos soberanos franceses tão sagrados que o contato físico casual com eles beirava o impensável. Um abraço repentino entre uma delfina e uma súdita – mesmo uma súdita tão bem-nascida e universalmente respeitada como madame de Noailles – representava portanto uma gafe de primeira grandeza, e a guardiã de Maria Antonieta detestou vê-la perpetrada sob a sua vigilância. O resto da comitiva francesa tinha agora mais um suculento mexerico para levar de volta à corte.

Ainda sem perceber seu *faux pas*, Maria Antonieta continuou agarrada à cintura da condessa, pedindo que a orientasse em sua adaptação à nova posição. Em resposta, madame de Noailles franziu os lábios e empurrou rapidamente a menina, pondo-a de pé. Logo a seguir, fez uma reverência à sua ama real e informou-a rispidamente que o show tinha de continuar. Se Maria Antonieta queria realmente se conduzir bem, deveria tomar o cuidado de evitar, agora e no futuro, quaisquer outras infrações do rígido e incessante decoro que a etiqueta exigia. Era isso que ser uma esposa Bourbon significava – isso e nada menos.

A repreensão áspera – e, obviamente, pública – da condessa deixou claro que na nova vida de Maria Antonieta "não havia lugar para sentimento, algo não tabulado entre os logaritmos do procedimento cortesão".[36] Ela não encontraria compaixão em lugar algum aqui. De maneira semelhante, a insistência da guardiã em que as aparências fossem mantidas a todo custo provavelmente intensificou uma impressão nascente de que sua nova vida seria matéria de superfícies, manipulação, teatro. Sua mãe não lhe advertira que na França ela estaria sempre no centro do espetáculo, e que nunca deveria dar à sua audiência razão para criticá-la? A delfina desprendeu-se da *dame d'honneur* de expressão impiedosa, empertigou-se com toda a dignidade que conseguiu reunir e disse, numa voz clara e firme: "Perdoe-me, madame, pelas lágrimas que acabo de derramar por minha família e minha terra natal. De hoje em diante, nunca voltarei a me esquecer de que sou uma francesa."[37]

Madame de Noailles recebeu essa declaração inclinando laconicamente a cabeça para indicar que a crise cessara. As apresentações cerimoniais recomeçaram como antes, e assim que foram concluídas o conde de Noailles levou a delfina para fora do pavilhão. O resto da corte os seguiu. Quando o último do grupo deixou a construção, o teto sobre a *salle de remise* desabou sob o peso da água da chuva acumulada.

Fora do pavilhão arruinado, um bando de camponeses indigentes da região circundante da Alsácia acotovelava-se na chuva na esperança de ver a delfina. Quando ela subiu lepidamente na berlinda, com um pajem de libré carregando sua cauda dourada muito acima da lama, eles aplaudiram em alvoroço. Em seguida ficaram para trás com o intuito de pilhar a construção que ela deixara. A maior parte das tapeçarias e outros móveis e objetos que haviam adornado o lugar desapareceu na confusão.[38]

A PARTIR DA ÎLE DES ÉPIS, um desfile solene de carruagens francesas, com a berlinda de Maria Antonieta à frente, atravessou o Reno para a primeira das celebrações do casamento a ser realizada em solo francês. Através da chuva agora mais leve, Maria Antonieta rumou para a capital da Alsácia, Estrasburgo, passando sob portões profusamente engrinaldados e ao longo de estradas margeadas por três companhias de soldados adolescentes. Os rapazes, vestidos com os pitorescos trajes da companhia dos *cent-suisses*, disparavam salvas à medida que o cortejo passava por eles e pela entrada da Place Broglie, sob o enorme arco triunfal erguido em homenagem à delfina.[39] No alto do arco "estavam justapostas as armas da França e da Áustria, unidas por uma fita azul e amarela que exibia a inscrição otimista: *Perpetua imperiorum concordia* – 'A concórdia perpétua entre os dois impérios'".[40] Por toda a cidade, ouviam-se os sinos da catedral repicar jubilosas boas-vindas.

Finalmente a carruagem da delfina parou diante do alto palácio episcopal, onde o chefe de uma das mais eminentes casas principescas da França, o cardeal Louis Constantin de Rohan, seria seu anfitrião por aquela noite. Esse venerável eclesiástico recebeu Maria Antonieta nos degraus do palácio, tendo a seu lado o principal magistrado da cidade, monsieur d'Antigny. Após as saudações iniciais do cardeal em francês, Antigny passou a saudar a delfina em sua língua natal. Ansiosa para compensar qualquer passo em falso cometido durante a cerimônia de entrega, e para se provar uma francesa consumada, Maria Antonieta interrompeu o bem-intencionado magistrado com uma versão modificada do discurso que acabara de fazer para madame de Noailles: "Por favor, meu bom senhor, não se dirija a mim em alemão; deste momento em diante, compreendo apenas francês."[41] Pronunciadas com aquele sotaque alemão muito leve que ela nunca perderia, a declaração da delfina deliciou a multidão que enchia a praça. Como suas "magníficas roupas enviadas de Paris", amplamente consideradas "mil vezes mais encantadoras" que aquelas que supostamente usara antes da *remise*, suas amáveis palavras confirmaram as esperanças dos espectadores de que a princesa austríaca assumiria realmente os interesses da nação como seus.[42]

Assim, o povo de Estrasburgo esmerou-se em tornar memorável a apresentação da delfina à França. Após sua entrevista com Rohan e Antigny, 36 jovens pastores e pastoras, escolhidos por sua boa aparência e imaculados em seus deliciosos trajes rústicos, ofereceram-lhe cestas transbordantes de flores frescas. Representantes municipais cumularam-na de outras dúzias de buquês e 24 donzelas das mais eminentes famílias de Estrasburgo, vestindo um colorido traje alsaciano, espalharam ainda mais flores a seus pés. Particularmente encantada com esse último grupo, Maria Antonieta parou para perguntar o nome de cada menina e dar um ramo de flores a cada uma como lembrança.[43] A de mais sorte recebeu de presente o leque que a arquiduquesa levava consigo aquela tarde: uma peça de marfim intricadamente entalhada, incrustada de gemas e decorada com alegres cenas rococó.[44] Encantado com sua generosidade e graça, o povo de Estrasburgo deu entusiásticas boas-vindas à princesa estrangeira.[45]

Essa recepção efusiva, belamente orquestrada, não teria podido ser mais diferente da tensa solenidade da *remise*. Onde quer que olhasse, a delfina via rostos bonitos a lhe sorrir – um prazer considerável para uma jovem que, como um de seus cabeleireiros comentaria mais tarde, não podia suportar a companhia de gente feia.[46] Mal sabia ela que, nesse caso, uma postura municipal havia sido baixada de antemão "proibindo todas as pessoas que sofressem de qualquer afecção repulsiva de aparecer em seu caminho".[47] Segundo Goethe, esse decreto havia causado algum descontentamento entre a população em geral, mas o resultado final foi espetacular. O irrepreensível espetáculo de beleza que acolheu Maria Antonieta em Estrasburgo revelou-lhe que a obsessão nacional francesa pela aparência não deixava de ter suas vantagens.

Foi nessa cidade alsaciana, também, que ela experimentou pela primeira vez o lado agradável da teatralidade francesa: severa e atemorizante durante a *remise*, animadora e alegre nas festividades que se seguiram. Uma tela com 24 metros de altura, pintada com pórticos em tamanho natural e viçosos jardins formais, havia sido pendurada sobre a elegante fachada do palácio episcopal, transformando toda a Place Broglie no glorioso palco central de um anfiteatro. Quando a noite caiu, as nuvens de chuva que haviam atormentado a viagem de Maria Antonieta através do Reno se dissiparam de vez, e centenas de lanternas foram penduradas para iluminar as ruas e os telhados da cidade. Igualmente iluminado desde a flecha até os fundamentos, o arenito rosado da catedral de Estrasburgo, segundo mademoiselle de Waldner, "parecia uma única chama, sua ornamentação floreada brilhando como uma constelação de estrelas".[48]

Fogos de artifício representando vários personagens mitológicos (embora, muito provavelmente, não Jasão e Medéia) projetaram mais luzes deslumbrantes sobre a escuridão, e os reflexos dançaram sobre a superfície do rio, que corria ao lado do palácio do cardeal de Rohan.[49] Cruzando de um lado para outro as águas tremeluzentes, os barqueiros da cidade davam ainda maior realce à cena, pendurando "lampiões semelhantes a grandes laranjas vermelhas [em] seus mastros, ou [acenando] tochas coloridas" nas mãos.[50] Alguns chegaram a reunir seus barcos debaixo das janelas da delfina, todos repletos com vários tipos de arbustos, formando assim um requintado "jardim flutuante" para a diversão dela.[51] Nem o vinho que jorrava nas fontes e os bois que eram assados nas ruas podiam competir com visões tão maravilhosas. Mademoiselle de Waldner ficou surpresa ao perceber que até os mais pobres participantes da festa ignoravam em grande parte as comidas gratuitas, tão assombrados estavam pelo esplendor do ambiente transformado.[52]

Embora não desconhecesse festejos extravagantes, Maria Antonieta parece ter ficado igualmente fascinada.[53] Miraculosamente flamejante no meio da noite, a cidade estava tão mágica que não se parecia com nenhum outro lugar da Terra. "Era como o fim do mundo", relembrou Waldner anos depois.[54] Para Maria Antonieta, porém, o festival representava um novo começo: a apresentação a um lugar em que o espetáculo extravagante se sobrepunha a todas as outras considerações.

No DIA SEGUINTE, a delfina e sua comitiva assistiram a cerimônias religiosas na catedral de Estrasburgo, onde o sobrinho de seu anfitrião, o príncipe Louis de Rohan, oficiou em lugar do cardeal, que já partira para Saverne, uma cidade próxima, a fim de tomar providências para as festividades da noite. Numa visão histórica, esse foi um encontro importante, pois o Rohan mais jovem, um devasso inveterado com um sentimento inabalável de suas prerrogativas sociais, causaria 15 anos mais tarde um dano irreparável à reputação de Maria Antonieta. No entanto, se algum traço da malevolência de Rohan ou de sua moral frouxa se manifestou no sermão, a real ouvinte ao que parece não lhe deu nenhuma atenção. Ao contrário, quando ele encerrou suas palavras, ela lhe dirigiu um encantador e agradecido sorriso.[55] Em seu esforço para apreender as complexidades da hierarquia social em que estava agora enredada, ela havia intuído corretamente que, como um dos nobres mais importantes da França, Rohan era alguém, como o expressou Antonia Fraser, "cujas reivindicações – ou pretensões – Maria Antonieta como delfina teria de aprender a levar em conta".[56]

Como delfina, Maria Antonieta estava de fato enfrentando cada vez melhor cada dia que passava. Depois que deixaram Estrasburgo, ela e sua comitiva de 160 pessoas encetaram uma viagem de uma semana para se encontrar com Luís XV e sua família na floresta de Compiègne. Durante a viagem, a princesa impressionou os novos súditos a cada parada no caminho. Em todas as cidades que visitou, os moradores a receberam com grande pompa e circunstância – mais fogos de artifício e flores, mais rostos bonitos e discursos entusiásticos. Para expressar sua gratidão, a delfina apresentava a seus anfitriões uma imagem de exemplar decoro real. Os erros da *remise* eram coisa do passado. Com suas roupas e sua fala francesas, ela suscitava em toda parte gritos eufóricos de "Como é linda a nossa delfina!", e respondia aos elogios com modéstia e graça cativantes.[57] "Não demorou muito tempo", afirmou seu velho amigo Joseph Weber, "para que todos se convencessem de que a beleza de sua alma era igual à beleza de sua pessoa."[58]

O TRIUNFO DA DELFINA atingiu o apogeu em 14 de maio, quando ninguém menos que o próprio rei considerou suas "graças francesas" mais refinadas que quaisquer outras que já vira.[59] Luís XV, Luís Augusto e membros seletos da corte haviam saído a cavalo naquela tarde para ir ao encontro da jovem viajante na floresta de Compiègne, não muito longe da residência real de mesmo nome. Quando a carruagem chegou à clareira mosqueada pelo sol, a menina emergiu pelo braço do feio mas cortês duque de Choiseul, a quem o rei concedera o privilégio de juntar-se a ela para o estágio final da viagem.

Tendo primeiro reconhecido Choiseul como "o autor de [sua] felicidade", Maria Antonieta deslizou pela falange de príncipes e dignitários solenemente postados e inclinou-se numa profunda e impecável reverência aos pés de Luís XV. Quando ele lhe ordenou que se levantasse, ela o chamou inicialmente de "Majestade"; depois, mais ternamente, de "vovô". Foi um gesto de familiaridade que sem dúvida desagradou a condessa de Noailles, mas o rei pareceu achá-lo cativante.[60] Ele beijou a menina vigorosamente em ambas as faces, olhou-a de alto a baixo para completar, e, com um sorriso de aprovação, desviou-se para que o neto pudesse fazer o mesmo.

Luís Augusto, em contraposição, pareceu menos entusiasmado que intimidado pela visão da noiva. Como os cortesãos reunidos observaram – alguns com alarme, outros com mal disfarçado prazer – ele estava visivelmente relutante até em se aproximar dela. A etiqueta exigia que ele a beijasse na face; ao contrário do avô, porém, o rapaz o fez o mais bruscamente possível e em seguida safou-se para um lado, deixando Luís XV coquetear com ela.[61] Mantendo a serenidade, Maria Antonieta respondeu destemidamente aos galanteios do rei e saudou o resto de sua comitiva. Mas depois da entusiástica recepção que recebera de praticamente todos ao longo de sua viagem, o retraimento do Bourbon mais jovem deve tê-la feito hesitar. Luís XV partilhou sua perplexidade, observando mais tarde que, ao não se impressionar com os óbvios encantos da noiva, o neto "não era um homem como os outros".[62]

Ou, no mínimo, o jovem noivo não era um homem como o rei seu avô. Em contraste com o vistoso Luís XV, homem de olhos negros que mesmo aos 60 anos conservava sua legendária e flamejante boa aparência, Luís Augusto, em seus 15 anos, era míope, desajeitado e excessivamente gordo. Como o conde de Mercy-Argenteau, embaixador de Maria Teresa em Versalhes, relatou com aversão: "A natureza parece ter negado tudo a monsieur le dauphin." Tudo, isto é, menos úmidos olhos azuis sob grossas pálpebras, um andar desajeitado, uma risada nervosa que parecia um latido, um apetite voraz e, em conseqüência desta última característica, um físico corpulento. Além disso, o rapaz nunca quisera ou esperara ser rei: somente as mortes prematuras do pai e dos dois irmãos mais velhos o haviam transformado no delfim, e ele parecia curiosamente decidido a não ter nem a aparência nem o comportamento compatíveis com seu papel.[63] Segundo os mais impiedosos trocistas da corte, ao gingar pelos salões de Versalhes, o que ele mais lembrava era "um camponês que tivesse acabado de deixar seu arado".[64]

A natureza havia sido igualmente impiedosa com os membros da família real que foram apresentados em seguida à delfina: mesdames Adelaide, Sofia e Vitória. Como o sobrinho, essas filhas solteiras do rei eram desprovidas de atrativos físicos e socialmente canhestras – Horace Walpole, que as conheceu na corte, descreveu-as como "solteironas roliças e desgraciosas que nunca sabiam o que queriam dizer e se contorciam como se quisessem urinar".[65] Madame Campan – que serviu ao grupo como leitora antes de se tornar membro do séquito de Maria Antonieta e que mais tarde escreveu uma das mais detalhadas descrições, vistas de dentro, da vida em Versalhes no final do século XVIII – confirmou a opinião de Walpole em suas próprias recordações jocosamente pouco lisonjeiras das três mulheres. Segundo Campan, aos 30 anos a robusta Vitória havia engordado tanto que fazia jus ao apelido com que o pai caçoava dela na infância: Porca (Coche). Embora "extraordinariamente magra", Campan se lembrava de Sofia, aos 36 anos, como "horrivelmente feia" e chamada pelo rei de Gororoba (Graille).[66] Tanto Sofia quanto Vitória tinham temperamentos penosamente nervosos. Forçada por sua educação no convento, quando menina, a fazer penitência nas câmaras mortuárias subterrâneas da abadia de Fontevrault, enquanto um louco gritava enfurecido numa cela adjacente, Vitória era sujeita a ataques nervosos paralisantes. Sofia tinha pavor de multidões e tempestades e revelava uma perturbadora tendência a vagar por Versalhes "como uma lebre assustada" – esta foi a consternada comparação de Campan – quando algo a desconcertava.[67]

A mais velha do grupo, com 38 anos, Adelaide era mais resoluta, embora não muito mais atraente no físico ou na conduta. Sua arrumação pessoal desmazelada e aparência geralmente maltrapilha e encardida valeram-lhe o apelido paterno de Farrapo (Loque). Ao mesmo tempo, ela adorava roupas bonitas e era quase comoventemente vaidosa de seus encantos físicos, embora estes tivessem sido na melhor das hipóteses limitados em sua juventude e depois tivessem desaparecido rapidamente.[68] Segundo o marquês de Ségur, madame Adelaide era também "absurdamente orgulhosa de sua condição real", optando por não se casar com um príncipe estrangeiro para manter sua elevada posição como Filha da França.[69] Suas irmãs a haviam imitado, tanto nisso como nas hostilidades políticas que Adelaide articulava contra o ministro das Relações Exteriores do pai. Mesmo antes da chegada da nova delfina, o grupo estivera se preparando para a última dessas retaliações, que visava precipitar a desgraça tanto de Choiseul quanto de sua protegida.[70]

Ao longo dos anos, o próprio Luís XV pouco fizera para obter a cooperação das filhas ou granjear o apoio delas para suas decisões. Embora corresse o rumor de que mantivera um namorico incestuoso com madame Adelaide quando esta era jovem, o rei optava por passar o menor tempo possível com ela e as irmãs. A piedade das filhas, em particular, parecia-lhe indizivelmente tediosa; assim, reduzia ao mínimo as visitas diárias aos seus aposentos e não fazia segredo de que preferia infinitamente a companhia de suas mais belas e vivazes amantes.[71] Mesmo na viagem para encontrar Maria Antonieta, ele havia irritado as três princesas ao convidar a condessa Du Barry para o banquete que ofereceria na noite seguinte ao encontro na floresta de Compiègne. Du Barry nunca tivera o privilégio de jantar com a família real; Mesdames tiveram dificuldade em acreditar que o rei lhe concederia essa honra numa ocasião tão solene quanto as núpcias do neto.[72]

Foi nesse jantar, realizado em La Muette, pavilhão de caça de Luís XV no Bois de Boulogne, que a delfina viu a condessa Du Barry pela primeira vez. Destacando-se entre os convidados pelas roupas e jóias extravagantes, a fala balbuciada e o escandaloso hábito de se empoleirar no braço da cadeira do rei, a favorita chamou a atenção de Maria Antonieta de imediato.[73] Quando ela perguntou "quais [eram] as funções daquela mulher na corte", o esperto sobrinho de madame de Noailles, o duque d'Ayen, respondeu com um eufemismo: "Divertir o rei." "Bem, nesse caso serei sua rival!", replicou a jovem, sem perceber a insinuação.[74] Para Mesdames, contudo, a fala da menina evocou uma perspectiva exasperante – já antecipada, para horror delas, pelo fato de que, desde que conhecera a delfina, seu pai quase não conseguia, como madame Campan registrou, "falar de outra coisa senão seus encantos".[75] Mexericos desse tipo não tornaram a recém-chegada simpática tampouco aos olhos de madame Du Barry ou de seu grupo de amigos. Em face do intolerável sucesso da *Autrichienne* de Choiseul, Mesdames e os barrystas tinham mais razão que nunca para almejar sua destruição.

MARIA ANTONIETA CHEGOU A VERSALHES na manhã do dia 16 de maio (ver prancha 5). Construído numa escala muito mais imponente que o Hofburg ou o Schönbrunn – o castelo Habsburgo de 1.100 aposentos nos arredores de Viena –, esse palácio monumental exibia uma fachada de calcário de mais de 400 metros de comprimento. Sua arquitetura solene e pomposa trazia o *imprimatur* do grande arquiteto do século XVII Jules Hardouin-Mansart, contratado por Luís XIV para fazer de Versalhes – originalmente um mero pavilhão real de caça – o mais magnífico palácio da Europa. E assim o foi. Um intratável terreno pantanoso a 20 quilômetros de Paris foi transformado por Luís XIV em canais, *parterres* e magníficos jardins geométricos que se estendiam até onde a vista alcançava. Apesar de várias estátuas e fontes terem se estragado durante o reinado de Luís XV, e embora, como um visitante da época se queixou, o saneamento deficiente fizesse com que "o parque, os jardins, e até o palácio virassem o estômago com odores horríveis ... [de] urina e matéria fecal", o efeito geral era de inigualável e inimaginável esplendor.[76] Até os estábulos que flanqueavam a série de imponentes pátios centrais do castelo eram imensos, capazes de abrigar 2.500 cavalos sob seus telhados de mansarda.

O próprio palácio abrigava entre 2 mil e 4 mil pessoas, que competiam pelo supremo privilégio de ganhar um de seus 226 suntuosos apartamentos – ou um de seus 500 quartos, menos confortáveis, mas ainda prestigiosos.[77] Em certos dias, Versalhes podia acomodar até 10 mil pessoas: dos mais augustos próceres ao mais humilde dos criados domésticos, e de dignitários estrangeiros e suas comitivas a comerciantes que apregoavam mercadorias em bancas improvisadas. O palácio era aberto até para turistas, contanto que os visitantes do sexo masculino portassem o chapéu e a espada que distinguiam os cavalheiros do rei. (Quem não os tivesse, podia alugá-los do porteiro, mediante uma módica taxa.[78])

O Rei Sol havia concebido seu incrível palácio acima de tudo como um lugar em que seus cortesãos poderiam ficar constantemente sob sua vigilância – e ele, por sua vez, sob o olhar extasiado deles.[79] Durante sua juventude, a nobreza lhe parecera perigosamente resistente à autoridade da coroa. No último quartel do século XVII, ele os subjugara instalando-os em seu novo palácio expandido, como adoradores em tempo integral no culto de seu próprio esplendor transcendente.

Luís XIV codificou a vida cotidiana em Versalhes de uma maneira que ao mesmo tempo enfatizava sua condição de ungido por Deus e impunha à aristocracia um papel de subordinação reverente. A etiqueta da corte interpretava praticamente todos os gestos realizados pelo rei e os membros de sua família como ritos sagrados, em que os aristocratas serviam a um só tempo como espectadores e oficiantes. Na superfície, os deveres atribuídos aos membros da nobreza podiam parecer bastante triviais: tirar os sapatos do soberano à noite ou derramar água para que ele lavasse as mãos de manhã. Mas Luís XIV transformou essas funções em símbolos de supremo prestígio: "compensações imaginárias" – como as chamou o historiador cultural Jean-Marie Apostolidès – pelas quais os aristocratas da corte competiam furiosamente entre si e que disfarçavam sua perda de poder político real sob o governo absolutista do rei.[80] O biógrafo e historiador Olivier Bernier explicou:

> Como os nobres [em Versalhes] estavam ocupados discutindo questões abstrusas de precedência, o comprimento de mantos usados em sinal de luto ou a posição exata das almofadas na Capela Real, não tinham tempo para pensar em se revoltar contra o governo como seus ancestrais tantas vezes haviam feito.[81]

Além disso, como a referência de Bernier a mantos revela, o vestuário externava não apenas o poder do próprio rei, mas também o lugar de cada aristocrata na hierarquia delicadamente calibrada da corte. Quando Luís XIV adotou um casaco especial com mangas fendidas para prantear a morte de seu sogro, por exemplo, baixou uma lei que proibia qualquer pessoa exceto seus cortesãos de usarem o mesmo traje.[82] De maneira semelhante, o monarca inventou um paletó distribuído a apenas 70 de seus homens favoritos. E "quando usavam esses paletós azuis com bordados dourados", narra a historiadora de moda Mila Contini, os 70 escolhidos "podiam seguir o rei sem precisar de nenhuma permissão adicional" – uma marca de inusitada liberdade e extremo privilégio.[83] Esse conjunto de distinções continuava firme e forte no século XVIII, quando um proeminente nobre, o conde de Ségur, observou que "os cortesãos na França eram ainda mais escravos da moda que do príncipe".[84] De fato, para os residentes de Versalhes, roupas e outros emblemas aparentemente superficiais continuavam a ser medidas concretas de sucesso... ou fracasso. Nesse mundo seleto, a superfície era a substância. E a aparência do poder, legível em tudo desde uma manga fendida até um paletó exclusivo, era o real.[85]

AO APEAR PELA PRIMEIRA VEZ de sua carruagem no grandioso pátio central do palácio, Maria Antonieta teve pouco tempo para ruminar sobre a cultura peculiar de sua nova pátria. Como as reformas no grande conjunto de aposentos que ela deveria ocupar no primeiro andar ainda não estavam concluídas, a condessa de Noailles conduziu-a rapidamente através da profusão de bronzes dourados, mármores, ébanos, marfins, vidros, estátuas, pinturas e tapeçarias que enchiam o gigantesco palácio até um conjunto temporário de aposentos no térreo.

Anteriormente residência da falecida mãe do delfim, Maria Josefa, o conjunto consistia de "duas antecâmaras, um grande gabinete ou biblioteca, duas salas de estar menores, um oratório, um quarto de dormir e um banheiro".[86] Afora alguns bonitos revestimentos de madeira nas paredes e um par de frívolas pinturas penduradas sobre as portas do quarto de dormir – que representavam Vênus, a deusa do amor, brincando com Psique, a amante de seu filho Cupido –, a nova morada de Maria Antonieta tinha poucos encantos dignos de nota. Deixados praticamente intocados desde que Maria Josefa morrera de tuberculose em 1767, os aposentos eram tristes e escuros; muitos dos suntuosos móveis dourados ainda estavam protegidos com capas ou cobertos com grossa camada de poeira. O teto, também pesadamente adornado, mas rachado e esfarelando, ameaçava iminente colapso.

Se esta última característica arquitetônica sugeria um retrocesso ao *pavillon de remise*, as lembranças da delfina a respeito deste talvez tenham vindo à tona ainda com mais força quando as damas começaram sua toalete. Aqui, como na *remise*, a princesa teve de ficar semidespida e tremendo enquanto um bando de acompanhantes cobria energicamente seu cabelo com pó, seu rosto com uma maquiagem branca pastosa e suas faces com grandes e bem definidos círculos de ruge. Aqui, como na *remise*, as mulheres apertaram-na num rígido e justo corpete, amarraram-lhe *paniers* e vestiram-na com um *grand habit* de rico brocado.[87] Somente o vestido representou uma variação notável em relação à cerimônia de troca no Reno, pois o que lhe foi fornecido para vestir agora era feito de um tecido de prata luminoso e esbranquiçado: o material tradicionalmente prescrito para o vestido de casamento de uma delfina.

Resplandecente por si mesmo, o vestido de prata era realçado por grandes quantidades de diamantes brancos, que ela ganhara da mãe como presente de casamento e que sublinhavam sua posição oficial como a mulher mais importante da corte.[88] O conjunto teria sido uma obra-prima não fosse um pequenino detalhe – um detalhe que pode ter tornado a toalete de casamento da menina mais exasperante que o desnudamento na fronteira: os costureiros que haviam confeccionado o vestido de noiva haviam subestimado as medidas da delfina e cortado o corpete pequeno demais.

Por mais que tentassem, as ajudantes de Maria Antonieta não conseguiram fechar o vestido nas costas; sobrava, como um dos convidados do casamento observou, "uma listra bastante larga de atilhos e combinação muito visível, que tinha um mau efeito entre duas listras mais largas de diamantes".[89] Este não foi um inconveniente insignificante, pois esperava-se que a noiva encarnasse o esplendor da dinastia em que estava ingressando. Contudo, com milhares de pessoas esperando ansiosamente seu aparecimento – marcado para ocorrer à uma hora em ponto – e sem nenhum outro vestido de tecido de prata à mão como substituto, ela não tinha muita escolha senão aparecer como estava. Os relógios do palácio bateram uma hora. A um sinal de madame de Noailles, a princesa iniciou sua marcha nupcial no vestido que mal lhe cabia, seus "atilhos e combinação" expostos à vista de todos. Ao pisar fora de seus aposentos, a fachada que se esforçara tão arduamente para preservar começou a rachar. Depois de poucas horas apenas em Versalhes, a princesa perfeita já estava se desintegrando.

Apesar disso, Maria Antonieta assumiu uma expressão corajosa para subir ao andar superior e se reunir a Luís XV e sua família no Cabinet du Conseil. Ali, pela primeira vez, encontrou-se com os dois irmãos mais moços do delfim, os condes de Provence e d'Artois, e suas duas irmãs, Clotilde e Elisabeth, bem como vários príncipes de sangue real – que, afora a família imediata do rei, eram os personagens mais importantes na corte. Depois que essas apresentações foram feitas, o grupo avançou pela vasta e resplandecente Galeria dos Espelhos, onde cerca de 6 mil aristocratas esplendidamente trajados haviam se reunido para vê-los passar.

Reservada para ocasiões importantes na corte, a galeria recebera esse nome por causa dos 17 gigantescos espelhos arqueados que revestiam a parede leste. Eles captavam tanto a luz do sol, que jorrava pela arcada de janelas na parede oposta, quanto a dos milhares de velas que bruxuleavam nos castiçais de cristal e nos tocheiros dourados da galeria. (A luz artificial logo se provaria mais uma necessidade que um toque decorativo, pois escuras nuvens de tempestade haviam começado a toldar o céu de verão – "com certeza um mau agouro", aventou em voz alta o idoso duque de Richelieu, que apoiava madame Du Barry.[90]) Apinhadas entre as altas estátuas de mármore da sala e os pesados móveis dourados, laranjeiras em flor em grossos vasos de prata enchiam o ar com sua fragrância. No alto, afrescos em molduras douradas representavam as heróicas proezas de Luís XIV, que havia presidido a construção da galeria e cujo ubíquo monograma, em medalhões na forma de um sol irradiante, fora bordado em ouro nas ricas colgaduras de damasco branco que guarneciam as janelas abobadadas.

Tipicamente, as atrações deslumbrantes da sala eram suficientes para convencer tanto franceses quanto estrangeiros da glória incomparável do monarca Bourbon. Naquele dia, porém, elas não eram páreo para a esbelta donzela que deslizava pelo lustroso parquete. "Desde os primeiros passos que deu na longa galeria", escreveu madame Campan, "ela atraiu 6 mil pares de olhos para a sua pessoa."[91] De fato, mesmo com a combinação e os atilhos visíveis – e como deve ter sido desalentador para Maria Antonieta vê-los refletidos, um milhão de vezes, nos incontáveis espelhos da galeria –, a noiva era uma figura arrebatadora em seu caminho rumo à Capela do Rei. Enquanto seus magníficos diamantes refratavam a luz do sol e das tochas em todas as direções, seus movimentos naturais de dançarina e sua pele luminosa evocavam murmúrios de admiração por toda a imensa galeria, e o mesmo acontecia com a maneira como ela concedia intuitivamente um aceno de cabeça ou um sorriso a cada pessoa cuja posição merecia tais favores.[92] Com esse admirável desempenho, opinou Campan, a delfina "pareceu mais do que bela a todos os olhos" – embora esta avaliação, sem dúvida, fizesse vista grossa para os murmúrios hostis ou ressentidos que a chegada da delfina pode ter provocado entre os membros do partido francês.[93]

Quando a noiva, o noivo e a família real chegaram à Capela do Rei, uma multidão de espectadores entrou atrás deles para a cerimônia religiosa. Tal como vista dos bancos superlotados da capela e dos compartimentos apinhados do segundo pavimento, a flexível e graciosa Maria Antonieta, ajoelhada sob o dossel prateado estendido sobre o altar, oferecia um agradável contraste com a do pobre Luís Augusto, claramente contrafeito em seu opulento traje dourado de núpcias (que segundo consta valia mais de 64 mil libras).[94] Pelo menos essa foi a opinião de um dos convidados do casamento, a duquesa de Northumberland, que se queixou de que o delfim "não estava tão bem em suas próprias roupas" e "parecia muito mais tímido que sua pequena esposa. Tremeu excessivamente durante o serviço e corou até a raiz dos cabelos quando entregou o anel."[95] Embora a noiva tenha revelado momentaneamente seu próprio nervosismo durante a assinatura do registro de casamento (permitiu que um grande pingo de tinta caísse quando escrevia um de seus nomes do meio, Jeanne), recuperou-se depressa e ignorou os murmúrios dos circunstantes sobre o futuro negro que o borrão pressagiava.[96]

Depois de outra rodada de apresentações formais, o grupo transferiu-se para a recém-concluída *salle de spectacles* para o jantar público da família real, em que Maria Antonieta continuou a prender a extasiada atenção da assembléia. A reforma da *salle* – um salão profusamente dourado iluminado por mais de 3 mil velas tremulantes – havia sido enormemente dispendiosa, e sua execução demandara mais de dois anos de trabalho do arquiteto do rei, Ange-Jacques Gabriel.[97] No entanto, embora os resultados fossem, na expressão enlevada de um espectador, "cem vezes mais admiráveis que as Sete Maravilhas do Mundo", os milhares de convidados empoleirados nos camarotes adornados com ouro para ver os membros da família real comendo não tiraram os olhos da delfina.[98] Sob a pintura de Apolo que enfeitava o alto teto dourado do salão, a filha dos Césares deixava sua exaltada linhagem orgulhosa. Em forte contraste com Luís Augusto, gulosamente curvado sobre a comida, Maria Antonieta mal provou um bocado, sentando-se elegante e ereta "como uma estátua da Beleza".[99]

Assim também, quando a tempestade que estivera se armando sobre Versalhes finalmente desabou, ensopando os convidados espalhados pelos jardins iluminados e obrigando-os a entrar, Maria Antonieta não perdeu o aprumo, nem sua impecável beleza sofreu com a mudança. No jornal *Le Mercure Galant*, uma certa mademoiselle Cosson de la Cressonnière publicou uma quadrinha ecoando os elogios que a noiva suscitara no casamento, e reproduzindo as imagens otimistas que adornavam as paredes de seus novos aposentos:

Em meio aos bons votos de sua corte,
Ei-la aproximando-se do altar;
É Psique, que na flor da idade
Vem o leito de Cupido partilhar.[100]

Por mais irritante que essa aprovação generalizada tenha sido para os adversários de Maria Antonieta, era a questão de despachá-la para "o leito de Cupido" que podia finalmente lhes dar algum consolo, ainda que apenas por oferecer a chance de ver a máscara de graciosa serenidade escorregar de seu rosto de uma vez por todas. A transferência do noivo e da noiva à câmara nupcial para o *coucher*, a cerimônia do deitar-se, reprisou essencialmente os eventos que haviam deixado Maria Antonieta exposta e vulnerável às margens do Reno. Exatamente tão humilhante quanto os ritos que haviam acompanhado a *remise*, os rituais que envolveram a noite de núpcias transformaram a deusa do amor de volta na amedrontada princesa que, apenas duas semanas antes, ficara consternada com uma figura mitológica inteiramente diferente.

Os preparativos de Maria Antonieta para a noite de núpcias começaram, tal como a *remise*, com um desnudamento quase público efetuado por grande séquito de mulheres. Neste caso, não só suas damas de companhia mas também as princesas de mais alta posição na corte participaram da cerimônia de desfazer o penteado da Delfina e desmontar seu intricado traje de casamento, e ajudaram-na a vestir seu virginal penhoar branco.[101] Apinhadas *panier* contra *panier* na sala reservada à toalete, dúzias de senhoras estranhas para a noiva submetiam-se às regras estabelecidas para prepará-la para o *coucher*. Como a princesa de sangue real casada mais recentemente, a jovem duquesa de Chartres gozou do privilégio final da toalete noturna, o de entregar à delfina a camisola bordada. Mas a etiqueta ditava que a peça passasse por outras mãos privilegiadas antes de chegar ao corpo nu da noiva. Para uma princesa em cuja corte de origem as cerimônias do quarto de dormir eram relativamente simples, em grande parte assuntos privados, esse procedimento deve ter sido um tanto chocante.[102]

Mas o pior ainda estava por vir. Tendo vestido a delfina para se deitar, as senhoras a impeliram para a suíte nupcial, onde, segundo um costume real que remontava à Idade Média, a noiva e o noivo tinham de ir para a cama "diante de todo o mundo". Esse grupo incluía o arcebispo de Reims, Luís XV, os príncipes e princesas de sangue real, príncipes e dignitários estrangeiros, os duques, duquesas, pares do reino e suas esposas, e os muitos outros nobres cujos títulos lhe conferiam Direitos de Entrada nos quartos de dormir reais. (Esses direitos, nem é preciso dizer, caíam na ampla categoria de "compensações imaginárias" mediante as quais o Rei Sol havia conseguido subordinar seus nobres.) Embora sabidamente detestasse ser o centro das atenções, Luís Augusto, envergando uma camisola, suportou o suplício sem muito alvoroço, encarando a audiência com um ar de bovina e sonolenta impassibilidade.[103]

Maria Antonieta, no entanto, agarrava-se desesperadamente à gola de seu sumário penhoar e corava até a raiz dos cabelos.[104] Segundo uma de suas novas acompanhantes, mademoiselle de Mirecourt, então com 15 anos, a delfina ficou "violentamente perturbada com toda a atenção pública".[105] Mal esperando que o arcebispo acabasse de aspergir água benta no leito, a noiva, tomada pelo horror, enfiou-se debaixo da coberta bordada. Um breve momento de descanso veio quando as cortinas do grande leito de baldaquino foram cerradas em torno dela e do marido. Nem bem isso ocorrera, contudo, as cortinas foram reabertas, para que os cortesãos, na certeza de que o casamento real estava realmente prestes a se consumar, pudessem se despedir formalmente do casal.

Em realidade, os recém-casados não consumaram a união aquela noite. Na manhã seguinte, os criados que mudaram a roupa de cama do casal, não encontrando nenhum sinal de sangue para atestar o defloramento da virginal delfina, espalharam a notícia de que não se deveria esperar tão cedo um rebento real. Seguindo o exemplo do embaixador espanhol, que subornou esses criados para que lhe permitissem examinar os lençóis em primeira mão, diplomatas de grande número de cortes estrangeiras, inclusive a Áustria, apressaram-se a informar a seus soberanos que a aliança Bourbon–Habsburgo ainda não fora plenamente cimentada.[106] Por inadvertência ou outra razão, o próprio Luís Augusto resumiu a situação anotando no diário que usava para registrar seus sucessos e fracassos nas caçadas reais: "17 de maio: Nada."[107]

Apesar disso, como outro famoso "nada" do diário de caça de Luís Augusto – ele fez o mesmo enérgico registro no dia 14 de julho de 1789, quando o povo de Paris tomou de assalto a Bastilha e desencadeou a Revolução que transformaria o mundo –, esse apontamento deixou de explicar o fato de que a exposição traumática de Maria Antonieta à corte no momento de se deitar estabeleceu o teor e os termos de sua permanência na França. Juntamente com a *remise*, é bem possível que esse incidente a tenha convencido de que seu corpo não estava sob seu próprio controle; de que as roupas que usava podiam lhe ser tiradas contra a sua vontade. De maneira semelhante, se o vestuário podia ser usado contra ela com efeito tão mortificante (como nas ocasiões em que se via despojada dele na companhia de estranhos), então representava também uma posse que valia a pena reivindicar, um poder que valia explorar. Com base nos relatos subseqüentes da própria Maria Antonieta de que Luís Augusto não chegara sequer a lhe tocar a mão, muitos biógrafos conjecturaram que na primeira noite que passaram juntos o rapaz adormeceu imediatamente, ignorando a desconcertada noiva.[108] Esse cenário dá lugar para a possibilidade de que, enquanto o marido cochilava, a delfina tenha ficado livre para revolver muitas vezes em sua mente as humilhações que suportara até aquele momento na nova pátria – e talvez, apenas talvez, para sonhar com Medéia.

❊ 3 ❊

Espartilhada

A celebração do casamento continuou por mais nove dias e noites, com jogos de azar na Galeria dos Espelhos, dança no salão de baile e banquetes, ópera e balé na *salle de spectacles*. Na última noite de festividades, Luís XV deu início a uma queima de fogos de artifício – adiada da primeira noite por causa das fortes chuvas – arremessando uma lança em chamas de uma janela aberta na Galeria dos Espelhos.[1] O espetáculo envolveu uma erupção vulcânica de fogos sobre o Templo do Sol nos jardins do palácio e culminou com a detonação simultânea de 20 mil foguetes que se desintegraram na escuridão como estrelas cadentes.[2] Depois, 200 mil foliões passaram a noite nos jardins do palácio, dançando junto à piscina e fonte refletora conhecida como Bacia de Apolo. Iluminada por um sem-número de lanternas coloridas, as treliças, aléias, arcadas e obeliscos que cercavam a bacia foram descritos como "muito mais brilhantes que quando iluminados pelo sol em todo o seu esplendor, e superavam tudo que se lê sobre o Reino Encantado".[3]

Como convidada de honra e inspiradora das festividades, Maria Antonieta cintilou tão brilhantemente como o Reino Encantado criado em sua honra. Em certa medida, essa cintilação era literal: no dia de seu casamento, Luís XV a presenteara com o cofre de jóias que a tradição reservava para a delfina da França. Forrado de veludo carmim ricamente bordado, o cofre era quase tão alto e três vezes mais largo que sua nova dona, cujas mãos tremeram de emoção quando ela o destrancou com uma pequenina chave de ouro.[4] Dentro, brilhando sobre o revestimento de seda azul-esverdeada, ela encontrou uma magnífica coleção de colares e brincos, leques e caixinhas de rapé, pulseiras e botões – tudo resplandecendo com diamantes e outras pedras preciosas e avaliado coletivamente em quase 2 milhões de libras.[5] Uma das peças mais assombrosas da coleção era um colar de pérolas enormes, de valor inestimável, usado pela primeira vez no século XVII pela mãe de Luís XIV, Ana da Áustria, uma ancestral que por acaso Maria Antonieta partilhava com o noivo. Além do conjunto de esplêndidos diamantes brancos que ela trouxera consigo do Hofburg como parte do enxoval, esses tesouros tornaram-se ornamentos adicionais para os já resplandecentes trajes de corte da delfina. Mesmo em meio a um mar de cortesãos "trajados com brocados, sedas e outras roupas magníficas, e lampejando com jóias", a recém-chegada austríaca era a que mais reluzia.[6]

Alguns dos convidados mais críticos do casamento comentaram que a constituição física da menina parecia frágil demais para suportar tão pesada abundância de pedras preciosas.[7] Entretanto, numa corte em que um torso atraente era obrigatório, universalmente imposto mediante a adoção de espartilhos de barbatanas de baleia, a própria delicadeza da menina a favorecia, assim como seu cabelo louro, os grandes olhos azuis e a já muito alardeada tez de alabastro.[8] Casamentos reais sempre geravam tributos aos encantos físicos da noiva, quer ela realmente os merecesse ou não, mas no caso de Maria Antonieta, os encômios dos poetas não pareciam muito exagerados. Ela parecia tão "luminosa e frágil", segundo sua nova dama de companhia mademoiselle de Mirecourt, que "imaginávamos estar velando a primavera encarnada".[9]

Seu porte proporcionava aos espectadores novos motivos para aprovação, pois, nas palavras de madame Campan, era "simultaneamente gracioso e imponente".[10] Segundo a maioria dos relatos, sua postura era realmente perfeita, e ela tinha uma maneira de sustentar a cabeça que, suas contemporâneas concordavam, a assinalava como uma rainha mesmo numa sala cheia de outras grandes damas.[11] É claro que Maria Antonieta trabalhara como uma escrava para conquistar esse aplauso: despendera horas de treino com Noverre antes de conseguir executar o "deslizamento de Versalhes" sem um passo em falso. Mover-se dessa maneira etérea, sem esforço, não era um feito desprezível nas melhores circunstâncias, muito menos entre a profusão de obstáculos espalhados pelos assoalhos na corte Bourbon. O interior do palácio não primava pela limpeza, e os que se locomoviam por seus corredores tinham de se afastar de tudo quanto há, desde fezes dos bichos de estimação do palácio até restos de comida que criados descuidados deixavam cair ou lama trazida pelos pés de mascates e turistas. Os vestidos longos e incômodos das damas da corte formalmente trajadas também representavam problemas: as pregas da cauda de uma nobre – que, como se queixou a cortesã e eminente escritora madame de Genlis, era sempre "exageradamente longa" – tendiam a se prender nos saltos dos sapatos das senhoras próximas.[12] Contatos acidentais causavam grave mortificação para todos os envolvidos. Para Maria Antonieta, porém, era como se esses perigos não existissem: "Ela caminhava como se tivesse asas."[13]

Dançava com mais elegância ainda. No dia 19 de maio, a delfina e o marido foram chamados para dançar o primeiro minueto num baile a rigor realizado na grande e dourada *salle de spectacles*. Rodeado por vários milhares de espectadores, o herdeiro do trono arrastou os pés do começo ao fim da dança em óbvio desconforto, corando e franzindo as sobrancelhas à sua desagradável maneira habitual. Sua noiva, em contrapartida, pareceu tornar-se ainda mais graciosa ao som da música, e num mundo em que se esperava que o esplendor físico dos Bourbon espelhasse sua supremacia política, essa elegância desenvolta causou forte impressão. Consta que, durante o primeiro minueto, seus movimentos foram "tão naturais e tão graciosos que o imenso salão se encheu tão-somente de murmúrios de admiração".[14]

Na medida em que pressagiavam boas coisas para a aliança franco-austríaca, os triunfos públicos da delfina receberam a aprovação tanto de Luís XV quanto de Maria Teresa, que havia instruído seu embaixador Mercy a lhe enviar mensagens regulares sobre os feitos da filha – mensagens que foram mantidas em segredo de todos em Versalhes, inclusive da própria Maria Antonieta. "Nossa arquiduquesa superou todas as minhas expectativas", informou Mercy à imperatriz pouco após o casamento. "Toda a corte e o grande público só têm elogios para ela."[15] Luís XV em particular, acrescentou ele, "continua muito satisfeito com madame la dauphine, e está sempre afagando-a e cumprimentando-a de maneira muito graciosa e tocante".[16] Em seguida Maria Teresa escreveu para a filha para elogiá-la por ter "conquistado os corações de todos" e lembrou-a de que o coração do rei era uma presa especialmente importante. Recomendou a Maria Antonieta "amá-lo, obedecer-lhe, tentar antecipar-lhe os pensamentos; você não poderá fazer demais nessa frente".[17]

Esse conselho calou fundo no coração de Maria Antonieta, que coqueteava sedutoramente com Luís XV em todas as oportunidades e, em desafio a regras mais formais de tratamento, chamava-o de "querido vovô".[18] Para melhor se insinuar, ela informou-lhe que "ficaria encantada em acompanhá-lo nas pequenas viagens que ele tinha o hábito de fazer" a suas residências próximas de Choisy e Compiègne, Meudon e Fontainebleau – viagens em que geralmente figuravam expedições de caça com o delfim, e nas quais o rei prontamente a incluiu.[19] (Como ainda não cavalgava bem o suficiente para participar dessas excursões a cavalo, Maria Antonieta acompanhava os príncipes e os demais caçadores no conforto e na segurança de uma caleche elegantemente equipada.) Embora também fosse um tanto inexperiente com agulha e linha, a delfina anunciou, orgulhosa, seu plano de bordar um colete para Luís XV, e fez piadinhas cativantemente modestas sobre o tempo que esse projeto iria lhe demandar: "Espero que com a graça de Deus ele esteja terminado dentro de alguns anos."[20] Quando ela ampliou esse prazo para 20 anos, seu "querido vovô" riu e lhe disse que ela deveria realmente tentar concluir o colete antes que ele morresse. Até os erros de costura da menina arrancavam sorrisos indulgentes do velho e fatigado monarca.

* * *

Maria Antonieta estava certa ao prestar atenção ao conselho da mãe e cultivar a afeição de Luís XV, porque para ela, como para os demais membros da corte, todas as bênçãos emanavam dele e apenas dele. Em conseqüência, a competição pela benevolência do rei criava uma atmosfera de amarga acrimônia e desavença no palácio.[21] Um escandalizado Mercy descreveu a corte francesa para sua imperatriz como uma "morada da traição, do ódio e da vingança ... alimentados por intrigas e inspirados pelo interesse pessoal".[22] E embora a elevada posição de Maria Antonieta bastasse por si só para despertar a inveja daqueles milhares de cortesãos menos afortunados que lutavam para se promover, sua relação especial com Luís XV tornou-a particularmente impopular junto aos membros do partido francês, para os quais cada uma das pequenas vitórias da delfina marcava pontos não apenas para ela, mas para a Áustria e para Choiseul.[23]

Mesdames as Tias continuavam na vanguarda desse grupo hostil, mas seus longos anos em Versalhes lhes haviam ensinado a importância da dissimulação e do tato. Jean de La Bruyère, o grande moralista de Versalhes no século XVII, havia escrito: "Jamais espere sinceridade, franqueza, justiça, ... benevolência ou generosidade de uma pessoa que passou algum tempo na corte", e as filhas de Luís XV haviam aprendido bem a lição.[24] Tinham pouca dificuldade em esconder sua animosidade da menina – embora a etiqueta obrigasse Maria Antonieta a passar horas todos os dias na companhia delas, seja em visita a seus aposentos toda manhã, seja para um obrigatório jogo de cartas à noite. Na presença dela, as mulheres mais velhas comportavam-se muito gentilmente; pelas suas costas, porém, criticavam asperamente a menina, que chamavam de *l'Autrichienne*.[25]

Em seu esforço para conquistar a confiança da sobrinha, as Tias beneficiavam-se do fato de que ela sempre recebera ordens de uma mulher mais velha e mais forte – Maria Teresa, que, na carta que Maria Antonieta recebera em Freiburg, ordenara explicitamente à filha que seguisse a orientação de Mesdames ao se adaptar à vida em Versalhes. Com seu verniz de piedade e a posição augusta de que desfrutavam como Filhas da França, as irmãs pareciam à imperatriz as mais confiáveis mentoras para a nova sobrinha. E era exatamente assim que elas se apresentavam para a delfina. Chegaram até a lhe dar a chave de seus aposentos, para estimular visitas tanto formais quanto informais. Essa maior intimidade lhes permitiria obter valiosas informações contra Maria Antonieta, informações que poderiam usar para prejudicá-la aos olhos do rei. Adotando-as como mães substitutas, a crédula princesa tornaria o trabalho delas muito mais fácil.[26]

As Tias e sua rodinha de amigos enfadonhos (embora vingativos) não eram os únicos que ansiavam por desconcertar a delfina. Na extremidade oposta do espectro social da corte, a licenciosa e bela condessa Du Barry, ela mesma vítima havia muito da língua ferina de Mesdames, partilhava a antipatia dessas mulheres por Maria Antonieta. A amante do rei, turbulenta, impudente e de baixa extração, diferia de Mesdames e seus piedosos amigos em praticamente todos os aspectos, exceto no ódio que também ela nutria pelo duque de Choiseul. Secundado pelos membros de sua cabala, o ministro das Relações Exteriores exasperava a condessa não só cantando vitória por ter trazido a menina para a França, mas também destacando de forma explícita sua óbvia superioridade sobre as outras célebres beldades da corte.[27]

Com sua admirável combinação de cachos muito louros e voluptuosos olhos cor de violeta, Du Barry não estava habituada à competição de outras mulheres na corte. ("És a divindade do rei", o legendariamente lascivo duque de Richelieu gostava de lhe lembrar.[28]) De maneira semelhante, ela estava ciente de que seu amante se cansava com facilidade. Como sua predecessora Pompadour, madame Du Barry havia então, nas palavras de um memorialista da corte, construído sua carreira "dissipando o tédio dele de todas as maneiras possíveis".[29] Ela organizava festas privadas licenciosas para Luís XV e os amigos, comportava-se com uma vulgaridade atrevida que o amante achava provocante e partilhava com ele os mais recentes versos satíricos e pornografias ilicitamente publicados (mesmo quando tais publicações visavam atingi-la pessoalmente). Os detratores choiseulistas da favorita sustentavam que ela chegava a pôr outras jovens bonitas na cama do rei, de modo a poder controlá-lo mesmo quando ele se afastava do seu lado. O interesse dele por Maria Antonieta, contudo, era algo que a condessa não podia controlar, representando assim uma notável ameaça à sua posição. Por trás de portas fechadas, os mexericos palacianos davam voz ao pior temor de Du Barry: que dentro em pouco o velho devasso fosse procurar a própria nora para uma variação picante.[30]

Para piorar as coisas, a princesa logo adotou o hábito dos choiseulistas de tratar madame Du Barry com franco desdém. A favorita não sabia, mas a frieza de Maria Antonieta era obra das Tias, que haviam informado a esposa do sobrinho sobre o passado escandaloso de Du Barry.[31] Nascida Jeanne Bécu, a favorita era filha ilegítima de uma costureira promíscua e um monge de má conduta. Após alguns anos de educação num convento, passou a trabalhar como balconista numa elegante loja de acessórios em Paris, mas encontrou um bico mais lucrativo numa série de bordéis, onde cobrava 24 libras por uma noite de amor.[32] Foi nesse meio – que a própria Jeanne descreveu mais tarde levianamente como seu "Seminário da Devassidão" – que a jovem prostituta se envolveu com Du Barry, um aristocrata libertino e sem dinheiro.[33] Quando a pôs ao alcance dos olhos de Luís XV, seu novo amante compreendeu que poderia ganhar as boas graças do rei (e assim resolver suas dificuldades financeiras) instalando-a como a mais nova *maîtresse en titre*. Isso foi em 1768, quatro anos após a morte de madame de Pompadour, e embora o rei tivesse ficado profundamente sentido com a morte de sua fiel amante, seus conhecidos apetites tornavam extremamente improvável que o posto fosse permanecer vacante para sempre.

Agindo rapidamente, Du Barry arranjou um casamento de conveniência entre Jeanne, então com 15 anos, e seu irmão, o conde Du Barry, tendo o próprio pai de Jeanne oficiado a cerimônia. A farsa dotou Jeanne de um título aristocrático, qualificando-a assim para receber a atenção oficial do rei. Fascinado pela beleza da jovem, que até o mais mundano dos nobres concordou em qualificar de "celestial", Luís XV instalou-a avidamente no lugar de Pompadour.[34] Em abril de 1769, ele promoveu sua apresentação formal à corte – uma cerimônia usualmente reservada para a flor da nobreza. Nessa ocasião, a ex-balconista e prostituta chocou o mundo exibindo-se entre mulheres ilustres da corte usando jóias no valor de 100 mil libras e diamantes nas solas dos sapatos.[35] Mas os cortesãos do rei não foram os únicos a quem desagradou ver uma humilde rameira subir tão alto. Graças em parte aos esforços dos choiseulistas, que financiaram a publicação de panfletos clandestinos sobre as proezas lascivas de Du Barry (reais e exageradas), os plebeus franceses também ficaram ultrajados com sua ascendência.[36] Dos salões de Versalhes às ruas de Paris, descontentes queixavam-se de que a nova favorita de Luís XV transformaria a sala do trono num "Seminário da Devassidão".

Para as Tias, transmitir esses mexericos a Maria Antonieta era duplamente vantajoso. Primeiro, isso as ajudaria a incutir na menina uma aversão tão forte pela condessa que Du Barry enfrentaria uma humilhação social maior do que tudo que já conhecera. Segundo, e mais importante, elas pareceriam ter esperança de que a inevitável antipatia da delfina pela favorita a pusesse em graves apuros junto a Luís XV.[37] Ingênua demais para perceber esse jogo duplo, Maria Antonieta foi um instrumento dócil nas mãos de Mesdames. Tendo recebido uma educação religiosa bastante rigorosa, ficou tão horrorizada quanto se poderia desejar com os detalhes da obscena história de madame Du Barry e concluiu que seria indecente de sua parte reconhecer a existência da favorita.[38] Numa carta a Maria Teresa, justificou sua conduta descrevendo a amante do rei como "a mais estúpida e mais impertinente criatura imaginável" – e esta não era uma opinião que se sentia compelida a restringir ao papel.[39] Sempre que a delfina se encontrava com "a criatura", seu lábio inferior naturalmente insolente – que o cardeal de Rohan já havia notado em Estrasburgo como sendo "escarlate como uma cereja, mas grosso ... , o que sabemos ser o traço distintivo" dos Habsburgo – fazia um inequívoco muxoxo de desdém.[40] Recusava-se a dirigir uma palavra que fosse na direção da favorita, mesmo quando o rei estava olhando. Para grande consternação do embaixador da Áustria (porque Mercy compreendia que afrontar a amante do rei não poderia trazer nada de bom), a delfina "fazia constantes piadas em público" à custa de Du Barry.[41] Rindo desses gracejos por razões que sua jovem sobrinha não suspeitava, as Tias a estimulavam na crença errônea de que estava no caminho correto.

Dada a influência de Du Barry sobre o rei, sua inimizade poderia se mostrar letal para a delfina que já não tinha amigos. As Tias reconheciam, no entanto, que seria necessário um escândalo mais flagrante para levar seu pai a se voltar seriamente contra a menina, pois a propensão para o tédio e a depravação sexual não eram as únicas qualidades que o definiam. Outra delas, suas filhas sabiam melhor que ninguém, era uma apatia peculiar, que Choiseul descreveu certa vez como uma "total inércia da alma".[42] Luís XV era exímio em fazer chocolate quente e orgulhava-se de sua habilidade para cortar o topo de um ovo quente com uma batidinha da colher.[43] Afora esses talentos, as travessuras sexuais e a paixão pela caça, muito pouca coisa o interessava a ponto de despertá-lo de sua indolência.

As Tias então davam tempo ao tempo enquanto, humilhada pelas desfeitas públicas da arquiduquesa, Du Barry retaliava criticando a menina de maneira cortante e freqüente e partilhando suas opiniões com "todos aqueles cujas ambições políticas haviam sido frustradas, feridas, humilhadas pelo ministério de Choiseul".[44] Esse grupo incluía não apenas o duque d'Aiguillon, que segundo se acreditava era o amante secreto de Du Barry, como também o duque de La Vauguyon, homem singularmente mesquinho cuja fama se assentava sobretudo no fato de ter servido como preceptor de Luís Augusto. Tendo trabalhado ativamente para estabelecer Du Barry como a favorita do rei, os dois líderes barrystas não gostavam de ver o poder dela diluído – ainda mais pela protegida de Choiseul –, e aliavam-se à favorita depreciando a delfina sempre que o rei estava por perto.

Talvez mais notavelmente, para neutralizar o grande número de elogios que a princesa austríaca acumulara por sua elegância e beleza, o grupo barrysta referia-se a ela como "aquela ruivinha" (cabelo ruivo sendo infinitamente menos desejável que as muito admiradas melenas louras de Du Barry), e declarava com fingido pesar que a delfina "não tinha um talhe digno de menção". Não surpreende que o veredicto da favorita fosse o mais severo: "Não vejo nada de atraente em cabelo ruivo, lábios grossos, tez amarelada e olhos sem cílios", informou ela, amuada, a Luís XV. "Não tivesse ela que é tão bonita provindo da Casa da Áustria, esses atrativos jamais teriam sido objeto de admiração."[45] Numa corte em que a aparência era tudo, estas eram palavras belicosas, e, como todo mexerico em Versalhes, tornaram-se rapidamente fonte de discussão generalizada. Circulando primeiro pelo Oeil-de-Boeuf (a concorrida antecâmara junto aos aposentos do rei, assim chamada por ter um "olho-de-boi", ou clarabóia), as críticas espalharam-se rapidamente por todo o palácio. Mas para alegria de ambas as alas do partido francês, logo ficou evidente que as cáusticas avaliações da aparência da menina não eram a única munição que tinham a seu dispor.

* * *

Em seus primeiros meses em Versalhes, a delfina permaneceu em grande parte na ignorância dessas intrigas, estando absorvida por um problema diferente, que fazia a corte inteira tagarelar sobre o estado de seu casamento. Aristocratas cochichavam a respeito dele em aléias e salões afastados.[46] Criados matutavam sobre ele nos estábulos e nas hortas. Diplomatas visitantes descreviam-no em seus despachos para príncipes em seus países de origem. Choiseul avaliou a situação declarando com característica franqueza: "A menos que mude, o delfim acabará por se tornar o horror da nação" – um pronunciamento pelo qual Luís XV declarou-se "profundamente abalado", embora o soberano tenha expressado também a esperança de que as inquietantes circunstâncias iriam melhorar "quando menos esperarmos".[47] Maria Teresa adotou uma posição similarmente otimista quando atribuiu o problema à "extrema juventude e timidez" de seu novo genro.[48] Maria Antonieta, de sua parte, não arriscava nenhuma opinião ou teoria desse tipo, mas simplesmente relatava os fatos a seu preceptor, o abade de Vermond. Parafraseando as observações que ela fez para o emissário da imperatriz, Starhemberg, Vermond registrou que "desde a ocasião de seu encontro na floresta de Compiègne, monsieur le dauphin não só nunca a beijara como sequer lhe tocara a mão".[49] Luís Augusto, em suma, ainda não fizera nenhum esforço para consumar o casamento.

Segundo um médico especialista que Maria Teresa consultou sobre o problema, isso representava um "comportamento estranho", embora, aos 15 anos, o delfim fosse de fato, como a imperatriz o expressara, ainda bastante jovem, e a timidez de que ela o acusara fosse incontestavelmente um de seus traços de caráter mais marcantes.[50] Órfão aos 13 anos, ambos os pais tendo morrido de tuberculose, Luís Augusto crescera sob a tutela mais ou menos exclusiva do duque de La Vauguyon, que o mantivera isolado de outros cortesãos sob a alegação de que, como príncipe Bourbon, ele era superior a todos os demais. Segundo um contemporâneo crítico, o maior legado da criação solitária do menino foi um "pavor de conversas e uma timidez tão profundamente arraigada em sua alma que era impossível curá-lo".[51] Além disso, La Vauguyon havia instilado em seu pupilo uma profunda desconfiança de Choiseul e da Casa da Áustria – sentimento que o falecido pai de Luís Augusto, Luís Fernando, um dos mais implacáveis inimigos do ministro das Relações Exteriores, partilhara intensamente.[52] Entre seu temperamento anti-social e sua arraigada austrofobia, talvez não fosse de todo surpreendente que Luís Augusto entrasse em pânico quando confrontado com a mulher sociável e atraente em que via uma emissária da aliança choiseulista.

Ainda assim, no contexto de uma união real, sexo era um dever inegociável, com muito maior razão na França naquele momento particular. Sob os dois soberanos anteriores do reino, Luís XIV e Luís XV, os herdeiros imediatos do trono haviam encontrado mortes extemporâneas, levando a inquietantes lacunas na sucessão. Luís XV, bisneto do Rei Sol, havia ascendido ao trono aos cinco anos, após as mortes do avô, do pai e de dois irmãos mais velhos, ao passo que Luís Augusto havia perdido o pai e os dois irmãos mais velhos antes de se tornar delfim. Mesmo com dois irmãos mais jovens esperando nos bastidores – o conde de Provence, com 14 anos, e o conde d'Artois, com 13, que deveriam ambos se casar nos próximos anos –, Luís Augusto tinha um trabalho predeterminado a realizar. Ele e a delfina precisavam iniciar uma família, sem demora.

Mas Luís Augusto demorava, deixando partidários e inimigos da aliança austríaca a monitorar obsessivamente o que madame Campan chamou de sua completa "indiferença e frieza" para com a esposa.[53] A etiqueta exigia que ele jantasse com Maria Antonieta em público e se juntasse a ela e ao restante da família real para reuniões diárias nos aposentos das Tias. Mas exceto nessas ocasiões obrigatórias, o rapaz fugia da noiva com a pressa aterrorizada de um homem atacado por abelhas. Ele dedicava seus dias aos hobbies que haviam preenchido sua vida de solteiro: caçar nos parques em torno das residências reais e consertar fechaduras e relógios em sua oficina privada, sob a tutela de um rude ferreiro profissional chamado François Gamain.

Ambos os passatempos excluíam Maria Antonieta. Sua inexperiência como amazona a impedia de participar plenamente das excursões de caça de que o marido tanto gostava, e ela própria rejeitava a idéia de se reunir a ele em sua oficina, sob a alegação de que sua presença seria tão incongruente ali quanto a de "Vênus na forja de Vulcano".[54] Aqui, mais uma vez, a princesa encontrou na literatura clássica um ponto de referência adequado para sua própria vida: Vênus, a graciosa deusa do amor, e Vulcano, o deformado deus ferreiro, estavam entre os casais mais improváveis – e mais infelizes – da mitologia. Obstinadamente absorto em suas atividades desordenadas, Luís Augusto parecia muito disposto a sustentar sua parte da analogia, deixando Maria Antonieta tão pura e intacta quanto a Vênus que cabriolava nas imagens pintadas nas paredes de seu quarto.

A insociabilidade do delfim não diminuía quando a noite caía. Em vez de visitar a esposa em seus aposentos, como se esperava de príncipes com uma missão dinástica, Luís Augusto preferia passar a maior parte dos serões em seu próprio apartamento, onde tentava desviar os olhares inquisitivos de seus acompanhantes com momices excêntricas, infantis. Para os preparativos cerimoniais a que tinha de se submeter antes de ir para a cama todos os dias, ele tinha uma brincadeira favorita que envolvia a faixa azul que usava sobre o paletó para assinalá-lo como membro da Ordem do Espírito Santo. Quando seus cavalheiros tentavam despi-lo, o delfim agarrava a faixa com ambas as mãos, agitava-a no ar como um laço e tentava prender o brinco de um cortesão ou criado próximo. Se a faixa atingia o alvo, ele passava a rasgar o lobo da orelha do homem com um puxão rápido e jubiloso.[55]

Semelhantes acessos tornavam difícil, se não inteiramente impossível, para o grupo reunido desempenhar suas funções – retirar-lhe o paletó e os sapatos, calçar-lhe chinelos, trocar-lhe as roupas por uma camisola, enfiar-lhe o cabelo numa touca – com algo semelhante a gravidade ou desenvoltura. Como todos os outros rituais principescos, o *coucher* devia afirmar tanto a dignidade da família Bourbon quanto o papel prestigioso dos próprios cortesãos ao levá-lo a cabo. Comportando-se de uma maneira que não correspondia à nobreza de sua posição e que comprometia a capacidade de seus acompanhantes de servir-lhe, Luís Augusto aumentava o escândalo que emanava de seu outro "comportamento estranho".

AO MESMO TEMPO, a reticência do rapaz no quarto de dormir estava tornando francamente impossível para Maria Antonieta ser, como o expressou a idosa *salonnière* madame du Deffand, "uma verdadeira delfina".[56] Segundo Maria Teresa, porém, as evasões de Luís Augusto não dispensavam a delfina de suas próprias obrigações conjugais. Maria Antonieta, declarava a imperatriz em suas missivas regulares à França, não podia se contentar em encantar Luís XV; devia também agradar ao marido e selar a aliança franco-austríaca dando à luz um herdeiro real. "Tudo depende da esposa", proclamava a imperatriz, "de sua atitude submissa, dócil e agradável" para com o marido: "a única obrigação da esposa de um príncipe herdeiro [deve ser] agradar e obedecer" ao seu homem.[57] Tendo governado um vasto império enquanto seu próprio marido se divertia com cavalos e amantes, Maria Teresa não pusera esse conselho em prática ela mesma. Para a filha, porém, parecia contemplar um caminho mais tradicional, orientando a menina para combater a reserva do delfim com "carícias e agrados" suaves, mas abundantes.[58]

A jovem respondia declarando à mãe e a quem quer que julgasse conveniente lhe fazer perguntas "que estava tentando conquistar a confiança [de monsieur le dauphin] e esperava ter sucesso nisso".[59] Ao que parece, ela intuía que esse relutante futuro rei sofria de um debilitante sentimento de inadequação para o papel, especialmente quando comparado ao fogoso Luís XV.[60] Compassivamente, Maria Antonieta tentava reforçar a auto-estima do rapaz, anunciando, tanto em sua presença quanto longe dele, que ele lhe parecia "sempre mais amável a cada dia".[61] Com a permissão do rei, ela começou a tomar aulas de montaria num burro, de modo a se tornar um dia capaz de acompanhar as caçadas reais. Atuava como pacificadora nas terríveis brigas que Luís Augusto costumava ter com o irmão do meio, o conde de Provence, que zombava cruelmente dele por sua falta de jeito e de sagacidade. E sempre que surpreendia o marido saindo de sua oficina, estendia-lhe suas mãos bonitas e brancas numa afetuosa saudação, fingindo não perceber o quanto as mãos dele estavam enegrecidas pela forja.[62] Ali onde outros cortesãos o encaravam com mal disfarçada impaciência ou desprezo, Maria Antonieta o acolhia com um sorriso.

Apesar disso, durante os primeiros meses do casamento, os gestos amistosos da delfina tiveram pouco impacto perceptível. Afora a caça e a forja, o único assunto que Luís Augusto parecia disposto a encetar com a esposa era a última refeição que haviam feito. Em regra, ele consumia vastas quantidades de comida cada vez que se sentava à mesa – devorando pelo menos "quatro costeletas, um frango, uma pratada de presunto, meia dúzia de ovos com molho e uma garrafa e meia de champanhe [de manhã] antes de sair para caçar".[63] Com freqüência esses excessos causavam-lhe sérios ataques de indigestão, durante os quais ela permanecia de bom grado a seu lado para socorrê-lo.[64] Contudo, apesar de suas freqüentes perturbações digestivas, o delfim retornava sempre ao mesmo tópico: os cozinheiros não estavam lhe dando comida suficiente. Tentando ser tão "submissa, dócil e agradável" como a mãe recomendara, sua esposa respondia a essas queixas com uma expressão de piedade. Apesar disso, nem o tom nem o conteúdo delas eram de maneira alguma conducentes à intimidade romântica.

Depois que a corte iniciou seu circuito anual de verão pelos castelos menores do rei na região em torno de Versalhes, Maria Antonieta tentou uma linha de ação diferente. Num domingo de julho, quando a corte estava em Choisy, ela deteve o delfim sozinho e falou-lhe diretamente sobre a vida sexual de ambos. "Como devemos viver em íntima amizade", explicou ela, "devemos confiar um no outro e conversar francamente sobre tudo."[65] Apesar de toda a timidez, o marido pareceu agradecido por ela ter levantado o assunto, e disse que partilhava seu ponto de vista. Como Maria Antonieta relatou mais tarde a Mercy, o delfim declarou "que não era ignorante do que estava envolvido no estado do casamento, que desde o início havia traçado um plano do qual não quisera se desviar, e que depois que a corte viajasse de Choisy para a residência real em Compiègne em agosto passaria a viver com ela na intimidade que sua união requeria".[66] Mais especificamente, Luís Augusto prometeu-lhe que quando fizesse 16 anos (seu aniversário coincidiria com a visita a Compiègne) "tudo se consumaria" e dali em diante ele visitaria o quarto dela com mais freqüência.[67] Como Versalhes, Choisy não era um lugar onde um segredo pudesse ser guardado, e logo as notícias de uma conciliação correram por todo o castelo. Todos os sinais pareciam apontar para um desfecho feliz.

Mas os sinais eram enganosos. Por razões que Luís Augusto ou não conhecia ou não se deu ao trabalho de explicar, seu aniversário de 16 anos chegou e passou sem que houvesse qualquer mudança no status quo. Esporadicamente, o delfim podia aparecer nos aposentos de Maria Antonieta – mas a coragem lhe faltava. Durante essas visitas, registrou madame Campan, o jovem simplesmente se enfiava na cama sem falar com a esposa ou tocá-la, e na manhã seguinte tentava escapulir sorrateiramente enquanto Maria Antonieta ainda dormia.[68] Com mais freqüência, porém, deixava a esposa passar a noite sozinha. Na altura do fim do verão, a cena com que as damas que atendiam à delfina se deparavam cada manhã era invariavelmente a mesma que em maio. Ao abrir as cortinas do imenso leito de baldaquino, encontravam a menina sozinha, deploravelmente agarrada a seu cãozinho pug. O príncipe Starhemberg e Mercy haviam feito com que Mops fosse enviado de Viena à delfina como uma concessão à sua solidão.[69]

POIS A DELFINA ESTAVA realmente solitária, embora quase nunca estivesse sozinha. Enquanto em Viena passava os dias brincando com os muitos irmãos e irmãs, via-se agora, como o marido, cercada o tempo todo por um grande *entourage* oficial.[70] Escolhido a dedo pelo rei, o grupo era presidido pela *dame d'honneur* de Maria Antonieta, madame de Noailles, e a camareira (*dame d'atours*), a duquesa de Cossé-Brissac (cujo marido lhe obtivera essa posição graças a suas estreitas ligações com ninguém menos que madame Du Barry). Servindo ao lado dessas damas havia 12 nobres cuja principal função era acompanhar sua ama em toda parte (*dames pour accompagner madame la dauphine*, que, depois que ela foi coroada, passaram a ser conhecidas como *dames du palais de la reine*). Como as *dames d'honneur* e *d'atours*, as posições dessas mulheres eram conhecidas como *charges d'honneur*, concedidas graças à elevada linhagem de suas famílias e às suas relações na corte. *Charges* desse nível davam direito a pensões substanciais e, por permitirem um acesso sem paralelo à futura rainha, um prestígio inestimável.

Servindo sob as *dames* havia 16 criadas de quarto (*femmes de chambre*), recrutadas das fileiras da alta burguesia local. "As quatro primeiras executavam o serviço em duplas, por períodos alternados de duas semanas, substituídas em emergências por suas suplentes entre as 12 criadas subordinadas."[71] (Era a este grupo que madame Campan – cujo sogro serviu como bibliotecário pessoal de Maria Antonieta – tinha orgulho de pertencer.) As *femmes de chambre*, por sua vez, contavam com a assistência de um quadro de *femmes rouges* ou "mulheres vermelhas", assim chamadas por causa do uniforme vermelho característico que usavam para desempenhar suas obrigações.[72]

Maria Antonieta tinha também uma centena de funcionários e criados pessoais para administrar suas finanças e governar seu lar, 200 criados para supervisionar o preparo e o serviço de suas refeições e um pequeno quadro de sacerdotes para atender às suas necessidades espirituais. Contra os desejos de seus inimigos, o preceptor que Choiseul escolhera para Maria Antonieta quando ainda na Áustria, o abade de Vermond, teve permissão para acompanhá-la a Versalhes e continuar a instruí-la. "Seis cavalariços, nove porteiros, dois médicos, quatro cirurgiões, um relojoeiro, um tapeceiro, 18 lacaios, um mestre de esgrima e dois arreeiros" completavam o quadro.[73] Como as damas de Maria Antonieta, esse pessoal partilhava um único objetivo: servir à futura rainha da França, de cuja generosidade sua subsistência dependia. Cercada por todos os lados por esses zelosos serviços, Maria Antonieta logo descobriu que "não podia fazer um gesto, dar um passo, pronunciar uma palavra sem desencadear uma reação nos acompanhantes que nunca a deixavam".[74]

Maria Antonieta, que crescera numa corte marcada por lapsos na informalidade e no conforto burgueses que eram no mínimo ocasionais, passava a ser agora tratada com a ininterrupta solenidade conferida a todos os Bourbon sob o sistema de etiqueta de Luís XIV. Como madame Campan observou, o protocolo a que a princesa era obrigada a se submeter transformava-a ao mesmo tempo num ídolo e numa vítima: um ídolo porque seu séquito tinha de adorá-la como a uma deusa; uma vítima porque o dedicado serviço que ele lhe prestava impedia qualquer privacidade de que tivesse gozado em Viena.[75] De fato, no século XVII, o moralista da corte La Bruyère havia expressado esse paradoxo de maneira muito parecida, quando afirmou que em Versalhes "nada falta aos reis exceto os prazeres de uma existência privada". Isso era certamente verdade no que dizia respeito à jovem delfina.[76]

Mesmo na hora do banho, Maria Antonieta descobriu que não podia escapar de sua comitiva, embora tentasse preservar o que madame Campan descreveu como seu "excessivo sentimento de pudor" e privacidade usando uma comprida camisola de algodão dentro da própria banheira.[77] Esses gestos, contudo, representavam uma frágil defesa contra os olhares ávidos de seus cortesãos. Passando por essa embaraçosa experiência dia após dia – pois, em contraste com seus compatriotas franceses, a delfina revelava uma devoção "germânica" por banhos regulares –, ela era repetidamente confrontada com a verdade da máxima de sua mãe: "Todos os olhos estarão fixos em você."[78] Seu corpo, ela estava aprendendo, definitivamente não lhe pertencia.

Essa drástica mudança em relação a seu antigo modo de vida deixou a delfina imensamente nostálgica da Áustria. "Eu lhe juro", escreveu ela para a mãe em julho, "que não recebi uma de suas queridas cartas sem que lágrimas me viessem aos olhos. ... Desejaria ardentemente poder ver minha querida, minha queridíssima família pelo menos por mais um instante."[79] E numa outra missiva ela confessou, desesperançada: "Meu coração está sempre com minha família na Áustria."[80] Essas declarações talvez emanassem mais da saudade de casa que de inequívoca afeição filial – anos mais tarde, Maria Antonieta admitiria que "temia [Maria Teresa] mais do que a amava" –; mesmo assim, a sensação de isolamento da menina parece ter sido aguda.[81] O abade de Vermond, praticamente o único rosto conhecido que Maria Antonieta encontrou em seu novo lar, detectava "momentos de tristeza" sob a conduta risonha que ela tentava manter em público.[82] "Meu coração", admitiu Vermond para um dos mais próximos conselheiros de Maria Teresa, "fica absolutamente confrangido com tudo isso."[83]

De início, a delfina tentou tirar melhor partido da situação cultivando a amizade das damas que a flanqueavam dia e noite. Embora essas mulheres fossem em sua maioria muito mais velhas que ela, e não tendessem a acessos espontâneos de hilaridade, Maria Antonieta vibrou ao encontrar entre algumas de suas *dames* mais jovens e suas amigas um espírito de divertimento semelhante àquele a que era dada a se entregar com os irmãos e irmãs em casa. Essas novas companheiras, observou um contemporâneo,

> amavam o prazer e detestavam o comedimento, riam de tudo, até dos mexericos sobre as próprias reputações, e não reconheciam nenhuma lei exceto a necessidade de passar suas vidas na alegria, sob uma fina e por vezes enganosa tela de decoro, que escondia mal, ou não escondia nada, certos caprichos que chegavam perto de criar escândalo.[84]

As estripulias de Maria Antonieta com esse grupo iam desde caçar borboletas nos jardins do palácio a fazer passeios no lombo de burros pelas florestas que cercavam Versalhes. Acima de tudo, porém, suas novas amigas a estimulavam a zombar das figuras absurdas que abundavam na corte. Entre seus alvos favoritos estavam as senhoras comicamente presunçosas e grotescamente malvestidas da geração mais velha. Parecendo criaturas de outro século (muitas vezes seu costume cerimonial de corte datava mais ou menos dessa época), essas mulheres tornaram-se conhecidas no irreverente círculo da delfina como "golas levantadas", "pacotes" e "séculos".[85] Incapaz de perceber a importância dessas mulheres mais velhas como incansáveis fontes de mexericos e árbitros rigorosos da polidez, Maria Antonieta as rejeitava. "Quando uma pessoa passou dos 30 anos, não sei como se atreve a se mostrar em Versalhes", desdenhava.[86] Embora o comentário lhe tenha valido muitas inimizades invisíveis entre as eminências pardas do palácio, e mesmo em seu próprio séquito, suas jovens amigas riam a valer.

De maneira igualmente imprudente, a delfina induziu sua panelinha a, junto com ela, zombar de madame Du Barry, cujo ceceio infantil se prestava à paródia e cuja maneira grosseira de falar e comer traía sua origem humilde. Pomposa apesar de sua procedência modesta, a favorita tinha 50 lacaios a seu serviço e insistia em ser acompanhada em toda parte por "um exótico pajem bengali chamado Zamor, que se pavoneava atrás dela com paletó e calças de veludo cor-de-rosa, um turbante branco amarrado na cabeça e uma pequena espada na cinta".[87] Dorine, o Blenheim spaniel de madame Du Barry, exibia um adorno igualmente ultrajante: coleira e trela crivadas com diamantes e rubis, presentes do rei da Suécia.[88] Vez por outra, a condessa levava seus caprichos a extremos insultuosos, como por exemplo quando fez um núncio papal que a visitava levar até ela os sapatos para que calçasse, enquanto, semidespida, se refestelava na cama.[89] Sem dúvida o dinheiro que Luís XV lhe prodigalizava permitia que se vestisse como uma rainha – tinha uma renda de 150 mil libras por ano –, e ela o esbanjava em roupas e jóias.[90] De fato, sempre que podia gostava de combinar esses dois prazeres com resultados de fazer cair o queixo: segundo Olivier Bernier, "numa época em que uma família nobre abastada podia viver luxuosamente com 30 mil libras por ano", Du Barry gastou 450 mil libras num único corpete de vestido cravejado de diamantes.[91]

Essas pretensões forneciam interminável diversão a Maria Antonieta e suas companheiras. Em certa ocasião, a condessa de Grammont, uma *dame pour accompagner madame la dauphine* que era aparentada de Choiseul pelo casamento, levou a brincadeira a ponto de pisar deliberadamente na cauda de Du Barry, reduzindo-a "a frangalhos, depois rindo da maneira mais imoderada" com as amigas.[92] Com mais freqüência, a delfina e sua panelinha contentavam-se em abafar os risos sem muita sutileza atrás dos leques sempre que Du Barry, seguida por Zamor, entrava no campo de visão.

As irreverentes caçoadas das jovens damas chamavam a atenção não apenas da infeliz favorita, mas do próprio rei, que avisou a delfina através de intermediários que sua paciência não duraria para sempre. (Maria Teresa, informada por Mercy, recomendou com insistência à filha que fizesse as pazes com a favorita, rogando-lhe que ao menos lhe dissesse "uma palavra – sobre um vestido ou alguma bagatela desse tipo", possivelmente com base no fato de que, no mínimo, as duas adversárias tinham em comum o amor pelas belas roupas.[93]) Mas esses conselhos caíram em ouvidos moucos. As escapadas de Maria Antonieta com suas irreprimíveis *dames* continuaram sendo praticamente os únicos pontos de luz num horizonte social sob outros aspectos enfadonho.

Nos meses que se seguiram ao casamento, a delfina procurou também camaradagem entre os filhos de suas acompanhantes. Embora Versalhes não fosse tradicionalmente um lugar propício a crianças, a princesa de mais elevada posição insistia em reviver as brincadeiras de infância com os poucos pequenos que cruzavam seu caminho. Dois deles, os filhos de cinco e quatro anos de suas *femmes de chambre* madame Miséry e madame Thierry, respectivamente, "nunca saíam dos aposentos da rainha e causavam bastante desordem ali" – para dissabor de praticamente todo mundo exceto a própria delfina.[94] (Até as mães dos meninos ficavam horrorizadas.)

Com saudade de seus dois irmãos mais novos, Fernando e Max, Maria Antonieta divertia-se vendo os garotinhos "manchar seus vestidos, rasgar as colgaduras nas paredes, quebrar os móveis e lançar seus aposentos em completa desordem", como Mercy escreveu em tom de censura para a imperatriz.[95] Para diversões mais próprias de meninas, ela se associava com a filha de 12 anos de madame Miséry e com a encantadora filha de quatro anos de outra de suas acompanhantes.[96] Juntas, as três meninas ajoelhavam-se no chão dos aposentos reais, brincando de boneca por horas a fio, tal como Maria Antonieta fizera quando criança na Áustria.

Por mais que a delfina gostasse desses interlúdios, eles não duravam muito, graças à intervenção da condessa de Noailles, que não perdia uma oportunidade de fazer a menina austríaca se conformar às regras que regiam os Bourbon e de lhe lembrar que ela era, como a própria Maria Teresa o expressara, "uma estrangeira que, em todos os casos, deveria desejar incondicionalmente agradar à nação".[97] Assim, a condessa zangava-se com os passeios da menina em lombo de burro, porque o protocolo da corte não tinha nenhum precedente estabelecido ditando como cortesãos deveriam se comportar "quando uma delfina da França cai de um burro".[98] Maria Antonieta achou a censura engraçada e batizou a mulher mais velha de "Madame Etiquette" para registrar seu desdém. Mas um apelido zombeteiro de uma princesa Habsburgo malcomportada estava longe de ser o suficiente para levar Madame Etiquette a se desviar de sua missão.

Madame de Noailles fazia particular objeção às relações excessivamente familiares de Maria Antonieta com os filhos dos membros de seu pessoal. Banir as crianças dos aposentos da delfina, anunciou a *dame d'honneur*, permitiria restabelecer a calma adequadamente dignificada que reinara ali sob a delfina anterior, a falecida mãe de Luís Augusto, Maria Josefa. (Essa princesa havia mostrado exemplar docilidade com relação às convenções da corte, como Madame Etiquette gostava de lembrar à sua indisciplinada pupila.[99]) Para a condessa, a brincadeira com bonecas era horripilante o suficiente para merecer a atenção do próprio Luís XV. Muito menos rigoroso que seu bisavô Luís XIV em matéria de etiqueta, o primeiro instinto do rei foi desprezar a queixa de madame de Noailles. Maria Antonieta ainda era tão jovem; por que não lhe permitir algum divertimento inocente? Além disso, não era muito melhor que a delfina se ocupasse com bonecas que com política?[100]

Essa pergunta retórica revelava a crescente influência de madame Du Barry e seu círculo, que misturavam suas críticas à "ruivinha" com insinuações de que ela viera para a corte com o único objetivo de estabelecer interesses austríacos acima dos da própria França. Comparada a ameaças dessa natureza, uma brincadeirinha de criança não pareceu de início a Luís XV uma causa de preocupação. Contudo, quando a condessa continuou a bombardeá-lo com queixas acerca do "desleixo [da delfina] em matéria de dignidade e apresentação exterior", ele admitiu que a esposa do neto teria realmente de encontrar uma maneira de refrear sua "alegria natural ... quando estivesse presidindo sua corte".[101]

A ordem do soberano, que Maria Teresa repetiu com veemência em suas cartas, não dava a Maria Antonieta muita margem de manobra, pois "presidir sua corte" era o que ela fazia praticamente o tempo todo. A etiqueta exigia que a delfina seguisse os mesmos tipos de rituais públicos coreografados que seu marido estava sempre tentando subverter. A começar com o *lever* e a terminar com o *coucher*, incluindo praticamente tudo entre uma coisa e outra – idas à missa, refeições públicas, recepções formais, audiências e visitas –, seu dia seguia uma programação rígida que consumia todo o seu tempo.[102] Tudo nesse regime assumia literalmente a importância de "aparências exteriores", de modo que mesmo as ações que constituíam sua toalete serviam como ponto focal para a corte como um todo. "Toda manhã às 11 horas", escreveu ela para a mãe em 12 de julho,

> tenho meu cabelo penteado. Depois, ao meio-dia, eles vêm ao quarto ... e ponho meu ruge e lavo minhas mãos na frente de todos [*devant tout le monde*, que quer dizer também "em frente de todo o mundo"]. Depois os cavalheiros se retiram e as damas permanecem, e sou vestida diante delas.[103]

Embora descrevendo um dos traços-chave de seu aprisionamento na rotina da corte, Maria Antonieta usou aqui uma linguagem enganosamente neutra. Muito cedo, Maria Teresa a aconselhara a não se arriscar a expressar nenhum sentimento pessoal em suas missivas, pois indivíduos inamistosos poderiam interceptar as cartas, e Maria Antonieta veio rapidamente a partilhar essa aversão a olhos abelhudos. (Seus temores por sua privacidade não eram infundados: menos de dois meses após sua chegada, ela surpreendeu o odioso duque de La Vauguyon escutando junto à porta de seu quarto de dormir durante uma das raras visitas de Luís Augusto aos seus aposentos.[104]) Assim, a menina formulava suas notícias em termos simples e não queixosos que, como sua mãe recomendara, "todo o mundo [novamente: *tout le monde*] pudesse ler", e que ninguém pudesse usar contra ela.[105]

Contudo, apesar da maneira suave como ela a descreveu, a cerimônia da toalete era extremamente penosa, pois se destinava a recobri-la com todos os sinais externos estabelecidos da grandeza monárquica. De fato, era por isso que tivera de ser uma lousa em branco ao chegar à corte: havia camadas e mais camadas de vestuário que ela, como uma princesa Bourbon, devia ser preparada para envergar – a começar, em sua toalete, por um complicado penteado. Para pôr a delfina em conformidade com a moda da corte, monsieur Larsenneur, que primeiro a atendera em Viena, tinha de moldar seus cachos "frisando-os" com ferros quentes e papelotes.[106] Depois ele os amontoava sobre uma construção sustentada por uma armação de lã e arame e soprava pó sobre toda a confecção com um grande instrumento que lembrava um fole de lareira.[107] Enquanto Larsenneur fazia isso, as mulheres do séquito de Maria Antonieta eram obrigadas a segurar uma máscara sobre seu rosto e ela usava um penhoar sobre seu vestido matinal, de modo que esse pesado pó não recobrisse sua pele ou suas roupas. Todo o procedimento demandava pelo menos uma hora e representava uma assombrosa diferença em relação aos anos em que uma governanta austríaca simplesmente puxava o cabelo da menina para trás com uma fita de pano e pronto, pelo resto do dia. Em Versalhes, como a delfina estava descobrindo, sua aparência era um esforço cooperativo, sujeito aos serviços de várias mãos e às opiniões de muitos; afinal, sua imagem era também a imagem do clã Bourbon, cuja magnificência sustentava e preservava toda a ordem social.

A aplicação de ruge também obrigava Maria Antonieta a se exibir, pois era um evento extremamente público, a que praticamente todos com Direitos de Entrada em seus aposentos (concedidos como algo de praxe às pessoas de importância em Versalhes) tendiam a comparecer. Em conformidade com os códigos da corte, a delfina tinha de dirigir a saudação apropriada a cada um que entrava, enquanto as damas espalhavam grossa camada de maquiagem sobre suas faces. Dependendo da posição da pessoa, registrou Antonia Fraser, esperava-se que Maria Antonieta "fizesse um aceno de cabeça ou inclinasse o corpo, ou – de maneira especialmente afável, quando diante de um príncipe ou princesa de sangue real – esboçasse a menção de se levantar sem realmente o fazer".[108] Nem é preciso dizer que madame de Noailles atormentava a pupila incansavelmente acerca das posições dos vários cortesãos e do tipo de cumprimento que cada um tinha o direito de receber. O dever de saudar cada espectador de sua toalete com um gesto diferente, intricadamente nuançado, exigia intensa concentração da parte de Maria Antonieta e a deixava vulnerável, quando errava, às críticas de sua guardiã e da corte como um todo. Também esse aspecto da cerimônia revelava a natureza altamente politizada da posição de Maria Antonieta como um foco para "todos os olhos".

A logística e a política tornavam-se ainda mais difíceis de manejar quando se tratava de vestir Maria Antonieta com sua *robe à la française*. O costume ditava que a delfina não podia apanhar nada por si mesma. Isso significava, por exemplo, que se madame de Noailles – que, como *dame d'honneur*, tinha o privilégio de lhe entregar um copo d'água – não estivesse por perto, a princesa tinha de ficar com sede. Uma lógica semelhante regia a sua toalete, que madame Campan descreveu como uma "obra-prima de etiqueta" mesmo pelos padrões extremados de Versalhes:

> Se a *dame d'honneur* e a *dame d'atours* estivessem ambas presentes, elas desempenhavam os principais serviços juntas, ajudadas pela *première femme* [*de chambre*] e duas outras mulheres; mas havia distinções entre seus diferentes papéis. A *dame d'autours* entregava [à delfina] sua anágua e apresentava-lhe seu vestido. A *dame d'honneur* derramava a água para a delfina lavar as mãos e lhe passava a *chemise*. Quando uma princesa de sangue real estava presente, ela retirava essa última função da *dame d'honneur*, que não podia, contudo, lhe entregar a *chemise* diretamente. Assim, a *dame d'honneur* tinha de passar a *chemise* para a *première femme*, que por sua vez a apresentava à princesa de sangue real.[109]

Como os cumprimentos cuidadosamente nuançados que pontuavam a aplicação do ruge da delfina, essa elaborada seqüência enfatizava – para ela e para todos os outros participantes – a profunda importância cerimonial e política de que estava investida a estilizada apresentação de seu corpo.

As nuances políticas subjacentes à toalete ganhavam relevo especialmente forte quando uma nobre que não estivera presente no início do ritual entrava nos aposentos da delfina quando ele já estava em curso. Nessas ocasiões, a recém-chegada tinha de ser incorporada ao processo segundo o seu lugar na hierarquia social da corte. Se a nobre atrasada tivesse posição superior à da princesa que estava prestes a entregar uma peça de roupa a Maria Antonieta, esta última era obrigada a devolver a peça à *première femme de chambre*, de modo que todo o processo pudesse recomeçar. Era impensável que uma dama de posição augusta pudesse simplesmente assistir enquanto sua inferior na hierarquia social lhe usurpava as honras finais na cerimônia de vestir a delfina. Como afirmou madame Campan, "todas as senhoras observavam escrupulosamente esses costumes, que viam como seus direitos sagrados".[110] Ao mesmo tempo, nenhuma dessas mulheres privilegiadas parecia se preocupar minimamente com o fato de que, enquanto desempenhavam seus legítimos deveres, a própria Maria Antonieta tinha de ficar postada nua no meio delas por longos períodos de tempo – "os braços cruzados sobre o peito e parecendo sentir muito frio".[111]

Numa manhã especialmente fria, quando as entradas atrasadas de várias condessas e duquesas haviam causado um número maior que o usual de paradas e recomeços da toalete, Maria Antonieta deu voz abruptamente à sua exasperação, exclamando: "Oh, isto é odioso! Que inconveniência!"[112] Pronunciadas como foram no meio de um grande grupo, essas palavras melindraram membros do orgulhoso e titulado séquito da delfina, e foram repetidas rapidamente por todo o palácio. A condessa de Noailles ficou horrorizada como sempre – neste caso, porém, com razão. Dado seu persistente fracasso em conceber um filho, em ganhar a amizade do marido e mesmo em se comportar com civilidade em relação à amante do rei, Maria Antonieta já estava numa posição bastante precária. Ao perturbar aquela toalete, cuja principal razão de ser era tornar visível a sublimidade de sua posição, ela deu ao partido francês maior motivo para afirmar que, como delfina, era um fracasso irredimível.

DEPOIS DE SUA CONVERSA com o delfim em Choisy no mês de julho, durante a qual ele prometera viver com ela "em toda a intimidade que sua união requeria", Maria Antonieta havia corrido diretamente para as Tias, para quem essa informação chegou como uma notícia indesejável.[113] Como o conde de Mercy, a quem Maria Antonieta também revelou o segredo, elas desconfiaram que, se Luís Augusto viesse a amá-la, a delfina "seria capaz de dominá-lo completamente".[114] Era desnecessário dizer que um bebê reforçaria sua posição – e, por extensão, a de Choiseul – consideravelmente. Assim, enquanto Mercy, Maria

Teresa e os choiseulistas regozijavam diante dessa perspectiva, Mesdames viram nela um estímulo para cortar o triunfo da arquiduquesa pela raiz.

Como de costume, madame Adelaide tomou a iniciativa. Apesar de sua corpulência e de sua aparência muitas vezes desmazelada, essa filha do rei continuava, como observou uma amiga da família Bourbon, a condessa de Boigne, "extremamente preocupada com tudo que dizia respeito à sua toalete ... e tinha uma extrema necessidade de inventividade e luxo" em seu guarda-roupa.[115] Já haviam tratado de convencer a delfina de que, na corte da França, "uma mulher não podia ser vista usando o mesmo vestido ou as mesmas jóias em várias ocasiões consecutivas".[116] Ao que parece, essa descoberta estimulou Maria Antonieta a procurar, para assuntos indumentários, a orientação de uma conselheira que supunha ser mais compreensiva que Madame Etiquette. Madame Adelaide agarrou prontamente a oportunidade de pôr seu mais novo plano em prática.

O plano, inspirado pelos recentes conflitos de Maria Antonieta com a condessa de Noailles, visava especificamente o domínio da toalete da jovem princesa. Essa toalete, além das interações sociais codificadas a que submetia a delfina, tinha a significação adicional de impor-lhe as insígnias que identificavam sua classe. Os enormes círculos de ruge e o penteado alto e empoado que a princesa evocou em carta a Maria Teresa tinham por função não tanto embelezá-la – sua pele viçosa e seus cabelos louros certamente não requeriam esses esforços –, mas simbolizar sua posição real. O costume identificava o uso de um ruge pesado como privilégio das damas de alta linhagem, assim como atribuía o uso de sapatos com saltos vermelhos (*talons rouges*) aos grandes do reino.[117] Tanto no caso do ruge como no dos *talons rouges*, a cor exuberante servia para distinguir os nobres de seus inferiores sociais, vestidos com trajes mais pardacentos, e chamar atenção para sua invejável estatura.[118] (Um inglês do século XVIII em visita à França registrou: "A primeira vez que vi as damas cheias de ruge ... elas me pareceram semelhantes a um longo canteiro de peônias muito coloridas e inteiramente desabrochadas num jardim."[119]) Sofrendo para ter suas faces avermelhadas "na frente de todo o mundo", Maria Antonieta repetia assim mais um gesto simbólico crucial: assumia publicamente os sinais do poder aristocrático.

O espartilho de barbatanas de baleia com que as acompanhantes da delfina a apertavam em sua toalete caía na mesma importante categoria. Como o ruge, o espartilho enfatizava a condição de membro da classe dominante como distinta de qualquer outro grupo social. Um corpo firmemente espartilhado revelava "as normas de rigidez e autocontrole" valorizadas pelos aristocratas; em marcante contraste, o corpo de um indivíduo de classe inferior, como observou o historiador Daniel Roche, tendia ou a ser "curvado pela adversidade e a labuta, ou a gozar de uma liberdade não restringida pela etiqueta".[120] Crianças bem-nascidas de ambos os sexos eram assim espartilhadas desde cedo – muitas vezes aos dois anos – para "prevenir deformidades do esqueleto" e "manter a cintura sob controle".[121] Quando completavam seis anos, os meninos trocavam os espartilhos por calções amarrados abaixo do joelho, mas as mulheres permaneciam espartilhadas pelo resto de suas vidas.

No entanto, se o espartilho de barbatanas de baleia era universal em Versalhes, a posição de Maria Antonieta exigia que ela o usasse de uma forma particularmente inflexível, conhecida como o *grand corps*. No simbolismo do vestuário da corte, esta era uma marca de suprema distinção: somente as mais nobres princesas da França tinham o direito de usar o *grand corps* habitualmente.[122] Outras mulheres da nobreza tinham permissão para vesti-lo apenas no dia de sua apresentação à corte (a cerimônia solene em que os rebentos da aristocracia eram formalmente "apresentados" ao rei e à rainha), e, depois disso, em funções formais especialmente designadas. A marquesa de La Tour du Pin, que serviu como *dame du palais* depois que Maria Antonieta ascendeu ao trono, assim descreveu essa peça de uso tão restrito:

> Era um espartilho feito especialmente, sem alças nos ombros, atado nas costas, mas apertado o suficiente para que os atilhos, de quatro dedos de largura na base, permitissem entrever uma *chemise* de batista tão fina que seria facilmente visível para todos se a pele sob ela não fosse suficientemente branca... A frente do espartilho era guarnecida, por assim dizer, com fileiras de diamantes.[123]

No caso de Maria Antonieta, a brancura da pele não parecia ser uma preocupação; dizia-se que sua cútis de "lírios e rosas" transparecia lindamente sob a fina *chemise* que aparecia entre os atilhos. Ter uma boa aparência no espartilho e sentir-se bem com ele, contudo, eram duas coisas inteiramente diferentes. A marquesa de La Tour du Pin lembrou sua própria experiência com o *grand corps* como "extremamente incômoda e fatigante"; de fato, mais ainda que o espartilho comum, o rígido e apertado *grand corps* restringia severamente os movimentos da mulher, especialmente em volta dos braços.[124] Digerir e respirar tornavam-se desafios igualmente árduos, e o espartilho causava desmaios freqüentes entre as damas preeminentes da corte, especialmente as futuras mães, pois nem a gravidez isentava uma mulher do *corps*. Segundo os críticos plebeus desse espartilho, que o viam como um emblema de abominável vaidade de classe, outros efeitos comuns incluíam palpitações cardíacas, asma, gases, "mau hálito, definhamento e uma devastadora putrefação".[125]

Embora não sofresse dos piores desses sintomas, a delfina se ressentia dos desconfortos básicos que o *grand corps* impunha. O *corps* simples que ela se habituara a usar em Viena era notavelmente mais flexível que esse que agora tinha de suportar diariamente em Versalhes. Até sua mãe, que raramente reconhecia desconfortos pessoais sofridos no interesse da glória política, admitiu que "esses espartilhos feitos em Paris [eram] rígidos demais" para que fosse sensato usá-los, e se ofereceu para enviar a Maria Antonieta alguns austríacos para substituí-los.[126] Sendo magra o bastante para pôr seus vestidos formais sem o *grand corps*, não demorou muito para que a delfina questionasse por que, afinal de contas, tinha de usá-lo. "Ninguém mais, até onde sabia, usava uma peça como aquela todos os dias, por que então ela tinha de fazê-lo?"[127] Particularmente no auge de seu primeiro verão na França, Maria Antonieta via seu rígido espartilho mais como um instrumento de tortura que como um emblema indispensável de sua posição.[128]

Como confidente da delfina, madame Adelaide não teve dificuldade em fazê-la admitir sua aversão pelo espartilho e isso se tornou a base para um novo plano de ataque. Histórias sobre as infrações da etiqueta por parte de Maria Antonieta já estavam, é claro, correndo por toda a corte; em junho, um mês apenas após seu casamento, esses boatos tinham começado a circular em Paris, onde muitos dos residentes da corte mantinham esplêndidas casas e onde os inimigos da menina espalhavam triunfantemente as notícias de seus fracassos.[129] Se a delfina pudesse ser induzida a atrair ainda mais escândalo para o seu nome, ao evitar com persistência o *grand corps*, talvez fosse possível eliminá-la antes que Luís Augusto cumprisse a promessa de ir para a cama com ela.

As Tias não perderam tempo em pôr a estratégia em prática. Embora como Filhas da França elas também fossem obrigadas a usar o *grand corps*, deixaram de fazê-lo bruscamente e instigaram a delfina a seguir o exemplo. Sendo solteironas idosas, porém, Mesdames tinham a opção de ocultar que estavam sem o espartilho durante apresentações públicas. Passaram a "se envolver até o queixo" em mantos pregueados de tafetá preto – especialmente, madame Campan observou, quando o rei estava por perto.[130]

Mas Luís XV e seus cortesãos não dedicavam a Mesdames o mesmo nível de atenção que a Maria Antonieta, cujos encantos físicos todos esperavam que ficassem em constante exibição. De todo modo, nem o mais folgado manto de tafetá poderia ter protegido a delfina do olho de sua guardiã. Presente sempre que a princesa estava sendo vestida, madame de Noailles não pôde deixar de notar o abandono do *grand corps* pela menina e de prestar muita atenção a isso. Na altura do dia 4 de agosto, essa irregularidade era de conhecimento público o bastante para que o conde de Mercy se sentisse compelido a suscitá-la em carta à imperatriz: "A *dame d'honneur* diz que não há meio de convencer madame la dauphine a usar um espartilho."[131]

Para uma mulher que via "até um alfinete mal colocado num vestido de corte como uma tragédia", essa rejeição sem precedentes do espartilho pressagiou nada menos que um apocalipse.[132] Madame Etiquette anunciou que "a cintura [de Maria Antonieta] estava ficando deformada, e seu ombro direito encurvado", um veredicto que outros cortesãos disseminaram por toda parte.[133] "No palácio e além de suas paredes, ... o principal assunto era o fato apavorante ... de que uma das omoplatas da futura rainha estava mais protuberante que a outra."[134] Na medida em que parecia revelar a má vontade da princesa Bourbon em se adaptar a seu papel, essa notícia foi recebida como um importante mexerico político em outras cortes européias. De fato, 50 anos mais tarde, um lorde inglês que visitava os aposentos de Maria Antonieta depois que ela e a família haviam sido enviadas para a prisão pediu para examinar um corpete dela que os saqueadores revolucionários haviam deixado caído no chão (ver prancha 10). Ele explicou a seus perplexos companheiros franceses que ouvira, muito tempo antes, histórias sobre o ombro direito deformado da jovem – atribuível à sua rejeição do *grand corps* – e estava curioso para ver se o corpete era acolchoado de modo a disfarçar o defeito.[135]

Outro estrangeiro a opinar sobre o caso do *corps*, a condessa de Windischgrätz, amiga de Maria Teresa, concentrou-se menos no alinhamento dos ombros de Maria Antonieta que no desmazelo geral que a falta dessa roupa de baixo ocasionava. Após sua apresentação em Compiègne no início de agosto de 1770, a condessa informou conhecidos em Paris, Bruxelas e Viena "que a delfina estava *très mal mise* [muito malvestida] e que seu talhe não era bom".[136] Quer o soubesse ou não, ao fugir do espartilho a princesa estava brincando com fogo.

O CONDE DE MERCY, de sua parte, tinha aguda consciência dos perigos que a conduta da menina representava para seu futuro em Versalhes e, por extensão, para a aliança franco-austríaca. Após levar a cabo um discreto trabalho de detetive, ele concluiu que madame Adelaide e suas irmãs haviam desempenhado um grande papel no problema. Identificando-as como "pessoas extremamente perigosas", ele notificou Maria Teresa de que sua filha estaria em melhor situação caso "se comportasse de maneira exatamente contrária à das Mesdames suas Tias", que estavam levando deliberadamente a menina para o caminho de sua destruição.[137] Essa informação incitou a imperatriz a inverter sua idéia inicial das mulheres como mentoras adequadas para a filha. Concordando com Mercy acerca da perfídia das Tias, ela lhe ordenou que salvasse a delfina de suas garras: "Conto com sua prudência para aconselhá-la de tal modo que evite qualquer outro passo em falso."[138]

Para isso, contudo, Mercy precisava conversar com Maria Antonieta em particular, coisa que se provou praticamente impossível. Como embaixador na corte da França, ele gozava de Direitos de Entrada nos aposentos da delfina para cerimônias como a toalete. Mas, uma vez que se realizavam "na frente de todo o mundo", elas não lhe proporcionavam nenhuma oportunidade de mencionar um assunto tão delicado quanto a duplicidade das Tias. Para complicar ainda mais as coisas, a etiqueta ditava que Maria Antonieta fosse aos aposentos de Mesdames várias vezes por dia, e, não tendo outras amigas para visitar, essa era uma prática Bourbon que ela parecia adotar com muito entusiasmo. Durante a permanência da corte em Compiègne, ela passou a maior parte do tempo com elas. Quer fosse em seus longos desfiles conduzidos por burros ou em seus passeios de carruagem pelas florestas que cercavam o castelo, a delfina estava quase sempre flanqueada pelas três senhoras mais velhas.[139]

Assim, foi apenas em 24 de agosto de 1770, três semanas após ter escrito pela primeira vez a Maria Teresa sobre o problema do espartilho, que Mercy conseguiu transpor brevemente o bloqueio das Tias. Quando a estada da corte em Compiègne chegava ao fim – estavam sendo feitos preparativos para uma curta viagem a Chantilly no dia 28, antes do retorno a Versalhes no dia 31 –, Mercy aproveitou o alvoroço para ficar a sós por alguns momentos com a delfina. "Supliquei-lhe", informou ele depois à mãe da menina, "que se conduzisse com muito cuidado" no futuro.[140]

Nessa altura, contudo, grande parte do estrago já havia sido feito. Tanto em Versalhes quanto em Paris – pois o partido francês não estava em absoluto acima da tática dos choiseulistas de permitir que boatos perniciosos transpirassem fora dos limites da corte –, trocistas faziam piadas sobre a rejeição pela delfina "daquele cinto, aquele precioso ornamento", e riam abertamente de seus conflitos com sua guardiã.[141] Até o abade de Vermond, que não gostava da etiqueta Bourbon em razão do lugar relativamente baixo que ela lhe atribuía na hierarquia da corte, reconheceu a enormidade das transgressões de sua pupila. Ao "recusar o espartilho e incorrer na desaprovação da condessa de Noailles", ele advertiu-a em meados de setembro, ela levara "toda a França a se queixar".[142]

Para a astuta Maria Teresa, que os franceses tivessem deixado de louvar a aparência graciosa, devidamente afrancesada da filha para passar a depreciá-la como uma estrangeira suja, desleixada e desrespeitosa não podia senão representar uma ameaça à aliança Bourbon–Habsburgo. Após relatórios de Mercy sobre a conduta da delfina, ela escreveu a Maria Antonieta repreendendo-a por "cuidar mal de si mesma, ao que parece mesmo quando se trata de limpar os dentes; este é um ponto-chave, pois foi sua aparência [segundo dizem as pessoas] que piorou".[143] Mais perto de casa, madame Campan percebeu igualmente os perigos políticos que a negligência física da delfina acarretava; a *femme de chambre* percebeu com horror que os adeptos intransigentes do partido francês haviam se encorajado a ponto de aventar abertamente "a possibilidade de um divórcio".[144]

Entretanto, para justificar um desfecho tão extremo como mandar Maria Antonieta de volta a Viena, seus detratores teriam de desenvolver uma argumentação um tanto sutil. Dado o histórico de violações da etiqueta do próprio delfim, eles não poderiam alegar que ele se esquivara de Maria Antonieta apenas por ela ter abandonado o *corps*. O que podiam e de fato fizeram, porém, foi manter a corte e o público atentos ao ventre indomado da menina – o qual, à luz de cada uma das amplamente divulgadas rejeições de Luís Augusto, passou a representar não só menor beleza e etiqueta desrespeitada como também infertilidade crônica. A própria Maria Teresa adotou essa linha de raciocínio quando escreveu à filha repreendendo-a, mais tarde naquele outono: "Tranqüilize-me sobre os espartilhos que está usando, ou ficarei preocupada, temendo, como dizem em alemão, que *auseinandergehen, schon die Taille wie eine Frau, ohne es zu sein* [que você relaxe e ganhe uma cintura mais cheia, mais matronal, *sem ser de fato uma esposa*]."[145]

Mais do que os sermões solenes de Vermond, as insinuações furtivas de Mercy ou as censuras incessantes da condessa de Noailles, o aforismo alemão da imperatriz parece ter surtido efeito. Alguns meses após rejeitar o espartilho, Maria Antonieta finalmente pareceu compreender que não lhe cabia reivindicar liberdades sem precedentes quando ainda não era "uma verdadeira delfina". Suas relações com Luís Augusto tornaram-se cada vez mais amistosas ao longo do outono, à medida que ele começou, apesar de suas reticências, a "se permitir algumas pequenas carícias, tendo um dia se sentido até confiante o suficiente para lhe dar um beijo".[146] Contudo, esses pequenos sinais da crescente estima do delfim pouco contribuíram para mitigar a incessante boataria espalhada pelos detratores de sua esposa. "A possibilidade de um divórcio" – ou, mais precisamente, de uma anulação, o que príncipes europeus por vezes obtinham para se livrar de mulheres sem filhos – ainda pairava ameaçadoramente no horizonte.

Naquele outono, tornou-se de conhecimento público que um irmão do delfim, Provence, ia se casar com Maria Josefina, uma princesa saboiana, em maio do ano seguinte. Sempre vigilantes acerca de possíveis alterações no delicado equilíbrio de poder da corte, os nobres de Versalhes mergulharam num frenesi de especulações. Iria a nova noiva real deslocar Du Barry ou a delfina nas afeições do rei? A aliança com a Sabóia alteraria de algum modo a postura da administração com relação à Áustria? E, o mais inquietante de tudo do ponto de vista de Maria Antonieta: iria Provence gerar um filho antes do atual herdeiro do trono?[147]

Provence – que se ressentia por ser suplantado pelo delfim e a delfina na sucessão – gabava-se impiedosamente das proezas sexuais que ele, em contraste com o infeliz irmão, planejava exibir como noivo. Luís Augusto sentiu-se humilhado e Maria Antonieta horrorizada.[148] Se a condessa de Provence tivesse um filho antes dela, sua própria inadequação para a posição de rainha ficaria mais óbvia que nunca, e sua superfluidade na corte da França seria incontestável. À medida que deixava a cintura ficar progressivamente mais grossa "sem ser de fato uma esposa", ela estava apenas lembrando esse fato mortificante tanto a si mesma quanto à nação. Assim, em meados de outubro, a delfina capitulou. Convocando Mercy para encontrá-la a sós, confessou que havia ficado horrivelmente "perturbada por algumas notícias sobre sua posição e sua pessoa, e citou a questão do espartilho".[149] Desse momento em diante, relatou Mercy, "ela finalmente concordou em usar um espartilho regularmente".[150]

SEGUNDO O EMBAIXADOR DE MARIA TERESA, a mudança de atitude da delfina levou a uma rápida melhora de sua sorte política. Em 20 de outubro, apenas algumas semanas depois que ela se submeteu ao *grand corps*, ele informou a Maria Teresa: "Recentemente o rei aumentou sua ternura, sua atenção e todos os sinais de sua zelosa amizade para com madame la dauphine."[151] Quatro meses mais tarde, Mercy reiterou: "Sua Majestade novamente assume um tom amistoso com madame la dauphine e beija-lhe as mãos com muita freqüência. Quando [ela] ignora o conselho de Mesdames, o rei se mostra encantado e exibe um nível de ternura que não demonstra em relação a seus outros filhos."[152] Infelizmente, lamentou Mercy no mesmo despacho, "nada resultou ainda do suposto plano de monsieur le dauphin de viver com madame la dauphine na intimidade que sua união requer".[153] Ainda assim, a confirmação de Maria Antonieta nas boas graças de Luís XV contribuiu para fortalecer sua posição e protegê-la contra a possibilidade de anulação do casamento ou divórcio.

A readoção do espartilho pela delfina teve mais um resultado, igualmente importante. "O talhe de madame la dauphine", escreveu Mercy em fevereiro de 1771, "foi lindamente restaurado pelo uso do espartilho de barbatanas de baleia, e agora [ela] observa com muito cuidado todos os assuntos relativos à arrumação e ao vestuário."[154] Esse desdobramento teve a vantagem imediata de silenciar a onda de publicidade negativa gerada pelo partido francês sobre a aparência de Maria Antonieta. As panelinhas de Mesdames ou de Du Barry não podiam mais impugnar com razão sua aparência; sua escrupulosidade recuperada, tão estrita e inflexível quanto qualquer *grand corps*, a punha acima das censuras.

Mas o desapontamento no seio do partido francês não significou verdadeira felicidade para Maria Antonieta, sobre quem o caso do espartilho parece ter tido um impacto severo, ainda que iluminador. Como Maria Teresa lhe lembrou após o escândalo, a cultura da corte dos Bourbon fundava-se numa estrita equivalência entre glória simbólica e força política. E como as Tias a haviam estimulado propositalmente a subverter essa equação, ela não devia mais recorrer a elas em busca de auxílio para honrá-la.

> Não seja negligente com sua aparência. ... Não posso precavê-la o suficiente contra deixar-se cair nos erros em que os membros da família real francesa incorreram ultimamente. Elas podem ser boas e virtuosas, mas já não sabem como aparecer em público, como dar o tom [para a nação]. ... Portanto eu lhe peço, como sua terna mãe e como sua amiga, que não se entregue a quaisquer manifestações de indiferença em relação à sua aparência e ao protocolo da corte. Se não ouvir o meu conselho, você se arrependerá, mas será tarde demais. Neste ponto apenas você não deve seguir o exemplo de sua família francesa. Agora compete a você dar o tom em Versalhes.[155]

Como era freqüente, o conselho da imperatriz era intimidador e construtivo em partes iguais. Sua sombria previsão – "você se arrependerá, mas será tarde demais" – não punha nenhum bálsamo nas feridas de uma menina cujas recentes "manifestações de indiferença" já haviam atraído tanto escândalo para seu nome. Ao mesmo tempo, entretanto, ao encorajar a filha a avançar para o primeiro plano da vida cortesã francesa, e fazê-lo através de uma aparência cuidadosamente cultivada, Maria Teresa apontou para uma nova estratégia de sobrevivência. Se Maria Antonieta não podia desafiar as exigências ligadas à sua "aparência e ao protocolo da corte", talvez pudesse usá-las em proveito próprio. Com Du Barry monopolizando os apetites eróticos do rei e a futura condessa de Provence ameaçando tomar seu lugar como mãe do próximo herdeiro Bourbon, a delfina precisava encontrar outra maneira de preservar sua débil posição em Versalhes. E Versalhes era um lugar em que, como tudo – desde o alarido em torno do espartilho até a publicidade e cerimônia de sua toalete diária – lhe ensinara, questões de indumentária eram monitoradas tão atentamente e levadas tão a sério quanto o sexo (fosse recreativo ou dinástico).

Diante disso, não parece impróprio sugerir que uma atenção mais intensa ao cuidado com o corpo tenha se apresentado a Maria Antonieta nesse estágio como um caminho alternativo viável para a segurança política. O boicote do marido ao leito matrimonial continuava a desqualificá-la como "uma verdadeira delfina" – essa era uma cruz que tinha de carregar. Mas com um pouco mais de habilidade em relação ao modo como se apresentava e se vestia, ela podia pelo menos fazer o possível para *parecer* uma verdadeira delfina – para dar a impressão, como um cortesão o expressou mais tarde, "de que nascera para o trono".[156] Numa corte em que as aparências eram realmente tudo, talvez a aparência de majestade bastasse.

4

Cavalgar como um homem

Outubro de 1770, o quinto mês de Maria Antonieta na França, foi marcado por dois importantes passos em seu progresso como uma esposa Bourbon. O primeiro foi voltar a usar o *corps* de barbatana de baleia; o segundo foi deixar de montar burros para montar cavalos. Esse último progresso, que logo lhe proporcionaria uma excelente oportunidade para se afirmar através do vestuário, coincidiu com a visita anual da corte à residência real em Fontainebleau – era a temporada dos cervos e a caça era o esteio da agenda social. Nos dias 22 e 26 de outubro, a delfina deixou as Tias para trás no castelo e acompanhou a caçada em sua caleche privada. Durante essas excursões, observou Mercy, Luís XV "dedicou-se a lhe mostrar diferentes coisas sobre a caçada... e distinguiu-a com toda espécie de atenções especiais, de maneira muito mais solícita do que quando Mesdames estão por perto".[1] Lisonjeada por essa renovação das atenções do rei, Maria Antonieta criou coragem para solicitar um privilégio que lhe permitiria atraí-las com mais freqüência. Era hora, ela decidiu, de começar a acompanhar a caçada a cavalo.

Apesar das advertências de Mercy com relação às Tias, a delfina pediu a madame Adelaide – que havia sido ela própria uma amazona apaixonada na juventude – que a aconselhasse quanto à melhor maneira de obter a permissão do rei para tanto. Por experiência própria, Adelaide sabia que o pai "podia achar o pedido insensato", pois havia levantado objeções às suas próprias ambições eqüestres quando era menina.[2] A Tia, porém, não contou essa história à delfina. Em vez disso, em 29 de outubro, comunicou ao pai sem meias palavras que Maria Antonieta queria começar a cavalgar, e provavelmente ficou satisfeita ao vê-lo – como Mercy horrorizou-se ao saber depois – "um pouco irritado com o pedido".[3] Para o embaixador da Áustria, as manobras de madame Adelaide representavam simplesmente mais um de seus flagrantes esforços para criar dissensão entre a delfina e o rei. Mas para surpresa de Mercy (e, com toda a probabilidade, de Adelaide), Luís XV resolveu aceder ao desejo de Maria Antonieta. No dia 30 de outubro, três dias antes que ela completasse 15 anos, ele providenciou para que a jovem entrasse a cavalo na floresta com um cavalariço puxando o animal e um grupo de burros por perto caso a mudança para uma montaria mais fácil fosse necessária.

Enquanto as Tias, aborrecidas com essa reviravolta inesperada, continuaram no castelo, vários aristocratas afluíram à floresta para testemunhar a estréia de Maria Antonieta a cavalo. Terminada a aula, esses espectadores contaram a seus companheiros na corte sobre "a grande alegria que esse novo exercício proporcionara" à princesa – e a notícia viajou tão depressa que naquela noite mesmo "todo o mundo", como Mercy o expressou num despacho para Viena, acorreu para cumprimentá-la por seu triunfo.[4] O próprio Luís XV ficou tão encantado com o entusiasmo contagiante da delfina que já no dia seguinte assinou uma ordem de 24 mil libras para equipar os estábulos dela com montarias de caça. Não demorou muito e Maria Antonieta se tornou uma presença constante nas caçadas reais, cavalgando com habilidade ao lado de seu apaixonado vovô.

O TRIUNFO DA JOVEM não poderia ter ocorrido em melhor hora. Já ansiosa em razão do iminente casamento de Provence, Maria Antonieta teve um motivo ainda maior para se preocupar em 24 de dezembro de 1770, quando Luís XV demitiu abruptamente seu padrinho Choiseul. Oficialmente, o ministro das Relações Exteriores foi demitido por causa de um desacordo com o rei quanto ao papel da França num conflito militar entre a Inglaterra e a Espanha nas ilhas Falkland. Apoiado pelos parlamentos, aqueles corpos judiciários cujos membros aristocratas tinham uma longa história de resistência às políticas do monarca, Choiseul havia vociferado que a França tinha de entrar na rixa em busca de vingança contra os britânicos pelas humilhações da Guerra dos Sete Anos. Nunca feliz em deixar os parlamentos ditarem suas decisões, e ciente de que o reino tinha escassos recursos para gastar em mais uma guerra, Luís XV insistira em manter a neutralidade da França. Logo depois, sem aviso, Choiseul foi exilado em seu castelo na Touraine.

Mas a politicagem da corte também contribuiu para a desgraça do ministro das Relações Exteriores. Ao longo do outono, à medida que as afrontas que madame Du Barry recebia de Maria Antonieta (e dos amigos e parentes de Choiseul) tornavam-se mais pronunciadas, crescera igualmente o apetite da favorita por vingança. Quando o caso das Falklands sobreveio, ela se agarrou a ele, sustentando que o ministro estava incitando os parlamentares a contestar a autoridade da coroa e que isso resultaria numa insurreição nacional. "Apavorado com essa perigosa possibilidade" (como Mercy explicou à sua soberana), Luís XV agiu rapidamente, nomeando o duque d'Aiguillon, ardoroso adversário dos parlamentares, para o cargo deixado por Choiseul e completando o restante de seu gabinete com outros barrystas.[5] Em especial, escolheu como seu chanceler o abade Maupeou, que estava firmemente decidido a forçar os parlamentos a se submeterem e a reinstituir o absolutismo total.

Segundo rumores, Maupeou, como Aiguillon, era amante da favorita; no mínimo, eles eram ambos presenças assíduas nas festas dissolutas que ela dava em seus aposentos e em seu pequeno palácio privado, Louveciennes. Vista sob essa luz, a nomeação do padre e do duque para cargos tão elevados confirmava temores de que Luís XV cedera sua autoridade para uma mulher. Como disse o autor do boletim clandestino de mexericos *Mémoires secrets* – que circulou nos grupos mundanos parisienses de 1762 a 1789 –, "em Du Barry ... o sexo feminino estava governando [o rei] muito mais do que tinha o direito de fazer".[6] Pelo menos uma cançoneta popular enfatizou a ironia da situação, contrapondo Joana d'Arc, que salvara a França dos ingleses, a Du Barry, que, na opinião dos antibarrystas, havia impedido Choiseul de fazer o mesmo. "França", advertia o poeta anônimo,

Parece ser teu destino
Ser subjugada à mulher.
Da donzela veio tua salvação;
Da prostituta virá tua perdição.[7]

Para contornar as leis da censura, textos explosivos como esse eram geralmente escritos à mão ou publicados anonimamente ou no exterior. Disseminados sub-repticiamente na corte e em Paris (entre outras cidades), eram custeados não só pelos detratores usuais de Du Barry, os choiseulistas, mas por grande número de outras facções hostis ao novo regime corrupto do rei.[8] Do outro lado da fronteira, os panfletos tentavam desacreditar a monarquia apresentando sua decadência sexual como uma metáfora de sua fraqueza e corrupção política.[9] E Du Barry, que um panfletário acusava de reduzir Luís XV e seu ministério a "escravos que rastejam aos pés de uma prostituta", figurava nessa literatura como a suprema vilã.[10] No dia seguinte à demissão de Choiseul, uma caricatura francesa mostrou Luís XV segurando uma cesta cheia de partes de corpos pertencentes ao contingente parlamentar choiseulista. Representando a derrota desses homens em termos literais, físicos, a imagem mostrava Maupeou recolhendo as cabeças cortadas de seus inimigos, enquanto Du Barry, em sua qualidade de primeira libertina castradora da França, ocupava-se com os pênis dos mortos. Quando, em abril de 1771, Maupeou dissolveu o insubmisso Parlamento e o substituiu por delegados fantoches de sua própria escolha, a horripilante previsão do cartum pareceu se confirmar.

Entretanto, longe de recuar diante da publicidade negativa, a "prostituta" no centro dessa tempestade de fogo parecia muito satisfeita em lembrar aos súditos de seu amante que fora graças a seus impudentes talentos sexuais que ela chegara ao ápice. Pouco depois do golpe de dezembro, relataram os *Mémoires secrets*, ela encomendou do famoso artesão Francien uma carruagem que deveria desbancar em "elegância e magnificência" a berlinda que ele fizera, por ordem de Choiseul, para a viagem nupcial de Maria Antonieta.[11] Adornada com o adequado moto de Du Barry, "Empurre para a frente!" (*Boutez en avant!*), os painéis pintados a ouro da carruagem exibiam "cestas de rosas, ... dois pombos trocando beijinhos amorosos com os bicos e um coração trespassado por uma flecha".[12] O autor dos *Mémoires* acrescentou que também os remates dourados da "voluptuosa carruagem" exibiam "atributos do deus do amor": flechas, aljavas, tochas em chamas.[13] "Finalmente", concluía ele, "uma guirlanda de flores de madrepérola envolve todos os painéis e os emoldura com cores rutilantes."[14] Embora conste que Luís XV achou essa criação de gosto questionável (a conta fora paga pelo duque d'Aiguillon), sua amante adorava passear nela. Como os *Mémoires secrets* não deixaram de assinalar, a carruagem não apenas simbolizava a potência erótica de sua proprietária como projetava uma longa sombra sobre "aquela que fora enviada a madame la dauphine em Viena".[15] A princesa de conto de fadas era uma notícia superada, parecia sugerir a carruagem de Du Barry.

Maria Antonieta certamente não podia competir com a favorita pela posição mais elevada na geografia hierarquizada da nova Versalhes. Depois de sua vitória sobre Choiseul, madame Du Barry deu o que falar, mudando-se para suntuosos aposentos ligados por uma escada ao apartamento do próprio rei. Mas a favorita queria mais. E, para decorar sua nova residência, comprou por 24 mil libras – exatamente a soma que Luís XV gastara com os cavalos de Maria Antonieta – um retrato de Carlos I da Inglaterra pintado por Van Dyck. Segundo os *Mémoires secrets*, sempre que Luís XV dava sinais de lamentar a demissão de seu antigo conselheiro, a condessa apontava para o retrato e lhe lembrava que o retratado fora executado por um grupo de parlamentares impudentes.[16] "Será que o Bem-Amado", ela perguntava então mordazmente, "perdeu a autoridade do grande Luís XIV?"[17] Esse duplo lembrete – da derrota de Carlos I pelo seu Parlamento e do domínio que o Rei Sol exercia sobre o seu – aparentemente tornava Luís XV mais resoluto. Reforçava também a percepção da influência inigualável que Du Barry tinha sobre ele.

Para a delfina, a ascendência da favorita representou um revés monumental, pois a demissão de Choiseul havia eliminado qualquer contrapeso substancial ao partido francês na corte. Autorizados pela condessa Du Barry, os membros desse grupo podiam agora levar adiante sem empecilhos suas maquinações contra a Áustria – e também contra sua pequena arquiduquesa. Com exceção de Mercy e do abade de Vermond, que os barrystas também tentaram expulsar da corte nessa ocasião, Maria Antonieta não tinha amigos em Versalhes. Teria de enfrentar a furiosa investida e preservar a aliança praticamente sozinha.

Nem é preciso dizer que um meio seguro de melhorar tanto suas próprias perspectivas quanto as da aliança seria conceber uma criança. "Está começando a me exasperar que você ainda não seja uma verdadeira delfina",[18] queixou-se Maria Teresa seis semanas depois de Choiseul ter ido para o exílio. Previsivelmente, ela lembrou à filha a "futura condessa de Provence", que "pode certamente lhe passar a frente" na corrida por um herdeiro Bourbon.[19] "A posição em que você se encontra me faz tremer", declarou Maria Teresa. Somente um bebê poderia salvá-la.

Todos esses conselhos eram dados, é claro, na suposição de que era possível de algum modo para Maria Antonieta atrair o marido ao leito conjugal. Na verdade, porém, nenhuma quantidade de "carícias e adulação", para usar uma das expressões favoritas da imperatriz, parecia capaz de ter esse efeito. Ainda que a delfina tivesse passado a tratar o noivo com muito maior "preferência, confiança e amizade", como Mercy confirmou, esses avanços continuavam puramente platônicos.[20] A conduta de Luís Augusto, relatou o embaixador austríaco no fim de fevereiro, "continua inexplicável e exasperante".[21]

Membros do círculo de Du Barry, de sua parte, pareciam deliciar-se em assegurar que o delfim não mudaria de idéia. Seu ex-preceptor, La Vauguyon, continuava a lhe encher os ouvidos a respeito da vileza dos austríacos e das desvantagens de uma aliança com os Habsburgo, chegando a sugerir (falsamente) que Choiseul tivera uma participação nas mortes extemporâneas dos pais de Luís Augusto. Segundo La Vauguyon, as mortes haviam sido parte de uma execrável conspiração choiseulista para enfraquecer fatalmente a Casa de Bourbon e transferir poder francês para a Áustria.

Os barrystas suplementavam essas teorias conspiratórias com tentativas de estabelecer uma distância física real entre o delfim e sua esposa. Durante uma das viagens da corte a Fontainebleau, por exemplo, Maria Antonieta descobriu que os homens encarregados de reformar os aposentos destinados a ela e ao marido haviam sido subornados para manter o casal separado. Os trabalhos deveriam estar terminados antes da chegada deles, mas o apartamento de Luís Augusto, que seria contíguo ao da mulher, estava em tão mau estado que ele teve de se mudar para aposentos situados na extremidade oposta do castelo.[22] Segundo madame Campan, Maria Antonieta compreendeu imediatamente que seu tímido marido nunca enfrentaria uma caminhada tão longa e pública para visitar seus aposentos; queixou-se a seu "querido vovô", que interveio sem demora, e os aposentos ficaram prontos em uma semana.[23] Contudo, mesmo a maior proximidade do casal em Fontainebleau nada fez para diminuir a reserva sexual do delfim. Ao desmascarar o suborno dos barrystas, sua esposa pode ter ganhado a batalha, mas, em sua infertilidade, continuava perdendo a guerra.

Era hora, portanto, de Maria Antonieta adotar uma linha de ação diferente para preservar sua estatura na corte, e ao que parece ela chegou a essa fórmula enquanto cavalgava. Pois, em sua solidão, ela havia começado a cavalgar quase diariamente, quer o rei estivesse caçando ou não. Quando o frio ou a neve impediam excursões à floresta, ela passava longas tardes galopando em torno do picadeiro no terreno do palácio. Embora preocupado com as implicações mais amplas do golpe antichoiseulista, Mercy teve tempo para registrar sua inquietação com "as muitas coisas más que podem acontecer a uma jovem princesa a quem permitem andar a cavalo".[24] Informando à delfina que estava agindo em nome de Maria Teresa, concebeu três restrições que manteriam essas "coisas más" não nomeadas a distância. Primeiro, declarou que a princesa não deveria "nunca ir à caça a cavalo, por melhor que o tempo estivesse, e sob absolutamente nenhum pretexto". Segundo, instou-a a "fazer seu exercício eqüestre com moderação, a trote, e só muito raramente a meio-galope". Por fim, anunciou que ela deveria "suspender totalmente todo exercício caso tivesse algum motivo para suspeitar" que estivesse grávida.[25]

Embora tenha se irritado com todas as três diretivas, Maria Antonieta parece ter considerado a última particularmente fácil de rejeitar. "Todo o mundo", inclusive Mercy, sabia perfeitamente que ela não estava – não podia estar – esperando um filho, e ela perdeu a paciência quando uma mulher de seu séquito iniciou um sermão não solicitado sobre os perigos que a equitação representava para um embrião. Maria Antonieta interrompeu asperamente esse discurso intrometido: "Mademoiselle, pelo amor de Deus, deixe-me em paz e saiba que não estou comprometendo em absoluto algum herdeiro do trono."[26]

Ela tampouco aceitou as outras modificações propostas por Mercy para seus exercícios de equitação. Permitir-se andar a meio-galope apenas "muito raramente" não foi impossível enquanto ela se limitou a cavalgar no picadeiro. Mas quando o inverno deu lugar à primavera, a delfina, incapaz de se conter por mais tempo, passou a se lançar a pleno galope através das florestas em torno de Versalhes, ultrapassando alegremente seu bando de acompanhantes esbaforidas. Por vezes, ela cavalgava pelo puro prazer de cavalgar. Por vezes acompanhava uma caçada; e embora a caça ao cervo fosse considerada mais apropriada para senhoras, Maria Antonieta expandiu seus horizontes de modo a incluir a perseguição a javalis e outras caças também. Fossem quais fossem as circunstâncias, as excursões a cavalo da delfina parecem ter insuflado em sua vida na corte, sob outros aspectos regulamentada, estressante e desolada, uma sensação de liberdade, uma alegria de que nem as mais veementes objeções de Mercy a poderiam dissuadir. "Em seus esplêndidos cavalos de caça de Suffolk", escreveu o biógrafo Carrolly Erickson, "ela podia galopar a seu bel-prazer, livre da mãe, livre de madame de Noailles, livre, naquele momento, das preocupações com sua situação e de pensamentos perturbadores sobre o seu futuro."[27]

Não demorou e esse gosto pela liberdade ocasionou uma surpreendente mudança no estilo do vestuário da delfina, uma mudança que pareceu menos ignorar do que repudiar frontalmente as pressões que enfrentava no front doméstico com relação à equitação. Em meio aos boatos reinantes sobre sua incapacidade de conceber e sobre a incompatibilidade de seus deveres dinásticos com a nova paixão pelos cavalos, ela concebeu um traje de montaria que a distanciou claramente do papel maternal que caberia a uma consorte Bourbon convencional. Dada a sua recente experiência com o *grand corps* – e dadas as mordazes referências de sua mãe à "cinturinha elegante da futura condessa de Provence", que, estranhamente, a imperatriz parecia ver como prova da perfeita saúde reprodutiva da mulher –, Maria Antonieta não evitou o espartilho que as amazonas eram obrigadas a vestir sob a roupa. (O traje de montaria real era chamado de *justaucorps*, "justo no corpo", por uma razão: sua silhueta elegantemente cortada, compreendendo um paletó justo usado aberto sobre um colete combinado, ajustava-se estreitamente ao corpo. Sobre a forma feminina, ele destacava uma cintura lindamente apertada e seios levantados, que eram o efeito de um *corps* especial de montaria.)

Desta vez, a rebelião indumentária de Maria Antonieta foi mais radical e evocou uma forma caracteristicamente não feminina de poder político. Para suas expedições a cavalo, ela abandonou as saias longas e rodadas das amazonas que montavam no silhão e adotou as apertadas calças de montaria – e a sela para montar escarranchada – de um homem. E foi com esse conjunto que Maria Antonieta começou a articular uma nova e poderosa auto-imagem, uma auto-imagem que lhe permitiria – pelo menos num futuro próximo – resistir às tempestades políticas cada vez mais intensas que a envolviam.

Em termos puramente estilísticos, as calças de montaria da delfina não eram de todo chocantes, já que o paletó e o colete simples que constituíam o uniforme de equitação feminino no século XVIII haviam sido diretamente inspirados na versão masculina.[28] O corte masculino do paletó havia sido baseado no da sobrecasaca apreciada pelos esportistas ingleses, assim como sua abertura nas costas, as abas afuniladas, as pregas laterais, a abertura estreita para o pescoço, a gola virada para baixo e as mangas compridas, com punhos.[29] O colete de fraque usado por baixo era feito de tecido igual ou combinado – veludo, lã, seda ou uma mescla de lã penteada chamada chamalote. Sob o colete, cavaleiros de ambos os sexos usavam camisas engomadas, de colarinho alto; a versão feminina disfarçava mais uma camada inferior de espartilho e *chemise*. Para enfatizar a aparência masculina do traje, as amazonas freqüentemente o complementavam com outros toques masculinos, como uma gravata, punhos de renda e um tricórnio enfeitado com plumas.[30]

Havia algum tempo, as francesas bem-nascidas que se dedicavam a atividades vigorosas ao ar livre como andar a cavalo e esquiar no gelo costumavam usar calças de lã tricotada, seda ou veludo por baixo das anáguas. Introduzidas pela primeira vez na corte francesa por Catarina de Médicis no século XVI, essas calças tinham tanto o benefício prático de manter as mulheres aquecidas como a vantagem adicional de preservar a modéstia feminina na eventualidade de um tombo.[31] Embora, ao contrário de Maria Antonieta, não fosse conhecida pela tendência a cair da montaria, a amante anterior do rei, madame de Pompadour, assemelhara-se à delfina no amor à caça. Quando Pompadour faleceu, em 1764, "culotes de caça" foram devidamente registrados no inventário de seus bens pessoais.[32]

Apesar disso, em 1771, calças de equitação de estilo masculino – apertadas na perna e franzidas numa faixa justa em torno da cintura – não faziam parte do traje de montaria feminino usual na França. E calças usadas sem a cobertura suplementar de anáguas e saias estavam longe de ser comuns quando Maria Antonieta adotou essa maneira de vestir. Como mostrou a historiadora da arte Patricia Crown, John Collet – o artista europeu que produziu a mais ampla coleção de imagens representando "mulheres esportistas" nas décadas de 1760 e 1770 – quase nunca retratou uma senhora de calças.[33] (A única exceção no vasto catálogo de Collet é uma gravura que representa uma atriz em seu camarim, tirando o espartilho e vestindo calças: uma combinação surpreendente, ainda que casual, das duas primeiras rebeliões promovidas na moda por Maria Antonieta.) Segundo Crown, a quase inexistência de calças na obra de Collet correspondia à realidade social da época. Árbitros da conduta feminina desaprovavam essas peças porque "permitiam às mulheres assumir as poses e os gestos dos homens, andar de maneira arrogante, dar passadas largas, balançar os braços e pôr as mãos nos quadris".[34] Pior ainda, calças tornavam fácil demais para quem as usava escarranchar-se num cavalo, ao passo que o uso do silhão era – e continuou sendo até o início do século XX – a norma para senhoras na maioria dos países europeus. Montar com uma perna de cada lado do cavalo representava ao mesmo tempo, acreditava-se, uma afronta à decência comum e uma ameaça à saúde reprodutiva da mulher.

No contexto da corte francesa, montar com as pernas abertas, usando calças, era também uma violação das normas correntes para o comportamento feminino na medida em que tinha conotações de autoridade régia masculina. Desde a Idade Média, o líder ideal fora um valoroso rei-guerreiro, a galopar audaciosamente rumo à batalha para salvar sua dama e seu país. Para preservar esse ethos em tempos de paz, os monarcas franceses adotavam a caça como uma maneira de exibir sua coragem – estratégia que Luís XIV levou à perfeição em seu reinado.[35] "Desejando ser grande em todas as coisas", observou o acadêmico do século XVIII La Curne de Sainte-Palaye acerca do Rei Sol, "ele superou em suas habilidades na caça todos os reis que o precederam."[36] E, segundo a hipótese lançada pelo historiador Philip Mansel em seu magistral estudo sobre a política do uniforme real, o supremo talento de Luís XIV como caçador forneceu uma forte base para suas pretensões absolutistas: "As caçadas reais simbolizavam o domínio real tanto sobre ... animais quanto sobre seres humanos", e serviam assim como um excelente símbolo do poder monárquico em geral.[37]

O Rei Sol consolidou ainda mais sua reputação de esportista consumado cultivando as aparências da proeza eqüestre mesmo quando não estava cavalgando em uma caçada. Em suas memórias, Luís XIV refletiu que "os povos sobre os quais reinamos geralmente baseiam seus julgamentos no que vêem a partir de fora", e parecia considerar um uniforme de cavaleiro uma das "marcas de superioridade que distinguem o rei de seus súditos".[38] Em numerosos retratos e estátuas, fez-se representar a cavalo, vestindo por vezes um traje de montaria da época ou uniforme militar, e por vezes o traje idealizado de um imperador romano conquistador.[39] Essa postura não se limitava às obras de arte. Em 1655 e novamente em 1673, quando ameaçado por rebeliões entre seus parlamentares, Luís XIV reagiu aparecendo entre eles usando traje de montaria e botas. Segundo Voltaire, que serviu como historiógrafo da corte sob Luís XV, foi esse conjunto – e o "ar de supremacia" que ele conferia a quem o usava – que permitiu ao Rei Sol subjugar os nobres sediciosos.[40] Onipresente durante sua vida e depois, a imagem de Luís XIV como cavaleiro altivo e indômito tornou-se inextricavelmente associada à sua máxima absolutista "O Estado sou eu".[41] De fato, as associações entre traje de caça e autoridade real eram tão fortes que quando, em 1766, Luís XV foi ao Parlamento de Paris para sufocar dissensões entre *seus* nobres insubordinados, também ele fez sua aparição usando o *justaucorps*, os calções e as botas de um caçador.[42]

Luís XV não foi o único soberano do século XVIII a se inspirar na indumentária do Rei Sol. Também Catarina a Grande repetiu a pose eqüestre do grande monarca francês em seu ousado esforço para conquistar o poder político. Em 1762, depois que a dramática deposição do marido fez dela a imperatriz da Rússia, a princesa de origem alemã realizou sua primeira revista militar escarranchada num cavalo, usando um uniforme masculino de oficial e um tricórnio enfeitado com uma pluma na cabeça. A agressiva aparência masculina da imperatriz serviu para lembrar às tropas – e aos demais súditos – que ela era perfeitamente capaz de fazer um trabalho de homem.[43]

Após sua ascensão ao trono, gravuras de Catarina a Grande em seu conjunto de montaria circularam amplamente, tornando-se, como no caso de Luís XIV, um componente decisivo de sua iconografia política. Uma dessas imagens, mostrando a imperatriz russa "escarranchada num cavalo ... vestindo um paletó militar debruado de pele e tendo na cabeça um chapéu raso coroado com um tufo de plumas grandes", circulava muito em Paris no tempo de Maria Antonieta.[44] Com a permissão de Luís XV, era vendida na loja de um vendedor de gravuras na rue Saint-Jacques. Acreditava-se que o artista fosse um francês, Robin de Montigny, a quem mais tarde os dois irmãos mais moços de Luís Augusto encomendaram retratos de suas esposas.[45]

A despeito de suas possíveis origens francesas, a popular imagem da imperatriz montada com uma perna de cada lado do cavalo funcionou no reino de

Luís XV menos como uma afirmação da soberania feminina que como uma exceção, contrapondo-se ao domínio patriarcal. Afinal, a França era governada pela lei sálica, que, ao proibir que as viúvas dos reis os sucedessem no trono, ditava que "três coisas eram importantes em Versalhes: o rei, suas amantes e sua corte. Uma rainha não era nada."[46] Em raros casos, rainhas-mães com filhos jovens demais para assumir a coroa tinham permissão para governar, mas apenas como regentes. Considerada um produto "da própria natureza", a lei sálica reservava as prerrogativas e as insígnias da autoridade suprema unicamente para o soberano do sexo masculino.[47]

Por essa razão, o cultivo de uma aparência régia pela imperatriz Catarina a Grande não foi, antes do tempo de Maria Antonieta, uma estratégia que teria parecido estar à disposição das mulheres da família real francesa. Era bem sabido que regentes mulheres como Catarina de Médicis, que havia introduzido o uso de culotes entre as mulheres da corte francesa, e Ana da Áustria, a quem Maria Antonieta devia tanto seus laços de sangue com os Bourbon como seu brilhante colar de pérolas, não haviam conseguido conquistar as afeições do povo francês. De fato, ambas as rainhas-viúvas haviam presidido períodos de luta civil intensamente acrimoniosa, e a prevenção contra mulheres no poder perdurou durante o século XVIII. O clamor público suscitado pela derrota que Du Barry impôs a Choiseul foi um bom exemplo: em 1771, o temor de ver o país "subjugado à mulher" continuava grande na imaginação pública francesa.

Essa preocupação estendia-se à esfera da moda. O Carnaval, período que precedia a Quaresma, dava lugar a grande número de festas em que homens muito freqüentemente se vestiam da cabeça aos pés com roupas de mulher. Quando estas, em contraposição, tentavam aparecer *en travesti*, não eram capazes de chegar nem perto disso, nem encorajadas a fazê-lo. Para elas, como observou o historiador do vestuário Nicole Pellegrin, "o tabu contra usar calças era tão forte" que, ao se vestir como membro do sexo oposto, tinham de se limitar a usar uma ampla túnica chamada dominó, que ocultava o corpo, e pentear o cabelo num estilo mais masculino.[48] Fora dos limites do Carnaval, mulheres com roupas de homem eram coisa ainda mais inaudita, interpretada como uma estranha perversão erótica.[49] Essa era, pelo menos, a opinião do duque de Lauzun, cujas inclinações e conquistas sexuais abrangentes lhe valeram a reputação de um dos maiores sedutores da França nas últimas décadas do Ancien Régime.[50] Quando uma das amantes aristocráticas de Lauzun lhe fez uma visita "a cavalo, usando um uniforme de dragão e calções de couro", ele se viu "quase irreversivelmente enojado".[51] E embora mesmo assim tenha ido para a cama com a mulher, afirmou que o fez com considerável decepção, identificando esse episódio em suas memórias como um dos mais vergonhosos de toda a sua carreira.

Ironicamente, coube à mulher chamada de "rei Maria Teresa" pelos súditos – a mulher cuja própria elevação ao trono havia encontrado violenta oposição por causa do gênero – aconselhar Maria Antonieta contra o uso de roupas esportivas masculinas. Informada por Mercy das "cavalgadas de madame la dauphine", a imperatriz censurou o novo hobby da filha como mais um produto da influência perniciosa das Tias e advertiu duramente a menina dos danos que isso poderia ocasionar:

> Cavalgar estraga a pele e sua cintura acabará por sofrer por isso e começará a se tornar mais saliente. Além disso, se você está cavalgando como um homem, vestida de homem [*si vous montez en homme*], como suspeito que está fazendo, devo lhe dizer que isso me parece perigoso, bem como mau para a geração de filhos – e é isso que você foi chamada a fazer. Esta será a medida de seu sucesso. Se estivesse cavalgando como uma mulher, vestida de mulher [*si vous montiez en femme*], eu teria menos motivos de preocupação. É impossível prevenir-se contra acidentes. Os que aconteceram a outras, como a rainha de Portugal, que posteriormente foram incapazes de ter filhos não são nada tranqüilizadores. ... Um dia você concordará comigo, mas será tarde demais.[52]

A retórica materna era forte, como sempre; neste caso, porém, a delfina, que estava realmente montando com as pernas abertas e "vestida de homem", não se deixou demover. Quando Maria Teresa tentou fazê-la prometer que pararia de montar por completo, a jovem se recusou frontalmente, observando que Luís XV e o neto ficariam infelizes se ela o fizesse: "O rei e monsieur le dauphin têm prazer em me ver a cavalo. ... Ficaram encantados ao me ver no uniforme de caça."[53] Embora tenha tido o cuidado de não mencionar se usava esse uniforme com calças ou saia, desta vez Maria Antonieta forçou a mãe a recuar. "Já que você me diz que o rei e o delfim aprovam [que você ande a cavalo]", respondeu a contragosto a imperatriz, "isso é o bastante para mim. Cabe a eles governá-la; foi nas mãos deles que depositei minha encantadora Antonieta."[54]

A despeito de toda sua perspicácia política, Maria Teresa foi incapaz de perceber que o súbito e absorvente amor de Maria Antonieta pela caça talvez representasse de fato um esforço para obter uma "medida de sucesso" alternativa na corte – um esforço para abraçar e encarnar um padrão que não tinha absolutamente nada a ver com as funções procriativas tradicionalmente atribuídas a uma esposa Bourbon. Enquanto não fosse "uma verdadeira delfina" no sentido reprodutivo, não tinha nenhuma esperança de afirmar sua autoridade através dos canais convencionais, "femininos", da gravidez e da maternidade. Contudo, mesmo para uma consorte real francesa, Maria Antonieta não era uma mulher comum, dados os seus laços de sangue com soberanos tão ilustres como Luís XIV e os Césares imperiais. Nem a falecida mãe de seu marido, Maria Josefa da Saxônia, nem a falecida esposa de Luís XV, Maria Leczinska da Polônia, haviam podido se orgulhar de genealogias tão sublimes. Embora tivessem correspondido às expectativas de seus maridos e súditos gerando filhos, essas mulheres não estavam em condições de fazer o que a elevada linhagem de Maria Antonieta – a que ela se referiu com crescente freqüência em anos posteriores como "o excelso sangue que corre em minhas veias" – lhe dava o direito de fazer.[55] E isso era chamar a atenção vestindo-se e montando "como um homem", exatamente como seu ancestral Luís XIV, por vezes copiando diretamente outros ancestrais, os Césares, havia feito com tanta eficácia antes dela.[56]

Dado tanto o seu passado como as circunstâncias de sua vida presente, é improvável que Maria Antonieta se inclinasse a ignorar o modelo da imagem pública engenhosamente cultivada, assombrosamente poderosa do Rei Sol. Em Viena, ela não havia recebido muita educação formal antes que o abade de Vermond fosse enviado para lhe inculcar os rudimentos da língua e da cultura francesa. Mas nas aulas que dava à arquiduquesa, Vermond conseguiu remediar sua ignorância em grande parte instruindo-a sobre a genealogia real francesa. Segundo Vermond, a pupila dedicou-se ao assunto com tanto entusiasmo que logo se tornou capaz de identificar seus dois reis franceses favoritos: "Henrique IV, porque foi tão bom, e Luís XIV, porque foi tão grande."[57] Uma vez em Versalhes, ela impressionou os novos compatriotas com seu conhecimento dos assuntos relativos à família e à política Bourbon. Ao ingressar no *entourage* da delfina, por exemplo, mademoiselle de Mirecourt achou sua nova ama "mais versada que qualquer outro príncipe em tudo que se relacionava à história da França e suas principais famílias".[58]

Ainda assim, caso tivesse precisado de lembretes da grandeza de Luís XIV, teria bastado à delfina olhar para seu ambiente imediato em Versalhes: para os portões e portas que ostentavam seu monograma dourado e para os afrescos nos tetos, as estátuas e os retratos exibidos por toda parte. Propositalmente, essas representações eram como provas onipresentes da estatura transcendente do Rei Sol.[59] E se Maria Antonieta chegou à corte francesa despreparada para outros aspectos da vida ali – o partido antiaustríaco, o marido sexualmente reticente, o rígido sistema de etiqueta –, no mínimo as imagens de Luís XIV que a cercavam confirmavam as opiniões que ela formara graças às aulas de Vermond em Viena.

No verão de 1771, Maria Antonieta inspirou-se exatamente nessas imagens quando posou para um retrato a pedido da mãe. A imperatriz havia especificado que a pintura devia "representá-la em roupa de gala, não vestida de homem, mas no lugar que lhe foi atribuído".[60] Ignorando esses parâmetros, a jovem encomendou um retrato de si mesma num traje de montaria de estilo masculino. A tela foi perdida, mas alguns retratos sobreviventes a apresentam em vestimenta semelhante. "Exatamente como ela é", escreveu mais tarde Maria Teresa sobre o retrato perdido, "com suas roupas de montaria e um chapéu na cabeça."[61] Na primeira dessas pinturas, um pastel executado pelo artista alsaciano Josef Krantzinger meses depois, a delfina é mostrada da cintura para cima num andrógino *justaucorps* vermelho (o uniforme de caça da residência real de Trianon), luvas de montaria de pelica amarela e um tricórnio debruado com sutache dourado.[62] Segundo Marguerite Jallut, ex-curadora do museu de Versalhes, a empolgação de Maria Antonieta ao posar com esse traje especial foi maior até do que seu entusiasmo pela equitação, e Krantzinger captou tão bem essa alegria que mesmo Maria Teresa se deixou abrandar quando viu a pintura, declarando-a uma das imagens mais fiéis que já vira da filha.[63]

Talvez a imperatriz tivesse visto com menos benevolência um outro retrato eqüestre, realizado vários anos depois pelo pintor da corte de origem suíça Louis-Auguste Brun com base na observação (e em artigos de vestuário e calçados que Maria Antonieta lhe deu com esse propósito).[64] Diferentemente do retrato de Krantzinger, essa pintura mostra Maria Antonieta de corpo inteiro cavalgando para a caça, revelando assim sua predileção por montar e vestir-se "como um homem". Usando um traje azul (o uniforme exigido para a caça em Versalhes) com calções masculinos, uma gravata de renda esvoaçante, botas de cano alto amarelas e um chapéu pomposamente emplumado, Maria Antonieta está confiantemente escarranchada e impõe a seu cavalo uma postura audaciosa, empinada (ver prancha 6). Tanto na posição do cavalo quanto na expressão dominadora da amazona, a pintura de Brun parece claramente inspirada nas grandes pinturas eqüestres de Luís XIV (ver prancha 7).[65]

A imitação da pose característica do Rei Sol foi um gesto extremamente temerário para uma princesa cuja posição na corte continuava muito pouco segura, mas Maria Antonieta talvez tenha extraído coragem da inesperada dissolução, por volta dessa época, de um dos maiores obstáculos políticos que enfrentava: a ameaça que a nova noiva de Provence, Maria Josefina da Sabóia, poderia representar para sua posição como a neta predileta do rei. Pois quando a corte veio a conhecer Maria Josefina em 12 de maio de 1771, ficou imediatamente claro que ela não tinha nenhuma chance de eclipsar a delfina. Embora a princesa saboiana tivesse sido escolhida, como Maria Antonieta antes dela, por razões de aliança política, o próprio Luís XV confidenciou a Mercy que a nova condessa de Provence lhe parecia decepcionantemente feia; fez objeção em particular a seu "horroroso nariz".[66] E esse era apenas um de seus defeitos. "Na linguagem de um oficial dos dragões", outro observador, mais loquaz, registrou mordazmente:

> [Maria Josefina] poderia ser descrita como um animal forte, peludo. Sua cabeça era coroada por espessa floresta de cabelo preto, crescendo pouco acima de suas bastas sobrancelhas. ... [Seus] lábios grossos eram encimados por um pronunciado bigode; e o conjunto era realçado por uma tez muito escura. Isso quanto ao rosto. O talhe de Sua Alteza Real era mais largo do que alto, com um amplo busto ... e um *derrière* como aqueles que os cervejeiros de Paris gostam de ver reluzindo na garupa de seus cavalos. Quando madame andava, essa porção de seu corpo tremulava de uma maneira que tornava a comparação ainda mais óbvia.[67]

Outros cortesãos ampliaram a caracterização deste observador para concluir que a noiva de Provence tinha pêlos crescendo até no peito.[68]

Além disso, os hábitos pessoais de Maria Josefina eram tão sujos – mesmo para os padrões higiênicos bastante frouxos de Versalhes – que Luís XV encarregou seu embaixador na Sabóia de pedir ao pai da princesa, o rei Vítor Amadeu III, que interviesse. O rei francês declarou que, no mínimo, a esposa de seu neto deveria ocasionalmente lavar o pescoço, limpar os dentes e pentear o cabelo. "Embora seja embaraçoso para mim discutir essas coisas", confessou o diplomata de Versalhes ao pai de Maria Josefina, "esses meros detalhes são questões de importância vital para nós aqui neste país [*ce pays-ci*]."[69] ("*Ce pays-ci*", o coloquialismo pelo qual as pessoas ligadas a Versalhes se referiam ao lugar, sugere o grau em que a corte representava por si só um universo cultural distinto.) A essa altura Maria Antonieta tivera tempo para aprender essas lições de maneira árdua; para a condessa de Provence, menos dotada dos pré-requisitos básicos e superficiais para o sucesso na elegante corte francesa, o fracasso em adotar os códigos de toalete de seu novo lar a puseram numa posição de desvantagem ainda maior.

Mais importante ainda para mitigar os antigos temores da delfina de que Maria Josefina a superasse foi o fato de que a jovem desmentiu quase imediatamente as jactâncias de Provence sobre seu suposto vigor sexual. Quando perguntada sobre a afirmação do marido de que na noite de núpcias a tornara "feliz quatro vezes", a condessa de Provence lamentou para sua *dame d'atours* que o rapaz não fizera nada disso.[70] Como se veio a saber, o noivo, parcialmente aleijado em razão de uma deformidade no quadril e muito mais gordo que o irmão Luís Augusto, era fisicamente incapaz de intercurso sexual. O casamento jamais daria fruto – e, como Maria Josefina costumava murmurar, "não é culpa minha".[71]

Talvez não por acaso, o patente fracasso da união Provence e as risadinhas generalizadas sobre a falta de jeito do noivo somaram-se a uma demonstração de maior estima do rei por Maria Antonieta. Logo depois da chegada de Maria Josefina, registrou Mercy, Luís XV passou a visitar a delfina todas as manhãs "por meio de uma porta escondida que até então permanecera fechada" e a partilhar seu café-da-manhã com ela, "mostrando-se mais feliz e satisfeito que de costume".[72] Ao que parecia, a presença da princesa saboiana apenas aumentara o apreço do rei pela neta mais graciosa.

Esses desdobramentos poderiam ter permitido a Maria Antonieta respirar com mais tranqüilidade, não fosse sua rixa com a condessa Du Barry, que continuava cada vez mais acirrada. Nas semanas que se seguiram ao casamento de Provence, a favorita queixou-se com crescente freqüência do tratamento que a delfina lhe dispensava, até que o rei sentiu que não tinha escolha senão tomar uma atitude. Convocando Mercy a seus aposentos, instou o embaixador a chamar Maria Antonieta à razão: "[A condessa] deseja unicamente que madame la dauphine fale com ela apenas uma vez."[73] Maria Teresa, horrorizada ao saber que Luís XV fora forçado a fazer um pedido como este, repreendeu a filha. Durante todo o verão, a imperatriz e o rei trabalharam de comum acordo com Mercy para estabelecer a paz entre as beligerantes. Enquanto Maria Teresa havia sugerido "um vestido ou alguma bagatela desse tipo" como manobra de abertura da delfina, Mercy estimulou-a "a fazer algum comentário anódino sobre caça – isso seria suficiente para deixar a favorita feliz".[74]

Essas recomendações, contudo, provaram-se inúteis. Embora "tivesse sido combinado que Maria Antonieta falaria com madame Du Barry na noite de domingo, 10 de julho de 1771", a delfina não pôs o plano em prática.[75] Mal entrara na sala onde a favorita – e o resto da corte – esperava ansiosamente sua iniciativa, ela deu meia-volta sem falar, escoltada por uma radiante madame

Adelaide. O escândalo que se seguiu incitou Maria Teresa e seu embaixador a repreenderem novamente a jovem. Mas Maria Antonieta mostrou-se irredutível. "Se você visse tudo o que se passa aqui, como eu", informou ela à mãe, "compreenderia que essa mulher e sua panelinha não se contentarão com apenas uma palavra."[76] Nessa altura, o orgulho da delfina estava em jogo: pediam-lhe para ceder terreno demais aos barrystas, e ela parecia incapaz de tolerar uma concessão tão grande. Altiva, rebateu a repreensão da imperatriz: "Pode ficar certa de que não preciso da orientação de ninguém em nada que diga respeito a comportamento correto, decente."[77]

Foi precisamente nessa época que a delfina, que continuava montando regularmente com uma perna de cada lado do cavalo, posou para seu primeiro retrato eqüestre, hoje perdido.[78] E embora certamente não fosse a primeira princesa Bourbon a ser pintada em traje de montaria – esse tipo de retrato tinha uma longa tradição na França e em outros países –, é muito possível que sua tentativa de se apresentar tanto na pintura quanto na vida como uma amazona pujante, especialmente viril, tenha assumido um significado especial nesse ponto de sua carreira. Vista contra o pano de fundo da demissão de Choiseul, da impotência recentemente revelada de Provence e das crescentes exigências de reconhecimento de Du Barry, a pose eqüestre de Maria Antonieta pode ser plausivelmente interpretada como um ato de desafio e uma afirmação de autoridade. Sua apropriação de uma aparência icônica régia coincidiu exatamente com a recusa de um acordo com os detestados barrystas e sugeriu uma refutação do rótulo de inutilidade geralmente reservado para uma princesa consorte sem filhos. Nesse sentido, Maria Antonieta indicava realmente que não precisava "da orientação de ninguém", e assim contestava suposições comuns sobre a avaliação de seu sucesso como delfina.

"Claramente você não é do nosso sangue", disse-lhe madame Adelaide nessa época, elogiando com relutância a nova demonstração de audácia e determinação da moça.[79] Na verdade, porém, as arrogantes encenações a cavalo da chamada *Autrichienne* indicavam exatamente o contrário. As calças de montaria e as botas de Luís XIV, como Voltaire sugerira num famoso comentário, forçavam os detratores do rei a admitir "a autoridade de sua posição, a qual até então fora pouco respeitada". Vestida de maneira semelhante, a descendente do Rei Sol parecia se esforçar agora para fazer o mesmo. Sua conduta era ainda mais surpreendente considerando que seu marido, aquele que realmente estava prestes a herdar a coroa de Luís XIV, recusava-se invariável e inflexivelmente a se fazer representar dessa forma heróica, mítica.[80] De fato, no retrato eqüestre que Brun pintou de Maria Antonieta, Luís Augusto aparece como uma figura minúscula no segundo plano – também a cavalo, mas quase inteiramente eclipsado pela pose autoritária e régia da esposa.

Embora sua flagrante contestação dos papéis de gênero reais tradicionais fosse um dia retornar para persegui-la – com acusações de lesbianismo, monstruosidade e uma sede descarada de poder levantadas às dúzias contra ela –, nos primeiros anos seu hábito de montar e de se vestir "como um homem" pareceu favorecê-la. As excursões eqüestres com Luís XV e Luís Augusto reforçavam suas relações com ambos. Não só o rei continuou a honrá-la com visitas informais todas as manhãs; o próprio delfim passou a visitar seus aposentos com alguma regularidade, e a desconfortável tensão entre os dois jovens esposos começou a se transformar em algo mais semelhante a uma estima mútua. No final de outubro de 1772, o casal informou ao avô que, embora o intercurso sexual fosse doloroso para Luís Augusto (é possível que ele tivesse uma deformidade do prepúcio que só seria diagnosticada anos depois), eles haviam tentado a consumação várias vezes. Em 22 de julho do ano seguinte, aparecendo perante Luís XV com Maria Antonieta a seu lado, o delfim declarou solenemente que por fim a fizera "sua esposa".[81] Luís XV ficou radiante e, com visível emoção, declarou Maria Antonieta "sua filha".[82] Em seguida os três celebraram partindo juntos para uma gloriosa caça a cervos.

À medida que a estrela de sua rival subia, a de madame Du Barry começava a declinar. Como Mercy teve o prazer de relatar à imperatriz, "a afeição original [de Sua Majestade] pela favorita tendo diminuído com o tempo, e tendo essa mulher recursos infinitamente escassos de espírito e caráter, o rei a vê apenas como uma fonte de medíocre dissipação".[83] Sentindo um declínio em sua sorte, Du Barry ficou reduzida a se humilhar para conquistar as boas graças da delfina. Numa assombrosa exibição de desespero, ela ofereceu-se para comprar para Maria Antonieta um par de brincos de diamantes, ao preço escandaloso de 700 mil libras, do joelheiro suíço Charles Boehmer. Declarando através de um intermediário, o conde de Noailles, que já tinha tantos diamantes que não sabia o que fazer com eles, Maria Antonieta recusou o presente – o que foi uma inequívoca demonstração de poder.[84] Por fim, ela havia se estabelecido como alguém com força suficiente para repelir madame Du Barry.

A essa altura, porém, Maria Antonieta sabia que não podia contar apenas com as atenções esporádicas de seu marido para salvaguardar seu futuro na França. Du Barry ainda tinha amigos poderosos na corte, por exemplo a temível família Rohan, cujo arrogante e devasso rebento, o príncipe Luís de Rohan, era o novo embaixador da França em Viena. A delfina já ficara sabendo que Rohan estava espalhando histórias pouco lisonjeiras a seu respeito em sua cidade natal, mas ficou ainda mais contrariada ao saber da cáustica pilhéria que ele fizera sobre o papel de sua mãe na partilha da Polônia em 1772. (Após a morte do soberano polonês, que fora historicamente um aliado Bourbon, a Áustria, a Rússia e a Prússia haviam tratado de dividir a nação entre si.) Numa carta ao duque d'Aiguillon, que este leu em voz alta, despertando gargalhadas no *boudoir* de madame Du Barry, Rohan descreveu Maria Teresa como "segurando numa mão um lenço com que enxugar as lágrimas que derramava pelas desgraças da Polônia, enquanto com a outra brandia uma espada com que dividir o desventurado país".[85] Notícias desse episódio instilaram em Maria Antonieta um ódio duradouro por Rohan, e revelaram também que, a despeito de todo o progresso que ela fizera, o partido francês continuava ativo em Versalhes.[86]

Ao mesmo tempo, a primeira entrada oficial da delfina em Paris, que a pôs face a face com o poder da opinião pública, revelou que ela tinha outros meios a que recorrer além do apoio do marido ou dos cortesãos. Em 8 de junho de 1773, os habitantes da capital acorreram em número recorde para aclamar seus futuros soberanos. Após um desfile pela cidade, cujas ruas estreitas estavam tão densamente apinhadas de simpatizantes que as carruagens reais ficaram muitas vezes detidas por 45 minutos seguidos, o jovem casal assistiu a uma missa solene na Notre-Dame, depois fizeram uma visita de cortesia à igreja de Sainte-Geneviève e ouviram discursos na Sorbonne. Por fim, o delfim e a delfina rumaram para a residência dos Bourbon em Paris, as Tulherias, assim chamada por ter sido construída no local de uma velha fábrica de telhas. Uma vez instalados nesse palácio, saudaram a multidão de um balcão elevado. A massa de gente nos jardins estendia-se até onde a vista alcançava, causando tanto espanto a Maria Antonieta que ela perguntou ao governador de Paris, o marechal-duque de Brissac, quantas pessoas tinha diante de si. Galantemente, Brissac informou-a que eram 200 mil e estavam todas apaixonadas por ela.[87]

Embora o criterioso Mercy tenha estimado a multidão em apenas "50 mil almas", o lisonjeiro comentário do duque sobre o amor dos parisienses pela delfina continha mais que um pequeno grão de verdade.[88] Durante sua aparição na capital, Maria Antonieta havia eclipsado o desajeitado marido tão inteiramente quanto o fizera por ocasião do casamento.[89] Resplandecente em diamantes e em um suntuoso *grand habit* branco, ela mereceu a atenção embevecida dos espectadores durante toda a visita, como uma ode publicada depois em *Le Mercure de France* confirmou vividamente:

Cidadãos, aí está ela! Pelos deuses, como é bela!
Que aparência nobre, comovente! Que olhos doces, atraentes!
Seu espírito, sua alegria, suas graças – tudo nela
Está refletido em seus traços deslumbrantes...
Madame la dauphine, honrai-nos muitas vezes com vossa presença;
Trabalhai para a felicidade de um povo que a adora.
Com impaciência, perguntamos na vossa ausência:
"Quando voltaremos a vê-la?"[90]

Que pudesse inspirar tal emoção em todo um povo, simplesmente acenando para ele a distância, comoveu Maria Antonieta profundamente. "O que realmente me tocou", refletiu ela em carta à imperatriz,

> foi o amor e o entusiasmo dos pobres, que ficam extasiados ao nos ver, embora estejam oprimidos pelos impostos. ... Que felicidade a nossa poder gozar de uma popularidade tão ampla a um custo tão pequeno. ... O fato ficou gravado em mim, nunca o esquecerei.[91]

Para um público farto dos excessos da favorita real e dos abusos do gabinete barrysta, a mera "visão" de Maria Antonieta, viçosa e elegante, parecia causa de regozijo. Renovava as expectativas que seu casamento com o delfim havia gerado três anos antes, expectativas de que ela reverteria o vergonhoso declínio dos Bourbon e levaria a França a uma nova idade de ouro.[92] Inclinada nessa direção, a opinião pública – e uma hábil manipulação de "seus traços encantadores" – poderia servir como uma arma extremamente eficaz no arsenal político da delfina.

Pelo menos por enquanto, os "pobres" da capital pareciam não ter nenhum interesse em condenar as calças de montaria de Maria Antonieta. Ao contrário, enquanto esses plebeus se desesperassem com a ascensão da "prostituta" Du Barry e aspirassem pela salvação que veio "da donzela" Joana d'Arc, uma amazona vestida de homem e de energia sexual aparentemente limitada estava talvez fadada a ser especialmente poupada de sua ira. Pois o soberano-cavaleiro Luís XIV pode ter sido o maior rei da França, mas Joana d'Arc era um de seus maiores soldados, e ela havia salvado a nação entrando na batalha com uma perna de cada lado do cavalo, vestida como um homem. No cerco de Orléans em 1429, relatou um cronista contemporâneo:

> O povo da cidade tinha tamanho desejo de ver a Donzela de Orléans que não podia se fartar de contemplá-la. Parecia a todos uma grande maravilha que pudesse montar a cavalo com tamanha elegância. Na verdade, ela se portava tão bem em todos os aspectos como se tivesse aprendido a ser um soldado acompanhando as guerras desde a adolescência.[93]

Três séculos e meio depois, os descendentes dos admiradores de Joana "não podiam se fartar de ver" a delfina, a cavalo ou não. Imediatamente após sua estréia parisiense, ainda era incerto se essa nova estrela-guia feminina seria capaz de preencher as esperanças do público ou se, como a Donzela de Orléans, seria martirizada na pira de suas afeições cambiantes. Embora ninguém pudesse ainda antecipar o desfecho final, na altura de 1791 – quando um escritor antimonarquista anônimo apresentou os trajes de montaria de Maria Antonieta como prova segura de sua traição – ele pareceria suficientemente inevitável.

> Sem dúvida quisestes tomar um de vossos ancestrais, Luís XIV, como vosso modelo, e sitiar Paris à frente de um imenso exército, vestindo botas e esporas e carregando um chicote, como se viesses para subjugar vossos escravos.[94]

Em 1773, porém, essa acusação ainda estava a uma revolução de distância.

5

O DOMÍNIO DO *POUF*

PARA A COROAÇÃO DE LUÍS AUGUSTO em 11 de junho de 1775, suntuosas colgaduras ornadas com borlas haviam transformado a catedral gótica de Reims "numa espécie de teatro lírico barroco" que lembrava mais o século XVII que a Idade Média.[1] Os trajes dos homens reunidos no altar, porém, pareciam atemporais. Representando os pares do reino originais de Carlos Magno, 12 dos mais eminentes príncipes da nação, entre os quais os condes adolescentes de Provence e d'Artois, usavam diademas brilhantes e "grandes mantos de arminho sobre longas vestes de tecido de ouro".[2] Os capitães da Guarda exibiam chapéus chatos emplumados e paletós ornados com muito ouro, ao passo que outros oficiais vestiam elegantes paletós de cetim branco, e o guarda dos Sinetes, Armand de Miromesnil, usava um estilizado barrete dourado. "Foi extremamente majestoso", relatou o duque de Croÿ, que, como cavaleiro da Ordem do Espírito Santo, tinha um lugar situado bem à frente. "Todos esses trajes antigos eram imponentes, mais ainda porque os vemos unicamente nesse dia."[3]

No centro do grupo resplandecente, Luís Augusto, agora Luís XVI, ajoelhou-se sobre um ornamentado quadrado de veludo cor de ameixa, parecendo, em seu longo casaco de tecido de ouro, "ter sido transfigurado pela graça".[4] Os aristocratas reunidos nos bancos e nos compartimentos provisórios contemplaram "em perfeito silêncio" enquanto o arcebispo de Reims, flanqueado por três outros luminares mitrados da Igreja, conduzia o monarca de 20 anos através dos ritos sagrados.[5] O casaco cintilante de Luís XVI e a bata escarlate sob ele estavam abertos para revelar seu peito gorducho, glabro, que o arcebispo untou com ungüentos do mesmo pequeno frasco que são Rémy usara para ungir Clóvis, o primeiro rei da França, quase 1.300 anos antes. Em seguida ele presenteou Luís com os atributos de Carlos Magno: um bastão de pontas de marfim chamado Mão da Justiça e um cetro dourado com 1 metro e 82 centímetros de comprimento.

Orando em voz alta, o arcebispo exortou o jovem rei da França a ser virtuoso e sábio, e, numa formulação um pouco mais estranha, a cumprir seus deveres com "a força de um rinoceronte".[6] Depois disso, monsieur de Miromesnil, com voz ribombante, convocou os 12 príncipes a avançar. Tão logo eles haviam rodeado o rei, o arcebispo ergueu do altar a pesada coroa de ouro de Carlos Magno, "cravejada de opulentas pedras preciosas não lapidadas", e segurou-a no alto com as duas mãos.[7] A litania de bênçãos que pronunciou, pedindo a Deus para conceder ao soberano da França "a coroa da glória, a coroa da justiça, a coroa da vida eterna", serviu como sinal para a coroação propriamente dita. Nesse momento, de acordo com o costume, os príncipes estenderam as mãos simultaneamente para o diadema e, junto com o arcebispo, baixaram-no sobre a cabeça de Luís, ajoelhado. Segundo Croÿ, "esse sublime momento criou a maior sensação imaginável na catedral".[8] Sob os gritos radiantes da audiência, porém, ouviu-se Luís XVI, já incapaz de exibir a força de rinoceronte esperada de um rei Bourbon, dizer ofegante: "A coroa está me machucando."[9]

Enquanto isso, abrigada numa tribuna de honra especialmente construída para ela, Maria Antonieta, com seus 19 anos, derramava lágrimas de felicidade ao ver a cena. Ela vestiu-se para a coroação de Luís XVI não com as roupas cerimoniais atemporais dos grandes do reino, mas, observou Croÿ, "no estilo contemporâneo, muito galante" de que se enamorara recentemente.[10] Coberto de safiras, outras pedras preciosas e bordados pomposos mas fantasiosos, seu vestido era obra de Rose Bertin, uma estrela ascendente da indústria da moda parisiense e uma das principais influências no gosto em desenvolvimento da rainha; o vestido era tão pesado que Bertin quisera enviá-lo para Reims numa maca especial.[11] Sendo a primeira esposa do rei a assistir a uma coroação francesa desde Catarina de Médicis em 1547 – os últimos três reis antes de Luís XVI eram solteiros quando receberam a coroa –, Maria Antonieta não teve nenhum precedente imediato para seguir na decisão de como se vestir para a ocasião.[12] A eminente modernidade de sua indumentária, contudo, sugeriu mais devoção aos caprichos momentâneos da moda que à antiga dignidade do trono francês.

Mas talvez tenha sido o penteado de Maria Antonieta, com os cabelos eriçados muito alto acima da testa, pesadamente empoados e encimados por um feixe de oscilantes plumas brancas, que proporcionou aos circunstantes a maior surpresa. Esse penteado produzia um efeito global de tamanha altura que seu rosto parecia ser o ponto médio entre o topo do cabelo e a orla do vestido. O galante duque de Croÿ, por exemplo, achou o penteado de sua soberana encantadoramente absurdo, e fingiu-se curioso de saber como ela e suas damas, penteadas de maneira semelhante, haviam todas conseguido crescer tanto desde a última vez que as vira, um ano antes.[13] Outros convidados não acharam graça nenhuma. Mais tarde, alguns deles resmungaram que o extravagante penteado de Maria Antonieta havia bloqueado a visão do novo soberano do reino.

Embora a queixa fosse ilegítima – a tribuna da rainha estava posicionada a um lado do altar, onde nem ela nem seus ocupantes poderiam obstruir a bruxuleante figura de Luís XVI –, as enormes proporções de seu novo penteado eram indiscutíveis. Ainda assim, o esbelto pescoço de Maria Antonieta não deu nenhum sinal de se curvar sob o peso. Em contraposição, seu marido pareceu quase alarmantemente incapaz de enfrentar o desafio físico que sua nova coroa lhe impunha. "O que está havendo com o rei?", perguntou a esposa, aflita, quando percebeu o desconforto que o diadema parecia estar lhe causando. "Vejam como parece inquieto. Acham que a coroa está apertada demais?"[14]

Em 10 de maio de 1774, aos 64 anos, Luís XV havia morrido de varíola, doença que se pensava ter contraído dormindo com uma ordenhadora.[15] Na agonia da enfermidade, ele mostrou-se subitamente preocupado com o destino de sua alma imortal e fez sua primeira confissão em 40 anos. Após receber a absolvição pelos seus pecados, não pôde mais manter a seu lado madame Du Barry, por tanto tempo sua cúmplice na fornicação. Com lágrimas nos olhos, expulsou-a de seus aposentos no palácio; ela fugiu para o Château de Rueil, pertencente a Aiguillon e próximo dali, onde um pequeno grupo de devotos se reagrupou à sua volta e esperou pelo melhor. Se Luís XV não recuperasse a saúde, os barrystas sabiam, seus dias estavam contados.[16]

Os temores dessa facção eram justificados. Quando finalmente o velho rei faleceu e Luís Augusto, de 19 anos, ascendeu ao trono como Luís XVI, uma das primeiras decisões do rapaz foi mandar para o exílio tanto Du Barry quanto seu antigo defensor, o duque d'Aiguillon – ato que pareceu indicar uma vitória decisiva de Maria Antonieta.[17] Muito claramente, fazia justiça para aqueles que a haviam caluniado de maneira tão constante durante o reinado anterior. (Em Paris, multidões em regozijo com a mudança do regime queimaram uma efígie do desprezível colega de Aiguillon, Maupeou, em parte porque era suspeito de ter disseminado rumores maldosos sobre sua encantadora nova rainha.) Melhor ainda, a extinção dos barrystas pareceu confirmar as previsões de Mercy e Maria Teresa sobre a grande influência política que Maria Antonieta podia esperar exercer como soberana.

Como seria de esperar, as Tias manobraram rapidamente para frustrar esse resultado. Logo após a morte de Luís XV, arranjaram um encontro privado com o sobrinho em que o instaram a reunir um gabinete que não cederia autoridade real aos parlamentos e aos choiseulistas. Reiterando as afirmações de La Vauguyon de que Choiseul e seu grupo de fanáticos queriam destruir a monarquia francesa e entregar o poder aos austríacos Habsburgo, convenceram Luís XVI de que devia escolher seus ministros no seio do partido francês. Aparentemente ainda sob o domínio dos ensinamentos antiaustríacos de sua infância, o novo rei consentiu, nomeando o conde de Maurepas, tio de Aiguillon e um dos maiores amigos de La Vauguyon, como "seu conselheiro pessoal e primeiro-ministro não oficial".[18] Quando Maria Antonieta ficou sabendo dessa nomeação, já era um *fait accompli*. Igualmente consumada estava a nomeação do conde de Vergennes, que seu marido convidou para servir como ministro das Relações Exteriores e que não alimentava nenhuma afeição pela Áustria.

Para Maria Antonieta, essas nomeações chegaram como notícias devastadoras. Em sua avaliação, Vergennes e Maurepas iriam ambos trabalhar "para manter o rei nas idéias ... que o perverso La Vauguyon" havia "inventado contra a Casa da Áustria", e exasperava-a encontrar seus inimigos ainda entrincheirados numa corte que, como rainha, ela poderia ter esperado presidir de maneira inconteste.[19] Apesar da natureza ainda esporádica de seus interlúdios sexuais, ela e o marido haviam desenvolvido relações relativamente tranqüilas e até afetuosas. Como ela própria, Luís XVI nunca tivera muitas pessoas em Versalhes em quem pudesse confiar, e parecia apreciar a doçura e compaixão com que a esposa geralmente tentava tratá-lo. Mas a afeição do jovem rei pela esposa não significava, ela agora descobria, que ele pretendesse envolvê-la em assuntos de Estado. Era um fato triste mas verdadeiro, como ela explicou algum tempo depois a seu irmão José II, que seu marido não tinha nenhum interesse em sua opinião em matérias como a composição de seu gabinete.

> Levantei [a questão dos ministros antiaustríacos] mais de uma vez com o rei, mas ... ele não fala comigo com freqüência sobre decisões importantes. ... Quando o censuro por não ter falado comigo sobre certos assuntos, parece um pouco em-

baraçado, e às vezes acrescenta que não havia nem pensado em fazê-lo. Assim, posso lhe dizer que assuntos políticos são aqueles sobre os quais tenho menos controle...[20]

Dessa maneira, embora ela fosse agora rainha, as perspectivas políticas de Maria Antonieta permaneciam sombrias e eram tornadas ainda piores pelas alterações do modo de vida na corte de seu marido. Como rei, Luís XVI foi obrigado a se mudar de seus antigos aposentos para o magnífico apartamento do avô, uma mudança a que o astuto Maurepas reagiu apropriando-se dos aposentos que madame Du Barry ocupara outrora, e que eram ligados aos do monarca por uma escada oculta. Essa realocação do território do palácio não só indicou a influência sem rival do novo ministro como aumentou a distância entre os aposentos de Maria Antonieta e os do marido. Um ano depois da morte do velho rei, ela finalmente persuadiu Luís XVI a construir uma passagem secreta ligando seus aposentos. Até então, porém, o acanhado jovem monarca estivera "condenado a fazer suas esporádicas visitas maritais passando pela antecâmara Oeil-de-Boeuf" junto a seu quarto de dormir – sob os olhos de todos os cortesãos mexeriqueiros que passavam o tempo ali.[21]

Isolada tanto política quanto espacialmente, Maria Antonieta voltou-se novamente para o vestuário para alçar sua precária estatura – embora dessa vez tenha abandonado o uniforme masculino de caça por um tipo mais fantasioso de roupa. Talvez se inspirando de novo em Luís XIV, que presidira uma era de bailes de máscaras encantadoramente extravagantes na corte, ela decidiu promover duas festas por semana em Versalhes – uma das quais deveria ser um baile de máscaras nas segundas-feiras à noite.[22] Para o primeiro desses eventos, realizado em 9 de janeiro de 1775, Maria Antonieta inspirou-se numa recente nevasca e escolheu "Noruegueses e lapões" como tema.[23] Vestidos em suntuosos trajes escandinavos falsos fornecidos por ordem da rainha pelo *surintendant des Menus Plaisirs* (superintendente dos Pequenos Prazeres), Papillon de La Ferté, e seus auxiliares, cortesãos afluíram à festa e se deixaram ficar até muito depois do raiar do dia. Segundo Mercy, que descreveu as festividades para Maria Teresa, as "graças pessoais" da rainha se destacaram mesmo em meio a seus convidados exoticamente vestidos – e mantiveram toda a multidão fascinada.[24] Contemplando Maria Antonieta, tão radiante em sua resplandecente fantasia de país encantado do inverno, nunca se poderia adivinhar os desgostos políticos que a afligiam.

E essa talvez fosse exatamente a finalidade das novas festas da rainha. Como Mercy notou, ela ficou exultante com o extraordinário sucesso do primeiro baile de máscaras e lançou-se com empolgação no planejamento de festas subseqüentes, com fantasias e temas ainda mais inventivos.[25] A seu entusiástico estímulo, tiroleses, índios e artistas de circo foram apenas alguns dos personagens que dançaram pela *petite salle de spectacles* do palácio – decorada de acordo com os trajes dos convivas – toda noite de segunda-feira.[26] Por vezes, Maria Antonieta prescrevia um arranjo sedutoramente simples para as cores e tecidos que seus convidados deveriam usar: por exemplo, "tafetá branco com tule vaporoso" para as senhoras e "veludo azul com coletes brancos" bordados de azul para os homens.[27] Em outras ocasiões, ela se valeu de seu conhecimento da história real francesa para recriar as cortes renascentistas de Francisco I e Henrique IV.[28] Para essas festas, os convidados foram instruídos a usar trajes estilizados do século XVI: calções largos e gibões para os cavalheiros, toucas em forma de empena e saias-sino com anquinhas para as damas e rufos brancos engomados para todos os pescoços.

Contudo, mesmo quando exigia que seus foliões exibissem certo grau de uniformidade, Maria Antonieta se esforçava por se destacar da multidão. Para enfatizar sua posição como a mulher mais importante da festa – e da corte –, geralmente escolhia o mais belo traje para si mesma. Assim, num de seus bailes de tema renascentista, chamou a atenção não só convencendo Luís XVI a aparecer como Henrique IV, mas fantasiando-se ela mesma como a legendariamente poderosa amante do rei, Gabrielle d'Estrées.[29] "O traje", escreveu o marquês de Ségur,

> era verdadeiramente esplendoroso. Um chapéu preto, adornado com plumas brancas presas por quatro grandes diamantes e uma presilha de pedras preciosas avaliada em 2 mil libras. O peitilho e o cinto eram feitos de diamantes, o vestido era de gaze branca crivada de estrelas de prata, adornado com uma franja dourada presa à saia por mais diamantes. Uma visão feérica, de fato, mas ruinosa do ponto de vista do Tesouro.[30]

Para uma rainha cujos encontros conjugais com o marido ainda eram – como seus cortesãos sabiam muito bem – esporádicos, a decisão de posar como uma famosa amante real pode ter parecido incongruente para alguns dos convidados. Se Maria Antonieta realmente queria se vestir como uma heroína do Renascimento, Catarina de Médicis teria sido, afinal de contas, uma escolha mais apropriada, dado que o casamento real de Catarina fora também atormentado por problemas de fertilidade. (Embora tenha finalmente conseguido produzir herdeiros, Catarina havia sido deploravelmente estéril durante seus primeiros anos como delfina, e também fora ameaçada com a perspectiva do divórcio e da expulsão da corte.[31]) No entanto, por mais inadequado que isso possa ter parecido dadas as suas relações sexuais, ou a sua falta de relações sexuais, com o rei, o traje de Gabrielle d'Estrées de Maria Antonieta indicava que ela gozava de sua benevolência em outro importante aspecto. Por sua mera extravagância prodigiosa, ele indicava que a rainha desfrutava o poder de gastar, assim como o esplendor manifesto, de uma favorita real.[32]

Essa era, no mínimo, uma idéia extremada. Em Versalhes, esperava-se tradicionalmente que as rainhas levassem vidas calmas, recolhidas, ocupando-se de criar os filhos e de rezar enquanto mimadas *maîtresses en titre* gastavam à larga dos cofres reais. As mulheres na vida de Luís XV haviam sem dúvida se conformado a esse modelo. Enquanto sua esposa, Maria Leczinska, era uma mulher malvestida e despretensiosa, cuja maior extravagância pessoal era "uma tranqüila partida de uíste", as glamorosas mesdames de Pompadour e Du Barry obtinham do amante um sem-número de presentes em jóias, roupas e dinheiro.[33] De maneira semelhante, a rainha de Luís XIV, Maria Teresa, tinha "levado uma vida de extrema piedade, seus principais prazeres sendo a fé religiosa e sua coleção de anões", ao passo que suas favoritas entregavam-se a prazeres muito mais aparatosos.[34] Em troca de seus favores, as amantes do rei ganhavam até residências privadas, que se tornavam cenários para divertimentos não coibidos pelas cerimônias rigidamente disciplinadas da corte.

Mas Luís XVI, com sua reticência sexual ainda incapacitante, não tinha amantes, não fazia qualquer esforço para conseguir uma e parecia perfeitamente feliz em conceder à esposa a posição financeira privilegiada de uma amante, ainda que não suas funções sexuais. Agora era a rainha que, com sua coleção de roupas ostentosas de valor inestimável, eclipsava todas as outras nobres em Versalhes; era ela que dominava e deslumbrava a corte. E como uma favorita real, seus caprichos pareciam incapazes de evocar a desaprovação do rei, por mais dinheiro que custassem. De fato, Luís XVI causava surpresa, recusando-se a restringir os gastos da esposa com festas mesmo depois que La Ferté, que estava também encarregado de planejar a coroação real para o verão seguinte, queixou-se de que os bailes de máscaras semanais estavam usando parte do orçamento destinado àquela solenidade de Estado muito mais importante. Talvez de maneira igualmente surpreendente, dada sua reputação de insociável, o jovem rei dignava-se realmente a comparecer às festas da esposa. (Sempre se retirava às 11 horas – sua hora de dormir –, mas dispensava bondosamente os demais convidados da obrigação de se retirar também quando ele o fazia.) E, numa festa que ela promoveu no dia 23 de janeiro, ele lhe concedeu um sinal ainda maior de consideração real, superando seu medo de dançar tempo o bastante para ser seu par no minueto de abertura. Junto com a liberalidade financeira, sua presença nos bailes a fantasia de Maria Antonieta revelavam que era ela, mais que qualquer outra cortesã, que desfrutava o inestimável apreço do monarca.

Assim, para a rainha, a carta branca para o planejamento de festas não apenas servia para distraí-la de suas últimas inquietações como era também uma maneira indireta de enfrentá-las. Com a nomeação do gabinete Maurepas, ela ficara patentemente incapaz de exercer a influência política direta do tipo outrora exercido por Pompadour e Du Barry. No entanto, se continuasse a oferecer recepções de maneira tão pródiga e a se apresentar de modo tão magnificente como essas amantes, talvez conseguisse disfarçar – e até sanar – seu desprestígio. Como confidenciou alguns anos depois a José II: "Sem ostentação ou mentiras, permito ao público acreditar que tenho mais prestígio [junto ao rei] do que tenho na realidade, porque, se as pessoas não acreditassem em mim nesse ponto, eu teria ainda menos poder."[35]

E embora baseada precisamente na "ostentação", sua pose tornou-se parte essencial dessa campanha por maior popularidade e prestígio. Como o traje masculino de montaria, suas festas lhe conferiam uma aura de influência que lhe teria feito extrema falta. E realmente seus esforços parecem ter compensado, pois, durante os primeiros meses do reinado de Luís XVI, observadores comentaram freqüentemente o aparente domínio da rainha tanto sobre ele quanto sobre seus nobres.[36] No topo da hierarquia, a família real parecia, pelo menos na superfície, aceitá-la como centro de gravidade, com Provence, Artois e suas esposas (Artois tendo desposado Maria Teresa da Sabóia, irmã da condessa de Provence, em 1773) tornando-se presenças invariáveis em suas festas semanais, e juntando-se a ela e a Luís XVI para jantares íntimos, exclusivos para a família real, que ela organizava contrariando a tradição da corte. Com exceção das velhas e acrimoniosas Tias, que agora procuravam menos manipular a sobrinha que boicotar suas brilhantes festas, os demais cortesãos seguiam o exemplo, entrando em sua órbita irresistível.[37] Suas *soirées* valeram-lhe novos amigos entre os membros mais jovens e animados da corte, e mesmo aqueles que não gostavam dela (inclusive as secretamente invejosas condessas de Provence e d'Artois) "agora procuravam agradá-la, ao menos aparentemente".[38] Maurepas e seus ministros deixaram-se eles próprios envolver pelo alvoroço e, como Mercy teve o prazer de observar, "redobraram o respeito e a deferência [que mostravam] a Sua Majestade, baseando sua conduta no grau de influência e prestígio de que a rainha desfrutava".[39] É significativo que, ao discutir essa mudança, tanto Mercy quanto Maria Antonieta a tenham atribuído à sua recém-cultivada aparência de "prestígio". Esse termo indicava muito claramente que, na ausência de qualquer envolvimento político direto, a consorte de Luís XVI escolhera exibir seu poder de gastar.

Ao mesmo tempo, por fazerem uso tão eficiente do vestuário para ostentar sua invejável proeminência, as festas da rainha estabeleciam-na também como uma líder no domínio da moda – uma mulher que, como Maria Teresa outrora recomendara que fizesse, era a única a "dar o tom em Versalhes".[40] Pois, particularmente entre seu novo grupinho de companheiros hedonistas, os bailes a fantasia de Maria Antonieta haviam suscitado uma nova paixão pelas roupas extravagantes. O bonito e jovial conde d'Artois, que se tornara um de seus mais próximos amigos do sexo masculino, gostou tanto dos bailes de máscaras renascentistas que iniciou um movimento para reinstituir o vestuário do século XVI como estilo cotidiano para a corte. Embora nobres mais velhos e mais conservadores tenham vetado a idéia com irritação, exigindo que "os usos de Luís XIV e Luís XV conservassem sua dominância", os dados haviam sido lançados.[41] Desde a era do Rei Sol, esses "usos" haviam conferido aos aristocratas um ar de imutável permanência. Agora, porém, a nova guarda tinha como cabeça uma rainha que não disfarçava seu desprezo pelos antiquados "colarinhos altos" e os "séculos" da geração mais velha, e que, ademais, não perdera tempo em se livrar dos conselhos indesejáveis de Madame Etiquette. (Madame de Noailles deixou o serviço de Maria Antonieta não muito tempo após a ascensão desta ao trono.) Para esse grupo, o vestuário requerido pela corte havia se tornado ultrapassado e estava extremamente necessitado de uma renovação.

Encorajada especialmente por Artois e seu mundano primo, o duque de Chartres, Maria Antonieta fez de Paris – uma das maiores cidades da Europa e um incontestável centro de moda – a sua meta.[42] Durante o reinado anterior, os aristocratas entediados com a atmosfera antiquada e imbecilizante de Versalhes haviam escapado, sempre que seus deveres na corte o permitiam, para suas residências na elegante e sofisticada capital.[43] A mais importante dessas posições aristocráticas avançadas era o Palais Royal, o reduto urbano do duque d'Orléans e sua família. Esse poderoso clã, conhecido como o mais rico da França, descendia do irmão mais moço de Luís XIV, Filipe; Orléans e seu filho, o duque de Chartres, eram portanto príncipes de sangue real, estando logo atrás de Luís XVI e seus irmãos na linha de sucessão. (De fato, quando Luís XV era criança, foi seu primo Orléans que serviu como regente, governando da residência da família em Paris.) Contudo, os Orléans não haviam aprovado a dissolução dos *parlements* pelo antigo rei, ato em que percebiam um avanço perigoso rumo à autocracia. Os membros da família registraram seu descontentamento afastando-se de Versalhes e estabelecendo uma espécie de contracorte no Palais Royal, onde suas opiniões políticas relativamente liberais lhes valeram a lealdade de muitos dos habitantes de origem mais humilde da cidade.[44]

A residência urbana dos Orléans se parecia com Versalhes, contudo, num aspecto significativo: era aberta ao público. Qualquer pessoa estava livre para perambular pelos jardins do abrangente conjunto, que continha entre seus muros cafés, lojas, antros de jogo, livrarias, gráficas e prostitutas exercendo seu ofício. E, o que era talvez o mais importante para Maria Antonieta, o complexo abrigava a superelegante Ópera de Paris, onde a aristocracia e a alta burguesia se reuniam para verem e serem vistas, a pretexto de espetáculos ou bailes de máscaras. Para atrair a atenção dessas multidões abastadas, fornecedores de artigos de luxo abriram butiques elegantes em volta de todo o complexo, especialmente na rue Saint-Honoré, que então, como hoje, era o epicentro da moda européia. Foi no Palais Royal que a desprezada jovem esposa do duque de Chartres, que se consolava fazendo compras enquanto o marido se divertia com outras mulheres, estabeleceu-se como uma das mulheres mais elegantes de seu tempo. E foi na rue Saint-Honoré que a duquesa descobriu uma *marchande de modes* chamada Rose Bertin que logo estimularia a própria rainha em sua busca do chique inigualável. Com a ajuda de Bertin, Maria Antonieta iria cultivar uma imagem de poder que tanto as nomeações ministeriais do marido quanto seu casamento sem sexo lhe negavam categoricamente.

Nas três últimas décadas do século XVIII, *marchandes de modes*, mulheres negociantes de modas, haviam começado a emergir como uma força relevante na indústria francesa de roupas, em resposta a uma mudança de paradigma no mercado parisiense do vestuário. Impulsionado por aumentos na produção de têxteis e mudanças de atitude em relação ao consumo, o mercado testemunhou durante esse período níveis sem precedentes de interesse e variedade "em peças de roupa e acessórios, cores e tecidos" – um desenvolvimento que Daniel Roche descreveu como uma absoluta "revolução no vestuário".[45] "Pela primeira vez", escreve sobre esse momento a historiadora Clare Haru Crownston, "elementos de gosto pessoal, escolha e superfluidade entraram na vestimenta" das classes média e trabalhadora.[46] Em particular, as mulheres passaram a gastar duas vezes mais dinheiro que seus maridos em roupas e acessórios.[47] Mesmo seus toucados menos dispendiosos custavam quatro vezes mais que os chapéus habituais dos homens.[48]

Tirando partido do apetite florescente das mulheres por diversidade e frivolidade, as *marchandes de modes* ofereciam seus serviços não como costureiras ou alfaiates – profissões que haviam recebido da coroa o monopólio legal sobre a manufatura de roupas –, mas como estilistas, concentrando-se em guarnições e ornamentos facilmente modificáveis, sempre em mudança, destinados a alterar e realçar vestidos e saias já prontos. Muito mais do que as peças de roupa que eles adornavam, eram os toques habilidosos, decorativos da *marchande de modes* que estabeleciam o bom gosto de uma mulher para se vestir.[49] Refletindo essa idéia, um tratado técnico de 1769 intitulado *A arte do alfaiate* definia o trabalho das *marchandes de mode* não como uma "profissão" propriamente dita, mas como um "talento" para "costurar e arranjar de acordo com a moda do momento os adornos que elas e as senhoras constantemente inventam".[50] Era um talento que, por lei, só podia ser praticado por membros da guilda exclusivamente masculina dos negociantes de tecidos e por suas mulheres.[51]

Em outubro de 1773, Rose Bertin, uma mulher solteira de 24 anos nascida na Picardia, desafiou essa lei instalando uma loja como *marchande de modes* na rue Saint-Honoré.[52] Exoticamente chamada de Grand Mogol, em referência a um magnata asiático supostamente amante do luxo, sua butique possuía grandes vitrines cheias de mercadorias destinadas a desviar o tráfego de pedestres do Palais Royal.[53] Com seus arranjos artísticos de toucados, xales, leques, lantejoulas, folhos, flores de seda, pedras semipreciosas, rendas e outros acessórios, as vitrines emitiam um canto de sereia sedutor.[54] Uma vez atraídas para dentro da loja, através de uma porta aberta por um lacaio de libré, as freguesas potenciais viam-se num cenário tão luxuoso quanto o salão de um aristocrata: cornijas douradas adornavam os tetos, espelhos de corpo inteiro e belas pinturas a óleo pendiam das paredes e móveis caros espalhavam-se por entre as pilhas de damascos, sedas, brocados e bugigangas que anunciavam o verdadeiro propósito do lugar.[55] De fato, teria sido difícil não perceber esse propósito, pois além de pilhas de tecidos e ornamentos a Grand Mogol abrigava em seu interior exposições de moda com trajes completos, um de cada tipo, cobertos de exuberantes enfeites do decote à bainha.[56] Em certa ocasião, a butique realizou uma exposição de 280 desses vestidos, cada um ornamentado por sua célebre proprietária e coletivamente avaliados em 500 mil libras.[57]

O gênio inspirado por trás de todos esses deleites, Bertin presidia a equipe de balconistas elegantemente vestidas com um ar de suprema autoridade, por vezes até emitindo suas recomendações enquanto permanecia confortavelmente instalada em uma *chaise longue* pessoal. Embora sua compleição corpulenta e o rosto vagamente porcino, de bochechas vermelhas, se enquadrassem mal com a decoração refinada, de caixa de jóias, de sua butique, ela impressionava as visitantes como uma "grande figura de mulher [que] não suportava ser contrariada" – tão certa estava de que qualquer ornamento que prescrevesse era exatamente aquele que a roupa de sua cliente exigia.[58]

Nos primeiros meses de 1774, Bertin expandiu sua oferta para incluir um toucado inovador chamado *pouf*.[59] Desenvolvido em conjunto com um cabeleireiro chamado monsieur Léonard, que ganhara renome recentemente criando penteados vistosos para atrizes e mulheres nobres de destaque, o *pouf* era construído sobre uma armação feita de arame, tecido, gaze, crina de cavalo, cabelo falso e os cabelos da própria mulher que o usava, eriçados alto acima da testa. Após empoar profusamente todo o edifício, seu arquiteto instalava entre os seus meandros uma rebuscada natureza-morta em miniatura, destinada ou a expressar um sentimento (*pouf au sentiment*) ou a comemorar uma circunstância (*pouf à la circonstance*) significativa para a cliente. Numa época em que as consumidoras estavam mais ansiosas que nunca para se distinguir por meio de acessórios e adornos, esses cartazes móveis personalizados promoveram uma transformação radical na aparência das francesas.[60] Como mostrou a historiadora do vestuário Madeleine Delpierre, "em 1780 havia 150 maneiras diferentes de enfeitar um vestido e a variedade de toucados era infinita".[61]

MORANDO CONVENIENTEMENTE PERTO da loja de Bertin e dispondo de uma fortuna incalculável para gastar com seu guarda-roupa, a duquesa de Chartres foi uma das primeiras a adotar o *pouf*. Quando deu à luz um filho, comemorou encomendando um penteado que representasse "não somente seu pajem africano e o papagaio dele, mas também uma ama sentada numa poltrona, abraçando um bebê recém-nascido junto ao peito".[62] Sem querer ficar para trás, a mulher do desgraçado duque de Choiseul encomendou "um *pouf* de 90 centímetros de altura que reproduzisse um jardim verdejante completo, com flores, grama, um regato murmurante e um pequenino moinho orlado com pedras preciosas e movido por um mecanismo de relógio que o próprio Luís XVI poderia ter admirado".[63] Numa variação ainda mais intricada desse tema, a duquesa de Lauzun – que, como a duquesa de Chartres, parecia gravitar para *la mode* como uma compensação à notória devassidão do marido – contratou Bertin para decorar seus cabelos com "um céu tempestuoso, um caçador atirando em patos e um moinho onde uma moleira era seduzida por um padre, e, no fundo, o marido da moleira caminhando com seu burro", como descreveu um atônito jornalista da época.[64] Extravagantes, espirituosos e contendo "o mundo inteiro, com toda diversidade ... em suas superestruturas", *poufs* como esses eram o cartão de visita de Bertin quando, na primavera de 1774, a duquesa de Chartres a apresentou à rainha.[65]

O encantamento de Maria Antonieta com o *pouf* parece ter sido imediato e absoluto – de fato, é quase impossível imaginar um adereço mais apropriado para sua campanha por maior prestígio público.[66] Incluindo tanto Bertin quanto Léonard em sua folha de pagamento, ela adotou o penteado excêntrico como seu visual característico, e Paris como o lugar certo para exibi-lo. Apesar das vagas expressões de reprovação das Tias, começou a viajar para a cidade duas ou três vezes por semana. Essa viagem de pouco mais de 19 quilômetros transportava a rainha de Versalhes para um mundo diferente: um mundo em que ela era livre para dançar nos bailes públicos da Ópera, bisbilhotar as feiras, perambular pelos elegantes passeios públicos do Palais Royal, da Champs Élysées e do Bois de Boulogne. Mais até do que suas festas a fantasia semanais, esses lugares proporcionavam a Maria Antonieta a ampla audiência pela qual ansiava e que seus novos penteados mereciam.

Nos primeiros dias de seu reinado, essa platéia provou-se agradavelmente adoradora. A visão anteriormente inconcebível de uma rainha misturando-se livremente a seus súditos provocou reações exultantes de um populacho que por muito tempo vira seus monarcas como distantes e inatingíveis. Historicamente, os residentes da capital haviam interpretado qualquer visita de seus soberanos como uma graça extremamente rara concedida por Deus.[67] Assim, quando os parisienses reconheciam Maria Antonieta aplaudindo fervorosamente na Ópera, ou sentada com algumas amigas num parque público, fazendo um piquenique de morangos com creme, mal podiam conter sua satisfação.[68] "Naqueles primeiros dias do verão", confirmou o duque de Croÿ, "toda Paris saiu [para vê-la], e foi como uma festa constante. Todos pareciam felizes e havia gritos alegres, e até aplausos."[69] E, é claro, os penteados que a rainha adotava nessas viagens aumentavam literalmente sua visibilidade aos olhos do público.

Melhor ainda, porque eram explicitamente destinados a transmitir mensagens tópicas, os *poufs* de Maria Antonieta lhe permitiam participar da política e parecer elegante ao mesmo tempo. Um de seus primeiros sucessos, segundo consta, foi a *coiffure à l'Iphigénie*, uma confecção lírica envolta em fitas pretas de luto, adornada com um véu preto e encimada por uma lua crescente.[70] (Aparentemente introduzido pouco depois da morte de Luís XV, esse toucado pode ter feito também as vezes de um acessório de luto, num momento em que se esperava que toda a corte estivesse usando roupas escuras.) Esse *pouf* prestava homenagem à ópera de Gluck, *Iphigénie en Aulide*, que, algumas semanas apenas antes que Luís XV falecesse, fizera uma estréia sensacional em Paris – graças aos bons ofícios da própria Maria Antonieta.

Gluck fora seu preceptor de música na infância em Viena, e ela o recompensara, agora que era uma princesa Bourbon, apoiando seus esforços para irromper no cenário musical parisiense. Contudo, nada assegurava que sua *Iphigénie* seria um sucesso – em parte em razão das reservas do público francês à música "alemã" e, em parte, em razão de uma ativa campanha promovida por madame Du Barry, que, em mais um esforço para se vingar da rival, havia decidido apoiar o compositor italiano Nicola Piccini à custa de Gluck.[71] Maria Antonieta esmagara a oposição da favorita chegando para a noite de estréia da ópera com o marido e mais de meia dúzia dos mais eminentes príncipes da França a reboque, e liderando-os e ao resto do público num vigoroso aplauso.

Não escapou aos espectadores a significação dessa batalha entre a princesa e a cortesã: os *Mémoires secrets* relataram mais tarde que Maria Antonieta havia emergido no centro de seu próprio grupo de conspiradores.[72] Nesse contexto, a *coiffure à l'Iphigénie* não era apenas mais uma maneira de Maria Antonieta demonstrar sua afeição por Gluck, mas uma alfinetada na mulher que ela envergonhara publicamente na Ópera. Como os trajes masculinos de montaria, os *poufs* (altíssimos, até mesmo fálicos) da rainha lhe permitiam sugerir a seus inimigos e ao resto dos súditos que, apesar de todos os reveses que experimentara como mulher de Luís XVI, ainda estava no controle.

Outro desses primeiros penteados, que permitiu igualmente à rainha se promover, foi o *pouf à l'inoculation* – ao que se diz, ela o exibiu após convencer o marido a se submeter a uma inoculação de varíola.[73] A prática era comum na Áustria, mas, como o evidenciara a morte recente de Luís XV por causa da doença, não tanto na França. De início, a rainha suportou uma saraivada de críticas por querer impor a seu esposo esse costume estranho e estrangeiro; como observou a biógrafa Joan Haslip, "inúmeras petições foram apresentadas a Luís XVI suplicando-lhe que não se submetesse a esse perigoso procedimento, e todos que estavam contra a rainha austríaca a condenaram ruidosamente".[74] Quando o rei sobreviveu à inoculação e recebeu um atestado de saúde, Maria Antonieta teve assim uma dupla razão de júbilo: seu esposo estava ileso e seus inimigos haviam sido fragorosamente derrotados. Para comemorar, ela encomendou, ao que parece, um *pouf* gigantesco exibindo emblemas da inoculação: a serpente pertencente ao deus grego da medicina,

Esculápio, enrolada em torno de uma oliveira que simbolizava a sabedoria, qualidade que, é claro, pertencia à ciência médica, mas que implicitamente caracterizava também a própria rainha como firme defensora da medicina. Atrás da árvore brilhava um grande sol dourado: um cumprimento ao ancestral comum dos novos soberanos, Luís XIV, e uma garantia de que a glória do Rei Sol finalmente retornara à terra – embora ficasse aberto a debate se o fizera na pessoa de Luís XVI ou na de sua consorte.[75]

Por mais interesseiro que fosse o plano de Maria Antonieta ao propor essa imagem de si, a idéia de um reflorescimento da *gloire* da monarquia francesa após o longo e decepcionante resvalo de Luís XV na libertinagem exerceu de início enorme atração sobre o populacho.[76] E a perplexa apreciação das súditas da rainha, pelo menos, manifestou-se numa explosão de *poufs* que imitavam os seus por toda a cidade.[77] Muitos deles prestavam uma homenagem direta aos novos soberanos; um penteado, por exemplo, "mostrava um sol nascente brilhando sobre um campo de trigo onde a esperança crescia agora" – uma alusão ao início de uma longamente esperada idade de ouro do reino. Outro *pouf* que ficou famoso nessa época era moldado na forma de uma cornucópia, novamente simbolizando o futuro próspero que aguardava o reino sob o comando de Luís XVI e sua esposa.[78] A própria rainha, de fato, alimentou essa esperança recusando a dízima que os súditos franceses tradicionalmente pagavam à consorte real quando de sua elevação ao trono. Conhecido como o *droit de ceinture de la reine*, o direito do cinto da rainha, esse antigo tributo foi suspenso quando Maria Antonieta, fazendo uma modesta piada sobre seu apreço à moda, anunciou que, afinal de contas, os cintos estavam completamente fora de moda.[79]

Logo os *poufs* rivalizavam com altíssimas plumas de avestruz e pavão – que por vezes tinham até 90 centímetros de comprimento e eram sempre terrivelmente caras – como o acessório para cabelo preferido.[80] Maria Antonieta, que apreciava ambos, continuou a inspirar imitadores tanto na capital como além dela. O resultado, segundo um padre perspicaz e mundano chamado abade de Véri, foi que "plumas e penteados ridículos se propagaram até as partes mais remotas do reino, e talvez em breve conquistem toda a Europa".[81] Em reação ao fascínio sem limites que o público feminino nutria pela rainha lançadora de tendências, a produção de estampas de moda e "almanaques de moda" ilustrados na França sofreu o que Daniel Roche chamou de "grande explosão".[82] Embora esses precursores da moderna revista de moda fossem caros e em geral vendidos por assinatura para nobres e burguesas ricas, uma pirataria muito difundida tornava as imagens acessíveis mesmo para mulheres de menos recursos.[83] Como não é de surpreender, os "modelos" ilustrados em séries de gravuras como a *Galerie des Modes* com freqüência se pareciam com a rainha, ou até a representavam diretamente.[84] Numa estampa famosa, desenhada na forma de um jogo de tabuleiro, a miríade de estilos de penteado da época era mostrada como pontos de parada ao longo do percurso rumo à casa "vencedora", que era *la coiffure à la reine*: um oscilante *pouf* envolto em cetim, salpicado de pérolas e plumas, empoleirado em cima do rosto claramente reconhecível da própria Maria Antonieta.[85]

Ao mesmo tempo, a consorte de Luís XVI deliciava-se com seu novo papel de porta-estandarte da ostentação parisiense; segundo madame Campan, a rainha tratava a moda não como um frívolo interesse secundário, mas como sua "principal ocupação", e começou "a introduzir uma nova moda quase a cada dia".[86] A condessa de Boigne observou que "ser a mulher mais *à la mode* que existia parecia [a Maria Antonieta] a coisa mais desejável que se poderia imaginar" – e embora Boigne estivesse longe de ser a única a perceber essa dedicação à elegância como "indigna de uma grande soberana", Maria Antonieta provavelmente discordava.[87] Afinal, como o primeiro monarca a estabelecer a preeminência internacional da França no domínio da moda, o próprio Luís XIV tivera forte apreço por luxo indumentário em geral e por perucas enormes, desmesuradas, em particular.[88] Ao que parece, no auge de sua obsessão, o Rei Sol empregava 40 peruqueiros para manter o esplendor inigualável de sua cabeleira, e declarou que penteados eram "um objeto inesgotável" de interesse.[89]

Para Maria Antonieta, como para seu sagaz ancestral Bourbon, roupas eram um assunto sério. Forneciam, sem dúvida, uma bem-vinda distração do tédio de Versalhes e lhe permitiam continuar se entregando ao gosto de infância por brincar de se vestir de maneira extravagante. Mas no contexto dos desafios políticos eminentemente adultos que enfrentava como rainha, o envolvimento com a moda proporcionava uma poderosa vantagem adicional. Como escreveu Pierre Saint-Amand, permitia-lhe apresentar-se como "a supermodelo da corte, sua diva dominante, a rainha do glamour".[90] Na medida em que atestavam o generoso patrocínio financeiro do rei – e sua própria autoridade para "dar o tom" às mulheres em toda parte – suas mesmerizantes indumentárias podiam funcionar como outros tantos sinais de seu ilimitado "prestígio" real.

Em vez de se esquivar da notoriedade e ficar escondida em Versalhes como as rainhas de Luís XIV e Luís XV antes dela, Maria Antonieta procurou ativamente publicidade para seus penteados requintados. Num rompimento com uma antiga tradição real que exigia que aqueles que serviam a

1. *La Galerie des Modes*: estampa de moda representando Maria Antonieta (c.1776).

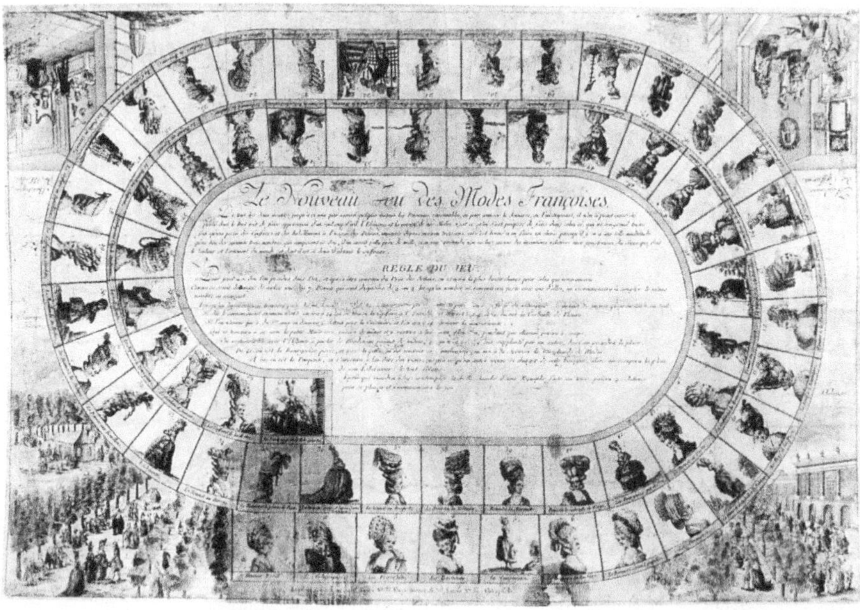

2. Desconhecido, *Le Nouveau Jeu des Modes Françaises* (c.1778).

um soberano encerrassem suas ligações com todos os demais fregueses, ela permitia a seus fornecedores conservar tanto suas lojas como seus clientes na capital. Em primeiro lugar, essa infração do protocolo permitia a pessoas como Bertin e Léonard permanecer a par das últimas tendências da moda; Maria Antonieta os avisara que não queria que ficassem desatualizados atendendo unicamente a ela. Em segundo lugar, a decisão de Maria Antonieta de partilhar seus estilistas com um público mais amplo dava a fregueses plebeus um conhecimento sem precedentes dos gostos e hábitos pessoais da rainha. Bertin, em especial, gostava de se gabar de "sua última colaboração com Sua Majestade" e concordava em vender às ávidas clientes cópias das peças que havia feito para a esposa de Luís XVI.[91] A rainha aprovava essas práticas, impondo uma única condição: que nenhuma venda fosse feita menos de duas semanas depois que ela revelasse pela primeira vez o artigo em questão. Contanto que elas não ameaçassem destituí-la como "a mulher mais *à la mode*" da França, a existência dessas imitadoras parecia deixar Maria Antonieta absolutamente imperturbável.[92] De fato, ela se provou uma ativa e zelosa manipuladora da própria celebridade. Segundo as memórias de Léonard, chegou a insistir com ele e Rose Bertin para que "publicassem a filosofia de sua arte", tal como praticada em sua pessoa real, nas páginas do jornal feminino *Le Journal des Dames*, como um meio de educar as leitoras sobre suas escolhas de roupa.[93] Gestos como esses, sem precedentes numa rainha francesa, permitiram a Maria Antonieta difundir sua esplêndida imagem muito além do mundo restrito de Versalhes. "Como uma mulher elegante", observou a historiadora da arte Mary Sheriff, "Maria Antonieta se concebia não em termos de posição na corte, mas em termos de posição numa sociedade mais ampla."[94]

Como a jovem logo descobriria, a tentativa de dissociar-se de seu papel de rainha estritamente prescrito e estabelecer-se como uma personalidade importante por si mesma provou-se devastadora tanto para sua reputação como para o regime do marido. Por algum tempo, porém, a sociedade mais ampla que ela encontrou provou-se um ávido mercado para sua imagem iconoclástica, fascinante. Para os mais firmes devotos das modas que ela lançava, nem matéria impressa nem mexericos de loja podiam se comparar a uma visão direta de Maria Antonieta. Léonard, que, como Bertin, adquiriu enorme clientela graças à associação com a rainha, lembrou a imensa popularidade de um estilo que ele criou para uma das noites de sua cliente real na Ópera: "Um toucado piramidal ... que incluía três plumas brancas colocadas do lado esquerdo e presas numa roseta formada por anéis de cabelo com a ajuda de uma fita cor-de-rosa, e com um grande rubi no centro."[95] O resultado, segundo suas memórias, foi "um furor na Ópera! As pessoas na platéia, onde nessa época ainda não havia assentos, esmagavam-se umas às outras em seus esforços para ver essa obra-prima da habilidade e da audácia; três braços foram deslocados, duas costelas quebradas, três pés esmagados ... Em suma, meu triunfo foi completo."[96]

Como quer que colhessem suas informações, uma coisa era clara: as mulheres francesas de todas as posições sociais desejavam parecer-se com sua rainha. Madame Campan recordou que assim que sua ama começou a experimentar os mais diversos novos estilos de vestuário, "ela foi muito naturalmente imitada por todas as mulheres. Elas queriam ter de imediato exatamente enfeites iguais aos de Sua Majestade para seus vestidos; usar as mesmas plumas e guirlandas a que sua beleza (então em seu apogeu) emprestava infinito encanto."[97] De fato, as seguidoras de Maria Antonieta eram tão entusiásticas que não hesitavam em abraçar estilos mais ridículos que sublimes. Assim, identificando no *pouf à la jardinière* da rainha ingredientes tão implausíveis como uma alcachofra, uma cenoura, alguns rabanetes e uma cabeça de repolho, uma dama da corte declarou: "De agora em diante passarei a usar somente hortaliças! Parecem tão simples, e são tão mais naturais que flores."[98]

Nem os inconvenientes práticos impostos pelos toucados característicos da rainha desencorajavam as mulheres de tentar imitá-los. Como os penteados empoados e frisados tradicionais na corte, os *poufs* eram praticamente impossíveis de lavar, e se tornavam assim criadouros para todo tipo de pestes. Coçadores de cabeça (*grattoirs*) especiais "feitos de marfim, prata, ouro e por vezes até decorados com diamantes" destinavam-se a proporcionar alívio, mas algum grau de coceira e agonia continuava inevitável.[99] Dormir, também, era na melhor das hipóteses desconfortável, exigindo que a mulher enrolasse sua cabeleira numa enorme e cônica "atadura tríplice que encobria tudo, cabelo falso, grampos, tintura, sebo, até que por fim a cabeça, três vezes maior que seu tamanho natural, e latejando, pousava sobre o travesseiro, embrulhada como um pacote".[100] Com a cabeça assim enrolada, as senhoras eram obrigadas a dormir quase eretas, apoiadas numa montanha de travesseiros.[101]

Os toucados provavam-se incômodos também durante o dia. Uma das *dames du palais* favoritas de Maria Antonieta queixou-se de que o peso do novo penteado "estragava completamente o prazer de dançar"; além disso, viagens de carruagem tornavam-se profundamente problemáticas:

> Com sua armação de gaze, suas flores e plumas, os penteados alcançavam alturas tão vertiginosas que as mulheres não conseguiam mais encontrar carruagens com teto suficientemente alto para acomodá-las, e com muita freqüência via-se uma mulher mantendo a cabeça abaixada, ou pondo-a para fora da janela, enquanto viajava. Outras senhoras optavam por ajoelhar-se, como uma maneira ainda mais segura de proteger o ridículo edifício que as estorvava.[102]

Nem a rainha estava imune a tais dificuldades. Em fevereiro de 1776, a duquesa de Chartres deu um baile em sua homenagem no Palais Royal; para a ocasião, Maria Antonieta havia decidido exibir plumas de avestruz "de altura dupla" em seu cabelo. Para sair de sua carruagem sem estragar a plumagem, porém, precisou que duas de suas damas a removessem primeiro, para recolocá-la em seu penteado depois que desembarcou.[103]

Desafios semelhantes surgiam quando as senhoras tentavam passar por vãos de portas ou entrar em seus camarotes no teatro, onde, muitas vezes, não eram as únicas a achar os penteados problemáticos. Segundo um contemporâneo, "espectadores no teatro queixavam-se de que não podiam mais ver o palco, e chegaram a solicitar a monsieur Duvisme, o diretor da Ópera de Paris, que recusasse poltronas da platéia a qualquer mulher cujo

3. Desconhecido, *Criados sobem numa escada para preparar um* pouf *para a cama* (c.1778).

penteado fosse alto demais".[104] Duvisme atendeu ao pedido e determinou que mulheres usando *poufs* e plumas enormes só poderiam ser admitidas nos camarotes.[105]

Para solucionar esses problemas, um negociante de modas conhecido como le sieur Beaulard, um rival de Bertin que Maria Antonieta (para imenso dissabor daquela) às vezes prestigiava, inventou "um penteado mecânico que, quando as circunstâncias o exigiam, podia ser baixado 30 ou 60 centímetros mediante o toque de uma mola".[106] Esse dispositivo, zombeteiramente chamado *coiffure à la grande-mère*, embora tenha se provado conveniente para jovens que sentiam a necessidade de modificar o penteado quando confrontadas com uma avó implicante, nunca alcançou amplo sucesso.[107] Propostas para aumentar a altura dos vãos das portas, de modo que mesmo uma mulher de cabeleira exagerada pudesse passar por eles com facilidade, tampouco foram bem-sucedidas.[108]

Os inconvenientes ocasionados pelos *poufs* logo apareceram em caricaturas anonimamente disseminadas, produzidas tanto na França quanto no exterior. As imagens mostravam senhoras com penteados duas vezes mais altos que seus corpos, apanhadas numa série de posições risíveis: com o cabelo pegando fogo ao roçar em lustres ou enganchando-se em postes de luz, com cabeleireiros escalando escadas altas para penteá-las, com caçadores atirando por engano em *poufs* com a forma de aves gigantescas em vôo. Convencida da condição sagrada de sua ama, madame Campan ficou ofendida ao descobrir que algumas das mulheres nesses cartuns possuíam "traços que lembravam maliciosamente os da própria soberana".[109]

LAMENTAVELMENTE PARA A SOBERANA EM QUESTÃO, essa malícia não se restringia aos pasquins clandestinos. Apesar dos otimistas campos de trigo e cornucópias dos primeiros *poufs*, a França em meados da década de 1770 estava em medonhas dificuldades econômicas. A desastrosa Guerra dos Sete Anos havia deixado o reino à beira da bancarrota, sobrecarregado com um déficit que chegava a 22 milhões de libras quando da ascensão de Luís XVI ao trono e, segundo se projetava, logo aumentaria em mais 78 milhões.[110] Como a nobreza e o clero eram isentos de impostos, o fardo de suprir a insuficiência recaía inteiramente nos ombros do Terceiro Estado – os aproximadamente 24 a 28 milhões de plebeus que compunham na época mais de 96% da população.[111] Esmagada por impostos excessivos, a maioria do Terceiro Estado vivia em dolorosa pobreza.

Ademais, sendo a economia francesa ainda em grande parte agrária, as condições de vida do povo pioravam drasticamente após uma colheita má. E o inverno de 1774-75, severo e com muita neve, levou a uma das piores colheitas de que se tinha lembrança. Naquele mês de maio, a escassez de grãos e as reformas mal-orientadas promovidas por Turgot, o controlador-geral de Luís XVI, impeliu pessoas famintas em toda a nação a promover tumultos conhecidos como as Revoltas da Farinha. Tendo sido informadas de que os membros da família real estavam escondendo grãos e pão, 500 pessoas investiram contra os portões de Versalhes. Para subjugar os amotinados, tanto próximos quanto distantes, Turgot "convocou 25 mil soldados e instituiu tribunais sumários e enforcamentos exemplares", escreveu o historiador Simon Schama.[112] A brutal reação do governo à crise deixou um sabor amargo nas bocas de muitos plebeus mesmo depois que a ordem foi restaurada. No Palais Royal, descontentes reuniam-se para expressar sua fúria diante do episódio, por vezes ao alcance dos ouvidos da clientela bem penteada de Bertin.

Contra esse pano de fundo, o status de Maria Antonieta como um ícone da elegância logo se transformou de encantador em suspeito, e seu uso da moda para inspirar respeito entre os súditos começou a trabalhar contra ela. Já no verão de 1774, quando a novidade de suas primeiras aparições urbanas começava a se desgastar, um cronista da vida parisiense comentou que as pessoas haviam começado a vê-la sob uma luz severamente cética e a atribuir-lhe toda sorte de "horrores mutuamente contraditórios" e inomináveis.[113] As Revoltas da Farinha deram um relevo ainda mais pronunciado à sua frivolidade. "A rainha está constantemente em Paris, na Ópera, no teatro", resmungou a condessa de la Marck, esposa de um dos maiores amigos de Mercy. "Ela contrai dívidas; enfeita-se com plumas e babados e brinca com coisas sérias."[114] Onde antes inspiravam admiração e reverência, as "plumas e babados" de Maria Antonieta suscitavam agora questões sobre sua disposição ou capacidade de considerar "coisas mais sérias"; a legenda de uma estampa de moda de 1776 descrevia suas amadas plumas como "símbolos de frivolidade" que revelavam seu caráter correspondentemente – e lamentavelmente – leviano.[115] Segundo Hector Fleischmann, autor do início do século XX que colecionou numerosos panfletos obscenos escritos sobre Maria Antonieta durante a vida dela, "os primeiros ataques contra a rainha [na imprensa clandestina] começaram com a moda de penteados altos que predominou em 1775".[116]

A aversão popular talvez tenha sido exacerbada pelo fato de que a farinha de trigo era um ingrediente do pó usado para cobrir os prodigiosos penteados.[117] De fato, embora os historiadores tenham estabelecido que Maria Antonieta nunca pronunciou a lendária observação "Que comam brioches!" ("*Qu'ils mangent de la brioche!*"), não é implausível que a duradoura associação entre sua insensibilidade e bolinhos tenha se originado de seu hábito de exibir penteados bolo de noiva cobertos de pó diante de uma nação sem pão.[118] Igualmente impolítica foi a decisão de Rose Bertin de celebrar as Revoltas da Farinha com um penteado chamado *coiffure à la révolte* – modelo de que não sobreviveu nenhuma imagem, mas cujo próprio nome indica uma assombrosa cooptação do sofrimento humano pela alta moda.[119] Lançados perante um público cada vez mais descontente e exibidos de forma ostentosa na coroação de Luís XVI, modelos como esse enviavam uma mensagem incendiária. A julgar por sua aparência, a cliente aparatosamente vestida de Bertin não tinha nenhuma preocupação com o bem-estar de seus súditos.

Ao contrário, como era sugerido pelas gravuras da época que mostravam uma Maria Antonieta pomposamente emplumada diante de um espelho, ela parecia inteiramente absorvida pelo espetáculo da própria beleza. A acusação de narcisismo podia prejudicar infinitamente sua reputação. Pois, em contraste com os trajes opulentos tradicionalmente usados por soberanos franceses – por Luís XVI e seus irmãos na coroação, por exemplo –, as modas extravagantes da rainha pareciam destinadas menos a realçar a grandeza pública da monarquia que a acentuar seus próprios encantos pessoais. Como afirmou Chantal Thomas, a busca da elegância por Maria Antonieta representava "não mais o glamour de toda uma casta sendo encenado, mas o de uma mulher".[120] Numa terra onde o glamour real só fazia sentido como reflexo de uma consagração do poder estatal, essa extravagância podia parecer inteiramente egoísta e perigosamente dissociada dos interesses mais amplos do reino.

Paradoxalmente, no entanto, em seu próprio empenho por se afirmar como uma força a ser levada em conta, a jovem rainha deixava de considerar ou de perceber o escândalo que seu esplendor pessoal representava para o povo.[121] E, tendo se emancipado de Madame Etiquette e se distanciado das Tias (que desdenhavam suas elegantes plumas como "enfeites para cavalos"), ela não tinha ninguém em seu círculo imediato para contestar aquele comportamento.[122] Certamente, os perdulários duques d'Artois e de Chartres não tendiam a coibi-la, dados os seus próprios hábitos – e Chartres tinha motivos adicionais, tanto políticos quanto pessoais, para encorajar o esbanjamento da rainha. Imensamente invejoso da precedência dos primos reais, sonhava em ascender ao trono em seu lugar, e para esse fim cultivava os dissidentes que afluíam ao Palais Royal. Chartres alimentava também um ressentimento pessoal contra Maria Antonieta por causa da consideração que ela dedicava a Rose Bertin, que outrora rejeitara de maneira pública e humilhante suas tentativas de sedução.[123] (Para piorar as coisas, a sempre impudente Bertin gabara-se, segundo consta, para as *dames d'atours* de Maria Antonieta: "Se eu quisesse, poderia ser a duquesa de Chartres esta noite mesmo!"[124])

Enquanto isso, as mulheres da aristocracia estavam concentradas demais em acompanhar as modas sempre cambiantes da rainha para questionar fosse sua adequação ou seu custo. Enquanto sob monarcas anteriores a eminência da linhagem, a conformidade à etiqueta e o serviço prestado à coroa haviam servido como os principais instrumentos de distinção da nobreza, na corte orientada para a moda de Maria Antonieta os nobres descobriam que a elegância representava um caminho mais seguro para o favorecimento real.[125] A vida em Versalhes exigia várias mudanças de roupa por dia – "um traje para o *lever* e um traje para o jantar, um traje para receber amigos e um traje para receber sacerdotes, um traje para passear em Paris e um traje para ir ao campo" –, e uma mulher podia facilmente cair em desfavor se a rainha a julgasse malvestida.[126] Por essa razão, observou a biógrafa Michelle Sapori, "as senhoras da corte viviam num estado de constante inquietude quanto a estarem vestidas exatamente da maneira certa e na hora certa".[127] Ao contrário, quando Maria Antonieta aprovava a aparência de suas nobres, não havia limites para as honras que podia lhes prodigalizar.

A princesa de Lamballe, uma jovem viúva de rosto encantador, seis anos mais velha que a rainha, foi um bom exemplo. Como nora do fabulosamente rico duque de Penthièvre, a princesa tinha muito dinheiro para gastar em adornos e era, como a cunhada, a duquesa de Chartres, uma cliente devota de Rose Bertin.[128] Sua aparência elegante e expressiva atraía enormemente a rainha, assim como sua origem estrangeira (ela era de Turim) e sua trágica história conjugal (o príncipe de Lamballe, um notório libertino do círculo do duque de Chartres, morrera de sífilis em 1767). Embora Lamballe já gozasse da dignidade de princesa de sangue real – seu falecido marido descendia do último dos filhos bastardos legitimados de Luís XIV –, Maria Antonieta elevou-a a uma posição ainda mais cobiçada. No outono de 1775, fez de Lamballe a *surintendante de la Maison de la Reine* (superintendente da Casa da Rainha), um *charge* que fora suprimido havia muito por se pensar que conferia excessivo poder a quem o ocupava, e que levava consigo uma renda anual de 150 mil libras. Que nobres invejosos e plebeus sem dinheiro se ressentissem da promoção, pouco importava para Lamballe ou para a rainha.[129] O que as interessava era que isso deixava a princesa constantemente próxima da amiga e com mais dinheiro do que nunca para destinar a seus entretenimentos elegantes.

Como Maria Antonieta, a princesa de Lamballe tinha pele branca como marfim, olhos azuis e cabelos muito louros, e as duas jovens pareciam ter prazer em sublinhar sua semelhança através de trajes lindamente coordenados. No inverno de 1776, depois de seis semanas de pesadas nevascas, as amigas causaram sensação rumando para o Bois de Boulogne num trenó puxado por cavalos, ambas resplandecendo com diamantes brancos, enfeitadas com *poufs* empoados e aconchegadas sob uma profusão de felpudas peles brancas – tudo isso combinando com as plumas brancas que meneavam nas crinas de seus cavalos.[130] Segundo ela própria admitiu, madame Campan esteve entre a minoria para quem essa cena pareceu encantadora e "primaveril".[131] Para outros espectadores, a brancura suntuosa da dupla ficou registrada menos como a cor da primavera que como a cor do dinheiro – e da gélida indiferença para com o sofrimento do povo.[132] O próprio Luís XVI achou a excursão censurável, declarando incisivamente que preferia rachar alguns de seus próprios trenós velhos como lenha para os pobres.[133]

De fato, o rei era o único membro do círculo íntimo de Maria Antonieta que parecia disposto a se opor à sua ostentação exagerada – e cuja posição lhe permitia fazê-lo. Embora ele tivesse aprovado benignamente as festas a fantasia da esposa em Versalhes, seus excessos parisienses relacionados à moda começaram a alarmá-lo à medida que assumiram novas, monumentais e astronomicamente dispendiosas proporções. Para deixar claro o seu ponto de vista, ele a presenteou em janeiro de 1775 com uma conservadora *aigrette* feita com diamantes já pertencentes à coleção da coroa. Segundo Mercy, "Sua Majestade disse que esperava que ela usasse [a *aigrette*] em lugar do novo estilo de penteado, sendo ela bonita demais para ter necessidade desse adorno".[134] A galanteria do gesto mascarou apenas tenuemente sua reprovação dos ostentosos *poufs* e plumas.

Constatando, contudo, que a esposa não compreendeu a insinuação, Luís XVI recorreu ao humor. Uma manhã, não muito depois das Revoltas da Farinha, ele visitou Maria Antonieta em seus aposentos quando ela experimentava um vestido novo que Rose Bertin trouxera de Paris. (Embora, como *marchande de modes*, Bertin não devesse fazer vestidos ela própria, a estilista colaborava amplamente com as clientes no desenho bem como no adorno de seus trajes, cujas fazendas eram muitas vezes tecidas, tingidas, cortadas e costuradas segundo suas especificações precisas.[135]) Quando a rainha perguntou ao marido o que achava da roupa, que era feita de tafetá de um estranho matiz castanho-rosado, ele respondeu laconicamente: "É cor de pulga [*puce*]."[136]

Mais uma vez, contudo, o rei errou o alvo. Em vez de estimular Maria Antonieta a rejeitar a última criação de Bertin, seu comentário despertou um frenético apetite por roupas cor de pulga entre as seguidoras fervorosas da moda. "No dia seguinte", lembrou a baronesa d'Oberkirch,

> todas as damas da corte usavam vestido cor de pulga, de pulga velha, de pulga nova, de *ventre de puce* [barriga de pulga], de *dos de puce* [costas de pulga] etc. E como a nova cor não se sujava com facilidade, sendo portanto menos dispendiosa que tonalidades mais claras, a moda dos vestidos cor de pulga foi adotada pela burguesia parisiense.[137]

O sucesso da cor foi tão grande que o barão de Besenval, que se tornou um dos companheiros preferidos da rainha nessa época, informou a um rapaz recém-chegado à corte que, para ser bem-sucedido, ele precisava apenas de um paletó cor de pulga – já para as damas, o barão sem dúvida teria podido prescrever o muito cobiçado *pouf à la puce*.[138]

A campanha fracassada de Luís XVI contra os desatinos da esposa deixou uma última linha de defesa: Maria Teresa, para quem as "extravagâncias de moda" da rainha, fielmente relatadas por Mercy, chegavam como notícias consternadoras.[139] Em março de 1775, a imperatriz perguntou à filha o que dera nela para usar o cabelo "elevando-se até 90 centímetros acima da testa e tornado ainda mais alto pela adição de plumas e fitas".[140] Maria Antonieta respondeu laconicamente: "É verdade que me preocupo com minha aparência", apressando-se em afirmar que não havia iniciado a moda do uso de caras plumas de avestruz, estava meramente seguindo-a.[141] Mas Maria Teresa não se deixou convencer, declarando nove dias antes da coroação em Reims que, vestida com excessivo rebuscamento, sua filha estava "arremessando-se rumo a um abismo".[142] Severamente, lembrou à jovem que "uma rainha apenas se degrada ... por meio de gastos excessivos, especialmente nestes tempos tão difíceis", e que "a simplicidade do traje é mais condizente com sua elevada posição".[143]

Em 1777, Maria Teresa chegou a encarregar seu filho e co-regente, o imperador José II, que viajou a Versalhes numa missão diplomática, de reforçar essas advertências. Como crítico inflexível de tudo que era frívolo – especialmente no domínio do vestuário, que se esforçara por tornar mais informal e sóbrio na corte vienense –, ele parecia a pessoa ideal para incutir alguma sensatez na irmã. Quando Maria Antonieta o recebeu perguntando-lhe o que achava da "quantidade de flores e plumas" em seu cabelo, o imperador expressou uma desaprovação em perfeita conformidade com a da mãe: "Se deseja que eu fale francamente, madame, devo dizer que isso me parece leve demais para suportar uma coroa."[144] (ver prancha 8)

TAL COMO AS CRÍTICAS VELADAS DO REI, contudo, o sarcasmo de José II não teve impacto aparente sobre a rainha, que persistiu em seus hábitos pródigos mesmo quando a demanda que ela própria estimulara pelas criações de Bertin, Léonard e seus concorrentes elevou os preços a níveis altíssimos.[145] No ano de 1776, Maria Antonieta gastou 100 mil libras só com acessórios, embora tivesse uma pensão anual total de 120 mil libras para cobrir as despesas com todo o vestuário.[146] Embora a pensão pudesse ser inadequada mesmo para uma rainha mais frugal – havia sido estipulada em 1725 e nunca fora ajustada desde então –, Maria Antonieta aparentemente não lhe dava nenhuma atenção enquanto continuava a encher o guarda-roupa com novidades.[147] E como Bertin se recusava a fornecer contas detalhadas para justificar seus preços, a *dame d'atours* da rainha não tinha meios de verificar os valores cobrados e nenhuma escolha senão pagá-los, mesmo que isso significasse solicitar ao rei que fornecesse "suplementos" de sua própria bolsa privada. O excedente crescia a cada ano, e a maior parte do dinheiro ia invariavelmente direto para Rose Bertin.[148]

Reconhecidamente, esses gastos excessivos não eram incomuns na família real como um todo. Artois, por exemplo, canalizava enormes somas para jogos de azar, cortesãs e roupas elegantes; em 1777 ele encomendou 365 pares de sapatos, de modo a ter um par diferente para cada dia.[149] Nesse mesmo ano, ele e Provence, entre si, conseguiram acumular dívidas no valor de 31 milhões de libras – e tiveram de forçar Luís XVI a pagá-las para eles. Mesmo as velhas e piedosas Tias, que tinham renda anual de um milhão de libras cada uma, não tiveram nenhum escrúpulo em "gastar até três milhões de libras numa expedição de seis semanas a Vichy para tomar as águas"; e Adelaide, apesar de seu pronunciado desdém pelas modas de Maria Antonieta, gastava ela própria prodigiosamente com roupas novas.[150] Apenas o próprio rei tinha tendência à parcimônia, exceto no que dizia respeito a seus estábulos e refeições. Mas, assim como os excessos mais consideráveis de seus parentes, os prazeres de Luís XVI (por exemplo as 2.190 libras para sua provisão anual de limonada) eram o costume do país, interpretados – nas palavras do abade de Véri – como expressões da "decência e dignidade reais", e entendia-se que refletiam a glória da instituição monárquica como um todo.[151]

Era, na verdade, uma tradição similar que ditava pelo menos alguns dos desatinos orçamentários da própria rainha, pois um dos principais privilégios das suas acompanhantes era o direito de se apossar dos itens de que ela não tivesse mais necessidade. Como mostrou Antonia Fraser, era em parte por essa razão que as damas que administravam a casa da rainha encomendavam 18 novos pares de luvas perfumadas e quatro novos pares de sapatos toda semana, bem como "três metros de fita nova em folha diariamente para amarrar o penhoar real ... e dois metros de tafetá verde novo em folha diariamente para cobrir a cesta em que o leque e as luvas reais eram carregados".[152] Depois que Maria Antonieta havia usado esses "pequenos itens", membros de seu pessoal apropriavam-se deles para seu próprio uso ou os vendiam para suplementar seu salário.

Esse era também o destino dos vestidos novos acrescentados a seu guarda-roupa semanalmente – dos 36 vestidos novos mais ou menos formais que sua *dame d'atours* encomendava todo inverno e todo verão à coleção ainda maior de vestidos leves e *déshabillés* que os suplementavam.[153] Em conformidade com a etiqueta, uma rainha francesa trocava de roupa pelo menos três vezes ao dia, escolhendo de seu livro de modelos ou *gazette des atours* cada manhã "um vestido formal para a missa, um *déshabillé* para as horas de intimidade em seus aposentos e um vestido de gala para a noite".[154] Geralmente, se Maria Antonieta tinha usado um vestido uma vez, não voltava a usá-lo; esse hábito havia levado sua modesta predecessora Maria Leczinska a gastar somas consideráveis com roupas.[155] Embora Maria Antonieta se desfizesse de todos os trajes no fim de cada estação, exceto os favoritos, os que continuavam em sua posse ainda formavam uma coleção formidável, que enchia três cômodos inteiros em Versalhes.[156]

No entanto, essas despesas tradicionais, bem como aquelas dos outros Bourbon, despertavam muito menos indignação pública que os modismos espalhafatosos de Maria Antonieta, pela simples razão de que estes últimos, por suas associações com rapacidade privada e narcisismo desenfreado, pareciam mais condizentes com uma amante do rei que com sua esposa.[157] Em particular, os toucados infinitamente variados e dispendiosos da rainha lembravam o auge da célebre lançadora de tendências madame de Pompadour, 20 anos antes. "Ela arranjava os cabelos de uma centena de maneiras fascinantes", recordou uma das contemporâneas dessa favorita, "até que a corte quase enlouqueceu tentando imitar seus inimitáveis penteados."[158] Como os excessos de Pompadour (que Du Barry endossara famigeradamente com sua "carruagem voluptuosa", vestidos cravejados de pedras preciosas e sapatos com solas de diamante), os adornos grandiosos da rainha tornaram-se emblemas do lado sombrio da monarquia: o poder absolutista que permitia a um rei custear de forma extravagante a cupidez desenfreada de uma mulher.[159] Percebendo essa associação, o cunhado de Maria Antonieta, Provence, observou com uma boa dose de sarcasmo que em razão de seus berloques e bugigangas ela "gozava de estima semelhante àquela outrora desfrutada pelas amantes de Luís XV".[160]

Ironicamente, essa mesma analogia sugeria que o público percebia a influência política de Maria Antonieta como muito maior do que realmente era. "Verdadeiramente", proclamaram os *Mémoires secrets* em junho de 1775, "o prestígio da rainha junto ao rei aumenta dia a dia, à medida que ela preside prazeres e matérias de maior importância."[161] Entretanto, se a própria Maria Antonieta havia trabalhado para conquistar essa "aparência de prestígio" a fim de compensar sua situação desprivilegiada em outras arenas, aparentemente ela não previu os aspectos desvantajosos disso – a saber, que os franceses desconfiavam profundamente de qualquer mulher que lhes parecesse estar tentando usurpar a autoridade de seu monarca. Assim, confrontados com os excessos da rainha aparentemente poderosa, eles a atacavam violentamente – exatamente como haviam insultado as amantes de Luís XV no reinado anterior.[162]

Como no caso das amantes de Luís XV, a crescente desconfiança do público sobre Maria Antonieta foi largamente alimentada por inquietações acerca de um governo feminino paralelo que estaria governando a França secretamente. Assim como outrora deploravam o papel de Du Barry nos bastidores ao elevar Aiguillon e Maupeou ao poder, observadores censuravam agora as regalias que Maria Antonieta oferecia a Léonard – a quem ela concedera o privilégio sem precedentes de sessões semanais, nas manhãs de domingo, em seus aposentos na corte – e Bertin, cuja ascendência era ainda mais chocante. Afirmando que os novos toucados exigiam a atenção de uma especialista, a rainha fazia questão de que Bertin participasse de sua toalete diária. Essa ordem enfureceu as damas cuja posição lhes conferia esse mesmo valorizado direito.[163] Recusando-se a ficar assistindo enquanto uma humilde *marchande* usurpava seus privilégios, muitas das nobres acompanhantes de Maria Antonieta abandonaram a toalete em protesto, negando-se a ver uma mera "operária da moda tornar-se o personagem mais importante na vida da rainha".[164]

Embora essa defecção tenha feito grande parte da corte se voltar contra ela, a rainha pareceu ver com bons olhos a redução em seu *entourage*, e usou isso como pretexto para transferir a toalete para a linda série de salas pequenas e privadas adjacentes a seus aposentos públicos. Por tradição, só os nobres de mais alta linhagem ganhavam o direito de entrar nessa área: tal privilégio fora recusado até a Voltaire, o maior filósofo vivo da nação e historiógrafo da corte do próprio Luís XV.[165] Para Bertin, porém, Maria Antonieta mais uma vez não teve dificuldade em suspender as regras. Várias vezes por semana, a *marchande de modes* e sua ama desapareciam atrás de portas fechadas por horas a fio. Segundo madame Campan, isso deixava os aristocratas excluídos a remoer sua irritação entre si e a especular sobre as "ramificações perniciosas" que "a admissão de uma chapeleira nos aposentos privados da rainha" teria para o mundo que conheciam.[166]

Fora da corte, igualmente, a trajetória da carreira de Bertin havia começado a atrair considerável atenção pública. Em agosto de 1776, o governo permitiu às *marchandes de modes* separarem-se legalmente dos negociantes de tecidos e formarem uma guilda de maioria feminina que incluía mascates de plumas e flores.[167] Além de emancipar todas as mulheres com pretensão a ser *marchandes de modes* das estruturas patriarcais que haviam até então governado suas práticas, essa mudança representou uma clara vitória para Bertin, que preferira transgredir a lei a permitir que seu estado civil determinasse sua carreira. Ademais, numa demonstração da saúde e da força financeira de sua empresa, ela empregava 30 vendedoras no Grand Mogol e firmava contratos comerciais com dúzias de fornecedores, homens e mulheres (alfaiates, costureiras, tintureiros, negociantes de plumas, rendeiros e assim por diante).[168] Com um sucesso que nenhuma das concorrentes igualava, Bertin era ela própria um grão-mogol, e deu um rosto feminino ao comércio de luxo francês.

Esse sucesso traduziu-se também em florescentes negócios no exterior. Mulheres elegantes da Inglaterra à Rússia cobiçavam tanto o vestuário da rainha que Bertin teve de produzir uma nova *poupée de mode*, em tamanho natural – muito maior que as outras bonecas do gênero, e com rosto, talhe e cabelo imitando os da própria rainha –, como manequim para seus últimos desenhos de roupas e penteados. No reinado anterior, outra estilista havia feito algo parecido, criando uma boneca de moda muito semelhante a madame de Pompadour, "com um guarda-roupa completo composto de vestidos formais de corte, ... uma *robe de négligée* para ser usada de manhã e toda sorte de cabeleiras com acessórios apropriados, bem como explicações por escrito e orientações sobre como compor a última moda".[169] Essa *poupée* despertara tal furor ao chegar à Inglaterra que um satirista, escrevendo para o *London Spectator*, queixou-se da incapacidade das mulheres até para se concentrar nos sermões na igreja, tão preocupadas estavam com essa "Pandora completamente vestida que acaba de chegar de Paris".[170]

O fato de a invenção de Bertin ter um precedente óbvio e recente na efígie de Pompadour só pode ter dado um peso adicional às comparações que Provence e outros estavam fazendo entre as amantes de Luís XV e a rainha de Luís XVI. Apesar disso, o manequim de Maria Antonieta foi um engenhoso truque de marketing, pois nas cortes e capitais onde mesmo Pandoras parisienses anônimas e sem identidade eram ansiosamente esperadas parecia haver algo particularmente eletrizante numa boneca vestida para se parecer com a própria rainha da França. Segundo Louis Sébastien Mercier, um editor do *Le Journal des Dames* e um dos mais atentos cronistas dos costumes parisienses da época, senhoras elegantes de toda a Europa acolhiam o manequim enorme e ostentosamente vestido com praticamente tanta adulação e alvoroço como se estivessem diante da própria soberana.[171] Um célebre poeta contemporâneo, o abade Delille, captou o assombroso poder que parecia irradiar da *marchande* e de sua Pandora régia ao escrever sobre o par: "Assim a soberana da ornamentação feminina transporta nossos gostos para terras do norte, e seu despótico manequim domina o Universo."[172]

Como nem é preciso dizer, formulações como essa atestavam a influência monumental, internacional, que Bertin e a rainha alcançaram em suas colaborações elegantes, e as exportações de roupas da França receberam enorme impulso da publicidade partilhada pelas duas mulheres.[173] Contudo, a proeminência de Bertin em particular gerou considerável ressentimento tanto por questões de gênero quanto de classe. Numa época em que os negociantes de modas do sexo feminino ainda eram uma força propulsora relativamente nova no comércio parisiense de roupas, a idéia de que Bertin – e não, digamos, seu principal concorrente do sexo masculino, Beaulard – estaria "dominando o Universo" assinalava-a como uma invasora do território econômico dos homens.[174]

De maneira semelhante, o sucesso de Bertin parecia ofensivo a muitos no mundo de castas que era o Ancien Régime, pois ela não se envergonhava de tentar negociar a transformação de seu triunfo financeiro em uma estonteante ascensão social. Como filha de um gendarme provinciano, Bertin não tinha absolutamente nenhum direito a uma superioridade de classe. Entretanto, reinventando-se a si mesma como – para usar a expressão que se lia na tabuleta pendurada acima da vitrine de sua loja – "*Marchande de modes* para a rainha", ela parecia julgar que esse título lhe permitia rejeitar qualquer freguês que lhe parecesse indigno de atenção.[175] Certa vez, por exemplo, recusou a encomenda de uma aspirante a cliente por não desejar "atender à mulher de um mero promotor público de Bordeaux"![176] Que a mulher de um promotor estivesse muito acima da filha de um policial pouco importava a Bertin: em sua opinião, seu gênio bastava para lhe dar direito a um tratamento especial. E ela tampouco ocultava essa atitude da aristocracia. Em mais de uma ocasião, a *marchande* ousou até tratar mulheres da nobreza com desrespeito, o que levou a baronesa d'Oberkirch, que fizera uma peregrinação da sua Alsácia natal para fazer compras no Grand Mogol, a descrevê-la como "inchada de presunção, comportando-se como se princesas fossem suas iguais".[177]

O colaborador eventual de Bertin, Léonard, era igualmente ofensivo em suas pretensões de classe. Para obscurecer suas origens modestas (descendia de camponeses gascões), vestia-se com roupas descartadas por nobres, compradas de camareiros que, como os acompanhantes da rainha, recebiam as peças como gratificação por seus serviços.[178] Dessa maneira, chegou até a adquirir um par de sapatos de saltos vermelhos – que, em princípio, somente os aristocratas tinham direito de usar –, e gabou-se para os amigos de que era rotineiramente confundido com um marquês. Léonard comprou também um imponente carro puxado por seis cavalos de modo a poder viajar entre Paris e Versalhes "em esplêndido estilo, macaqueando os cavalheiros".[179] Embora suas extravagâncias parecessem extremamente irritantes a muitos cortesãos, madame de Genlis observou que Maria Antonieta e seus amigos acolhiam o cabeleireiro com tanto enlevo como "se fosse rei".[180] À semelhança de Bertin, parece que esses sinais de consideração aristocrática o levaram a tratar outros clientes como se estivessem abaixo de si; consta que uma vez gritou para o lacaio da mulher de um rico banqueiro: "Diga à sua ama que Léonard não suja suas mãos com as cabeças da classe média!"[181]

Assumindo prerrogativas de classe que não lhes cabiam por nascimento, Bertin e Léonard jogavam lenha nas fogueiras de ressentimentos que estavam latentes havia muito no discurso público sobre a natureza do governo real. "Aos olhos do público", observou Chantal Thomas, os favoritos injustamente elevados pela rainha tornavam-se "a encarnação de preferências reais arbitrárias – e dos ganhos a serem obtidos com elas".[182] Como mulher, Bertin inspirava uma reação particularmente feroz. No início de 1780, o público a havia apelidado zombeteiramente de "ministra da Moda" e "ministra das Quinquilharias" de Maria Antonieta.[183] Também nessa época, a imprensa clandestina, outrora preocupada com o ministério corrupto e afeminado de Du Barry, havia voltado seus implacáveis holofotes para o círculo íntimo de Maria Antonieta.[184] Um panfleto ilegal que apareceu pela primeira vez em 1781 e já fora reimpresso 17 vezes antes do fim da década declarava que a rainha "trabalha com Bertin da mesma maneira que seu augusto esposo trabalha com os ministros de Estado".[185] Sarcasticamente, esse texto considerava Bertin um político melhor que os mais qualificados e famosos ministros que haviam servido aos reis da França: "Feliz teria sido a França se Luís XVI tivesse revelado tanta sagacidade quanto Maria Antonieta na escolha de seus ministros. Sully, Colbert e Richelieu, em habilidade e finura, mal teriam podido ser comparados com la Bertin!"[186]

A idéia de que a *marchande de modes* podia operar no mesmo nível que homens legendariamente poderosos como Colbert e Richelieu tinha duas implicações perturbadoras. Primeiro, sugeria que Maria Antonieta realmente presidia um gabinete paralelo, onde a afeminação e a frivolidade "pervertiam a seriedade dos negócios de Estado".[187] Certamente isso pareceu claro na reação da rainha ao conflito naval ocorrido em junho de 1778 entre os britânicos, que tentavam subjugar uma insurreição colonial na América, e os franceses, que haviam optado por tomar o partido dos rebeldes.[188] A fragata francesa *La Belle Poule* venceu a batalha, mas sua vitória representou o início de um longo e dispendioso envolvimento militar da França na Revolução Americana, para o qual o já sobrecarregado Terceiro Estado seria forçado a fornecer recursos. E embora pregasse o sacrifício pessoal, declarando piedosamente que a nação precisava mais de novos navios de guerra que de jóias de diamantes, Maria Antonieta prestou homenagem ao conflito com o mais ostentoso *pouf* que exibira até então: uma enorme réplica de *La Belle Poule*, inteiramente aparelhada, navegando num mar de cabelo.[189] Essa grosseira e, claro, dispendiosa banalização de eventos correntes – reprisada mais tarde por uma *coiffure à l'Indépendance* similar – não contribuiu em nada para aumentar o apreço que uma nação já desconfiada dedicava a Maria Antonieta e seus estilistas. Como registrou a historiadora dos costumes Mary Frasko, "gravuras da rainha com um navio alto no cabelo foram amplamente distribuídas para ilustrar sua absurda extravagância".[190] (ver prancha 9)

O segundo aspecto alarmante do "ministério" Bertin era a inversão de poder que ele parecia operar nos escalões superiores da monarquia, permitindo que mulheres desalojassem homens e que subalternos arbitrariamente escolhidos usurpassem o direito divino de governar de seus soberanos.[191] Esse duplo golpe na lei sálica e nos privilégios de classe exasperava os partidários mais conservadores do Ancien Régime. Foi o que o barão de Frénilly revelou ao registrar: "Nunca um ministro culpado de perverter a vontade do rei foi mais amaldiçoado que Bertin por fornecer ornamentos à rainha."[192]

Contudo, ao mesmo tempo em que censuravam a deferência de Maria Antonieta para com a "ministra", seus detratores a consideravam responsável por subjugar o povo francês às fúteis "leis da moda". Evidentemente, as primeiras vítimas eram as mulheres ávidas por imitar suas roupas, cujos custos assombrosos levavam muitas a dilapidar fortunas de família ou a acumular vastas dívidas.[193] Um exemplo extremo do problema foi uma amiga da rainha, a princesa de Guéménée, cujo marido foi obrigado a declarar bancarrota em 1783, com dívidas de 6 milhões de libras que incluíam uma impressionante pilha de contas do Grand Mogol.[194] Entretanto, apesar desses reveses ocasionais, Bertin facilitava alegremente os desregramentos das clientes, vendendo a crédito, por vezes a taxas de juros de 10% ou mais; e as *marchandes de mode* concorrentes freqüentemente faziam o mesmo.[195] Quer a mulher fosse uma nobre fazendo compras no Grand Mogol ou uma pequena burguesa tentando recriar essas modas dispendiosas com "fitas, lenços e outras bagatelas mais baratas", o que ela buscava era uma exuberância irracional.[196] Um almanaque de moda em tamanho de bolso, o *Recueil général des costumes et modes*, anexava à sua coleção de gravuras um pequeno livro-razão para ajudar as leitoras a controlar seus gastos com roupas.[197] Em geral, porém, as consumidoras pareciam dispensar toda e qualquer cautela, e, como lamentou madame Campan, "o consenso geral era que a rainha iria arruinar todas as mulheres da França".[198]

Para muitos, contudo, o problema parecia ter um alcance ainda maior. No desespero cego das senhoras para ser chiques, tinha-se a impressão de que seus valores morais estavam se deteriorando par a par com suas finanças. Segundo Mercier, 1,5 milhão de moças estavam depauperando seus dotes em proveito "desses enfeites, essas fitas, essas gazes, esses toucados, essas plumas e chapéus" que Maria Antonieta pusera em moda.[199] Quando informadas de que seus gastos as impediriam de se casar, as elegantes senhoritas respondiam levianamente que "se sentiam tão felizes comprando *poufs* quanto conseguindo um marido".[200] Segundo o relato (sem dúvida exagerado) de Mercier, a própria instituição do casamento – para não mencionar a tradicional disponibilidade de dotes a serem reinvestidos em terras – ameaçava desaparecer por causa do mau exemplo da rainha.

Algumas mulheres, afirmavam os críticos, manifestavam essa nova negligência financeira e sexual sob formas ainda mais perigosas. Perto do fim de 1776, um jornalista escreveu:

> A rainha, é verdade que de maneira inteiramente inadvertida, causou um dano irreparável à nação. No desejo apaixonado de copiar seu exemplo, as roupas das mulheres tornaram-se tão imensamente caras que os maridos, em geral, são incapazes de pagar o que é exigido, de modo que os amantes se tornaram moda. Dessa maneira, Sua Majestade ... é um perigo para a moral do povo.[201]

Numa nota semelhante, Léonard alegou em sua autobiografia que "mocinhas trabalhadoras" pobres demais para imitar os penteados de Maria Antonieta com os próprios ganhos eram obrigadas, contra seu melhor juízo, a aceitar as interesseiras "ofertas de amantes generosos".[202] Nesses relatos, a rainha emergia – "é verdade que de maneira inteiramente inadvertida" – como uma catalisadora não só de dívidas mas de promiscuidade e prostituição. Fatalmente tentadas por seus penteados extravagantes, mulheres decentes não podiam mais manter os princípios.[203] A posição conspícua de Maria Antonieta em Paris e a altura igualmente conspícua dos seus penteados pareciam estar erodindo o tecido moral do reino.

ESSAS ACUSAÇÕES DE IMORALIDADE e licenciosidade moral logo seriam lançadas à própria rainha, cujo sucesso como estampa de moda nada fizera para alterar seu fracasso no leito conjugal. Sob esse aspecto, ela não diferia muito das senhoritas que Mercier criticava por esbanjar seus dotes com *poufs* inúteis: ela estava fazendo um enorme investimento em sua beleza, mas não acumulava nenhum benefício – familiar – visível. Em contraposição, a mais nova noiva Bourbon, a condessa d'Artois, ganhava poucos cumprimentos por sua beleza ou encanto – tinha maneiras altivas, estrabismo e um nariz tão "horroroso" quanto o da irmã, a condessa de Provence.[204] Entretanto, a esposa de Artois derrotou a rainha no que continuava sendo, para a monarquia e o público, uma competição feminina muito mais importante. Em agosto de 1775 a condessa deu à luz um filho, e quase exatamente um ano depois, uma filha. Por ocasião do nascimento do menino, as mulheres que trabalhavam no mercado de peixe dos Halles, em Paris, seguiram a tradição e marcharam para Versalhes a fim de oferecer seus barulhentos cumprimentos. Nessa mesma visita, aproveitaram a oportunidade para desancar diretamente a rainha – em termos perturbadoramente vulgares – por sua prolongada infertilidade.[205]

Contribuindo para o fracasso de Maria Antonieta nessa arena havia o fato de que seus encontros sexuais com o marido continuavam esporádicos e vãos. Mesmo tendo desenvolvido maior afeição pela esposa, e assim talvez perdido algumas de suas prevenções psicológicas contra se aproximar demais de uma princesa austríaca, Luís XVI continuava, contudo, a considerar o sexo uma proposição desconfortável; os médicos a quem ele e Maria Antonieta recorreram em busca de conselho atribuíam seu desconforto ao defeito congênito da fimose: um prepúcio excessivamente estreito que tornava o intercurso sexual proibitivamente penoso. No entanto, quando esses médicos aventaram a idéia de uma cirurgia curativa, o rapaz empalideceu e perguntou se não "havia esperança mesmo sem 'a operação'".[206] Embora marido e mulher procurassem ambos manter essas discussões tão privadas quanto possível, logo a corte fervilhou com rumores de que o rei era fisicamente incapaz de intercurso sexual. E como, seguindo o exemplo de Maria Antonieta, os aristocratas do palácio estavam passando mais tempo que nunca em Paris, essas alegações logo chegaram também à capital.[207] Uma cançoneta popular zombando de Luís XVI por sua debilidade comparava seu "pegajoso *prepuce*" com o "inerente *puce*" da rainha: uma das cores que ela pusera em moda, como era notório.[208] A canção previa coisas medonhas para o futuro da linhagem Bourbon, pois alegava que entre a impotência incapacitante do rei e os desatinos consumistas da rainha, o casal não tinha nenhuma propensão "inerente" à paternidade.

No entanto, embora os supostos defeitos físicos de Luís XVI fossem divulgados agora como a causa dos infortúnios reprodutivos do casal, foi Maria Antonieta que continuou sendo o alvo de acusações de conduta sexual obscena. De maneira mais notável, uma enxurrada de panfletos clandestinos conjecturava que, se não era para parecer bonita aos olhos do marido que a elegante rainha gastava tanto dinheiro, então devia ser para agradar um amante.[209] O duque de Chartres provavelmente financiou muitas dessas publicações através de seus contatos com agitadores no Palais Royal; outros foram patrocinados por Provence, que também estava de olho na sucessão e mantinha seu próprio posto avançado em Paris no Palais du Luxembourg.[210]

Ao mesmo tempo, as Tias espalharam alegremente o danoso mexerico em Bellevue, a residência que haviam ganhado de presente do sobrinho; e em Versalhes, Provence, sua esposa, a condessa d'Artois e grande número de outros nobres com contas a ajustar com a rainha dedicaram-se a caçoadas semelhantes. Agentes secretos a serviço da Inglaterra e da Prússia também disseminaram histórias sórdidas sobre Maria Antonieta tanto na França quanto no exterior, tal como fizeram muitos editores clandestinos, na esperança de que a coroa francesa lhes pagasse para sustar as publicações.[211] Com exceção deste último, cujas motivações eram sobretudo financeiras, muitos desses grupos tinham razões políticas para lançar calúnias sobre o caráter moral de Maria Antonieta. Pois, assim como os panfletos antibarrystas do reinado anterior, essas histórias sugeriam que o próprio regime de Luís XVI era desregrado e degradado. E se o governo desse rei tropeçasse gravemente, em especial antes que ele conseguisse produzir um herdeiro, então figuras como Chartres e Provence, Inglaterra e Prússia poderiam todos colher enormes ganhos políticos.

Contudo, por mais altas que fossem as apostas políticas, o tom da intriga era invariavelmente baixo, uma vez que os participantes se concentravam implacavelmente nas pretensas atividades extramaritais de Maria Antonieta. Por ser um de seus mais bem-apessoados e mais freqüentes companheiros, o conde d'Artois emergiu como o principal suspeito na lista de possíveis amantes, e essa idéia gerou libelos pornográficos que acusavam Artois e a cunhada de incesto. Um desses panfletos, escritos na voz de Maria Teresa, oferecia zombeteiramente à rainha um conselho que aludia à posição de Artois na sucessão: "Minha filha, dê à luz um sucessor; não importa quem seja o pai – que se sente no trono ou logo atrás dele."[212] Esse gracejo visava a masculinidade e a autoridade de Luís XVI, alvejando-o como um corno infeliz; mas apontava também Maria Antonieta como uma prostituta desavergonhada que não hesitaria em contaminar a linhagem real francesa com um bebê nascido do incesto.

Os que desejavam atacar a virtude conjugal da rainha encontravam indícios também nas encomendas de roupas que ela fazia no Grand Mogol. Apreciando o romantismo, Bertin dava aos ornamentos e tecidos que vendia nomes como "suspiros abafados", "suspiro de Vênus", "desejo mascarado", "desejos insatisfeitos", "agitação do coração", "doce sorriso", "um sinal de esperança", "clara atenção", "conquista segura", "prazeres indiscretos", "desespero" e "desapontamentos".[213] Essa nomenclatura provocativa não contribuía para dissipar idéias sobre a imoralidade sexual das devotas da moda. Quando os termos eram aplicados à rainha, cujos "desejos insatisfeitos" no leito conjugal eram assunto de registro público, eles a assinalavam como uma "conquista segura" para cavalheiros outros que não seu esposo.

A reputação de Maria Antonieta sofreu também quando histórias fabricadas sobre sua licenciosidade ficaram notórias através de novas tendências no vestuário. Um dos primeiros panfletos contra ela, escrito pouco depois da ascensão de Luís XVI ao trono, inspirava-se num episódio da vida real, uma ocasião em que a rainha e alguns amigos decidiram passar toda a noite acordados e ver o sol nascer dos jardins atrás do palácio. Embora tenha sido bastante inocente, como tantas das aventuras rebeldes de Maria Antonieta, essa saída havia gerado na corte furiosos mexericos que logo foram reproduzidos num panfleto clandestino obsceno. Esse texto, intitulado "Le Lever de l'Aurore" ("O Despontar da Aurora"), narrava a saída como uma orgia sexual enlouquecida, com Maria Antonieta e um bando de amantes copulando freneticamente entre as moitas.[214]

Praticamente da noite para o dia, essa história fez sensação em Versalhes, Paris e até no exterior. (Como novo embaixador da França em Viena, Louis de Rohan aprofundou sua desavença com Maria Antonieta espalhando levianamente o texto por toda a cidade natal dela.[215]) Embora um ultrajado Luís XVI tenha tomado medidas para que todas as cópias do libelo fossem encontradas e destruídas, e jogado seu suposto autor na prisão, a cena descrita tornou-se parte do folclore público. Exatamente três anos depois, a história voltou à tona na forma de uma nova peça de roupa elegante e um tanto maliciosa: uma capa transparente e sensualmente ampla chamada *mantelet au Lever de l'Aurore*. Em pelo menos uma ilustração de moda, a peça era usada por uma mulher notavelmente parecida com Maria Antonieta.[216]

Além disso, em razão da emulação disseminada que suas roupas inspiravam, as claras distinções sociais que outrora eram patentes no vestuário das francesas começaram a se apagar. O conde de Camaran queixou-se de que "burguesas, mulheres de artesãos e criadas de quarto tentam todas aproximar-se quanto podem dos trajes usados por mulheres de estirpe; de fato, seus olhos estão sempre fixados nesses trajes e elas os imitam até em seus mais ridículos detalhes".[217] Em conseqüência, escarneceu outro aristocrata, "deixou de ser possível distinguir uma duquesa de uma atriz".[218] Na França do século XVIII, "atriz" era mais ou menos sinônimo de "prostituta", e mulheres de ambas as profissões freqüentavam o Palais Royal – tal como a rainha –, e ali todas desfaleciam diante dos mesmos estonteantes artigos chiques. Elas se juntavam também à rainha ao freqüentar Léonard, sempre um favorito de atrizes e cortesãs, e Bertin, cuja clientela incluía ninguém menos que a desgraçada (embora ainda rica) madame Du Barry.[219] A resultante erosão de fronteiras visíveis entre soberana e ralé gerou ainda mais animosidade contra Maria Antonieta. Como um escritor clandestino registrou com desprezo, "a mais elegante prostituta de Paris não podia ser mais espalhafatosa que a rainha".[220] Maria Teresa fez eco a essa opinião ao dizer, zombando, que um retrato que recebera da filha trajando suas melhores roupas certamente representava uma atriz, não uma soberana.[221]

Consta que a rainha ficou tão enfurecida com essa observação que reagiu exibindo uma plumagem mais alta e vistosa que nunca. Os mexericos da corte logo divulgaram seu gesto e quando as notícias chegaram à imperatriz, suas relações com a filha ficaram perceptivelmente mais frias.[222] A crítica de Maria Teresa havia sido presciente, visto que as pessoas perceberam ainda mais indícios da suposta afinidade entre Maria Antonieta e as atrizes-prostitutas nas visitas da rainha aos bailes da Ópera de Paris. Esses eventos atraíam participantes de ampla variedade de meios – inclusive cortesãs – e eram notórios viveiros para aventuras e intrigas amorosas, porque as pessoas escondiam suas identidades atrás de máscaras e túnicas (dominós).[223] Enquanto em outras circunstâncias o contato entre as diferentes classes era limitado, nos bailes da Ópera estranhos tinham oportunidade de conversar e flertar atrevidamente sem nenhuma preocupação com as respectivas posições sociais. Por vezes, disso resultavam encontros ilícitos entre membros de castas diferentes. Essa sedutora possibilidade só existia, contudo, na medida em que os foliões se vestiam de maneira suficientemente homogênea para manter as posições sociais um mistério.[224] "Mulheres teúdas e manteúdas, duquesas e burguesas", observou Mercier, "escondiam-se todas sob os mesmos dominós."[225] Aparentemente, as foliãs esforçavam-se em especial para esconder o cabelo, talvez porque seus *poufs* personalizados fossem facilmente reconhecíveis. Negociantes de moda empreendedores passaram então a oferecer um "*pouf* coberto com um véu transparente": uma confecção a que um véu diáfano conferia a ilusão de mistério, ao mesmo tempo em que deixava visível o intricado toucado que estava por baixo.[226]

Embora isso exigisse o abandono temporário dos penteados característicos, a chance do anonimato era claramente o que Maria Antonieta mais apreciava nas festas na Ópera. "Usando um coquete dominó", relata Stefan Zweig, "ela podia se livrar das frias e solenes aparências da etiqueta para descer à cálida agitação da vida humana comum": assim, adotava uma estatura não real como mais um costume transgressor e divertido.[227] Na maioria das vezes, tagarelava animadamente com um grupo de estranhos, até que alguém a reconhecia. Após ser descoberta (o que acontecia todas as vezes, segundo o príncipe de Ligne, por mais que a rainha tentasse permanecer incógnita), ela reunia os amigos à sua volta e se refugiava num camarote, deixando os demais foliões a murmurar, atônitos com sua ousadia.[228]

Embora fossem bastante inofensivas, as brincadeiras da rainha na Ópera logo passaram a ser equiparadas às das "teúdas e manteúdas", atrizes e prostitutas que também freqüentavam os bailes. Numa noite em 1778, quando foi reconhecida, facilmente identificável apesar do disfarce de peixeira, flertando com o famoso ator Dugazon, o público não hesitou em imaginar que eram amantes.[229] Consta que, em outra noite, um convidado que a reconheceu sob o dominó preto teria lhe passado uma franca descompostura "por descumprir seu dever como uma boa esposa, que deveria ficar em casa com o marido e não ir a bailes sem ele".[230] É verdade que Luís XVI raramente a acompanhava nessas excursões, fato que parecia apenas corroborar as teorias sobre os motivos impuros que a impeliam a empreendê-las.

Até suas idas menos maliciosas à Ópera inspiravam censuras do mesmo gênero. Na década de 1770, recordou madame Campan, uma bela dançarina chamada Marie Madeleine Guimard "sempre desempenhava os papéis principais" na Ópera, e Maria Antonieta raramente perdia um espetáculo.[231] Entre isto e o fato de que Léonard era o cabeleireiro da dançarina, os panfletários parecem ter se sentido autorizados a incluir Guimard – que devia a fama tanto a sua coleção de amantes ricos quanto a seu talento artístico – entre os amigos íntimos suspeitos da rainha.[232] Talvez não por acaso, Guimard havia sido, durante o reinado de Luís XV, uma protegida de madame Du Barry, por cuja determinação chegara mesmo a receber uma pequena pensão real.[233] O fato de o público atribuir agora a Guimard uma amizade com Maria Antonieta atestava como era cada vez menor a distância que ele percebia entre a sublime soberana e a humilde prostituta.[234]

Um tablóide de fofocas comprovou esse colapso das categorias sociais ao identificar a dançarina como a nova "ministra das Musselinas e Roupas" da nação: mais uma prova de que Maria Antonieta tinha os gostos de uma prostituta.[235] Outro panfleto afirmou que Guimard tramava com Rose Bertin para "dirigir os casos de amor da rainha": "essas mulheres maquiavélicas" eram "profundamente versadas nas artes de Vênus" e cúmplices ativas das "dissipações licenciosas da rainha".[236] Segundo esse relato, Maria Antonieta não apenas se vestia como uma prostituta – ela *era* uma prostituta, enfeitada e alcovitada por bajuladoras de baixa extração obcecadas pela moda.

Desencadeadas por seu caso de amor com a moda parisiense, calúnias desse tipo iriam perseguir a rainha até sua morte, ganhando força e ímpeto particulares depois que a Bastilha caiu em 1789. Mas já nesses primeiros anos de reinado, suas tentativas de transmitir uma "aparência de prestígio" voltaram-se contra ela e contaram uma história que despertou terror e fúria.[237] Em vez de derramar bênçãos sobre uma terra faminta, Maria Antonieta havia roubado farinha de trigo da boca de seu povo e conduzido suas imitadoras a um abismo financeiro e moral. Em vez de apoiar a autoridade sagrada do rei, ela a entregara a uma cambada de novos-ricos e meretrizes. Em vez de expurgar o "Seminário da Devassidão" de Du Barry, ela o reconstituíra a seu próprio estilo extravagante. E embora esse novo seminário tenha parecido de início confinado à decadente capital da nação, o povo logo descobriu que ele tinha um outro quartel-general: um pequeno palácio campestre chamado Petit Trianon.

6

A VIDA SIMPLES

EM JUNHO DE 1774, um mês após subir ao trono, Luís XVI deu de presente à mulher o Petit Trianon, um pequeno mas primoroso palacete neoclássico situado a apenas um quarto de légua de Versalhes. Luís XV o encomendara em 1761 como um palácio de prazeres para madame Pompadour, mas como ela morrera antes que a construção fosse concluída, ele o "inaugurara" com madame Du Barry em 1770. Solidário com a aversão da mulher pela vida regulada da corte, o novo rei parece ter reconhecido a necessidade que ela tinha de seu próprio refúgio, e deve ter visto no palácio desocupado um meio disponível de satisfazer esse desejo.[1] "Como você gosta muito de flores", consta que ele lhe teria dito, "dou-lhe todo este buquê."[2]

Para Maria Antonieta, que realmente adorava flores, o prédio provou-se sob todos os aspectos tão encantador quanto a metáfora de Luís XVI sugeria. Uma obra-prima do falecido Ange-Jacques Gabriel, o mesmo arquiteto a quem Luís XV encarregara de concluir a maravilhosa *salle de spectacles* para a festa de casamento do neto, o Petit Trianon havia sido projetado com uma sensibilidade delicada, alegre, que parecia enfatizar a distância física e espiritual que o separava de Versalhes. Enquanto a arquitetura e a decoração deste último tinham o efeito de intimidar as pessoas que transpunham suas portas e de lembrar-lhes a glória inconcebivelmente superior do soberano, o Trianon destinava-se a encantar os visitantes e pô-los à vontade. O pé-direito dos aposentos do castelinho era relativamente baixo, a escala das salas confortável e íntima. Em lugar de frisos dourados e grossas lajes de mármore, claros revestimentos de madeira com guirlandas de flores silvestres dominavam a decoração. Os forros das paredes e as cortinas eram feitos não dos cetins e brocados pesados e suntuosamente coloridos que abundavam em Versalhes, mas de musselinas leves e de sedas delicadas, em padrões sutis.[3]

Impressionada com o frescor e a simplicidade do Petit Trianon, a rainha começou pronta e entusiasticamente a transformar o lugar num laboratório para um amplo programa de experimentação estética e cultural. Dos jardins ao interior e dos trajes que ela e seus convidados usavam até os tipos de atividade e comportamento que estimulava ali, Maria Antonieta projetou praticamente todos os aspectos da vida em sua casa de acordo com as linhas discretas e informais sugeridas por aquela arquitetura. Tomadas em conjunto, suas inovações estabeleceram um domínio onde nenhuma das regras usuais da corte se aplicava, e – de maneira diferente, ainda que não menos dramática que seus *poufs* parisienses – anunciaram sua crescente autoconfiança, à medida que continuava a forjar a própria e iconoclástica trajetória como rainha. O Petit Trianon faria parte também de sua revolução na moda, servindo ao mesmo tempo como pano de fundo e vitrine para uma rainha notoriamente emancipada e poderosa.[4] No entanto, como os glamorosos estilos que desenvolveu com Rose Bertin, a inventividade do refúgio campestre de Maria Antonieta atrairia a furiosa reprovação de seus súditos, embora fosse destinada a estimular sua autonomia e realçar seu prestígio.

É DIGNO DE NOTA QUE, ao reconfigurar o Petit Trianon para refletir seus gostos e desejos pessoais, Maria Antonieta, como muitos célebres lançadores de tendências, não inventou um vocabulário estilístico inteiramente novo, e sim inspirou-se em correntes culturais preexistentes e personalizou-as com seu estilo próprio e inconfundível. A principal dessas correntes foi a tradição pastoral – o chamado culto da vida simples – que durante muito tempo ocupara um lugar importante na vida literária e cortesã da França.[5] Talvez mais notavelmente no século XVII, aristocratas enamorados pelo longo e bucólico romance *Astraea* haviam encenado espetáculos rebuscados, vestidos como os camponeses e as camponesas que o livro apresentava no papel de protagonistas.[6] Um século depois, o ideal de uma existência natural, não estragada pelos elementos corruptores da vida moderna, havia readquirido grande influência, graças sobretudo ao filósofo e romancista de origem suíça Jean-Jacques Rousseau. Como é bem sabido, os escritos de Rousseau vinculavam os luxos da civilização "refinada" a deploráveis iniqüidades socioeconômicas subjacentes, tendo assim adquirido um profundo e revolucionário valor político para críticos das estruturas sociais do Ancien Régime nas últimas décadas do século XVIII.[7] Entretanto, esses textos – alguns dos quais chegaram até a biblioteca de Maria Antonieta no Petit Trianon – geraram também uma voga mais superficial, ainda que não menos apaixonada, de tudo que era despretensioso e rústico.[8] Para a rainha de Luís XVI, com sua pronunciada aversão pelo asfixiante protocolo de Versalhes, o chamado de Rousseau a romper os grilhões do luxo convencional não poderia ter deixado de exercer considerável sedução.[9] Nesse contexto, o Petit Trianon proporcionou-lhe a tela perfeita em que esboçar os contornos de uma vida mais livre e mais simples – mas ainda divertidamente elegante – na fímbria da corte real.

Para começar sua experimentação na vida pastoral, Maria Antonieta concentrou-se menos em roupas propriamente e mais nos ambientes em que a nova experiência se desdobraria. Após receber o palacete do marido, começou imediatamente a trabalhar com Richard Mique, sucessor de Gabriel como arquiteto do Petit Trianon, para intensificar e expandir a atmosfera encantadoramente natural que nele reinava. Ao seu quarto, ela acrescentou uma linda saleta cujos revestimentos de madeira representavam rosas exuberantemente entalhadas, o símbolo tradicional dos Habsburgo que por acaso era também sua flor favorita. Para sua nova biblioteca, encomendou cortinas de tafetá verde-maçã e painéis de madeira no mais suave tom de branco.[10] O teatro privado exibia tetos pintados com delicados afrescos representando Apolo (antepassado tanto de Medéia como dos Césares), revestimentos de parede de um claro azul-esverdeado, esculturas de papel machê e uma ornamentação de pedras de vidro que imitavam pedras preciosas.[11] Juntamente com as coleções de cristais, conchas, objetos de laca japonesa e madeira petrificada de Maria Antonieta, as estantes de curiosidades do palacete estavam repletas de flores feitas de delicada porcelana chinesa e esmalte.[12] E, por toda parte, tecidos de cores claras bordados com alegres buquês – rosas e jasmins, flores de macieira e lírios-do-vale – alegravam os móveis e as paredes e aumentavam a sensação dominante de elegância descontraída, informal.

Para estender essa atmosfera aconchegante e campestre aos terrenos que cercavam o palácio, Maria Antonieta optou por substituir parte dos jardins existentes rigidamente geométricos de André Le Nôtre – um resquício da era teatralmente formal de Luís XIV – pela atmosfera artisticamente descuidada de um jardim inglês contemporâneo. Posto na moda pelo romance sentimental muito vendido de Rousseau, *Júlia ou a nova Heloísa* (1761), o *jardin anglais* pretendia dar a impressão de ter sido plantado "sem ordem e sem simetria", para um efeito que era "encantador, mas inculto e agreste".[13] Adotando esse modelo, o jardim inglês do Petit Trianon exibia campinas onduladas, um rio serpeante, árvores e arbustos que pareciam aleatoriamente plantados e, em toda parte, massas de flores casualmente espalhadas.[14]

Como anexos, Mique sugeriu uma profusão de ruínas artificiais, mas Maria Antonieta vetou esse detalhe como obviamente pitoresco demais. Em vez disso, ordenou a construção de um belvedere neoclássico perfeitamente posicionado, uma misteriosa gruta com uma queda-d'água e uma pequena rotunda sustentada por colunas chamada o Templo do Amor, que se erguia numa pequenina ilha tomada por arbustos de lilás e roseiras. O resultado foi uma paisagem sutilmente romântica – uma fusão de charme pastoral e comedimento neoclássico – oposta em todos os aspectos à grandiosidade imponente de Versalhes.[15]

A despeito da atmosfera discreta, o palácio da rainha emergiu rapidamente, da mesma maneira que seus bailes a fantasia e suas modas parisienses, como símbolo de sua ascendência, semelhante à de uma favorita, sobre Luís XVI, e não apenas porque o lugar havia sido originalmente projetado como um ninho de amor para o antigo rei e sua amante. Como donas de suas próprias residências privadas, mesdames de Pompadour e Du Barry haviam alcançado um grau de liberdade notável, de fato invejável, quando longe de Versalhes: davam as próprias festas, recebiam os próprios amigos, entregavam-se aos próprios hobbies favoritos e caprichos decorativos e, em maior ou menor medida, abandonavam os rituais da corte. Dessa maneira, os lares pessoais das favoritas representavam extensões, bem como afirmações, de seu poder incomum e sem paralelo.

Com o Petit Trianon, Maria Antonieta conseguiu alcançar um grau semelhante de liberdade e controle, e não mediu esforços para sublinhar a idéia de que o reino do Trianon era governado por ela e somente por ela. Por exemplo, foi seu monograma – e não o do marido – que ela afixou na escada de ferro fundido no saguão central e gravou em relevo nas encadernações dos livros na biblioteca. Expressou sua independência também na libré personalizada, vermelha e prateada, que exigia que os criados do Petit Trianon usassem, para diferenciá-los dos funcionários da casa do rei, que trajavam uniformes brancos, azuis e vermelhos, as cores reais tradicionais. No que era talvez o mais impressionante, todos os regulamentos que governavam o Trianon eram emitidos "Por Ordem da Rainha" – feminizando de maneira sem precedentes o decreto monárquico tradicional. Simbolicamente, essa fórmula transformava até o próprio Luís XVI, que gostava de aparecer para um farto almoço ocasional, em apenas mais um dos súditos obedientes da castelã. Ao se subordinar alegremente e sem queixas aos desejos da esposa – um abandono assombroso do domínio supremo que se atribuía ao rei sobre todo o povo, inclusive sua esposa –, ele confirmava a impressão de que o "prestígio" de Maria Antonieta não conhecia limites.

Paradoxalmente, portanto, o próprio movimento da rainha em direção a um estilo simplificado reforçou a aparência de seu poder real, como membros do público francês não tardaram a perceber. Pois, na corte, a posição dos nobres lhes assegurava graus variados de acesso aos monarcas, quer estes desejassem vê-los ou não; no Trianon, a admissão dependia de um convite especial da própria rainha. De maneira semelhante, enquanto Versalhes estava aberto a todos os membros do público, as entradas para o Petit Trianon eram trancadas e vigiadas para excluir visitantes indesejados. E enquanto em Versalhes exigia-se que ela suportasse estar sempre sob o escrutínio de inúmeros espectadores, agora, em seu novo domínio, Maria Antonieta assumia o controle de sua imagem, retirando-a do olhar público. A decisão desafiou tanto aristocratas quanto plebeus em sua expectativa de encontrar a rainha, um símbolo vivo do reinado glorioso de seu esposo, sempre à vista; e revelou o grau em que Maria Antonieta estava disposta a irromper por si mesma, e a determinar o próprio destino, sem nenhuma contribuição do povo ou do rei.

Os recursos que a rainha pôde canalizar para o novo projeto arquitetônico também realçaram sua aparência de poder, pois, como de costume, os gastos indicaram a elevada posição que ocupava na hierarquia da corte – e, como suas mais extravagantes modas parisienses, o charme discreto do Petit Trianon tiveram um preço altíssimo. Em um ano, ela gastou mais de 350 mil libras em melhoramentos paisagísticos, o que exigiu, por exemplo, transportar e replantar uma floresta inteira dos viveiros reais em La Rochette.[16] A festa que ela promoveu em setembro de 1777 para comemorar a conclusão do Templo do Amor custou fabulosas 400 mil libras. Concebida como uma *fête galante* – um descontraído idílio ao ar livre como aqueles celebrizados nas pinturas de Antoine Watteau –, esse evento teve lugar numa praça de aldeia construída em caráter provisório, com recinto para exposições, uma feira livre com grande variedade de barracas de comida e "uma taberna onde as bebidas eram servidas pelas damas da corte, enquanto a rainha distribuía limonada".[17] Ao anoitecer, 2.300 lanternas coloridas banharam os jardins numa cor rosada, e a banda da Guarda Real francesa, fantasiada com uniformes "chineses", forneceu a música para a dança.[18]

Para os que tiveram a sorte de obter um convite, essa festa proporcionou uma deliciosa variação em relação às funções mais enfadonhas e formais da corte. Mas aqueles deixados em Versalhes – aqueles que a anfitriã esquecera, sem consideração pela eminência de seus nomes ou a longevidade de seus serviços – queixaram-se amargamente dos custos. O mesmo fizeram os plebeus, que estavam acostumados a lotar os *parterres* de Versalhes sempre que havia festa na corte.[19] (Maria Antonieta claramente detestava esse costume; quando o público invadia os jardins de Versalhes ela muitas vezes se esquivava dos olhares curiosos envergando um dominó e perambulando incógnita, como se estivesse num baile da Ópera.[20]) Como ao contemplar os desatinos indumentários de sua rainha, membros da aristocracia e do Terceiro Estado puseram-se de acordo ao censurar as festas campestres com que, de maneira literal e figurada, ela declarava sua independência à custa deles.

Os súditos de Maria Antonieta abominavam também a drástica suspensão da etiqueta que ela introduziu no Petit Trianon e com que repudiava de maneira ainda mais cabal a rigidez estultificante que dominava na corte do marido. "Por Ordem da Rainha", os convidados na propriedade eram instruídos a não parar de falar e a não se levantar de seus assentos quando a soberana entrava na sala. "As conversas continuavam, as senhoras não interrompiam seus bordados ou a música que tocavam", escreveu Evelyne Lever. "A rainha sentava-se entre as convidadas, onde quer que lhe aprouvesse... Ninguém devia sentir nenhum constrangimento."[21] Ninguém devia tampouco cumprir a miríade de outras formalidades que prevaleciam em Versalhes. Coincidentemente, os acompanhantes encarregados de supervisionar rituais como a toalete e o *coucher* não eram em sua maioria bem-vindos no refúgio de Maria Antonieta, e também com isto ela indicava sua relutância em se ater à antiga tradição da corte. Em lugar de sua *dame d'atours*, ela mantinha Rose Bertin à mão para ajudá-la a se vestir. Em lugar de suas *dames du palais*, cercava-se de amigas como a princesa de Lamballe e a lindíssima condessa Jules de Polignac, que havia introduzido em seu círculo no verão de 1776.[22] Embora o favoritismo que demonstrava por essas companheiras representasse um flagrante desafio ao protocolo real, Maria Antonieta achava a companhia delas infinitamente preferível à dos "séculos" e "golas altas" cuja posição os autorizava a assediá-la constantemente na corte, e cujo formalismo enfadonho ela desprezava abertamente. No Petit Trianon, disse ela à condessa Jules, "Eu sou eu" – e, para ela, essa transformação de uma soberana pública em uma pessoa privada envolvia a substituição sem precedentes de sua comitiva por amigos que ela própria escolhia.[23]

Os homens convidados ao Petit Trianon diferiam também agradavelmente dos maçantes senhores da velha guarda. Além do conde d'Artois, perene amante das diversões, os convidados do sexo masculino de Maria Antonieta incluíam os duques de Guines e de Coigny, ambos suaves, corteses e ambiciosos; o barão de Besenval, que, na casa dos 50 anos, passara da flor da idade mas continuava contando casos picantes como ninguém; o conde d'Esterhazy, um belo rapaz considerado mais confiável que Guines ou Besenval, embora contasse com Luís XVI para pagar suas dívidas de jogo; o idoso e afável príncipe de Ligne, e o duque de Lauzun, o sedutor legendário que certa vez, sob protesto, tivera relações sexuais com uma amazona vestida de homem.[24] O mais apreciado do grupo era o conde Axel von Fersen, um oficial sueco aristocrata da mesma idade que Maria Antonieta, cujas maneiras viris e elegantes e cujos traços cinzelados atraíram a atenção da rainha pela primeira vez num baile da Ópera em 1775, e que nos anos seguintes se tornou o grande amor de sua vida.[25]

Como Fersen, os freqüentadores do Trianon eram em sua maioria estrangeiros – Lamballe vinha do Piemonte, Esterhazy da Hungria, Besenval da Suíça e Ligne da Bélgica – e assim não possuíam os laços genealógicos ou históricos com a monarquia francesa que geralmente propiciavam a consideração especial do rei.[26] Ao prodigalizar sua atenção a forasteiros que, pelos padrões tradicionais de Versalhes, não mereciam esse tratamento privilegiado, Maria Antonieta provocou novamente considerável ciúme entre os cortesãos excluídos de seu domínio privado. Também nisso ela rompeu drasticamente com a etiqueta da corte. Mas a própria condição de estrangeiros de seus companheiros prediletos talvez contribuísse para a atração que exerciam sobre ela, pois eles, talvez menos que leais residentes franceses da corte, não eram propensos a objetar quando Maria Antonieta os estimulava a abandonar o enfadonho protocolo de Versalhes. (Besenval em particular foi descrito como "cheio de novas sugestões para o desbaratamento da etiqueta", embora talvez sua condição de conterrâneo de Rousseau contribuísse para essa percepção.[27]) Durante o dia, eles juntavam-se a ela para se aboletar nos bancos cobertos de musgo do belvedere, remar no lago vizinho à gruta, fazer piquenique na relva e se envolver em animados jogos ao ar livre como *descampativos*, uma versão da cabra-cega.[28] À noite, quando optavam por ficar dentro de casa, os amigos promoviam concertos improvisados (Maria Antonieta tocava clavicórdio e cantava, embora fosse considerada pouco talentosa para ambas as artes), entregavam-se afoitamente a jogos de azar e trocavam mexericos perversos sobre as pessoas excluídas de sua panelinha. Para noites ao ar livre, armavam grandes fogueiras no Templo do Amor, transformado pelas chamas no "ponto mais luminoso dos jardins, enquanto a fumaça tecia espirais por entre os galhos, acima, e figuras vivamente coloridas moviam-se através das sombras e dos raios de luz".[29] Apesar da inveja e da reprovação crescentes dos cortesãos que ela abandonara em Versalhes, essas aventuras permitiam à rainha libertar-se dos freios e restrições da vida na corte.

Ela aproveitou outra oportunidade do mesmo gênero a partir do verão de 1780, quando Mique deu os toques finais no teatro privado do Trianon. Com esse novo recurso à disposição, a rainha e seu grupo dedicaram-se a produções dramáticas com entusiasmo, encenando comédias e óperas leves de autores contemporâneos populares como Rousseau, Sedaine, Marmontel e Beaumarchais.[30] E, sempre que possível, Maria Antonieta insistia em fazer o papel da camponesa ou da criada impertinente, como Colette em *O adivinho da aldeia* de Rousseau e Rosine em *O barbeiro de Sevilha* de Beaumarchais. Segundo madame Campan, "a maior felicidade" que sua ama extraía dessas produções "consistia em usar os trajes mais elegantes e fiéis", embora desenhos sobreviventes feitos pelos funcionários dos Menus Plaisirs encarregados de criar os trajes da trupe mostrem que as criadas de Maria Antonieta eram, de fato, suntuosamente vestidas: cheias de saias de babados intricadamente bordadas e altas plumas meneantes.[31] Contudo, a despeito da elegância dos trajes, esses papéis de personagens humildes ampliavam sua fantasia de viver uma vida simples e lhe forneciam mais uma maneira de escapar das exigências de sua posição. Resistente desde a juventude a essas mesmas exigências, Luís XVI – que muitas vezes constituía toda a platéia dos espetáculos – ria, deliciado, das ousadas fantasias da mulher.[32]

Os súditos do rei achavam bem menos graça nesse flerte da rainha com o modo de vida de uma classe inferior. Como observou madame Campan, aqueles nobres que Maria Antonieta mantinha afastados do Petit Trianon sentiam-se especialmente ofendidos e fixavam-se em suas brincadeiras não-reais como prova de que ela havia perdido todo o respeito pela dignidade e a tradição Bourbon.[33] Originando-se no Oeil-de-Boeuf, onde cortesãos mexericavam com irritação entre si enquanto esperavam que Luís XVI entrasse ou saísse de seus aposentos, histórias sobre o mau comportamento da rainha viajavam até Paris, muitas vezes levadas por esses mesmos cortesãos, que, através dos meios usuais da intriga e da literatura clandestina, encolerizavam outros membros do público com aquele flagrante desrespeito pelo trono.

A reprovação da conduta de Maria Antonieta intensificou-se na primavera de 1779, quando, durante um surto de sarampo, ela decidiu passar a noite no Petit Trianon e isolou-se lá durante vários dias. (Antes desse episódio, ela ia ao Trianon e voltava no mesmo dia, entre cerimônias obrigatórias em Versalhes.) Essa estada prolongada contrariou o costume imemorial segundo o qual o monarca permanecia sempre perante os olhos da aristocracia, como um objeto sublime de sua atenção reverente. Para Maria Antonieta, ter um palácio que podia chamar de seu – e desaparecer ali por dias a fio – significava livrar-se do mais odioso de seus fardos reais. Embora La Bruyère, o grande aforista da corte de Luís XIV, tivesse feito o famoso comentário de que os príncipes Bourbon tinham direito a tudo, exceto "os prazeres de uma existência privada", eram exatamente esses os prazeres que a rainha tentava reivindicar ao fazer do Trianon um verdadeiro segundo lar.

Além de excluir seu *entourage* oficial e todos os outros visitantes indesejados, Maria Antonieta tomou agressivas medidas adicionais em sua busca de privacidade. Quando relaxavam nos jardins do Petit Trianon, ela e seus amigos freqüentemente se reuniam numa tenda de tafetá azul equipada com venezianas que obstruíam as tentativas de voyeurs de espiá-los de longe.[34] Durante as festas, os porteiros eram instruídos a expulsar sem cerimônia todo e qualquer penetra. A regra era tão rigorosa que Maria Antonieta, ao descobrir em maio de 1782 que seu inimigo Louis de Rohan, nessa altura cardeal, havia conseguido entrar sorrateiramente numa de suas festas ao ar livre com as meias púrpura típicas de seu status eclesiástico mal escondidas sob uma capa escura, despediu sumariamente o porteiro que o deixara entrar na propriedade.[35]

Na condição de príncipe de uma das famílias mais poderosas da França, Rohan, como muitos outros nobres excluídos do Petit Trianon, tinha grande dificuldade em aceitar a proibição de aparecer em presença de sua soberana.[36] Mas Maria Antonieta não demonstrava nenhuma inclinação a atender às pretensões dos adversários ou de abrandar seu orgulho ferido. Toda noite, um mecanismo especial obturava as janelas de seu palacete com espelhos que se erguiam a partir do assoalho. Assim, mesmo um espião astuto o bastante para eludir os guardas, os portões e os convidados vigilantes não veria, se tentasse espiar o interior, nada além de seu próprio desconcertante reflexo.[37]

* * *

HUMILHADOS PELA EXCLUSÃO e ultrajados pela provocação de Maria Antonieta, os aristocratas afastados reviveram o antigo apelido que o partido francês dava à rainha, *l'Autrichienne*, e lançaram uma nova série de ataques xenofóbicos contra ela. Afirmando que essa princesa Habsburgo nunca conseguira se adaptar aos refinamentos formais da corte francesa – ninguém esquecera sua antiga guerra com o espartilho –, eles batizaram o Trianon de "pequena Viena" e "pequeno Schönbrunn".[38] (Um recém-chegado a Versalhes ouviu esses termos serem usados com tanta convicção que se referiu ao palácio da rainha como "pequena Viena" ao escrever para o secretário dela pedindo admissão.[39]) Embora ela tivesse sido ritualmente despojada de todo o vestuário austríaco ao chegar à França, a lousa em branco do seu corpo não fora capaz de corresponder à sua promessa como um local de inscrição do costume Bourbon; como o historiador Thomas E. Kaiser afirmou convincentemente, suspeitava-se que Maria Antonieta "não tivesse trocado sua identidade nacional o suficiente".[40] Completamente manifestos em suas condutas anticonvencionais no Trianon, sua aversão ao protocolo e seu desejo de privacidade eram interpretados pelos inimigos menos como extensões de uma visão protonaturalista do mundo à maneira de Rousseau que como provas de seu "coração austríaco" irreformado e seu desprezível barbarismo "alemão".[41]

Quando seu irmão José II viajou a Versalhes na primavera de 1777, pouco fez para desfazer a imagem estereotipada da grosseria austríaca que prevalecia em Versalhes na época. De antemão, como observou Thomas E. Kaiser, os súditos de Maria Antonieta estavam predispostos contra ele por causa de sua "política exterior errática e oposta aos interesses franceses".[42] E embora o imperador tenha se esforçado para reverter essa percepção durante a visita, seu sucesso junto ao povo francês nada teve a ver com sua atitude em relação aos costumes aristocráticos, aos quais ele se recusava categoricamente a se conformar. Ele era um leitor sério de autores do Iluminismo, como Rousseau, e desde que subira ao trono, 12 anos antes, um de seus projetos fora erradicar a formalidade desnecessária dos costumes e dos trajes da corte de Viena.[43] Assim, suas próprias roupas eram notavelmente sóbrias e modestas para um homem daquela posição; quando ele percorreu a capital francesa, as peixeiras do mercado dos Halles comentaram em voz alta, maravilhadas, a diferença entre José II, com sua aparência burguesa, e o suntuosamente vestido conde d'Artois. Esse incidente valeu pontos para o imperador junto às pessoas comuns, mas horrorizou certos membros da aristocracia.[44]

José II causou talvez um rebuliço ainda maior quando, ao assistir à toalete da irmã em Versalhes, zombou dela e das suas damas por usarem ruge demais e as comparou em voz alta com as Fúrias manchadas de sangue da mitologia.[45] A rainha, que já estava havia sete anos em *ce pays-ci*, ficou horrorizada com a crítica flagrante do irmão a essa antiga convenção local; pareceu não reconhecer o grau em que a resistência dele à etiqueta da corte refletia suas próprias rebeliões passadas e presentes. Esse ponto em comum entre os irmãos talvez não tenha passado despercebido, contudo, dos detratores de Maria Antonieta, que afirmaram que, no caso de sua morte extemporânea, ela planejava deixar a "pequena Viena" para José II como um posto Habsburgo avançado bem no quintal de Versalhes.[46]

Malgrado o alvoroço que suas esquisitices causaram entre alguns dos compatriotas da irmã, entretanto, o imperador havia viajado à França para tratar de duas questões de considerável importância para a nação: os gastos desenfreados de Maria Antonieta e a inexplicável reticência sexual de seu marido.[47] Segundo todos os relatos, a primeira parte da missão não produziu nenhum resultado positivo. Quando José II fez o comentário sarcástico de que as plumas da rainha eram frágeis demais para sustentar a coroa, ela o ignorou por completo. E quando ele a instou mais explicitamente a sustar suas despesas com roupas, ela respondeu que se o fizesse "200 estabelecimentos comerciais teriam de fechar as portas amanhã".[48] (Isso sem dúvida não estava longe da verdade, dadas as copiosas somas que a rainha injetava no mercado parisiense de artigos de luxo e a ampla rede de fornecedores e comerciantes que serviam ao Grand Mogol apenas.[49]) Como Maria Teresa, que desde sua relatada explosão por causa da plumagem "de atriz" da filha a encontrava cada vez mais impermeável a repreensões, o imperador nada pôde fazer para refrear os desatinos de Maria Antonieta no domínio da elegância. A rainha continuou firmemente dedicada a eles, e nem sua família austríaca nem seus súditos franceses iriam desviá-la de seu caminho na vanguarda da moda.

José II teve sucesso, contudo, na segunda parte da missão, que envolveu fazer ao rei uma preleção franca sobre a natureza do ato sexual e instá-lo a se tornar "mais que dois terços de um marido" para a rainha. Pois embora a rudeza do imperador tenha beirado a ameaça – mais tarde ele admitiu que gostaria de ter podido açoitar o cunhado "até que ele ejaculasse como um burro enfurecido" –, um sermão áspero era, ao que parece, exatamente o que Luís XVI precisava ouvir.[50] Parecendo finalmente compreender que nem resistência psicológica nem desconforto físico podiam isentá-lo de cumprir seus deveres conjugais, o rapaz decidiu superar os temores de uma vez por todas. Não muito tempo depois de José II deixar Versalhes, o rei francês e sua esposa consumaram sua união "completamente" pela primeira vez em sete anos de casamento. Depois de superar esse obstáculo, o casal passou a dormir junto em bases mais regulares e um ano depois Maria Antonieta ficou grávida. Em 19 de dezembro de 1778, depois de oito anos e meio de expectativas dinásticas frustradas, ela finalmente deu à luz uma menina: Maria Teresa Carlota, que passaria a ser conhecida pelo augusto título de "madame Royale" após completar cinco anos. O parto propriamente dito foi traumático, pois, como praticamente todos os eventos na vida de Maria Antonieta em Versalhes, teve de acontecer em público, e a aglomeração de espectadores quase a sufocou. Apesar disso, ela e o marido ficaram radiantes com o nascimento do bebê e ambos atribuíram, com gratidão, a chegada de Maria Teresa ao rude conselho conjugal do imperador.[51]

PRANCHA 1. Essa suntuosa criação de John Galliano tece a estonteante ascensão e a trágica queda de Maria Antonieta na própria fazenda de um vestido. Um dos painéis bordados nos quadris da saia representa a famigerada rainha francesa brincando em seu palácio campestre, vestida de camponesa; o outro a mostra caminhando para a guilhotina, em andrajos. Esses detalhes sugerem corretamente que seu destino esteve inextricavelmente entrelaçado a suas escolhas de roupa.

PRANCHA 2. Mesmo quando criança, a arquiduquesa Habsburgo Maria Antônia era convocada para apresentações artísticas em esplendorosas celebrações na corte imperial de Viena, como o balé encenado em homenagem ao casamento de seu irmão mais velho, José II, em 1765. A filha mais nova da imperatriz Maria Teresa movia-se com extraordinária graça – atributo que lhe seria muito útil em Versalhes.

Prancha 3. O rei francês Luís XV recusou-se a concordar com um casamento entre seu neto e Maria Antônia até que a aparência da menina tivesse sido enquadrada nos padrões franceses. O monarca enviou o célebre pintor Joseph Ducreux para documentar a metamorfose da arquiduquesa numa *"française"*. O retrato de 1769 que selou a negociação se perdeu, mas Ducreux executou este outro mais tarde naquele ano.

Prancha 4. Luís XIV, ancestral que Maria Antonieta partilhava com o marido Luís Augusto, era conhecido como "Rei Sol" e renomado pelo amor às roupas e pela astuta manipulação da própria imagem. Aqui está vestido como Apolo, para a apresentação de um balé intitulado *La Nuit*.

PRANCHA 5. Maria Antonieta viajou de Viena para a França numa carruagem de conto de fadas, feita de vidro e ouro. Quando a berlinda chegou a Versalhes, em 16 de maio de 1770 – o dia do casamento da delfina de 14 anos –, a magnífica cavalgada que a cercava atingira enormes proporções.

Les gardes
Les Chevaux Legers
Gens darmes de la garde
le 2 Novembre 1755, arrive à Versailles le 16 Mai 1770, jour
née le 28 Aoust 1754.
A Paris chez Basset rue S. Jacques

Pranchas 6 e 7. Numa época em que seu fracasso em conceber um herdeiro causava especulações, Maria Antonieta escandalizou muitos cortesãos ao usar calças e montar "como um homem". Essa forma de rebelião talvez tenha sido inspirada por seu ancestral Luís XIV (à direita), que usara belos trajes eqüestres para realçar a própria autoridade. Ao encomendar um retrato eqüestre de si mesma no verão de 1771, Maria Antonieta talvez estivesse cultivando uma forma de prestígio que nada tinha a ver com suas perspectivas maternas. A tela acima, pintada quase uma década depois, mostra Maria Antonieta com as calças justas e o casaco de montaria masculino que começou a usar como uma acuada delfina "estéril".

Prancha 8. Ao ascender ao trono em 1774, Maria Antonieta apaixonou-se por um penteado oscilante, o *pouf*, cuja moda foi lançada por uma inventiva *marchande de modes* parisiense, Rose Bertin. O *pouf* tornou-se rapidamente o estilo característico da jovem rainha, gerando imitações entre um sem-número de mulheres na França e no exterior. Esta gravura da época mostra a surpreendente justaposição do extravagante penteado e do suntuoso e tradicional vestido debruado de arminho de uma soberana francesa.

Prancha 9. Quando a França uniu forças com os revolucionários americanos, Maria Antonieta manifestou seu apoio usando um *pouf à la Belle Poule*: um intricado penteado exibindo uma fragata francesa que lograra vitória decisiva contra os britânicos em junho de 1778.

Prancha 10. Poucos meses após chegar a Versalhes, Maria Antonieta deu o que falar recusando-se a usar o intensamente restritivo *corps* [espartilho] de barbatana de baleia. Apenas sob severa pressão da mãe e dos membros da corte francesa ela finalmente concordou em usá-lo. Este corpete verde-maçã é uma das poucas peças de roupa de Maria Antonieta que sobreviveram à Revolução Francesa.

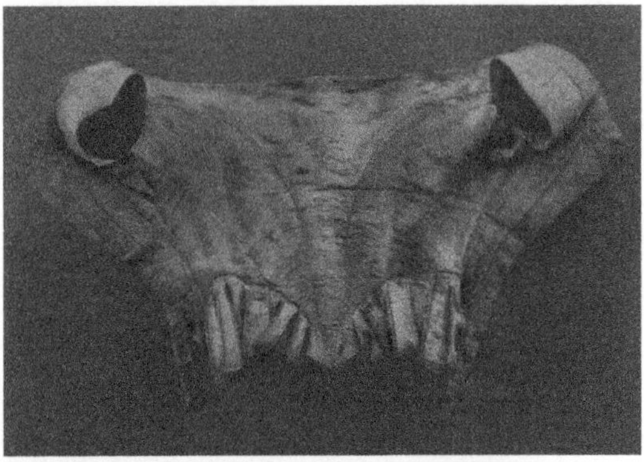

Prancha 11. Nesta pintura de 1775, de autoria de Jean-Baptiste Gautier-Dagoty, o imponente vestido azul de Maria Antonieta tem os amplos *paniers* (armações) e o corpete rigidamente espartilhado do *grand habit de cour* cerimonial, e é completado por uma peça inequivocamente real: um vasto manto debruado de arminho, bordado com *fleurs-de-lys* douradas. Os lírios presos nas pregas do vestido lhe conferiam uma sugestão de inesperado frescor.

PRANCHA 12. Antes do surgimento de uma autêntica revista de moda francesa em 1785, séries de gravuras de moda como a *Galerie des modes* eram um dos principais meios pelos quais as devotas da moda parisiense obtinham informação sobre os últimos estilos. Esta gravura de 1778 mostra a coquete *robe à la polonaise*, que expunha os tornozelos; este foi um dos muitos vestidos que Maria Antonieta, suas amigas e suas imitadoras adotaram em reação à vasta e desconfortável *robe à la française* prescrita na corte.

PRANCHA 13. O redingote foi por vezes descrito como uma estética indumentária "germânica", o que pode ter dado maior crédito a rumores sobre a queda de Maria Antonieta pelo lesbianismo, "o vício alemão". Esta gravura de 1787 da *Galerie des Modes* representa uma mulher num *redingote à l'Allemande*, ou "casaco de montaria à alemã", cujos grandes botões dourados e punhos e lapelas proeminentes caracterizavam também as modas masculinas do período.

Prancha 14. Em meados da década de 1780, os amados redingotes de corte masculino de Maria Antonieta haviam se tornado esteios no guarda-roupa de toda francesa abastada. Nesta miniatura, a rainha veste um redingote azul com alamares dourados, gola e punhos brancos de folhos e um elegante chapéu preto adornado com plumas pretas e brancas.

Pranchas 15 e 16. Um dos trajes mais vastamente imitados que Maria Antonieta introduziu no Petit Trianon foi um leve e informal vestido *chemise* conhecido como *gaulle*. Feito de musselina vaporosa franzida (geralmente branca) e estruturado por uma larga faixa na cintura e "braceletes" de fita combinados nos cotovelos, a *gaulle* evitava os pesados tecidos de seda e a arquitetura rígida da aristocrática *robe à la française*. Todos – das amigas mais íntimas da rainha (como a princesa de Lamballe, abaixo) às suas inimigas (como madame Du Barry, à esquerda) – apaixonaram-se pela moda.

Prancha 17. Outras peças básicas do guarda-roupa da rainha no Petit Trianon incluíam simples toucados e aventais brancos de musselina e linho; como a *gaulle*, eles gozaram de enorme voga na década de 1780. Também como a *gaulle*, esses toucados e aventais despretensiosos eram relativamente baratos e fáceis de copiar. A resultante democratização da moda francesa – que um observador aristocrático chamou de "uma revolução de linho" – erodiu as distinções de classe que outrora haviam sido imediatamente visíveis na maneira como as mulheres se vestiam.

Prancha 18. Durante o Ancien Régime, as mulheres elegantes homenageavam os eventos correntes através de seus toucados, e essa tendência persistiu nos primeiros anos da Revolução Francesa. Esta gravura de moda de 1790 apresenta dois toucados orlados com a fita tricolor, na época um sinal instantaneamente reconhecível de fervor patriótico. O toucado à direita é chamado *coiffure à la Nation*.

PRANCHA 19. Este retrato pintado em 1785 por Adolf Ulrik von Wertmüller mostra Maria Antonieta e seus dois filhos mais velhos, madame Royale e o delfim Luís José, nos jardins do Petit Trianon. Maria Antonieta fez 30 anos nesse ano e anunciou sua intenção de passar a se vestir de maneira mais conservadora; o traje que ela usa neste retrato (um vestido rigidamente espartilhado de seda marrom-pêssego, debruado com delicada renda francesa) está de acordo com essa mudança.

PRANCHA 20. Esta gravura contemporânea mostra Maria Antonieta num de seus estilos Trianon favoritos: um simples toucado branco e um vestido de gaze frouxamente drapejado sem vestígio de grandeza real. Até a legenda da imagem revela quão pouco ela se parece com uma rainha francesa: ao descrevê-la apenas como "Maria Antonieta da Áustria", o gravador anônimo talvez esteja enfatizando sua censurável informalidade "austríaca" e sua preferência por tecidos simples como a musselina, importada de territórios Habsburgo.

Prancha 21. Quando Maria Antonieta e sua família fugiram das Tulherias em junho de 1791, seu disfarce consistia num modesto vestido marrom-escuro, um grande xale preto e um chapéu. Entretanto, nesta gravura do artista revolucionário Lesueur, a soberana fugitiva aparece com seu vestido branco e o chapéu de palha característicos. Durante o escândalo que envolvera a tela *La Reine en gaulle* de Vigée-Lebrun oito anos antes, um público irado vira no traje rústico da rainha uma prova de sua conduta imprópria. Ao reintroduzir esse vestido em sua versão do episódio de Varennes, Lesueur volta a chamar atenção para esse aspecto da má reputação de Maria Antonieta.

Prancha 22. Nesta sátira de 1789, a cabeça de Maria Antonieta é superposta ao corpo de uma harpia, cujas garras estão ocupadas em esfrangalhar um documento intitulado tanto "Declaração dos Direitos do Homem" como "Constituição do povo francês". Vários anos antes, a rainha abraçara uma moda conhecida como *à la harpie* (um marcante padrão triangular que aparecia em toucados e vestidos).

Prancha 23. Publicada em agosto de 1790, esta gravura de moda ilustra uma "patriota em seu novo uniforme", composto de um simples paletó azul-escuro guarnecido de vermelho, uma saia azul-escuro combinada, gola e punhos brancos com babados e um chapéu preto enfeitado com plumas oscilantes. Paradoxalmente, a roupa lembra bastante os trajes eqüestres que Maria Antonieta tornara populares na década anterior. De fato, a moda revolucionária feminina repetidamente se inspirou no repertório indumentário da rainha, apesar de a imprensa antimonarquista violentamente denunciar seus crimes de moda.

Prancha 24. Ao saber da execução do marido, em 21 de janeiro de 1793, Maria Antonieta solicitou imediatamente roupas de luto para si mesma e sua família. Pintada em algum momento entre 1793 e 1795, esta tela da marquesa de Bréhan fornece uma imagem ricamente detalhada do traje adotado para prantear a morte de Luís XVI. Particularmente notável é a volumosa coifa preta de viúva, o último toucado que Maria Antonieta encomendou a Rose Bertin.

PRANCHA 25. A última declaração de moda de Maria Antonieta condensou eloqüentemente sua complexa história indumentária numa única cor com grande número de associações diferentes: o branco.

PRANCHA 26. Maria Antonieta foi para a guilhotina vestindo um *déshabillé* e um toucado brancos, simples mas imaculados – que pareciam, segundo a moça que lhe servia na prisão, ter sido guardados especificamente para essa ocasião. Aos 37 anos, a ex-rainha estava abatida, emaciada e de cabelos brancos. O político, artista e propagandista republicano Jacques-Louis David desenhou-a às pressas como uma deplorável velha enrugada.

NEM OS BONS OFÍCIOS DE JOSÉ, porém, nem o sucesso de sua irmã ao finalmente gerar uma criança dissiparam a animosidade que a "pequena Viena" continuou a inspirar. Embora Mercy, que como embaixador da Áustria talvez fosse particularmente sensível aos resmungos xenofóbicos contra a rainha, tivesse expressado a esperança de que o abençoado evento forçaria finalmente a nação a "vê-la como francesa", os mexericos insistiram na possibilidade de que o filho fosse ilegítimo – gerado por Artois ou um dos outros dândis da turma do Trianon.[52] Além disso, parece improvável que a decisão de Maria Antonieta de dar à filha o nome de sua mãe austríaca tenha animado o público a saudar a recém-nascida como uma Filha da França.[53]

De fato, quando em março de 1779 a família real foi a Notre-Dame, em Paris, para uma celebração formal do nascimento de Maria Teresa, sua cavalgada encontrou não as massas entusiasmadas que normalmente se reuniam para essas ocasiões, mas (como Mercy relatou à imperatriz) bandos reunidos à margem das estradas em soturno e impassível silêncio. Somente ao ver a rainha e seu esposo acenarem para Rose Bertin – que contemplava o cortejo de 28 carruagens do balcão do Grand Mogol – os circunstantes se animaram.[54] Mas a animação nada teve de amistosa. Numa época em que o aceno de cabeça ou o sorriso de um monarca eram sinais preciosos de benevolência real, tanto plebeus quanto cortesãos empalideceram ao ver uma mera *marchande* receber tal privilégio – particularmente a mesma *marchande* a quem Maria Antonieta acabara de pagar 500 libras para fazer um traje de brocado de ouro para o santuário da Virgem em Monflières, em agradecimento pelo nascimento da filha.[55] Embora aparentemente uma ocasião para pura alegria, a procissão dos monarcas reacendeu antigas animosidades contra a rainha e sua "ministra da moda" e lançou uma sombra sobre as demais festividades do dia.[56]

O sexo da recém-nascida também desagradou, uma vez que, sendo uma menina, Maria Teresa não fazia absolutamente nada para assegurar a sucessão do pai. A própria Maria Antonieta tentou tirar o melhor partido dessa situação nada ideal declarando entre lágrimas que um filho teria pertencido à nação, ao passo que uma filha podia ser somente dela.[57] Fiel à sua palavra, após se recuperar do parto, a rainha passou a se esconder com mais freqüência que nunca no Trianon, levando como companhia apenas o bebê, uma ama e um punhado de amigas. Essa prática também despertou censura, pois embora as filhas Bourbon não pudessem herdar a coroa, esperava-se que atuassem como figuras públicas na corte.[58] (Mesmo quando bebês, os Filhos da França proporcionavam aos cortesãos a oportunidade de manobrar para conseguir posições cobiçadas no serviço real.) Tirando Maria Teresa de Versalhes regularmente, a rainha mais uma vez revelava seu ofensivo e "austríaco" desdém pelo protocolo local, parecendo também inculcá-lo num rebento real francês.[59]

As visitas da rainha ao Trianon, porém, geraram problemas ainda mais sérios para sua imagem pública. Se, por um lado, o cultivo de uma vida privada indicava uma banalização e degradação de seus deveres públicos, por outro apontava para a emergência de uma esfera de influência oculta, separada, em que as regras usuais não vigoravam.[60] Nesse segundo aspecto, a ascensão de Bertin ao poder já gerara enorme inquietação, pois parecia indicar que o rei havia cedido sua autoridade a uma cambada de mulheres frívolas e maquinadoras. Ao estabelecer o Petit Trianon como seu domínio explicitamente privado, povoado unicamente por amigos íntimos de sua escolha, Maria Antonieta enviou uma mensagem semelhante.

Se, além disso, a inquietação acerca do "ministério" de Bertin havia levado os adversários de Maria Antonieta a condená-lo em termos sexuais, tachando a rainha de prostituta e a *marchande* de sua alcoviteira, o alarme pelo que acontecia em segredo no Trianon alimentava também a crescente obsessão do público pela vida sexual da rainha. Em particular, os espelhos que bloqueavam as janelas do palácio à noite inspiravam comentários sobre o que sua dona estava tentando esconder. Numa época em que a literatura erótica clandestina retratava *boudoirs* secretos forrados de espelhos como um elemento temático fundamental, esse aspecto do Petit Trianon representava um excitante sinal de devassidão.[61] Na pior das hipóteses, tal devassidão na rainha – que, é claro, continuava sendo uma figura pública apesar de seus esforços para fugir dos deveres cerimoniais da corte – sugeria uma podridão moral no coração do reino.[62]

Atiçando essa idéia explosiva, os detratores de Maria Antonieta não se contentavam apenas em continuar lançando calúnias sobre a paternidade de sua filha e inventando lorotas sobre seus encontros com Artois e outros cavalheiros. (Ironicamente, a única pessoa com quem muito provavelmente ela se envolveu secretamente, Axel von Fersen, escapou em geral de ser mencionado nesses libelos, talvez porque suas obrigações militares e seu serviço ao rei da Suécia o mantivessem no exterior por anos seguidos.[63]) Seu costume de passar tanto tempo sozinha com conhecidos sedutores, como Artois e Lauzun, parecia indicar claramente procedimentos adúlteros; e, infelizmente para Maria Antonieta, alguns desses homens, tentando se promover, sugeriam que o afeto que ela lhes dedicava era mais do que platônico.[64] De forma ainda mais escandalosa, porque ela se refugiava tantas vezes no Trianon acompanhada somente por suas amigas, e porque essas mulheres freqüentemente passavam a noite ali – ao passo que seu marido nunca o fazia –, começaram a circular rumores de que Maria Antonieta era lésbica.[65]

Convenientemente para os que disseminavam essas histórias, um termo coloquial francês para lesbianismo era "vício alemão", e os adversários de Maria Antonieta, já indignados com seus hábitos e amizades "estrangeiros", tiraram todo o partido possível desse estereótipo.[66] Já em dezembro de 1775, a rainha havia se queixado para Maria Teresa de que difamadores anônimos "atribuem-me um gosto tanto por homens quanto por mulheres".[67] Alguns anos depois, o próprio Artois – talvez motivado menos por um sentimento antiaustríaco que por um desejo de neutralizar suspeitas concernentes à sua tão comentada amizade com a rainha – também fez alusão às tendências sáficas de Maria Antonieta, contando a amigos que a surpreendera com a condessa Jules de Polignac num abraço apaixonado.[68]

Como de costume, fofocas como essa viajavam não só através da corte mas até Paris, novamente graças aos esforços de Chartres, Provence e outros com interesses próprios ou um plano a levar adiante.[69] Dando ouvidos a rumores desse tipo, os *Mémoires secrets* mencionaram expressamente as "festas que Sua Majestade promove no Petit Trianon, isto é, na pequena Viena, a que ela admite apenas mulheres – sem nenhum homem".[70] A condessa Jules, a princesa de Lamballe e Rose Bertin, as visitas mais freqüentes à "pequena Viena", figuravam nos tablóides de escândalo como as amantes lésbicas da rainha.[71]

Essas alegações sugeriam que a licenciosidade de Maria Antonieta ia além da mera torpeza moral comum, tal como praticada pelo falecido e lascivo Luís XV. Seu suposto lesbianismo – ou "tribadismo", talvez o termo mais usado no século XVIII para designar o "vício alemão" – parecia explicar, retroativamente, sua longa história de infertilidade e sugerir uma equação entre a atenção que ela prodigalizava às suas favoritas e as energias sexuais que de outro modo poderia ter utilizado para fins mais construtivos (de procriação).[72] Com o frívolo mas poderoso ministério da moda encabeçado por sua pretensa amante Bertin, o "tribadismo" da rainha sugeria outro pecado, ainda mais grave, duplo e de natureza política: o de se apossar de prerrogativas do rei e o de torná-lo irrelevante. Enquanto Luís XVI ainda não tinha (e de fato nunca teria) uma amante, sua esposa "alemã" arrogava-se dois dos mais conhecidos direitos reais: o de procurar prazer com outras mulheres e o de conceder a elas os mais estonteantes favores.[73]

De fato, em 1775, com sua lucrativa nomeação como *surintendante*, Lamballe distinguira-se por desfrutar os privilégios excessivos típicos de uma favorita – inclusive porque a renda anual de 150 mil libras proporcionada pelo *charge* era precisamente igual à soma que Du Barry recebera a cada ano como amante de Luís XV. Os magníficos presentes e honras com que Maria Antonieta cumulava sua outra amiga íntima, a condessa Jules de Polignac – que em 1780 ela tornou uma duquesa hereditária e que competia abertamente com Lamballe por sua afeição –, também lembravam a largueza de um rei para com sua amante. Como observou o autor de um panfleto clandestino publicado pela primeira vez em 1781, "a sublime paixão da rainha [por madame de Polignac] só era igualada pelo apego imbecil de Luís XV à marquesa de Pompadour. Tal como a marquesa, a condessa Jules custou somas imensas ao Estado."[74] De maneira semelhante, outro panfletário que escreveu mais ou menos na mesma época perguntou sarcasticamente: "Que importância tem se a rainha dá dinheiro a madame Jules? E se faz do marido desta [o conde Jules de Polignac] um duque? Du Barry não foi feita condessa? Qual é a diferença?"[75] A diferença, é claro, era que Maria Antonieta não era um rei. Seu hábito de mimar as amigas sugeria uma dramática inversão de papéis monárquicos e conjugais, indicando assim que mulheres estavam pisoteando a sagrada autoridade masculina sob seus delicados saltos de cetim.[76]

Do ponto de vista de Maria Antonieta, no entanto, o dinheiro e a atenção que ela prodigalizava a Lamballe e Polignac talvez fossem simplesmente o preço de ter amigas – e de continuar na moda.[77] Graças em grande parte ao romance *A nova Heloísa*, de Rousseau, o ideal de um vínculo muito estreito, quase amorosamente terno entre mulheres estava então muito em voga. Como o *jardin anglais*, também promovido nesse livro, a idéia de uma amizade feminina "inseparável" tornou-se uma pedra de toque precoce do Romantismo: um triunfo da natureza (a comunhão espontânea de almas afins) sobre a convenção (o construto social que era o casamento). Para a rainha, que chegou até, segundo consta, a tentar amamentar Maria Teresa em deferência aos ideais de retorno à natureza de Rousseau, as amigas serviam como agradáveis e talvez até indispensáveis adições ao cenário.

Isso não significa que Maria Antonieta não apreciasse a companhia de suas favoritas por si mesma. Após o longo isolamento como delfina e a relação muitas vezes decepcionante com Luís XVI, parece haver pouca dúvida de que ela encontrava verdadeiro conforto na "atmosfera feminina intensamente carregada" do Petit Trianon, onde, como o expressou elegantemente a biógrafa Amanda Foreman, "sentimentos dominavam e beijos e abraços eram parte da linguagem comum de comunicação".[78] Entretanto, como a condessa de Boigne insistiu firmemente, Maria Antonieta procurava mais do que qualquer outra coisa "estar *à la mode*", tanto na escolha de roupas quanto na de amigas e passatempos.[79] (Boigne suspeitava até que o caso de sua soberana com Fersen era motivado pelo fato de que os estrangeiros estavam "particularmente em voga" entre as damas de Versalhes; as notícias de que a rainha estimulava Fersen e seus amigos suecos a usarem seus coloridos uniformes nacionais quando em visita ao Trianon talvez parecessem confirmar essa suposição.[80]) De qualquer maneira, apesar de suas raízes na voga do sentimentalismo rousseauniano, o apreço de Maria Antonieta por companhia feminina não lhe valeu pontos junto à imprensa clandestina, que a acusou de conduzir Versalhes inteira, temerariamente, para a depravação sexual. "A corte não perdeu tempo em andar *à la mode*", assegurou mais tarde um panfletário. "Cada mulher tornou-se uma lésbica e uma prostituta."[81]

* * *

EVIDENTEMENTE, O ESTILO DE VIDA de Maria Antonieta dava ensejo também a prazeres mais diretamente ligados à moda – e, aparentemente, mais inocentes. Pois embora seus primeiros anos no Petit Trianon tenham coincidido com a descoberta de *la mode parisienne*, ela optou por não se vestir no campo da maneira exagerada que exibia na capital; era quase como se, na privacidade de seu refúgio campestre, pudesse deixar de tentar inspirar atenção e respeito de maneira tão evidente. Com exceção de seus suntuosos trajes teatrais, geralmente tentava corresponder à cultivada simplicidade do projeto da mansão com uma abordagem similarmente natural e despojada do vestuário. (Os escritos de Rousseau, de fato, prescreviam a simplicidade das roupas como um antídoto para os trajes extremamente rebuscados e caros da capital francesa.[82]) Longe dos olhares curiosos dos súditos, Maria Antonieta parece assim ter afirmado seu poder não tanto cultivando uma persona ostentadora, interessada em arrebatar as atenções, como usando exatamente o que lhe agradava – e esses trajes estavam, mais uma vez, claramente em desacordo com as tradições indumentárias de Versalhes. "Peço-lhe portanto gentilmente", disse ela a sua amiga de infância, a princesa Louise von Hesse-Darmstadt, "que não venha em traje formal, e sim em roupas campestres."[83] Com Bertin à mão para satisfazer seus caprichos, e com o rei ainda não levantando nenhum obstáculo sério a seus gastos, Maria Antonieta inventou com entusiasmo novos trajes adequados a seu refúgio e baseados na idéia de que ela, como rainha, podia suspender livremente os ditames relativos ao vestuário que havia transgredido, de forma arriscada, como delfina.

Talvez surpreendesse que, dadas as associações do *pouf* com o glamour vigoroso que ela abraçara em Paris, as modas que concebeu para o Petit Trianon não exigiam o abandono total desse penteado. À medida que incluía hortaliças, frutas e ramos de flores, o *pouf* parecia inteiramente compatível com a estética pastoral abrangente do Trianon. Houve, por exemplo, o "*pouf* com guirlandas de rosas, uma fita de gaze de listras brancas e uma linda pluma branca" que Bertin criou para a jovem Maria Teresa, e a *corbeille de fleurs* que envolvia o uso efetivo de uma cesta ou tina de flores frescas sobre a cabeça.[84] Penteados que imitavam diretamente a paisagem circundante – "prados cintilantes, riachos prateados, todo um *jardin anglais*", "bosques silvestres, regatos, carneiros, pastores e pastoras" – também assumiam lugar de destaque no Trianon.[85] Numa festa que Maria Antonieta promoveu ali em 1782 para o grão-duque e a grã-duquesa da Rússia, o penteado desta última exibia uma ave adornada com pedras preciosas cujas asas podiam se agitar quando um pequena corrente filigranada era puxada, enquanto convidadas francesas mantinham, aninhados entre seus cachos, frasquinhos com água cheios de raminhos de flor recém-cortados.[86] Esse estilo, recordou ternamente a baronesa d'Oberkirch, "punha a primavera em nossas cabeças, em meio a uma neve de pó".[87]

Mas o uso de pó diminuiu no Trianon, assim como o de maquiagem, coisa que madame de Polignac, naturalmente linda e de faces rosadas, foi uma das primeiras a evitar. Um retrato pintado em 1778 por Antoine Vestier, *Maria Antonieta no Petit Trianon*, representou o cabelo ruivo e a pele cremosa de Maria Antonieta em todo o seu esplendor natural, fresco, intocados pelo ruge e a pomada da penosa toalete da rainha. Rejeitando levianamente esses antigos emblemas de prestígio aristocrático, Maria Antonieta e suas damas procuraram outros estilos de toucado, menos intricados que *poufs*, para complementar as peles e cabeleiras agora emancipadas. Assim, no final da década de 1770, estavam todas entusiasmadas pelo "touca à leiteira" (*bonnet à la laitière*) e, é claro, pelo *bonnet à la Rousseau*, ambos vastos chapéus de copa mole feitos de simples pano branco. Em geral, o único enfeite dessas toucas eram algumas vistosas flores frescas, uma fita de cetim simples e folhos delicados em torno do rosto, destinados a realçar a beleza natural da pele da mulher.[88]

Inspirado na conquista de Granada pela França na guerra contra os britânicos, o *bonnet à la Grenade* ofereceu uma variação ligeiramente mais vistosa em torno desse tema simples e naturalístico. A touca Granada era volumosa, de renda ou cetim, e se prendia a uma faixa circular de palha envolta por fitas e engrinaldada com flores de romã (*fleurs de grenadier*).[89] Com o tempo, essa touca minimamente estruturada se transformou numa variedade de chapéus propriamente ditos, com as copas rígidas e as abas largas e redondas até então características dos chapéus masculinos. No Trianon, o chapéu preferido era geralmente de palha. Guirlandas de flores naturais e artificiais, usadas na copa do chapéu ou diretamente no cabelo, tornaram-se mais uma escolha apreciada, que enfatizavam os encantos próprios da mulher e fugiam das modas exageradamente artificiais de Versalhes.[90]

Essa tendência de tecidos relativamente modestos e mínima ornamentação provocou uma revolução nas roupas e nos penteados das mulheres. Enquanto em Paris e em Versalhes Maria Antonieta e suas amigas em geral combinavam seus *poufs* e plumas com *robes à la française* profusamente enfeitadas, no Petit Trianon elas preferiam estilos menos obviamente contraditórios com a receita de Rousseau para uma vida simples. Para começar, a panelinha não perdeu tempo em evitar as bugigangas brilhantes que adornavam os vestidos formais. Cercadas fora de casa pela beleza natural indomada do *jardin anglais*, e dentro de casa pelos encantadores madeiramentos florais que adornavam as paredes, a "ambição professada" das senhoras do Trianon era "assemelhar-se a flores silvestres".[91] Para obter esse efeito, trocaram pedras preciosas suntuosas por lindas lantejoulas lilás; folhos gigantescos por flores de seda e fitas de gaze (apropriadamente conhecidas agora como *gaze reine*, ou "gaze da rainha"); gemas ostentosas por "jóias rústicas de metal" e despretensiosos – ainda que muitas vezes caros – xales ou fichus de musselina.[92] De forma muito adequada, os mais elegantes e lindamente bordados deles tornaram-se conhecidos como fichus *à la Marie Antoinette*.[93]

Mesmo quando as senhoras compareciam à corte, suas roupas estavam transformadas, em conformidade com os novos gostos rústicos. Num retrato de Gautier-Dagoty de 1775, por exemplo, Maria Antonieta veste um bonito *grand habit de cour* azul cujo corte obedece aos padrões tradicionais da corte, mas cujos enfeites principais são realísticos raminhos de lírios (o *lys* Bourbon) presos em vistosos laços de gaze (ver prancha 11). E a tendência para uma ornamentação mais simples avançou ainda mais em outros trajes. Segundo mademoiselle de Mirecourt, o fichu de musselina que cobria todo o peito e o pescoço tornou-se tão apreciado na corte que as senhoras passaram a usar seus lindos colares de diamantes "apenas cinco ou seis vezes por ano", embora o decote profundo de suas *robes à la française* fosse concebido para exibir jóias resplandecentes com o máximo efeito.[94]

A forma dos vestidos das nobres simultaneamente se metamorfoseou para refletir o que mademoiselle de Mirecourt, talvez nostálgica dos dias de vestidos mais aparatosos, chamou com irritação de "essa moda camponesa que a rainha impôs a todo o mundo".[95] Para o traje oficial das mulheres na corte, Maria Antonieta induziu o marido a permitir modificações substanciais no *grand habit*, cuja circunferência de três a mais de três metros e meio ela declarou "obsoleta e insuportável".[96] A seu pedido, Luís XVI permitiu às senhoras de Versalhes adotar *paniers* menores e uma cauda mais curta para a maioria das funções no palácio, dando assim sua sanção oficial à campanha que Maria Antonieta iniciara muito tempo antes contra os severos e desconfortáveis ditames indumentários da corte.[97]

No Petit Trianon, a rainha ficou ainda mais ousada em sua iconoclastia e começou a introduzir silhuetas cada vez mais radicais, que contrariavam igualmente os costumes do vestuário cortesão. A partir de 1775, por exemplo, ela e suas amigas tornaram-se adeptas da *robe à la polonaise*. Segundo uma legenda na *Galerie des Modes* que mostrava o estilo em suas ilustrações, a *polonaise* estava "em conformidade com os princípios de Rousseau" na medida em que estes incluíam uma crítica das roupas aristocráticas artificiais.[98] E, de fato, a *polonaise* representava um afastamento significativo desses trajes, eliminando os restritivos *paniers* e a cauda do *grand habit* e da *robe à la française* e substituindo-os por uma atrevida anquinha na parte de trás do vestido, feita de camadas de algodão engomado. O corte da sobreveste era frouxo "como um casaco cintado", e a sobre-saia era presa em torno dos quadris em três elegantes drapejados.[99] (Eram esses três drapejados que davam ao vestido o seu nome, em alusão à tripartição da Polônia pela Áustria, a Rússia e a Prússia, que havia inspirado Rohan a fazer piadas sobre a rapacidade da imperatriz.) Como a sobre-saia, a anágua circular guarnecida de babados usada sob a *polonaise* era muito mais curta que os vestidos usados na corte. Em vez de "arrastar-se majestosamente pelo assoalho", ela expunha os pés e os tornozelos da mulher, característica que lhe permitia brincar mais livremente nos campos ondulados do Trianon.[100] Para sublinhar essa vantagem, as ilustrações de moda da época mostravam freqüentemente moças vestindo *polonaises* ao ar livre, com sombrinhas e cajados (ver prancha 12).

Outra roupa apropriada à existência rústica das senhoras, e completamente diferente dos vestidos estruturados exigidos na corte, era a *lévite*, ou levita, um vestido frouxo inspirado nas roupas semelhantes a togas do teatro clássico francês.[101] Eliminando não só os *paniers* e a cauda dos trajes de corte, mas também o espartilho de barbatanas de baleia, a levita acentuava a cintura com uma simples echarpe frouxamente amarrada usada como cinto, característica que a rainha achava especialmente atraente quando estava grávida de Maria Teresa. Talvez ela tenha descoberto também que a enorme e frouxa gola xale com que a levita substituía o decote arredondado da *robe à la française* facilitava seus esforços para amamentar depois que a criança nasceu.[102] Mas a informalidade das levitas, que em 1782 constituíam mais de dois terços dos vestidos em seu guarda-roupa, parece tê-la atraído esteticamente também.[103] Enquanto o *grand habit* e a *robe à la française* tinham mangas coladas até a altura do cotovelo, orladas com uma tríplice camada de renda, a levita exibia as mesmas mangas relativamente frouxas, descendo até o punho, dos queridos trajes de montaria da rainha.[104]

Acessórios reais de montaria também entraram em voga no Petit Trianon, cujos *habitués* partilhavam a paixão pelas corridas de cavalo, uma mania inglesa que tomou de assalto círculos elegantes da França em 1776. Entre os íntimos da rainha, o conde d'Artois e o duque de Lauzun eram particularmente encantados pelo esporte; eles abandonaram os elegantes paletós justos de cortesão pelas sobrecasacas informais e abertas (*fracs*) e os coletes (*gilets*) apreciados pelos ingleses e os jóqueis. Os conservadores do palácio declaravam o estilo impróprio a ponto da indecência (dizia-se que todo homem assim vestido estava *en polisson* – "vestido como um cafajeste"), e o próprio Luís XVI, num ato de repressão indumentária pouco característico, proibiu seus cortesãos de usá-lo em Versalhes. Embora tenha provocado lamentos no grupinho da moda, a decisão do rei pareceu inteiramente sensata a Mercy, a quem chocava que cavalheiros ousassem aparecer diante de sua rainha *en polisson*.[105]

Maria Antonieta, de sua parte, adorava a estética cafajeste, sem dúvida em razão, e não apesar, do desafio que ela representava aos padrões de vestuário da corte. De fato, não somente estimulava os amigos a usá-la em sua presença, em desafio à aversão do rei; logo introduziu as lapelas viradas, mangas com punhos e saias abotoadas em seu próprio guarda-roupa, tornando roupas de corte masculino – como *gilets*, *fracs* e redingotes (palavra que nasceu como uma adulteração do inglês "*riding coat*" e ganhou um acento francês) – a última moda no vestuário feminino. Tal como adaptados para o uso das mulheres, essas sobrecasacas exibiam poucos ornamentos afora botões grandes e estilizados, lapelas e punhos de cores contrastantes e sutis bordados no tecido, como os pequeninos sóis irradiantes cor de creme que adornavam um redingote turquesa usado por ela em 1782 (ver prancha 13).[106] Em geral, o redingote feminino exigia acessórios espartanos, masculinos: botas de montaria, um "boné de jóquei" preto, de aba rígida e emplumado, e um rabo-de-cavalo masculino chamado *catogan*. Como a encomenda de 31 novos trajes de montaria feita em novembro de 1781, esses conjuntos revelavam que Maria Antonieta não perdera em absoluto o gosto pela roupa andrógina que por tanto tempo acompanhara sua predileção por montar "como um homem".[107] Contra o pano de fundo do Petit Trianon, explicitamente codificado como seu feudo privado, trajes experimentais como os redingotes, e também as *polonaises* e levitas, alardeavam sua nova e incontestada liberdade em relação à prática cortesã e mesmo em relação à aprovação do rei. Como delfina, ela já havia afirmado não precisar da "orientação de ninguém em nada que diga respeito a comportamento correto, decente", e demonstrara isso vestindo-se com trajes masculinos.[108] Agora que gozava da sublime independência de rainha do Trianon, essa crença manifestava-se mais claramente que nunca, evidenciando-se de novo no próprio corte de suas roupas.

Isso estava claro, também, nos tecidos e cores que atraíam Maria Antonieta à medida que ela desenvolvia um guarda-roupa para seu refúgio campestre; nesse aspecto, mais uma vez, ela abandonou de maneira flagrante as convenções indumentárias que os aristocratas haviam abraçado até então, tanto na corte quanto na capital. Pois, a despeito de suas muitas diferenças, Versalhes e Paris partilhavam uma cultura de ostentação e competitividade que obrigava a aristocracia a usar brocados pesados, veludos opulentos e cetins lustrosos – tudo em tons brilhantes e vívidos de gemas e padrões suntuosos e amplos que transmitiam de maneira berrante sua suprema riqueza e privilégio.[109] De fato, como observou Chantal Thomas, "as cores resplandecentes" do vestuário aristocrático haviam funcionado historicamente, da mesma maneira que o ruge pesado, como um meio para a nobreza se afirmar como classe, e especialmente como uma classe distinta da burguesia, cuja própria sorte econômica estava melhorando de maneira espetacular desde a era de Luís XIV, mas cujos membros de mentalidade um pouco mais prática "preferiam cinza e bege a rosa e laranja fortes".[110] Entretanto, as paredes brancas e cremosas e os estofos de cores claras do Petit Trianon eram tudo menos aparatosos – e à medida que Maria Antonieta procurava os trajes mais adequados para sua mansão, passou a substituir os matizes brilhantes de sua casta por cinzas e beges mais "burgueses" e cores pastéis sutis.[111] Além disso, ela abandonou os padrões mais atrevidos e graúdos por apenas as mais delicadas listras "quebradas", bolinhas, minúsculos buquês e pequeninos sóis irradiantes. (Sua *gazette des atours* para 1782 revela como gostava deste último padrão, que enfeitava um dos redingotes azul-claros e várias das levitas que comprou nesse ano.[112]) Essas mudanças de cor e padrão estavam longe de ser insignificantes, pois mais uma vez revelavam a disposição da rainha para se desvencilhar dos ornamentos e costumes da elegância real tradicional e jogar o jogo da moda segundo regras próprias e anticonvencionais.

Ela também reescreveu as regras expandindo o repertório de tecidos usados em seu vestuário para incluir mais do que apenas as sedas e os cetins suntuosos de que eram costumeiramente feitos os trajes da corte. Embora tenha conservado esses tecidos em novas cores e padrões, Maria Antonieta começou a usar, além deles, tecidos mais simples, menos formais: por exemplo, algodões estampados conhecidos como *toiles de Joüy*, cujas paisagens em miniatura lembravam por vezes diretamente os jardins pitorescos que cercavam seu palácio. Ela e suas seguidoras puseram também a gaze, a musselina e o linho na vanguarda do vestuário elegante, e embora eventualmente esses tecidos fossem também tingidos de cores sóbrias, outras vezes eram simples e elegantemente brancos.[113] No verão de 1780, um de seus trajes favoritos para o Trianon foi uma *chemise* de musselina branca conhecida como *gaulle*, que Bertin copiara de "*creoles*" e esposas de colonos impossibilitadas de usar seda no calor caribenho.[114] Essa roupa era enfiada sobre corpetes de tecido flexível, em vez de espartilhos de barbatanas de baleia, e era livre de quaisquer outros elementos estruturantes exceto uma gola de rufos fechada com uma fita, mangas bufantes firmadas por "braceletes" de fita e uma larga faixa de fita na cintura. O traje era complementado algumas vezes com um gracioso avental branco, outras com um fichu branco, e quase sempre com uma touca branca mole ou um chapéu de palha de abas largas, sobre cabelos soltos e não empoados.[115]

Como os historiadores de moda observaram, a popularidade da *gaulle* frouxamente drapejada, de queda graciosa, atestava em parte um reflorescimento do gosto neoclássico em todo o continente, inspirado pela recente descoberta das ruínas de Herculano e Pompéia e reproduzido por Maria Antonieta em muitos dos elementos decorativos neoclássicos que ela introduziu em seus lares. (Essa estética foi mais tarde chamada "estilo Luís XVI", embora, como Stefan Zweig e outros assinalaram, "estilo Maria Antonieta" tivesse sido uma designação mais justa.[116]) E, em parte, o leve vestido de algodão ou linho era visto como uma tendência inglesa, embora Georgiana, a duquesa de Devonshire, aparentemente só o tenha transformado num modelo requisitado na Grã-Bretanha depois de receber uma *gaulle* de presente de Maria Antonieta, de cuja amizade desfrutava.[117] Acima de tudo, porém, o aspecto e o ar desse traje correspondiam perfeitamente ao aspecto e ao ar despojados do Trianon da rainha, onde a pureza neoclássica e a simplicidade pastoral se misturavam em toda parte, se sobrepondo à elegância exagerada de Versalhes. Embora esse estilo fosse se provar controverso, as mulheres elegantes logo o adotaram: em 1782, "os bulevares de Paris estavam repletos de simples vestidos brancos".[118]

NA MEDIDA EM QUE EXPRESSAVA uma completa rejeição de tradições aristocráticas e reais, o movimento da rainha rumo à simplicidade estilizada nada fez para dissipar a ira que suas modas parisienses, sob outros aspectos muito diferentes, hiperdecoradas, também haviam despertado nos súditos. Em 22 de outubro de 1781, ela finalmente cumpriu seu dever para com o reino e deu à nação um delfim, uma criança enfermiça chamada Luís José – Luís em homenagem ao pai (e inúmeros outros predecessores reais) e José em homenagem a seu padrinho austríaco, José II. Entretanto, a crescente aversão do público pelo comportamento inadequado da rainha pareceu mais uma vez eclipsar sensivelmente a reação a esse evento dinástico tão longamente esperado.[119] Vistas através das lentes de seus outros feitos no Trianon, as roupas que Maria Antonieta usava atraíram a indignada atenção de cortesãos e plebeus, que parecem tê-las interpretado igualmente como sinais adicionais de seu desvio "austríaco", seu desafio dos costumes franceses, sua estouvada extravagância e seu roubo do sacrossanto poder do rei.

Foi revelador, nesse contexto, que o novo penteado masculino da rainha, o *catogan*, tenha provocado a reprovação do próprio Luís XVI, embora, com sua gentileza e obliqüidade características, ele tenha expressado seu descontentamento com uma piada. Em maio de 1783, ele apareceu nos aposentos da mulher com os cabelos apanhados num coque. Quando Maria Antonieta perguntou-lhe, rindo, por que fizera aquela coisa horrível, ele respondeu que, embora o penteado fosse realmente "ignóbil",

> é uma moda que eu gostaria de lançar, já que até agora nunca lancei uma moda minha... Além disso os homens precisam de um penteado que os distinga das mulheres. Vocês já tomaram de nós a pluma e o chapéu... Até recentemente ainda tínhamos o *catogan*, mas vocês se apropriaram dele também, e acho *isso* extremamente ignóbil em mulheres.[120]

Segundo os *Mémoires secrets*, que foi apenas um dos tablóides de mexericos que relataram esse incidente, Maria Antonieta aceitou a brincadeira do rei como a censura que era, e "ordenou imediatamente que desfizessem seu *catogan*".[121] Essa perfunctória demonstração de docilidade, contudo, não apagou sua reputação como uma rainha que não conhecia o seu lugar e que havia não só se vestido com as roupas do outro sexo como, escandalosamente, obrigado seu emasculado marido a fazer o mesmo.

Os trajes ousados da rainha eram criticados não só pelo desrespeito que manifestavam para com o esposo, mas pelas atitudes rebeldes que – como seus dispendiosos *poufs* – pareciam inspirar em outras mulheres elegantes. Em 1787, um autor desconhecido sob o pseudônimo de mademoiselle Javotte dirigiu uma carta aberta satírica aos "senhores elegantes" da França, sobre o assunto do penteado masculino das mulheres. "Os senhores pensam que são nossos amos, mas na realidade nós os estamos puxando por aí pelo nariz", escarnecia Javotte:

> No entanto os senhores insistem em usar chapéus, que sabem que temos usado já há vários anos. Não deveria nossa adoção dessa moda tê-los forçado a renunciar a ela? Suas faculdades mentais são tão limitadas que vamos lhes explicar as coisas: Senhores, declaramos pela presente que o chapéu é nosso. "Mas que iremos usar?", podem perguntar. Bem, meus caros homenzinhos, vamos lhes deixar nossas toucas, que não usamos mais. Uma touca leve e transparente, um pouquinho inclinada sobre o rosto, realça a brancura da pele, ... e usada com apenas um traço de ruge os fará parecer, oh, tão encantadores.[122]

Lembrando o coque deliberadamente bizarro do rei, essa sarcástica sugestão de moda expressava o grau em que se pensava que a moda feminina da época havia comprometido a dignidade masculina. Como Sansão privado de seu cabelo, os franceses desprovidos de seus chapéus ficavam, segundo Javotte, reduzidos a poltrões impotentes – desdenhosamente chamados de "homenzinhos" e "limitados", feminizados com ruge e, no que talvez fosse o mais humilhante de tudo, antiquados com as toucas do ano passado.

Segundo os críticos, os trajes informais do Petit Trianon infundiam em quem os usava não só um desrespeito geral pelos homens mas o mesmo sentimento de emancipação sexual ostensivamente desfrutado pela própria rainha rebelde. Legendas de ilustrações de moda faziam alusões freqüentes e provocativas às escapadas sexuais que seus modelos costumavam perpetrar. Assim, por exemplo, uma mulher vestida com um redingote era descrita como: "Prudente amazona avança cautelosamente para um bosque secreto onde seu amante deverá encontrá-la, tomando cuidado para não ser vista."[123] Enquanto, no reinado de Luís XV, o traje masculino a promovera e a pusera em oposição à licenciosa e sedutora madame Du Barry, a estética masculinizada da rainha parecia agora sugerir mais depravação sexual que heroísmo altruísta. (De fato, consta que por volta dessa época uma costureira parisiense inventou uma *polonaise à la Jeanne d'Arc*, cujo corpete expunha por completo os seios e que transformava assim a própria Joana d'Arc, de uma viril guerreira, em uma mulher despudorada e libertina.[124]) De maneira semelhante, insistindo na adequação das novas modas para iniqüidades eróticas, alguns observadores notavam que o corte frouxo de vestidos como a levita e a *gaulle* dava um acesso mais fácil aos seios e aos genitais das mulheres, permitindo-lhes assim vestir-se depressa depois de encontros clandestinos.[125]

Essas roupas eram consideradas tão depravadas, de fato, que quando o conde de Aranda, embaixador da Espanha em Versalhes, encomendou um enxoval para sua jovem noiva, estipulou que a coleção não deveria conter nem uma só levita ou *chemise*.[126] Talvez Aranda estivesse alarmado porque uma das levitas mais apreciadas no momento era a *lévite à la Prussiène*, que tanto em seu nome quanto em seus detalhes – adornada com alamares e borlas militares e com mangas "de cavaleiro", de corte masculino e botões de latão – anunciava um perturbador potencial para o "vício alemão", bem como uma conexão cultural com a *Autrichienne* reinante da França.[127] De fato, durante o período revolucionário, quando a literatura pornográfica atacando Maria Antonieta tornou-se ainda mais corrente graças à suspensão das leis de censura reais, uma imagem muito difundida a representava escarranchada sobre uma cadeira e permitindo à amiga Polignac acariciar-lhe os seios sob sua levita convenientemente frouxa. Entre seu traje suspeitamente desestruturado e sua maneira masculina de se sentar – lembrando seu gosto por "montar como um homem" –, a rainha aparecia nessa estampa como uma transgressora flagrantemente pervertida das normas heterossexuais. Realmente, como observou a historiadora Elizabeth Colwill, quer "montando um homem, uma mulher ou um animal, uma mulher por cima significava desordem, e nenhuma mulher significou desordem de maneira mais bombástica que Maria Antonieta".[128]

Embora os coletes e paletós de montaria de Maria Antonieta tivessem sido originalmente inspirados em modelos ingleses, a maneira como essas roupas masculinizavam as mulheres também pode ter sugerido um pendor para a inversão sexual germânica. Assim, uma delas era conhecida como o redingote *à l'allemande*, e foi descrita numa ilustração de moda como o traje ideal para "uma jovem disposta a montar a cavalo com uma perna de cada lado" (ver prancha 14), enquanto outro modelo, o *frac à la bavaroise*, era vestido por uma senhora "em trajes masculinos" fazendo exatamente isso.[129] Embora muito menos explícita que a estampa que mostrava Maria Antonieta lascivamente abraçada a Polignac, essa imagem sugeria a maneira andrógina como a rainha nascida na Áustria costumava se vestir.

Considerava-se que as modas que emanavam do Petit Trianon, além de transgredir as regras aceitas para o erotismo feminino, desestabilizavam fronteiras geopolíticas de escala mais ampla. Um inveterado observador de tendências, o barão de Frénilly, declarou sobre a nova moda: "Um exército auxiliar de paletós ..., chapéus redondos e sobrecasacas atacou como uma horda de hunos o coração de nosso reino."[130] Com essa metáfora de invasão militar, o barão frisou crescentes preocupações com a vulnerabilidade do corpo político – preocupações geradas não só pelo dispendioso envolvimento na Revolução Americana ainda em curso e pelos recursos internos cada vez mais minguados do país mas também, cada vez mais, pelo claro e traiçoeiro desejo da rainha de sobrecasaca, tríbade, de "germanizar" o governo do marido. Certamente sua *polonaise*, cuja sobre-saia tripartite evocava diretamente a cumplicidade da Áustria na divisão da Polônia em 1772, fez mais para acentuar que para dissipar suspeitas desse tipo, levando comentadores hostis, como o acadêmico Jean-Louis Soulavie, a reiterar a antiga retórica do partido francês sobre Maria Antonieta como uma agente da Áustria.[131]

Uma perspectiva semelhante moldou reações à proteção que a rainha estendeu ao *chevalier* d'Éon, um alto membro do corpo militar e diplomático francês cujo confuso status de gênero o tornou famoso em toda a Europa.[132] Sob Luís XV, Éon havia servido como dragão na Guerra dos Sete Anos, depois como espião disfarçado de mulher na corte de Catarina a Grande, e em seguida como ministro plenipotenciário da França em Londres, onde um público fascinado concluiu que Éon havia de fato nascido mulher e abandonado seu estado "natural" para empreender uma carreira de homem. A especulação deu lugar a apostas agressivas e impiedosa publicidade, que em 1778 levaram Luís XVI a pedir a Éon que voltasse para casa. Durante os planos para sua chegada, Maria Antonieta distinguiu-o como objeto de suas atenções, ordenando a Rose Bertin que fizesse para o *chevalier* um caro "enxoval" de roupas femininas e enviando-lhe um elegante leque com a recomendação de que o usasse em lugar da espada de cavalheiro.[133] No outono, enquanto Bertin trabalhava no novo projeto, ela e Éon causaram espanto em Paris ao jantar juntos duas vezes na casa dela – tendo o *chevalier* se vestido uma noite de homem e outra de mulher.[134] Como a *marchande* tinha reputação de amante lésbica da rainha, os parisienses talvez não tenham achado sua escolha de companhia para o jantar de todo surpreendente, mas declararam-na "de muito mau gosto".[135]

Queixas semelhantes surgiram quando Éon foi apresentado aos soberanos em novembro daquele ano. Versalhes ficou repleto de espectadores curiosos por ver como o notório personagem se vestiria para a ocasião; eles foram premiados – e ficaram estarrecidos – com sua aparência híbrida.[136] No peito,

4. Anônimo, *Maria Antonieta abraçando a duquesa Jules de Polignac* (caricatura francesa do fim do séc.XVIII).

o *chevalier* usava a Cruz de São Luís, que ganhara, como só era permitido aos homens, em serviço ao trono. Segundo as memórias de Léonard, Éon andara pelo palácio pisando forte, como o dragão que fora outrora, falando "na mais masculina das vozes" e exibindo "uma grossa barba que, se não revelava virilidade, pelo menos a simulava maravilhosamente bem por alguma aberração da natureza".[137]

Essas características contrastavam grotescamente com as mangas de renda, a cauda longa e a "saia de cetim azul como a da Sagrada Virgem Maria" – que Bertin desenhara em homenagem a Maria Antonieta, que evidentemente partilhava o nome da Virgem.[138] Mas para madame Campan, pelo menos, não havia absolutamente nada de virginal nessa criatura cruamente andrógina. Embora a rainha tivesse encarregado os pais de madame Campan de dar a Éon um curso intensivo de comportamento feminino antes de sua aparição na corte, a sempre respeitável *femme de chambre* considerou o *chevalier* "a pior companhia que se poderia imaginar".[139]

Aos olhos da rainha, contudo, Éon pareceu absolutamente encantador. Tendo ela mesma se recusado a obedecer a algumas das exigências de gênero estritas de sua posição, reagiu calorosamente a esse indivíduo que, andando com a arrogância de um homem, vestia-se no entanto como mulher, zom-

5. Desconhecido, *O chevalier d'Éon* (fim do séc.XVIII).

bando das tentativas das autoridades reais de estabelecer seu sexo. Diante de toda a corte, a rainha elogiou efusivamente o "novo uniforme" de Éon, e com zombeteira solenidade declarou-o "comandante cavaleira [*chevalière*] de 'meu regimento de saias brancas'", ajudando-o assim a conservar a ambigüidade de gênero que ele parecia determinado a exibir.[140] De fato, um transexual desnaturado era um emblema perfeito para a inversão de gênero sugerida pela frase espirituosa de Maria Antonieta: com seu suposto exército de mulheres, cujas "saias brancas" declaravam fidelidade ao estilo Trianon radical, ela própria era vista como assumindo efetivamente o comando do reino do marido. Um ano mais tarde, circularam rumores de que ela estava pressionando Luís XVI a nomear Éon seu ministro das Relações Exteriores. Embora esses rumores fossem patentemente falsos – Éon havia se retirado tranqüilamente para uma propriedade rural a fim de evitar as "piadas e a bisbilhotice" que sua identidade sexual indeterminada inspirava –, sua proliferação alimentou temores de que os monstruosos gostos "alemães" da rainha estivessem agora moldando a política monárquica em seu mais alto nível.[141]

Os ÚLTIMOS CAPRICHOS INDUMENTÁRIOS de Maria Antonieta geraram críticas negativas também porque os tecidos que ela pôs em moda no Trianon eram em geral importados, ao passo que as sedas tradicionalmente usadas pela aristocracia eram produzidas internamente. De fato, a corte propiciava aos fabricantes franceses de seda grande parte de seus negócios. Desconsiderando mais esse costume em sua busca de liberdade e elegância, a rainha obtinha muitas musselinas e linhos da Grã-Bretanha, onde, como contou o diplomata marquês de Bombelles, Rose Bertin era reverenciada como salvadora da pátria por ser uma ardorosa freguesa de fábricas escocesas.[142] Em casa, em contraposição, a *marchande* e sua ama eram insultadas por "desferir um golpe fatal" na indústria da seda, responsável por milhares de empregos fabris em cidades como Lyon.[143] Segundo Soulavie, severo como sempre com a terrível *Autrichienne*, nada menos que três quartos dos operários da seda em Lyon perderam seus empregos na década de 1780, à medida que "nossos excelentes artigos de seda ficaram fora de moda" em razão da impatriótica preferência da rainha por comprar em fábricas têxteis estrangeiras.[144]

Para neutralizar a danosa nova moda, consta que os fabricantes de seda franceses disseminaram uma história sobre os perigos do uso da musselina, "um caso ... em que uma moça usando um vestido de musselina com babados havia chegado perto demais da lareira e morrera queimada".[145] Essa anedota alarmante teve tão pouco sucesso em estancar a maré da moda quanto as estampas satíricas da década de 1770, em que os *poufs* das mulheres se enredavam aflitivamente em lâmpadas de rua e lustres. E assim a rainha, que lançara a mania da musselina, foi acusada em pelo menos um panfleto da época de "reduzir os operários da seda de Lyon e outras cidades à mendicância, deixando suas empresas em ruínas".[146]

Para o francês anglofóbico, a preferência por artigos ingleses sobre os nacionais era bastante ofensiva, especialmente porque a França ainda estava em guerra com a Inglaterra nas colônias americanas. No entanto, quando a guerra terminou, em 1783, um novo tratado comercial com a Inglaterra encheu o mercado francês de têxteis britânicos e a rainha não pôde mais ser apontada como a única consumidora.[147] Quando a "anglomania" tornou-se um elemento central da moda francesa – até a principal revista de moda da nação era intitulada *Le Magasin des Modes Nouvelles Françaises et Anglaises* –, o público passou a atacar violentamente Maria Antonieta por importar musselinas e linhos da Bélgica controlada pelos Habsburgo. Como José II empreendera recentemente uma vigorosa campanha para revitalizar a indústria têxtil flamenga, Maria Antonieta foi acusada de "revolucionar os tecidos e a moda francesa" em razão de uma traiçoeira "fidelidade aos interesses comerciais de sua Casa".[148] Novamente criticando com olhos xenofóbicos a soberana, observadores fulminaram: "A *Autrichienne* está conspirando para arruinar nossas manufaturas de belas sedas."[149]

A idéia ganhou maior aceitação quando os produtores de Lyon se reuniram e encaminharam uma petição ao trono sobre "a necessidade de proteger seus negócios e de proibir as novas modas que proliferaram na França em detrimento de sua prosperidade comercial".[150] Para azar de Maria Antonieta, eles primeiro levaram a queixa às Tias, que sem dúvida ficaram encantadas em reforçar nos trabalhadores a idéia de que Maria Antonieta considerava seus súditos com – nas palavras de Soulavie – "o desdém de uma soberana cujo coração é estrangeiro aos franceses".[151] Após o encontro com Mesdames, os boateiros passaram a afirmar de forma ainda mais enfática que o plano secreto da rainha era canalizar "centenas de milhões em lucros" para a Flandres Habsburgo.[152]

Nesse contexto, pode-se considerar de uma ironia extrema ou estranhamente adequado que um dos maiores impulsos que os fabricantes de seda receberam nessa época tenha ocorrido com a morte de Maria Teresa em novembro de 1780. Para homenagear a falecida mãe da rainha, morta aos 63 anos depois de uma prolongada doença, os membros da corte francesa tiveram de encomendar grandes quantidades de suntuosas roupas de veludo e cetim nas cores escuras do luto. Embora sua relação com a mãe estivesse tensa já há algum tempo, Maria Antonieta ficou arrasada com a notícia da morte. Para prantear a mãe com a apropriada majestade e respeito (a própria Maria Teresa usara exclusivamente o "preto da viuvez" desde a morte do marido em 1765 até a sua própria), Maria Antonieta gastou quase 66 mil libras em tecidos de seda no final de 1780 e início de 1781.[153] Isso representou um espetacular aumento de 50% em relação a seus gastos com seda durante o primeiro ano no trono.[154]

Contudo, nem o aumento nas encomendas de seda estimulado pela morte da imperatriz absolveu sua filha da acusação de estar destruindo uma das indústrias de que a França mais se orgulhava. Embora fosse relativamente fácil produzir tecidos de luto, que variavam dentro de um espectro previsível de pretos, violetas, azuis, cinzas e brancos, a paleta de cores inusitada demandada pelos trajes que a rainha usava no Trianon exigiu mudanças significativas na prática comercial dos fabricantes. Durante anos eles haviam sido capazes de produzir grande quantidade de uma coleção bastante estável de tecido em tons suntuosos, com cores e padrões que mudavam no máximo cinco ou seis vezes por ano.[155] Mas Maria Antonieta – como escarneceu um satirista, fazendo eco ao comentário um pouco mais neutro de madame Campan sobre o apetite ilimitado da ama por novidades indumentárias – "queria se mostrar a cada hora, por assim dizer, sob uma aparência nova em folha".[156] Isso levou a um ciclo vertiginoso de produção e obsolescência na indústria da seda.

O planejamento dos fabricantes era transtornado enquanto eles faziam horas extras para atender às caprichosas exigências de Maria Antonieta, que desejava cores inéditas e atuais – como o *incendie de l'Opéra*, no tom das chamas, concebido para celebrar o incêndio que devastou a Ópera de Paris em junho de 1781, e o marrom fosco *caca dauphin* inspirado pelos cueiros sujos do recém-nascido Luís José quatro meses mais tarde.[157] Como os gostos se modificavam na velocidade da luz, os fabricantes de seda muitas vezes constatavam, ao acabar de produzir uma linha particular de tecidos, que a tonalidade ou o padrão que haviam criado saíra de moda.[158] Uma seda de um dourado-claro que no auge da popularidade custava 86 libras por *aune* (unidade de medida equivalente a cerca de 1,2 metro) passou a ser vendida pela metade dessa soma quando deixou de ser tão apreciada.[159]

Igualmente desafiante para os fabricantes era o fato de que não podiam mais começar a trabalhar numa linha de produtos até saber quais das cores e padrões recém-inventados Sua Majestade desejava ver fabricados.[160] Num caso famoso, Bertin enviou aos produtores de Gobelins uma mecha de cabelo de

Maria Antonieta e ordenou que tecessem uma seda do mesmo matiz de louro brunido, que seria conhecida como *cheveux de la Reine*.[161] Enquanto aguardavam essas instruções, relatou Mercier, as manufaturas de seda "enlanguesciam na inação", deixando os proprietários desesperados com a renda perdida e o tempo desperdiçado.[162]

Mas os fabricantes de seda não eram as únicas vítimas do novo guarda-roupa da rainha. Assim como seus custosos penteados, os trajes campestres de Maria Antonieta eram considerados por seus detratores financeiramente ruinosos para as incontáveis francesas que aspiravam a seu estilo. Esses críticos ressaltavam que, embora menos caros que a seda, os tecidos usados na moda Trianon eram também menos duráveis, devendo portanto ser substituídos com mais freqüência.[163] Objetavam ainda que, simplesmente por estarem na moda, esses materiais tinham um preço não justificado por uma execução elaborada – o que era a marca dos cetins e sedas franceses trabalhados com esmero. A gaze, por exemplo, custava entre 9 e 10 libras o *aune*, ao passo que o cetim tinha um preço médio de 12 a 14 libras, mas usava muito mais fios de seda por *aune*, razão por que sua produção exigia mais mão-de-obra.[164] Como o jardim inglês da rainha, cujo efeito descuidado tinha um preço elevadíssimo, seu apreço por tecidos delicados estimulava as mulheres a gastar grandes somas no que parecia aos não-iniciados um estilo essencialmente deselegante.

Tal estilo gerava problemas tanto econômicos quanto sociais, pois ofuscava antigas diferenças codificadas de classe. Assim como se dizia que os *poufs* faziam prostitutas e pequeno-burguesas parecerem duquesas, dizia-se que os despojados vestidos do Petit Trianon faziam as nobres parecer camponesas.[165] O barão de Frénilly chamou esse fenômeno de "a revolução do linho" – e os irmãos Goncourt, dois dos biógrafos de Maria Antonieta mais atentos às roupas, chamaram-na "a revolução da simplicidade", precisamente para sublinhar suas conseqüências radicais para a ordem social como um todo.[166] Por tradição, uma dama da corte podia ser imediatamente reconhecida pelos *paniers*, o espartilho e os pesados tecidos de seda que estruturavam seu vestido. Abolindo esses elementos, a *gaulle* da moda e seus acessórios (o fichu e o avental de linho ou musselina e o chapéu de palha) despiam as aristocratas dos principais atributos que as identificavam.

Inversamente, queixou-se mademoiselle de Mirecourt, o resultante desaparecimento de distinções sociais visíveis "permitiu a mulheres de baixa extração tentar competir com damas de estirpe, ou até ser confundidas com elas".[167] Exemplar sob esse aspecto era madame Du Barry, cuja "baixa extração" continuava sendo matéria de conhecimento público apesar de seu título de nobreza ilicitamente adquirido, e que, significativamente, proclamou o desejo de usar "somente vestidos de musselina branca, inverno ou verão, como quer que estivesse o tempo".[168] Embora não pudesse alimentar a esperança de ser algum dia convidada para o Petit Trianon, Du Barry tornou-se tão encantada pela estética do vestuário do lugar que contratou a própria retratista favorita de Maria Antonieta, Élisabeth Vigée-Lebrun, para pintá-la numa *gaulle* de musselina e chapéu de palha (ver prancha 15). Exibindo clara semelhança com retratos de freqüentadoras do Trianon, como a princesa de Lamballe (ver prancha 16), pintados por volta da mesma época, esse retrato de Du Barry revela que a moda camponesa de Maria Antonieta havia realmente feito uma longa viagem desde seu privilegiado ponto de origem.

Mas a imitação não estava de maneira alguma restrita a ex-favoritas reais. Em ilustrações de moda da época, os aventais cheios de babados e os toucados de "ordenhadora" do Petit Trianon eram representados em personagens tão humildes como "a auxiliar de cozinha provinciana que começa a assumir ares de uma parisiense elegante" – uma mininarrativa que sugeria o alcance democratizante das peças.[169] De maneira semelhante, séries de gravuras como a *Galerie des Modes* representavam burgueses cujo vestuário (e particularmente os penteados) pareciam praticamente indistinguíveis daqueles de mulheres que as legendas identificavam como "damas da corte".[170] Embora as leis suntuárias – regulamentos que, impondo certas restrições ao luxo e ao excesso na indumentária, haviam servido historicamente para impedir a confusão superficial entre as classes – tivessem sido suspensas no início do reinado de Luís XV, tanto a convenção quanto os preços haviam em grande medida conseguido preservar essas distinções desde então.[171] Mas com o advento de um estilo mais rústico, infinitamente mais fácil de copiar que uma suntuosa *robe à la française*, os trajes das mulheres não mais transmitiam mensagens confiáveis sobre origem e classe (ver prancha 17). Como a adoção brincalhona por Maria Antonieta de papéis servis no palco no Petit Trianon, essa tendência sugeria uma inquietante possibilidade de confusão entre alto e baixo, princesa e camponesa.

Numa sociedade ainda organizada ao longo de linhas de classe rigorosamente demarcadas, tal desenvolvimento estava fadado a provocar reação. Uma das grandes decanas da aristocracia, a *maréchale* de Luxemburgo, detestou tanto ver a neta, a duquesa de Lauzun, vestida "como uma criada" que lhe enviou como troça um oportuno presente: um avental rendado feito de aniagem.[172] Mas também os plebeus ficaram alarmados com o declínio das fronteiras de classe claramente estabelecidas, em especial quando era Maria Antonieta, uma estrangeira que segundo todos os relatos compreendia e respeitava tão pouco a sua cultura, quem estava fazendo tanto para destruí-las. Em 1783, a rainha corroborou de maneira direta e substancial essas acusações quando permitiu a Vigée-Lebrun incluir na exposição pública daquele ano no Salão do Louvre, em Paris, um retrato seu intitulado *La Reine en gaulle*.[173]

Nessa pintura, a figura de Maria Antonieta estava completamente desprovida das vestes e dos acessórios convencionalmente presentes nos retratos reais.[174] Haviam desaparecido o *grand habit de cour*, o suntuoso manto de arminho com flores-de-lis bordadas, as jóias inestimáveis, o penteado pesadamente empoado, os enormes círculos de ruge. (Mesmo no retrato pintado por Gautier-Dagoty em 1775, em que ela adornou seu traje com naturalísticos ramos de lírios, Maria Antonieta havia conservado essas outras insígnias mais tradicionais da vestimenta de uma rainha.) Em vez disso, a soberana de Vigée-Lebrun usava somente um chapéu de palha de abas largas e, como o título da pintura anunciava, uma *gaulle* de musselina apertada com uma larga faixa de gaze azul-clara. Afora as rosas que segurava, e que lembravam seu nascimento Habsburgo, absolutamente nada no retrato sugeria sua augusta identidade – e isso era claramente o que a rainha desejava. Como sua antiga nêmesis, madame Du Barry, Maria Antonieta estava tão entusiasmada pelo novo e simplificado estilo de vestuário que se sentiu ávida por ver seus lisonjeiros efeitos celebrados numa tela... e que as expectativas representacionais reais fossem para o inferno.[175]

Os charmes discretos desse traje tão pouco régio passaram em grande parte despercebidos pelas multidões em Paris, que declararam furiosas que dessa vez a rainha fora longe demais.[176] Com essa última afronta à dignidade e à santidade do trono, ela provara definitivamente o que seus outros desatinos em matéria de moda já sugeriam: Maria Antonieta não merecia nem sua posição especial nem o respeito dos súditos. A exposição era aberta ao público, e a notícia de que continha um retrato da rainha "vestida como uma criada", "usando um pano de pó de arrumadeira", levou detratores e críticos a se manifestar com força total.[177] Até o progressista Honoré Gabriel de Mirabeau, um aristocrata que alguns anos depois iria incentivar membros da burguesia em seu impetuoso ataque aos fundamentos políticos do Ancien Régime, comentou mordazmente que "Luís XIV ficaria bastante surpreso se pudesse ver a mulher do seu bisneto e sucessor com o vestido e o avental de uma roceira".[178] De fato, Maria Antonieta fizera um longo percurso desde que, nos primeiros anos, imitava a grandeza de Luís XIV. No retrato de Vigée-Lebrun, sua rejeição do luxo cortesão representou um desvio completo da *gloire* imperiosa de seu antepassado.[179] E ao fazer esse desvio, refletiu mademoiselle de Mirecourt, a rainha violou "a lei fundamental deste reino: o povo não suporta ver seus príncipes se rebaixarem ao nível de meros mortais".[180]

Como em suas queixas acerca dos divertimentos de gosto duvidoso de Maria Antonieta no Trianon, as ansiedades despertadas no público pelo modo como Vigée-Lebrun a representou tiveram um toque de mal-estar sexual. Para os não-iniciados, o vestido no retrato lembrava acima de tudo uma *chemise* – uma peça que uma mulher usava por baixo das outras roupas ou vestia como um traje informal quando descansando no espaço íntimo de seu *boudoir* privado. Como a própria Vigée-Lebrun lembrou mais tarde, a semelhança entre a *gaulle* e a *chemise* levou muitos espectadores a concluir que ela "havia pintado a rainha em roupas de baixo".[181] (Na verdade, o termo *gaulle* foi finalmente substituído por *chemise à la Reine*, uma designação que, além de realçar a semelhança da roupa com uma combinação, associou-a para sempre à sua mais infame usuária.) Assim, *La Reine en gaulle* pareceu não só indigna, mas indecente, e combinou a autodegradação social de Maria Antonieta com sua pretensa imoralidade sexual.[182]

Além disso, a licenciosidade da rainha foi novamente vista como tendo um caráter inequivocamente germânico. Um irado visitante do Louvre declarou que o retrato de Vigée-Lebrun deveria ter sido intitulado *França vestida como Áustria, reduzida a se cobrir com palha*.[183] Como a historiadora da arte Mary Sheriff sugeriu, esse chiste revelava que a pintura "era vista como indicando o desejo da rainha de deixar de ser francesa, de trazer o que era estrangeiro para o coração do reino francês" – o que era estrangeiro sendo o tecido supostamente belga, simbolicamente austríaco, de sua *gaulle*.[184] E, como é desnecessário dizer, como símbolos de sua herança Habsburgo, as rosas que ela segurava no retrato só realçavam essas supostas lealdades estrangeiras.

O clamor suscitado por *La Reine en gaulle* foi tão violento que Vigée-Lebrun teve de retirar o quadro da exposição e substituí-lo por outra tela, executada às pressas, chamada *La Reine à la rose*. Essa pintura representava Maria Antonieta numa *robe à la française* de seda cinza-azulada com suntuosas jóias de pérolas, atributos que atestavam melhor tanto sua majestade quanto sua condição de francesa.[185] A própria Vigée-Lebrun, uma rebelde de 28 anos e gostos anticonvencionais e informais, preferia a rainha com uma vestimenta mais "natural" e a apoiara fortemente em seu abandono de adornos mais majestosos.[186] (Curiosamente, o programa estético iconoclástico da pintora levou certos membros do público a vê-la como uma desgraça para seu sexo e a qualificá-la como uma espécie de hermafrodita, não muito diferente do outro protegido andrógino de Maria Antonieta, o *chevalier* d'Éon.[187]) Nos retratos reais que executou após

6. Élisabeth Vigée-Lebrun, *La Reine en gaulle* (1783).

La Reine en gaulle, no entanto, a pintora retornou obedientemente a representações mais tradicionais da rainha, encobrindo a odiada *chemise* sob pilhas de arminho, pedras preciosas e opulentos cetins, sedas e veludos lioneses.[188]

Contudo, a própria Maria Antonieta claramente gostava demais de seus trajes simples para abandoná-los – mesmo depois do fiasco da exposição e da aprovação de uma lei protecionista que proibiu a importação de musselinas estrangeiras.[189] Novamente zombando da autoridade do marido e do desagrado dos súditos, ela aferrou-se a suas *gaulles* e seus chapéus de palha, exibindo-os não só em seu palácio campestre como em Versalhes, onde agora se recusava a envergar trajes formais exceto nas ocasiões mais solenes.[190] Na maioria das festas da corte, ela rejeitava as máscaras e os dominós com que outrora se ocultava dos espectadores importunos e chocava essas pessoas com seus trajes francamente camponeses (ver prancha 20). Chegou a ponto de apelidar sua filha de "Musselina" (Mousseline), e de vestir a menina com roupas simples de camponesinha que combinavam encantadoramente com as suas próprias. Atiçada por esses atos de desafio, a indignação com os trajes indignos e antifranceses da rainha perdurou por muito tempo depois que *La Reine en gaulle* desapareceu de vista.

❄ 7 ❄

Atormentada

Dois anos depois do clamor suscitado por *La Reine en gaulle* de Vigée-Lebrun, o controverso vestido representado no retrato voltou à tona para desempenhar um papel pequeno, mas crucial, num escândalo ainda mais difundido e de maior alcance. Lembrado hoje como o "Caso do colar de diamantes", esse escândalo irrompeu exatamente no momento em que o povo francês estava recebendo novas informações sobre o deplorável estado da economia nacional e sobre a chocante extensão dos gastos da rainha com roupas. Agora conhecidos e censurados por um público maior que nunca, os prazeres iconoclásticos de Maria Antonieta no terreno da moda novamente assumiram um grande número de conotações condenatórias – de depravação sexual e rapacidade financeira a lealdades políticas traiçoeiras e antifrancesas – que prejudicaram irreparavelmente sua reputação já manchada e comprometeram drasticamente a estatura da monarquia como um todo.[1] Inacreditavelmente, todo o processo foi desencadeado, pelo menos em parte, pela prova irrefutável constituída por uma peça de roupa: uma das *gaulles* brancas características da rainha. E embora o "Caso do colar de diamantes" tenha sido legalmente encerrado no verão de 1786, o movimento contra o vestuário de Maria Antonieta e os múltiplos escândalos que ele parecia envolver continuaram vivos.

Tal como foi reconstituído mais tarde por testemunhas, advogados e juízes no drama jurídico que transformou o "Caso do colar de diamantes" em notícia nacional, a história do revelador reaparecimento da *gaulle* foi mais ou menos assim:

O cardeal de Rohan passou rapidamente entre as sebes no bosque de Vênus mosqueado pelo luar. Apesar do calor de agosto, ele vestira uma longa capa preta para cobrir suas vestes e meias de seda escarlates. Somente os punhos e gola de renda brilha-

vam contra o céu escuro. Essas peças requintadas, como a enorme gema que cintilava em seu anel pastoral, eram renomadas por "encher de inveja as mais elegantes beldades".[2] *Mas Rohan escolhera bem seus acessórios – pois, finalmente, a beldade mais chique e mais poderosa da França dignara-se a olhá-lo com benevolência. Após nove anos desconsiderando-o, envergonhando-o e excluindo-o de sua presença – sorte que certamente não convinha a um príncipe de sua elevada estatura – Maria Antonieta concordara em conversar a sós com o cardeal nos jardins atrás de Versalhes.*

Fora a amante de Rohan, a ambiciosa e engenhosa condessa de La Motte-Valois, que arranjara esse encontro decisivo. Mais cedo naquele ano – 1784 – ela havia se incumbido de recomendá-lo à rainha, que precisava de uma pessoa de confiança para realizar serviços que desejava manter ocultos de Luís XVI. Em vista das muitas histórias que ouvira (e espalhara) sobre as condutas dúbias de Maria Antonieta, Rohan não viu razão para questionar a afirmação de La Motte e ardorosamente declarou-se pronto para servi-la. Hoje à noite teria uma oportunidade para prová-lo.[3] *Até o grande feiticeiro Cagliostro – que comungara com as divindades do antigo Egito e lia o futuro claramente – lhe assegurara que triunfaria.*[4]

De repente um vulto branco, indistinto e cambiante, deslizou em direção a Rohan vindo do outro lado do bosque. Atrás dele, Rohan vislumbrou a condessa de La Motte e seu companheiro, Réteaux de Villette, montando guarda para proteger a privacidade dele e da rainha. O vulto aproximou-se, e mesmo no escuro, mesmo para seus olhos de cinqüenta anos, ganhou contornos claros como o dia. Pouco a pouco ele discerniu uma chemise *de musselina com babados amarrada com uma fita, cabelo muito louro caindo sob um chapéu de palha e uma clara e delicada mão estendendo-se para lhe dar... uma rosa: a flor característica da rainha. "O senhor sabe o que isto significa", sussurrou a aparição, já recuando. Em êxtase, o cardeal apoderou-se da flor. Apertando-a contra o peito, prostrou-se para beijar a orla de sua* gaulle. *Veio então o sussurro premente de La Motte: "O conde e a condessa d'Artois estão se aproximando!" Antes que Rohan pudesse se levantar da relva, a sílfide branca desaparecera.*

Por breve que tenha sido, o encontro deu a Rohan exatamente o que andara buscando: uma prova de que a rainha estava disposta a esquecer o passado e estender-lhe seu especial e invejável favor.[5] De volta ao Palais-Cardinal em Paris, guardou a rosa, como uma preciosidade, numa caixa de couro gravada a ouro. Nos meses seguintes, La Motte atuou como intermediária entre ele e a rainha, fornecendo-lhe informações adicionais sobre a missão que Sua Majestade queria que desempenhasse. Os joalheiros Boehmer e Bassenge, explicou La Motte, haviam desenhado um extravagante colar de diamantes de 2.800 quilates chamado de o Colar do Escravo, e haviam esperado originalmente que Luís XV o comprasse para madame Du Barry; agora, porém,

Maria Antonieta estava desesperada para possuí-lo.[6] Contudo, continuou La Motte, o colar estava avaliado em 1,6 milhão de libras, e como o rei já estava furioso com os hábitos perdulários da esposa, Maria Antonieta fora obrigada a recusar várias vezes o colar que Boehmer queria lhe vender. Se Rohan se dispusesse a comprá-lo em seu lugar, sob um véu de total sigilo, a rainha o reembolsaria com prazer – e seria sua eterna devedora.

Com ingênuo entusiasmo, o cardeal concordou. Em fevereiro de 1785, após uma longa série de negociações por escrito com Boehmer, ele deu o colar para a condessa entregar à sua amiga real. Não teve mais nenhum contato com Maria Antonieta, mas La Motte o instruiu a identificar sinais sutis da apreciação da rainha: um sorriso furtivo ou uma inclinação da cabeça em sua direção quando passava por ele sem falar. Embora observasse avidamente cada um desses pequenos gestos, Rohan ficou ansioso pelo dia em que sua protetora usaria o colar em público e lhe agradeceria de maneira mais aberta.

Mas esse dia nunca chegou. Em vez disso, em 15 de agosto de 1785, quando se preparava para oficiar os serviços da Assunção na Capela do Rei em Versalhes, o cardeal foi abruptamente convocado ao gabinete de Luís XVI. Ali, o rei, a rainha e o ministro da Casa Real, o barão de Breteuil – que partilhava o antigo ódio de Maria Antonieta por Rohan –, questionaram-no sobre seu papel num crime recentemente descoberto. Doze dias antes, Boehmer havia informado a madame Campan que Rohan comprara o Colar do Escravo em nome de Maria Antonieta.[7] A rainha, contudo, nunca lhe confiara qualquer missão semelhante. Como Maria Antonieta informou agora raivosamente ao cardeal, ela nunca desejara o colar, que lhe parecia berrante e repulsivo. Nunca ouvira falar de uma condessa de La Motte e certamente nunca escolhera Rohan como objeto de seu especial favor.

Estupefato, o cardeal apresentou uma carta assinada por "Maria Antonieta da França" para provar que agira sob suas ordens. Luís XVI e a mulher imediatamente declararam a carta falsa – como a assinatura malfeita, que segundo o protocolo real deveria ter incluído unicamente os nomes de batismo da rainha, deixava claro. Bruscamente, ordenaram que ele fosse levado para a Galeria dos Espelhos, onde, diante de um grande número de cortesãos estarrecidos, o barão de Breteuil berrou para um alferes: "Prendam o cardeal!" Antes que os guardas reais o cercassem, o espantado príncipe conseguiu instruir um lacaio a queimar todos os papéis incriminadores no Palais-Cardinal. Rohan não se precipitara, pois momentos depois foi levado para a Bastilha.

A NOTÍCIA DA PRISÃO DO GRANDE ROHAN lançou ondas de choque através da corte, da capital e da nação, mas nove meses se passariam antes que a matéria fosse a julgamento no Parlamento de Paris, o mais alto tribunal de justiça do reino. A partir da primavera de 1786, os parlamentares procuraram desvendar o mistério do "Caso do colar de diamantes" tomando os depoimentos de grande número de testemunhas e réus: a condessa de La Motte, uma aristocrata provinciana sem vintém que, como veio à luz, havia arquitetado o plano de modo a poder desfazer o colar e vender seus 647 diamantes no exterior; o mágico Cagliostro, cujos pretensos dons já lhe haviam valido renome como vidente e infâmia como impostor; Réteaux de la Villette, um falsário amador que escrevera as cartas que Rohan supusera serem da rainha; e Nicole Le Guay, uma chapeleira loura do Palais Royal, com fama de promíscua, que se parecia notavelmente com Maria Antonieta e que La Motte contratara para representar o papel da rainha naquela noite decisiva no bosque de Vênus. Como mostrou a historiadora Sarah Maza, após a "expectativa febril" com que o público aguardara o início do julgamento, todos esses indivíduos tornaram-se celebridades da noite para o dia, seus suculentos testemunhos circularam em súmulas do julgamento, jornais e panfletos que chegaram a uma audiência de "pelo menos 100 mil leitores": um número vasto, sem precedentes para os padrões franceses do século XVIII.[8]

Mas os leitores que consumiram vorazmente os relatos publicados sobre o "Caso do colar de diamantes" – mais comumente conhecido na época como o *affaire du cardinal* – não se sentiam atraídos unicamente pelo elenco deliciosamente dúbio de personagens secundários. Ao lado de figuras fascinantes como a condessa de La Motte (que, apesar da alegada descendência dos reis Valois da França, havia trabalhado como uma humilde assistente de modista) e Cagliostro (que insistia que tinha 300 anos de idade, embora parecesse ter apenas 30), o drama entusiasmava em razão de seus dois principais e inconcebivelmente privilegiados antagonistas, Maria Antonieta e o cardeal de Rohan.[9]

Muito mais do que a questão em última análise banal do roubo da jóia, afirmou Sarah Maza, era a posição de adversários ocupada por esse elevado par que prendia a atenção do público. Como o caso apontava para corrupção e conflito nos estratos mais altos da sociedade francesa, os contemporâneos acompanhavam-no com o coração na mão para ver como os parlamentares lidariam com as afirmações opostas dos dois inimigos. Segundo Maza, o que o povo francês desejava saber acima de tudo era isto:

> Devia o cardeal ser acusado de "presunção criminosa" e "lesa-majestade" por acreditar que a rainha se rebaixaria a negociar com gente como madame de La Motte e a marcar um encontro noturno com ele? Ou devia ser absolvido, sob a alegação implícita de que semelhante comportamento da parte de Maria Antonieta não era de maneira alguma implausível?[10]

Para Luís XVI e sua esposa, essas questões demandavam urgentemente uma resposta única e inequívoca. Presumindo que a rainha o convidara para um encontro secreto e lhe permitira beijar seu vestido, o cardeal Rohan "violou com inaudita insolência ... o respeito devido à Majestade Real", e portanto merecia severa punição.[11] Mas para muitos súditos de Maria Antonieta, e certamente para a sua miríade de inimigos, seus próprios antecedentes de comprometimento da Majestade Real apontavam para uma conclusão diferente. Aqui estava uma rainha que (como vários advogados salientavam) muitas vezes se aventurara a sair de noite sem uma *chaperon*. Que confraternizava com pessoas de condição inferior. Que desafiava e enganava o marido em todas as oportunidades. Cujas modas eram divulgadas mediante alusões a encontros em bosques secretos e outras transgressões sexualizadas. Cujos excessos, semelhantes aos das favoritas, tornavam inteiramente crível que pudesse ter ansiado por um "Colar do Escravo" feito para a espalhafatosa Du Barry. Que ousava se vestir "como uma criada", com tecidos estrangeiros, *en gaulle*.

Esse último atributo recebeu freqüentes menções à medida que os parlamentares investigavam as origens do embuste, e levou o público a ver Maria Antonieta – e não o cardeal – como a verdadeira vilã do caso. Pois embora os depoimentos das testemunhas revelassem que a rainha não tivera absolutamente nenhum envolvimento na conspiração para roubar o colar, os juízes e advogados retornavam repetidamente à representação que La Guay fizera no bosque de Vênus. E essa era uma cena que lembrava inevitavelmente a comoção em torno de *La Reine en gaulle*, que já lançara as bases para uma vinculação do mau comportamento da rainha com seu gosto imodesto e inadequado para se vestir.[12]

De fato, parecia que a condessa de La Motte tivera em mente o retrato de Vigée-Lebrun ao conceber o traje de Maria Antonieta usado por Nicole Le Guay. Isso ficou evidente quando as autoridades confiscaram os bens pessoais de La Motte na procura pelos diamantes roubados e encontraram em seu porta-jóias uma requintada *bonbonnière* de concha de tartaruga que, segundo a polícia registrou,

> [era] envolta por uma tira de enormes diamantes idênticos e perfeitos na cor; a tampa, sobre a qual estava pintado um sol nascente, erguia-se ao toque de certa mola secreta para revelar um retrato da rainha exatamente no traje [um vestido de musselina branca] e na postura [segurando uma rosa] exibidos por mademoiselle [Le Guay] na cena do bosque de Vênus.[13]

A própria La Motte confirmou as implicações desse achado quando admitiu ao tribunal que sua caixinha com o "retrato da rainha usando o vestido simples branco, como era moda na época, e segurando uma rosa" refletia "precisamente a atitude e o traje que mademoiselle [Le Guay] adotou no bosque em Versalhes".[14] Na mesma linha, Le Guay atestou que para o encontro com Rohan a condessa a vestira "com um vestido de linho branco de babados; era, até onde posso me lembrar, uma *gaulle*, o tipo de traje mais comumente descrito como uma *chemise*" – isto é, uma *chemise à la Reine*.[15]

Fora um golpe de gênio da parte de La Motte intuir que Rohan interpretaria a *gaulle* como prova não só da identidade da mulher mas também, implicitamente, da sua disposição de se envolver num comportamento impróprio para uma rainha. Para Maria Antonieta, no entanto, os resultados foram desastrosos. O simples vestido branco, que já provocara a indignação pública quando representado no Salão de 1783, aparecia agora, para um público leitor maior que nunca, como um claro sinal de sua multifacetada perversidade. Talvez lembrando as conotações "austríacas" da musselina do vestido, alguns dos detratores de Maria Antonieta acusavam-na agora de transmitir segredos de Estado a José II (que se tornara o único soberano da Áustria após a morte de Maria Teresa) e de desviar dinheiro francês para ele de modo a fortalecer o domínio Habsburgo.[16] Igualmente danosa para a reputação da rainha era a insinuação de que a aparência de classe inferior que a *gaulle* conferia às mulheres havia conduzido necessariamente o cardeal a supor a cumplicidade de Maria Antonieta num ato de lesa-majestade.

Nesse contexto, a "presunção" de Rohan no encontro com a rainha-impostora era compreendida como um engano genuíno (ainda que imprudente), e o caso tornou-se uma causa célebre para uma série assombrosamente diversa de grupos de interesse: de parlamentares ávidos por estabelecer sua autonomia em relação à coroa a cortesãos com rancores pessoais contra Maria Antonieta, de príncipes e eclesiásticos ansiosos por proteger um dos seus a progressistas políticos que condenavam a prisão do cardeal como um caso egrégio de despotismo real.[17]

A moda feminina não ficou atrás, com uma tendência que a rainha, dessa vez, ignorou decididamente: o *Cardinal sur la paille*, "Cardeal sobre a palha", um toucado descrito por uma contemporânea em seu diário como tendo "a forma de um chapéu de cardeal, com fitas roxas e uma aba de palha – simbólico do monte de palha no chão das celas da Bastilha".[18] Era verdade que o barão de Breteuil havia, tal como o advogado de Rohan, o abade de Georgel, afirmou perante o tribunal, "destinado para Sua Eminência um daqueles calabouços infernais, aqueles túmulos dos vivos", reforçando assim a reputação da Bastilha como um terrível símbolo da lei e da ordem monárquica.[19] Mas em deferência à posição principesca de Rohan, o carcereiro da prisão havia alojado o cardeal em seus aposentos privados, onde as portas nunca ficavam trancadas e onde o prisioneiro se regalava com ostras e champanhe com os incontáveis amigos e defensores que tinham permissão para visitá-lo.[20] A despeito da luxuosidade das circunstâncias de Rohan, as mulheres abastadas de Paris e Versalhes romanceavam sua situação e usavam orgulhosamente os toucados "cardeal" em seu apoio.[21]

Em 31 de maio de 1786, os parlamentares resolveram absolver Rohan de todas as acusações. A margem de votos (26 a 23) talvez tenha sido mais estreita que alguns de seus defensores teriam desejado; apesar disso, a decisão representou uma derrota esmagadora para Maria Antonieta, que os juízes censuraram diretamente numa cláusula brutal: "Com a reputação de frivolidade e indiscrição de Sua Majestade Cristianíssima, com sua sucessão de 'favoritos' homens e mulheres de reputação duvidosa, parece-nos inteiramente plausível que o cardeal de Rohan tenha assim presumido."[22] Com essas linhas, os parlamentares deram crédito oficial às acusações que os tablóides de mexericos vinham levantando havia muito contra a rainha, e confirmaram suas façanhas rebeldes (no Trianon e alhures) como a causa real do escândalo. O público francês concordou em massa com essa avaliação, como nem o próprio bom amigo de Maria Antonieta, o barão de Besenval, pôde deixar de atestar. Relatando o momento em que o veredicto foi pronunciado, ele observou:

> O Palais de Justice transbordava de gente e a alegria foi universal quando se soube que o cardeal fora declarado inocente. Os juízes foram aplaudidos e receberam tal acolhida que mal conseguiram passar através da multidão, tão grande era o ódio pelo lado oposto, tão desfavoravelmente dispostas contra a rainha estavam as pessoas.[23]

Um furioso Luís XVI tentou reduzir a afronta à honra de sua esposa banindo Rohan da corte e obrigando-o a renunciar como grão-esmoler da França, mas esses gestos só prolongaram o clamor público em torno dos procedimentos "despóticos" da coroa. Ao mesmo tempo, as ações do rei parecem ter proporcionado pouco consolo à própria Maria Antonieta. Quando a notícia do veredicto do Parlamento lhe chegou em Versalhes, ela se desfez em lágrimas e, segundo madame Campan, nunca se restabeleceu por completo do golpe.[24] Mal sabia ela quão mais sombrios seus dias logo se tornariam. Como escreveu anos mais tarde o conde de Beugnot, um advogado que tivera o que tentava minimizar como um "flerte de juventude" com madame de La Motte: "A Revolução já estava presente nas mentes dos que puderam contemplar tamanho insulto ao rei na pessoa de sua esposa."[25] Mas para o infinito infortúnio de Maria Antonieta, um dos mais óbvios "insultos ao rei" havia sido relacionado a seu próprio indecoroso guarda-roupa. Um elemento central do que foi visto como seu envolvimento no "Caso do colar de diamantes", sua revolução na moda, havia, numa escala maior que nunca, levado a opinião pública a se voltar frontalmente contra ela.

O FATO DE QUE SUAS *gaulles* vieram a denotar cumplicidade na ofensa do cardeal ao trono talvez tenha surpreendido Maria Antonieta, pois, um ano inteiro antes da devastadora conclusão do tribunal, ela havia começado a se vestir de maneira mais conservadora – de fato, muito mais como uma rainha convencional. No início de 1785, havia anunciado a Rose Bertin que, como faria 30 anos em novembro, pretendia "reformar seus acessórios e adornos, mais adequados a uma mulher mais jovem, e parar de usar plumas e flores".[26] Convenientemente, Maria Antonieta renunciou a seus penteados extravagantes em favor do que Antonia Fraser descreveu como toucados "mais matronais", feitos de gaze, cetim e veludo e enfeitados com peles, ou de suntuosas *aigrettes* de pedras preciosas.[27] A rainha modificou também o restante de seu guarda-roupa, levando o cronista contemporâneo François Métra a observar no fim de fevereiro que "a abordagem de Sua Majestade à vestimenta se alterou, ela não quer mais *chemises* ou redingotes, *polonaises* ou levitas" (todos anteriormente predominantes no Trianon) e que "adotara novamente as mais sérias" *robes à la française*.[28] Segundo a baronesa d'Oberkirch, Maria Antonieta exigiu que as damas de Versalhes fizessem o mesmo e "abdicassem, como ela própria, de plumas, flores e até do cor-de-rosa" se tivessem 30 anos ou mais.[29]

Admiravelmente, essas mudanças podem ter sido motivadas mais por vaidade que pela desaprovação dos súditos. Embora parecesse tolo ao duque de Dorset, embaixador da Grã-Bretanha em Versalhes, que a rainha se considerasse "uma mulher velha" aos 30 anos, ela parecia agudamente consciente das mudanças que a idade operara em sua aparência.[30] Em particular, preocupava-se com a perda da beleza de sua cútis, que seus vaporosos vestidos pastel e toucados de cestas de flores haviam realçado tão lindamente em anos anteriores. Na verdade, madame Campan sustentou que a rainha começou a mudar o estilo de suas roupas quando percebeu que uma nova gola com aplicações de rosas feita no Grand Mogol deixava sua pele com uma aparência desbotada e sem viço. A marquesa de La Tour du Pin corroborou esse relato observando que Maria Antonieta "mostrava-se ciumenta daquelas jovens damas cujas cútis de 17 anos brilhavam mais deslumbrantemente que a dela à áspera luz do dia".[31] Quando a marquesa servia como uma das mais jovens *dames du palais* da rainha, uma bem-intencionada duquesa mais velha informou-a de que, em nenhuma circunstância, deveria se postar junto de uma janela quando Sua Majestade estivesse presente, para que o sol não favorecesse invejavelmente a sua pele. Com seu rosto jovem, La Tour du Pin só descobriu como esse conselho era válido depois que o desconsiderou inadvertidamente uma tarde e foi repreendida de imediato pela rainha em razão de seus trajes muito ostentosos.[32]

Claramente, Maria Antonieta tornara-se insegura também com relação ao cabelo, que caíra em boa parte quando estava grávida do delfim em 1781. Lamentavelmente, os penteados mais altos que ela preferia outrora exigiam intensos frisamentos e eriçamentos, o que só produzira novas embaraçosas áreas de calvície. A perda de cabelo da rainha foi tão intensa que o sempre engenhoso Léonard sentiu-se compelido a disfarçá-la com um cabelo cortado rente conhecido como *coiffure à l'enfant*, que outras senhoras elegantes se apressaram a copiar.[33] O novo estilo criado por Léonard, de fácil manutenção, representou uma alternativa mais prática aos altíssimos penteados de sua juventude e a protegeram da inconveniente progressão da calvície.

Com toda a probabilidade, o retorno de Maria Antonieta à *robe à la française*, com o requerido espartilho de barbatanas de baleia, foi também motivado pela vaidade, pois suas proporções haviam inflado nos últimos anos: seu busto agora media 111 centímetros e só as ataduras mais apertadas podiam reduzir sua cintura de modo a conformar uma silhueta mais aceitável.[34] Essas mudanças eram, contudo, devidas tanto à idade quanto a gestações em série: em 27 de março de 1785, a rainha deu à luz seu segundo filho, Luís Carlos. Apesar de uma nova enxurrada de rumores sobre a paternidade duvidosa da criança (Carlos, afinal de contas, era o primeiro nome do conde d'Artois), os pais ficaram satisfeitíssimos, pois um segundo filho punha a sucessão em bases muito seguras.[35] Encantada, Maria Antonieta apelidou o menino, que era muito mais bonito que os irmãos mais velhos, seu *chou d'amour*, ou seu amorzinho, e dedicou-se com mais entusiasmo que nunca à maternidade. Madame Royale, como a pequena Maria Teresa era conhecida então, estava se tornando uma menina rabugenta, geniosa, mas isso não impedia Maria Antonieta de encantar-se por ela, como pelos dois garotinhos.[36]

Na companhia da duquesa de Polignac, que nomeara governanta dos Filhos da França, e por vezes de Fersen, que fez várias longas viagens à França durante esse período, Maria Antonieta e seus filhos escondiam-se freqüentemente no Trianon para brincar de levar uma vida doméstica "normal". Luís XVI, cuja inalterada timidez e aversão às cerimônias o levavam a fugir da corte tão freqüentemente quanto seu papel permitia, juntava-se a eles ali quase todos os dias para almoçar e não dava sinais de suspeitar de nada de impróprio entre sua esposa e o elegante conde sueco.

Para aumentar os atrativos já consideráveis – e a falsa simplicidade rústica – de seu refúgio, a rainha supervisionou a construção do hoje famoso Hameau (Aldeola), um pitoresco vilarejo rural de casas com estrutura de madeira erguido entre 1783 e 1787. Aninhado num lindo sítio não longe do Petit Trianon, o Hameau era um lugar onde ela e sua pequena família podiam brincar em meio a rebanhos perfumados de ovelhas e vacas, alimentar as aves no pombal e no galinheiro, comer cerejas e morangos recém-colhidos e tomar leite fresco em xícaras de porcelana de Sèvres, moldadas segundo consta nos seios da própria rainha.[37] A corpulência pós-parto de Maria Antonieta – aumentada ainda mais quando ela deu à luz uma filha doente e malformada, Sofia Helena Beatriz, em 9 de julho de 1786 – foi aparentemente um preço pequeno a pagar por tamanha beatitude doméstica. Embora madame Sofia fosse morrer de tuberculose apenas 11 meses depois, Maria Antonieta descreveria os filhos que lhe restaram para a duquesa de Polignac como "meu único recurso" contra as vicissitudes da vida pública.[38]

A paixão cada vez mais intensa da rainha pela maternidade resultou em outra mudança indumentária além do retorno ao espartilho. Embora tivesse readotado as silhuetas firmemente amarradas da *robe à la française*, vestia seus filhos de maneira descontraída e moderna. Exceto por cueiros quando bebês e vestidos de uma peça usados sobre um minúsculo *corps* de barbatanas de baleia entre os três e os quatro anos, as roupas das crianças da aristocracia assemelhavam-se havia muito às de seus pais em praticamente todos os detalhes. Essa, contudo, era uma convenção contra a qual o santo patrono do Petit Trianon, Rousseau, argumentara convincentemente, alegando que trajes tão restritivos podiam ter efeitos deletérios sobre a saúde e o desenvolvimento de uma criança.[39] Claramente ávida por estender a naturalidade e a liberdade de seu refúgio campestre a todos os aspectos da vida de sua prole, Maria Antonieta vestia madame Royale com as simples e desestruturadas *gaulles* de musselina que ela e suas amigas haviam tornado famosas, e os jovens príncipes com esportivos e confortáveis ternos de marinheiro.

Esses são os trajes usados pelos dois filhos mais velhos de Maria Antonieta num retrato que o artista sueco Adolf Ulrik von Wertmüller pintou, representando-os junto da mãe – posando diante do Templo do Amor, no Petit Trianon –, para Gustavo III, rei da Suécia (ver prancha 19). E quando a tela foi exibida no Salão de Paris de 1785, o público novamente protestou contra os estilos inadequados de roupa nela mostrados, embora a própria rainha tenha sido representada usando *paniers* totalmente convencionais, um espartilho apertado, mangas de renda, braceletes de pérola e um toucado baixo que Rose Bertin confeccionara com um cetim cor de ardósia que realçava o azul de seus olhos.[40] Para o retrato de Wertmüller, Maria Antonieta abandonou até as características rosas Habsburgo, embora madame Royale segurasse um ramalhete delas, como se reproduzindo em miniatura a pose da mãe em *La Reine en gaulle*. Dessa maneira, os trajes inconvencionais das crianças reais talvez tenham tido reflexos negativos sobre a mãe, apesar de seus visíveis esforços para refrear os próprios excessos anteriores em matéria de moda.

A despeito do traje discreto captado pela pintura de Wertmüller, a rainha continuou a desenvolver pelo menos algumas modas experimentais para seu próprio prazer – mais que para o dos filhos. Uma de suas fontes de inspiração durante esse período veio da ama-de-leite de seu bebê, uma jovial camponesa conhecida como madame Poitrine ["senhora Busto"], que muitas vezes cantarolava uma velha cançoneta, "Marlborough vai para a guerra", para ninar a criança.[41] Como foi amplamente relatado nos tablóides de escândalos da época, Maria Antonieta ficou tão apaixonada pela cantiga que não só batizou o pequeno torreão que havia no Hameau de "Torre de Marlborough" como lançou a moda do *chapeau à la Marlborough*, um chapéu de palha muito amplo, usado baixo sobre a testa e inclinado para cima, atrás, por um enorme laço sob a aba.[42] (Um primo próximo desse chapéu era o *chapeau à la Devonshire*, assim chamado em alusão à elegante amiga inglesa de Maria Antonieta, Georgiana, duquesa de Devonshire.[43]) Segundo um observador de tendências anônimo, depois de adotada pela rainha "a moda Marlborough espalhou-se como uma epidemia por toda a França".[44] E embora os *Mémoires secrets* desdenhassem os apreciados acessórios como "chapéus grotescos em que [as senhoras] se comprazem em enterrar seus encantos", as damas em questão ignoravam isso, e Rose Bertin fabricava ativamente *Marlboroughs* e *Devonshires* para clientes tanto na França quanto no exterior.[45]

A partir de 1784, Maria Antonieta e suas companheiras na devoção à moda foram inspiradas também por notícias que circulavam sobre a descoberta, no Peru, de um animal mítico chamado harpia, descrito como "um monstro com dois chifres, asas de morcego e rosto e cabelo humanos, que, ao que se conta, devora diariamente um boi ou quatro porcos".[46] Para prestar homenagem à fascinante criatura, *marchandes de modes* francesas criaram uma fita com triângulos abstratos, semelhantes a blocos, que podiam pretender evocar chifres, asas ou caninos. Ao que parece, o simples padrão geométrico conquistou a rainha e, quase da noite para o dia, os elegantes passeios públicos de Paris ficaram repletos de chapéus e vestidos adornados *à la harpie*.[47] Lamentavelmente, a reputação de voracidade da harpia forneceu pronta munição aos que tinham em mira as tendências perdulárias de Maria Antonieta; um panfleto de 1784, aparentemente publicado por seu dissimulado cunhado Provence, continha a caricatura de uma harpia cujo cabelo solto, louro e não empoado a identificava como a própria Maria Antonieta.[48] E essa identificação era visível não só no cabelo mas, segundo outro satirista, na adoção dessa última tendência do vestuário:

Tudo agora é à la harpie*:*
Chapéus, vestidos e fitas;
Foi assim, senhoras, que com grande alarde,
Desprezastes vossas bagatelas bonitas
Por essas que mostram o que sois de verdade.[49]

E o fato era que, no que dizia respeito a seu suposto verdadeiro caráter, a rainha continuava extremamente escravizada à moda, pelo menos em termos do dinheiro que se dispunha a gastar com o guarda-roupa. Pois em 1785, ao mesmo tempo em que renunciava a flores e plumas em nome de uma velhice digna, ela gastou fabulosas 258 mil libras – mais que o dobro de sua pensão anual de 120 mil libras – em novas "modas e jóias".[50] De todos os fornecedores listados nos livros de contabilidade, Rose Bertin, como de costume, era a credora da maior quantia, 91.947 libras. Quando lhe perguntaram como podia cobrar tanto dinheiro por meros pedaços de gaze, cetim e palha, a *marchande* comparou-se arrogantemente a um grande pintor, cujas obras, por definição, valiam muito mais que a tela e as tintas de que eram feitas.[51]

Essa observação pouco ajudou a condessa d'Ossun, a conscienciosa *dame d'atours* de Maria Antonieta, responsável por pagar aos muitos fornecedores de sua ama. Embora ela tivesse solicitado quantias extras ao rei todos os anos desde que assumira seu *charge* em 1781, pareceu-lhe muito difícil explicar o gigantesco déficit de 138 mil libras. Ao requerer à Casa do Rei o necessário suplemento, madame d'Ossun reconheceu que se tratava de uma "soma verdadeiramente excessiva" e desculpou-se profusamente – sem invocar o gracejo com que Bertin explicara o elevado preço da alta costura.[52]

O MOMENTO EM QUE ESSAS REVELAÇÕES financeiras foram feitas não poderia ter sido pior, pois a condessa d'Ossun registrou sua petição para o suplemento de 1785 em 16 de julho de 1786, exatamente 16 dias depois da absolvição de Rohan no "Caso do colar de diamantes".[53] No domínio de *la mode*, as mulheres expressaram sua desaprovação do suposto papel de Maria Antonieta no desastre, ao qual os juízes haviam se referido em termos tão severos, usando chapéus *au collier de la Reine*. (As copas desses chapéus eram liberalmente salpicadas de pedras preciosas verdadeiras ou falsas que pretendiam recriar o famigerado Colar do Escravo.[54]) O fato de o colar desaparecido – cujos diamantes a condessa de La Motte, agora na prisão Salpêtrière, havia conseguido enviar clandestinamente para fora do país antes de ser detida – ser agora apelidado de "colar da rainha" (*collier de la Reine*) perpetuava a idéia de que Maria Antonieta fora responsável por todo o escandaloso caso. Notícias do suplemento recorde para suas despesas de guarda-roupa reforçaram essa percepção, segundo a qual nada impediria a esbanjadora rainha de adquirir um novo acessório – mesmo um que custasse inconcebíveis 1,6 milhão de libras.

Preocupações com os gastos de Maria Antonieta haviam ademais assumido nova urgência em razão da crise financeira que afligia o reino como um todo. Em 1781, o amplamente admirado controlador-geral de Luís XVI, o banqueiro suíço Jacques Necker, publicara um relatório sobre o estado do Tesouro da nação indicando não um enorme déficit, como se temia em geral, mas um modesto superávit de 10 milhões de libras.[55] Necker conquistara a estima do povo francês tornando públicos, pela primeira vez, os livros de contabilidade reais. O ministro do Exército do rei, conde de Ségur, lembrou assim esse gesto impactante:

> Até esse momento a nação, uma estranha a seus próprios negócios, havia permanecido completamente ignorante com relação ao recebimento e ao gasto da receita pública, as dívidas do Estado, a extensão de suas necessidades e os recursos que possuía. ... O apelo [de Necker] à opinião pública foi assim um apelo à liber-

> dade; e tão logo satisfizera a curiosidade com respeito a esses importantes assuntos, que haviam sempre sido mantidos ocultos de sua vista, a nação começou a discutir e a julgar, a louvar e a censurar [os que governavam].[56]

Na verdade, os gastos com roupas de Maria Antonieta explicavam uma parte desprezível do orçamento geral descrito no relatório de Necker, mas sua imagem ostentosa contradizia a realidade econômica. Enquanto ela era insultada, Necker emergia como herói por sua disposição "democrática" de fornecer ao povo informações pelas quais seus soberanos podiam ser julgados – e considerados deficientes.

A publicação do controlador-geral, contudo, não havia contado toda a verdade sobre as dificuldades econômicas em que a França realmente se encontrava. Seu relato de um pequeno superávit pretendia provavelmente estimular a confiança dos investidores e a crença do público num momento em que ele esperava levantar fundos, a taxas de juros atraentes, para o envolvimento da França com a guerra na América.[57] A ênfase que Necker deu ao superávit minimizava o significado do alarmante fato de que, desde a coroação de Luís XVI, o Tesouro acumulara dívidas de 530 milhões de libras, o pagamento de cujos juros consumia sozinho agora metade do orçamento nacional anual. Quando, em 1783, Necker foi substituído no cargo por Charles Alexandre de Calonne, o novo ministro qualificou a alardeada publicação de seu predecessor de "uma fraude absurda, um fingimento de que tudo estava bem quando, de fato, tudo estava muito mal".[58]

Tudo estava realmente muito mal, mas, como Necker fizera antes, Calonne descobriu que tinha pouca escolha senão tentar mitigar a desconfiança de credores reais e potenciais acerca da saúde da economia francesa. Para esse fim, concebeu uma política que, de maneira aparentemente ilógica, estimulava gastos estatais adicionais e até mais visíveis, na forma de obras públicas, subsídios ao comércio e até a criação de uma nova Companhia das Índias Orientais. O ministro supervisionou assim um período de intensos investimentos, que o governo só podia fazer tomando cada vez mais dinheiro emprestado, a taxas de juros cada vez mais altas. Em 1786, Calonne havia tomado 650 milhões de libras emprestadas com a meta paradoxal de enriquecer a França através do gasto.[59]

Também no nível pessoal, a dissipação de Calonne era legendária (em notável contraste com Necker, que o povo admirava também pelo estilo de vida modesto, burguês). A coleção de arte particular de Calonne incluía obras de Rembrandt, Ticiano, Watteau e Fragonard; os interiores de suas carruagens eram forrados com peles caras, e os banquetes que promovia em seus dois castelos e em sua casa na capital assumiam tais proporções que ele tinha de contratar três criados e um ajudante de cozinha só para cuidar das carnes assadas. Em 1784, relata o historiador Simon Schama, o controlador-geral encarregou Vigée-Lebrun de pintá-lo vestindo opulentos punhos de renda e um casaco de tafetá dos "mais elegantes e mais caros alfaiates de Paris".[60] Posteriormente circularam rumores de que ele era amante da retratista e que certa vez a presenteara com uma caixa de bombons em que cada doce vinha enrolado numa nota de 300 mil libras.[61] A própria Vigée-Lebrun negou a alegação, que os historiadores foram incapazes de confirmar ou rejeitar.[62] No entanto, o fato de Calonne ter escolhido a retratista oficial de Maria Antonieta para fazer seu retrato, juntamente com o gosto pela grandiosidade e a estreita amizade que mantinha com a família da duquesa de Polignac, vinculavam-no na imaginação pública com a rainha mimada e hedonista.[63] Rápidos como sempre em tirar partido do boato do dia, comerciantes de moda começaram a vender um chapéu de palha digno do Trianon, o *chapeau à la Calonne*, cuja assombrosa profusão de ornamentos incluía uma larga faixa do padrão triangular *harpie* tão apreciado por Maria Antonieta.[64] Como a criatura mítica que deu nome a essa estampa, tanto a rainha quanto seu suposto *protégé* pareciam dotados de vorazes apetites financeiros.

Verdade seja dita, a associação era injusta: Maria Antonieta tinha intensa aversão a Calonne em razão dos laços que ele mantinha com o clã Rohan.[65] (Em realidade, para seu grande desapontamento, muitos membros da roda da duquesa de Polignac também mantinham estreitas relações com ele, lançando com isso uma sombra sobre sua amizade com a linda favorita.) Pior ainda do ponto de vista da rainha, o cortês controlador-geral era um velho amigo do duque d'Aiguillon. Desde sua nomeação, Calonne se esforçara especialmente para assegurar que a ex-amante de Aiguillon, Du Barry, agora envolvida com o governador de Paris, continuasse a viver em grande estilo. Chegou mesmo a aumentar a modesta pensão que Du Barry recebera ao se exilar para incríveis 1,2 milhão de libras.[66] Compreendendo contudo que lhe cabia bajular a amada esposa de Luís XVI, o controlador-geral não hesitava em adiantar-lhe grandes somas sempre que lhe chegavam novas informações sobre seus apuros financeiros. "Sempre que eu pedia 50 mil libras, eles me davam 100 mil", explicou mais tarde Maria Antonieta, para enfatizar o quanto ignorava as dificuldades econômicas que existiam enquanto Calonne controlava os cordões da bolsa.[67]

Tudo isso mudou na esteira do "Caso do colar de diamantes" e da petição da condessa d'Ossun por dinheiro extra para o guarda-roupa. No verão de 1786, o controlador-geral concluiu uma ampla revisão das finanças da nação; e em 26 de agosto, informou a Luís XVI que, ao contrário do que Necker afirmara anteriormente, o Tesouro incorria num déficit corrente de mais de 100 milhões de libras, com 250 milhões de libras de dívidas adicionais em atraso.[68] Calonne anunciou ainda que não era possível induzir outros credores a cobrir o déficit, mesmo a taxas de juros mais altas; que o comércio se reduzira demais para alimentar a fera; que a "confiança pública no governo estava no nível mais baixo de que se tinha memória"; e que somente uma ampla reforma do sistema de tributação e do orçamento real poderia começar a reverter o dano.[69]

No cerne da solução de Calonne estava a premissa de que a nobreza não deveria mais receber imoderadas isenções de impostos e que os tributos deveriam ser tornados "iguais e proporcionais para todos".[70] Em circunstâncias normais, essa era uma proposta que o rei deveria submeter à aprovação do Parlamento de Paris, mas depois da decisão daquele corpo no julgamento de Rohan ele não confiava mais em seus membros para apoiar suas políticas. Além disso, a tributação era há muito um ponto de conflito entre a aristocracia parlamentar e o rei; como nobres, os parlamentares tinham tudo a perder endossando as reformas sugeridas por Calonne. Para evitar o Parlamento, Luís XVI e seu controlador-geral resolveram portanto convocar uma Assembléia de Notáveis – 144 aristocratas selecionados, teoricamente, por sua capacidade de aconselhar o soberano com relação ao pântano fiscal, mas na realidade escolhidos porque se esperava que apoiassem o rei em quaisquer medidas que lhe parecesse apropriado tomar.

Luís XVI, porém, julgara mal os seus notáveis. Como os parlamentares, esses homens não viram nenhuma razão para perder sua isenção de impostos, especialmente na medida em que o propósito parecia ser custear as extravagâncias da família real. Em protesto, nobres elegantes exibiram coletes bordados com os rostos de todos os notáveis – e com a figura do rei, cuja mão direita estava deliberadamente posicionada para parecer estar mergulhando nos bolsos de quem os vestia.[71] Quando a Assembléia se reuniu no final de fevereiro de 1787, os membros se recusaram a ratificar as reformas de Calonne; em vez disso, pediram, e obtiveram, sua demissão. Calonne retaliou publicando seus achados sobre o estado calamitoso da economia francesa, de modo que em pouco tempo a palavra déficit passou a figurar proeminentemente nas crescentes queixas do público contra o trono.

Muitos culpavam o próprio Calonne e sua suposta protetora Maria Antonieta pelas más notícias. Vendedores de estampas em Paris ofereciam uma imagem chamada *Caixa de Pandora*; ela mostrava o controlador-geral carregando uma caixa aberta onde se via uma estatueta rotulada "Antonieta" usando um lenço e um toucado de musselina branca. Para os cortesãos reunidos a fim de examinar a boneca – um dos quais a chama sarcasticamente de "esse belo presente que a corte de Viena nos enviou" –, Calonne explica: "Aqui está a única jóia alemã na qual podemos pôr um preço." Malicioso eufemismo para os genitais femininos, "jóia" evocava a suposta colaboração de Maria Antonieta com uma prostituta no "Caso do colar de diamante", ao passo que "alemã" explorava suas fidelidades austríacas e alemãs, adicionalmente representadas pelo fichu de musselina (portanto possivelmente manufaturado pelos Habsburgo). Acima de tudo, porém, era o envolvimento de Maria Antonieta com a moda que o cartunista escolhera como alvo: a boneca "Antonieta" lembrava precisamente o grande manequim itinerante, ou "Pandora", por meio do qual, como já se dissera, ela e Bertin haviam "dominado o Universo".[72] A mensagem era clara: os excessos indumentários de Maria Antonieta, imprudentemente admitidos pelo ajanotado Calonne, eram os males incontroláveis que, uma vez libertados da caixa de Pandora, poderiam nunca mais ser contidos. Não admira muito, portanto, que quando queimaram Calonne em efígie no Palais Royal, as multidões tivessem enfeitado o boneco com panfletos que condenavam peremptoriamente a rainha.[73]

O sucessor de Calonne, Étienne Charles de Loménie de Brienne, veio do partido de oposição na Assembléia de Notáveis. Mas servira por muito tempo como protetor do abade de Vermond, e como foi a própria Maria Antonieta que pressionou por sua nomeação para o cargo, estava fadado a inspirar tanta aversão quanto Calonne. As notícias da nomeação de Brienne para o cargo de primeiro-ministro, extinto havia muito, foram recebidas com gritos furio-

7. Anônimo, *A caixa de Pandora* (c.1787).

sos: "É a rainha que governa!"[74] Em parte por causa dessa reação e em parte porque, como seu predecessor, Brienne teve de defender mudanças tributárias desfavoráveis à aristocracia, seus planos encontraram igualmente violenta resistência política. Dessa vez, os problemas vieram dos parlamentares, a quem o assunto havia sido confiado depois do impasse entre os notáveis e que, como Luís XVI havia suposto corretamente, não tinham nenhuma intenção de apoiar as necessárias reformas.

Em 6 de agosto, o rei convocou um *lit de justice* para registrar editos que apoiavam a criação de um imposto sobre o selo e outro sobre a terra, medidas a que o Parlamento de Paris se opôs tão vigorosamente que Luís XVI enviou seus membros para o exílio. Só foram autorizados a voltar a Paris quando violentos protestos contra as ações do rei ameaçaram engolfar a cidade no caos. Em 19 de novembro, o monarca apresentou novamente suas idéias para uma reforma econômica e lançou o Parlamento num tumulto quando pediu a emissão de mais 420 milhões de libras em novos empréstimos. Uma voz que se somou ao clamor foi a do duque d'Orléans, ex-duque de Chartres, que recebera o título Orléans após a morte do pai em 1785. Em meio aos protestos dos parlamentares, Orléans deu um passo à frente e declarou: "Esse registro é ilegal." Estupefato diante dessa inconcebível afronta à sua autoridade, o primo real do duque corou e gaguejou por um longo e desconfortável momento. Finalmente conseguiu articular uma infame resposta: "Sim, é legal, é legal porque digo que é."[75]

Posteriormente, com o incentivo de Maria Antonieta, o rei exilou Orléans por seu comportamento insubordinado. Mas, tal como sua deslavada explosão autocrática, o afastamento do duque por Luís XVI provou-se politicamente proveitosa para o primeiro, fazendo-o aparecer como um mártir do capricho absolutista. Agora mais do que nunca, Orléans podia posar de maneira verossímil como um amigo do homem comum e um inimigo do despotismo real. Manifestações assustadoras acompanharam a notícia do seu exílio, e a legitimidade do governo Bourbon foi mais uma vez – como durante as ações impopulares anteriores de Luís XVI e de seu predecessor – furiosamente contestada.

Tanto na aristocracia quanto em círculos do Terceiro Estado, as notícias do déficit e a confusão sobre a direção tomada pelo governo provocaram em seguida uma aterrorizada indignação dirigida em boa parte à rainha. E assim, enquanto o marido caía em profunda depressão em razão de seus fracassos junto aos notáveis e aos parlamentares, Maria Antonieta teve de suportar manifestações terrivelmente rudes de ira pública.[76] Em fevereiro de 1787, ela encontrou na porta de seu camarote no teatro um bilhete que advertia: "Tremei, tiranos, vosso reinado há de terminar!"[77] Platéias no teatro e na Ópera pareciam partilhar esse sentimento, acolhendo-a com gélido silêncio ou vaias estridentes e aplaudindo aos brados sempre que um ator recitava contra um déspota real.[78] O comportamento dos súditos a mortificava tanto que mais de uma vez ela se entregou a crises de choro privadas, suplicando a seus íntimos que explicassem por que o povo a odiava tanto. Por fim concordou em evitar espetáculos públicos por completo.

Seu outro local favorito em Paris, o Palais Royal, havia se tornado igualmente inóspito, em especial depois do propalado exílio de Orléans. Com a proteção tácita desse príncipe, livreiros apregoavam as incendiárias memórias da condessa de La Motte, que, após encenar uma espantosa fuga de sua cela na Salpêtrière, acabara por se instalar em Londres. Ali, inimigos da rainha, entre os quais o recém-demitido Calonne, arregimentaram La Motte como aliada. As memórias da condessa – que a própria Maria Antonieta supunha terem sido encomendadas por Choiseul (pois este a responsabilizava por sua perda de prestígio) – insistiam que a rainha fora culpada no "Caso do colar de diamantes" e a acusavam de lesbianismo e adultério, reabrindo feridas que haviam sido revolvidas ao longo do julgamento de Rohan.[79] O vice-chefe de polícia avisou a Maria Antonieta que não era mais seguro para ela aparecer em Paris, com o Palais Royal, aquele viveiro de escritos obscenos, representando a mais óbvia ameaça à sua segurança.

De forma um tanto estranha, rumores afirmavam que o texto de La Motte havia sido clandestinamente introduzido no país por ninguém menos que Rose Bertin, e que Maria Antonieta punira a *marchande* vira-casaca prendendo-a na Bastilha.[80] Sem dúvida esse era um desfecho que muitos dos detratores de Bertin teriam gostado de testemunhar, e talvez isso tenha servido de base a fantasia. Na verdade, porém, a culpada foi uma *marchande de modes* sem nenhum vínculo com Bertin ou com a rainha. Essa mulher, cujo nome era Henriette Sando, tinha uma loja chamada O Gosto da Corte, que, apesar do nome, Maria Antonieta parece nunca ter freqüentado; em março de 1788, Sando foi presa por introduzir o texto licencioso de La Motte na França.[81] Entretanto, quando combinadas com renovadas discussões sobre *gaulles* e diamantes e com a revelação mais recente da exorbitante petição de Ossun para cobrir gastos com o guarda-roupa, as afirmações de que Bertin havia sido a contrabandista mantiveram o público atento à sórdida extravagância que sempre parecera caracterizar o envolvimento da rainha com a moda.

Ainda mais danosos para a reputação de Maria Antonieta foram os rumores de falência que envolveram sua *marchande* favorita no início de 1787. Um mês apenas antes da primeira reunião da Assembléia de Notáveis, a astuta Bertin havia decidido encenar uma falsa bancarrota para forçar suas clientes a lhe pagarem tudo o que haviam comprado a crédito. E embora fosse de conhecimento geral que mademoiselle Bertin fazia seus negócios a crédito, ela espantou o público ao anunciar que era credora de algo entre 2 e 3 milhões de libras. "É verdade que a sua está longe de ser uma bancarrota plebéia", comentou ironicamente a baronesa d'Oberkirch. "Dois milhões? Isso é a bancarrota de uma *grande dame*!"[82]

Para a baronesa, que deplorava havia muito a tendência de Bertin de exibir comportamentos acima de sua condição, a falência estava de acordo com outras extravagâncias pretensiosas da *marchande*. Contudo, tão estarrecedora quanto esta última prova da arrogância de Bertin foi a sugestão de que Maria Antonieta, mais uma vez, se comportara com impressionante irresponsabilidade financeira. Acreditava-se que a maior parte das contas que Bertin tinha a receber estava no nome da rainha; pelo menos essa era a suposição subjacente ao rumor a que o livreiro parisiense S.P. Hardy aludiu em 31 de janeiro, quando registrou que, ao declarar bancarrota, Bertin "recebeu imediatamente uma ordem de 400 mil libras sacadas do Tesouro real" – soma que, como nessa altura se sabia muito bem, este não tinha condições de desembolsar.[83] Mais uma vez, a notícia chegou às cabeças das mulheres na forma de um novo toucado. Com um véu preto pendurado, ele foi chamado de *caisse d'escompte*, ou "caixa econômica": tinha a copa [*fond*] cortada numa sarcástica imitação dos cofres "sem fundos" [*sans fond*] do Tesouro.[84]

Tal como a pretensa prisão de Bertin na Bastilha, contudo, a história sobre a conta de 400 mil libras era pura ficção. Quando a *marchande* foi a Versalhes receber o que lhe era devido no dia 28 de janeiro, a rainha recusou-se a recebê-la, presumivelmente por adivinhar que Bertin estava tentando coagi-la a quitar suas contas. Bertin não demorou muito, porém, para convencer Maria Antonieta de que espíritos maliciosos haviam lançado os boatos sobre a bancarrota no intuito de desacreditar as duas. Aliviada por não ter de enfrentar traição nessa frente – especialmente num momento em que outra de suas favoritas, a duquesa de Polignac, parecia estar se deixando levar cada vez mais para o campo inimigo –, a rainha perdoou a famosa *marchande*. Bertin, de sua parte, sabiamente nunca mencionou a falência de novo.

Apesar disso, a "colaboração com Sua Majestade" de que Bertin tanto se gabava diminuiu consideravelmente após esse incidente, que junto com outros eventos de 1786 e 1787 pareceram finalmente mostrar a Maria Antonieta quão pouco – política e financeiramente – ela podia se dar ao luxo de gastar em novas extravagâncias. Em 1787, ela reduziu os gastos totais de sua casa em assombrosas 900 mil libras. Quanto ao orçamento de seu guarda-roupa durante esse ano, a rainha solicitou um suplemento de meras 97.187 libras – 40 mil libras a menos que havia solicitado em 1785.[85] Além disso, grande parte do dinheiro passou a ser destinado à reforma de vestidos e saias existentes, e não mais à compra de criações novas em folha, na última moda. Em 19 de março, enquanto a Assembléia de Notáveis lutava com Calonne a propósito do futuro econômico da nação, a rainha instruiu uma *marchande de modes* relativamente obscura chamada madame Éloffe a consertar um de seus vestidos velhos, descrito nos registros da modista como "um vestido de cetim verde enfeitado com pérolas e contas vermelhas".[86]

Segundo o conde de Reiset, que publicou um livro de contabilidade de Éloffe, profusamente anotado, no final do século XIX, essa foi, com toda a probabilidade, a primeira vez que Maria Antonieta mandou consertar um vestido em vez de simplesmente jogá-lo fora.[87] Essa inusitada decisão logo se tornou uma autêntica tendência, com Maria Antonieta contratando regularmente Éloffe para fazer pequenos consertos e fornecer novos ornamentos pouco dispendiosos para seus luxuosos vestidos antigos. Registros exemplares dos livros-razões de Éloffe de 1787 mostram que ela cobrou da rainha por "3 *aunes* de *blonde Alençon* [uma delicada renda de seda] a ser usadas para debruar as mangas de um redingote de cetim azul com listras pretas" (28 libras); "3 *aunes* de franja de prata falsa para a orla de uma saia festonada" (102 libras); e "2 *aunes* de renda preta para a aba de um chapéu de gaze cor-de-rosa" (36 libras).[88]

Essas modestas encomendas provavelmente exerciam muito pouca atração sobre Rose Bertin, cuja bonança de 12 anos de total liberdade criativa e financeira finalmente chegara ao fim. Maria Antonieta ainda fazia à grande *marchande* encomendas de maior vulto, como os vestidos de veludo vermelho e cetim azul e os toucados que usou nos retratos pintados por Vigée-Lebrun em 1787 e 1788. Cada vez mais, porém, Bertin era obrigada a voltar sua atenção para as outras clientes abastadas, à medida que a rainha reduzia os gastos com frivolidades. Graças à generosidade de Calonne e Brissac, madame Du Barry ainda figurava na lista das clientes de elite de Bertin e encomendava-lhe trajes suntuosos, como um deslumbrante vestido de 2 mil libras, bordado com pequenos grãos de pérola, gemas azuis e feixes de trigo dourados.[89] A condessa continuava gastando e se vestindo tão luxuosamente como o fizera durante o reinado de Luís XV, ao passo que Maria Antonieta, que permanecera o único amor da vida de Luís XVI, renunciava para sempre a seu glamour de amante.

No entanto, por mais que 1787 possa ter representado uma guinada radical nos gastos de Maria Antonieta com roupas, a mudança parece ter passado despercebida aos olhos do público em geral. Em agosto desse ano, no Salão de Paris, foi exposta uma moldura vazia para anunciar a próxima aparição do mais recente retrato de Maria Antonieta pintado por Vigée-Lebrun. Isso foi uma manobra tática da parte dos dirigentes do Salão, que, após os escândalos de 1783 e 1785, haviam concluído que pelo menos algum grau de clamor popular poderia ser evitado se a pintora esperasse o Salão ser inaugurado para só depois exibir a obra.[90] Esse esforço de prudência, porém, só serviu para dar aos freqüentadores do Salão mais uma maneira de agredir a mulher do rei. Antes que Vigée-Lebrun pusesse sua tela na moldura, um brincalhão afixou no espaço vazio uma etiqueta em que se lia: "Voici le portrait de Madame Déficit" – "Eis o retrato de Madame Déficit."[91] O apelido pegou, e pairou como um fantasma irrequieto sobre subseqüentes discussões da economia moribunda da nação.

DURANTE OS DOIS ANOS SEGUINTES, a rainha continuou a diminuir seus gastos pessoais e a restringir sua ostentação indumentária. Não mais exibiu chapéus *à la Marlborough* e *à la harpie*; não mais se permitiu os ornamentos menos extravagantes, mas igualmente custosos, que adotara ao completar 30 anos. Observadores notavam agora nela um "total amor à simplicidade", o que significava não as *gaulles* coquetes e os fantasiosos toucados de outrora, mas vestidos sóbrios, geralmente pouco notáveis, de cetim e tafetá que caíam sobre *paniers* estreitos.[92] Em lugar dos bonitos tons pastel em cores e padrões personalizados que outrora pusera em moda, era atraída por tons sombrios, avivados apenas por uma barra clara ocasional. Para o cabelo, escolhia "os chapéus mais simples" e evitava obstinadamente os diamantes.[93] Eles apareciam somente nas ocasiões mais formais da corte, como Ano-Novo, Páscoa, Pentecostes e Natal, quando a etiqueta exigia que ela aparecesse em traje de gala completo, exibindo a magnificência da coroa.

O corte de gastos que Maria Antonieta fez em seu guarda-roupa foi parte de um esforço para reduzir despesas em quase todos os aspectos da administração de sua casa, um programa que resultou na formidável economia de 1.200.600 libras apenas em 1788.[94] Mas essas medidas não lhe valeram nenhum aplauso. Na corte, aristocratas que perderam seus *charges* por razões orçamentárias culpavam Maria Antonieta pela redução de sua renda e prestígio, ao mesmo tempo em que a depreciavam como "Madame Déficit". Esses cavalheiros e damas desgostosos juntaram-se às fileiras já infladas dos nobres que vinham desejando sua ruína – sem suspeitar, como madame Campan observaria depois da Revolução, que a morte da rainha acarretaria também a deles mesmos.[95]

Para Maria Antonieta, as queixas francamente amargas dos *habitués* do Trianon, como o barão de Besenval e o duque de Coigny, eram especialmente penosas. Se até então fora cega para a cobiça e os interesses de seus pretensos amigos, essas características tornaram-se muito mais visíveis para ela à medida que começou a reduzir sua antiga liberalidade.[96] Houve um esfriamento ainda maior em suas relações com a duquesa de Polignac, cujos parentes e amigos haviam sido sempre descaradamente atrevidos na reivindicação de extravagantes favores reais. Cada vez mais constrangida nessa companhia interesseira, a rainha começou a passar mais tempo com a séria mas confiável condessa d'Ossun e com a tímida e profundamente religiosa irmã de Luís XVI, madame Elisabeth. Embora não gostassem tanto de diversões e fossem menos fascinantes e atraentes que seu grupo habitual, nenhuma dessas mulheres parecia ver com maus olhos a nova frugalidade de Maria Antonieta. O ascetismo da rainha, porém, afetou a cultura da elegância que ela antes presidira. Até amigos que lhe permaneciam leais, como o príncipe de Ligne, expressaram choque e consternação ao ver quão "malvestidas" as francesas de escol haviam se tornado, graças à "drástica mudança para pior em maneiras e costumes" que o novo estilo de vida da rainha havia ocasionado.[97]

Além dos limites de Versalhes, do mesmo modo, as roupas mais despojadas de Maria Antonieta parecem ter inspirado aversão, sob a alegação já conhecida de que esses trajes não refletiam adequadamente sua posição real. O livreiro Hardy registrou em seu diário que, quando o rei e sua família fizeram uma aparição cerimonial pública nos Invalides, em Paris, em 23 de junho de 1788, "espalhou-se o rumor de que o traje excessivamente modesto [de Sua Majestade] fez evidente contraste com os de madame Royale, da condessa de Provence e de madame Elisabeth, que estavam a seu lado e usavam roupas de máxima formalidade".[98]

A reação de desagrado à sua maneira simplificada de se vestir deve ter sido uma completa surpresa para Maria Antonieta, dada a enorme animosidade pública que o "Caso do colar de diamantes" havia suscitado. Ainda assim, talvez a tenha melindrado constatar que, exatamente no momento em que era forçada a abandonar a preocupação com a elegância, as modas francesas continuaram a florescer sem ela, alimentadas em boa parte pela aparição, em 1785, da primeira revista de moda importante da nação, *Le Cabinet des*

Modes, nome que mudou um ano depois para *Le Magasin des Modes Nouvelles Françaises et Anglaises* e depois novamente em 1790 para *Le Journal de la Mode et du Goût*. Diferentemente dos almanaques e das gravuras de moda que forneciam sugestões às mulheres abastadas, *Le Cabinet des Modes* e suas encarnações posteriores ofereciam amplos comentários sobre as últimas tendências e conselhos solícitos e engenhosos sobre como emulá-las.[99] Ilustrados com três estampas coloridas a cada número, esses periódicos apareciam em bases mais ou menos quinzenais; as assinaturas, a 21 libras por ano, eram caras mas menos dispendiosas (e portanto mais acessíveis) que os luxuosos almanaques de gravuras dos anos anteriores.[100]

Não se sabe se Maria Antonieta assinava essas revistas, mas ela era uma presença palpável em suas páginas elegantes. Embora a nomenclatura de chapéus e vestidos mudasse rapidamente como sempre, refletindo a popularidade de uma atriz ou cor recém-descoberta, suas formas e estilos básicos muitas vezes tinham origens que remontavam diretamente à rainha. No primeiro número de *Le Magasin des Modes Nouvelles*, por exemplo, o editor declarou que o originalmente chocante "redingote masculino" tornara-se, nos últimos anos, uma peça básica no guarda-roupa de toda mulher elegante.[101] Mais ou menos na mesma época, uma estampa de moda muito difundida pretendeu reproduzir exatamente um redingote simples de tafetá cinza-claro que Maria Antonieta fora vista usando num recente passeio ao ar livre.[102] Essa mesma imagem reproduziu também o andrógino rabo-de-cavalo *catogan* e o amplo fichu branco cuja moda a rainha lançara e que agora pareciam acessórios indispensáveis para o apreciado redingote.

Chapéus de palha enfeitados com flores que lembravam o Petit Trianon e dominós de seda que evocavam as famosas excursões de Maria Antonieta à Ópera também dominaram a imprensa de moda nesse período, assim como o *pouf*, que, segundo um número de abril de 1787 de *Le Magasin des Modes*, continuava imbatível no domínio dos adornos ultra-elegantes para a cabeça.[103] Outras réplicas das inovações chiques da rainha incluíam tafetás de padrão delicado "estampados apenas com motivos pequeninos de flores estilizadas, pontos e traços", que continuavam sendo uma coqueluche nessa época, e "vestidos de gaze ou musselina branca", como a outrora escandalosa *chemise à la Reine*, os quais, graças em parte à *gaulle* que Maria Antonieta dera de presente à sua elegante amiga Georgiana de Devonshire, eram apreciados em conformidade com um frenesi geral pelas coisas inglesas.[104] Ao promover essas "*robes en chemise* franco-inglesas", o editor do *Magasin des Modes Nouvelles* recomendava que fossem acompanhadas, como haviam sido no Petit Trianon, por cabelos soltos e não empoados, fichus de musselina ou gaze e toucas brancas bufantes, por vezes apropriadamente identificadas como *bonnets à la paysanne de cour* ("camponesa da corte").[105] Sob esses aspectos, embora as restrições orçamentárias da rainha e seu auto-imposto exílio de Paris diminuíssem sua proeminência como uma lançadora de tendências, as revistas de moda transmitiam seu legado de estilo moderno experimental.[106] De fato, como observou o cronista aristocrático Félix de Montjoie, "ao mesmo tempo em que criticavam a rainha por seus trajes, as pessoas continuavam a imitá-la freneticamente".[107]

Contudo, se Maria Antonieta sentiu alguma tristeza quando o cetro da moda caiu de suas mãos e passou às de um público cada vez mais inamistoso, na altura de 1788 ela tinha um novo passatempo que estava consumindo uma parte muito maior de seu tempo.[108] Enquanto outrora se aproximara do verdadeiro "prestígio" político principalmente através de seus trajes e gastos, agora ela estava, pela primeira vez, ajudando ativamente a moldar as políticas de governo do marido. Desde a morte de seu ministro favorito, Vergennes, em 1787, Luís XVI ficara cada vez mais esmagado por tensões e conflitos entre seus ministros restantes, e se voltara para a esposa como a única pessoa em quem podia verdadeiramente confiar.[109] Essa inversão do esforço que fizera a vida inteira para excluir Maria Antonieta de discussões políticas substanciais aproximou o casal, embora os cortesãos censurassem raivosamente a ascendência dela. Segundo o historiador Timothy Tackett, Luís XVI passou a confiar tanto no conselho da esposa que, "mesmo quando ela não estava [presente a uma reunião de seu conselho], ele por vezes deixava a sala no meio das discussões para consultá-la – para grande consternação e perplexidade de seus ministros reais".[110] Embora a rainha se queixasse para madame Campan de que a nova responsabilidade pesava muito sobre seus ombros, isso não a impediu de influenciar Luís XVI em algumas de suas mais importantes decisões políticas, da nomeação de Brienne ao exílio de Orléans.[111]

Em agosto de 1788 ela foi ainda mais longe, estimulando o marido a tomar o que se provaria ser uma das medidas mais fatídicas do governo. Como seu protegido Brienne tornava-se cada vez mais impopular e o impasse entre as facções realista e parlamentar persistia, Maria Antonieta informou ao rei que a única solução seria chamar o controlador-geral anterior, Jacques Necker – que o público ainda tinha em grande consideração apesar das recentes revelações de sua superestimação dos recursos da nação em 1781.

O próprio Luís XVI sempre detestara Necker, considerando-o insuportavelmente vaidoso. (Anos antes, o banqueiro suíço havia declarado num texto impresso que "se os homens são feitos à imagem de Deus, então o controlador-geral, depois do rei, deve ser o homem que mais se aproxima dessa imagem".[112]) Embora tal insolência num plebeu parecesse quase tão desagradável a Maria Antonieta quanto ao marido, ela estava convencida de que Necker era a única pessoa que o povo francês consideraria capaz de encontrar uma saída para a presente crise. Em 25 de agosto, após muita relutância, o rei aceitou a sugestão. Brienne foi persuadido a pedir demissão e Maria Antonieta agiu rapidamente para assegurar que fosse sucedido por Necker. No mesmo dia, ela própria escreveu a Necker, implorando-lhe que retornasse a Versalhes e reassumisse suas antigas funções. Em seguida escreveu um bilhete para o conde de Mercy, que continuava a servir à Áustria sob José II, contando-lhe o que acontecera. "Se [Necker] puder começar a trabalhar amanhã", concluiu ela,

> tanto melhor. Há trabalho urgente a ser feito. Tremo a essa idéia – perdoe-me esta fraqueza –, porque sou eu a responsável por seu retorno. Meu destino é causar má sorte, e se maquinações infernais o fizerem fracassar, ... o povo me odiará ainda mais.[113]

A princípio as premonições de Maria Antonieta pareceram infundadas. Sem perceber o papel da rainha no retorno de Necker, o povo de Paris ficou radiante com a notícia, desfilando com seu busto e o do duque d'Orléans pelas ruas em torno do Palais Royal e queimando Brienne em efígie.[114] Como um homem de convicções democráticas, "esclarecidas", Necker havia realmente conseguido conservar a confiança e o apoio do Terceiro Estado. Uma recente colheita desastrosa havia agravado os temores dos plebeus com relação à economia em falência da França e infundira crescente urgência nos debates sobre a legitimidade do presente regime. Nos cafés e livrarias do Palais Royal, pessoas imbuídas da filosofia da época – os preceitos igualitários de Voltaire, Diderot e Rousseau, cujas obras Maria Antonieta acolhera no Trianon sem compreender suas sediciosas implicações políticas – discutiam com alvoroço a idéia de uma Constituição que refreasse as iniqüidades da presente ordem.[115] O fato de os ideais de liberdade e igualdade terem triunfado na Revolução Americana, cujos arquitetos tinham grande dívida filosófica para com os pensadores do Iluminismo francês, fazia parecer mais provável que eles pudessem ser vitoriosos também na França. Ademais, o fato de Necker parecer partilhar esses ideais somente aumentou a onda de otimismo que acompanhou seu retorno.

Quando Necker estimulou Luís XVI a enfrentar os problemas do governo mediante a convocação dos Estados Gerais, uma assembléia consultiva especial que não era convocada desde 1614, o povo foi levado a acreditar que o resultado seriam as reformas políticas eqüitativas pelas quais esperava havia tanto tempo.[116] Como anunciou um *cahier de doléances*, ou queixa formal, redigido antes da reunião: "O grito universal que se ergue da nação anuncia que finalmente chegou a hora de determinar sua Constituição, ... e que absolutamente nenhuma lei geral será introduzida exceto nos Estados Gerais, por mútua cooperação entre a autoridade do rei e o consentimento da nação."[117] Mudanças radicais como essas iam muito além do que o rei – que parece ter visto a convocação apenas como um passo inevitável, ainda que arriscado, para resolver as agruras fiscais do reino – havia imaginado.[118] Ainda assim, os descontentes e os de mentalidade democrática regozijaram-se diante do fato de que os Estados Gerais incluíam representantes do Terceiro Estado, e não apenas do clero e da nobreza, sobre os quais até então praticamente todos os privilégios haviam sido concentrados. Isso, e o fato de Necker ter conseguido convencer Luís XVI a dobrar o número de representantes usualmente concedido ao Terceiro Estado, sugeria que por fim o povo poderia ter voz na moldagem da nação.[119]

Firme monarquista tanto por nascimento quanto por convicção, Maria Antonieta nem compreendia nem simpatizava com essas idéias igualitárias. Para ela, o direito divino e o governo absoluto eram parte da natureza, tanto quanto os outeiros relvados em torno do Petit Trianon e as laranjeiras que sombreavam as janelas de seu quarto em Versalhes.[120] Claramente, ela esperava que a reverência natural da burguesia e do clero pela monarquia levasse seus representantes nos Estados Gerais a neutralizar as medidas refratárias da nobreza e contribuísse para uma solução aceitável para o rei.[121] Contudo, no "Caso do colar de diamantes", a aversão dos súditos por ela havia se provado muito mais forte que qualquer respeito que alimentassem por seu marido como soberano ou pela coroa como instituição. Assim, a assembléia dos Estados Gerais, marcada para ocorrer em maio de 1789, não prometia ser uma vitória segura de relações públicas para a rainha, a despeito de seu papel na reconvocação de Necker. Com cerca de 1.200 deputados dos três Estados e inúmeros espectadores entusiásticos de toda a França acorrendo a Versalhes para o encontro histórico, a convocação a poria diante de hordas do próprio povo que ela vinha tentando evitar deixando de ir a Paris.

Talvez para se proteger contra novas críticas dessa audiência assustadoramente vasta, Maria Antonieta planejou suas vestimentas para o evento com enorme cuidado, abandonando as extravagâncias mais pessoais de estilo em favor das pompas régias consagradas pelo tempo. Para a procissão formal e os serviços religiosos em 4 de maio de 1789, escolheu um vestido de lustroso tecido de prata, que, visto ao lado do resplandecente paletó de tecido de ouro de Luís XVI, a faria parecer "a lua para o sol do rei".[122] (Se houve alguma ocasião para transferir o glamour do Rei Sol a seu modesto esposo, certamente foi essa.) Além disso, tanto ela quanto Luís XVI enfatizariam a glória Bourbon usando os mais preciosos diamantes brancos da coleção real. Juntamente com uma espada cravejada de diamantes, botões de diamantes no paletó e fivelas de diamantes nos sapatos, seu marido usaria o chamado Diamante Pitt ou Regent (mais tarde conhecido como Diamante Esperança) preso ao chapéu, enquanto Maria Antonieta poria em seu cabelo o legendariamente perfeito Diamante Sancy.[123] "E em sua pessoa", escreveu Antonia Fraser, a rainha decidiu usar "uma série de outros diamantes chamados De Guise e Espelho de Portugal, com grandes brincos de gemas singulares. ... Não iria, contudo, usar um colar", temendo que espectadores hostis fossem inspirados a aludir ao *affaire du Cardinal*.[124]

Para a abertura dos Estados Gerais em 5 de maio, Maria Antonieta escolheu outro traje impecavelmente digno, que a apresentaria como avatar de toda uma augusta classe, e não como a esposa solitária e indômita preocupada exclusivamente com sua própria beleza e prazer. Abandonando os serviços de madame Éloffe, ela encomendou a Rose Bertin "o que seria o último de seus grandiosos trajes de gala, ... um vestido de cetim púrpura sobre uma saia branca bordada com diamantes e lantejoulas".[125] Novamente evitando qualquer tipo de colar, ela decidiu complementar essa gloriosa confecção unicamente com algumas plumas brancas de avestruz e uma única tira de diamantes no cabelo.[126] Em contraste com o modesto vestido que usara para ir aos Invalides em junho do ano anterior, seu traje para os Estados Gerais lembraria aos presentes que, a despeito de toda a tinta gasta em calúnias contra ela, Maria Antonieta continuava sendo em todos os aspectos sua rainha transcendente, o divino deslumbramento Bourbon encarnado.

Mas, definitivamente, não foi assim que o povo a acolheu em 4 de maio. Nesse dia, num prelúdio da abertura dos Estados Gerais, Luís XVI e a esposa encabeçaram uma longa e resplandecente procissão através da cidade de Versalhes, começando na catedral de Nossa Senhora e terminando na igreja de São Luís. Logo à frente do casal real, o conde de Provence, o conde d'Artois e os dois jovens filhos deste carregavam um suntuoso pálio púrpura sobre o Santo Sacramento. Atrás desse cortejo vinham as três ordens, nos trajes que o mestre-de-cerimônias, seguindo as regras estabelecidas para o último desses encontros em 1614, exigira que usassem: o clero em suntuosas túnicas eclesiásticas vermelha, violeta e dourada; a aristocracia em magníficos paletós pretos com bordados dourados, calções de seda pretos até os joelhos, meias de seda branca e os chapéus emplumados da corte de Henrique IV; e os 610 membros do Terceiro Estado em simples ternos pretos, gravatas de cambraia branca e tricórnios pretos sem adornos.

Pondo um fim espetacular a dias de chuvas pesadas, o sol despontou entre as nuvens e cintilou sobre os trajes aristocráticos. Maria Antonieta e o marido, em particular, tremeluziam da cabeça aos pés enquanto seus diamantes refratavam a luz num milhar de arco-íris. Os deputados do Terceiro Estado em seus ternos escuros, em contraposição, pareciam obliterar a luz do sol, bem como a das velas que levavam nas mãos. Muitos deles estavam irritados pelo que o historiador Claude Manceron chamou de "a opulência agressiva dos trajes dos nobres" e pela simplicidade opressiva de suas próprias roupas – as quais, embora ditadas pela tradição cerimonial, pareciam expressamente destinadas a realçar seu status inferior.[127] Como recordou um representante do Terceiro Estado, Rabaut Saint-Étienne, seus colegas deputados "pareciam estar de luto" em seus trajes soturnamente humildes.[128] Mas se a morte da velha ordem estava próxima, muitos desses indivíduos vestidos de forma simples estavam talvez menos inclinados a prantear que a se rejubilar. "Que é o Terceiro Estado?", um de seus companheiros, o abade Sieyès, perguntara vários meses antes num panfleto que se tornou rapidamente uma pedra de toque para a classe. "Tudo. Que foi ele até agora, na ordem política? Nada. Que está ele pedindo? Para se tornar algo."[129] Apesar da mortificação imposta a eles pelo código de vestimenta do dia, essa era a missão dos deputados plebeus ao comparecer aos Estados Gerais; essa era sua justa tarefa.

Segundo relatos da época, o povo que afluiu a Versalhes vindo de todo o reino partilhou a indignação dos deputados diante das flagrantes diferenças indumentárias entre o Terceiro Estado e a nobreza. Como Rabaut Saint-Étienne lembrou mais tarde, muitos dos espectadores que assistiram à procissão nunca tinham visto a corte antes, ou qualquer de seus membros. Conhecendo apenas "o espetáculo de miserável pobreza que afligia suas próprias cidades e aldeias", escreveu ele, esses indivíduos ficaram, como seus representantes, profundamente chocados pela franca "evidência de dispêndio e voluptuosidade" entre os aristocratas e os membros da família real. Conseqüentemente, explicou Saint-Étienne, "o povo reconheceu os homens de gravatas de cambraia como seus pais e defensores, e os outros como seus inimigos".[130] Essa explicação talvez fosse tendenciosa, dado o papel do próprio Saint-Étienne nos eventos, mas ela evidencia uma percepção das discrepâncias flagrantes no vestuário, baseadas em classe, que comentadores subseqüentes caracterizaram como "*apartheid*" e "humilhação" indumentários.[131]

Como nem é preciso dizer, essas patentes diferenças nas roupas não funcionaram de maneira alguma em benefício da rainha, cujo luminoso traje de corte contrastava notavelmente com a vestimenta despretensiosa dos plebeus. Para piorar as coisas, o primo de seu marido, o duque d'Orléans, havia escolhido um traje burguês em vez da vestimenta aristocrática a que tinha direito por nascimento; solidificando sua imagem como o príncipe do povo, ele optara não apenas por marchar com o Terceiro Estado, mas por se vestir, em todos os detalhes, tão despojadamente como eles. Orléans recentemente fizera também grande alarde ao vender obras de arte no valor de 8 milhões de libras da coleção de sua família, e, como a marquesa de La Tour du Pin recordou, destinar o produto "para o alívio da miséria do povo depois do severo inverno".[132] Com a credibilidade escorada por essas astutas manobras, o duque conquistou aplausos para um embuste de classe do mesmo tipo que o público deplorava tão virulentamente sempre que Maria Antonieta abandonava as vestimentas de sua posição.

Essa diferença na reação do público a duas celebridades reais talvez tenha tido algo a ver com todas as histórias ultrajantes, amplamente disseminadas no "Caso do colar de diamantes", sobre os gostos extravagantes de Maria Antonieta para roupas e jóias e sobre suas travessuras perversas no Petit Trianon. De fato, sem que a rainha soubesse, alguns dos espectadores que margeavam as ruas de Versalhes aquele dia já estavam planejando fazer uma visita inesperada a seu pequeno palácio campestre, para ver com os próprios olhos seu decadente quartel-general. Segundo madame Campan, esses descontentes chegariam logo depois, aos bandos, à mansão, pedindo raivosamente para ver suas "salas ricamente mobiliadas ... decoradas com diamantes ... safiras e rubis", e reagindo com ira ainda maior ao descobrir que suas expectativas de luxo eram indevidas.[133] Naquele momento, porém, eles se viram diante de uma rainha adornada precisamente com aquelas gemas suntuosas; e, em seu ressentimento, nem uma só pessoa na audiência proferiu o grito tradicional de "Viva a rainha!" quando ela passou. Em vez disso, as multidões gritaram incisivamente: "Viva o duque d'Orléans!" Parecendo compreender que o cumprimento ao primo do marido pretendia ser um insulto a si mesma, Maria Antonieta ficou mortalmente pálida e deu a impressão de que ia desmaiar.[134]

Com a ajuda da princesa de Lamballe, que estava perto, a rainha conseguiu recobrar a serenidade, mas na igreja de São Luís ela sofreria mais um golpe brutal. Pois, embora a suntuosa decoração do interior da igreja anunciasse um supremo respeito pela coroa – ricos cetins e veludos púrpura, inteiramente bordados com flores-de-lis em fios de ouro, ornavam o teto, o altar e as poltronas especiais em que a família real se sentou –, o padre que presidiu os serviços do dia estava longe de partilhá-lo.[135] Henri de La Fare, o bispo de 37 anos de Nancy, era um deputado do Primeiro Estado que, como muitos dos representantes mais jovens e mais pobres da Igreja, simpatizava com o desprivilegiado Terceiro Estado. Uma vez que chegou ao púlpito em São Luís, ele encetou um sermão inesperadamente polêmico em que, segundo um representante burguês chamado Duquesnoy,

> comparou a opulência da corte com a indigência da zona rural. Perguntou como era possível que, sob um rei sábio e parcimonioso, os gastos tivessem crescido tanto ... Pintou então um quadro muito fiel da vida da rainha, chegando mesmo a dizer que, farta que estava de riquezas e grandiosidade, tornara-se necessário para ela procurar prazer numa imitação pueril da natureza – uma alusão óbvia ao Petit Trianon.[136]

Durante essa parte do sermão, todos os olhos, exceto os de Luís XVI, que havia adormecido em sua poltrona uma boa meia hora antes, fixaram-se na rainha.[137] A luz do sol derramava-se através dos vitrais das janelas sobre o transepto e a nave; à luz colorida, os diamantes e o vestido de tecido de prata de Maria Antonieta brilhavam com irreprimível esplendor. Embora o traje tivesse sido calculado talvez para apagar sua imagem como a senhora do Petit Trianon vestida numa *gaulle*, na realidade ele simplesmente exibia as "riquezas e grandiosidade" de que, segundo La Fare, ela continuava a gozar à custa do povo.[138] Ofuscado pela roupa resplandecente, o rosto da rainha ficara frio e pálido.

Nem os inimigos de Maria Antonieta entre a aristocracia estavam preparados para a mordacidade do bispo; quando o sermão terminou, permaneceram todos em silêncio, sentindo variadas combinações de severa reprovação e completa incredulidade. Os deputados do Terceiro Estado, contudo, saudaram o sermão com arrebatado aplauso. Essa reação, estritamente proibida por se estar na igreja, na presença do rei e da rainha e diante do Santo Sacramento, anunciou a impetuosa recusa dos plebeus a continuar dobrando os joelhos diante de seus superiores. Revelou também, é claro, sua completa aversão à esposa do soberano. Atingida, o alvo da arenga de La Fare reagiu às palmas e assobios franzindo quase imperceptivelmente seus lábios Habsburgo.[139] Notando o semblante pálido e infeliz de Maria Antonieta, o aristocrata liberal Mirabeau, que como o duque d'Orléans havia marchado com o Terceiro Estado, cochichou para um vizinho: "Contemple a vítima."[140]

E ela o era: de uma revolução que se plantara firmemente à soleira de sua porta e contra a qual nenhum traje do mundo a protegeria. Quer vestida como uma princesa, quer como uma camponesa, "Madame Déficit" havia sido escolhida como a mais abominável inimiga do povo. Como tal, estava realmente condenada a levar má sorte – para o Ancien Régime, para sua família e, acima de tudo, para si mesma.

8

Correção revolucionária

A influência recíproca do vestuário e da política tornou-se apenas mais explosiva após a procissão de abertura dos Estados Gerais.[1] No dia seguinte, 5 de maio de 1789, na convocação formal das três ordens, os deputados do Terceiro Estado expressaram sua rejeição da hierarquia de classes que seus trajes deveriam estabelecer, atrevendo-se a pôr o chapéu na cabeça no fim de um discurso pronunciado por Luís XVI. Como o costume ditava que somente o rei e seus nobres tinham o direito de pôr o chapéu naquele ponto da cerimônia – os plebeus deveriam permanecer de cabeça descoberta e ajoelhados na presença do soberano –, o gesto emitiu ondas de choque pelo vasto salão em que os deputados estavam reunidos. Por alguns momentos tensos, a indignação entre deputados do Primeiro e Segundo Estados ameaçou descarrilar completamente o curso da cerimônia. Mas Luís XVI, numa demonstração pouco característica de presença de espírito, tratou rapidamente de tirar de novo o seu chapéu, obrigando com isso todos os presentes a imitá-lo.[2]

Apesar do sucesso do marido em dissipar momentaneamente as tensões entre as três ordens, Maria Antonieta, sentada num grande trono dourado a seu lado, parece ter ficado horrorizada com o comportamento do Terceiro Estado. Como durante o mordaz sermão de La Fare na véspera, ela lutou visivelmente para manter um ar de dignidade e calma, mas os que a observavam atentamente detectaram perturbação sob a fachada. A marquesa de La Tour du Pin observou que sua ama real parecia inusitadamente "irritada e triste" enquanto se abanava com "movimentos quase compulsivos" com um enorme leque guarnecido de pedras preciosas. Sua Majestade, continuou a marquesa, traiu-se ainda mais lançando "freqüentes olhares para o lado da sala onde o Terceiro Estado estava sentado ... e onde já tinha tantos adversários".[3] Gouverneur Morris, um advogado americano recém-chegado a Versalhes, desconfiou que a rainha ficou profundamente desagradada com a manobra conciliatória do marido de tirar o chapéu. No relato de Morris, Maria Antonieta "considerou a cena com desdém ... e parecia dizer 'por ora eu me submeto, mas terei a minha vez'".[4]

Mas era a vez de o Terceiro Estado exibir sua recém-adquirida força política. E, inadvertidamente ou não, os deputados dessa ordem o fizeram apropriando-se de uma tática da própria rainha desprezada, que em mais de uma ocasião usara trajes e penteados chamativos para afirmar sua proeminência num governo que procurava lhe negar qualquer papel substancial. Mais ou menos da mesma maneira, os representantes do Terceiro Estado – que as outras ordens se apressariam em marginalizar no projeto da reforma fiscal e governamental – agora indicavam através desse uso do chapéu que eram uma força a ser levada em conta. De seu ponto de vista, o fato de representarem pelo menos 96% da população francesa os imbuía de um peso político e uma significação que o Ancien Régime não tinha direito de ignorar. Simbolicamente, portanto, seu breve motim baseado no chapéu expressou a recusa de milhões de pessoas a permanecerem excluídas. Na verdade, pelo menos segundo um comentador, o episódio anunciou "o início da Revolução Francesa" – isto é, o início do determinado esforço dos plebeus para alcançar liberdade, igualdade e justiça.[5]

No curso do verão, esse esforço ganhou um ímpeto vertiginoso, alimentado por todo o país pela fome e a pobreza crônicas, e nos Estados Gerais pela relutância da aristocracia em conceder a seus inferiores sociais iguais direitos de voto em matérias-chave como a reforma tributária. Em 17 de junho de 1789, os membros do Terceiro Estado retaliaram, declarando-se o único corpo legislativo legítimo da França, que batizaram de Assembléia Nacional para enfatizar sua lealdade à "nação" como um todo, com sua maciça maioria não-aristocrática. Os fundadores da Assembléia declararam que seria ilegal para outras ordens aumentar impostos sem seu consentimento. Convidando as outras duas ordens para se unirem a eles nesse novo corpo soberano nacionalmente representativo, anunciaram que elaborariam uma Constituição para estabelecer os direitos e as liberdades políticas da maioria, não da minoria.

Como não é de surpreender, esses pronunciamentos não foram bem recebidos pelos adeptos mais conservadores do Ancien Régime, que em 20 de junho providenciaram para que os deputados rebeldes ficassem trancados fora do grande salão de Versalhes onde os Estados Gerais costumavam se reunir. Em resposta, os representantes do Terceiro Estado retiraram-se para a quadra de jogo da péla (um antecessor do tênis), onde prestaram um juramento de "nunca se separar, e continuar se reunindo ... até que a Constituição seja estabelecida e posta em base sólida".[6] O "Juramento do Jogo da Péla" foi um tiro de advertência para a monarquia: uma declaração de que o povo não se curvaria, quaisquer que fossem as medidas tomadas pelo Primeiro e o Segundo Estados para contrariá-lo.[7]

Luís XVI, de sua parte, estava horrivelmente mal preparado para um desenvolvimento dessa magnitude. Por um lado, ele parecia considerar inconcebível que seus súditos se arrogassem um poder legislativo que Deus conferira unicamente a ele.[8] Por outro, estava perturbado por dissabores pessoais: a morte do filho, o delfim de sete anos Luís José, no dia 4 de junho. Maria Antonieta, que testemunhara o espetáculo de partir o coração do declínio do menino doentio no curso de várias longas semanas, estava igualmente consternada e se retirou com o marido para seu castelo em Marly por alguns dias, para prantear a perda extemporânea. Mas as circunstâncias políticas estavam mudando rápido demais para proporcionar ao casal muito tempo para sofrer. Maria Antonieta se obrigou a voltar à rixa por injunção de seus dois cunhados, que a convenceram a se unir a eles para pressionar o rei a adotar uma posição firme contra o Terceiro Estado.

Na verdade, ela não precisou de muita persuasão. Como os irmãos de Luís XVI, a rainha sustentava que os Estados Gerais deviam ser dissolvidos rapidamente, antes que os membros refratários ousassem levar a rebelião ainda mais longe.[9] Adicionalmente, após anos de más experiências com aristocratas malevolentes, Maria Antonieta estava convencida de que seus inimigos dentro da corte estavam orquestrando secretamente essas graves afrontas às prerrogativas do marido. Acima de tudo, suspeitava que o duque d'Orléans estivesse tirando partido da situação política e buscando apoio do povo para se estabelecer como rei no lugar de Luís XVI.[10] Ao mesmo tempo indignada e aterrorizada com a perspectiva de uma conspiração contra a sua família, ela apoiou apaixonadamente Artois e Provence quando eles tentaram convencer o irmão da importância de cortar a Revolução pela raiz.

Mas o rei estava, na melhor das hipóteses, indeciso – o sarcástico Provence dissera uma vez que levar Luís XVI a tomar uma decisão era como "tentar manter junto, em vão, um conjunto de bolas de bilhar bem lubrificadas" –, e quando os membros de sua família o pressionaram a tomar medidas drásticas, reagiu com relutância e alarme.[11] Em vez de prestar atenção a seus argumentos contra a Revolução, Luís XVI concordou temporariamente com as afirmações contrárias de Necker de que seria melhor chegar a um acordo com os rebeldes que combatê-los. Em 24 e 25 de junho, a maioria do clero e 47 nobres liberais fizeram eco a essa opinião ao anunciar que também eles apoiariam a Assembléia. O rei foi então compelido a reconhecer a validade da nova legislatura; instou os recalcitrantes entre o Primeiro e o Segundo Estados a ingressarem nela também. Pouco depois, porém, voltou a mudar de idéia, convocando forte presença militar para manter a ordem pública em Versalhes e Paris e, como sua mulher e seus irmãos esperavam, finalmente dissolver a Assembléia à força.[12] Em 1º de julho, tendo sido informado de que várias companhias do regimento dos guardas franceses pretendiam tomar o partido de seus compatriotas no caso de uma revolta, o rei convocou 30 mil soldados, muitos deles estrangeiros e mercenários, para Versalhes e para a capital. Dez dias depois, Necker, que discordava frontalmente da completa mudança de atitude de Luís XVI, foi expulso da corte no meio da noite.

Em Paris, onde a maioria da população era extremamente favorável à Assembléia Nacional – auto-renomeada Assembléia Nacional Constituinte no dia 9 de julho –, tanto a demissão de Necker quanto a convocação de reforços militares pelo rei foram vistas como graves ameaças aos salutares avanços do Terceiro Estado.[13] Nessas circunstâncias, roupas e acessórios tornaram-se claros sinais de intenção política. Os que apoiavam a ascensão do Terceiro Estado ao poder indicavam sua posição usando grandes *cocardes* – rosetas – de fita presas aos chapéus ou espetadas nas roupas.[14] Segundo a lenda revolucionária, a primeira dessas rosetas foi na verdade uma folha, arrancada de uma árvore no Palais Royal em 12 de julho pelo jornalista Camille Desmoulins, que incitava seus concidadãos a tomar armas contra a coroa. Em seu discurso, ele descreveu o novo adorno como sendo "da cor da esperança". As rosetas modeladas segundo a de Desmoulins foram, contudo, rapidamente abandonadas, porque o verde vinha a ser também uma das cores da libré do amplamente impopular conde d'Artois.[15] Em seu lugar, o azul e o vermelho logo se tornaram as cores preferidas. Essas eram as cores da capital, usadas em memória de um de seus heróis antimonarquistas, um negociante de tecidos chamado Étienne Marcel, que em 1358 conduziu os conterrâneos parisienses, todos cobertos com capuzes vermelhos e azuis, numa revolta contra o futuro rei Carlos V.[16] Não se sabe em que medida os revolucionários do século XVIII tinham conhecimento desse conflito histórico entre o povo e a coroa. Entretanto, a chamada *cocarde à la Nation* ou *cocarde nationale* foi ardorosamente adotada como um emblema da disposição – de fato, do desejo – de contestar a opressão absolutista.[17]

A roseta azul e branca representou um desafio à monarquia também na medida em que substituiu a *cocarde* real, inteiramente branca para imitar a flor-de-lis Bourbon.[18] (O vermelho, em contraposição, era, de maneira muito conveniente, a cor heráldica do duque d'Orléans, tão querido pelos parisienses.) Como os deputados que puseram o chapéu na cabeça em 5 de maio, os revolucionários que exibiam a *cocarde nationale* seguiam o exemplo de ninguém senão Maria Antonieta. Pois fora através da cor – a cor da libré especial vermelha e branca que ela concebera para a criadagem do Trianon – que a rainha procurara outrora distinguir seu domínio de Versalhes. Recusando de maneira semelhante o branco típico da coroa e substituindo-o por cores de sua própria escolha, o povo expressava o anseio de emancipação da antiga ordem. Vários historiadores observaram desde então que, como um emblema desse sentimento, uma *cocarde* exibida no traje de um cidadão "permitia aos outros decifrar imediatamente sua lealdade à causa revolucionária", e como tal tornou-se uma das mais poderosas "formas simbólicas de prática política" dessa causa.[19] Ela anunciava, desde os primeiros momentos da Revolução, o papel-chave que as roupas e os adornos desempenhariam na política da época.

Partidários da roseta nacional logo passaram a insultar como "inimigos da Revolução" os que não a prendiam em seus trajes, ou, pior ainda, ousavam usar rosetas de outras cores que não vermelho e azul. Quando soldados de regimentos estrangeiros e mercenários começaram a encher as ruas da capital no início de julho, por exemplo, os parisienses olhavam com desconfiança para as rosetas pretas que muitos dos recém-chegados exibiam no chapéu. Pois o preto era reconhecido como a cor da aristocracia e, para piorar as coisas, era uma das duas cores da Casa de Habsburgo (a outra era o amarelo).[20] Por acaso, o preto fora também a cor predominante usada na corte naquele verão, quando a família real e a nobreza estavam de luto pela morte do jovem delfim. Como uma aristocrata austríaca enlutada, Maria Antonieta estava triplamente associada a essa cor escura.[21] Para um público que desconfiava dela e a desprezava (alguns chegavam a sussurrar que ela própria envenenara o delfim para evitar que ele crescesse e apoiasse o anseio de liberdade de seus súditos), as rosetas pretas dos novos soldados da coroa eram portanto profundamente suspeitas e deviam desaparecer.[22]

Segundo o historiador romântico Thomas Carlyle, as rosetas pretas dos soldados os transformaram em alvos de importunação e violência nas ruas de Paris. Em sua descrição tipicamente bombástica, mas extremamente sugestiva da turbulência que sacudiu a capital nos primeiros meses da Revolução, Carlyle escreve:

> Verdadeiramente, é hora de as rosetas pretas desaparecerem. ... Nas pontes, nos *quais*, nos cafés patrióticos [do Palais Royal], e ... a qualquer momento em

> que uma roseta preta possa emergir, eleva-se o rugido de muitas vozes: *À bas!* Abaixo! Todas as rosetas pretas são implacavelmente arrancadas: um sujeito apanha a sua de novo, beija-a, tenta voltar a prendê-la, mas uma centena de bengalas se erguem, e ele desiste.[23]

O mais das vezes, os parisienses militantes substituíam à força a roseta preta pela versão "politicamente correta" vermelha e azul. Por vezes, contudo, a ira inspirada nas pessoas por esse adereço as levava ainda mais longe. Numa ocasião, afirma Carlyle, uma multidão furiosa chegou perigosamente perto de enforcar um homem num poste de luz depois que ele se recusou a jogar fora a roseta preta. Agarrado sem cerimônia como uma ameaça à "nação", esse sujeito só escapou da morte porque uma patrulha de soldados casualmente passou por ali antes que a turba o liquidasse.[24]

Não demorou muito para que o povo impusesse a moda revolucionária à própria família real. Essa ocorrência sucedeu de perto a mais conhecida insurreição popular de 1789. No dia 14 de julho, hordas de parisienses decididos a se armar contra uma possível repressão pelo rei e seus mercenários tomaram de assalto a prisão da Bastilha para se apoderar das munições ali armazenadas. Às cinco da tarde, após trocar tiros com os guardas da prisão durante quase quatro horas, os atacantes levaram a melhor, invadindo a Bastilha e libertando os minguados sete prisioneiros ali confinados. Em seguida apossaram-se de toda a pólvora que puderam transportar. Depois de arrastar brutalmente o diretor da prisão, Bernard-René de Launay, pelas ruas de Paris, assassinaram-no com um sortimento variado de adagas, pistolas e baionetas e decapitaram o cadáver nos degraus do Hôtel de Ville.

Com as tropas do próprio Luís XVI se recusando a reprimir a rebelião, a vitória do povo foi completa. Durante séculos a Bastilha avultara na extremidade leste de Paris como um símbolo vivo da opressão absolutista: um "palácio da vingança", como Voltaire a chamou num célebre poema, ao qual vendetas reais iníquas relegavam inocentes como o cardeal de Rohan.[25] (O fato de as sete pessoas libertadas pelos insurgentes serem quatro falsários, um louco, um aristocrata condenado por incesto "e outros crimes atrozes" e um sujeito que tentara assassinar madame de Pompadour enviando-lhe anonimamente uma caixa de explosivos foi silenciado em lendas posteriores, idealizadoras, sobre as "vítimas do despotismo" injustamente agrilhoadas na Bastilha.[26]) Agora a fortaleza outrora inexpugnável fora arrombada e seus exultantes destruidores controlaram a cidade.

Naquele mesmo fim de tarde, Luís XVI, que passara o dia todo caçando nas proximidades de Versalhes e ainda não tinha ouvido falar da insurreição – daí o famoso registro em seu diário para 14 de julho, "Nada" –, ordenou que suas tropas fossem retiradas da capital. Essa era uma medida que os membros da Assembléia vinham tentando lhe impor havia dias. Quase uma semana antes, Mirabeau havia afirmado claramente que os habitantes da capital só podiam tolerar milícias cujos membros viessem do Terceiro Estado e estivessem comprometidos com a salvaguarda da Revolução nascente.[27] Assim, embora na tarde de 14 de julho ele tenha concordado com essas exigências, a decisão do rei chegou com algumas horas de atraso; a invasão da Bastilha mostrou claramente que a hora para qualquer tipo de golpe contra a Assembléia já passara. O povo de Paris, ajudado e apoiado pelos próprios soldados vira-casacas de Luís XVI, nunca o toleraria.

Acrescentando insulto à injúria, o povo de Paris exigiu que Luís XVI aparecesse entre eles para reconhecer seu triunfo. Apoiada pelo conde d'Artois, Maria Antonieta recomendou novamente uma alternativa drástica – a família devia fugir para Metz, perto da fronteira com os Países Baixos Habsburgo, e trabalhar dali para subjugar a Revolução –, mas o rei não conseguia se decidir a acatar ou não esse conselho. Finalmente, ele concordou que Artois e a duquesa de Polignac, que estavam sendo ambos insultados pelo povo, em grande parte por causa de seus vínculos com a rainha, deviam fugir do país em prol de sua segurança. Artois e Polignac obedeceram e, em carruagens separadas, fugiram rapidamente para o exterior. A própria Maria Antonieta havia pressionado fortemente por esse resultado, mas a perda de seus queridos amigos afligiu-a profundamente. Desolada demais para assistir pessoalmente à partida do comboio da família Polignac, enviou à sua favorita um pesaroso bilhete de despedida, juntamente com uma bolsa repleta de ouro.

De sua parte, Luís XVI concluiu que era seu dever permanecer na França e enfrentar de frente o populacho insurgente. Em 17 de julho ele viajou a Paris para uma aparição pública no Hôtel de Ville, presumivelmente esperando reconquistar a afeição dos súditos a que se referia de forma otimista como "meu bom povo". Muitos do bom povo que o esperavam ali, contudo, estavam famintos, desempregados e não muito confiantes no verdadeiro objeto de suas simpatias. Ao subir no estrado, o rei pareceu ao embaixador britânico, lorde Dorset, "mais um cativo que um rei, sendo conduzido como um urso amestrado" sob a custódia dos funcionários revolucionários que o cercavam.[28] De fato, pelo menos alguns espectadores na multidão pareciam não só perceber a visível diminuição da estatura de Luís XVI como se alegrar com ela, saudando-o não com os costumeiros gritos de "Viva o rei!", mas com um novo moto desafiador: "Viva a nação!"

Como se para enfatizar isso, o prefeito recém-eleito da capital – Jean Sylvain Bailly, um astrônomo burguês que presidira ao Juramento do Jogo da Péla do Terceiro Estado – presenteou Luís XVI com uma *cocarde nationale*.[29] Desconcertado, mas dócil, o rei tentou desajeitadamente prender as fitas vermelhas e azuis em seu chapéu, sobre a roseta real branca que já estava lá. Diante disso, o povo explodiu em gritos entusiásticos de aplauso, aclamando-o como o "Restaurador da Liberdade Francesa" e reconhecendo o gesto como uma concessão inaudita à sua vontade. Na verdade, como ressaltou a historiadora Dorinda Outram, o Ancien Régime "era uma ordem que se assentava sobre a contínua proclamação da diferença. Nessa ordem, o rei – seu centro político e ritual – estava tão próximo de Deus como os demais homens estavam distantes do rei. Ele era de uma natureza incomensurável com a deles ... e portanto a fonte da diferença."[30] Ao aceitar a *mesma* insígnia azul e vermelha usada por milhares de parisienses de origem humilde, Luís XVI abriu mão visivelmente de sua diferença conferida por Deus e assim desmontou os próprios esteios de seu poder.

Esse efeito do gesto não passou despercebido ao velho conselheiro de Maria Antonieta, o conde de Mercy. Estando entre os presentes no Hôtel de Ville, ele mais tarde relatou impiedosamente que "o povo francês agora desempenha o papel do rei".[31] Tampouco passou despercebido a Bailly, que mais tarde se admirou da própria ousadia ao orquestrar a cena, admitindo que tivera algumas dúvidas sobre "como o rei reagiria, e se não havia algo inadequado em lhe dar a roseta".[32] Mas a inadequação do gesto foi exatamente o que importava, na medida em que solapou a estatura sagrada de Luís XVI e ao mesmo tempo emprestou sua aprovação tácita aos eventos de 14 de julho.

De maneira semelhante, a concessão simbólica do rei não o excluiu necessariamente, aos olhos dos súditos, da regeneração política que esperavam que se seguisse. Para um dos líderes da Revolução, o aristocrático mas progressista marquês de La Fayette – um jovem que se distinguira como herói a serviço de Luís XVI (e como amigo de George Washington) ao combater anos antes ao lado dos colonos americanos –, a combinação acidental de azul, vermelho e branco no chapéu do soberano sugeriu uma harmoniosa "fusão entre a realeza e o povo".[33] Essa idéia de "fusão" foi importante: naquele momento, alguns membros destacados da Assembléia imaginavam uma monarquia constitucional similar à da Inglaterra, em que plebeus e aristocratas partilhariam com o rei os encargos do governo.[34] Semelhante desfecho – como La Fayette afirmou mais tarde ter convencido seus colegas revolucionários – era mais bem expressado visualmente numa roseta azul, branca e vermelha. Quer tenha sido ou não uma invenção do marquês (como ele insistia), a *cocarde tricolore* tornou-se imediatamente o símbolo onipresente da nação revolucionária.[35] Suas cores foram adotadas também pela recém-formada Guarda Nacional burguesa, de que La Fayette foi nomeado general comandante.

Curiosamente, azul, branco e vermelho eram também, havia muito, as cores da libré do rei da França; mas como os revolucionários lhe haviam infundido um novo e radical significado político, a combinação de cores tornou-se extremamente impalatável para os partidários fervorosos da monarquia absoluta. A condessa de Boigne recordou em suas memórias que toda a sua família desprezava o uniforme tricolor dos Guardas Nacionais como um sinal de vil insubordinação antimonarquista.[36] Maria Antonieta parece sem dúvida ter esposado esse ponto de vista.[37] Muito menos otimista que La Fayette acerca de uma "fusão" real-populista, consta que ela viu a aceitação por Luís XVI da roseta parisiense como uma derrota vergonhosa para o trono. Quando o rei partiu para o Hôtel de Ville na manhã de 17 de julho, ela o observou com lágrimas no rosto, temendo que agitadores fossem mantê-lo preso na capital, ou pior.[38] Mas quando ele reapareceu no Pátio de Mármore do castelo, tarde daquela noite, com sua roseta tricolor improvisada ainda presa à fita do chapéu, a rainha "esquivou-se instintivamente" ao vê-lo.[39] Segundo Mercier (que não pode ter presenciado a cena e cujas sensibilidades políticas podem tê-lo inspirado a exagerá-la à custa de Maria Antonieta), ela lançou um olhar fulminante para o novo enfeite do chapéu do marido e disse bruscamente: "Pensava estar casada com um rei da França, não com um plebeu."[40]

Quer Mercier tenha exagerado ou inventado sua contrariedade nesse momento, Maria Antonieta irritou-se nas semanas que se seguiram, quando Chartres, filho do duque d'Orléans, e sua confidente, madame de Genlis, que partilhavam ambos as tendências revolucionárias de Orléans, apareceram em Versalhes ostentando, respectivamente, uma enorme *cocarde tricolore* e fitas tricolores no vestido.[41] A rainha não deixou de notar, tampouco, quando a mulher de seu velho inimigo, o duque de La Vauguyon, pediu a madame Éloffe para preparar às pressas "oito *cocardes*, em fitas azuis, cor-de-rosa e brancas", logo depois que a Bastilha caiu. (Na corte, um chique cor-de-rosa era um substituto apreciado para o vermelho na paleta "revolucionária".[42]) Mas talvez o maior de todos os insultos tenha vindo quando as idosas tias reais de Maria Antonieta, mesdames Adelaide e Vitória, aderiram à onda tricolor, contratando madame Éloffe para lhes fornecer uma farta provisão de fitas azuis e rosa *à la Nation*, adornar os corpetes de seus vestidos formais de corte com *échelles* de cetim em cores patrióticas e fornecer-lhes dúzias de rosetas tricolores prontas.[43]

É digno de nota que, em todos esses casos, os compradores aristocratas da parafernália "revolucionária" eram inimigos jurados de Maria Antonieta. (As Tias haviam transformado sua residência privada em Bellevue num "centro de oposição" onde elas e seus amigos "continuavam a invectivar *l'Autrichienne*", e o Palais Royal do duque d'Orléans continuava igualmente a servir de porto seguro para conversas desse tipo.[44]) Seja motivado por ressentimentos particulares ou não, o sentimento pró-revolucionário realmente existia, nessa altura, entre certas facções fortes da nobreza. E, tanto na corte quanto em Paris, esses indivíduos desejosos de se alinhar com a nova ordem expressavam suas intenções em trajes nas cores vermelho, branco e azul – ainda que, como o monarquista *Journal de la Cour et de la Ville* observou com repugnância, isso significasse usar "caras *cocardes nationales* do tamanho de repolhos".[45]

Quando o verão deu lugar ao outono e o período oficial de luto pelo delfim, de dois meses e meio, chegou ao fim, a rainha foi obrigada a abandonar seus tristes vestidos pretos e a reingressar no desconcertante novo mundo da moda revolucionária. Contudo, dada a sua patente aversão pela *tricolore* e a significação política que a acompanhava, não surpreende que, pelo menos segundo os registros de madame Éloffe, ela não tenha se apressado em adotar as modas inspiradas pelos acontecimentos correntes.[46] Diferentemente de muitas de suas contemporâneas abastadas, Maria Antonieta não encomendou rosetas tricolores, nem mesmo as relativamente caras e elegantes que Rose Bertin – menos por entusiasmo revolucionário que pela necessidade de manter suas mercadorias atualizadas – havia começado a oferecer no Grand Mogol.[47] E nem Bertin nem madame Éloffe foram encarregadas de enfeitar vestidos de Maria Antonieta com fitas vermelhas no novo tom chamado de *sang de Foulon* ("sangue de Foulon"), que uma *marchande de modes* relativamente desconhecida havia lançado oportunisticamente depois que saqueadores parisienses assassinaram em 17 de julho um nobre de 70 anos, ministro subalterno do gabinete de Luís XVI, que tinha esse nome.[48] Maria Antonieta não se apressou tampouco em adquirir colares e brincos com incrustações de pedras das paredes demolidas da Bastilha. (Em contraposição, madame de Genlis exibiu jubilosamente um medalhão desse tipo, incrustado com diamantes que formavam a palavra "*Liberté*" e "atado em cima com uma roseta nacional".[49]) Apesar de seu antigo pendor por adornos de cabeça inspirados em eventos correntes, a rainha evitou também o *bonnet à la Bastille* (encimado por "torres" com ameias de cetim branco e uma "balaustrada" de renda preta, imitando a arquitetura da prisão antes do cerco) e a *coiffure à la Nation*, adornada com festivos feixes de fita tricolor (ver prancha 18).[50] As fivelas de sapato gravadas com o canto de vitória do povo em 17 de julho, "Viva a nação!", também não ganharam a aprovação da rainha, embora fossem reconhecidamente destinados menos às mulheres que aos homens.[51]

Repudiando esses emblemas pró-revolucionários, Maria Antonieta esforçou-se por vestir-se de uma maneira que, como observou Carrolly Erickson, "não fizesse nenhuma concessão aos tempos em mudança".[52] Na esteira de desdobramentos radicais, como os chamados decretos de agosto da Assembléia, que ordenaram a completa abolição do sistema feudal na França e levaram muitos aristocratas à ruína financeira, ela reintroduziu resolutamente sua jóias mais magníficas, inclusive diamantes, em seu vestuário diário.[53] Embora tivesse deixado de usar essas gemas por razões de estilo no Petit Trianon e por razões políticas depois do "Caso do colar de diamantes", talvez tenha encontrado agora um meio conveniente de se opor aos avanços da Revolução sem dizer uma palavra. Assim, como recordou madame de La Tour du Pin, quando uma delegação da cidade de Paris, encabeçada por Bailly e La Fayette, visitou a família real em 25 de agosto em Versalhes, Maria Antonieta optou por recebê-los num "vestido de todos os dias, mas rebuscadamente adornado e absolutamente coberto de diamantes".[54] Para os revolucionários que ela recebeu com indisfarçado desdém, a aparência "desafiadoramente resplandecente" da rainha pretendia provavelmente ser um sinal de que, fossem quais fossem as impertinências deles na ação e no vestuário, um fosso intransponível continuaria a separá-los de sua pessoa real.[55]

Não obstante, fora exatamente esse fosso que muitos dos mais difundidos experimentos com o vestuário da rainha haviam contribuído para diminuir. De fato, se Luís XVI estivesse num humor implicante na noite de 17 de julho, quando sua mulher supostamente o repreendeu por parecer "um plebeu", sem dúvida poderia ter respondido com uma alusão ao estilo rústico que ela mesma introduzira no Petit Trianon e ostentara, através do escandaloso retrato de Vigée-Lebrun, no Salão de Paris. Com o advento da Revolução, diferenças sociais estritas estavam perdendo terreno rapidamente na França. Mas esse era um processo que a "revolução na indumentária" da própria rainha, como a chamou Félix de Montjoie, havia iniciado muito antes de 1789, elidindo as distinções de classe que em tempos passados haviam sido claramente legíveis nos trajes femininos. Ironicamente, ao mesmo tempo em que a rainha tentava se restabelecer como incomparável com os súditos, estes se voltaram para seu próprio repertório de trajes mais simples, outrora controversos, para afirmar o oposto: que todas as mulheres haviam sido criadas iguais.[56]

Em setembro de 1789, por exemplo, a revista de moda *Le Magasin des Modes Nouvelles* apresentou dois toucados que se referiam diretamente às drásticas mudanças sociais promovidas pela Revolução. O primeiro era chamado de *bonnet aus trois ordres réunis ou confondus* ("toucado das três ordens reunidas ou misturadas"); segundo uma legenda explicativa, ele pretendia mostrar que "não aceitamos mais distinções de classe na França: agora somos todos meros cidadãos".[57] Para transmitir essa idéia, o toucado de gaze branca em forma de capacete exibia não só uma roseta tricolor como um rebuscado padrão bordado representando uma espada de ouro (a aristocracia) e uma espada azul (o Terceiro Estado), que juntas formavam uma grande cruz (o clero): uma combinação de atributos de classe que, explicava a legenda, evocava "a reunião, ou melhor, a mescla dos Três Estados".[58] O segundo toucado, um simples barrete de musselina no "velho estilo", "enfeitado com uma *cocarde à la Nation*" e rosas artificiais combinadas, também celebrava os avanços da Revolução.[59] O texto que acompanhava essa confecção sem nome a descrevia como um tributo à "conquista da liberdade", que os deputados do Terceiro Estado levaram a cabo corajosamente apesar das "imemoriais tentativas [das outras ordens] de humilhá-los".[60]

Com suas progressivas conotações políticas, nada nesses toucados teria necessariamente apontado para o legado de Maria Antonieta, não fossem seus tecidos, formas e cores, que lembravam todas as toucas brancas de ordenhadora e os chapéus Granada do Petit Trianon.[61] Ao qualificar o segundo dos dois chapéus mostrados como do "velho estilo", o editor de moda admitiu alegremente suas origens pré-revolucionárias, mesmo considerando-o um tributo ao novo regime. Talvez mais significativo, a ilustração que apresentava o *bonnet aux trois ordres* o combinava com uma despojada saia de linho branco e uma sobreveste semelhante a uma levita azul-escuro. Essas peças, em sua simplicidade utilitária, pretendiam sublinhar a mensagem populista do toucado: "Agora somos todos meros cidadãos." Mas eram também esteios conhecidos do guarda-roupa da rainha no Trianon. Como as multidões parisienses obcecadas pela cor e os deputados do Terceiro Estado com o chapéu na cabeça, *Le Magasin des Modes Nouvelles* baseava sua rejeição das "distinções de classe na França" numa rebelião indumentária iniciada pela própria Maria Antonieta.[62]

Como nem é preciso dizer, os que defendiam uma ampla "conquista da liberdade" reconheciam que sua rebelião nascia de motivos fundamentalmente diferentes dos de Maria Antonieta. Se a consorte do rei havia cultivado a maneira de viver e de se vestir "de uma mera cidadã" em sua mansão campestre, fizera-o não para libertar o povo francês da medonha opressão social e eco-

8. *Le Magasin des Modes Nouvelles Françaises et Anglaises*: Estampa de moda representando o *bonnet aux trois ordres* (1789).

nômica, mas para se emancipar pessoalmente das inconveniências superficiais da etiqueta da corte. Isso fora matéria de registro público desde que seus detratores começaram a pôr na berlinda suas violações de protocolo no Trianon. E os rumores sobre as práticas sexuais obscenas (seu pretenso lesbianismo) e a decoração extravagante (sua suposta queda por móveis cravejados de pedras preciosas) que caracterizavam a mansão apenas solidificaram essa reputação de desregrada. Através de sua associação com esse meio, as saias de linho de Maria Antonieta, suas levitas trespassadas, de mangas compridas, e os chapéus de ordenhadora evocavam sua egolatria e capricho fundamentais. Modificando essas peças com símbolos tricolores, a moda revolucionária simultaneamente expunha suas origens no egoísmo real e os reivindicava para "a conquista da liberdade". Essa apropriação revelava a hipocrisia atrás da postura de camponesa da rainha, ao mesmo tempo em que transferia suas idéias de estilo para uma população mais ampla e ostensivamente mais merecedora.

Numa interessante coincidência, foi num dia dedicado à redistribuição eqüitativa da propriedade que outro dos trajes característicos de Maria Antonieta, a famigerada *gaulle* branca, foi reinventado como roupa adequada para mulheres de inclinação revolucionária. Em 7 de setembro de 1789, em resposta à permanente ansiedade com relação ao estado da economia francesa, uma delegação de 11 mulheres de Paris – algumas delas mulheres e filhas de artistas, outras artistas elas mesmas – fez uma sensacional aparição na Assembléia em Versalhes. Declarando-se mais preocupadas com a saúde financeira da nação que com seus próprios ornamentos, as senhoras se aproximaram da mesa onde o presidente da Assembléia estava sentado e, uma por uma, depositaram diante dele pesados estojos repletos de jóias.[63]

Organizado por Adelaide Moitte, esposa de um escultor, e inspirado num famoso episódio de *Vidas*, de Plutarco, essa efusão causou sensação na Assembléia. Os deputados irromperam em arrebatados aplausos e, segundo pelo menos um relato, "arrancaram prontamente as fivelas de prata de seus sapatos e as depositaram na mesa do presidente" ao lado dos tesouros das mulheres.[64] Seguiram-se entusiásticos discursos improvisados louvando o altruísmo das senhoras, que, significantemente, revelou-se não só na generosa oferta de jóias mas também nos vaporosos vestidos brancos, nos toucados simples com rufos e nos modestos fichus de musselina que todas usaram para a ocasião. Escolhidas com toda a probabilidade para enfatizar as origens do gesto na Antigüidade clássica, essas roupas despojadas prestavam homenagem à injunção de madame Moitte: "Abandonemos, por um momento, nossas diversões tolas e adornos preciosos" em respeito a "uma nação afligida por tantos golpes dolorosos e minada pela pobreza e a fadiga".[65] Assim, como relatou um jornalista para o jornal *Le Moniteur*, não se via nos vestidos das mulheres "nenhum ornamento, nenhuma ostentação", sendo eles "adornados apenas com aquela bela simplicidade que é a marca da virtude" – embora, na verdade, algumas das mulheres tivessem enfeitado seus sóbrios trajes com faixas e rosetas tricolores.[66]

Nisto, mais uma vez, a Revolução privou Maria Antonieta de uma de suas mais famosas declarações de moda, que durante anos figurara na imaginação do público como uma marca não de virtude, mas de vício. Durante o escândalo de *La Reine en gaulle*, o discreto vestido de musselina havia sido tomado como uma prova do ódio da rainha pelo povo francês, muitos de cujos membros teriam perdido seu meio de subsistência em conseqüência daquele amor por artigos importados, e prova também do desrespeito por Luís XVI, cuja estatura as transgressões indignas de sua esposa pareciam diminuir. Durante o "Caso do colar de diamantes", ele conservara essas associações, ao mesmo tempo em que era apresentado como prova do envolvimento da rainha no mais monumental roubo de jóia do século.

A mesma roupa, entretanto, assumia um sentido inteiramente diverso quando exibida por mulheres que desejavam não levar a França à bancarrota, mas enriquecê-la; que buscavam não aumentar suas coleções particulares de jóias, mas colocá-las a serviço de uma causa pública eminentemente meritória; cuja vestimenta despojada visava não humilhar o rei, mas honrar a nação. Compreendido dessa maneira, o traje funcionava realmente como uma "marca de virtude" – de uma bondade elevada, revolucionária, que suplantava definitivamente a depravação do "velho estilo" da rainha. De fato, foi como modelos dessa mudança que as patriotas vestidas de branco foram aclamadas quando saíram da Assembléia e caminharam entre multidões entusiásticas ao longo de todo o trajeto de Versalhes a Paris. No dia seguinte, como seria de esperar, os jornais compararam as doadoras de jóias com "as mais ilustres heroínas da Roma antiga" – as próprias mulheres com quem, pregou madame Moitte num panfleto da época, as senhoras da Revolução melhor podiam aprender "a não enriquecer à custa de seus compatriotas, mas, ao contrário, a mitigar os sofrimentos dos indigentes".[67]

Dali em diante, como notou a historiadora da arte Laura Auricchio, a "pitoresca aparição [das senhoras] na Assembléia tornou-se uma parte típica do registro visual da Revolução, à medida que se disseminou através de estampas" de autoria de artistas como Pierre-Étienne Lesueur.[68] A moda rapidamente seguiu o exemplo: vestidos brancos de corte solto, neoclássico – alguns franzidos e com babados nas mangas, como uma *gaulle*, outros mais suavemente drapejados e de mangas compridas, como uma levita –, tornaram-se um protótipo da roupa feminina patriótica. O pintor e propagandista revolucionário Jacques-Louis David, cuja mulher figurou entre as doadoras de jóias, imortalizou esse traje nos retratos femininos em estilo clássico que pintou no período, e a imprensa de moda da época o mostrou sob a mesma luz revolucionária. Como explicou o recém-renomeado *Le Journal de la Mode et du Goût*: "A liberdade restaurou o gosto pela pureza clássica na França."[69] Entretanto, o termo "restaurou" desvirtuava um fato importante: o vestido branco simples e suas variantes pastoral-neoclássicas haviam sido um elemento primordial da elegância francesa antes que a palavra *liberdade* estivesse em todas as bocas. E, em grande medida, isso se devia à rainha.[70]

Talvez precisamente por essa razão, o que logo emergiu como o traje feminino revolucionário por excelência – relacionado pela historiadora da moda Aileen Ribeiro como "o vestido branco simples, a echarpe de musselina enrolada displicentemente em volta do pescoço e a touca ... branca simples" – foi especialmente valorizado quando sua vinculação com o Ancien Régime através do branco dos Bourbon foi encoberta com toques atenuantes de vermelho e azul.[71] Alguns meses depois da muito difundida ida das patriotas à As-

9. Pierre-Étienne Lesueur, *As cidadãs de Paris doando suas jóias à Convenção Nacional* (1789).

sembléia, o *Journal de la Mode et du Goût* promoveu um vestido de musselina branca e mangas compridas chamado de *chemise à la Constitution*, "bordado com minúsculos buquês vermelhos, branco e azuis" e usado com um fichu de musselina e uma larga faixa vermelha.[72] (Outrora condenada como ruinosa para a indústria doméstica da seda, a musselina podia agora ser usada como sinal de ardor patriótico, juntamente com tecidos ainda mais baratos como o algodão e a lã, uma vez que os trajes da nobreza nos Estados Gerais haviam assinalado "sedas e veludos suntuosos como inimigos da Revolução".[73]) E agora, quando damas elegantes queriam introduzir algum glamour em seus simplificados guarda-roupas patrióticos, simplesmente retornavam aos *poufs* do período áureo da rainha – mas com uma alteração contemporânea decisiva: envolviam seus penteados altos e arrebicados com fita tricolor e os chamavam *poufs à la tricolore*.[74]

A combinação das cores azul, branco e vermelho ganhou também uma posição de destaque no traje que mulheres menos interessadas em seguir tendências da moda que em defender um programa político radical conceberam para evidenciar suas inclinações; e também esse traje remontava claramente a uma das mais conhecidas declarações de moda da rainha. Em outubro de 1789, num episódio famoso, a ativista revolucionária Théroigne de Méricourt – que entrou no debate sobre a formação da Guarda Nacional burguesa afirmando que deveria ser permitido também às mulheres lutar por seu país – imitou o uniforme tricolor masculino dos guardas vestindo um redingote azul com uma echarpe branca no pescoço e um barrete vermelho na cabeça.[75] Para os líderes da Revolução, em grande parte sexistas, a reivindicação de Méricourt foi muito pouco bem-vinda; as mulheres, afirmariam eles mais tarde com veemência, fariam muito melhor ficando em casa e fornecendo ao exército da nação intrépidos e patrióticos filhos.[76] Não obstante, o ato de Méricourt de usar uma roupa quase masculina para afirmar uma reivindicação feminina de poder lembrou muito a postura de cavaleiro que Maria Antonieta adotara quando delfina. Notavelmente, em ambos os casos a adoção de um traje andrógino ofereceu uma alternativa à visão mais convencional segundo a qual a influência da mulher residia unicamente em suas aptidões procriadoras e maternas.

Embora não insistindo abertamente nessa dimensão das chocantes roupas de Méricourt, a imprensa especializada apropriou-se delas como moda revolucionária, assim como fizera com os redingotes da rainha em anos anteriores. Em agosto de 1790, *Le Journal de la Mode et du Goût* apresentou aos leitores a ilustração de "uma patriota em seu novo uniforme": um traje de montaria em tecido azul com uma gola branca e um chapéu de feltro preto ornado com plumas (ver prancha 23).[77] Fazendo-se vista grossa para a *cocarde aux couleurs de la Nation* na faixa do chapéu da modelo, teria sido fácil confundir o conjunto com um dos da própria Maria Antonieta. Com ou sem ênfase em suas controversas conotações femininas, esse traje ingressou também no léxico da indumentária das mulheres pró-revolucionárias.

Contudo, mesmo ao se apropriar de peças de roupa características da rainha para fins próprios, os que simpatizavam com a Revolução não cessavam de identificá-la como o mais perigoso flagelo da França. Em certa medida, essa afirmação se justificava pela aversão ao projeto político do povo que ela exibia na face desafiadoramente resplandecente que apresentava aos defensores da nova ordem. Não surpreende, portanto, que quando a Assembléia decretou a liberdade de imprensa em agosto de 1789 e o número de libelos escritos sobre a rainha cresceu exponencialmente, os panfletários tenham se voltado com especial virulência para sua relação com o vestuário.[78] Com a liberalização do mercado editorial, salientou Elizabeth Colwill, esses escritos obscenos tornaram-se mais baratos, de mais fácil difusão e, cada vez mais, "ficaram ao alcance das classes artesanais parisienses, assim como das elites".[79] Quando satiristas revolucionários apresentavam "o amor à moda [da rainha] como um sinal revelador de sua natureza viciosa", como Chantal Thomas observou adequadamente, suas afirmações alcançavam assim uma audiência mais ampla e assumiam um potencial maior de mobilização política.[80]

Uma modalidade particularmente importante de invectiva contra a rainha durante esse período foi a pornografia política, que, como durante o Ancien Régime, operava com base na premissa de que "a degeneração sexual ia de par com a corrupção política".[81] Já antes de 1789, rumores difamatórios e panfletos sobre a vida privada de Maria Antonieta haviam servido, é claro, para desacreditá-la como figura política e apresentá-la como um fator de degradação no coração do governo Bourbon. Durante a Revolução, essa linha de pensamento tornou-se ainda mais vantajosa, pois parecia ao mesmo tempo justificar a derrubada do regime que a rainha haveria prejudicado irreparavelmente e exigir a substituição dos líderes desse regime por pessoas de fibra moral mais íntegra.[82] (Não foi por acaso, nesse contexto, que um dos líderes mais influentes da Revolução, o advogado burguês Maximilien Robespierre, foi apelidado "o Incorruptível".) A ênfase no vestuário inadequado, com toques eróticos, de Maria Antonieta funcionava no gênero pornográfico como um meio eficaz de reiterar sua depravação sexual – ou "furores uterinos", no linguajar de um panfleto –, que por sua vez sugeria a degradação da monarquia como um todo.[83]

Por essa razão, os pornógrafos apresentavam as *gaulles* da rainha como prova implícita de sua depravação, apesar das conotações moralmente dignas de que essas roupas gozavam agora quando usadas por qualquer outra pessoa. Num panfleto erótico de 1789 intitulado "A Messalina francesa", por exemplo, era a aparição da rainha "vestindo apenas uma *gaulle* longa feita de musselina branca e atada em torno da cintura com uma fita cor-de-rosa" que indicava suas intenções lascivas em relação a um estranho que estava prestes a seduzir.[84] O vestido, como o novo amante ficou encantado ao descobrir, possibilitava uma acesso praticamente livre a seus "seios divinos, brancos, de pele sedosa e lindos mamilos rosados", tornando-se assim muito fácil para Maria Antonieta prostituir-se com transeuntes aleatórios.[85]

Mais ou menos na mesma linha, um panfleto intitulado "O consolador real", também de 1789, descrevia "Juno, rainha dos deuses" (Maria Antonieta) brincando obscenamente com sua dama de companhia Hebe (provavelmente a princesa de Lamballe ou a duquesa de Polignac), que proclamava que usar "apenas uma *chemise*" facilitava muito "foder nas antecâmaras" do palácio de sua ama.[86] Como "A Messalina francesa", "O consolador real" repetia a lenda urbana segundo a qual a rainha preferia vestidos relativamente frouxos, desestruturados, porque podia vesti-los rapidamente após pândegas vulgares com seus favoritos, ou porque eles davam a seus amantes fácil acesso às suas "antecâmaras sexuais".[87] Nesses dois panfletos, *gaulles* ou *chemises à la Reine*, brancas e soltas, expunham literalmente a decadência sexual subjacente de Maria Antonieta e afirmavam seu status como "Rainha do Vício".[88]

Esses vestidos não eram, contudo, os únicos elementos de vestuário que serviam como armas contra a consorte real, e a pornografia política não era tampouco o único meio de comunicação dos difamadores. Cartuns satíricos estabeleciam também as qualidades vis de Maria Antonieta mediante referência a toda uma gama de artigos que sabidamente faziam parte de seu guarda-roupa. Um deles foram as altíssimas e famosamente dispendiosas plumas de avestruz que ela pusera em moda após subir ao trono e, mais recentemente, usara na abertura dos Estados Gerais. Essas plumas figuravam numa estampa intitulada *La Poule d'Autru/iche*, que enxertava a cabeça de Maria Antonieta – a que não faltavam um elegante penteado *catogan* e um toucado rebuscadamente enfeitado – no corpo de um avestruz fêmea. A grotesca figura era um trocadilho visual baseado na diferença de uma letra entre "avestruz" (*autruche*) e "Áustria" (*Autriche*), com a palavra *poule* (galinha) estabelecendo a rainha como uma fêmea da espécie.

Lido apenas nesse nível, o cartum condenava Maria Antonieta como instrumento da Áustria – uma agente numa presumida conspiração, muito discutida na altura do outono de 1789, entre os Habsburgo e os monarquistas intransigentes para subjugar a Revolução e restaurar o absolutismo na França.[89] Um exame mais atento da cara da *poule* reforçava essa sugestão, revelando uma minúscula cópia da Constituição (ainda incompleta) da nação presa entre seus dentes. Ao mesmo tempo, as plumas de avestruz no cabelo de Maria Antonieta insinuavam outra interpretação, igualmente danosa, pois combinadas com a palavra *poule* elas evocavam um de seus mais famosos toucados, a *coiffure à la Belle Poule*. Esse penteado havia provocado indignação em grande parte por causa do pronunciamento falsamente piedoso que a rainha fizera pouco depois de exibi-lo pela primeira vez.[90] Em 1776, Maria Antonieta havia declarado que preferia ver o marido gastando seu dinheiro com um navio de guerra para a França que com mais diamantes para si própria. Contudo, não muito depois, aparecera em público com uma réplica extremamente intricada, obviamente cara, de um navio de guerra, o *Belle Poule*, empoleirada na cabeça.

Dez anos depois, sua culpa aparente no "Caso do colar de diamantes" reforçou a impressão de hipocrisia e cobiça.

Agora, em 1789, com as doações de jóias das artistas representando um exemplo fulgurante de patriotismo altruístico, o conhecido amor aos adornos de Maria Antonieta parecia mais odioso que nunca, e assinalava seus valores como inteiramente incompatíveis com os do novo regime. Era o que a legenda de *La Poule d'Autru/iche* afirmava, atribuindo a ela a seguinte declaração:

> *Digiro ouro e prata com facilidade,*
> *Mas a Constituição é algo que não consigo engolir.*

Nessa representação, a profusamente emplumada rainha não era mais um ser humano, mas um monstro.[91] E as lealdades austríacas e a gritante extravagância desse monstro iriam certamente destruir a Revolução – se a Revolução não tratasse de destruí-la primeiro.

Essa suposição foi a base de outra caricatura que invocou os gostos indumentários da rainha. Aparecendo pela primeira vez em 1789 e publicada por um proeminente gravador revolucionário chamado Villeneuve, essa estampa

15. Anônimo, *La Poule d'Autru/iche* (c.1789).

mostrava uma Maria Antonieta carrancuda pisoteando furiosamente um documento (ver prancha 22).[92] Numa versão da imagem, o documento era identificado como a célebre Declaração dos Direitos do Homem, o preâmbulo à Constituição que declarava que todos os homens nasciam iguais e gozavam de certos direitos inalienáveis (como os de liberdade de expressão e de consciência, igualdade sob a tributação e igualdade perante a lei). Esse cartum representava a rainha de uma maneira escabrosa, grotesca: um rosto humano preso a um corpo escamoso dotado de asas gigantescas, garras cruéis e uma longa cauda bifurcada. Essas, como a legenda confirmava, eram as características da harpia, o voraz animal lendário a que, apenas poucos anos antes, Maria Antonieta prestara homenagem lançando a moda de trajes *à la harpie*.

De fato, sua atração por uma voga que tinha o nome de um monstro de apetite ilimitado havia chamado a atenção para seus hábitos de gastos desenfreados desde meados da década de 1780 e já havia gerado pelo menos um cartum que a comparava com a fera voraz. Na era revolucionária, os precedentes da rainha como esbanjadora alimentaram uma crescente ansiedade acerca de seu suposto desejo de escravizar os súditos e frustrar a Revolução. Quer destinando recursos nacionais para sua própria frivolidade ou conspirando para suprimir a Constituição e a Declaração dos Direitos do Homem, ela iria, sustentavam os satiristas, esfarrapar os sonhos do povo com suas brutais garras de harpia. Seus antigos trajes *à la harpie* forneceram mais tarde a base para uma analogia que corroborava afirmações sobre a ameaça que ela representava para a liberdade, a igualdade e o progresso social. Como advertiu um panfletário, na "horrível conspiração" que se preparava entre os nobres e estrangeiros que certamente desejavam frustrar os "grandes avanços" dos revolucionários franceses, "não podia haver uma líder mais adequada que essa mulher desumana".[93] Reforçando essa idéia, abundavam na imprensa satírica imagens e textos que rotulavam Maria Antonieta "a harpia fêmea", um epíteto inspirado em seu elegante vestuário.[94]

Condicionado por acusações como estas, na altura do outono de 1789 o povo francês estava preparado para acreditar no pior acerca de sua rainha e para procurar provas adicionais de execrabilidade em sua relação com a moda. Em setembro, um panfleto incendiário que a chamava de "delegada da Áustria" advertia os parisienses de que para encontrar provas de sua natureza traiçoeira bastava olhar seu cabelo e suas roupas: o primeiro era ruivo como o de Judas que traiu Jesus Cristo, e as últimas caracterizadas por uma "paixão pelo disfarce" que a assinalava como essencialmente indigna de confiança.[95] Em 2 de outubro, uma rematada confirmação da impossibilidade de se confiar na rainha veio à tona em alegações generalizadas de que na noite anterior, num banquete oferecido em homenagem ao Regimento de Flandres em Versalhes, Maria Antonieta e suas amigas haviam aparecido entre os soldados e os exortado a voltar suas armas contra a nação. Mais precisamente, afirmou-se, o grupo de senhoras havia instigado os convivas a pisotear ritualmente a roseta tricolor, ato que a rainha – fiel à sua imagem de monstro que rasgava a Constituição – havia realizado com particular prazer.[96] As *tricolores* que escaparam à profanação física teriam sido usadas ao contrário, deixando aparente o fundo inteiramente branco. E para suplementar esses distintivos monarquistas improvisados, as mulheres teriam distribuído também *cocardes* brancas, Bourbon, e outras pretas, aristocráticas ou austríacas.[97] Durante todo o tempo, gritos frenéticos de "Abaixo a nação!" supostamente reverberaram através do palácio, e todo o episódio teria se concluído numa orgia de inexprimível obscenidade.

Como tantos dos rumores que tinham Maria Antonieta por alvo, este exagerava sensacionalmente a realidade. No dia 1º de outubro, os *gardes du corps* reais haviam de fato oferecido um banquete para os oficiais do Regimento de Flandres, recém-chegados a Versalhes. E o banquete realmente culminara numa efusiva demonstração de simpatia monarquista (incluindo gritos vigorosos de "Viva o rei!") quando Luís XVI e sua família fizeram uma inesperada aparição entre os convidados. "Vestida de branco e azul-claro, com plumas combinadas no cabelo", escreveu Antonia Fraser, Maria Antonieta havia arrebatado os corações dos soldados ao circular graciosamente entre as mesas de banquete tendo a seu lado o novo delfim, Luís Carlos, e madame Royale.[98]

Talvez o vestido branco da rainha tenha fornecido alguma inspiração para a história dos boateiros sobre a distribuição em massa de rosetas brancas que ela supostamente iniciou. Mas segundo madame Campan, a marquesa de La Tour du Pin e a marquesa de Rochejaquelein, todas presentes ao banquete, nenhuma distribuição desse tipo ocorreu.[99] Somente "madame de Maillé", lembrou a marquesa de La Tour du Pin, uma "tola jovem de 19 anos, havia desprendido do chapéu um único laço de fita branca" para afirmar sua lealdade aos Bourbon.[100] Segundo o relato de La Tour du Pin, nenhum dos oficiais seguiu o exemplo. E embora alguns dos convivas tenham de fato comparecido ao banquete usando as rosetas pretas da aristocracia – segundo o cronista Antoine-Joseph Gorsas, um oficial fez um comentário depreciativo sobre "a roseta colorida" e declarou que "a preta é a mais bela" –, parece que nenhuma *cocarde nationale* foi pisoteada.[101]

Por mais banais que os verdadeiros eventos da noite tivessem sido, boatos e jornalistas os transformaram rapidamente em "crimes imaginários de *lèse-nation* que logo reverberaram através de todas as esquinas de Paris para chamar os cidadão à vingança", e que se centraram na imagem extremamente crível de Maria Antonieta profanando o mais sagrado acessório da Revolução.[102] Um grupo de cortesãos, liderado segundo consta pelo antigo adversário da rainha, o duque d'Aiguillon, e disfarçados como mulheres do povo – prática tradicionalmente adotada por amotinadores do sexo masculino no Ancien Régime –, percorreu as tabernas por toda a cidade para atiçar as chamas de indignação que os rumores do banquete de Flandres haviam acendido.[103] Evocando a escassez generalizada de pão e a contrastante extravagância da rainha, os nobres disfarçados incitaram seus compatriotas "a tomar armas contra o trono, e ... amaldiçoar Maria Antonieta clamorosamente".[104] Muitas pessoas acolheram bem essas arengas, e em 5 de outubro as mulheres verdadeiras de Paris estavam fazendo eco aos gritos indignados dos impostores.

Na tarde do dia cinco, entre 5 e 6 mil dessas mulheres afluíram ao Hôtel de Ville e, após protestar contra a (genuína) falta de pão a preços razoáveis na capital, decidiram levar suas queixas diretamente ao rei e à rainha. Apoderaram-se de todas as armas em que puderam pôr a mão, enquanto os soldados da Guarda Nacional, que as histórias sobre o banquete do Regimento de Flandres haviam igualmente encolerizado, nada fizeram para detê-las. Em seguida, com Théroigne de Méricourt (usando um chapéu de homem e um vistoso redingote vermelho) galopando em seu meio, e com grandes grupos de revolucionários do sexo masculino, com roupas de mulher ou não, na retaguarda, marcharam sobre Versalhes.[105] Depois que deixaram Paris, foram seguidos por aproximadamente 15 mil guardas nacionais simpatizantes, que ameaçaram o general La Fayette de morte se não os acompanhasse. Quando os manifestantes se aglomeraram diante do palácio ao raiar do dia, suas fileiras haviam assumido proporções gigantescas.

Como La Fayette enviara um mensageiro à frente para Versalhes a fim de comunicar à corte e à Assembléia a iminente chegada dos insurgentes, os soldados da Guarda Real puderam se agrupar nos portões do palácio e se preparar para o tumulto. E tumulto eles realmente tiveram, quando o povo – cujo estado de ânimo fora inflamado pelas seis horas de marcha e depois por um longo período de inação enquanto esperavam uma resposta do rei e da Assembléia Nacional para suas reivindicações de pão – iniciou o combate e, sobrepujando facilmente os números relativamente insignificantes dos soldados, penetrou no castelo em hordas.[106] Juntos, os parisienses percorreram as salas douradas, suntuosamente decoradas, à procura do rei e da rainha, que chamavam desrespeitosamente de "o Padeiro e a Mulher do Padeiro" e que juravam levar de volta a Paris para garantir maiores provisões de comida. Virulentamente, os invasores desancavam os *gardes du corps* reais por não usarem as rosetas nacionais e ameaçavam cortar-lhes os pescoços se não jogassem fora suas rosetas monarquistas.[107] Os guardas reais que tentaram impedir a passagem através do castelo foram atacados com lanças e mosquetes, adagas e cabos de vassoura. Dois soldados reais foram assassinados e suas cabeças prontamente decapitadas e espetadas vitoriosamente em lanças.

Mas as intenções mais beligerantes da multidão estavam reservadas para Maria Antonieta. De fato, foi principalmente contra ela, lembrou depois madame Campan, que toda a invasão pareceu estar dirigida. Avançando em massa, precipitadamente, em direção ao seu quarto (mais tarde várias testemunhas afirmaram ter visto o duque d'Orléans em pessoa, vestindo um casaco cinza suspeitamente modesto, à frente da multidão), eles ensaiavam uma interminável ladainha de ameaças contra a rainha.[108] Em sua maioria, pediam sua cabeça, mas alguns eram ainda mais sangrentos. As peixeiras dos Halles, por exemplo, declaravam sem rodeios que planejavam eviscerar Maria Antonieta, esvaziar suas entranhas em seus aventais e, com a mixórdia resultante, fabricar *cocardes* vermelhas novinhas.[109] Também do lado de fora do palácio, multidões exaltadas repetiam essa ameaça, gritando sob as janelas dos apartamentos reais: "Viemos atrás da pele de Maria Antonieta para fazer fitas para nossas rosetas!"[110] Nem é preciso observar que esse desejo declarado de transformar o corpo de Maria Antonieta – suas entranhas ensangüentadas ou sua pele legendariamente branca – em rosetas tricolores revelava uma dimensão especificamente indumentária na fúria do povo.

Enquanto isso, a mulher que eles tinham vindo punir estava aterrorizada em seu quarto, onde duas acompanhantes entraram correndo para lhe informar que ela não teria tempo nem para se vestir caso quisesse escapar da horda de saqueadores. Mesmo assim, detendo-se por tempo suficiente para vestir um redingote amarelo sobre a anágua mal presa e pôr na cabeça um chapéu preto, Maria Antonieta fugiu de seu quarto de dormir por uma porta secreta que dava para a passagem oculta ligando seus aposentos aos do rei.[111] Deixou as altas portas principais de seus aposentos trancadas atrás de si e, quando a multidão chegou e as arrombou, ela já estava em segurança, nas profundezas da passagem, a caminho dos aposentos de Luís XVI.

Seus pretensos atacantes, contudo, estavam exaltados demais para compreender de imediato que o alvo de seu ódio partira. Na crença de que Maria

Antonieta estava deitada sob a colcha ricamente bordada, as pessoas golpearam furiosamente a cama e reduziram o colchão, a roupa de cama e os travesseiros a frangalhos. Logo que se deram conta do erro, procuraram outro alvo para sua fúria e o encontraram rapidamente nos espelhos de moldura dourada que forravam as paredes do quarto. Como Léonard recordou mais tarde, "despedaçaram-nos com golpes de seus mosquetes, sem dúvida para punir o inofensivo cristal por ter refletido os traços da mulher que haviam sido impedidos de assassinar".[112] Se a cama havia sido destruída como uma substituta da própria rainha, os espelhos foram estilhaçados como cúmplices de seu infame narcisismo alimentado pela moda.

Mais tarde no mesmo dia, o povo encontraria outra maneira de castigá-la por esse traço, mas não antes de aceitar uma trégua temporária agenciada pelo general La Fayette e alguns de seus soldados menos belicosos. Horrorizados com a destruição que a multidão levara a cabo, esses soldados agiram rapidamente para evitar novos atos de violência contra os *gardes du corps* reais. O general assegurou então aos insurgentes que os *gardes* não eram traidores da nação: chegou a prender cerimoniosamente uma roseta tricolor no chapéu de um guarda-costas real.[113]

Mas o povo queria mais. Apinhadas no Pátio de Mármore diante do palácio, as pessoas gritavam pedindo que Luís XVI e sua esposa saíssem à sacada dos apartamentos do rei para encará-las; em seguida observaram com uma mistura de ceticismo e entusiasmo os membros da família real prometerem voltar a Paris com elas e fornecer-lhes pão. Alguns dos saqueadores talvez tenham ficado encolerizados ao ver Maria Antonieta vestida de amarelo e preto, as cores dos Habsburgo austríacos; algumas vozes na multidão continuavam a ameaçá-la de danos físicos. Mas como lembrou a governanta real, madame de Tourzel, que esperava nos bastidores com madame Royale e o delfim, o "ar de grandeza e a coragem heróica [da rainha] na presença do perigo ... tiveram tal efeito sobre a multidão que todos abandonaram de imediato seus desígnios sinistros e ficaram assombrados".[114] A profunda e digna reverência que Maria Antonieta fez para saudar os seus súditos pareceu ter um efeito especialmente apaziguador. "Sua coragem e expressão nobre", registrou um jovem pajem real, "desarmou os tigres sedentos de sangue."[115]

Qualquer trégua entre os tigres e a rainha seria, contudo, de curta duração. No começo da tarde, Luís XVI, a esposa, os filhos, a irmã, madame Elisabeth, e madame de Tourzel apertaram-se numa carruagem que se uniu a uma grande e desordenada cavalgada com destino à capital. Teoricamente, os parisienses tinham todas as razões para se rejubilar. Afinal de contas, estavam transportando tanto a família real como enormes provisões de grãos dos depósitos do castelo de volta para a cidade. Mas os vitoriosos estavam também semi-embriagados pela fadiga, o álcool e a matança.[116] E à medida que a viagem de 19 quilômetros prosseguia, realizada a passo de lesma em razão do simples tamanho da procissão, as animosidades originais dos desordeiros voltaram a aflorar. Sem se deixar dissuadir pela presença de La Fayette e dos outros soldados que flanqueavam a carruagem da família real, eles se apinhavam em torno das rodas e se penduravam nas portas. Gritavam "Viva a nação!" até ficar com a garganta doendo. Brandiam suas lanças, em cujas pontas haviam empalado pães roubados, e reiteravam imprecações contra "o Padeiro e a Mulher do Padeiro". Arrancavam os galhos das árvores ao passar, enrolavam-nos com fitas tricolores e os sacudiam furiosamente junto à carruagem.[117] Cantavam canções lascivas sobre a suposta promiscuidade de Maria Antonieta, enquanto escarneciam dela com vigorosos gestos obscenos.

Entretanto, foi somente quando o cortejo chegou à cidade de Sèvres que os desordeiros encontraram a punição mais adequada à singular história de conduta ofensiva da rainha. Enquanto a cavalgada parava para se reagrupar, um punhado dos piores bandidos escapuliu para ir à procura de um cabeleireiro. Encontrando alguns, relatou um pajem da casa real, "puseram-lhes uma faca no pescoço e obrigaram-nos a frisar e empoar" o cabelo das cabeças cortadas dos dois guardas reais assassinados.[118] Depois os facínoras enfiaram as cabeças, intricadamente penteadas e abundantemente empoadas, de volta em suas lanças e voltaram para a carruagem real. Quando a procissão recomeçou, acenaram seus horripilantes troféus bem junto da janela de Maria Antonieta, para se assegurar de que ela podia ver o bom uso que fora feito de seu querido pó para cabelo.[119]

A se acreditar nesse relato (feito não só pelo jovem pajem como por um dos ministros do rei), parece claro que os trocistas estavam aproveitando a oportunidade para punir a rainha por ter exibido seus *poufs* empoados enquanto os súditos clamavam por pão. Esse fora um insulto que o povo havia sido obrigado a engolir 13 anos antes, durante as Revoltas da Farinha, e em todos os anos que se seguiram, enquanto a rainha persistia em seus hábitos egoístas e frívolos. Agora, porém, quando a procissão se afastava lentamente de Sèvres e Maria Antonieta era confrontada com as cabeças ensangüentadas e penteadas, o povo finalmente tinha sua vingança. Não só haviam reivindicado a Mulher do Padeiro e seus depósitos obscenamente repletos de grãos; haviam também obrigado-a a considerar algo que ela própria, inadvertidamente, incutira neles durante os anos de seu reinado: em certos casos, a extravagância de estilo é nada menos que um crime.

Além de suas óbvias satisfações simbólicas, esse embate entre os revolucionários e a rainha beneficiou os primeiros de outra maneira importante. Quando um dos arruaceiros que brandiam lanças deu uma estocada perto demais do lugar de Maria Antonieta à janela da carruagem, consta que ela gritou: "Alguém afaste esse *sans-culotte* de mim!"[120] Essa observação era um inequívoco insulto: como Richard Wrigley mostrou, antes da Revolução "ser considerado *sans-culotte* era o mesmo que estar privado de um indício essencial da roupa apropriada" – os calções amarrados abaixo dos joelhos, ou *culottes*, que a nobreza e a burguesia usavam – "e portanto ser relegado às classes mais baixas da sociedade".[121] Mas segundo um cronista aristocrata, o uso do termo pela rainha nesse contexto inspirou os revolucionários a adotar as grosseiras calças compridas, ou *pantalons*, dos jovens operários como um gesto de desafio de classe e uma prova de seu "puro patriotismo" antiaristocrático.[122] Sem dúvida, num clima em que "puro patriotismo" significava cada vez mais ódio à esposa do rei, sua pretensa reprovação das massas maltrapilhas dotou o *pantalon* de um novo poder para demonstrar oposição, indignação e anseio por vingança.[123] Novamente apesar de si mesma, Maria Antonieta havia, ao que parece, fornecido a seus adversários um guia indumentário para a rebelião.

A rainha e sua família chegaram à sua residência semi-abandonada de Paris, as Tulherias, às dez horas da noite do dia 6. Com os cerca de 670 cortesãos que tinham vindo com eles de Versalhes no intuito de restabelecer a corte em Paris, esforçaram-se por encontrar alojamentos adequados entre os numerosos pensionistas do Estado que tradicionalmente moravam no castelo. A família real não residia nas Tulherias desde 1722, quando um Luís XV muito jovem se mudara dali para Versalhes; na geração atual dos Bourbon, Maria Antonieta era a única a ter feito uso regular do lugar, ocasionalmente retirando-se para um pequeno conjunto de salas, redecoradas segundo suas ordens, para refrescar a toalete antes ou depois das noites na Ópera. Agora, à medida que pensionistas eram deslocados e móveis descasados redistribuídos por diferentes partes do palácio, a família real instalou-se em seus novos aposentos improvisados para uma muito necessária noite de sono.

Sono, porém, era coisa que o povo de Paris não tinha intenção de propiciar aos seus soberanos. Embora La Fayette tivesse cercado as Tulherias com membros da Guarda Nacional (os soldados da *garde du corps* haviam sido dispensados em razão de suas lealdades monarquistas), a rainha e sua família foram despertadas poucas horas depois da chegada pelo som de multidões invadindo os jardins e os pátios, pedindo para vê-los. Na avaliação de madame de Tourzel, algumas dessas pessoas haviam acorrido "pelo prazer de gozar os frutos da vitória, e a maioria por pura curiosidade".[124] Mas todos pareciam ansiosos por atestar o indômito poder da Revolução. As mulheres do mercado, em particular, requisitavam agressivamente para si as rosetas tricolores de outros circunstantes.[125] Depois, apesar do que Tourzel registrou como a visível relutância de Maria Antonieta em particular, a multidão obrigou todos os membros da família real a prender essas *cocardes* nas próprias roupas.[126]

Como a aceitação por Luís XVI da *cocarde* azul e vermelha dois meses antes, o incidente teve significativas implicações simbólicas, permitindo ao povo afirmar seu poder sobre os soberanos, agora essencialmente seus prisioneiros. A rainha, contudo, estava decidida, como escreveu a Mercy em 7 de outubro, a "reconquistar os mais sensatos e honestos da burguesia e do povo – apesar de todas as maldades que continuam fazendo contra mim".[127] Muito obviamente, ao trazer o rei e sua corte à força para Paris, os plebeus haviam promovido uma manifestação de força que nem a queda da Bastilha pressagiara. Sensibilizada agora para os poderes dos *parvenus*, Maria Antonieta parece ter compreendido pela primeira vez a necessidade de pelo menos aparentar respeito por suas metas – e seus símbolos favoritos. Com isso em vista, já em seu primeiro dia nas Tulherias, ela encarregou madame Éloffe de fazer 150 *cocardes tricolores* "para serem distribuídas entre as mulheres do mercado de Paris em nome de sua rainha".[128] Estendendo a mão para as próprias mulheres que na véspera haviam ameaçado fazer rosetas com suas entranhas, ela não só exibiu capacidade de perdão – um traço-padrão de sublime dignidade real – como dissipou os rumores sobre seu suposto desdém pela *tricolore*.

As mulheres do mercado ficaram impressionadas, especialmente porque as rosetas que ela lhes deu, pelas quais madame Éloffe cobrara uma libra a unidade, eram consideravelmente mais caras e mais luxuosas que qualquer uma que elas pudessem comprar na rua ou confeccionar em casa.[129] Reconhecendo na rainha uma nova e inesperada fonte de munificência, as mulheres aglomeraram-se do lado de fora de seus aposentos nas Tulherias já no dia seguinte, e depois de pedir aos gritos, com sucesso, que ela aparecesse entre elas, pediram que lhes desse "as fitas e as flores de seu próprio chapéu".[130] Maria Antonieta prontamente desmanchou seu toucado e deu seus enfeites às mulheres, que agradeceram aplaudindo sua bondade e generosidade durante mais de meia hora. Talvez pela primeira vez, ela pareceu aos detratores disposta a partilhar a riqueza que outrora reservara exclusivamente para seu próprio adorno.

Após engrinaldar seus aventais sujos e toucados encardidos com fragmentos do dispendioso traje da rainha, as mulheres dos Halles aproveitaram-se ainda mais, sempre concentrando-se no vestuário como a área em que Maria Antonieta devia, antes de mais nada, fornecer assistência. De madame de Tourzel, que, atraída por seus gritos, reapareceu fora do palácio depois que a rainha voltara a seus aposentos, elas arrancaram a promessa de que a consorte real resgataria as peças de roupa que a pobreza as obrigara a pôr no prego.[131] Infelizmente para a rainha, contudo, as mulheres do mercado correram para a casa de penhor local imediatamente, antes que ela tivesse oportunidade de enviar instruções ao proprietário.

Quando as mulheres chegaram à casa de penhor, ficaram enraivecidas ao descobrir que o dinheiro para o resgate de seus pertences ainda não chegara e, num ataque de fúria, destruíram as janelas, as portas e o conteúdo da loja. Em seguida voltaram às Tulherias, "gritando que a *Autrichienne* as enganara e escarnecera" e ameaçando repetir a devastação que haviam feito na casa de penhor.[132] Bailly foi depressa para o local, querendo impedir um tumulto em grande escala, mas semanas depois a raiva das mulheres ainda fermentava. Veio a se saber que recomprar todos os bens penhorados custaria à coroa 3 milhões de libras – uma soma impossível dado o estado calamitoso das finanças da nação. Como uma solução de compromisso, Luís XVI divulgou uma declaração afirmando que o povo interpretara mal a generosa promessa de sua esposa e que ela só poderia resgatar para as mulheres "sua roupa íntima e trajes de inverno".[133] Isso por si só não era uma dádiva desprezível, mas não foi suficiente para dissipar a impressão das mulheres de que a rainha, mais uma vez, as traíra. Seus gestos conciliadores foram esquecidos e, mais uma vez, foram lembrados seus múltiplos e imperdoáveis crimes contra o povo – crimes que panfletos indecentes continuavam a difundir por toda a cidade de Paris.

Contudo, mesmo diante da animosidade pública, a rainha parecia determinada a defleti-la com uma imagem de pacífica complacência. Nas Tulherias, onde parisienses hostis se reuniam para contemplá-la embasbacados e onde membros pró-revolucionários da Guarda Nacional monitoravam cada movimento seu, ela se via tão intensamente observada quanto sempre fora em Versalhes.[134] O apetite de vingança dos parisienses continuava forte, tal como a fome e a pobreza que, para começar, alimentavam aquelas explosões. E embora a Assembléia, que se transferira para a capital a fim de acompanhar a corte de Luís XVI, estivesse se esforçando para enfrentar a inquietação social e o sofrimento econômico tanto na cidade como por toda a nação, a violência popular continuava a irromper sob formas amedrontadoras e imprevisíveis.

Nessa situação explosiva, apaziguar os súditos que a cercavam apresentava-se a Maria Antonieta como o caminho mais seguro a tomar.

Isso não significa que era um curso fácil. Como a rainha confessou em cartas a seus amigos aristocratas – emigrando em números cada vez maiores para portos mais seguros no exterior –, as tensões da vida nas Tulherias punham sua coragem e sua paciência à prova diariamente.[135] Mas se queria, nas suas palavras, "reconquistar ... a burguesia e o povo", teria de fazê-lo convencendo-os de suas boas intenções e manifestando estas não apenas em seu comportamento, o que agora envolvia irrestrita bondade para com os partidários da Revolução, mas também em sua maneira de se vestir. Como ficara evidente no clamor feroz suscitado por sua pretensa aversão à *cocarde nationale*, no fluxo constante de libelos dirigidos às suas escolhas de moda e em suas relações com as mulheres dos Halles, o povo monitorava seu vestuário com um olhar agudamente crítico, e estava disposto a atacar violentamente à menor provocação.

Assim, em 7 de outubro de 1789, quando Maria Antonieta anunciou para uma grande multidão que ela e o rei desejavam coexistir pacificamente com os parisienses e que "toda animosidade deveria cessar", consta que ela adotou um traje tricolor: um vestido listrado azul e branco e toucado e fichu brancos, ambos debruados com fita vermelha.[136] Nesse mesmo dia, ela pediu também a madame Éloffe que lhe fornecesse dúzias de *aunes* de fita cor-de-rosa, branca e azul para rosetas destinadas a seu uso pessoal.[137] Silenciosa mas vigorosamente, sua mudança de atitude em relação aos emblemas da Revolução corroborou a mensagem de amizade e paz. Como ela admitiu anos depois para Mercy, "era necessário que eu parecesse adotar de boa-fé a causa do povo como minha ... pois a melhor maneira de subverter aquelas novas idéias era parecer partilhá-las".[138] Durante os primeiros dias de seu reinado, suas escolhas de roupas haviam parecido dotá-la de um grau de autoridade política que ela em realidade não possuía. Agora, inversamente, sua maneira de se vestir transmitia uma falsa lealdade às "novas idéias" do público revolucionário.

Nos meses seguintes, Maria Antonieta continuou a usar roupas para expressar sua fé superficial nas "novas idéias" do povo. Comprou mais rosetas. Pagou milhares de libras a madame Éloffe para reformar vestidos velhos brancos, azuis e cor-de-rosa – trazidos para Paris de seu guarda-roupa em Versalhes – e guarnecê-los com adornos tricolores extras.[139] Mesmo quando, no fim de fevereiro de 1790, recebeu a notícia da morte do irmão José II, vítima de uma doença pulmonar, ela se esforçou para incorporar esses motivos a seu luto. Em março, encomendou 12 *aunes* de "fita estreita *à la Nation* como concessão às idéias do momento".[140] Proclamando entusiasticamente o impacto igualitário da Revolução sobre a moda, o número de 25 de março do *Le Journal de la Mode et du Goût* criticou o luto real como uma prática elitista (visto que, tradicionalmente, todos os súditos de um monarca vestiam luto em sinal de respeito após seu falecimento) e pediram sua abolição.[141] Ao acrescentar fitas tricolores a seus trajes de luto, a rainha mitigava a incorreção política de seu vestuário e acertava o passo com o estilo revolucionário.

Além disso, embora tivesse chegado às Tulherias segurando um porta-jóias cheio de seus mais valiosos diamantes, ela abandonou o uso agressivo de jóias que adotara durante o primeiro verão da Revolução. E apesar dos vestidos de gala que continuou a encomendar a Rose Bertin – as cerimônias atemporais de Versalhes haviam recomeçado nas Tulherias não muito depois que a corte se reinstalou ali –, gastava a maior parte de sua verba para roupas com fitas, consertos de roupas e simples gorros e xales.[142] Para seus passeios diários nos jardins das Tulherias, parecia preferir os toucados e fichus simples que o populacho parecia a essa altura ter adotado, e que, juntamente com acessórios e roupas tricolores, as revistas de moda continuavam a promover como marcadores louvavelmente "patrióticos".[143]

De fato, encerrando sua perceptível ausência do mundo da moda, Maria Antonieta parecia ter saído diretamente das páginas desses periódicos quando, em 14 de julho de 1790, apareceu diante das 400 mil pessoas que haviam se reunido no Champ de Mars, na capital, para comemorar o primeiro aniversário da queda da Bastilha. Para esse evento, chamado de Fête de la Fédération, ela escolheu um simples vestido branco, não muito diferente daquele que todas as mulheres haviam sido solicitadas a usar (juntamente com uma faixa tricolor) para a ocasião. E escolheu complementar o vestido não com um assombroso conjunto de jóias da coroa, mas com um toucado de graciosas plumas tricolores e fitas esvoaçantes combinadas.[144] Depois de se alhear de seu povo, durante muitos e longos anos, através da indumentária, agora ela aparecia, ao contrário, como sua amiga e defensora, com suas simpatias revolucionárias claramente evidenciadas no traje.

Essas simpatias estavam à mostra também na roupa que ela escolheu para o delfim de cinco anos, Luís Carlos. Em contraste com o próprio rei – que permanecia fiel aos elegantes calções, ao paletó resplandecente e ao chapéu emplumado da cultura da corte –, o garotinho usava o uniforme tricolor da Guarda Nacional.[145] À vista desse príncipe patrioticamente vestido, a multidão exultou e estendeu parte de seu prazer à mulher cujo traje combinava tão lindamente com o do filho. Pela primeira vez em muitos anos, Maria

Antonieta foi acolhida com gritos ardorosos de "Viva a rainha!"– gritos que atingiram uma intensidade exaltada quando das nuvens acima deles desabou uma chuva pesada e, para a aprovação extasiada da audiência, ela envolveu gentilmente o uniforme do delfim com seu próprio xale diáfano. Finalmente, ao que parecia, o povo estava encontrando o tipo de rainha que havia esperado o tempo todo: uma bondosa mãe da França, cujos trajes falavam de generosidade, não de egoísmo, e de virtudes patrióticas, não de lealdades estrangeiras e vício aristocrático.[146]

Apesar do mau tempo, a Fête de la Fédération foi considerada um retumbante sucesso, em boa parte em razão da reconciliação que pareceu efetuar entre a capital e a coroa. Do ponto de vista de madame de Tourzel, contudo, a experiência foi na melhor das hipóteses agridoce, pois o populacho jamais voltaria a receber a rainha com tanta benevolência. Anos mais tarde, Tourzel recordou melancolicamente o festival, durante o qual permanecera ao lado da família no Champ de Mars encharcado pela chuva, como o "último dia auspicioso" de sua ama.[147] Para Maria Antonieta, a história estava prestes a tomar um curso inteiramente diferente, durante o qual dias auspiciosos seriam realmente raros. Nunca mais, depois desse dia, os revolucionários a festejariam como sua leal rainha da moda.

9

AS CORES VERDADEIRAS

SE O POVO SENTIU-SE MOMENTANEAMENTE DOMINADO pela visão do traje tricolor da rainha na Fête de la Fédération, a verdade era que a aceitação dos códigos indumentários da Revolução por parte de Maria Antonieta não correspondia de maneira alguma a uma conversão subjacente a seus princípios políticos.[1] Em janeiro de 1790, ela explicou numa carta secreta a Mercy que, embora em geral se considerasse demasiado bem-nascida para se rebaixar à trapaça, "minha posição atual é tão singular que, em benefício de todos, tenho de mudar meu caráter franco e independente e ... aprender a dissimular".[2] Sua bem-sucedida atuação na Fête de la Fédération fora portanto precisamente isso, uma atuação: "Temos de participar", ela confessou a Mercy antes do festival, "mas, oh, como isso me apavora."[3]

De fato, mesmo quando procurava apaziguar a ira dos súditos e diminuir seu ódio, ela nunca se entusiasmou com a idéia de que eles deveriam ter uma participação no governo do reino de seu marido. No curso do segundo ano da Revolução, ela observou com horror os golpes cada vez mais ousados desferidos contra os antigos pilares do regime absolutista: em junho de 1790, os deputados da Assembléia aboliram todos os títulos de nobreza hereditários e as ordens de cavalaria; em julho, projetaram uma "Constituição civil do clero" que, num reposicionamento sem precedentes da hierarquia da Igreja, considerava todos os clérigos servidores do Estado; e em dezembro pressionaram o rei para aceitar essa Constituição civil, muito a contragosto. Diante dessas mudanças radicais, Maria Antonieta passou a desprezar a Revolução mais que nunca.[4]

Luís XVI deplorava igualmente as ações da Assembléia e, como sua esposa, temia o momento em que os deputados concluiriam o trabalho na nova Constituição da França, que fatalmente decretaria acentuada diminuição de seu poder.[5] Contudo, em sua perene indecisão, parecia ser incapaz ou não estar propenso a considerar a adoção de quaisquer medidas eficazes para neutralizar as manobras dos revolucionários. Maria Antonieta, em contraposição, ficava cada dia mais convencida de que ela e o rei não podiam permanecer passivos se quisessem salvar sua família, sua posição e seu reino da ruína.[6] Sua prontidão, mantida em segredo, para agir com coragem causou forte impressão no aristocrata liberal Mirabeau, que disse a seu respeito no dia 20 de junho de 1790: "Há apenas um homem ao lado do rei agora – sua esposa." Depois, talvez se referindo a seu passado como uma intrépida amazona vestida de homem, acrescentou: "Logo chegará a hora em que teremos de ver o que uma mulher pode fazer na sela."[7]

Numa cançoneta satírica publicada num jornal monarquista mais ou menos na mesma época, Maria Antonieta foi igualmente elogiada por sua força de caráter "masculino", em comparação com o furtivo traje feminino que, segundo se dizia, o duque d'Aiguillon adotara ao provocar a marcha de outubro de 1789 sobre Versalhes:

Fomos transportados a um tempo miraculoso:
Enquanto d'Aiguil-- se veste de mulher,
Antonieta torna-se um homem corajoso.[8]

Como o gracejo de Mirabeau talvez tenha feito, esta observação atribuía à rainha precisamente o papel que ela tentara desempenhar graças a seu traje de montaria masculino: uma figura altiva que não abriria mão de sua estatura real sem lutar.

Como nem é preciso dizer, essa não era uma postura que tornasse Maria Antonieta simpática aos olhos dos revolucionários, que permaneciam céticos com relação a seu compromisso com a causa nacional. Um satirista de inclinação pornográfica chamou atenção para a depravação subjacente às proezas eqüestres da rainha, imaginando um encontro sexual entre ela e Artois em que ela aparecia "montada num magnífico palafrém e vestida como uma amazona".[9] Aqui, seu histórico de vestir roupas masculinas e sua suposta queda pelo cunhado se combinavam para produzir o retrato de uma mulher perversa, desnaturada, que estava literalmente dormindo com o inimigo. (Artois nunca fora muito apreciado pelo povo francês, mas desde sua partida clandestina da França em julho de 1789 e seu envolvimento com uma comunidade emigrada contra-revolucionária no exterior, a aversão por ele se transformara em ódio implacável.)

Enquanto muitos dos partidários da Revolução ainda queriam acreditar no rei como o "Restaurador da Liberdade Francesa", um digno líder para uma nova monarquia constitucional, não alimentavam as mesmas esperanças com relação à sua esposa. Entre os laços de família com o imperador austríaco e os antigos boatos sobre sua amizade especial com Artois – dois homens que representavam ameaças potenciais para o nascente Estado revolucionário –, parecia haver razão para temer que a inadequadamente viril e sedenta de poder Maria Antonieta iria, na linguagem de um panfleto, "tomar como modelo um de seus ancestrais, Luís XIV, e sitiar Paris à frente de um imenso exército, usando botas e esporas e empunhando um chicote, como se estivesse chegando para subjugar [seus] escravos".[10] E mesmo que se descartasse a possibilidade de que fosse uma perigosa agente estrangeira, a persistência da fome no front doméstico a tornava um alvo fácil para acusações de que ela, a mais famosa esbanjadora de farinha de trigo da França, desejava ativamente "reduzir-nos [o povo] à escabrosa condição de bestas de carga, enquanto reserva todo o melhor grão para [suas] soberbas montarias de caça".[11] Mais ou menos como seus penteados que demandavam tanto pó, o passado eqüestre de Maria Antonieta foi rearranjado pelos detratores como prova de seu caráter perdulário, egoísta e sinistro de maneira geral.

Embora as fantasias que a rainha acalentava não fossem nem de longe tão extremas quanto os panfletários imaginavam, na altura do verão de 1790 ela estava, de fato, realizando sondagens para ver o que poderia ser feito para reverter a agressiva marcha da Revolução. Começou encontrando-se e correspondendo-se secretamente com uma variedade de legalistas, inclusive Mirabeau, que continuava sendo um dos principais luminares da Assembléia mas que, após os eventos sangrentos de outubro de 1789, havia começado privadamente a repensar sua outrora vigorosa oposição ao poder real. Em suas relações com o nobre renegado, Maria Antonieta adquiriu ampla prática no "aprendizado da dissimulação". Disfarçando sua completa aversão pelo homem – cujo rosto terrivelmente feio, bexiguento, e a enorme cabeça leonina exerciam pouca atração sobre a rainha amante da beleza –, ela parece tê-lo submetido facilmente a seu encanto. As fervorosas promessas de ajuda de Mirabeau pareciam oferecer alguma esperança de que, como consta que ele lhe prometeu, "a monarquia seria salva".[12]

Consideravelmente mais desanimadora, embora permitindo mais sinceridade, foi a correspondência que ela encetou durante essa época com o irmão Leopoldo II – que sucedera a José II no trono, mas de quem Maria Antonieta nunca fora próxima – e outros líderes por toda a Europa. Seu objetivo ao se aproximar deles era ver o que poderiam fazer para ajudar, em suas palavras, a "afastar a França do abismo" em que o povo parecia firmemente decidido a arremessá-la. Por razões filosóficas e políticas próprias, contudo, esses soberanos manifestaram um interesse deploravelmente pequeno em salvar a França do caos; simplesmente instaram-na e a Luís XVI a permanecer calmos e esperar pelo melhor, conselho que pareceu a Maria Antonieta extremamente difícil de seguir. Como ela observou num ataque de desespero ao embaixador da Espanha, que repetiu as palavras ao primo de Luís XVI no trono daquela nação: "É muito fácil recomendar prudência e contemporização quando se está longe de tudo isto – mas não quando se tem uma faca no próprio pescoço."[13]

Essas palavras eram talvez mais precisas do que qualquer dos correspondentes reais da rainha gostaria de admitir. À medida que o tempo passava, elas se provavam também mais literais do que figuradas, na medida em que as facas dos revolucionários pareciam pairar cada vez mais perto da pessoa física de Maria Antonieta. Não muito depois da Fête de la Fédération, homens da Guarda Nacional prenderam um homem armado que se infiltrara nos jardins do refúgio campestre da corte em Saint-Cloud com o propósito expresso de assassinar a rainha. Depois que esse indivíduo foi preso, a polícia secreta contratada por Luís XVI descobriu outra trama para matar sua esposa, dessa vez com veneno.[14]

Quase igualmente amedrontadora, da perspectiva da família real, foi uma proposta que ganhou considerável força durante o outono, tanto entre o público geral como no governo revolucionário. Fortalecida em boa parte pela enxurrada de pornografia política que "documentava" as iniqüidades sexuais da rainha trajando *gaulle*, essa proposta exigia que ela fosse julgada como adúltera e concedesse o divórcio ao marido, deixando-o livre para se casar com uma mulher mais palatável para o público revolucionário, como a elegível filha do duque d'Orléans. Quanto à *Autrichienne* adúltera, sua punição seria ou o confinamento perpétuo num convento ou a execução. Até La Fayette, apesar de toda a sua conversa sobre uma feliz união entre o povo e seus príncipes, falou sem rodeios ao informar à rainha que era muito provável que o povo tentasse se livrar dela dessa maneira.[15]

À luz desses perigos crescentes, tornou-se penosamente claro para Maria Antonieta e até, finalmente, para seu marido que eles não podiam mais evitar uma medida drástica.[16] No final de 1790, concluíram que tinham pouca escolha senão escapar das Tulherias com a família e fugir para um lugar controlado por um forte simpatizante da monarquia, ou fora da França (a preferência da rainha) ou dentro dela (a alternativa que parecia melhor a Luís XVI, desejoso de não desapontar seu "bom povo"). Mirabeau, entre outros, já havia proposto uma solução desse tipo durante o verão; agora, mais do que nunca, ela parecia a única saída.[17]

Exatamente o que aconteceria depois – se Leopoldo II ou outros soberanos estrangeiros se ofereceriam para ajudá-los, e como ou em que medida seriam capazes de restaurar os poderes da monarquia – continuava por ser determinado.[18] Mas pelo menos a família real se libertaria das Tulherias e das constantes ameaças que pairavam sobre ela no centro nervoso revolucionário que era Paris. O antigo amante de Maria Antonieta, Axel von Fersen, que se estabelecera na capital mais cedo naquele ano e vinha sendo extremamente generoso em seus oferecimentos de ajuda, prontificou-se a orquestrar a fuga. Luís XVI, parecendo como sempre obstinadamente cego a quaisquer vínculos românticos entre o nobre sueco e a esposa, não levantou nenhuma objeção quando Fersen começou a fazer os planos.

Enquanto Fersen e um punhado de outros homens de confiança se encarregavam dos preparativos necessários, a própria rainha operava sob a vigilância quase constante da Guarda Nacional e, menos oficialmente, dos criados que lhe haviam sido designados no palácio, de cuja maioria ela desconfiava como espiões revolucionários. Nessas condições, sua política de dissimulação estratégica continuava importante, pois o menor passo em falso poderia traí-la aos olhos da Assembléia e frustrar seus planos para sempre. Além disso, não havia como negar a essa altura que a Revolução tinha um vocabulário inteiramente próprio, uma linguagem de fervor político e virtude igualitária que incluía acessórios como a *tricolore*. Então por que não, perguntava ela retoricamente, "falar às pessoas na única linguagem que compreendem"?[19] Enquanto procurava ganhar tempo e esperava sua fuga para a liberdade, Maria Antonieta continuou portanto a falar essa linguagem através do vestuário. Se os livros de contabilidade de madame Éloffe servem como indicação, durante esse período ela aderiu a um código de indumentária conciliador, em sua maior parte azul e branco.[20]

Nesse aspecto, Maria Antonieta começou paradoxalmente a fazer exatamente o que seus inimigos insistiam havia muito em apontar em sua aparência "contra-revolucionária".[21] Nos panfletos que inundavam a capital desde o verão de 1789, os detratores da rainha advertiam que seus trajes definitivamente não falavam a linguagem da convicção democrática e da virtude populista; que seus laços de parentesco austríacos, metaforicamente figurados nas plumas de avestruz, representavam um real perigo para o nascente governo constitucional da França; que seus trajes masculinos pressagiavam sua vontade traiçoeira de poder; e que mesmo seus simples vestidos, toucados e xales brancos menos celebravam o honrado novo regime que recordavam sua lealdade ao antigo e decadente. No fim da primavera de 1791, quando ela e seus ajudantes davam os toques finais aos planos de fuga, essas acusações paranóicas haviam ganhado um indiscutível elemento de verdade. A astutamente adornada Maria Antonieta *não* era digna de confiança. Ela alimentava *de fato* algo semelhante às intenções impatrióticas que seus inimigos decifravam em seu vestuário. Como um panfleto da época comentou, "o público não via nela nada senão uma atriz de teatro" cujas manifestações superficiais de probidade patriótica mascaravam uma arraigada aversão à causa revolucionária.[22] Sem dúvida, seus trajes extravagantes e inadequados tinham-na identificado havia muito com a população corrupta das atrizes de Paris – fato que fazia suas afirmações de boa vontade parecerem extremamente duvidosas.[23]

Entretanto, como a rainha confessara a Mercy, as agruras desesperadas em que se encontrava exigiam que recorresse à dissimulação e ao disfarce. Por mais que afirmasse se sentir ambivalente com relação a dizer mentiras, elas eram os instrumentos que restaurariam seu "caráter franco e independente" de uma vez por todas. Nesse aspecto, é revelador que nos meses que conduziram a junho de 1791 e a sua planejada fuga Maria Antonieta tenha parado de pedir a madame Éloffe que lhe fornecesse rosetas tricolores, fitas *à la Nation* e vestidos estrategicamente enfeitados com vermelho, branco e azul. No guarda-roupa que reuniu para a viagem, começou a pender em vez disso para o impenitente verde de Artois, o suntuoso violeta da realeza, o preto da Áustria e do luto real e o branco da flor-de-lis Bourbon.[24] Aumentando gradualmente suas encomendas de roupas tanto de madame Éloffe como de Rose Bertin, ela montou um enxoval digno de uma rainha – isto é, uma rainha plenamente decidida a reivindicar sua coroa.

Madame Campan, cuja ajuda Maria Antonieta requisitou para concluir suas compras, pediu à ama que se lembrasse de que "uma rainha da França poderá sempre obter os vestidos de que precisa, onde quer que se encontre" e advertiu-a de que comprar tantas roupas de antemão "poderia ser inútil, até perigoso".[25] Certamente, ao aumentar o tempo e o dinheiro que gastava com Rose Bertin, a consorte de Luís XVI estava se expondo, na pior nas hipóteses, a que alguém percebesse seu plano – e, na melhor, a uma nova enxurrada de publicidade negativa. De fato, ambos esses riscos se materializaram. Embora só tenha denunciado a fuga da família real depois que ela ocorreu, uma das mulheres que trabalhavam no guarda-roupa real começou a desconfiar dos motivos de Maria Antonieta para encomendar de repente tamanho número de vestidos novos. Revolucionária intransigente, com um amante na Guarda Nacional e absolutamente nenhuma afeição por Maria Antonieta, essa mulher começou a avisar seus compatriotas de que a família real estava se preparando para fugir.[26] Maria Antonieta, por sua vez, ficou tão temerosa da espionagem da criada do guarda-roupa que conseguiu adiar a fuga de Paris para até um dia depois que a mulher havia deixado seu serviço.[27]

Jornalistas revolucionários também ficaram alertas e perceberam a renovada presença regular de Bertin junto à cliente. Diferentemente da criada do guarda-roupa, os panfletários não estabeleceram ligação entre as encomendas de vestidos e o plano de fuga, mas não deixaram de reintroduzir a *marchande de modes*, junto a antigas figuras como Artois, Polignac e Lamballe, como uma personagem-chave no círculo dos detestados favoritos de Maria Antonieta. Segundo uma história provavelmente apócrifa, uma criada da princesa de Lamballe foi atacada certa vez perto das Tulherias por ter sido confundida "com alguém que trabalhava para a chapeleira da rainha, madame Bertin, que, disseram os agressores, estava se regalando com a miséria pública".[28] Se esse incidente realmente ocorreu, talvez tenha sido motivado por panfletos como aquele que, repetindo a ladainha de queixas desencadeada contra a negociante de modas uma década antes, afirmava com indignação: "Nada se iguala à impertinência dessa *demoiselle* desde que foi admitida à intimidade da rainha, para quem ela dita as leis da moda – de que é, segundo afirma, a mais fervorosa sacerdotisa."[29] Renovando velhos ressentimentos contra o frívolo "ministério da moda", arbitrariamente investido de poder, que Maria Antonieta presidia, essa passagem apresentava novamente sua devoção ao vestuário como razão imperiosa para a desconfiança do público. Em janeiro de 1791, o jornalista revolucionário Camille Desmoulins – aquele que fora o primeiro a usar uma roseta feita de uma folha verde em junho de 1789 – adotou essa linha de argumentação, descrevendo Maria Antonieta em seu jornal como "aquela Fúria que arrancou todas as cobras do cabelo e soltou-as sobre a nação francesa".[30] Nessa formulação, o penteado intricado da rainha abrigava elementos venenosos que atacariam os súditos.

Contudo, essa última rodada de ataques jornalísticos nada fez para dissuadir a rainha enquanto ela escolhia roupas para a viagem iminente. Nos meses que antecederam a fuga, recordou madame Campan, Maria Antonieta dedicou extraordinária atenção ao modo como se vestiria uma vez fora de Paris – como se seus trajes de aspecto monarquista representassem promessas das prerrogativas que ela pensava estar prestes a reconquistar.[31] Abjurando as cores da militância revolucionária e retomando aquelas associadas ao Ancien Régime, e convocando seu antigo "ministério da moda" para equipá-la para o iminente triunfo, Maria Antonieta indicava que, dali em diante, o único programa político exibido em suas roupas seria o seu próprio. Restava-lhe um único traje enganoso para usar antes que ela e sua família ficassem finalmente livres.

NA NOITE DE 20 DE JUNHO DE 1791, após realizar os atos dos *couchers* reais formais que ainda encerravam cada dia nas Tulherias, Luís XVI, Maria Antonieta, seus filhos, madame de Tourzel e madame Elisabeth esgueiraram-se do palácio protegidos pela escuridão, passando furtivamente pelos soldados da Guarda Nacional a intervalos cuidadosamente medidos. Axel von Fersen, vestido de cocheiro, apanhou-os numa carruagem discreta. Como Fersen, os fugitivos haviam adotado roupas e identidades sociais novas para a fuga. Madame de Tourzel estava disfarçada como a viúva de um aristocrata russo, a baronesa de Korff (a verdadeira baronesa emprestara o passaporte à família real para a viagem); os Filhos da França, como as duas filhinhas da baronesa; Maria Antonieta representava a governanta das crianças; madame Elisabeth, a criada; Luís XVI era o camareiro, e seus três leais guarda-costas, os criados.[32] Diz-se que, quando lhe apresentaram seu inusitado traje para a noite, um vestidinho de morim com listras marrons, o delfim de seis anos conjecturou alegremente: "Então vamos representar uma comédia", lembrando assim as encenações amadoras de sua mãe no Petit Trianon.[33] De fato, a modesta túnica marrom-escuro, o xale e o toucado volumoso que ela exibia naquela noite revelavam que, como nas peças em sua mansão campestre, Maria Antonieta escolhera deliberadamente não representar o papel de rainha.[34] Se outrora seu interesse em assumir a identidade de uma plebéia fora uma maneira de se distrair dos fardos da vida real, agora era simplesmente uma questão de sobrevivência.

O plano da família real era viajar até a cidade fortificada de Montmédy, situada perto da fronteira com a Flandres Habsburgo, exatamente o território cujas exportações de musselina para a rainha haviam causado tanto clamor no início da década de 1780. Uma vez em Montmédy, eles deveriam receber proteção militar e auxílio do marquês de Bouillé, um general aristocrata que controlava considerável número de forças militares na área.

Dez quilômetros depois da saída de Paris, eles trocaram de carruagens e de cocheiros: Fersen deveria seguir depressa para Flandres na frente, enquanto a família real viajaria numa espaçosa berlinda verde e amarela especialmente fabricada, abarrotada com as enormes pilhas de bagagem que eles insistiam em levar para o exílio.[35] Um dos muitos itens preciosos que Maria Antonieta levou na viagem foi um pequeno estojo de manicure de jade em que ela pintara uma miniatura de si mesma a cavalo – uma recordação que talvez servisse para firmar sua decisão e lembrá-la, nas palavras de Mirabeau, do que "uma mulher podia fazer na sela" enquanto comandava a partida de Paris.[36] Tivessem seus detratores conhecimento da inclusão desse objeto na bagagem, teriam certamente visto nisso uma confirmação de seus piores temores acerca dessa perigosa caçadora real.

Mas o plano se desfez muito antes que os viajantes chegassem a seu destino. Desde o princípio, o progresso da berlinda rumo ao leste fora atrapalhado por consideráveis atrasos; estes por sua vez causaram problemas de conexão com os destacamentos de cavalaria designados para encontrá-la no caminho.[37] O cabeleireiro da rainha, Léonard, foi em parte responsável pela catástrofe final. Maria Antonieta havia decidido que ele deveria participar da fuga de modo que ela pudesse "aparecer ainda como uma rainha da moda quando ela e Luís recebessem as aclamações de suas tropas leais em Montmédy ou quando ela visitasse os membros de sua família Habsburgo em Bruxelas".[38] Lamentavelmente para sua cliente, as habilidades de Léonard como cabeleireiro não se traduziram em aptidão como emissário diplomático e batedor militar. Ele e o jovem duque de Choiseul-Stainville (o leal mas inexperiente sobrinho do antigo defensor de Maria Antonieta na corte, Choiseul) esperaram a berlinda por várias horas num ponto de encontro designado. Como ela não aparecia, Léonard seguiu até Varennes, cidade a 65 quilômetros de Montmédy. Ali, arrogante e presunçoso como sempre, convenceu uma companhia de soldados legalistas que esperava a comitiva a debandar, sob a alegação de que a família real fora detida nas Tulherias e não precisaria do auxílio deles aquela noite.[39] Além disso, insensatamente entregou o porta-jóias de Maria Antonieta, cheio de inestimáveis diamantes – que fora encarregado de levar pessoalmente a Montmédy –, a um soldado, que foi encontrado assassinado e de mãos vazias no dia seguinte.[40]

Enquanto isso, nas primeiras horas da manhã do dia 21 de junho, a notícia do desaparecimento dos Bourbon espalhou-se rapidamente pela capital, disseminada pelos empregados do palácio e soldados da Guarda Nacional cuja vigilância eles haviam eludido. As notícias suscitaram indignação no povo (já extremamente sensibilizado) e fomentaram rumores de um iminente golpe contra-revolucionário a ser movido contra Paris pela rainha e o imperador austríaco. Temendo que o caos tomasse conta da cidade, os deputados da Assembléia fizeram uma sessão de emergência e ordenaram que La Fayette enviasse mensageiros montados à zona rural circundante com mandados de prisão contra a família real. Os mensageiros atravessaram as províncias a grande velocidade enquanto a berlinda pesadamente carregada se arrastava em direção à fronteira.

No fim do primeiro longo dia na estrada, a berlinda foi também perseguida, e fatalmente alcançada, por um jovem agente do correio chamado Drouet, que vira por acaso a família real atravessar a cidade de Sainte-Menehould e reconhecera o rosto de Luís XVI (apesar do disfarce de camareiro) comparando-o com a estampa em uma nota de 50 libras.[41] Enquanto a berlinda seguia para Varennes, sua última parada a caminho de Montmédy, Drouet correu atrás dela a cavalo. Não encontrando a muda de cavalos que esperava ao chegar à cidade, a família real sofreu mais um atraso imprevisto. Nesse meio tempo, Drouet chegou a Varennes, fez soar o toque de alarme e reuniu um grupo de homens da Guarda Nacional local e outros militantes revolucionários que não perderam tempo em erguer uma barricada que impediria quaisquer tropas realistas próximas de entrar na cidade para auxiliar os fugitivos. Drouet e seus homens prepararam uma emboscada na rua principal da cidade, e a berlinda logo entrou diretamente nela.[42] Antes que soubessem o que estava acontecendo, os passageiros se viram cercados: por Drouet e seus ajudantes, por enxames de moradores irados e por uma profusão de gente que chegava de outras cidades da região – todos escandalizados com a fuga ignominiosa do rei e da rainha.

Para proteger a família real dessa multidão explosiva, um funcionário e merceeiro local chamado monsieur Sauce acompanhou-os até sua casa, onde os deteve enquanto aguardava novas instruções de Paris, tendo sido informado por Drouet de que quem permitisse aos fugitivos seguir caminho "estaria cometendo crime de alta traição".[43] A espera foi torturante para a família real, cercada como estava por vaias e assobios do povo que sitiava a casa e perguntando-se ansiosamente se os soldados legalistas na região ainda seriam capazes de vir em seu socorro.[44] Pouco depois do raiar do dia, eles foram obrigados a abandonar essa esperança quando dois dos homens de La Fayette apareceram na casa de Sauce e apresentaram a Luís XVI um mandado de prisão. Sem poder acreditar que seu povo estava ousando apoderar-se de sua pessoa sagrada, o monarca exclamou: "Não há mais um rei da França!" Maria Antonieta, caracteristicamente, assumiu uma atitude mais desafiadora, agarrando o pedaço de papel das mãos do marido e jogando-o no chão. Não permitiria, anunciou, que seus filhos fossem desonrados por um documento tão absurdo.[45]

Mas os protestos da rainha foram inúteis. Ela e a família foram cercadas por hordas de exaltados simpatizantes revolucionários determinados a cumprir as ordens de prisão da Assembléia, e Luís XVI, em particular, relutava em permitir que a insignificante companhia de legalistas que finalmente conseguira entrar em Varennes usasse de força contra eles. Assim, pela segunda vez desde 6 de outubro de 1789, a família real tornou-se prisioneira do povo francês. Na manhã de 22 de junho, eles amontoaram-se em sua reluzente berlinda verde e partiram rumo à cidade de que desejavam tão desesperadamente fugir. Num lento cortejo flanqueado por homens da Guarda Nacional, bem como por "pessoas armadas com foices e mosquetes, lanças, forcados e sabres", viajaram por estradas margeadas por plebeus que tinham vindo importuná-los e amaldiçoá-los.[46] Num vilarejo, a ralé chegou ao ponto de puxar violentamente as roupas de Maria Antonieta e de sua cunhada, levando ambas às lágrimas.[47] Mais uma vez, o traje da rainha – por mais humilde e despretensioso que pretendesse parecer – serviu como um ponto focal para a raiva dos súditos.

Após quatro dias de viagem no calor sufocante do verão, nem as roupas de Maria Antonieta nem as de sua família estavam em condições especialmente apresentáveis quando o cortejo parou finalmente em frente às Tulherias, em 25 de junho, flanqueado por uma escolta que crescera, incluindo agora entre 15 e 30 mil pessoas.[48] Quando a família real saiu da carruagem, as multidões furiosas que haviam se formado ficaram pasmas ao ver seus rostos e disfarces de viagem cobertos por grossa camada de sujeira. Antes que pudessem se retirar para seus quartos, porém – Maria Antonieta reclamava um banho, e Luís XVI, um frango assado –, eles tiveram de enfrentar uma última afronta popular.[49] Segundo um dos pajens do rei, "a multidão era imensa. La Fayette estivera percorrendo os jardins, instando as pessoas a ficar calmas, mas convidando-as a manter o chapéu na cabeça à vista dos monarcas para indicar sua indignação."[50] Nessa repetição da manifestação de desafio que os membros do Terceiro Estado haviam encenado dois anos antes, as ordens do general foram, observou madame de Tourzel, "tão estritamente obedecidas que vários miseráveis sem chapéu cobriram as cabeças com panos fétidos e sujos".[51]

Madame Campan, de sua parte, ficou menos chocada pela última demonstração de hostilidade do povo que pelo que viu quando sua ama real tirou o próprio chapéu depois da viagem. Naqueles poucos dias, o cabelo da rainha de 35 anos "ficara tão branco quanto o de uma mulher de 75".[52] Imediatamente, Maria Antonieta enviou uma mecha para a princesa de Lamballe, que fora mandada à Inglaterra numa missão secreta no momento exato em que ela e Luís XVI fugiam das Tulherias, e que aguardava ansiosamente notícias da fuga. Para Maria Antonieta, a mecha de cabelo resumia todas as notícias que a princesa precisava receber; fez com que ela fosse colocada num anel em que estavam gravadas as vigorosas e expressivas palavras: "Embranquecido pelo infortúnio."[53] Nos primeiros anos que as amigas haviam passado juntas, a brancura – cútis branca, cabelo empoado de branco, diamantes brancos, peles brancas fulgurantes contra uma paisagem coberta de neve – havia significado a irrestrita busca do prazer, do luxo e da beleza. Naquele momento muito diferente, ela atestava as provações por que a rainha passara em sua tentativa de fuga.

Esses sofrimentos apenas se intensificaram após o retorno à capital. A partida clandestina foi vista como uma inequívoca traição da causa revolucionária, e a família real perdeu qualquer resquício de credibilidade política de que tivesse gozado antes de partir; a própria idéia de uma monarquia constitucional, ainda defendida por revolucionários, ficou gravemente enfraquecida. "Agora que fugiu", arengou o jornalista político Jacques-Pierre Brissot, "esse rei 'patriótico' foi desmascarado ... e destruiu a coroa com as próprias mãos."[54] De fato, na véspera da reaparição dos soberanos na capital, membros do Clube dos Cordeliers, associação política esquerdista encabeçada pelo carismático Georges Danton, colheram 6 mil assinaturas numa petição que reivindicava o estabelecimento de uma república e a concomitante eliminação de todos os privilégios reais.[55] Pouco depois, mais 30 mil pessoas assinaram outra petição semelhante. Como Marie-Jeanne Roland, a mulher do político Jean-Marie Roland observou na ocasião, "a palavra 'república' está sendo pronunciada agora quase em toda parte".[56]

Tornando a situação da monarquia ainda mais precária, Mirabeau, o antigo aliado da rainha, havia morrido em abril, privando-a e a sua família de seu mais poderoso, ainda que secreto, aliado revolucionário. No início de setembro, a Assembléia apresentou a Luís XVI uma Constituição concluída que o rebaixava a "representante da nação", com isso negando as pretensões da coroa a ser divinamente estabelecida.[57] Em 14 de setembro, contendo amargas lágrimas e inteiramente sob coerção, o rei jurou defender a Constituição, enquanto os deputados da Assembléia presentes à cerimônia mais uma vez deixaram propositalmente de tirar o chapéu em sua presença.[58] Quatro dias mais tarde, um balão de ar quente enfeitado com fitas tricolores voou sobre a Champs Élysées para comemorar o importante juramento.[59] Mas enquanto a decoração esvoaçante do balão sugeria que a tão esperada fusão do povo e da coroa finalmente ocorrera, o futuro desta última continuava na melhor das hipóteses incerto. Logo depois que Luís XVI jurou apoio à Constituição, Maria Antonieta comentou amargamente: "Esse povo não quer soberanos. Com suas táticas pérfidas, está demolindo a monarquia pedra por pedra."[60]

A chamada fuga para Varennes certamente deu ao povo abundantes novas razões para desconfiar dos soberanos, e, como de costume, ele dirigiu grande parte de sua ira à rainha.[61] Talvez a prova mais condenatória que o tribunal da opinião pública tinha contra ela era o fato de que fora presa, com a família, a caminho da fronteira Habsburgo. Essa descoberta não só confirmou o significativo envolvimento da *Autrichienne* na fuga mas corroborou ansiedades que haviam fermentado desde os dias de *La Reine en gaulle* acerca de uma "conspiração austríaca" para arruinar a França. Fazendo eco à descrição de Desmoulins da rainha como uma Fúria com perigosas cobras coleando para fora do cabelo, um satirista desancou-a como uma "Fúria em busca da destruição dos 23 milhões de pessoas" do reino do marido.[62] Outro escritor desconhecido enfatizou que esse plano nascera de sua depravada criação Habsburgo. Elidindo qualquer menção à aparência impecavelmente gálica que a delfina apresentou aos súditos ao saudá-los pela primeira vez, esse escritor imaginou Maria Antonieta referindo-se à sua pátria de adoção como "França, o único objeto de meu ressentimento; França, que odiei desde o dia em que nasci".[63] Visualmente, essa alegação pode ter encontrado corroboração na gravura que o artista pró-revolucionário Lesueur fez da detenção em Varennes, que mostrava a rainha (e sua filha, "Musselina") usando o vestido branco solto, instantaneamente reconhecível, e o chapéu de palha rústico da "pequena Viena" (ver prancha 21).[64]

Não foi só ao provocar uma duradoura desconfiança acerca de seus vínculos austríacos que a fuga para Varennes intensificou a ira dirigida pelo povo à rainha. Para muitos observadores, o episódio realçou também o forte vínculo subjacente entre os planos traiçoeiros de Maria Antonieta e sua obsessão pela moda. Não havia ela, afinal, adotado um engenhoso disfarce para eludir captores potenciais, exatamente como costumava fazer nas escandalosas visitas à Ópera de sua juventude? Não havia ela encorajado o rei a vestir uma fantasia, também, e a se degradar disfarçando-se de mero camareiro? (Jérôme Pétion, um dos três deputados que os acompanhara na etapa final da viagem de Varennes a Paris, enfatizou mais tarde que as roupas do soberano "não poderiam ser mais surradas".[65]) Não havia Maria Antonieta, como especificava a denúncia da criada do guarda-roupa, encomendado uma quantidade exorbitante de roupas novas nos meses anteriores a 20 de junho?[66] Não havia ela recorrido à insolente e frívola Bertin para preparar sua fuga, e ao igualmente abominável cabeleireiro na tentativa de levá-la a cabo?[67]

Certamente, a adoção pela rainha de personas falsas, sua degradação da função real, sua vaidade ilimitada e sua estreita associação com artífices da moda eram vistas havia muito como prova de sua malevolência e falência moral. Mas para os partidários do novo regime, essas qualidades, todas abundantemente evidentes na fuga para Varennes, representavam graves perigos políticos – especialmente quando postas a serviço do que era visto como um plano de ação contra-revolucionário. Sob essa luz, não é de todo surpreendente que, quando as notícias da fuga real foram tornadas públicas, massas de parisienses tenham afluído aos jardins das Tulherias, alguns dos quais, segundo consta, invadiram o palácio e rumaram diretamente para o guarda-roupa de Maria Antonieta. Diz-se que os intrusos se apossaram de todas as roupas em que conseguiram pôr as mãos, experimentaram-nas e levaram-nas para casa a fim de revendê-las ou usá-las eles mesmos.[68] Como os espelhos de seus aposentos em Versalhes, as roupas da rainha – sinais de sua vaidade e hedonismo – novamente atraíram a ira dos saqueadores.

Explorando essa relação entre a indignação do público e as obsessões indumentárias da rainha, as numerosas estampas satíricas publicadas após a fuga frustrada esforçaram-se por realçar o notável papel que a moda desempenhara no episódio. Numa caricatura que representava a detenção da família real na casa de Sauce, Maria Antonieta aparecia diante do espelho arrumando uma echarpe no pescoço, demasiado embevecida com a própria imagem para per-

11. Anônimo, *O gourmand: Cena em Varennes, em 21 de junho de 1791* (1791).

ceber que os emissários de La Fayette haviam acabado de chegar para prendê-la e ao rei. Essa representação identificava o narcisismo como seu pecado inveterado: o profundo egocentrismo a impedia de reconhecer os perigos que ameaçavam sua família, assim como ostensivamente a habituara (durante as Revoltas da Farinha, por exemplo) ao sofrimento dos súditos.

Em outra imagem da época que também pôs a rainha diante de um espelho, sua principal ofensa não era tanto a vaidade como um ataque deliberado à masculinidade e à autoridade do marido. Nessa gravura, ela aparece sentada diante de uma penteadeira enquanto Luís XVI, vestindo um guarda-pó claramente feminino, escova diligentemente seu cabelo. Desde seu flerte com o *pouf* em meados da década de 1770, o público temera que os gastos descontrolados de Maria Antonieta, a auto-apresentação ostentosa e o cultivo de um "ministério da moda" constituíssem uma degradante apropriação feminina dos poderes reais de Luís XVI. Com a fuga para Varennes, de que presumivelmente havia obrigado o marido a participar, ela mais uma vez ultrapassara esses limites. Havia reduzido o rei a um humilde lacaio que – como seu "outro" cabeleireiro, Léonard – existia unicamente para servir a seus caprichos egotistas. No entanto, sugeria o cartum, isso tinha efeitos deletérios sobre a monar-

12. Anônimo, *Troc pour troc, coiffure pour couronne* (1791).

quia como um todo. Se o próprio Luís XVI havia admitido em Varennes que sua autoridade não mais existia, ele não podia culpar ninguém exceto a esposa pela perda. Como sugeria a legenda da imagem, intitulada *Elas por elas*, ele fizera um mau negócio tentando trocar "Paris por Montmédy" e "coroa por penteado". O fracasso do empreendimento efetivamente custara a Luís XVI a coroa e o deixara sem nada melhor para fazer que pentear a afoita e prepotente esposa.[69]

Outra caricatura atacou o envolvimento de Maria Antonieta na fuga para Varennes enxertando sua cabeça – a que não faltavam cachos infestados de cobras, como os de uma Fúria – no corpo de um leopardo, acima de uma legenda satírica sobre a falsa identidade que ela assumira para a viagem.[70] Enquanto o penteado repetia, obviamente, as advertências aterrorizantes de Desmoulins sobre o fabuloso apetite da rainha pela destruição, a introdução do corpo de leopardo acrescentava dois avisos adicionais. Primeiro, ao propor um trocadilho visual (*léopard*) com o nome de Léonard, lembrava aos espectadores que a rainha convocara um de seus notórios "ministros da moda" para se acumpliciar com ela contra o povo francês. Tendo por mais de uma década desprezado os personagens de reputação duvidosa que compunham seu afeminado "gabinete paralelo", o público podia agora, revelava o cartum, sentir-se inteiramente vingado em sua antipatia. Graças à revelação do fiasco de Montmédy, parasitas desprezíveis como Léonard (que, não por coincidência, desapareceu no exterior depois de saber da detenção da família real) podiam ser legitimamente vistos como ameaças à nação.[71]

13. Anônimo, *Sua Excelência madame la baronne de Korff* (c.1791).

Em segundo lugar, dotando a rainha de um corpo de leopardo, a imagem refutava rudemente os gestos conciliadores que ela dirigira ao público na fase anterior da Revolução. Apesar de sua tranqüilizadora adoção de roupas e rosetas tricolores, a furtiva escapada para a fronteira Habsburgo revelava que o leopardo não mudara em absoluto de natureza. A despeito de todas as técnicas cambiantes que usava para se apresentar, ela continuava a mesma estrangeira pérfida que sempre fora. Se, no futuro, desejasse se enfeitar com fitas tricolores, ela o faria em vão; o povo não se deixaria enganar novamente.[72] "Vá em frente e enrole-se em seu manto púrpura real", ordenou-lhe com irritação o jornalista revolucionário Louis Prudhomme em seu jornal *Les Révolutions de Paris*. "Não esperamos que exiba nenhuma virtude cívica; a senhora nasceu sem nenhuma!"[73]

Ao opor o "manto púrpura real" de Maria Antonieta às "virtudes cívicas" do povo, essa declaração forjava um vínculo entre seu recém-encomendado guarda-roupa de vestidos violeta (e brancos e verdes) e suas crenças contra-revolucionárias inalteradas. E as cores politicamente incorretas dos novos trajes podiam certamente ser vistas dessa maneira, mesmo além da esfera dos cartuns de leopardo e das arengas de jornal. Pouco depois que a família real voltou de Varennes, um grupo de exaltadas vendedoras do mercado correu às Tulherias e esfarrapou a faixa verde que uma das acompanhantes da rainha – a irmã de madame Campan – por acaso estava usando. À guisa de explicação, as mulheres declararam que o verde era a cor de Artois, "a quem nunca perdoariam" por suas maquinações contra-revolucionárias, e que a senhora que exibia esse abominável matiz era obviamente "a escrava da *Autrichienne*".[74] Nesse contexto, é difícil imaginar que ao substituir roupas de cores revolucionárias por outras de cores realistas a rainha tenha feito senão piorar sua já catastrófica imagem pública.

Entretanto, o irredimível fracasso do esforço de Montmédy parece ter deixado Maria Antonieta com pouco apetite para novas trapaças indumentárias. Depois de Varennes, 12 de suas primeiras 20 encomendas a madame Éloffe foram de vestidos verde-Artois ou púrpura real, ou ambos, e um dos primeiros vestidos de corte que encomendou de Rose Bertin foi também púrpura real.[75] Politicamente, contudo, ela retomou seu programa de dissimulação, dessa vez trabalhando junto ao deputado revolucionário moderado Antoine Barnave (que, juntamente com Pétion, havia acompanhado sua berlinda no retorno a Paris com a família em junho) para convencê-lo de que ela e Luís XVI eram devotados à causa da monarquia constitucional e que ela conseguiria levar o irmão Leopoldo II a lhe dar apoio diplomático. Assim como fizera com Mirabeau, Maria Antonieta estava envolvendo Barnave num jogo duplo.

Numa carta escrita em código para Mercy, ela rejeitou a Constituição como um "tecido de absurdos impraticáveis".[76] Longe de granjear o apoio do irmão para o novo regime, ela queria que ele e outros monarcas europeus formassem um congresso armado que intimidaria o nascente governo revolucionário e, como o expressou Antonia Fraser, "essencialmente ... *ameaçaria* os franceses, levando-os a se comportar melhor com o seu rei".[77] Inabalável em suas convicções realistas, a rainha parecia ver isso como um curso perfeitamente razoável a seguir. "Longe de pedir o impossível", escreveu ela em 7 de agosto, "eu peço simplesmente o restabelecimento do [antigo] regime."[78]

Contudo, ao mesmo tempo em que manipulava Barnave para esse fim, Maria Antonieta não se dava mais ao trabalho de ostentar os falsos sentimentos políticos através do vestuário. Da capa de tafetá "verde-pato" que encomendou em 13 de julho à "*chemise* verde-florença salpicada de violeta" que comprou em 16 de setembro, e do redingote verde que comprou em 24 de setembro ao vestido de cetim violeta que encomendou em 18 de novembro, a rainha reintroduziu enfaticamente as cores régias do Ancien Régime. Mais ainda, gastou nisso somas principescas: nos dois últimos trimestres de 1791, sua dívida com Rose Bertin elevou-se 30% acima da soma já inflada que destinara às compras para Montmédy nos dois primeiros trimestres.[79]

Essa mudança nos trajes da rainha não passou despercebida pelos súditos. No verão de 1791, pelo menos um satirista se queixou daquela "aversão ao nosso traje nacional" – referindo-se ao uniforme tricolor da Guarda Nacional – e apresentou essa aversão como prova de que "todas as calamidades [da França], passadas, presentes e por vir, foram e serão sempre causadas por ela".[80] Igualmente crítico da nova elegância de cores realistas da rainha era La Fayette, que disse, zombando, que apesar de sua frágil posição política ela estava "mais preocupada em parecer bonita diante do perigo que em afugentá-lo".[81] Em contraposição, Barnave, jovem e deslumbrado, achava a aparência da rainha mais cativante que censurável. "A senhora pode comover o povo francês com fitas, com um sorriso encantador", lisonjeou-a, insistindo que ela ainda podia reconquistar a afeição dos súditos simplesmente parecendo linda.[82] (A admiração do próprio Barnave pela elegante rainha era tal que quando ele foi para a guilhotina em novembro de 1793, levou um retalho de um dos vestidos de Maria Antonieta no bolso do paletó.[83]) Contudo, o que Barnave, La Fayette e os satiristas anônimos não conseguiam ver na maneira de se vestir da rainha era a expressão de uma meta ambiciosa, que ela confiou em termos mais explícitos apenas a Fersen: "Tornar-me, novamente, poderosa o bastante para provar a todos esses mendigos que eles nunca me enganaram."[84]

Por mais desafiadora que fosse, porém, a mudança no repertório de roupas de Maria Antonieta revelou também algum pathos, pois desde o retorno às Tulherias a monarquia estava perdendo apoio não só dentro como fora da França, e não só entre o povo como entre a nobreza. O conde de Provence, que fugira separadamente, com sucesso, na noite de 20 de junho, havia se reunido ao irmão Artois e a grande número de outros emigrados aristocratas em Coblentz, cidade logo ao sul de Colônia governada pelo tio materno dos príncipes franceses. Da segurança de seu posto avançado no estrangeiro, que eles chamavam de a única corte legítima da França, esse grupo contra-revolucionário fanático rejeitava as pretensões políticas da Assembléia, ameaçava violência contra a nação e condenava a fraqueza de Luís XVI ao aceitar a Constituição. Instigado pelo antigo controlador-geral Calonne, que ainda culpava Maria Antonieta por sua demissão do cargo, essa facção alimentava a idéia de empossar o sempre ambicioso Provence como regente "sob a alegação de que o rei estava sob coação" e estabelecer formalmente a monarquia francesa no exterior.[85]

Inconsolável com o que lhe parecia uma traição tanto política quanto familiar, Maria Antonieta escreveu a Provence suplicando-lhe que não seguisse esse caminho.[86] Ainda assim, os emigrados continuaram a se colocar agressivamente contra a Revolução e o rei oficialmente pró-Constituição – gestos que punham grande pressão adicional sobre as relações já tensas da família real com os súditos. Portanto, se a rainha insistia em cores régias em seus trajes, talvez fosse para lembrar à audiência estrangeira, bem como à doméstica, que, a despeito de todas as humilhações que haviam sido forçados a suportar, ela e o marido ainda ocupavam o trono da França.

Era uma posição isolada a assumir, e Maria Antonieta experimentou um período de solidão tentando se afirmar como soberana quando tão poucas pessoas estavam dispostas a reconhecê-la como tal. A Constituição despojara a rainha e o rei de sua aura divina; sob o novo regime, eles "não deveriam mais ser chamados de 'Majestade' ... e ninguém deveria lhes mostrar nenhum dos tradicionais sinais de respeito, como permanecer de pé em sua presença ou descobrir a cabeça".[87] De modo geral, os cortesãos que ainda não haviam emigrado tinham pouco interesse em participar das cerimônias numa corte drasticamente dessacralizada, particularmente quando os soldados da Guarda Nacional que cercavam as Tulherias haviam recebido ordens estritas de proibir a entrada de qualquer pessoa que não estivesse usando uma *cocarde* nacional.[88] Dado o timbre antiaristocrático cada vez mais severo do movimento revolucionário, esse emblema se tornara muito menos palatável para nobres que anteriormente o haviam usado por estar na moda; segundo uma inglesa que viajou por Paris nessa época, os aristocratas que adotavam a roseta por medo das represálias das massas preferiam escondê-la "sob um tufo de fitas".[89] Depois de Varennes, contudo, esse era um esforço que um número cada vez menor de nobres parecia disposto a fazer para freqüentar os soberanos. "Eles estão nos punindo por nossos infortúnios", queixava-se Maria Antonieta com indignação, escandalizada ao ver que as pessoas tinham deixado de comparecer até ao *coucher* do marido.[90] Embora como decana do Petit Trianon ela tivesse se esquivado alegremente dos serviços de seus cortesãos, agora ansiava por sua ajuda para sustentar aquelas mesmas prerrogativas a que outrora brincara de renunciar.

Afora a princesa de Lamballe, que retornou lealmente do exílio exibindo três plumas pró-austríacas e pró-aristocráticas em seu "encantador chapéu inglês de pele de castor" e trazendo de presente para a amiga que amava animais uma cadelinha peluda chamada Thisbée, a rainha tinha poucas fontes de conforto e apoio imediatos.[91] Do exterior, Fersen continuava conspirando ativamente para salvar seus amigos reais, mas exceto por uma visita clandestina às Tulherias no fim de fevereiro de 1791 – seu último encontro face a face com Maria Antonieta – as circunstâncias o mantiveram longe dela. De maneira quase igualmente penosa, madame Elisabeth, com quem a rainha costumava gozar de relações amistosas, havia se tornado obstinadamente conservadora, apoiando de forma incondicional as imprudentes ameaças de usar força militar que seus irmãos emigrados faziam além da fronteira. Como Maria Antonieta tinha uma opinião muito diferente das atividades dos príncipes, a amizade entre as duas esfriou. Quanto a Luís XVI, ele deplorava as mudanças políticas correntes tanto quanto a mulher, mas foi vítima de uma depressão que, combinada com sua indecisão, fazia dele um participante não muito ardoroso de febris conspirações.[92] Não tendo mais permissão para sair a cavalo e caçar, distraía-se em casa lendo livros de história e calculando o número de saídas que fizera "de *chez moi*" durante todos os anos de seu reinado. O resultado dos cálculos, 2.636, forneceu um pequeno reforço ao seu moral, mas não proporcionou nenhum conforto à rainha.[93] Escrevendo para Fersen em 31 de outubro de 1791, ela descreveu sua situação doméstica como "puro inferno".[94]

Ao mesmo tempo, talvez sem que o soubesse, Maria Antonieta recebeu uma demonstração de lealdade de pelo menos uma fonte inesperada: *Le Journal de la Mode et du Goût*. Embora o editor dessa revista de moda, Jean-Antoine Le Brun, tivesse de início se entusiasmado com as realizações políticas e indumentárias da Revolução, nos últimos meses se tornara cada vez mais desencantado.[95] No domínio da moda, em particular, Le Brun não via com bons olhos a virada da capital para o radicalismo, pois a equação de simplicidade e patriotismo havia causado devastação na indústria francesa de artigos de luxo. Como durante os anos de Maria Antonieta no Trianon, a tendência de tecidos simples e baratos caíra como um terrível golpe sobre os fabricantes franceses de seda, causando enorme desemprego e pobreza nesse importante setor da economia.[96] E também, observou Le Brun em seu jornal, atraíra a hostilidade das "mulheres de alta posição" que, agora que a Assembléia abolira títulos e privilégios aristocráticos, teriam gostado de se distinguir ao menos pelo vestuário suntuoso, de preço exorbitante, que outrora fora a marca de sua classe. Contudo, essas senhoras – ainda as principais assinantes do *Le Journal de la Mode et du Goût* – viam seus esforços frustrados pela moda dos "vestidos econômicos" e a escassez de estilos mais elegantes.[97]

Essa escassez era exacerbada pelo declínio do número de *marchandes de modes* em Paris. O negócio da moda na capital havia sofrido terrivelmente com a emigração em massa de aristocratas abastados, muitos dos quais deixaram a cidade sem quitar suas dívidas.[98] Em 1791, os trabalhadores dessa área afirmaram numa petição à Assembléia que "bordadores estavam indo à falência, lojas de moda fechando as portas, costureiros demitindo três quartos de seus empregados".[99] De fato, afora a ocasional e facilmente reversível "roseta antipatriótica" (com o branco realista de um lado e uma *tricolore* do outro) ou o "traje de manifestação" monarquista (tingido de verde para mostrar simpatia por Artois e os emigrados, ou de preto em sinal de luto pela morte da velha ordem), poucas inovações estilísticas atraíam as aristocratas que permaneciam em Paris. Em conseqüência, o minguante contingente de *marchandes* parisienses foi em grande parte desalojado por "*fagotières* ['más modistas'] provincianas" cujos toucados e ornamentos antiquados, de segunda categoria, enviados para a capital de locais sem glamour espalhados pelo país eram "maliciosamente chamados de [modas] *à la Constitution*" para acentuar suas origens na crise política.[100]

Os poucos fornecedores de modas parisienses cujos negócios sobreviveram foram reduzidos a atender a uma clientela menos esbanjadora e arrojada.[101] Até a grande Rose Bertin, cuja empresa permaneceu de pé basicamente graças à sua popularidade intacta junto a ricas compradoras estrangeiras, viu suas vendas domésticas dependerem cada vez mais de produtos simples e baratos como a *cocarde tricolore*.[102] "Desde que a liberdade chegou", comentou acidamente o monarquista *Journal de la cour et de la ville* observando a diminuição do esplendor indumentário, "o único comércio parisiense é de *cocar-*

des."[103] Horrorizado com esses desdobramentos, Le Brun parou de louvar o impacto da Revolução sobre a moda moderna. Como um homem cujo ofício era acompanhar e incitar o entusiasmo com as criações sempre cambiantes e efervescentes dos principais estilistas da França, ele só podia lamentar o que descrevia como a brutal extinção da moda parisiense.[104]

Le Brun, que antes promovera modas que a resoluta monarquista Maria Antonieta não podia suportar, começou então a preferir aquelas que espelhavam diretamente sua sensibilidade à contracorrente. Na primavera de 1791, por exemplo, exatamente quando ela estava reunindo seu enxoval régio para Montmédy, o editor de moda exibiu roupas como um vestido de cetim verde usado com uma roseta preta, pró-aristocrática ou austríaca (15 de março), e uma "saia de gaze com listras violeta, amarrada com uma fita verde-pistache" combinada com um chapéu de feltro preto (15 de maio). Sob as fitas verde-pistache e um par de rosetas pretas que enfeitavam esse chapéu, ademais, havia um penteado curto, anelado, identificado como *coiffure à la Reine*.[105] Duas semanas depois (1º de junho), a revista exibia um simples mas bonito *pouf à la Reine* feito de linho branco e enfeitado com violetas reais.

Essas alusões representaram os primeiros tributos explícitos de Le Brun à rainha assediada. Em números subseqüentes, o editor penetrou em território político igualmente arriscado ao mostrar um "pequeno *pouf* de gaze branca *à la contre-Révolution*", cujo adorno dominante era uma grinalda tecida com fitas pretas e amarelas: as cores da Áustria e, de fato, da "contra-revolução".[106] De par com esse conjunto, a revista exibiu um *costume à la contre-Révolution* masculino combinado, compreendendo paletó preto, colete amarelo e *culottes* de caxemira verde. Embora seja quase impossível estabelecer em que medida eles eram realmente usados em círculos monarquistas, historiadores como os irmãos Goncourt sustentaram que esses trajes realmente gozaram de aceitação em meio à população cada vez menor de nobres legalistas da capital.[107]

Quer o público leitor de Le Brun seguisse ou não suas diretivas de moda, após Varennes sua cobertura de estilos de inflexão monarquista aumentou acentuadamente. Quando os monarcas retornaram a Paris, ele recomendou a suas leitoras dois vestidos listrados de branco e verde, um deles envolto por um fichu de musselina debruado com o amarelo austríaco, e em seus dois números de julho mostrou várias "*cocardes* listradas de violeta e verde-pistache" que repetiam diretamente a combinação de cores favorita de Maria Antonieta na época.[108] Durante o resto do ano, ele ofereceu intermináveis variações sobre o mesmo tema – um chapéu de tafetá violeta usado com um vestido de tafetá verde; um toucado de gaze branca bordado com folhas verdes e adornado com laços de fita violeta – bem como rosetas Bourbon de cetim branco, *chemises* e *coiffures à la Coblentz* e um penteado antiquado denominado *coiffure à la Luís XIV*.[109] Nem é preciso dizer que essas cores e designações revelavam fortes simpatias realistas, a tal ponto que, em janeiro de 1792, Le Brun sentiu-se forçado a admitir que as roupas no *Le Journal de la Mode et du Goût* tinham "cores simbólicas". (Durante o inverno, isso significou mais preto e dourado – as cores da Áustria – e menos púrpura e verde, mais adequados à primavera.) Em certo nível, é claro, essa admissão simplesmente reiterava a conhecida politização das cores no meio revolucionário: tratava-se de uma era em que praticamente todas as cores pareciam dotadas de significado político. Em outro nível, porém, era revelador que as "cores simbólicas" particulares escolhidas por Le Brun fossem exatamente aquelas que a rainha estava usando para zombar do ávido apego do público ao *bleu, blanc et rouge*.

Nada disso, contudo, era de qualquer valia para Maria Antonieta. No ano que se seguiu a Varennes, ela teve de traçar um curso ainda mais perigoso entre facções em guerra: revolucionários moderados e militantes, um público desconfiado e emigrados indignos de confiança, os monarcas estrangeiros a quem ela e o marido continuavam a pedir apoio e o próprio Luís XVI, cujos poderes ela ainda esperava restaurar à sua plena glória pré-revolucionária. O esforço para se conduzir entre esses interesses muitas vezes incompatíveis de grupos e indivíduos consumia todo o tempo de Maria Antonieta, mas proporcionava poucos resultados. E a experiência cobrava um tributo psicológico que nenhum traje soberbo, colorido de forma otimista com os tons reais – como um suntuoso vestido branco e lilás que ela usou para a terceira Fête de la Fédération anual –, poderia esperar reverter.[110] Segundo um caso narrado tanto nas memórias de Léonard quanto na biografia clássica de Rose Bertin escrita por Émile Langlade, algum tempo após seu retorno às Tulherias a rainha teria confessado à sua *marchande de modes* favorita que tivera um sonho extremamente perturbador:

> Você me trazia fitas de todas as cores, minha cara Rose, e eu escolhi várias. Mas assim que as peguei em minhas mãos, elas se tornaram pretas, e joguei-as de volta nas suas caixas, horrorizada. Peguei outras: verdes, brancas e lilases, e mal as segurei elas se tornaram da cor da morte. Eu era mais fraca nesse sonho do que costumo ser; comecei a chorar, e você chorou também.[111]

Embora isso não seja mencionado nem nos comentários de Léonard nem nos de Langlade sobre esse diálogo, as cores de que Maria Antonieta se lembrou em seu pesadelo foram, é claro, exatamente as que passara a usar depois da fuga para Varennes. Desde então, sua existência havia se tornado mais precária a cada dia: agora ela e sua família tinham medo até de comer a comida preparada na cozinha das Tulherias, dada a forte possibilidade de que estivesse envenenada. Nesse contexto, parecia haver pouca razão para continuar acreditando que a força simbólica das cores heráldicas do Ancien Régime, mesmo quando combinadas pelo gênio influente de Rose Bertin, pudesse salvá-la do desastre. De fato, consta que a rainha acreditou que o pesadelo era um presságio do mais horripilante cenário que ela podia imaginar – "que os canibais dos dias 5 e 6 de outubro vão invadir meus aposentos de novo", na sede insaciável pelo seu sangue.[112]

DURANTE O VERÃO DE 1792, o pesadelo da rainha tornou-se realidade. Em março, seu irmão Leopoldo II morreu após concordar em ingressar numa coalizão de monarcas europeus para combater os revolucionários franceses. Ao subir ao trono austríaco, seu filho e sucessor, o jovem e agressivo Francisco II, permitiu aos emigrados da nobreza francesa reunir tropas em território Habsburgo. Essas provocações, por sua vez, justificaram a posição belicosa de líderes revolucionários que, na esperança de inspirar povos vizinhos a se sublevar e unir-se à luta contra o despotismo monárquico, já estavam ansiosos por uma confrontação armada; em 20 de abril, a França declarou guerra à Áustria.[113]

Mal haviam sido mobilizadas, porém, as tropas francesas enfrentaram um grande número de derrotas esmagadoras que exacerbaram a inquietação do povo com relação ao futuro da nação e sua animosidade para com a *Autrichienne* (a qual, sem que seus súditos soubessem, havia de fato revelado a Fersen e Mercy alguns dos planos de ataque do exército revolucionário). Uma conseqüência disso foi a renovação das antigas propostas de que Maria Antonieta fosse presa num convento ou – como sugeriu um dos líderes originais do Terceiro Estado, o abade Sieyès – enviada de volta à Áustria na qualidade de inimiga estrangeira.[114]

Como de costume, o desejo de vingança do público tomou por alvo também as escolhas de roupa da rainha. Segundo madame Elisabeth, funcionários revolucionários tentaram impedir Maria Antonieta de usar luto publicamente pelo falecido Leopoldo II.[115] Ela desafiou essa ordem na medida em que pediu a madame Éloffe que lhe fornecesse um vasto guarda-roupa de trajes pretos: numa soturna coincidência, a rainha fez essa encomenda em 21 de março, o mesmo dia em que a guilhotina foi adotada como novo meio de punição capital na França.[116] Não se sabe se, ou em que medida, ela ousou exibir seus escuros trajes de luto em público. Mas ao ser visto nos jardins das Tulherias usando a braçadeira de crepe preto do luto oficial, um de seus guardas foi – como registrou uma horrorizada madame Elisabeth – violentamente "insultado e maltratado" por uma turba revolucionária.[117]

No dia 19 de junho, Luís XVI irritou ainda mais a opinião pública ao vetar a proposta do estabelecimento de um acampamento de 20 mil soldados da Guarda Nacional junto de Paris.[118] (A Constituição, tal como então redigida, dava ao rei o poder de vetar decretos legislativos emanados da Assembléia.) Como a idéia dominante era que esses reforços protegeriam contra uma investida violenta dos austríacos – para não mencionar que impediriam a família real de encenar um golpe contra-revolucionário –, o veto provocou uma reação brutal. Nos salões da Assembléia, a decisão de Luís XVI deu aos deputados radicais maior munição para seus ataques tanto à Constituição quanto à coroa. Nas ruas de Paris, ela teve um efeito ainda mais violento. No dia 20 de junho, vários milhares de pessoas invadiram as Tulherias gritando "Abaixo Monsieur e Madame Veto!", enquanto Maria Antonieta, seus filhos e a princesa de Lamballe se escondiam da multidão na Sala do Conselho, em grande aflição com o que poderia acontecer a Luís XVI e madame Elisabeth – encurralados em outra parte do palácio –, bem como a eles mesmos.

Quando tomaram de assalto a Sala do Conselho, onde Maria Antonieta e seus companheiros estavam entrincheirados atrás de uma mesa pesada e guardados por um punhado de cortesãos devotados, os saqueadores já haviam encontrado Luís XVI e sua irmã. Ignorando madame Elisabeth, a turba havia feito um sermão virulento para Luís XVI sobre seu abuso do veto real e depois enfiado em sua cabeça um barrete frígio, ou "barrete da liberdade": o gorro de lã de ponta caída, geralmente de cor vermelha e historicamente associado a escravos e prisioneiros emancipados, que durante esse período tornou-se um emblema muito difundido da militância revolucionária.[119] Mas para a rainha, que ainda não sabia se o marido estava vivo ou morto, os insurgentes reservavam horrores ainda maiores quando irromperam na Sala do Conselho e a cercaram, junto com sua família. Vários invasores brandiam lanças em que estavam espetados órgãos ensangüentados de animais, e um deles escarneceu dela com uma boneca pendurada numa forca em miniatura: uma horripilante variação da célebre *poupée de mode* que outrora disseminara suas preferências de moda e sua aparência por toda a Europa.[120] Diante dessas ameaças, consta que a rainha conservou presença de espírito suficiente para recusar o barrete frígio que os agressores também tentaram lhe enfiar na cabeça, juntamente com um punhado de fitas tricolores que afirmavam ter recebido de seu antigo adversário Orléans.[121]

De fato, foi significativo que, em vez de ameaçá-la e ao marido com violência bruta, a multidão tenha tentado afirmar sua dominância e expressar sua indignação sujeitando-os ao mais recente elemento do código de vestimenta revolucionário. (Mesmo antes de encontrar os monarcas, os desordeiros afinados em termos de moda haviam tentado expulsar à força do palácio todos os chamados *noirs* – cortesãos cujas tendências monarquistas eram visíveis "em seus paletós pretos, na maior parte decorados com a Cruz de São Luís".[122]) É também revelador que Maria Antonieta, em contraste com o marido, tenha frustrado os insurgentes recusando seu acessório político favorito.[123] Se, como declarou naquele verão um orador do Clube dos Jacobinos, havia chegado o momento em que "verdadeiros republicanos deveriam ser reconhecíveis pelo que usavam na cabeça" (isto é, seus barretes frígios), chegara também, para a rainha, o momento de abandonar, explícita e publicamente, qualquer aparência de simpatia por seus inimigos.[124] Embora Maria Antonieta e seu povo partilhassem paradoxalmente a visão de roupas e penteados simbólicos como questões de vida ou morte, a desdenhosa rainha contestou enfaticamente os princípios políticos da Revolução ao recusar os emblemas que proclamavam sua glória.

A corajosa rejeição do barrete frígio pela rainha, contudo, representou apenas um triunfo momentâneo sobre seus agressores. No curso do verão, enquanto a guerra se prolongava interminavelmente e os problemas econômicos da nação se tornavam ainda mais graves, a Revolução entrou numa nova fase de radicalismo violento. Em lugar dos deputados burgueses vestidos de maneira simples mas asseada que haviam estabelecido a Assembléia três anos antes, *sans-culottes* da classe trabalhadora e da classe baixa – identificáveis por suas calças surradas de operários, paletós curtos, camisas sujas, tamancos de madeira e grosseiros gorros vermelhos – tornaram-se os novos arautos da mudança revolucionária. Seu hino era "*Ça ira!*" ("Vai continuar!"), que, cantado na melodia de uma cançoneta que Maria Antonieta tocara muitas vezes em seu clavicórdio no Trianon, incitava o povo a enforcar aristocratas nos postes de luz.[125] Além disso, seus heróis não eram moderados como Barnave e La Fayette, mas políticos radicais como Danton, do Clube dos Cordeliers, e Robespierre, presidente do cada vez mais militante Clube dos Jacobinos.[126]

Esse grupo turbulento e descontente era também o alvo de jornalistas agitadores como Jacques-René Hébert e Jean-Paul Marat. Por mais de um ano, este último vinha invectivando violentamente contra os soberanos em seu jornal, *L'Ami du Peuple*. O jornal de Hébert, *Le Père Duchesne*, escrito num calão grosseiro que pretendia reproduzir a fala do homem comum, adotou nessa altura abordagem semelhante. Essa publicação visava Maria Antonieta havia muito como uma inimiga execrável, desafiando-a em dezembro de 1790 a "se livrar desses malditos enfeites, gazes e outras mercadorias estrangeiras" e realçando assim seu status como perigosa agente estrangeira que manifestava claramente suas lealdades. Pouco depois dos malfadados vetos de Luís XVI, Hébert voltou sua atenção para o rei, mas somente para depreciá-lo como "camareiro de Madame Veto" – uma repetição da caricatura de Varennes em que o monarca auxiliava humildemente a rainha em sua toalete. O casal, contudo, era bem combinado em sua odiosidade, afirmava Hébert, que declarou em nome do povo francês: "Não descansaremos até que a última cabeça real seja cortada!"[127]

Temendo por sua segurança, membros do círculo de Maria Antonieta suplicaram-lhe que passasse a usar uma peça de roupa de baixo especial, que madame de Tourzel recordou como sendo "feita de 12 camadas de tafetá coladas e 'impenetrável por bala ou adaga'".[128] Embora tenha chegado a experimentar a peça para ver se lhe servia e tenha mesmo instruído madame de Tourzel a tentar perfurá-lo com uma facada, a rainha acabou por rejeitá-la, explicando que "se esses *parvenus* me assassinarem, será uma bênção, pois estarão me livrando da mais penosa existência imaginável".[129] Na verdade, com a ascensão dos *sans-culottes* e sua feroz retórica política, exemplificada por gente como Marat e Hébert, a "libertação" de Maria Antonieta por meios violentos não parecia nada improvável, quer ela estivesse ou não protegida por algumas camadas extras de tafetá. No início de agosto, a rainha refletiu privadamente que, para enfrentar os perigos de frente,

> eu poderia agir, e montar um cavalo se preciso fosse; mas se eu agisse, isso poria armas nas mãos dos inimigos do rei; um clamor geral se ergueria na França contra a mulher austríaca, contra a dominação feminina... Uma rainha que não é regente deve, em circunstâncias como estas, permanecer inativa e se preparar para morrer.[130]

Embora pouco condizente com a imagem indômita que ela cultivara por tanto tempo, a começar pelo heróico traje de montaria que ela adotara como delfina, essa declaração de passividade revelava a compreensão de que sua atitude fizera dela a pior vulnerabilidade da coroa. Revelava também a consciência da gravidade da situação que ela e o marido enfrentavam. No momento em que pronunciou essas palavras, Paris havia se tornado um barril de pólvora, com um pavio que diminuía a cada dia, anunciando uma explosão devastadora.[131]

O estrondo ocorreu em 10 de agosto, quando o medo de uma invasão do palácio alimentado por Maria Antonieta tornou-se mais uma vez realidade. Nessa ocasião, porém, não foram 20 mil pessoas; como o expressou o funcionário municipal Roederer, "Paris inteira", instigada por reforços vindos de todo o país, marchou sobre o castelo. A provocação imediata foi um manifesto em que os estrangeiros aliados contra a França ameaçaram os parisienses de severa retaliação se algum mal fosse feito à família real. Destinado a intimidar o público francês, o documento, que Fersen havia assegurado à rainha que apenas reforçaria a posição dela e da família, teve exatamente o efeito oposto, levando o sentimento antimonarquista na capital a um nível febril. Antes do raiar do dia 10 de agosto, o toque de alarme começou a soar nos campanários de toda a capital, chamando as pessoas às armas e advertindo para uma iminente revolta na cidade inteira. Uma Maria Antonieta insone posicionou-se em uma janela do palácio, com madame Elisabeth, vendo o sol nascer, agourentamente rubro, sobre os tetos de Paris. De vigília com elas e o rei na Sala do Conselho, um grupo de cortesãos pesarosos, vestidos de preto, recitava o nome de cada igreja à medida que seu carrilhão característico se juntava ao alarme geral.

Embora confrontada com o que Evelyne Lever descreveu como "o dobre de finados da monarquia soando em plena noite", a rainha aparentemente ainda acreditava a essa altura que ela e sua família conseguiriam se manter firmes nas Tulherias, defendidas por algumas centenas de *noirs* leais e pelos homens da Guarda Suíça e da Guarda Nacional encarregados de proteger o castelo.[132] Infelizmente para a família real, porém, muitos desses últimos soldados alimentavam fortes tendências revolucionárias e tinham passado os últimos dias trabalhando diligentemente para evitar que *noirs* desejosos de defender a monarquia entrassem no palácio, sob a alegação de que "esse não era o momento para fazer corte ao rei e de que ninguém podia entrar exceto com o paletó da Guarda Nacional e para reforçar essa Guarda".[133] Aqui, mais uma vez, o vestuário, e mais especificamente o uniforme pelo qual se dizia que Maria Antonieta tinha aversão, definiu os termos da batalha entre o povo e seus soberanos – uma batalha que, nesse caso, a família real tinha escassa esperança de vencer.

A gravidade da situação ficou ainda mais patente quando, por sugestão de sua esposa, Luís XVI saiu do palácio para passar as tropas em revista. Embora tenha dado esse passo para demonstrar a determinação de perseverar até o fim e reforçar o sentimento monarquista entre seus soldados, o rei se deparou com vaias de membros da multidão hostil que já começara a se reunir nos jardins do palácio. Chegou até a ser importunado por alguns de seus próprios guardas, que a rainha foi obrigada a desculpar como vítimas de "má vontade e covardia".[134] Esse embate humilhante indicou ao rei e sua família que, na eventualidade inevitável de um cerco, eles teriam de se fiar principalmente em seu pequeno quadro de leais guardas suíços. Foi só quando se deram conta desse fato horripilante que acederam aos repetidos apelos de Roederer para que buscassem refúgio na Assembléia, instalada ali perto, no antigo picadeiro ou Manège do palácio. Sem levar nada além da roupa do corpo, eles fugiram do castelo sob uma torrente de insultos das hordas reunidas: "Abaixo os tiranos! Morte! Morte!"[135] Fugiram tão rapidamente que, de fato, a rainha perdeu um sapato – um delicado sapatinho de salto alto enfeitado com um rufo de fita.[136] Atrás de si, Maria Antonieta e a família, acompanhadas da princesa de Lamballe, de madame de Tourzel e da filha desta, Pauline, deixaram um grupo relativamente escasso de defensores da monarquia. Na confusão que envolveu a partida, Luís XVI se esqueceu de ordenar a esses homens que se abstivessem de atirar na multidão quando ela avançasse.

E as massas indômitas realmente avançaram, não muito depois que a família real apareceu entre os estupefatos deputados da Assembléia – que já estavam em sessão. Enquanto os legisladores começavam a discutir que medidas

14. Sapato de Maria Antonieta, perdido em 10 de agosto de 1792.

tomar em seguida, e se a monarquia como instituição poderia sobreviver a um voto tão maciço de desconfiança, os agressores que se aglomeravam além do Manège e em torno dele pareceram lhes dar sua resposta. Armados com todos os tipos de armas concebíveis, inclusive um canhão que empurraram diretamente até as portas do palácio, os desordeiros prepararam-se para atacar as Tulherias. Embora em flagrante minoria, os guardas suíços e outros combatentes legalistas se recusaram a capitular, e os dois lados trocaram cerrado tiroteio. Escondida numa estreita cabine de jornalistas dentro do Manège, a família real podia ouvir os sons do choque fatal – inclusive os gritos dos guardas suíços massacrados, cujos cadáveres começaram a se acumular tanto fora quanto dentro do palácio. O rei, compreendendo que suas tropas pretendiam defender o palácio até a morte, mandou dizer que deviam cessar fogo. Quando os guardas suíços receberam a mensagem e depuseram as armas, a multidão os massacrou às dúzias, amaldiçoando furiosamente "Monsieur e Madame Veto" por terem permitido que lutassem, de início. Pisoteando os cadáveres e mais convencida que nunca de que os monarcas queriam sua ruína, a plebe assumiu o controle das Tulherias.

A família real passou os três dias seguintes confinada na minúscula cabine, cujo teto era tão baixo que os adultos do grupo não podiam ficar de pé, enquanto os membros da Assembléia continuavam a debater maneiras de lidar com a crise, terminando por votar pela suspensão dos poderes do rei até segunda ordem.[137] Do lado de fora, insurgentes em busca de vingança contra o "assassinato" de seus companheiros pelos guardas suíços exigiam aos berros que os soberanos fossem depostos, julgados e executados. A imensa aglomeração de desordeiros em torno da Assembléia impediu que a família real fosse para qualquer lugar além do convento dos Feuillants, adjacente ao Manège. Foi para esse convento que Maria Antonieta e seus companheiros se retiraram nas duas primeiras noites que passaram fora das Tulherias, apenas por tempo suficiente para dormir um pouco e mudar de roupa. (Não tendo levado nada consigo na fuga, todos tiveram de usar roupas – inclusive as íntimas – cedidas por vários doadores solidários.[138]) Mas também nos Feuillants a horda furiosa atormentou os soberanos, "chegando até a tentar pôr abaixo a grade no fim do corredor que levava às celas" em que estavam alojados.[139] Ouvindo a multidão gritar invectivas contra sua esposa, Luís XVI perguntou soturnamente: "Que mal ela jamais lhes fez?"[140] Nesse momento, com roupas descombinadas, cabelo despenteado, sem um sapato, ela certamente pouco se assemelhava ao resplandecente ícone da moda que os súditos tinham vindo a conhecer e abominar.

De fato, não pode ter sido a imagem dessa soberana malvestida, suja de poeira, decaída que nos primeiros dias após 10 de agosto levou multidões de plebéias aos antigos aposentos de Maria Antonieta nas Tulherias para saquear seus *garde-robes* abandonados. Durante a própria insurreição, os que detestavam a rainha haviam, como seus predecessores na marcha de 1789 sobre Versalhes, estilhaçado simbolicamente sua beleza e punido seu narcisismo quebrando até o último espelho de seus aposentos.[141] Depois que a poeira assentou, porém, os membros do populacho pareceram ávidos menos por destruir os glamorosos ornamentos da rainha deposta que por se apossar deles: um jovem holandês que morava em Paris na época lembrou que "todos procuravam enfeitar-se com algum fragmento da devastação" no guarda-roupa real.[142] Outro contemporâneo, que fez uma visita às Tulherias em 12 de agosto, ficou impressionado com o que viu ao chegar aos aposentos de Maria Antonieta: uma multidão de mulheres maltrapilhas a tagarelar enquanto tropeçavam em pilhas de cadáveres para ir remexer no profuso sortimento de vestidos e chapéus. "Quantas curiosas haviam se reunido ali!", relatou essa testemunha. "Quantos toucados, chapéus elegantes, saias cor-de-rosa e anáguas brancas desapareceram pelas portas do quarto!"[143]

Como sinais privilegiados da personalidade e das opiniões políticas desprezíveis da rainha, essas peças incitavam as mulheres a atos de ladroagem jubilante que deixavam os outros conteúdos do quarto intactos. (Esses conteúdos incluíam um piano, um busto do delfim, várias tapeçarias de valor inestimável e duas pinturas decorativas de Vigée-Lebrun: uma representando um cão, outra um vaso de flores.[144]) Ao visar esse aspecto específico do passado privilegiado de Maria Antonieta, pode-se dizer que as mulheres pretendiam, como observou Pierre Saint-Amand acerca dos revolucionários em geral, arrancar brutalmente a rainha "do mundo de ostentação, ornamentação e elegância" que ela personificara de maneira tão enfurecedora.[145] Mesmo que as saias cor-de-rosa e os toucados graciosos que surrupiavam tivessem pouco lugar em seus modestos e prosaicos guarda-roupas, as saqueadoras estabeleciam eficazmente seu domínio sobre a rainha ao despojá-la daqueles mesmos ornamentos que ela exibira para afirmar a própria potência e estatura. Vendo-as fazer isso, um funcionário municipal conjecturou que, ao se apropriar tão avidamente das lembranças do antigo prestígio de sua rainha, as mulheres faziam como "o galo, que depois de uma luta sobe no butim que ganhou do adversário para cantar sua vitória e estabelecer seu domínio".[146]

A vitória do povo completou-se no verão seguinte, quando o que restou do guarda-roupa de Maria Antonieta foi vendido num leilão público para um variado grupo de especialistas: negociantes de roupas de segunda mão e de tecidos que sabiam o que era qualidade e tinham faro para um bom negócio.[147] Mas esse golpe final na inestimável coleção de roupas da rainha apenas prolongou o trabalho que as saqueadoras haviam iniciado em agosto de 1792.[148] Embora alguns artigos tenham acabado em mãos monarquistas, que os preservaram como relíquias preciosas de um reino desaparecido, a maior parte dos elegantes conteúdos do guarda-roupa foi transferida para um grande número de usuárias improváveis e espalhada aos quatro ventos.[149] Um bom exemplo: o último *pouf* que Maria Antonieta mandou fazer – aquela ousada criação violeta e verde que encomendou a Bertin em 7 de agosto – foi irrecuperavelmente perdido na desordem.[150]

Igualmente perdida foi a visão monarquista impenitente que Maria Antonieta havia expressado com esse *pouf*. Por toda a capital, as roupas desleixadas dos *sans-culottes* tornaram-se mais presentes e significativas em sua rude oposição ao glamour arruinado da rainha.[151] Segundo uma visitante inglesa, Helen Maria Williams, "todo homem que tinha a audácia de aparecer [em Paris] com uma camisa limpa" era tachado de almofadinha aristocrático; outro comentador observou, chocado, que os homens que afluíam aos clubes republicanos após 10 de agosto usavam "trajes tão sujos e desleixados que teriam podido ser tomados por mendigos", qualquer que fosse sua posição econômica e social.[152]

Até Orléans, endinheirado e príncipe, que se rebatizou de Philippe-Égalité em homenagem ao radicalismo do momento, fazia questão de se vestir mal. Como observou Marie Grosholz, que mais tarde ganharia renome como madame Tussaud, a decana das figuras de cera, Orléans abandonou estrategicamente as roupas espalhafatosas e dispendiosas que ele e seu primo Artois outrora adoravam em favor de "um paletó curto, calças [*pantalon*] e um chapéu redondo, com um lenço frouxamente amarrado em volta do pescoço à maneira dos marinheiros ... o cabelo curto sem pó ... e os sapatos presos sem barbantes".[153] Como rebento da Casa de Bourbon, o autodenominado Philippe-Égalité enfrentava o crescente ceticismo de republicanos rematados, mas a mudança de sua indumentária espelhava o desaparecimento generalizado de distinções de classe nos trajes dos parisienses.[154] E, embora em certa medida ela tivesse começado anos antes, com a informalidade brincalhona do Petit Trianon e com a confusão entre duquesas e atrizes produzida pelas brilhantes estilistas da rainha em Paris, essa democratização do vestuário francês marcou agora realmente o fim de uma era – uma era em que, abandonando seus trajes mais informais, Maria Antonieta escarnecera do ódio purulento dos súditos e se revestira das cores do poder real.

⁂ 10 ⁂

PRETO

ALÉM DA EXPULSÃO DOS SOBERANOS de seu domicílio, o dia 10 de agosto viu a ascensão de um governo municipal popular, a Comuna de Paris, cuja liderança furiosamente antimonarquista reivindicou o direito de se encarregar da sorte dos Bourbon. Três dias depois da insurreição, exausta e assoberbada pelo incessante tumulto na capital, a Assembléia cedeu às exigências da Comuna de que a família real fosse posta "sob a salvaguarda da nação". Para os membros da Comuna, isso significava prender a família real no Templo, um palácio fortificado de paredes grossas e torreões que na Idade Média era a sede dos templários. Em anos mais recentes, o conde d'Artois havia usado o Templo como sua residência na cidade, e Maria Antonieta havia se familiarizado com o lugar no passado em seus passeios em Paris. Mas ela nunca apreciara a arquitetura sombria do Templo, que, como o expressou Stefan Zweig, "lembrava aos visitantes os horrores da Idade Média e da Inquisição; sabás de bruxas e câmaras de tortura".[1] Segundo madame de Tourzel, que em 19 de agosto foi separada da família real, junto com a filha e a princesa de Lamballe, e encarcerada na prisão de La Force:

> A rainha estremeceu quando ouviu o Templo ser proposto, e sussurrou para mim: "Eles nos porão na Torre – você verá – e a transformarão numa verdadeira prisão para nós. Sempre tive um horror absoluto àquela torre, que pedi mil vezes a monsieur le comte para demolir."[2]

Mais uma vez, os pressentimentos de Maria Antonieta se realizaram. No dia 13 de agosto, ao anoitecer, ela e a família foram transportadas através de Paris para o Templo, passando por multidões que lhes lançavam insultos e que, previsivelmente a essa altura, se recusavam a tirar o chapéu.[3] Ao chegar a seu destino, a família real foi instalada de início na parte mais acolhedora do conjunto, o gracioso palácio do século XVII que Artois chamava de lar, mas às 11 horas foi conduzida para a menor de duas estruturas em forma de torreão que juntas constituíam a Torre. Era ali, na chamada Pequena Torre, que eles deveriam residir até que a Grande Torre ficasse pronta para ser ocupada (as reformas terminaram no outono). Que ficariam ali como prisioneiros, ficou óbvio desde o começo. No jantar daquela noite, narra Evelyne Lever, "a presença dos guardas municipais de aspecto desmazelado, fumando ostensivamente seus cachimbos [enquanto os príncipes comiam], lembrou-lhes que os dias grandiosos de outrora estavam terminados".[4]

O mesmo lembrete estava implícito na roupa de cama que lhes foi fornecida: lençóis infestados de percevejos, que segundo François Huë, um dos poucos criados reais que teve permissão para servir aos soberanos em seu confinamento, foram "jogados para nós como se aquilo fosse um favor".[5] A idéia estava implícita também nas "gravuras indecentes" com que os guardas haviam decorado os quartos dos prisioneiros. (Luís XVI tentou destruí-las rapidamente antes que atraíssem a atenção de sua filha de 13 anos, madame Royale.) Desses toques decorativos insultantes à notória falta de tecidos isolantes nas paredes e janelas da Torre, tudo no ambiente conspirava para revelar aos Bourbon o tamanho de sua queda. Como um funcionário municipal disse a Huë com maldosa satisfação, o Templo estava muito distante do luxo de painéis dourados das Tulherias e de Versalhes. Mas, observou em seguida o funcionário, como "assassinos do povo" os recém-chegados não mereciam coisa melhor.[6] Mal sabiam eles que fora do Templo essa acusação lhes estava sendo lançada com freqüência cada vez maior, à medida que políticos republicanos e pretensos patriotas continuavam a reinterpretar o cerco de 10 de agosto como a noite em que a monarquia tentou massacrar seu próprio povo.

Nas semanas seguintes, os prisioneiros ajustaram-se pouco a pouco à vida no cativeiro, que – a despeito de sua nova identidade como "assassinos do povo" – a Comuna tentou tornar razoavelmente confortável. Móveis que haviam sobrevivido ao saque das Tulherias foram transportados para a Torre a fim de redecorar o apartamento de quatro cômodos do rei e da rainha; o presente incluiu cadeiras estofadas de damasco verde dos antigos aposentos de Maria Antonieta e cortinas de tafetá azul para as janelas.[7] Centenas de volumes da biblioteca pessoal de Luís XVI também lhes foram enviados, assim como um clavicórdio, material de trabalho de agulha para as senhoras e um sortimento de brinquedos para as crianças.[8] Até Thisbée, o cachorrinho que Maria Antonieta ganhara de presente da princesa de Lamballe, teve permissão para se unir à dona.[9] E embora os pães e bolos e as frutas servidos nas refeições fossem primeiro cortados por um guarda – para o caso de conterem mensagens de conspiradores monarquistas tramando a fuga dos Bourbon –, a Comuna fornecia alimentos em abundância aos cativos.[10] Maria Antonieta, desconsolada demais agora para fazer mais que beliscar apaticamente a comida, perdeu sua voluptuosidade feminina e ficou de uma magreza esquelética.[11] (Mesmo aqui, suas roupas contaram uma história, pois uma costureira chamada Roussel cobrou da Comuna por ter "desfeito um espartilho [pertencente à rainha] para apertá-lo em todos os lados".[12]) Luís XVI, no entanto, conservou o apetite rabelaisiano, dando cabo de mais de 200 garrafas de champanhe apenas durante o primeiro mês que passaram no Templo.[13]

Como era inevitável, os membros da família real foram também autorizados a descartar as peças de roupa desencontradas que seus amigos lhes haviam emprestado para sua estada no convento dos Feuillants e encomendar novos guarda-roupas. (Ao que parece, haviam sido informados de que nenhum de seus objetos pessoais sobrevivera à pilhagem das Tulherias, embora, como o leilão promovido pelo governo no ano seguinte indicou, isso estivesse longe de ser a verdade.[14]) Pagas com fundos que o Estado revolucionário considerava pertencentes ao povo, não aos monarcas, as escolhas dos prisioneiros nada tiveram de extravagantes, custando uma mera fração de suas compras habituais. Apesar disso, as encomendas revelaram alguns elementos de gosto pessoal e do persistente apego a uma era passada.[15] Luís XVI, por exemplo, encomendou dois costumes de seda castanho-claro, vários coletes de piquê branco-Bourbon, um elegante chapéu preto e dez pares de calções de seda pretos. Mesmo na prisão, ele não tinha nenhuma intenção de se vestir como um *sans-culotte*. Talvez numa melancólica concessão aos modismos que outrora repreendia em sua esposa, ele obteve também um "paletó de montaria cor *cheveux de la Reine* – o bruxuleante tom louro-claro que os fabricantes de seda de Lyon haviam preparado para se igualar à cor de um cacho de cabelo da rainha, anos antes de ele ter sido "embranquecido pelo infortúnio".[16]

Quanto à própria Maria Antonieta, qualquer nostalgia que ela pudesse alimentar por seu passado elegante manifestou-se menos em suas escolhas de roupas, que foram bastante modestas, que na escolha de fornecedores. Embora tenha encomendado várias peças necessárias à madame Éloffe e outras fornecedoras menos conhecidas, escolheu, como sempre, gastar as maiores somas com Rose Bertin. Agora que era uma prisioneira, "maiores somas" era, é claro, algo relativo. A quantia de que dispunha para cobrir as despesas com Bertin foram escassas 602 libras – 13 libras a menos do que ela havia pago à *marchande* apenas para aplicar novos adornos num velho vestido "listrado de violeta sobre violeta" no verão anterior – mas ainda foi cerca de quatro vezes o que ela gastou com madame Éloffe durante esse período.[17] De Bertin, Maria Antonieta recebeu dois toucados brancos, nove fichus de organdi e gaze de tamanhos variados, "uma linda saia de musselina bordada", uma pelerine de linho branco, outra de tafetá preto e três comprimentos de fita branca.[18] Adquiriu também várias *chemises* de linho e musselina, um vestido marrom de *toile de Joüy* com estampado floral, um vestido de tafetá cor de pulga (essa cor, uma de suas primeiras inovações, havia voltado à moda recentemente), um par de fitas pretas para usar no pescoço, um chique chapéu preto "jóquei" e, continuando com o motivo eqüestre, um "vestido-*chemise* de tafetá com gola redingote na cor 'lama de Paris'".[19]

Essas parcimoniosas escolhas, é claro, não se aproximavam nem de longe do extravagante guarda-roupa de Maria Antonieta em outros tempos – as dúzias de vestidos de gala e as incontáveis *chemises* mais leves encomendadas para cada estação – e, em conseqüência, sua maneira de se vestir foi drasticamente simplificada. Toda manhã, ela colocava uma *chemise* branca simples e fazia sua toalete, tarefa que outrora duquesas de alta linhagem haviam disputado com a ambiciosa Rose Bertin, apenas com a ajuda das inexperientes madame Elisabeth e madame Royale.[20] À tarde e à noite, as princesas a ajudavam a se trocar novamente, para vestir um dos seus três vestidos principais: o "lama de Paris", o de *toile de Joüy* marrom ou o de tafetá cor de pulga. Todas essas cores tinham a vantagem utilitária de não mostrar a sujeira facilmente, refletindo assim, talvez, uma concessão às condições de vida não propriamente imaculadas na Torre.[21]

Seus acessórios, também, nada tinham de deslumbrantes. Sua coleção de jóias restringia-se agora ao anel de casamento, um outro pequeno anel com uma pedra, um colar com medalhões contendo cachos de cabelo dos filhos e o pequeno relógio que ainda guardava com muito carinho como lembrança da falecida mãe. Do mesmo modo, teve de desistir dos toucados imponentes que outrora se empoleiravam sobre sua cabeleira empoada, como o *pouf* violeta e verde que havia encomendado a Bertin três dias apenas antes da tomada das Tulherias. Em vez disso, observou Claude Antoine Moelle, um dos membros da Comuna encarregados de acompanhar o que acontecia no Templo, "[Maria Antonieta] passou a usar habitualmente toucados simples de linho"; ocasionalmente, ela os enviava a Rose Bertin para serem consertados e reataviados.[22] E se Bertin estava reduzida a essas funções subalternas em benefício da rainha, Léonard, sua antiga contraparte masculina no "ministério da moda", foi completamente dispensado. (Ele havia retornado à França vários meses após a debacle de Varennes, mas manteve uma conduta discreta.[23]) Enquanto o famoso cabeleireiro ganhava outrora milhares de libras por ano para pentear suas madeixas numa série de estilos encantadores e variados, esse trabalho cabia agora a Cléry, camareiro que estivera anteriormente a serviço do delfim.[24] Pouco experiente em penteados femininos elegantes, Cléry limitava-se a escovar o cabelo da rainha da maneira mais simples possível, aplicando-lhe depois uma pitadinha de pó.[25]

Assim, como as ousadas combinações de cores régias e trajes suntuosos, os lendários vestidos, jóias, penteados e "ministros da moda" de Maria Antonieta foram sendo abandonados à medida que ela se adaptava a um modo de existência mais humilde e acanhado.[26] Dadas as suas associações políticas usuais, contudo, as fitas brancas e pretas talvez fossem sinais sutis de ardor Bourbon, aristocrático e Habsburgo. De maneira semelhante, o vestido com gola de redingote e o chapéu "jóquei" que continuou a usar talvez evocassem a autoridade real e a liberdade irrestrita de que outrora parecera gozar ao montar e se vestir como um homem. Quanto às simples *chemises* brancas, os toucados de linho, as jóias escassas e os penteados despretensiosos, talvez eles servissem como lembretes agridoces do Petit Trianon, onde ela pusera a coroa de lado temporariamente, nem sonhando que um dia a perderia para sempre.

De fato, de uma maneira estranha, a vida no Templo deu a Maria Antonieta e sua família a oportunidade de levar, em grande parte, o mesmo tipo de rotina simplificada, burguesa, que haviam cultivado de bom grado no Petit Trianon. Eliminadas todas as outras tensões e distrações – de belos favoritos como Fersen e madame de Polignac a conflitos com relação ao futuro da monarquia –, a afeição de Maria Antonieta por seu gentil e devotado marido parece ter se aprofundado consideravelmente durante esse tempo.[27] Juntos, passavam muito mais horas seguidas com os filhos que sua programação *à la* Ancien Régime jamais lhes havia permitido, e se dedicavam ativamente à educação das crianças. Enquanto a rainha lia e costurava com madame Royale, o rei passava horas todos os dias dando aulas para o delfim e vendo-o brincar com sua pequena coleção de brinquedos. Antes da Revolução, atividades íntimas em família como essas haviam sido restritas às estadas no Trianon. Os outros passatempos que preenchiam as horas na Torre também lembravam esse idílio campestre perdido. Eles incluíam jogos de cartas, bordados e música – embora as execuções de Maria Antonieta ao clavicórdio fossem invariavelmente melancólicas.[28] O grupo tinha permissão também para fazer passeios diários pelo triste jardim do Templo, sob uma aléia de castanheiros, as únicas árvores que haviam sobrevivido à construção de novos muros: reforços contra qualquer violação possível da segurança.[29]

O acréscimo desses muros deixava pouca margem para dúvida com relação à natureza do confinamento da família real, fossem quais fossem os modestos prazeres que ele lhes proporcionasse *en famille*. Somando insulto à injúria, o radical republicano Hébert foi nomeado carcereiro-chefe dos príncipes, e sob sua administração eles eram submetidos a freqüentes indignidades. O camareiro Cléry lembrou que quando os amos saíam para os passeios diários no jardim, "os guardas estacionados na base da Torre se davam ao trabalho de pôr os chapéus na cabeça", em demonstrações abertas – e, novamente, de caráter indumentário – de desrespeito. Cléry irritava-se também ao ver as sentinelas zombarem dos cativos com "canções sempre de natureza revolucionária, e muitas vezes obscenas".[30] Para atormentar ainda mais a família real, os soldados desenhavam imagens de morte e execução nas paredes internas da Torre. Em certa ocasião, o rei, ao se retirar para o quarto, descobriu que alguém rabiscara na porta: "A guilhotina é permanente e espera o tirano Luís XVI."[31]

Até passatempos banais como ler livros e fazer trabalhos de agulha provocavam a agressão do pessoal do Templo. Segundo Cléry, uma noite Maria Antonieta estava por acaso lendo em voz alta para os filhos um livro de história da França, narrando o episódio "em que o condestável de Bourbon pegou em armas contra a França"; embora não se tratasse de uma história desconhecida, isso incitou um guarda a denunciar a rainha à Comuna sob a alegação de que "com seu exemplo, ela queria inspirar o filho a se vingar da nação".[32]

Como não é de surpreender, dado seu longo histórico como fonte de queixas populares, as roupas de Maria Antonieta tornaram-se igualmente objetos de desconfiança, como, por exemplo, quando um jornalista declarou que ela e um grupo de conspiradores fora do Templo já haviam "trocado cartas escondidas nas pregas de um corpete".[33] Levando essa acusação a sério, os guardas do Templo revistavam regularmente a roupa íntima da rainha à procura de escritos contra-revolucionários em tinta invisível.[34] Examinavam minuciosamente também, e por vezes confiscavam, as peças de trabalho de agulha de que ela e a cunhada se ocupavam, sob a alegação de que podiam conter mensagens monarquistas em código.[35] Os têxteis associados à rainha, que outrora haviam revelado simbolicamente sua posição política antifrancesa ou contra-revolucionária, recaíam agora sob a suspeita de serem veículos literais do mesmo deplorável programa político.

Apesar da vigilância das sentinelas, tinta invisível, escrita cifrada e código secreto realmente penetravam na prisão, enquanto Maria Antonieta tentava não perder de vista o curso dos acontecimentos.[36] Esperando ardorosamente que seu sobrinho Francisco II se apressasse em salvá-la, ela parecia particularmente ávida por saber como os aliados europeus estavam se saindo contra as forças armadas da Revolução. No entanto, para manter a família real na ignorância sobre as manobras dos aliados, as autoridades baniram os jornais do Templo; e, afora uma carta que os prisioneiros tiveram permissão para ler no início do cativeiro, enviada pelas Tias (que haviam fugido para Roma em fevereiro de 1791), a correspondência era estritamente proibida.[37] Em conseqüência, a rainha tinha de procurar informar-se através de meios mais furtivos, como pedaços de papel escritos em código que alguns subalternos fiéis introduziam sub-repticiamente na Torre. (Se o faziam através de corpetes e roupa íntima permanece ignorado.) Ela e a cunhada, madame Elisabeth, conceberam também um sistema de gestos de mão sutis, mediante os quais estimulavam os criados mais solidários do Templo a lhes revelar as últimas notícias.[38] Entre esses preciosos pedaços de informação e os gritos dos pregoeiros públicos que passavam junto às janelas da prisão, a rainha e sua família conseguiam se manter pelo menos um pouco ao corrente dos eventos que tinham lugar fora dos muros da fortaleza.

O mundo lá fora havia de fato mudado drasticamente, e sem dúvida não a favor dos Bourbon. Embora a guerra ainda grassasse entre os revolucionários e os aliados, com algumas vitórias iniciais decisivas destes últimos, o imperador austríaco, sobrinho de Maria Antonieta, não parecia muito preocupado com o destino de uma tia que nunca conhecera.[39] A rebelião de 10 de agosto havia, ademais, desacreditado inteiramente os políticos monarquistas moderados e constitucionais, e mostrara que a Assembléia era deploravelmente incapaz de controlar o descontentamento dos parisienses.[40] Por isso, na esteira da insurreição, a Assembléia foi dissolvida para permitir a eleição de uma nova Convenção Nacional, encarregada de reescrever os artigos da Constituição que havia organizado a monarquia e na qual uma temível minoria de radicais como Robespierre e Danton militava veementemente por uma república.[41] A sorte foi lançada, e os dias da monarquia estavam contados. Como a pró-revolucionária *Chronique de Paris* observou com um toque de humor negro: "O único ser vivo na França que ainda gritava 'Viva o rei!' [naquele outono] era um papagaio."[42]

Aristocratas que se recusavam a aceitar essa nova direção política e se sentiam ultrajados com a prisão dos monarcas expressavam agora sua resistência, tal como a própria Maria Antonieta o fizera antes do encarceramento, incorporando cores e emblemas monarquistas codificados em seu vestuário. Jean

Augeard, o ex-secretário da rainha, passou a usar um colar decorado com flores-de-lis, cruzes e miosótis e gravado com o moto do papagaio monarquista, "Viva o rei!".[43] No mesmo espírito, registrou madame Campan, mulheres monarquistas começaram a usar "enormes buquês de lírios no peito e na cabeça, e por vezes até feixes de fita branca".[44]

Talvez não por acaso, esses enfeites foram exibidos com destaque num retrato que Maria Antonieta havia encomendado a François Dumont pouco antes de ir para a prisão: uma pintura da qual duas nobres anteriormente a seu serviço talvez tenham recebido cópias em miniatura e que em 1793 estava circulando entre monarquistas sob forma litográfica.[45] Nessa imagem, Maria Antonieta usava um gorro de ponta caída parecido com um barrete frígio e uma túnica greco-romana de drapejado neoclássico sugerindo a virtude "republicana". À primeira vista, esse traje parecia surpreendentemente incongruente na rainha, porque era a mesma vestimenta preferida pelo artista republicano e político militante Jacques-Louis David em suas pinturas de cidadãs idealizadas. (Ademais, na altura de 1793, esse conjunto era o uniforme-padrão da nova encarnação alegórica da nação, a Marianne: mais um exemplo da estranha superposição entre as modas escolhidas por Maria Antonieta e por seus inimigos republicanos.) Na representação de Dumont, contudo, a rainha solapava de forma decisiva o significado ostensivamente pró-revolucionário do traje segurando contra o seio um enorme ramo de lírios. Com essa interessante justaposição, o retrato sugeria que apesar dos múltiplos triunfos da Revolução, representados tão claramente na toga e no barrete improváveis da rainha, era o *lys* Bourbon que permanecia mais perto de seu coração.

Flores e fitas brancas não foram os únicos acessórios a ser investidos com esse significado audacioso, de oposição. Promovidos de início nos *poufs* e *costumes à la contre-Révolution* de Le Brun no verão de 1791, tecidos e fitas amarelos e pretos tiveram também lugar de destaque nos trajes de aristocratas que perderam os privilégios depois que a monarquia caiu. Pois, apesar do sentimento antiaustríaco que florescera na corte durante o Ancien Régime, os nobres que haviam permanecido na França aclamavam agora, mais avidamente ainda que em 1791, os Habsburgo como seus salvadores da ameaça desenfreada do populacho. O *Le Journal de la Mode et du Goût* de Le Brun aludiu a essa moda no verão de 1792, ao apresentar uma nova variação do *pouf* preto e amarelo *à la contre-Révolution*. Fundindo a Áustria com a Alemanha ou referindo-se ao envolvimento dos prussianos no esforço de guerra aliado, Le Brun designou o simbolismo contra-revolucionário das cores especificando: "Não é meramente para seguir a moda que as mulheres distintas passaram a combinar amarelo

15. François Dumont, *Maria Antonieta, arquiduquesa da Áustria,* rainha da França (c.1792).

e preto; elas têm para isso um motivo secreto que é perfeitamente bem compreendido na Alemanha."[46]

No entanto, se o "motivo secreto" das senhoras que se vestiam dessa maneira era emancipar os soberanos aprisionados e restaurar a "distinção" anterior da monarquia (e delas próprias), elas tinham pouca esperança de alcançar essas metas num meio cada vez mais dominado por feroz antimonarquismo. Não faltava a essa ferocidade um forte componente indumentário; como um homem que afirmava ter participado tanto da tomada da Bastilha quanto do ataque de 10 de agosto às Tulherias declarou à Assembléia dez dias após esta última insurreição: "Paremos de cobrir a cabeça da liberdade com uma coroa! Ela fica muito mais bela com seu gorro de lã!"[47] Essa idéia espalhou-se rapidamente por Paris, onde o sentimento revolucionário continuava o mais forte. Como observou Carrolly Erickson, na esteira da expulsão da família real das Tulherias, "padres, cavalheiros, quem quer que não se vestisse como um *sans-culotte,* estava sujeito a ser atacado, surrado e obrigado a envergar um barrete vermelho. Se a vítima tivesse o descaramento de resistir, era desnudada e levava porretadas com um galho grosso de pilriteiro."[48] Segundo madame Campan, os parisienses protestavam contra acessórios Bourbon como "insígnias perigosas" – não só nas ruas como nos teatros –, e "sentinelas em todos os cantos da cidade detinham aqueles que os usavam".[49]

A agressividade com que revolucionários ferrenhos monitoravam e atacavam ornamentos monarquistas estendia-se até os próprios prisioneiros reais – o que fazia sentido, dada a longa história de trajes politicamente subversivos de Maria Antonieta. De fato, como Cléry registrou que depois que a república foi declarada, funcionários municipais ordenaram à rainha que descosesse a mão as coroas que adornavam os monogramas em algumas belas peças de roupa de cama que ela conseguira adquirir recentemente.[50] Essa ordem foi tão adequada quanto oportuna, pois em outros tempos belos tecidos haviam exercido o papel de exprimir a proeminência de Maria Antonieta: das opulentas sedas tingidas segundo suas determinações, postas em moda por ela e Bertin, aos linhos e musselinas vaporosos usados "por Ordem da Rainha" no Petit Trianon. Agora, através da crueldade calculada dos carcereiros, tecidos suntuosos eram reinventados como lembretes de sua ruinosa queda política. Como Chantal Thomas observou acerca desse episódio, ao ser forçada "a descoser ela mesma os últimos vestígios de seu esplendor, ... a rainha literalmente 'se desfez'".[51]

NO QUE DIZIA RESPEITO AOS SÚDITOS de Maria Antonieta, porém, nem mesmo a perda forçada da antiga elegância foi suficiente para punir seus pecados. Com queixas acumuladas contra ela por quase duas décadas, o povo ainda tinha mais atribulações e atos de vingança reservados para sua perversa rainha – especialmente quando tropas dos aliados austro-prussianos chegaram mais perto da capital. A partir de 2 de setembro, turbas enfurecidas invadiram prisões por toda a cidade de Paris para matar os aristocratas e padres monarquistas encarcerados após 10 de agosto, incitadas por rumores de que esses prisioneiros estavam planejando eles mesmos massacrar "todos os bons republicanos" assim que os alemães chegassem à cidade.[52] Como não é de surpreender, alguns dos desordeiros rumaram diretamente para o Templo e a *Autrichienne*, mas, ao chegar lá, não tentaram invadir o prédio; segundo madame Royale, as mãos do povo foram detidas pela visão de uma larga faixa tricolor que um engenhoso funcionário chamado Daujon tivera a idéia de drapejar sobre os portões, prevendo corretamente que nenhum patriota digno desse nome ousaria profanar o *bleu, blanc et rouge*.[53] À visão do venerado símbolo, afirmou um funcionário municipal, "a exaltação assassina nos corações daqueles homens, bêbados de sangue e vinho, pareceu dar lugar a um sentimento de respeito pela insígnia nacional".[54]

Nessa curiosa ocorrência, Maria Antonieta ficou devendo sua segurança ao próprio emblema que passara a desprezar, o símbolo das mesmas forças que a haviam derrubado. Entretanto, o desfraldar da *tricolore* do lado de fora da prisão não a protegeu – não a poderia proteger – completamente da ira do povo. Entre as outras prisões a que os saqueadores acorreram estava a La Force, onde a princesa de Lamballe, madame de Tourzel e sua filha estavam confinadas desde fins de agosto. Lamballe tinha particular interesse para a multidão, pois era a única "favorita" da rainha ainda em Paris (a duquesa de Polignac permanecera no exílio desde julho de 1789). Chegando à prisão de La Force nas primeiras horas da manhã de 3 de setembro, a turba rumou diretamente para sua cela, onde, caindo sobre ela como um bando de animais selvagens, mataram-na a porretadas e punhaladas e depois partiram-lhe a cabeça com um facão de açougueiro.

Que o assassinato pretendeu ser um ataque à própria rainha, ou pelo menos foi posteriormente reinterpretado como tal, é confirmado pelo que aconteceu em seguida. Embora alguns comentadores subseqüentes tenham qualificado essa história como um exagero (reconhecidamente "persistente e revelador"), várias pretensas testemunhas oculares insistiram que a princesa foi, na verdade, escolhida para uma horrível honra que nenhuma das outras vítimas da revolta recebeu.[55] Como as cabeças dos dois guardas reais mortos na marcha de 1789 sobre Versalhes, a cabeça de Lamballe foi, segundo relatou uma dessas testemunhas, levada de La Force para o ateliê de um peruqueiro para ser "ondulada, maquiada com escarlate e ter uma fita tricolor posta no cabelo, de modo a ficar bonita para a sua amiga [Maria Antonieta]".[56] Ou, como afirmou outro cronista, omitindo o detalhe da fita mas detalhando os motivos dos atacantes para "embelezar" seu troféu:

> Eles requisitaram um peruqueiro para que a princesa não se mostrasse tão desleixada perante a rainha. Ele teve de lavar, desembaraçar, trançar e empoar o cabelo muito louro ... "Pelo menos, agora, Antonieta será capaz de reconhecê-la!", exclamaram os presentes.[57]

Quer sejam ou não verdadeiras, essas narrativas são de fato reveladoras, na medida em que vinculam as degradações póstumas de Lamballe à reputação que sua melhor amiga granjeara tendo o cabelo penteado e empoado com extravagância. Por muito tempo associada a Maria Antonieta tanto pelo físico (a pele e o cabelo brancos idênticos) quanto pela maneira de se vestir (os trajes iguais usados no passeio de trenó, os *poufs* feitos por Bertin e as *gaulles* brancas), a princesa desempenhava nessas histórias o papel de uma dublê ou substituta da própria rainha.[58] Em particular, a menção ao "cabelo muito louro" de Lamballe sendo trançado e empoado evocava a loura *Autrichienne*, que havia notoriamente saturado os cachos com farinha de trigo enquanto os súditos famintos clamavam por pão.

O cabelo louro empoado não foi o único atributo físico que, ao vincular Lamballe à rainha, recebeu enfática atenção em crônicas do assassinato da antiga favorita. Pois, segundo o relato de outro contemporâneo, "um homem negro ... e um degolador limparam repetidamente os restos do corpo para que as pessoas percebessem bem a brancura extraordinária de *la* Lamballe" – e "brancura extraordinária" era igualmente um traço da rainha.[59] Não poderia essa cútis, descrita por outra pretensa testemunha como "tão pálida quanto os lençóis", ter lembrado as vinhetas em que as duas amigas tantas vezes figuravam juntas?[60] Vinhetas em que exibiam sua bem sintonizada elegância "num trenó na neve; de vestidos brancos e perucas empoadas, adornadas com pérolas e jóias de marfim; no Trianon, cercadas por ovelhas, mal distinguíveis do pano de fundo de mármore branco" – e do pano de *gaulles* de musselina e linho branco?[61] Talvez, portanto, fosse em retaliação por essas cenas de aterradora insensibilidade aristocrática que os insurgentes juravam fazer sofrer as princesas de pele e cabelo brancos, bem vestidas – Lamballe através da morte brutal e penteação ritual, e a rainha através de um encontro forçado com a cabeça cruelmente penteada da amiga.

Para assegurar esse encontro, o contingente saído de La Force empalou a cabeça da princesa numa lança e carregou-a pelas ruas de Paris, juntamente com o corpo decapitado, até o Templo. Ali, lembrou mais tarde a filha de Maria Antonieta, funcionários municipais deram aos arruaceiros permissão para "dar a volta em nossa prisão com a cabeça de madame de Lamballe, com a condição de que deixassem o cadáver na porta".[62] Ao ser informada do que a lúgubre delegação trouxera para lhe mostrar, "minha mãe foi tomada pelo horror", registrou madame Royale em suas memórias; "foi o único momento em que sua firmeza a abandonou" durante toda a permanência da família na Torre.[63] Antonia Fraser relata que, mesmo depois que a rainha desmaiou, o rosto de Lamballe, de uma brancura cérea, continuou a "balançar ... para cima e para baixo junto às janelas da sala de jantar da Torre, os famosos cachos louros ... flutuando tão lindamente quanto o haviam feito em vida, tornando a cabeça ... instantaneamente reconhecível".[64]

Maria Antonieta só recobrou a consciência depois que os bandidos haviam deixado o local, levando consigo a cabeça e o cadáver da princesa. (Ela não teria podido saber disso, mas ao despir o cadáver os arruaceiros haviam encontrado o anel que continha uma mecha do cabelo "embranquecido pelo infortúnio" da rainha; eles o entregaram à Comuna como uma prova adicional da relação suspeita entre as duas mulheres.) Durante o resto da noite, enquanto os sons de tumultos incessantes turbilhonavam em torno do Templo e o sangue de outros prisioneiros assassinados corria pelas sarjetas lá fora, ela se entregou a soluços incontroláveis.[65] Exatamente quando parecia que as circunstâncias não podiam se tornar mais torturantes, a turba revolucionária a confrontara com um caso de brutalidade que chocava de uma maneira nova, tornando-se, no linguajar lírico de um comentador monarquista, um "monstro de cem cabeças que se ergueu contra o trono para cortar seus lírios e fazer murchar suas rosas".[66]

Esta última metáfora, cujos termos lembravam os efusivos elogios que a cútis de Maria Antonieta granjeara quando ela era delfina, foi talvez ainda mais bem escolhida do que seu autor pode ter percebido. Anunciada 22 anos antes como um símbolo da ditosa cooperação franco-austríaca, a paleta lírio e rosa da rainha foi reinventada em setembro de 1792 como uma aterradora exibição de vingança popular, visível não só nos restos mortais pálidos e ensangüentados de Lamballe mas também no "pedaço de sua *chemise* encharcado de sangue" que, segundo consta, um dos bandidos "levou pendurado numa lança" na ameaçadora procissão através de Paris.[67] Como no sonho com os artigos coloridos de Bertin que ficavam pretos quando ela os tocava, o passado elegante da rainha – seu rosto de pêssegos e creme, seus penteados e *chemises* brancos como a neve – havia literalmente retornado para assombrá-la, usando a máscara manchada de sangue da morte.

Os chamados massacres de setembro continuaram por três dias e fizeram cerca de 13 vítimas, entre elas crianças de apenas oito anos.[68] Mas o fato de a família real ter saído ilesa da catástrofe não significava que sua segurança futura estivesse garantida. Durante o outono, forças francesas continuaram a lutar com os exércitos da Prússia e da Áustria, e enquanto essas nações continuassem hostis ao Estado revolucionário, a animosidade do povo contra sua rainha de origem alemã continuaria a fermentar – expressa, pelo menos em um panfleto do período, em mais uma variação sangrenta do motivo "lírio e rosa". Segundo esse panfleto, intitulado "A vida de Maria Antonieta", Lamballe brincava lascivamente com madame de Tourzel na prisão de La Force e instava-a a prender um pênis artificial em seus genitais com a ajuda de uma fita vermelha. "A fita vermelho vivo", afirmava o autor não nomeado do texto, "contrastava lindamente com a pele branca [de Lamballe]."[69] Nesta única imagem, um grande número de associações – sexualidade depravada e o "vício alemão", as faixas geralmente usadas com as *gaulles* de musselina branca e uma pele de impressionante brancura – unia-se para formar um retrato sutil não apenas de Lamballe, mas de sua ama real.[70] Pois era esta última que, sob o signo do sangue "vermelho vivo", continuava sendo a principal vilã de "A vida de Maria Antonieta": "O sangue derramado de 1789 a setembro de 1792 era obra dela, com sua paixão insana por levar os franceses a se destruírem."[71] Mais uma vez, a "paixão insana" contra a França que se atribuía a Maria Antonieta era emparelhada com outra de suas inclinações mais notórias: uma desmesurada devoção à beleza física e à ornamentação pessoal.

APESAR DESSE ÚLTIMO ATAQUE ODIOSO à rainha, seria errado dizer que ela era, no outono de 1792, a única residente do Templo que o povo passara a ver como uma adversária temível. Em 21 de setembro, os deputados recém-eleitos da Convenção Nacional reuniram-se no palácio das Tulherias, que haviam reivindicado como local de trabalho, e declararam a abolição da monarquia e a fundação da Primeira República Francesa.[72] Como o convencional Henri Grégoire declarou naquele dia: "Devemos destruir a própria palavra *rei*, que continua sendo um talismã cujos poderes mágicos são capazes de atordoar as multidões levando-as à submissão."[73] Nesse contexto, o próprio Luís XVI, já fatalmente desacreditado pela fuga para Varennes, representava agora um anátema para os convencionais republicanos, que no início de novembro debatiam acaloradamente a idéia de julgá-lo por crimes contra a nação.

Sob o Ancien Régime, uma proposta desse tipo teria sido inconcebível, pois, como explica o historiador David P. Jordan, "a máxima legal de que 'o rei não pode errar' sempre havia protegido a monarquia" contra recriminações formais dos súditos.[74] Como Jordan também ressalta, mesmo a Constituição de 1791 havia preservado esse aspecto da ideologia real, declarando o rei "'sagrado e inviolável', e por isso imune a acusações".[75] A proclamação de uma república, entretanto, exigia a reconsideração radical da posição do monarca.[76] Como Louis-Antoine Saint-Just, o jovem acólito incongruentemente bonito e assustadoramente impiedoso de Robespierre, anunciou para seus colegas convencionais em 13 de novembro: "Luís é um inimigo que deve reinar ou morrer ...; *nenhum homem pode reinar inocentemente.*"[77]

Hoje lembrada como uma das frases mais chocantes da Revolução, a formulação de Saint-Just abalou a legislatura. E, apenas uma semana depois, as dúvidas que lançou sobre a inocência do rei pareceram se confirmar quando, com base numa informação dada por François Gamain – o ferreiro que auxiliara Luís XVI em sua oficina por cerca de 20 anos –, uma caixa-forte de ferro foi extraída dos escombros das Tulherias. Essa caixa, que o agora pró-revolucionário Gamain dizia ter feito a pedido do amo, continha cartas secretas trocadas com Mirabeau, os emigrados e os líderes da coalizão estrangeira, e assim punha a nu o projeto contra-revolucionário que, desde o princípio, muitos haviam suspeitado que a família real francesa alimentava.[78]

Os convencionais esquadrinharam os materiais condenatórios durante várias semanas, liberando-os para ampla publicação a fim de que o populacho pudesse conhecer a traição do rei em toda a sua extensão.[79] No dia 3 de dezembro, Robespierre reiterou o pedido de Saint-Just de que o rei fosse punido da maneira mais severa possível. "Pronuncio pesarosamente esta verdade fatal", entoou Robespierre com sua voz nasalada e fria de advogado: "Luís deve morrer porque a Nação deve viver. ... Peço que a Convenção o declare, a partir deste momento, um traidor da nação francesa, culpado de crime contra a humanidade."[80] Maria Antonieta, acrescentou ele, deveria ser julgada separadamente por suas próprias ações infames.[81]

Adiando temporariamente a questão da culpa ou inocência de Maria Antonieta, os deputados votaram pelo julgamento do homem a quem agora se referiam pelo nome evidentemente não real de Luís Capeto – Capeto sendo o sobrenome de um dos mais remotos antepassados dos soberanos franceses – ou pela designação igualmente alarmante "*ci-devant* [outrora] rei".[82] Em 11 de dezembro, o rei foi levado perante o tribunal da Convenção para encarar seus acusadores pela primeira vez. Para a ocasião, vestiu seu lustroso paletó de montaria *cheveux de la Reine*, mas se ao escolher essa roupa esperava arrogar-se parte da confiante soberba eqüestre da esposa e de seus predecessores reais, não foi de todo bem-sucedido.[83] Como tradicionalmente ninguém se dirigia ao rei a menos que ele falasse primeiro, Luís sentiu-se profundamente enervado com "todas as perguntas que me fizeram" durante o julgamento; essas indagações não solicitadas, admitiu ele depois para seu camareiro, deixaram-no muitas vezes aturdido demais para responder.[84] E embora, à sua maneira desajeitada, tenha conseguido insistir que "minha consciência não me censura de maneira alguma", os 707 convencionais não se deixaram impressionar.[85] Em 15 de janeiro, eles consideraram por unanimidade o réu culpado de "conspirar contra a liberdade e a segurança pública".[86] Por uma margem mais estreita, e com o próprio primo do rei, Philippe-Égalité dando um voto decisivo contra ele, os convencionais se declararam a favor da pena de morte. Na tarde de 20 de janeiro de 1793, Maria Antonieta e sua família ouviram os gritos dos pregoeiros públicos fora do Templo anunciando que Luís Capeto seria guilhotinado na Place de la Révolution – a nova designação que os rebeldes davam à praça que antes tivera o nome de Luís XV – no dia seguinte mesmo.

MARIA ANTONIETA HAVIA PENSADO que lhe seria permitido ver o marido uma última vez antes que ele morresse. Embora desde outubro ocupasse aposentos separados na Grande Torre, onde foi mantido isolado enquanto durou o julgamento (mesmo no Natal e no Ano-Novo), ele teve permissão para se reunir a ela e ao resto da família por duas horas na noite de 20 de janeiro. Quando a emocionada entrevista chegou ao fim, ele assegurou a seus entes queridos que se encontraria de novo com eles na manhã seguinte. Assim como madame Elisabeth, a rainha havia chorado inconsolavelmente durante toda a visita do rei, mas diante de sua animadora promessa ela concordou em deixá-lo, insistindo que viesse às sete horas e não às oito, como ele sugerira, para prolongar as últimas horas que passariam juntos.[87]

Quando a manhã chegou, contudo, Luís não apareceu como prometera, tendo concluído com o padre que ouviu sua última confissão que mais despedidas iriam apenas aumentar o sofrimento da família. Numa agonia de incerteza (pois os guardas nada lhes diziam), Maria Antonieta, os filhos e a cunhada ficaram ouvindo os carrilhões da vizinhança confirmar a passagem do tempo. Os sinos tocaram às sete horas, às oito, depois às nove... mas ainda não havia nenhum sinal de Luís XVI. Finalmente, logo após as nove, eles ouviram rufos de tambor e, como Maria Antonieta o expressou mais tarde, "os movimentos de homens e cavalos" do lado de fora das janelas.[88] Dessa comoção inusitada, os cativos deduziram que o homem que chamavam marido, irmão, pai e rei estava partindo para o cadafalso. Horrorizados, esperaram por mais uma hora excruciante até que, pouco antes das dez e meia, mais rufos de tambor e tiros de canhão, pontuados por gritos de alegria ecoando através das ruas de Paris, os fizeram saber que Luís XVI estava morto.[89]

Segundo um funcionário municipal chamado Goret e um criado da cozinha do Templo chamado Turgy, que publicaram ambos suas memórias durante a Restauração Bourbon do século seguinte, Maria Antonieta reagiu à notícia aclamando, aos prantos, o delfim de sete anos como Luís XVII.[90] As palavras que acompanharam o gesto – "O rei morreu, viva o rei" – eram uma antiga fórmula monárquica, mas como a monarquia havia sido abolida quatro meses antes, elas transgrediam diretamente a doutrina republicana agora em vigor. De fato, ao descrever as vastas implicações políticas do recurso da Convenção ao regicídio, Simon Schama observou:

> A imortalidade teórica pela qual, quando um rei morria, a realeza vivia – *le roi est mort, vive le roi* – foi então invertida. O cidadão é que se tornara o imortal heróico; a morte do rei é que viera matar a realeza.[91]

Mas, como Maria Antonieta lembrara a Fersen sob circunstâncias menos desafiadoras, ela nunca se deixara enganar pelos revolucionários, e não estava a ponto de abraçar suas idéias agora.[92] Em nome da igualdade, os devotos da Revolução a haviam expulsado de casa com a família para lançá-los na prisão; em nome da justiça, haviam mutilado sua melhor amiga e guilhotinado seu marido. Os convencionais, em particular, haviam revestido suas ações com a linguagem da retidão moral – "nenhum homem pode reinar inocentemente"; contudo, suas mãos estavam encharcadas de sangue. E assim, em vez de recusar ao filho seu nascimento real, ela insistiu nele. De maneira igualmente importante, em vez de lembrar o esposo como um inimigo da "liberdade e da segurança pública", ela decidiu honrar sua memória como um augusto rei da França. Embora presa e inconsolável, não permitiria a seus adversários "matar a realeza" inteiramente. Ela manteria a chama acesa (ver prancha 24).

Caracteristicamente, essa atitude se manifestou num novo programa de desafio indumentário. Num gesto famoso, a mãe da *ci-devant* rainha, Maria Teresa, prestara tributo ao finado marido vestindo luto desde o dia da morte deste até seu próprio falecimento, 15 anos depois. Agora viúva ela mesma, Maria Antonieta, que dissera a uma amiga de infância apenas um mês antes de ser presa que se sentia dia a dia "mais orgulhosa de ter nascido alemã", não hesitou em seguir o mesmo curso.[93] Apesar do "estado quase catatônico" em que sua filha a recordou após a execução do rei, não perdeu tempo em solicitar roupas adequadas para o luto.[94] Na tarde de 21 de janeiro, horas apenas depois da morte de Luís XVI, Goret entrou nos aposentos da rainha, onde, ele lembrou, ela "interrompeu os soluços para pronunciar estas palavras: 'Estamos cientes da tragédia que se abateu sobre nós; ... nossa própria tragédia é certa, e desejamos vestir luto.'"[95] Mesmo quando confrontada com uma perda inexprimível, Maria Antonieta enfrentava as dificuldades como sempre o fizera – escolhendo roupas que enfatizavam sua força de espírito.[96]

Movido pela dignidade que a prisioneira recém-enviuvada era capaz de exibir em sua dor, Goret prometeu que ela e a família obteriam os trajes que pediam. Maria Antonieta, por sua vez, estipulou que essas roupas deveriam ser "tão simples quanto possível", e em seguida forneceu-lhe o nome e o endereço da costureira que queria que os fizesse.[97] Inicialmente, autoridades revolucionárias protestaram contra a idéia, sob a alegação de que a costureira escolhida pela *Autrichienne*, mademoiselle Pion, poderia ser uma monarquista ou uma agente secreta.[98] (Talvez o fato de seu sobrenome ser "Peão" parecesse reforçar essa possibilidade – e, de fato, Pion conseguiu dar notícias a madame de Tourzel, agora abrigada em segurança num castelo na província, sobre a saúde e o bem-estar dos Bourbon sobreviventes.[99]) Mas Goret conseguiu defender o desejo da viúva real. Mademoiselle Pion foi admitida no Templo para o equivalente a dois dias de provas, de modo que, menos de uma semana após a morte de Luís XVI, cada um dos prisioneiros estava de posse de roupas pretas próprias para o luto. O novo uniforme de Maria Antonieta consistia num melancólico vestido de tafetá preto sem adornos.[100]

O que as memórias de Goret não mencionam – mas um formulário de encomenda assinado em 26 de janeiro por Pierre-Joseph Tison, responsável pelo abastecimento do Templo, confirma – é que a rainha conseguiu obter também uma pequena coleção de acessórios para o luto de ninguém senão Rose Bertin.[101] Uma conta detalhada, também datada de 26 de janeiro e assinada por Bertin, especifica que a *marchande* forneceu à antiga cliente dois toucados de viúva (enfeitados com fitas e longos véus que formavam caudas), três fichus, dois pares de luvas de pelica, um par de luvas de seda e um leque – todos pretos.[102] Três semanas mais tarde, Maria Antonieta recebeu mais um pacote de sua antiga "ministra da moda", este contendo uma seleção de meias longas e curtas. Essa seria a última encomenda que jamais receberia do Grand Mogol, pois Bertin fugiu da França em algum momento das duas últimas semanas de fevereiro.[103] Foi significativo, no entanto, que Maria Antonieta tivesse se voltado novamente para Bertin para que esta a ajudasse a fazer sua última e extremamente séria declaração de moda – mesmo que isso tenha significado prover-se das próprias fitas pretas que haviam outrora assombrado seus sonhos como presságios de desastre.

Como seus carcereiros só compreenderiam muito mais tarde, permitir à mulher agora depreciada como a "Viúva Capeto" prantear dessa maneira o falecimento do marido constituiu um grave erro tático, na medida em que suas roupas preservavam, através do simbolismo, uma monarquia que a Revolução já fizera um grande esforço para suprimir de uma vez por todas. Como observou o historiador Abby Zanger, durante o Ancien Régime "a morte de um monarca gerava uma crise para a continuidade dinástica", e um dos meios que a coroa tinha para lidar com a crise era instituir um período de luto (fixado em seis meses durante a infância de Luís XV) em toda a nação. Isso permitia ao povo assimilar a morte do antigo soberano, ao mesmo tempo em que o sucessor se adaptava à tarefa de governar.[104] Esse ritual estava tão entranhado na cultura pré-revolucionária da França que se impunha mesmo quando poucos súditos lamentavam o desaparecimento do velho monarca, como fora o caso de Luís XV. Segundo as recordações de infância de Jacques de Norvins, um aristocrata que tinha cinco anos de idade quando o velho rei morrera:

> O luto podia ser visto em toda parte, da flamejante capela de Versalhes e do luxo fúnebre das residências principescas até as mais humildes lojas nos subúrbios. Todos se esforçavam por fazer suas roupas parecerem tristes. A França inteira cobriu-se de luto.[105]

Como nem é preciso dizer, esse ritual assumia diferentes níveis de magnificência, dependendo da classe social dos que o praticavam. Em Versalhes, o esforço para "fazer as roupas parecerem tristes" era elevado a uma forma de arte, pois se exigia que os novos soberanos e seus cortesãos encomendassem trajes em tons sombrios do mais extremo esplendor. Além disso, como observou o biógrafo André Castelot, até as próprias carruagens, "móveis e camas [dos aristocratas] tinham de ser cobertos com panos escuros. Mesmo os funcionários e criados de libré tinham de usar roupas pretas, e o luto exigia 1.365 novos trajes apenas para os empregados da estrebaria."[106] À medida que o período de seis meses avançava, o traje de luto sofria uma série de modificações: as mulheres nobres, por exemplo, tinham permissão em determinados momentos para recomeçar a usar jóias e para substituir o "luto fechado" do violeta e do preto por cores de "luto aliviado", como o cinza.[107] Como todos os aspectos da vida no castelo, essas minúcias cuidadosamente regulamentadas faziam parte de um programa simbólico mais amplo para realçar a *gloire* dos Bourbon. Mas, em contraste com outras cerimônias da corte, esta incluía milhares e milhares de plebeus em seu âmbito, unindo "a França inteira" num tributo ao poder imortal do falecido rei.

A execução de Luís XVI, no entanto, exigia uma reação completamente diferente; se tinha de "morrer porque a nação devia viver", ele não merecia absolutamente nenhuma homenagem uma vez morto. Além disso, o luto real estava deixando de ser do agrado do povo, pelo menos desde 1790, quando o então pró-revolucionário Le Brun o havia rejeitado como incongruente com a árdua conquista da igualdade social que a Revolução promovera.[108] Numa surpreendente exceção a essa idéia, a morte de Mirabeau em abril de 1791 foi seguida por um luto nacional: esse tributo a ele como "o pai de seu povo" demonstrou a mesma preocupação com a continuidade política que havia animado a prática sob o Ancien Régime.[109]

Mas a descoberta em novembro de 1792 da correspondência secreta dos membros da família real com Mirabeau destruíra postumamente a reputação deste último (seu corpo chegou mesmo a ser desenterrado do lugar de honra no Panteon, túmulo dos heróis da Revolução), e agora, na era do republicanismo legalizado e regicida, a pompa e a circunstância do luto pareciam menos apropriadas que nunca.[110] Uma alegria cruel apresentava-se como reação muito mais adequada, como evidenciavam os cantos, danças e gritos frenéticos de "*Vive la République*!" que brotaram entre as multidões presentes à decapitação de Luís XVI na Place de la Révolution. Para alguns dos que comemoravam, o carrasco chegou a vender pedaços das roupas e tufos de cabelo encharcados de sangue da vítima como lembranças.[111] Enterrado nu no cemitério da Madeleine – não na catedral de Saint-Denis, onde os reis da França haviam sido historicamente sepultados –, Luís XVI foi, mesmo na morte, tratado como inteiramente merecedor de seu fim ignóbil.[112]

Atitude similar moldou as estampas populares que os gravadores revolucionários como Villeneuve produziram para celebrar a execução. Na imagem icônica desse artista, a cabeça cortada de Luís oscilava sobre um verso triunfante da nova canção de combate dos radicais – e atual hino nacional da França –, a "Marselhesa": "Nossa terra do sangue impuro se saciará."[113] Dessa perspectiva, o derramamento do sangue Capeto, "impuro" em razão de sua abominável linhagem real e sua conduta criminosa comprovada, era causa não de luto, mas de comemoração.

Realistas na França e no exterior adotavam o ponto de vista diametralmente oposto, é claro. Na Inglaterra, a execução de um monarca ungido foi censurada como uma abominação, e os britânicos concordaram em unir forças com os outros aliados europeus na guerra contra os homens que chamavam "aqueles assassinos em Paris".[114] Menos de um mês depois da execução do rei, a Espanha e a Holanda, igualmente horrorizadas pelos excessos sangüinários dos republicanos, seguiram o exemplo, e vários meses mais tarde o papa declarou Luís XVI um mártir da verdadeira fé católica.[115]

Nesse meio tempo, na França, fitas e braçadeiras pretas multiplicavam-se entre a população cada vez menor e mais ameaçada de monarquistas em Paris – e entre pessoas da mesma opinião nas províncias, onde um temível maremoto contra-revolucionário estava se armando.[116] Para o cronista liberal Mercier, esses adereços pretos identificavam aqueles que os usavam como "lagartas corroendo a árvore da liberdade", requerendo assim severa punição por parte de republicanos empenhados.[117] De fato, parece provável que, em prol da pura autopreservação, os monarquistas usassem suas insígnias de luto sobretudo entre amigos e atrás de portas fechadas.[118] Mas é revelador que, ainda que privadamente, esses partidários do trono adotassem os mesmos tipos de acessórios que Maria Antonieta adquirira no Templo. Mesmo em seu encarceramento e consternação, ela continuava na vanguarda de uma tendência intensamente politizada no vestuário.[119]

Tratava-se de uma tendência perigosa, e não só em razão dos acessos de violência que podia desencadear nas ruas. Também legalmente, a política da aparência pessoal envolvia apostas maiores e mais arriscadas à medida que os líderes da nova república avaliavam o regicídio que haviam acabado de cometer e trabalhavam para solidificar o novo Estado, sem rei. Um dos grandes desafios que enfrentavam ao fazê-lo era reprimir resquícios de sentimento monarquista onde quer que fossem encontrados, sob a alegação de que a própria "palavra *rei* continuava sendo um talismã" capaz de engendrar sedição monarquista. Nesse esforço, esmiuçavam cuidadosamente talismãs materiais do povo, como acessórios e trajes, em busca de sinais de lealdade ou traição.[120] Como um grupo de ardorosos patriotas usuários da *tricolore* declarou perante a Convenção em março de 1793, sua "uniformidade de trajes" correspondia a uma "uniformidade de corações" subjacente.[121] Roupas que representassem exceções a esse uniforme, percebido como o único fiador da estabilidade no novo regime, exigiam estrita intervenção do governo.[122]

Foi nesse espírito que, depois da morte do rei, os republicanos baniram a seda – outrora o orgulho da indústria francesa de artigos de luxo – por suas associações nobres e decretaram que no futuro todas as *cocardes* seriam feitas de "patriótica" (porque barata) lã.[123] Além disso, todas as rosetas que não as tricolores foram proibidas; os cidadãos foram encorajados a denunciar pessoas que usassem "rosetas desviantes", e a punição legal para os que persistissem nesse desvio era a morte.[124] Em julho de 1793, a antiga cor de desafio favorita de Maria Antonieta, o verde, foi acrescentada à lista dos marcadores antipatrióticos porque uma jovem chamada Charlotte Corday, que matara a punhaladas o jornalista revolucionário Marat em sua banheira, havia sido detida com uma fita verde no chapéu. Após a execução sumária de Corday, salientou Simon Schama, seu memorável chapéu fez do verde "a cor da contra-revolução – proibida, para a ruína de comerciantes de fazendas e donos de armarinho, em qualquer vestimenta pública".[125] Nem encardidas roupas *sans-culotte* deixavam os usuários a salvo de suspeita, pois teóricos da conspiração levantavam a hipótese de que contra-revolucionários poderiam certamente estar adotando-as para enganar patriotas confiantes, que assim não perceberiam suas idéias monarquistas ocultas.[126]

De maneira surpreendente, contudo, a vigilância indumentária que entrou em vigor quando o governo revolucionário lutava para se orientar não afetou imediatamente Maria Antonieta e seus trajes de luto. Como a carta roubada que, décadas mais tarde, o conto epônimo de Edgar Allan Poe descreveria como estando escondida bem à vista dos que a procuravam, o guarda-roupa simbolicamente carregado da rainha parece ter atraído pouca atenção durante os primeiros meses de sua perda.[127] Afora as dúvidas preliminares quanto à admissão de mademoiselle Pion na Torre para provas, os captores de Maria Antonieta aparentemente só interferiram em seu luto na medida em que negaram o pedido de revestimentos pretos para pendurar nas paredes de seus aposentos.[128] Presumivelmente, rejeitaram esse único pedido por razões de classe, pois sob o Ancien Régime somente os príncipes e cortesãos mais elevados gozavam do direito de ornar os lares com colgaduras em luto pelo falecido rei, e por certo não seria adequado para um prisioneiro da república receber um privilégio obviamente aristocrático.[129] Mas os revolucionários pareceram satisfeitos em impor apenas esse limite às pretensões da viúva real.

Algum grau de piedade para com a antiga rainha pode também ter contribuído para a tolerância em relação a sua escolha de trajes, pois sua saúde declinara perceptivelmente desde a morte do marido. Além de ficar ainda mais magra e abatida, ela começou a sofrer hemorragias, perdendo grande quantidade de sangue, sintoma que, segundo uma hipótese de Antonia Fraser, atestava o início da menopausa, a presença de fibromas uterinos ou talvez "os primeiros sinais de câncer do útero".[130] (O escabroso panfleto de 1791 que havia falado dos "furores uterinos" da rainha – referindo-se a seus apetites sexuais insaciáveis – dificilmente teria previsto esse penoso cenário.[131]) Qualquer que fosse a doença subjacente, ela teve um efeito devastador sobre a aparência de Maria Antonieta, como fica claro por um retrato pintado pelo artista polonês Alexandre Kucharski, que sucedera Vigée-Lebrun como pintor favorito da rainha após a emigração daquela e que, não se sabe por que meios obscuros, conseguiu se introduzir na prisão para vê-la, pintando-a depois de memória.[132] Olhar a tela de Kucharski é ver uma mulher que parece ter muito mais que seus 37 anos, uma mulher cujo mórbido toucado preto, olhar assombrado e traços encovados indicam uma condição ainda mais angustiante que a morte.[133] Despojada da coroa, dos palácios, dos amigos, da liberdade e agora do marido, ela aparece no retrato como uma imagem de completa e irrevogável ruína. Privá-la

16. Alexandre Kucharski, *Maria Antonieta na prisão, em seu vestido de luto* (1793).

de suas roupas além de tudo isso – especialmente roupas tão lamentavelmente tristes e simples como as que ela escolhera – pode portanto ter parecido supérfluo a seus carcereiros.[134] A mulher já estava quase morta: que ao menos conservasse sua mortalha.

Alternativamente, é possível que os republicanos tenham permitido a Maria Antonieta fazer uma demonstração tão evidente de suas sensibilidades reais pela simples razão de estarem incertos quanto ao que fazer com ela agora que o rei estava morto. Como o ato do regicídio era sem precedentes na história francesa, não havia nenhum protocolo estabelecido que pudessem seguir no trato com a rainha. De fato, no primeiro mês após a execução de Luís, pareceu extremamente provável que, em vez de continuar como prisioneira ou de ser submetida a julgamento como o marido, a viúva Capeto fosse simplesmente despachada para junto de seus parentes na Áustria.[135] Em fevereiro, Moelle assegurou-lhe que seus colegas na Comuna haviam rejeitado a idéia de executá-la como um "horror gratuito"; e madame Royale lembrou igualmente que "os guardas pensavam que seríamos mandados embora".[136] Não podia haver muita dúvida quanto à natureza das idéias que Maria Antonieta estaria livre para propor, através do vestuário ou de outra forma, uma vez que se reunisse com os contra-revolucionários Habsburgo. Sendo o preto uma cor nacional da Áustria e sendo os trajes de luto característicos do guarda-roupa da finada Maria Teresa, as roupas escuras que agora adotara estariam em plena conformidade com a ideologia de sua nova pátria. Sob essa luz, restringir o modo como a *ci-devant* rainha se apresentava no Templo teria certamente parecido, pelo menos aos mais sensíveis de seus captores, um desperdício de energias políticas que seria melhor dirigir para outros fins.

No decorrer da primavera, no entanto, a chance de liberdade de Maria Antonieta desapareceu à medida que o governo enfrentou uma rápida sucessão de novas e assustadoras ameaças. Em março, os aliados europeus obtiveram vitórias decisivas tanto na fronteira norte quanto na fronteira sul da França. Mais ou menos na mesma época, na região francesa da Vendéia, a sedição entre católicos conservadores que se opunham ferozmente ao desmantelamento pela Revolução das instituições sagradas do Ancien Régime vinha ganhando terreno rapidamente e gerando conflito civil sangrento.[137] Com a guerra ameaçando agora sua supremacia tanto internamente quanto no exterior, e tendo instituído um Tribunal Revolucionário para julgar os suspeitos de comportamento impatriótico, os republicanos assumiram uma postura mais severa em relação à sua refém real enlutada. Em 27 de março, Robespierre informou aos companheiros convencionais de que era "hora de os patriotas reacenderem seu ódio vigoroso e imortal por aqueles que são chamados de *soberanos*" – referindo-se a Maria Antonieta –, e Hébert aproveitou a oportunidade para mostrar suas inclinações patrióticas instituindo buscas aleatórias nos aposentos reais no Templo.[138] Infelizmente para a rainha, uma dessas buscas encontrou um pequeno pedaço de tecido bordado com um crucifixo, uma coroa e o Sagrado Coração de Jesus trespassado por uma flecha: o símbolo de combate dos católicos rebeldes na Vendéia.[139] A descoberta desse emblema entre seus pertences justificou que os republicanos a vissem como uma agente da contra-revolução e se preparassem para tratá-la como tal.[140]

Outro item que os homens de Hébert confiscaram de Maria Antonieta ao vasculhar seus objetos pessoais foi um pequeno medalhão de cera da anti-heroína mitológica Medéia. Aparentemente, ela o ganhara de um funcionário do Templo chamado Augustin-German Jobert, que mais tarde explicou ao Tribunal Revolucionário que a bagatela era "apenas uma das cerca de quatro mil parecidas que tinha em casa" – em sua maioria "alegorias da Revolução" e portanto inofensivamente partilhadas com os prisioneiros.[141] Jobert não pôde explicar, entretanto, por que, entre todos os camafeus de sua coleção, a rainha escolhera se apegar a esse em particular.[142]

Diferentemente do Sagrado Coração dos católicos da Vendéia, a imagem de Medéia não tinha valor político ou religioso estabelecido durante esse período, e portanto era difícil saber qual poderia ser seu significado para a dona. De sua parte, os inquiridores de Jobert no Tribunal conjecturaram em voz alta se a figura mitológica não constituiria "uma espécie de alusão" à própria rainha.[143] Não entraram em detalhes com relação a essa idéia, mas como a imprensa revolucionária já começara a apresentá-la como Fúria, Messalina e outras figuras fatais lendárias, talvez os interrogadores de Jobert estivessem lhe dando o benefício da dúvida e especulando que ele tivera a intenção de insultar a rainha com o presente de um medalhão que retratava uma das mais famigeradas vilãs da mitologia.[144]

As poucas cartas que Maria Antonieta rascunhou quando estava no Templo não fazem nenhuma menção ao camafeu, não oferecendo portanto qualquer pista quanto a seus motivos para conservá-lo. Dado o seu memorável encontro com as tapeçarias de Medéia na *remise* de sua mocidade, contudo, não parece nada implausível que o medalhão tivesse um tipo particular de encanto totêmico a seus olhos. Em 1770, Medéia vigiara de uma tapeçaria *gobelin* enquanto a princesa estrangeira era despojada de suas roupas e formalmente separada de sua pátria e de seu passado. Vinte e três anos depois, no Templo, essa mesma figura mitológica voltava à tona num novo meio, quando Maria Antonieta enfrentava novamente uma absoluta e dilacerante expropriação. Desta vez, porém, seguindo as pegadas da rainha mítica, a rainha verdadeira recusou-se a ceder o controle aos que queriam arrancá-lo dela; pois, como o vestido envenenado que Medéia fez para suas inimigas, o traje de luto de Maria Antonieta sugeria uma orgulhosa resistência aos planos de seus antagonistas. Portanto, quer tenha resultado de uma assombrosa coincidência ou do propósito consciente da rainha, o aparecimento de Medéia na Torre representou realmente uma "espécie de alusão" apropriada. Evocou a ousadia indumentária a que Maria Antonieta sempre retornara quando as condições se tornavam adversas, e isso continuava a prevalecer sob a forma de seu vestido preto realista.

AO MESMO TEMPO, O CAMAFEU DE MEDÉIA pode ter inspirado os revolucionários a investigar de maneira mais atenta e severa a viúva cativa e seus métodos para sustentar o poder. "Por que mágica", quis saber um autor republicano, "essa infernal Antonieta conseguia controlar os corações de seus compatriotas? Tinha ela em sua posse os segredos da cruel Medéia? Sim, sem dúvida!"[145] Se, por segredos de Medéia, esse autor se referia a manipulações extraordinárias de vestuário (em contraposição a, digamos, uma propensão para o infanticídio), a acusação era consideravelmente falsa. Afinal de contas, durante muitos anos, o sentido de moda de Maria Antonieta fizera exatamente o contrário de conquistar "os corações de seus compatriotas". Essa acusação podia, contudo, referir-se a algo semelhante ao comentário do convencional Grégoire sobre o potencial da "própria palavra *rei*" para apoiar ou reviver a monarquia. Pois mesmo quando afastava os súditos, o vestuário de Maria Antonieta havia muitas vezes transmitido insubordinação, autonomia e força – qualidades novamente exibidas em seu traje de luto.[146] Dada a tremenda oposição que enfrentavam de grupos monarquistas tanto dentro quanto fora da França, os republicanos não podiam se permitir tolerar tal intransigência na rainha cativa. Em 2 de junho, Hébert invocou outro dos elementos mais conhecidos do mito de Medéia – a parte em que ela retalha seus filhos e os do marido – ao propor que, em punição por suas óbvias e duradouras intenções traiçoeiras, "a *Autrichienne* fosse cortada em pedacinhos, como bocados de patê".[147]

MENOS DE UM MÊS DEPOIS que Hébert lançou esse desafio, os revolucionários encontraram o que era talvez uma estratégia ainda mais cruel para lidar com a viúva Capeto, cuja afeição apaixonada pelos filhos não passara despercebida a seus captores.[148] Agindo sob a influência de rumores a respeito de uma conspiração monarquista para seqüestrar o filho de Maria Antonieta e instalá-lo como o novo rei da França, os convencionais decretaram em 1º de julho que "Luís Carlos, filho do Capeto, seja tomado de sua mãe e posto num apartamento separado, o mais bem vigiado do Templo".[149] (Situado exatamente embaixo dos aposentos das princesas, tratava-se do mesmo apartamento em que Luís XVI fora confinado durante seu julgamento.) Dois dias depois, seis funcionários apareceram nos aposentos de Maria Antonieta para cumprir as ordens da Convenção. Segundo madame Royale, que testemunhou a cena pungente, Maria Antonieta se opôs aos soldados tão violentamente que eles levaram mais de uma hora para arrancar Luís Carlos, de oito anos, soluçando e gritando, de seus braços.[150] O *chou d'amour* de Maria Antonieta, ela ficou consternada em saber, seria posto sob os cuidados de um republicano fanático, o sapateiro alcoólatra Simon, a quem a Comuna encarregara de "desrealizar" o principezinho.[151] A viúva Capeto havia ousado tratar o filho como um rei; sob a rude tutela de Simon, ele seria transformado num patriota.

Embora a missão do sapateiro, que ele levou a cabo com zelo sádico, devesse incluir encher Luís Carlos de álcool, surrá-lo sempre que gritasse pela mãe, ensinar-lhe a cantar hinos de batalha republicanos como a "Marselhesa" e fazê-lo amaldiçoar a monarquia em voz alta o bastante para que sua consternada família o ouvisse de seus aposentos, tudo isso foi precedido por um ato simples, mas revelador. Como lembrou madame Royale: "A primeira coisa que Simon fez foi tirar o traje preto de meu irmão", embora Maria Antonieta "tivesse dito antes de ele partir que esperava que ele não abandonasse seu luto".[152] Esse relato é revelador por duas razões. Primeiro, confirma a importância que Maria Antonieta atribuía aos trajes de luto da família: o fato de ter lembrado ao filho como se vestir no momento mesmo em que ele lhe estava sendo tomado sugere que para ela o uso de preto em homenagem a Luís XVI era uma matéria de máxima relevância. Segundo, o fato de Simon ter se apressado em contrariar as instruções da rainha nesse assunto indica que seus inimigos finalmente a haviam compreendido – que reconheciam não só o quanto os trajes de luto significavam para ela como o quanto eles escarneciam impudentemente de sua própria visão de mundo antimonarquista. Segundo madame Royale, o sapateiro não perdeu tempo em enfiar um barrete frígio na cabeça de Luís Carlos e vesti-lo com os andrajos encardidos de um *sans-culotte*.[153]

Destruindo seus laços visíveis com a monarquia, esse ato reivindicava o menino para a Revolução e assim virava contra Maria Antonieta sua própria estratégia de desafio indumentário. Se alguém possuía agora os "segredos da cruel Medéia", eram os republicanos, não a rainha: eles a haviam atacado através da escolha de roupa e de seu filho, e o golpe foi devastador. Maria Antonieta passou o resto do mês de julho quase prostrada pelo sofrimento da perda do filho mais moço: seu *chou d'amour* e seu rei. Segundo madame Royale, o "único prazer, única expectativa, única ocupação" da mãe era olhar fixamente através de uma fenda que encontrara na parede dos parapeitos da Torre, esforçando-se para ver de relance o filho em seu horripilante barrete vermelho.[154]

Mas às duas horas da manhã do dia 2 de agosto, os carcereiros da viúva Capeto privaram-na até dessa última escassa fonte de conforto ao aparecer em seus aposentos e declarar que ela deveria ser transferida para a prisão da Conciergerie, onde aguardaria julgamento pelo Tribunal Revolucionário. Com as forças aliadas aproximando-se cada vez mais de Paris, a Convenção havia tomado sua decisão: a *Autrichienne* era a principal suspeita na conspiração contra-revolucionária e devia ser tratada de acordo.[155] Como se para impedi-la de conceber quaisquer outros planos indumentários enquanto se preparava para deixar o Templo, os guardas que foram buscá-la não lhe concederam nenhuma privacidade enquanto ela trocava a roupa de dormir pelo vestido matinal.[156]

A essa altura já em andrajos, esse foi o único vestido que lhe foi permitido levar para a nova morada. Seu pedido para levar consigo um trabalho de agulha – um par de meias que estava tecendo para Luís Carlos – foi terminantemente recusado.[157] Quanto à pequena trouxa de objetos pessoais que ela reuniu para a viagem, os guardas a confiscaram para inspeção pelo Tribunal.[158] (Ao abrir o pacote, os funcionários confiscariam vários dos bens mais preciosos da rainha: cachos de cabelo de seu marido e filhos, um retrato em miniatura da princesa de Lamballe e um espelho de bolso com que contara na Torre para fazer sua sumária toalete.[159]) Rosalie Lamorlière, a jovem criada encarregada de servir a Maria Antonieta na Conciergerie, lembraria mais tarde de seu espanto ao ver a rainha legendariamente elegante chegar trazendo unicamente a surrada roupa do corpo.[160]

Vale a pena observar que nem todas as *bêtes noires*, proeminentes e de alta linhagem, da república foram tão impiedosamente espoliadas de seu vestuário elegante. Em março de 1793, Philippe-Égalité havia sido detido como possível contra-revolucionário, apesar de seu nome de guerra estrategicamente escolhido e de seu patriotismo proclamado em altos brados. No entanto, durante o encarceramento – primeiro numa prisão em Marselha, mais tarde na Conciergerie –, Philippe-Égalité foi autorizado a conservar um amplo guarda-roupa cheio de todos os ornamentos luxuosos que havia evitado quando posava de combatente em prol da Revolução.[161] Era como se, agora que sua farsa fora desmascarada, o *ci-devant* duque não tivesse nenhuma razão para não voltar a se vestir como o herdeiro privilegiado que realmente era.

As coisas não teriam podido ser mais diferentes para Maria Antonieta. Como mostrou Pierre Saint-Amand, a começar por sua chegada na Torre, os revolucionários a haviam submetido a um "lento processo de subtração" ou "desnarcisação" concebido precisamente para puni-la por seu passado elegante e egoísta.[162] Assim que o governo a identificou oficialmente como suspeita de agitação monarquista, o processo foi acentuadamente acelerado. Ao chegar à Conciergerie, ela foi posta numa cela úmida, imunda e escassamente mobiliada, cujos assoalhos eram tão sujos que seus sapatos – de salto alto muito gastos, feitos de cetim "preto-ameixa" – davam a Rosalie Lamorlière a impressão de que a rainha estivera "caminhando pela rue Saint-Honoré".[163] Em razão do tom compassivo, até admirativo das reminiscências de Lamorlière, publicadas durante a Restauração Bourbon, a ironia desta observação é provavelmente intencional.[164] Pois a rue Saint-Honoré havia sido, é claro, o endereço do Grand Mogol e, portanto, de algumas das mais memoráveis aventuras de Maria Antonieta na moda. Na triste e sinistra Conciergerie, contudo, esse mundo estava para sempre perdido para ela – exceto pela sujeira em seus sapatos.[165] Pedir sapatos novos, no entanto, estava fora de cogitação. Segundo uma jovem que mais tarde afirmou ter visto a prisioneira real nessa época, "o medo [dos republicanos] de que mesmo um sapato pudesse revelar um segredo importante os impedia de permitir qualquer substituição desse tipo".[166]

Maria Antonieta não podia esperar tampouco receber substituições para outras peças de seu traje de luto, que, depois de mais de seis meses de uso diário, estava ficando tão enlameado quanto os sapatos. Quando seu toucado de viúva – o último que recebera da loja de Bertin – ameaçava se desfazer, ela pediu a Rosalie Lamorlière que a ajudasse a transformá-lo em dois toucados menores, de feitio menos intricado.[167] A assistência da bondosa criada foi essencial nesse esforço, porque os revolucionários haviam tomado também a tesoura de costura de Maria Antonieta, de modo que ela tinha de cortar pedaços de linha com os dentes sempre que queria consertar alguma coisa por si própria.[168] Várias outras empregadas da prisão colaboravam, fazendo consertos ocasionais no vestido matinal esfarrapado da rainha.[169] Mas a roupa continuou a se deteriorar à medida que a vasta bainha se arrastava todos os dias pelos pisos manchados de fuligem e ferrugem da prisão.[170] Ela era sujeita a desgastes adicionais porque, segundo Fersen, "a rainha sempre dormia inteiramente vestida de preto; esperava ser morta ou guilhotinada a qualquer momento e queria ir para o cadafalso em traje de luto".[171] (Embora permanecesse no exterior, Fersen continuava ansiosamente atento à sua amada e pressionando os líderes aliados – tão indiferentes como sempre à sorte da rainha – para que fossem depressa em seu socorro.[172]) A densa umidade e o calor intenso do verão parisiense deviam tornar o vestido – destinado para os meses frios que se seguiram à execução de Luís XVI em janeiro – terrivelmente desconfortável para dormir.[173] Ainda assim, Maria Antonieta aferrava-se a ele noite e dia, claramente determinada a conservá-lo até a morte.

Ela foi menos bem-sucedida ao tentar preservar outras relíquias de seu passado real e familiar que lhe eram preciosas. A primeira delas, que ela havia de algum modo conseguido introduzir furtivamente na Conciergerie, era o pequenino relógio de ouro que a mãe lhe dera pouco antes de sua partida para a França, 23 anos antes. Ela o pendurou na parede logo após chegar à nova cela, como se para introduzir em seu dilapidado ambiente (papel de parede descascando, um colchão em mau estado e toscas cadeiras de palha) pelo menos um toque bonito, pessoal.[174] Cinco dias depois, porém, o relógio atraiu a atenção do carcereiro. Quando o confiscaram, a princesa usualmente estóica sucumbiu e chorou como se seu coração fosse se partir.[175]

Foi igualmente frustrada quando pediu que lhe dessem o trabalho de agulha que começara no Templo; mais uma vez, expressou impaciência por terminar de fazer um par de meias para o filho. Embora madame Elisabeth e madame Royale tivessem embalado o material e o enviado para a Conciergerie, os funcionários se recusaram a entregá-lo à rainha sob a alegação de que ela poderia se ferir com as agulhas.[176] Desesperada por algo para fazer em sua cela vazia e talvez ansiosa por fornecer ao filho uma roupa de proveniência não republicana, Maria Antonieta recorreu ao expediente de arrancar fios da tapeçaria desbotada e rasgada pendurada na parede sobre a cama. Usando um par de palitos de dentes, ela "tricotou" com esses fios duas ligas, e suplicou ao porteiro da prisão que as enviasse para o Templo.[177] O presente nunca chegou a Luís Carlos, que morreu em circunstâncias misteriosas na prisão, possivelmente em algum momento do final de 1793 ou do início de 1794.[178] Foi apenas em dezembro de 1795 que madame Royale, a única filha de Maria Antonieta sobrevivente, recebeu as ligas – um impressionante atestado das lastimáveis condições da última prisão de sua mãe.[179]

Mas, ao mesmo tempo em que os republicanos trabalhavam sistematicamente para desmontar sua imagem outrora elegante, Maria Antonieta se recusava a ajudá-los nesse esforço. Alguns dias apenas depois de ser levada para a

Conciergerie, ela conseguiu surrupiar um pedaço de papel para escrever o seguinte bilhete a madame Royale, que tivera de ficar no Templo com madame Elisabeth:

> Quero que você saiba, minha querida filha, que estou bem; estou calma e o estaria inteiramente se soubesse que minha pobre filha não está preocupada. Abraço-a e à sua tia com todo o meu coração. Por favor, mande-me algumas meias de seda, um redingote de algodão e uma anágua.[180]

Como as instruções sobre o traje de luto que Maria Antonieta deu a Luís Carlos ao se despedir dele, essa carta pôs uma ênfase explícita na questão do vestuário e anunciou sua recusa a adotar a completa abjeção prescrita pelos carcereiros. Madame Elisabeth atendeu imediatamente ao pedido da cunhada, encarregando um funcionário municipal de disposição favorável chamado Michonis de levar um pacote de roupas para o quarto da rainha na Conciergerie. Esse pacote continha uma série de "bonitas *chemises* de batista e lenços de bolso, fichus de linho, meias de seda pretas, um vestido *déshabillé* branco para ser usado de manhã, algumas toucas de dormir e vários comprimentos de fita de diferentes tamanhos".[181] Maria Antonieta ficou claramente dominada pela emoção ao examinar seus novos pertences e reagiu mais ou menos da mesma maneira quando Rosalie lhe levou uma caixa de papelão para guardá-los.[182] Como não havia nenhum armário na cela da rainha, sem a caixa seus ornamentos teriam ficado expostos à sujeira e à umidade dos pisos da prisão. Segundo a criada, Maria Antonieta recebeu essa caixa "como se fosse o mais belo móvel do mundo".[183]

Rosalie ganhou também a gratidão de sua ama ao lhe oferecer um espelhinho barato pintado de vermelho que havia comprado de um vendedor de quinquilharias à margem do Sena, pois os pedidos formais da rainha para dispor de um espelho haviam sido repetidamente negados.[184] Lamorlière ficou satisfeita ao ver "Sua Majestade tratar o espelho como um objeto de grande importância", e era com prazer que lhe prestava também outros serviços: especialmente manter a roupa branca da princesa tão limpa quanto possível.[185] Graças a esses atos de bondade e ao auxílio de outra empregada da prisão, madame Harel, que ajudava a pentear-lhe o cabelo todos os dias com uma fita branca e um toque de pó, Maria Antonieta foi capaz de preservar um aspecto de decência.[186] Alguns cronistas conjecturaram que isso talvez fosse particularmente importante para ela dado o vasto número de pessoas que visitavam sua cela em todas as horas do dia e da noite – algumas delas autoridades revolucionárias, outras meros curiosos que haviam subornado os guardas para dar uma olhadela na rainha decaída.[187] No Templo, ela vivera em total isolamento, mas na Conciergerie, encontrando novamente "todos os olhos fixos" em si, Maria Antonieta parece ter preservado determinadamente uma aparência digna, apesar dos ingentes esforços de seus captores para humilhá-la.

Esses esforços intensificaram-se consideravelmente após 4 de setembro, quando funcionários da prisão descobriram uma trama monarquista para ajudar Maria Antonieta a fugir da Conciergerie. (A frustrada tentativa ficou conhecida como o "Caso do cravo", por causa da flor que o pretenso salvador da rainha, o *chevalier* de Rougeville, usou para introduzir clandestinamente um bilhete em sua cela.[188]) Embora descoberto pouco depois que os republicanos já haviam decidido se apressar em levar a viúva Capeto a julgamento, o plano os fez tratá-la de forma ainda mais severa durante o resto do tempo que passou na cadeia – e novamente a puni-la, sobretudo no domínio da aparência física.[189] Além de transferi-la para aposentos ainda menores e mais deploráveis, submeteram-na a vigilância 24 horas por um gendarme que, numa sinistra recorrência da cerimônia de *remise* e da noite de núpcias, insistia em permanecer presente até quando ela se despia. Tal como as acompanhantes de Maria Antonieta em Versalhes, Rosalie Lamorlière impressionou-se com "o excessivo pudor" da ama; por essa razão, tentava bloquear a visão do guarda com seu próprio corpo sempre que a rainha tinha de mudar de roupa.[190] A óbvia simpatia de Rosalie pela prisioneira atraiu a desconfiança dos supervisores. Quando tentava pentear as madeixas da ama (madame Harel havia sido demitida imediatamente após o "Caso do cravo"), foi-lhe dito que somente o próprio porteiro da prisão, monsieur Bault, estava autorizado a desempenhar essa função. Maria Antonieta recusou terminantemente os serviços de Bault e ficou reduzida, talvez pela primeira vez em sua vida, a pentear ela mesma o seu cabelo.[191]

Mas os republicanos levaram sua severidade ainda mais longe. Ao ser transferida da Torre, a rainha conseguira conservar dois anéis engastados com pedras preciosas – um deles, sua aliança de casamento –, e, segundo Lamorlière, parecia encontrar consolo nesses pequeninos vestígios de seu resplandecente passado, mudando-os constantemente de um dedo para outro com um olhar sonhador.[192] Depois do "Caso do cravo", funcionários da prisão lhe tomaram esses anéis inesperadamente. Além disso, decidiram parar de lhe fornecer panos limpos em número suficiente para estancar o sangue de suas contínuas hemorragias uterinas. Na melhor das hipóteses, registrou Lamorlière, "o funcionário do Tribunal Revolucionário fornecia os panos um a um, e a grandes intervalos".[193] O mais das vezes, a rainha tinha de recorrer a pequenas faixas de pano rasgadas das humildes combinações de sua própria criada, que

Rosalie deixava atenciosamente escondidas debaixo do colchão sempre que fazia a cama da ama.[194]

Maria Antonieta e seus adversários envolveram-se assim num feroz cabo-de-guerra para controlar seu corpo indumentário: uma luta em que ela vinha se empenhando de uma maneira ou de outra desde seu primeiro dia no solo francês. Mas o conflito entrou no ato final e fatal quando Maria Antonieta foi convocada perante o Tribunal da Revolução às oito horas da manhã do dia 15 de outubro. Sentada calmamente num banco na frente da sala apinhada, ela teve de ouvir – e às vezes responder – enquanto o presidente do tribunal, Armand Herman, e seu promotor público, Antoine-Quentin Fouquier-Tinville, desfiavam a longa ladainha de seus supostos crimes contra-revolucionários. Como historiadores salientaram desde então, as provas incontestáveis contra a rainha eram escassas, e os depoimentos das testemunhas baseavam-se vergonhosamente em inferências e boatos.[195] Contra o pano de fundo da batalha em curso sobre sua aparência, contudo, é interessante notar o número de anedotas relacionadas com roupas e acessórios que foram arroladas para mostrar que ela havia "conspirado contra a França". A promotoria e suas testemunhas trouxeram à baila o pano do Sagrado Coração e o medalhão de Medéia; os trajes que ela escolhera na fuga para Varennes; as rosetas brancas que teria distribuído na "orgia" de outubro de 1789; a nomeação de ministros "perversos" e a manipulação do próprio rei; o envolvimento suspeito e financeiramente ruinoso com o "infame e execrável Calonne" e a condessa de La Motte; a responsabilidade direta pelos períodos de fome que haviam flagelado seus súditos; a extrema suntuosidade do Petit Trianon; as enormes somas que havia supostamente transferido para José II na Áustria.[196] (Esta última acusação, é claro, havia sido lançada contra Maria Antonieta pela primeira vez em conexão com suas *gaulles* de musselina importada; no julgamento, porém, essas roupas não receberam nenhuma menção explícita.) De maneira um tanto estranha dado o estado deplorável dos sapatos da ré, Herman chegou a censurar seu hábito pré-revolucionário de encomendar mais sapatos do que realmente usava. Afirmou também que, antes do cerco das Tulherias em 20 de junho de 1792, ela havia mandado fazer um vestido especial para disfarçar as pistolas com que planejara abrir fogo sobre a população – uma alegação que tirava partido explicitamente de fantasias sobre o extremo perigo que as roupas da rainha representavam para os súditos.[197]

Numa tentativa de abrandar essas acusações incendiárias, Maria Antonieta insistiu que sempre amara o reino do falecido marido e que nunca desejara outra coisa senão a felicidade da França. Contudo, somadas a acusações ainda mais dramáticas com relação à sua natureza monstruosa – como a afirmação de Hébert de que ela molestara Luís Carlos no Templo no intuito de arruinar a saúde do menino e aumentar as próprias chances de se tornar uma regente todo-poderosa –, as histórias da promotoria combinaram-se para caracterizá-la como "o flagelo e a sanguessuga do povo francês".[198] Fouquier-Tinville deu os toques finais a esse retrato ao se referir repetidamente ao suposto núcleo de "contra-revolucionários e conspiradores" da viúva Capeto como "aquele conselho sombrio", "aquele conselho negro" ou "aquele conselho que se reunia nas trevas da noite".[199]

Essa retórica enfática do negrume não só reforçava a idéia da participação da ré no crime atroz do incesto como também apresentava o traje que a rainha usara no tribunal – seu vestido de luto – como uma marca exteriorizada de criminalidade. No século XVIII, os franceses tinham um provérbio segundo o qual uma pessoa pode ser "menos diabólica do que negra", significando que seu caráter subjacente é menos horrível do que sua aparência poderia sugerir.[200] Ao descrever as atividades de Maria Antonieta "nos termos mais negros", a acusação revolucionária sugeria que, ao contrário, o traje escuro exteriorizava perfeitamente sua alma diabólica.[201] Como Lynn Hunt sustentou em seu exame do crédito dado por Fouquier-Tinville e Herman às histórias obscenas dos pornógrafos produtores de panfletos, "a revelação dos verdadeiros motivos e sentimentos da rainha veio acima de tudo da capacidade do povo ou de seus representantes de 'ler' o seu corpo".[202] Particularmente no contexto de seus outros vis pecados, o vestido de Maria Antonieta pode ter se oferecido igualmente à decifração condenatória do povo. De fato, pelo menos um dos grupos militantes de bairro que pressionavam por sua execução zangou-se com os "novos níveis de negrume em que essa mulher ímpia, bárbara, havia mergulhado com suas transgressões".[203]

Apesar disso, ao chamar atenção para a vestimenta da rainha, os republicanos talvez tenham subestimado o grau em que ela tendia mesmo a despertar simpatia entre os espectadores do julgamento.[204] Um dos guardas do tribunal, Louis Larivière, afirmou que "o longo vestido preto tornava sua palidez extraordinária ainda mais impressionante".[205] Nessa descrição, o preto do luto monarquista de Maria Antonieta punha em relevo a palidez pela qual ela fora outrora famosa, mas a que o longo confinamento entre quatro paredes e a crônica perda de sangue emprestavam claramente uma nova aparência doentia.[206] Perfeitas manifestações das muitas tragédias que ela suportara desde a queda da monarquia, tanto o sujo e surrado traje de viúva quanto a pele branca como papel tinham o potencial de estabelecê-la menos como uma insaciável "sanguessuga e flagelo" que como uma pessoa horrendamente maltratada, manifestamente consternada, cujos sofrimentos já superavam de muito seus pretensos crimes.[207]

De fato, foi sob essa última luz que Maria Antonieta conseguiu se apresentar pelo menos uma vez durante os procedimentos – quando reagiu à acusação de incesto de Hébert com indisfarçada consternação e choque. ("Rogo a todas as mães presentes", dizem que ela exclamou, "que digam se tal coisa é possível!"[208]) Segundo seu advogado, Claude-François Chauveau-Lagarde, essa explosão carregada de pathos "provocou na sala do tribunal um movimento de admiração que interrompeu momentaneamente o curso dos debates"; e na versão do biógrafo Maxime de La Rochetière, mesmo revolucionárias empedernidas comoveram-se às lágrimas e ao desmaio diante da expressão nobre e resignada da ré.[209] Consta que quando Robespierre "soube da sensação causada pela maneira sublime como a rainha recebera a acusação, e do efeito que esta teve sobre a audiência, ele, que estava jantando no momento, quebrou o prato de raiva".[210]

Mas Robespierre quebrou o prato em vão, porque havia pouca dúvida quanto a como os jurados – que, do mesmo modo que as testemunhas, haviam sido escolhidos a dedo de antemão por seu fervor "patriótico" – decidiriam por fim.[211] Ainda assim, a inesperada manifestação de comiseração da audiência pela rainha parece ter alertado finalmente seus inimigos para os perigos táticos de permitir-lhe vestir-se como uma trágica mártir monarquista. Às quatro horas da manhã de 16 de outubro, o Tribunal Revolucionário condenou Maria Antonieta formalmente como "uma inimiga declarada da nação francesa ..., a cúmplice, ou mais exatamente a instigadora, da maioria dos crimes pelos quais o *ci-devant* tirano [Luís Capeto] havia sido julgado culpado".[212] Como seu falecido marido, ela deveria ser guilhotinada na Place de la Révolution; diferentemente dele, porém, não teria permissão para se despedir dos parentes que lhe restavam, e sua execução foi marcada para aquele mesmo dia.

Não muito tempo depois que esse veredicto foi pronunciado, funcionários republicanos agravaram sua severidade informando a ré de que ela não deveria, em nenhuma circunstância, usar seu vestido de luto no cadafalso. Segundo Rosalie Lamorlière, os revolucionários insistiram que isso se devia às conotações monarquistas do traje, que "poderiam incitar as pessoas a insultar" Maria Antonieta quando fossem assistir à execução. Contudo, "para todos nós na prisão", recordou Lamorlière, pareceu óbvio que os funcionários "estavam na verdade com medo do interesse que ela poderia inspirar como viúva do rei".[213] Em todas as tentativas sistemáticas dos revolucionários de apagar da superfície do corpo da rainha quaisquer sinais remanescentes de privilégio real, somente o vestido preto havia escapado de suas garras. Agora, a despeito de seu desejo de morrer de luto, esse vestido era proibido. Quando se preparava para enfrentar a guilhotina, Maria Antonieta teve de encontrar alguma outra coisa para vestir.

11

Branco

Dia 16 de outubro de 1793. O julgamento durara 20 horas, mas, ao retornar à cela após o ordálio, Maria Antonieta não adormeceu. Às quatro e meia da manhã, pediu uma vela, tinta e papel (coisas que lhe haviam sido todas negadas durante sua permanência na Conciergerie) e rascunhou uma carta para madame Elisabeth. Nessa missiva, declarou seu amor pela família, pediu "o perdão de Deus para todos os erros que cometi", professou o perdão cristão por seus inimigos e expressou a esperança de ser capaz de morrer com coragem.[1] Terminada a carta, conta-nos Rosalie Lamorlière, a rainha deitou-se em sua cama encaroçada e virou o rosto para a parede, chorando em silêncio. Nessa altura, ainda estava inteiramente vestida com seus trajes de viúva.[2]

Passaram-se horas, o dia raiou, e Rosalie, que havia se retirado respeitosamente após tentar fazer Maria Antonieta tomar alguns goles de caldo de carne, voltou para ajudá-la a se vestir. O gendarme que estivera plantado dentro da cela se recusou a sair mesmo quando a rainha, que estivera perdendo muito sangue e precisava trocar a roupa de baixo encharcada, implorou-lhe que o fizesse a bem da decência.[3] Corando intensamente, ela se agachou junto da cama, removeu os panos sujos e enfiou-os num buraquinho na parede.[4] Rosalie, que se postou na frente da rainha de modo a obstruir a visão do guarda, ficou impressionada ao constatar que a ama parecia ter deixado uma *chemise* branca especial pronta justamente para essa ocasião. "Compreendi", lembrou depois a criada, "que era sua intenção aparecer em público tão decentemente vestida quanto suas circunstâncias empobrecidas o permitiam, assim como o fizera para o julgamento."[5] Mesmo ao enfrentar a execução, a vontade de Maria Antonieta de controlar sua imagem, de administrá-la através do vestuário, não a abandonara. Por toda Paris, multidões saíam às pressas para a rua a fim de testemunhar a procissão da Conciergerie até o cadafalso. Mais multidões aglomeravam-se na Place de la Révolution para vê-la morrer, e 30 mil soldados haviam sido chamados para manter a ordem. Em seu último dia na França, como no primeiro, todos os olhos estariam fixos nela. E embora tivesse sido proibida de vestir-se como uma viúva, tinha outra carta na manga.

E assim, abandonando o esfarrapado vestido preto com que enfrentara os acusadores, Maria Antonieta calçou seus sapatos preto-ameixa, vestiu uma anágua limpa e sua imaculada *chemise* branca.[6] Para completar o conjunto, colocou o vestido *déshabillé* branco que madame Elisabeth lhe enviara do Templo e envolveu o pescoço com o mais bonito de seus fichus de musselina. Chegou a retirar as fitas pretas que pendiam de seu toucado improvisado de viúva: o resultado foi uma despojada touca franzida de linho, tão sem cor quanto seu cabelo. Mais pálida que nunca em razão da severa perda recente de sangue, a rainha se tornou uma figura de pura e radiante brancura (ver prancha 25).[7]

Embora imposto pelas restrições de seus inimigos e por seus próprios parcos recursos na Conciergerie, o traje branco de Maria Antonieta talvez tenha sido realmente a mais brilhante declaração de moda de toda a sua carreira.[8] Tanto monarquistas quanto revolucionários que testemunharam sua jornada para o cadafalso comentaram seu traje impecável.[9] (Diferentemente de Luís XVI, que fora conduzido à guilhotina numa carruagem fechada, a viúva Capeto foi obrigada a viajar numa carroça aberta, como qualquer outro criminoso.) Para o convencional republicano e artista David, que fez um rápido e brutal desenho dela quando a carroça da prisioneira passou sob sua janela, o traje era patético e contribuiu para sua representação como uma velha horrenda, abatida, merecidamente privada de todo o *ci-devant* esplendor (ver prancha 26). Entre outros espectadores, porém, expressões de franco escárnio foram aparentemente poucas e espaçadas. Segundo a maioria dos relatos, enquanto a espectral figura branca era escoltada através do duplo renque de soldados de paletó azul-marinho que margeava o caminho, as massas reagiram com um silêncio atordoado, pesado.[10] Pelo meio deles passava uma mulher não coberta de jóias, não coroada com plumas; uma mulher que não estava vestida com extravagante ostentação nem exibia uma negligência defensiva; uma mulher tão espoliada que seu próprio vestido de luto lhe fora tomado; uma mulher cuja modesta pilha de roupas restantes seria enviada após sua morte para as presas na Salpêtrière.[11] Como o desenho de David deixou claro, o guarda-roupa famosamente elegante, infalivelmente controverso desaparecera para sempre.[12] Antes mesmo que ela chegasse à guilhotina, esse aspecto de sua história, de seu corpo, de seu ser havia sido apagado, deixando-a uma única cor: o branco.

Mas o apagamento talvez revelasse mais do que escondia, condensando todo o seu passado perigosamente elegante. Branco, a cor da flor-de-lis e da cútis de uma jovem noiva. Branco, a cor das barbatanas de baleia de um espartilho. Branco, a cor de festas a fantasia e corridas de trenó na neve. Branco, a cor de uma cabeça empoada, penteada por Bertin e Léonard – ou pela turba feroz. Branco, a cor de uma *gaulle* de musselina, importada ou não: linda no Trianon, perversa em Paris. Branco, a cor do colar de diamantes de Boehmer e de plumas de avestruz "austríacas". Branco, a cor da roseta monarquista que desencadeou a marcha sobre Versalhes. Branco, a cor da pele e do cabelo da princesa de Lamballe, imagens espelhadas dos da própria Maria Antonieta e fatalmente maculados por causa dela. Branco, a cor dos leais emblemas legalistas. Branco, a coexistência simultânea de todas as cores: o azul e vermelho revolucionários, o violeta e o verde monarquistas. Branco, a cor dos cachos que ela viu o carrasco enfiar no bolso quando a tosquiava para prepará-la para sua sina.[13] Branco, a cor do martírio, do céu, da vida eterna. Branco, a cor de um fantasma belo demais, ou pelo menos obstinado demais, para morrer. Branco, a cor das páginas em que sua história foi – e será – escrita. Muitas e muitas vezes.

Posfácio: Vítima da moda

Vi tudo, soube de tudo, esqueci tudo.
Maria Antonieta sobre os eventos sangrentos de outubro de 1789

Luís XIV, que sabia do que estava falando, chamou certa vez a moda de "o espelho da história".[1] Hoje em dia, com freqüência, porém, aqueles de nós que nos preocupamos com a moda acompanhamos de maneira vaga suas incessantes variações. Durante uma semana, um mês, um ano, lembramos os charmes discretos de uma capa impermeável, o sapato baixo tipo bailarina, a calça de marinheiro ou a bolsa Kelly, somente para perdê-los de vista assim que outras modas, "mais novas", começam a empurrá-los, tirando-os de nossa vista. Terninhos e saias-lápis ficam pendurados nos cantos mais escuros de nossos closets, esquecidos até que a reinterpretação engenhosa de um estilista ou a matéria numa revista de papel brilhante nos incitem a procurá-los de novo. Estação após estação, editamos a história de nosso vestuário para reescrevê-la novamente. A memória seletiva é uma criada da moda.[2]

No fim de dezembro de 2005, esse fato impressionou-me de maneira curiosa quando dei uma pausa no trabalho com este livro para fazer algumas compras de Natal na Barneys em Nova York. O lema sazonal da loja de departamentos, proclamado em cada uma das gigantescas janelas de vidro laminado que flanqueiam a entrada na Madison Avenue, era "Tenha um Natal régio": um chamado ao prazer de comprar sublinhado por quatro vitrines primorosas e sedutoras. Quando me aproximava de uma delas para examiná-la melhor, as hordas de curiosos que ela atraíra já me fizeram lembrar Rose Bertin, o Grand Mogol e o insano furor aquisitivo que seus inovadores *tableaux* envidraçados desencadeavam na rue Saint-Honoré. Contudo, mesmo em meu estado quase-delirante – pois chegara a um ponto de minha pesquisa em que meus protagonistas me assombravam noite e dia –, eu não tinha nenhuma razão para acreditar que, depois que tivesse conseguido transpor a multidão para ver a vitrine mais de perto, me encontraria face a face com Maria Antonieta.

Pois foi o que aconteceu. Ou melhor, encontrei-me contemplando uma imagem em *close-up* do seu rosto, recortada de um retrato do século XVIII, reproduzida *ad infinitum* no papel de parede que cobria o fundo e o piso da vitrine. Nas paredes laterais, a mesma técnica warholiana fora aplicada à tampa de uma caixa de farinha a fim de sublinhar o inevitável "Que comam brioches!" pintado com spray perto do vidro e atrás da figura central da vitrine. E essa figura central era um manequim feminino com um *pouf* cinza tão enorme que pretendia dar a impressão de estar atravessando o teto acima dele. O resto do traje consistia numa blusa de linho branca com rufos, um casaco justo cinza-pombo e, caindo sobre *paniers* de mais de três metros e meio de largura, uma ampla saia de gaze preta transparente. Abaixo da saia, lâmpadas de marquise de cinema acendiam e apagavam em ritmos irregulares, sincopados, como se um milhar de paparazzi invisíveis estivessem escondidos em algum lugar nas sombras, tirando foto após foto da grande estrela em seu vestido gigantesco. Quanto à identidade da estrela, um bilhete preso com alfinete numa peruca guarnecida de flores solta perto de seu pé direito contou-me o que eu – e sem dúvida minhas dúzias de companheiros igualmente embasbacados – já sabia: "Maria Antonieta gostaria de agradecer a Olivier Theyskens, da Rochas, pelo lindo vestido."

Não percebendo de início a pequena guilhotina de madeira que pendia do teto, envolta numa rede branca esfarrapada, perto de um lustre desconjuntado enfeitado com batedores de ovos de metal e colheres de pau, fiquei junto à vitrine, petrificada, irremediavelmente seduzida. Dignos herdeiros da engenhosa Rose Bertin, os criadores tanto da vitrine (Simon Doonan) quanto da roupa (Olivier Theyskens) me haviam deixado de repente desesperada por ter um Natal régio, por me adornar como uma rainha estrela de cinema. Eu queria o casaco cinza-pombo, eu queria a blusa branca de rufos. Eu queria até a farinha, para não mencionar o lustre com utensílios de cozinha. Como uma Alice no País das Maravilhas adulta, com uma bolsa (Kelly) cheia de cartões de crédito, eu caíra de supetão numa casa dos espelhos da moda. Eu havia me lembrado de Maria Antonieta – somente para esquecê-la.

Esqueci-me de Maria Antonieta no seguinte sentido: durante sua vida, seu vestuário assumiu enorme significação política, fator que quase desapareceu de nossas variações atuais em torno de seu mito elegante e que certamente estava ausente das ânsias superficiais, consumistas, que me dominaram até que eu pensasse mais seriamente sobre o que a vitrine da Barneys realmente exibia. Quando comecei a trabalhar neste livro, imaginei situar a rainha francesa numa genealogia longa de mulheres proeminentes que foram reconhecidas e avaliadas mais pelo que vestiram do que pelo que "fizeram". As imperatrizes francesas do século XIX Josefina e Eugênia logo me vieram à mente; assim também os dois mais celebrados ícones de estilo do século XX, Jacqueline Kennedy Onassis e Diana, princesa de Gales. E há sem dúvida notáveis paralelos entre as vidas dessas mulheres e a de Maria Antonieta. Todas elas, é claro, foram lançadas pelo casamento na luz áspera e ofuscante de um implacável holofote da mídia, em que a moda entrava poderosamente na equação enquanto elas enfrentavam seus difíceis e muitas vezes conflitantes deveres como mães, figuras públicas e cidadãs privadas.[3]

À medida que me aprofundei no assunto, porém, tornei-me agudamente consciente de que, para Maria Antonieta, esse enfrentamento não ocorreu da mesma maneira que para suas sucessoras no trono da moda. Por quê? Porque somente ela viveu e morreu num meio em que, como observou o historiador e biógrafo Horace de Viel-Castel, "o crime de *lèse-costume* foi expiado no cadafalso".[4] Mais ainda, essa foi uma circunstância que a própria Maria Antonieta conspirou para produzir. Diferentemente de uma Eugênia ou de uma Jackie, mas de maneira muito semelhante a seu ancestral, o Rei Sol, Maria Antonieta ajudou a inventar a moda como um jogo político de apostas altas – um jogo de que ela participou com toda seriedade, e com resultados fatais. Num tudo ou nada, seu programa de singular desafio indumentário envolveu não só sua autonomia e prestígio, mas sua coroa e, finalmente, sua vida. Seu vestuário expressou as batalhas que ela travou numa época da mais extrema inquietação social, e nos mais altos escalões do governo tanto monárquico quanto revolucionário. Um espelho da história, realmente, que engolfou Maria Antonieta por completo em sua moldura, como o lago espelhado que capturou o infortunado amante de si mesmo, Narciso. A política do vestuário agarrou-a – muito mais que qualquer outra das rainhas da moda subseqüentes – muito firmemente pelo pescoço.

Foi isso, portanto, o que perdi de vista momentaneamente enquanto estive mesmerizada pelo *tableau* de Doonan / Theyskens, e o que a presença da minúscula guilhotina perto da cabeça do manequim, juntamente com um exame mais atento das reveladoras cores de seu traje, logo me estimularam a lembrar. Sinto-me tentada, no entanto, a sugerir que foi precisamente ao esquecer Maria Antonieta que comecei a me lembrar dela novamente. Afinal, do início ao fim, uma interação dinâmica entre lembrança e esquecimento moldou suas próprias aventuras na moda. Ao chegar pela primeira vez à fronteira entre os domínios de sua mãe e os de seu futuro marido, ela foi despojada de suas roupas "austríacas", elas próprias encomendadas expressamente como símbolos de francesice, para ofuscar suas verdadeiras origens nacionais. Ela lembrou seu grande antepassado Luís XIV ao se vestir e montar a cavalo como um homem, mas negou sua condição de rainha ao adotar modas acessíveis a mulheres fora de sua própria e elevada esfera. Na Ópera de Paris e no Petit Trianon, ela deixava alegremente sua augusta identidade à porta, somente para reivindicá-la violentamente quando seus inimigos revolucionários exigiram uma suspensão mais sistemática e duradoura de sua autoridade real. Até o vestido branco que usou para a execução sobrescreveu e sublinhou ao mesmo tempo seu status de mártir da monarquia destruída. Muitas vezes, enquanto se vestia para revolução, Maria Antonieta borrou as linhas entre lembrar e esquecer.[5]

Sob esse aspecto, poderíamos dizer que ela mesma estabeleceu os parâmetros para a lenda que se associaria ao seu nome na morte – e pelos quais a moda, talvez mais fielmente que qualquer outro meio, ainda a evoca. Pois se a cultura contemporânea reconheceu em geral suas frivolidades chiques apenas para ignorar a significação política subjacente a elas, alguns dos principais estilistas atuais pintaram, de maneira bastante apropriada, um quadro mais nuançado. A um exame mais atento, por exemplo, compreendi que ao criar o vestido de Maria Antonieta para a vitrine da Barneys, Olivier Theyskens combinou os múltiplos encantos de sua moda parisiense de *poufs* com a paleta triste e sombria de seu guarda-roupa da prisão: o cinza que mascarava a sujeira, o preto que pranteava a perda, o branco que a levou ao cadafalso. Como o vestido de Galliano discutido na introdução deste livro, o traje de Theyskens apresentou assim uma rainha da moda hesitando impossivelmente entre desafio e sofrimento, sublimidade e derrota. E a confecção de Theyskens não é a única recente a evocar a complexidade dessa narrativa indumentária singular. Na semana passada mesmo, um analista de moda do *The New York Times Magazine* observou que as últimas coleções de alta-costura de Paris prestaram ressonante homenagem a Maria Antonieta, e não meramente nas "nuvens de tule, renda e plumas" através dos quais casas como Chanel e Givenchy retomaram habilmente a estética suntuosa e hiperdecorada de Rose Bertin.[6] Não. Como complemento para essas exuberantes oferendas, John Galliano trouxe à luz as facetas mais sombrias da vida estilosa da desafortunada rainha. Ao fazê-lo, evocou um mundo em que até o martírio de Maria Antonieta parecia assombroso – e em que, inversamente, o glamour era inseparável do sangue. "A julgar pelas bainhas respingadas de sangue falso e a expressão enfurecida e assombrada dos olhos de todas as modelos", observou o *Times Magazine* com admiração, "a Revolução estava no auge e a pobre rainha já havia perdido a cabeça."[7]

Notas

INTRODUÇÃO *(p.9 a 17)*

1. Ver E. Burke, *Reflections on the Revolution in France*, p.160-70; e S. Zweig, *Marie Antoinette: The Portrait of an Average Woman*. Para Zweig, foi paradoxalmente a própria "mediocridade" de Maria Antonieta – manifesta no que ele apresenta como seu risivelmente banal amor à moda – que fez dela um ícone pré-revolucionário. "Em vez de se tornar uma grande figura de todos os tempos", escreve Zweig, "ela tornou-se a encarnação de sua própria época. Embora desperdiçasse energia com bagatelas, sua existência teve significação peculiar na medida em que foi uma expressão adequada do século XVIII e um encerramento apropriado para ele." (p.93) Entre Burke e Zweig, outros biógrafos também elevaram Maria Antonieta à posição de ícone do rococó ou do Ancien Régime; no século XIX, por exemplo, ela recebeu esse tratamento dos monarquistas Edmond e Jules Goncourt, em sua louvação efusiva ainda que por vezes despudoradamente misógina *Histoire de Marie Antoinette*.

2. As referências a Maria Antonieta na moda atual são amplas demais para serem documentadas aqui; meu exemplo favorito é o irônico comentário de Marc Jacobs sobre a provocadoramente insensível coleção "Homeless" lançada por John Galliano em 2000: "Para mim, tudo soa muito 'que comam brioches'", disse Jacobs ao *Women's Wear Daily*, acrescentando sombriamente: "Você sabe, cortaram a cabeça de Maria Antonieta por causa disso." Filmes de sucesso incluem *Marie Antoinette*, com Norma Shearer, de 1938; a produção de Charles Shyer em 2001, *O enigma do colar*; e o filme de Sofia Coppola *Maria Antonieta* (2006), baseado na esplêndida biografia de Antonia Fraser. Madonna apropriou-se da imagem de Maria Antonieta em pelo menos duas ocasiões muito conhecidas: primeiro na execução de "Vogue" para o MTV Music Awards de 1990 (em que ela e seus dançarinos usaram os trajes e os penteados de Maria Antonieta e sua corte), e depois nos materiais promocionais para sua turnê "Reinvention", de 2004 (em que a pop star usou um vestido espartilhado em estilo do século XVIII de Christian Lacroix, uma peruca empoada e brincos de pérolas que supostamente pertenceram à própria Maria Antonieta). A campanha publicitária que menciono é do fabricante suíço de relógios Brequet, que afirma ter sido "chamado em 1783 para fazer um relógio a ser dado de presente para a rainha [Maria Antonieta], provavelmente por um admirador secreto", e oferece aos consumidores do século XXI a oportunidade de comprar réplicas da jóia desaparecida. Esse anúncio apareceu em números do inverno de 2005-06 do *The International Herald Tribune* e do *Le Figaro*.

3. D. Goodman (org.), *Marie Antoinette: Writings on the Body of a Queen*, p.1.

4. P. Saint-Amand, "Terrorizing Marie Antoinette", em D. Goodman (org.), op.cit., p.253-72, p.271 n.20. Ver também M. Sheriff, "The portrait of the queen", em D. Goodman (org.), op.cit., p.45-71; e P. Saint-Amand, "Adorning Marie Antoinette", em *Eighteenth-Century Life*, vol.15, n.3 (nov 1991), p.19-34 – uma versão anterior, e igualmente perspicaz, do ensaio "Terrorizing".

5. Ver C. Thomas, *The Wicked Queen: The Origins of the Myth of Marie Antoinette*, cap.2, "Queen of fashion", p.81-104. Foi dessa fonte que respeitosamente tirei o título deste livro.

6. Dois dos muitos autores a insistir na suposta falta de interesse ou queda pela política são Stefan Zweig, cujo livro citei acima, e M. Price, *The Road from Versailles: Louis XVI, Marie Antoinette, and the Fall of the French Monarchy*. Price observa que as "intervenções [da rainha] na política eram intermitentes e de curta duração, e, portanto, embora muitas vezes conduzidas com muito alarde, não significavam nada. Diferentemente de sua mãe, Maria Antonieta não tinha o estofo de um estadista, porque simplesmente lhe faltava a paciência e a aplicação para acompanhar um plano de ação do princípio ao fim. Além disso, numa prova definitiva de que não era uma intelectual, via a política como uma matéria de personalidades e não de questões de interesse público." (p.8-9) De maneira semelhante, Zweig afirma que Maria Antonieta "nunca sonhou em desempenhar um papel como o de sua mãe, em se tornar uma segunda Elisabeth da Inglaterra, uma segunda Catarina da Rússia. Faltava-lhe energia para um papel tão elevado, era preguiçosa demais, tinha um ponto de vista estreito demais... Seus desejos eram quase exclusivamente pessoais." (p.72) A meu ver, esta última formulação é interessante sobretudo por sua referência a Elisabeth I e Catarina a Grande, que usaram ambas o vestuário para refletir e realçar sua autoridade. (A adoção estratégica por Catarina do traje de montaria masculino é brevemente discutida no Capítulo 4 deste livro; a astuta manipulação que Elisabeth fazia do vestuário é discutida em C. Levin, *"The heart and stomach of a king": Elizabeth I and the politics of sex and power*, p.33-4; S. Frye, *Elizabeth I*, p.3-4; e C. Haigh, *Elizabeth I*, p.10, 90.) Ao contrário de Zweig, acredito que as carregadas escolhas de roupas de Maria Antonieta – que, embora "pessoais", tinham implicações e efeitos políticos de longo alcance – estabelecem alguma medida comum entre ela e essas duas outras soberanas. De maneira semelhante, não tendo a ler seus experimentos em moda como prova de um desejo agressivo de moldar a política governamental francesa como tal – desejo que lhe foi atribuído por alguns escritores, entre os quais Paul e Pierrette Girault de Coursac e Simone Bertière. Ver P. e P. Girault de Coursac, *Le Secret de la Reine*, e S. Bertière, *Les Reines de France au temps des Bourbons: Marie Antoinette, l'insoumise*.

7. F.C.L. de Montjoie, *Histoire de Marie Antoinette Josèphe Jeanne de Lorraine, Archiduchesse d'Autriche, Reine de France*, p.101. Embora as inclinações monarquistas de Montjoie sejam muito aparentes no texto, o historiador François Macé de Lépinay insistiu em sua fidedignidade como testemunha. Ver F.M. de Lépinay, "La Conciergerie", em J.-M. Léri e J. Tulard (orgs.), *La Famille royale à Paris: De l'histoire à la légende*, p.73. Certamente, a data da publicação das memórias de Montjoie (1797) impossibilita a fácil suposição de que foram escritas numa época em que era moda, e até politicamente conveniente, idealizar Maria Antonieta e exagerar as iniqüidades de seus inimigos revolucionários. Essa época só chegaria com a Restauração Bourbon de 1815, e como saliento na nota 22 abaixo, há limites até para as idealizações pró-monarquistas de Maria Antonieta, em especial no que diz respeito ao vestuário.

8. Estabelecida pela primeira vez nos tempos frâncicos e codificada na Idade Média, a lei sálica é discutida em maiores detalhes no Capítulo 4. Para mais sobre a lei original, ver

K. Fischer Drew (org.), *The Laws of the Salian Franks*; e K.A. Eckhardt, *Lex Salica*. As implicações da lei sálica para as esposas dos reis no início do período moderno são muito amplamente tratadas em K. Crawford, *Perilous Performances: Gender and Regency in Early Modern France*. As implicações desse princípio para Maria Antonieta em particular são discutidas em C. Thomas, op.cit., p.162; e M. Sheriff, op.cit., p.46-7. Sheriff refere-se a essa lei sugestivamente como "lei sálica/fálica", por sua codificação da subserviência e da perda de privilégios da mulher.

9. As razões de Luís Augusto para evitar sexo por tanto tempo continuam a dividir biógrafos e historiadores e são mais amplamente discutidas em capítulos subseqüentes.

10. *Correspondance de Marie Antoinette*, p.205.

11. Examinada em detalhe mais adiante neste livro, a natureza complexa e politizada do vestuário e da aparência na corte de Versalhes suscitou muitos estudos importantes, que incluem J. Apostolidès, *Le Roi-Machine: Spectacle et politique au temps de Louis XIV*; L. Marin, *Le Portrait du roi*; N. Elias, *A sociedade de corte*; P. Burke, *A fabricação do rei*; e P. Mansel, *Dressed to Rule: Royal and Court Costume from Louis XIV to Elizabeth II*.

12. Ver P. Mansel, op.cit., p.57.

13. Como observou C. Thomas, op.cit.: "Maria Antonieta ... foi a primeira rainha da França a romper com a tradição de auto-anulação a que as esposas de Luís XIV ou Luís XV haviam se submetido. Foi a primeira a emprestar a Versalhes o seu estilo, a impor-lhe a sua marca e a promulgar os ditames da moda. Sob Luís XIV ou Luís XV, esse papel iniciatório pertencia ao rei ou à sua favorita." (p.22) Discuto esse ponto mais amplamente no Capítulo 5.

14. F.C.L. de Montjoie, op.cit., p.101.

15. O contraste entre os modos de se apresentar de Maria Antonieta e Maria Leczinska, tal como descrito em vários retratos reais, é o principal tema do excelente ensaio de Sheriff a que já me referi. Ver, novamente, M. Sheriff, op.cit., p.45-71.

16. Embora tenha se tornado a política republicana oficial após 10 de agosto de 1792, o impulso dos revolucionários à destruição manifestou-se de forma menos programática já em 1789, com o nivelamento (gradual) da Bastilha e o ataque (espontâneo) ao quarto da rainha em Versalhes. Para mais sobre o vandalismo revolucionário, ver E. Naginsky, "The object of contempt", em C. Weber e H.G. Lay (orgs.), *Fragments of Revolution*, p.32-53; e L. Auricchio, *Portraits of impropriety: Adelaide Labille-Guiard and the careers of women artists in late eighteenth-century Paris*, cap.4, "Representing Revolution". Sobre o projeto mais amplo de purgar simbolicamente a França de seu passado monárquico, ver P. Brooks, "The opening of the depths", em S. Petrey (org.), *The French Revolution: Two Hundred Years of Rethinking*, p.113-22; M.-H. Huet, *Mourning Glory: The Will of the French Revolution*; e C. Weber, *Terror and Its Discontents: Suspect Words in Revolutionary France*.

17. Mesmo essa enorme coleção era incompleta, pois a rainha costumava descartar todos os seus trajes, com exceção dos prediletos, ao fim de cada estação. As peças rejeitadas iam para suas acompanhantes, que as incorporavam ao próprio guarda-roupa, cortavamnas e empregavam o tecido para outros fins ou as vendiam para comerciantes de roupas usadas. Sobre a exibição de roupas da rainha em Versalhes, ver P. Mansel, op.cit., p.172 n.97.

18. Esse relato aparece em conde de Reiset, *Modes et usages au temps de Marie Antoinette: Livre-journal de Madame Éloffe*, p.245 – uma obra útil principalmente por sua reprodução de encomendas de roupas feitas por Maria Antonieta à negociante de modas madame Éloffe, mas que fornece também inúmeros outros detalhes relativos à história do vestuário da rai-

nha. Sobre a fidedignidade e o valor dessa obra, ver M. Tourneux, *Marie Antoinette devant l'histoire: essai bibliographique*, p.v-vi. Como Tourneux ressalta, o estudo de Reiset é especialmente útil porque, diferentemente da principal fornecedora de roupas para Maria Antonieta, Rose Bertin, madame Éloffe não destruiu os registros das encomendas que a rainha lhe fizera. (Bertin fez isso como uma medida de autoproteção durante o Reinado do Terror, quando os revolucionários procuraram seus livros contábeis como provas adicionais dos censuráveis hábitos perdulários da ex-rainha.)

19. Sobre a destruição de roupas de Maria Antonieta, tanto por revolucionários saqueadores quanto por monarquistas em busca de relíquias, ver, especialmente, J.G. Millingen, *Recollections of Republican France from 1790 to 1801*, p.120; E. Langlade, *La Marchande de modes de Marie Antoinette: Rose Bertin*, p.226-55; e M. Sapori, *Rose Bertin: Ministre des modes de Marie Antoinette*, p.160. Sobre a apropriação pelo governo revolucionário das roupas de Maria Antonieta que os saqueadores deixaram para trás e sua revenda, ver P.J.A. Roussel d'Épinal, *Le Château des Tuileries*. Embora pequena, talvez a melhor coleção de relíquias do vestuário de Maria Antonieta seja a conservada no Musée Carnavalet em Paris. Essa coleção inclui o sapato que Maria Antonieta perdeu em 10 de agosto de 1792, durante a invasão das Tulherias.

20. Ver A. Fraser, *Marie Antoinette: The Journey*, p.xx. Na mesma página, Fraser cita uma frase maravilhosa dos biógrafos de Maria Antonieta do século XIX, os irmãos Goncourt, obcecados por roupas: "Uma época de que não temos uma amostra de roupa é para nós uma época morta, uma época irrecuperável."

21. A questão da "objetividade" histórica e seus limites é, evidentemente, de extrema complexidade e está fora da alçada deste livro. Em minha própria reflexão sobre essa questão, contudo, aprendi muito com dois estimulantes ensaios em um volume co-editado por J. Arac e B. Johnson, *Consequences of Theory: Selected Papers from the English Institute 1987-88*. Esses ensaios são de A. Appiah, "Tolerable falsehoods: Agency and the interests of theory" (p.63-90), e L. Hunt, "History as gesture, or the scandal of history" (p.91-107). A leitura que Hunt faz da crítica da "objetividade" de Friedrich Nietzsche como "contemplação desinteressada" parece-me particularmente proveitosa.

22. Inversamente, muitas das memórias citadas neste livro – principalmente a de madame Campan – foram publicadas durante a Restauração Bourbon (1815-1830). Como o foco histórico deste livro não se estende à Restauração, não discuto a política daquele período aqui. É importante notar, contudo, que quer estivessem ou não escrevendo durante a Restauração, autores monarquistas como J.-L.-H. Campan, Montjoie, a condessa de Boigne, a marquesa de La Tour du Pin de Gouvernet e outros parecem nunca ter apresentado as escolhas de moda de Maria Antonieta sob uma luz particularmente lisonjeira. Ao contrário, mesmo quando lamentam a morte da rainha (e, o que é mais relevante, lamentam a Revolução que a ocasionou) esses escritores tendem a protestar contra seu gosto inadequado e extravagante para se vestir. Esses autores, em outras palavras, não parecem propensos a obter qualquer vantagem óbvia com mentiras sobre o que Maria Antonieta vestia; seus protestos contra as modas da rainha não servem a seus projetos mais amplos de elogiá-la e à sua família martirizada. Por essa razão, tendo a considerar os relatos desses escritores mais confiáveis – quando se trata de documentar tais escolhas de moda – que, por exemplo, panfletos políticos publicados durante sua vida por pessoas (aristocratas e burgueses) com indisfarçado interesse em difamá-la. Uma das análises mais úteis que encontrei da fidedignidade relativa e das variadas deficiências das diferentes memórias escritas pelos que conheciam Maria Antonieta é a introdução de Emmanuel Bourassin às memó-

rias do conde d'Hézècques, um camareiro a serviço de Luís XVI. Ver conde d'Hézècques, *Page à la cour de Louis XVI: Mémoires du Comte d'Hézècques*, org. E. Bourassin, p.ii-xxvi.

23. Uma abordagem semelhante molda o perceptivo estudo de A. de Baecques, *Glory and Terror: Seven Deaths Under the French Revolution*. Como as roupas de Maria Antonieta, os cadáveres da Revolução não estão mais disponíveis para exame direto; apesar disso, observa de Baecques, ganham uma poderosa vida após a morte na cultura das gravuras.

24. Ver L. Hunt, *The Family Romance of the French Revolution*, cap.3, "The bad mother", p.89-123; bem como "The many bodies of Marie Antoinette", em D. Goodman (org.), op.cit., p.117-38, e um capítulo com o mesmo título em L. Hunt (org.), *Eroticism and the Body Politic*, p.108-30.

25. M. Ondaatje, *The Collected Works of Billy the Kid*, p.6.

26. C. Erickson, *To the Scaffold: The Life of Marie Antoinette*, p.333.

1. Caixa de Pandora *(p.19 a 32)*

1. A. Asquith, *Marie Antoinette*, p.27. Antonia Fraser usa os mesmos números que Asquith – 57 coches, 376 cavalos e 152 dignitários –, mas observa que o tamanho desta última categoria era "duplicado por médicos, cabeleireiros e criados incluindo cozinheiros, padeiros, ferreiros e até um costureiro para consertos rápidos". Ver A. Fraser, *Marie Antoinette: The Journey*, p.41.

2. Embora nem sempre fosse aplicado carinhosamente, o apelido talvez tenha se originado de uma declaração da própria Maria Teresa, pronunciada dois meses após sua contestada ascensão ao trono do pai, que lembrava uma famosa declaração de Elisabeth I da Inglaterra: "Sou apenas uma pobre rainha, mas tenho o coração de um rei!" Citado em V.L. Tapié, *L'Europe de Marie Thérèse: du baroque aux lumières*, p.58-9.

3. Como Fraser observa acerca da nova aliança, "se um dos dois países fosse atacado, o outro viria em sua ajuda com um exército cujo número foi especificado em 24 mil homens", op.cit., p.10.

4. J. Weber, *Mémoires de Joseph Weber concernant Marie Antoinette, archiduchesse d'Autriche et reine de France et de Navarre*, p.16-7.

5. A. Asquith, op.cit., p.26; D.M. Mayer, *Marie Antoinette: The Tragic Queen*, p.15.

6. Ver marquesa de La Tour du Pin de Gouvernet, *Mémoires: Journal d'une femme de cinquante ans (1778-1815)*, p.91. As memórias de La Tour du Pin foram publicadas pela primeira vez 54 anos após a morte da autora. O organizador da edição citada aqui sugere que fixar a data da composição das memórias é difícil, mas que elas foram escritas provavelmente após 1815 e antes do fim da Restauração. Ver marquesa de La Tour du Pin de Gouvernet, op.cit., p.553 n.3.

7. Sobre o "reinado absoluto da roupa francesa" na Áustria, Prússia e Rússia em particular, ver M. e A. Batterberry, *Mirror Mirror: A Social History of Fashion*, p.173-5. Como salientam os Batterberry, na Espanha, na Itália e nas colônias americanas o *habit* francês era sujeito a amplas modificações localmente determinadas. Para as simplificações que o *habit* sofreu na Inglaterra nessa época, ver A. Ribeiro, *Dress in Eighteenth-Century Europe: 1715-1789*, p.184.

8. P. Mansel, op.cit., p.26. Essa campanha só alcançaria seu ápice, contudo, anos após a partida de Maria Antonieta, quando, em 1783, José II tentou proibir por completo espartilhos e crinolinas. Sobre esse ponto, ver A. Ribeiro, op.cit., p.184. Para mais sobre as diferenças culturais gerais entre as cortes austríaca e francesa nessa época, ver J. Duindam, *Vienna and Versailles: The Courts of Europe's Dynastic Rivals, 1550-1780*.

9. Como salienta Antonia Fraser, Maria Antonieta não tinha nem quatro anos quando foi recrutada para cantar "uma canção francesa de vaudeville" no dia da comemoração do nome de seu pai. Apresentações públicas foram, portanto, parte de sua vida desde tenra idade. Ver A. Fraser, op.cit., p.19.

10. Ibid., p.24.

11. Ibid., p.15.

12. Como Fraser observa acerca desse retrato, Maria Antonieta "se parece muito com uma boneca ela própria" (p.16). Para mais sobre as distinções entre o *grand habit* e a *robe à la française*, ver A. Ribeiro, op.cit., p.188-90.

13. F.C.L. de Montjoie, *Histoire de Marie Antoinette Josèphe Jeanne de Lorraine, Archiduchesse d'Autriche, Reine de France*, p.25.

14. Mais freqüentemente, as bonecas eram enviadas para cortes estrangeiras sem a companhia de seus criadores, mas quando celebridades tão augustas quanto Maria Teresa e o duque de Choiseul solicitavam sua presença, os próprios fornecedores viajavam a Viena para negociar suas ofertas, juntamente com as bonecas. Ver C. Erickson, *To the Scaffold: The Life of Marie Antoinette*, p.37.

15. M. e A. Batterberry, op.cit., p.170. As colônias americanas eram uma história completamente diferente; os Batterberrys escrevem que "ao chegar à Nova Inglaterra, as Pandoras colidiram com a ética protestante. Quando a Bay Colony sofreu um terremoto, as mulheres o tomaram por um sinal da 'medonha Providência' e em geral abandonaram as 'anáguas de armação'" que haviam adaptado a partir das *poupées* (ibid., p.171).

16. D. Roche, *The Culture of Clothing: Dress and Fashion in the Ancien Régime*, p.475. Roche alude aqui em particular a um famoso incidente ocorrido em 1712, quando uma *poupée de mode* recebeu um "passaporte inviolável" para viajar entre a França e a Inglaterra, embora os dois países estivessem em guerra e tivessem imposto embargos severos às importações do inimigo. Para uma discussão desse episódio, ver J. Dejean, *The Essence of Style: How the French Invented High Fashion, Fast Food, Chic Cafés, Style, Sophistication and Glamour!*, p.67. Para um relato de como, de maneira semelhante, "durante o bloqueio napoleônico os combatentes fizeram preparativos para a passagem de Grande e Pequena Pandora para Londres, Roma e Viena", ver M. e A. Baterberry, op.cit., p.171. Para mais sobre a boneca de moda do século XVIII em geral, ver A. Blum, *Histoire du costume: les modes au XVIIe et au XVIIIe siècles*, p.77-8; P. Mansel, op.cit., p.8-10, 165; M. Delpierre, *Dress in France in the Eighteenth-Century*, p.177; M. Contini, *Fashion from Ancient Egypt to the Present Day*, com um prefácio do conde Emilio Pucci, p.156-7; e R.-M. Fayolle e R. Davray-Piekolek (orgs.), *La Mode en France 1715-1815: de Louis XV à Napoléon Ier*, p.146. Enquanto Dejean sustenta que a *poupée de mode* foi uma inovação francesa do século XVII (Dejean, op.cit., p.63), outros estudiosos situaram suas origens na Itália: ver P. Mansel, op.cit., p.165; e S. Bertelli, F. Cardini e E. Garbeo Zorzi, *Italian Renaissance Courts*, p.176. Mais detalhes sobre a imprensa de moda no século XVIII são fornecidos nos Capítulos 5 e 7 deste livro.

17. C. Erickson, op.cit., p.38-9.

18. P. Saint-Amand, "Terrorizing Marie Antoinette", em D. Goodman (org.), *Marie Antoinette: Writings on the Body of a Queen*, p.261.

19. Sobre as conseqüências políticas da reputação de devassidão de Luís XV, ver, especialmente, a inovadora pesquisa de Robert Darnton citada nos Capítulos 4 e 5.

20. P. Saint-Amand, op.cit.

21. Essas estatísticas comparativas referentes a vestuário são dadas em D. Roche, *The Culture of Clothing*, p.96-7. A quantia 400 mil libras – gasta com o enxoval de casamento

da jovem Maria Antonieta – aparece em C. Erickson, op.cit., p.38; A. Fraser, op.cit., p.43; e D.M. Mayer, op.cit., p.13-4, entre outras fontes.

22. Essa métrica, proposta pela primeira vez por Jean Sgard num colóquio na década de 1980, aparece em A. Kleinert, "La Mode, miroir de la Révolution française", em C. Join-Dieterle e M. Delpierre (orgs.), *Modes et Révolutions: Musée de la mode et du costume (8 février-7 mai 1989)*, p.78; os valores monetários fornecidos naquele artigo foram ajustados para produzir uma média ponderada aproximada em dólares americanos de 2006. Mas, como Aileen Ribeiro, entre muitos outros, observou, é extremamente difícil estabelecer valores monetários para o início do período moderno. Em seu excelente estudo sobre o vestuário no século XVIII europeu, Ribeiro dá uma idéia de valores relativos referindo-se aos rendimentos de pessoas de diferentes classes sociais: um operário qualificado médio na França ganhava aproximadamente 500 libras por ano, ao passo que um nobre de alta condição podia ter um rendimento bem superior a 10 mil libras. Ver A. Ribeiro, op.cit., p.293.

23. J. Chalon, *Chère Marie Antoinette*, p.21; citado também em P. Saint-Amand, op.cit., p.21.

24. C. Erickson, op.cit., p.39. A expressão "montanha de cachos", cunhada por um contemporâneo não nomeado, é citada em M. Jallut, *Marie Antoinette et ses peintres*, p.10.

25. J.-L.-H. Campan, *Mémoires de Madame Campan: Première femme de chambre de Marie Antoinette*, p.49, 573. Como Emmanuel Bourassin observou em seu prefácio às memórias do conde d'Hézècques, o relato de madame Campan foi desacreditado por razões políticas durante a Restauração, pois ela havia (de maneira um tanto surpreendente) gozado do favor de Napoleão durante o regime que precedeu o retorno dos Bourbon ao poder em 1815. Entretanto Bourassin, como Chalon em sua própria introdução crítica, faz uma convincente defesa da fidedignidade relativa e até da clarividência das memórias da *femme de chambre*, que, como Bourassin observa, "continuam sendo uma descrição única e insubstituível da vida tanto privada quanto pública da última rainha de Versalhes". Ver conde d'Hézècques, op.cit., p.xvi-xvii.

26. A. Fraser, op.cit., p.37.

27. M. Sheriff, "Portrait of the Queen", em D. Goodman (org.), op.cit., p.53.

28. Para mais sobre essas três pinturas de Ducreux, suas cópias e sua disseminação, ver M. Jallut, op.cit., p.10-3.

29. Testemunhos sobre a elegância do porte de Maria Antonieta abundam, numerosos demais para serem exaustivamente listados aqui. Três dos relatos contemporâneos mais conhecidos, contudo, são J.-L.-H. Campan, op.cit., p.52; conde de Tilly, *Mémoires du Comte Alexandre de Tilly, pour servir à l'histoire des moeurs de la fin du XVIIIe siècle*, org. C. Melchior-Bonnet, p.72; e E. Vigée-Lebrun, *The Memoirs of Élisabeth Vigée-Lebrun*: "De todas as mulheres da França, ela tinha o andar mais majestoso, mantendo a cabeça tão alta que era possível reconhecer a soberana no meio de uma corte apinhada", p.32.

30. E. Lever, *Marie Antoinette: The Last Queen of France*, p.17.

31. A. Asquith, op.cit., p.26.

32. H.A. Younghusband, *Marie Antoinette: Her Early Youth 1770-1774*, p.542.

33. A. Castelot, *Marie Antoinette*, 1962, p.24; D.M. Mayer, op.cit., p.13. (Como Castelot publicou vários livros diferentes intitulados *Marie Antoinette*, eu os distingo nestas notas mencionando a data da publicação cada vez que cito algum deles.)

34. J. Haslip, *Marie Antoinette*, p.16.

35. Segundo Joseph Weber, a própria Maria Antonieta fez essa observação em voz alta no momento em que sua carruagem transpôs a fronteira do território de sua mãe com o

de Luís XV; ver J. Weber, op.cit., p.18. De fato, enquanto esteve em Versalhes ela recebeu as visitas de dois dos irmãos e de uma das irmãs. Mas depois de sua partida em 1770 nunca mais viu a mãe ou a terra natal.

36. O médium era o famoso abade Gassner (1727-1779). Sua previsão é citada, entre outras, na obra de P. Amiguet (org.), *Lettres de Louis XV à son petit-fils Ferdinand de Parme*, p.92; e M. Boutry, *Autour de Marie Antoinette*, p.138.

37. R. Khevenhüller-Metsch e H. Schlitter (orgs.), *Aus der Zeit Maria Theresias: Tagebuch des Fürsten Johann Joseph Khevenhüller-Metsch*, vol.VII, p.18.

38. J. Weber, op.cit., p.17.

39. Mops é comumente dado como o nome desse cachorro de Maria Antonieta (ver, por exemplo, H.A. Younghusband, op.cit., p.276). E embora eu tenha lido numa fonte que "*mops*" era de fato o termo genérico para *pugs* na época, uma extensa pesquisa em dicionários e enciclopédias da França do século XVIII não confirma essa afirmação. Ver http://humanities.uchicago.edu/orgs/ARTFL.

40. J. Weber, op.cit., p.17.

41. Maria Teresa para Maria Antonieta, 21 de abril de 1770, em Marie-Thèrese, Marie Antoinette e conde de Mercy-Argenteau, *Correspondence secrète*, org. A. von Arneth e M.A. Geoffroy, vol.I, p.2. Em notas subseqüentes, referências a essa coleção são designadas "A. von Arneth e M.A. Geoffroy". Como esta foi, até recentemente, a mais extensa e amplamente disponível das edições da correspondência tríplice de Maria Antonieta, Mercy e Maria Teresa, é a edição a que me refiro sempre que possível através destas notas. Contudo, como Simone Bertière mostrou, A. von Arneth e M.A. Geoffroy excluíram de seu volume algumas cartas relacionadas ao problema sexual de Maria Antonieta com o marido (p.706-7). Cito outras edições apenas quando elas contêm cartas que não aparecem em Arneth e Geoffroy. Infelizmente, a nova edição maravilhosamente abrangente da correspondência de Maria Antonieta organizada por Evelyne Lever (Paris: Tallandier, 2006) só foi lançada depois que eu já havia concluído o trabalho neste manuscrito; de outro modo, eu a teria usado como minha referência preferida.

42. A. von Arneth e M.A. Geoffroy, op.cit., vol.I, p.32.

43. M. Sheriff, op.cit., p.49. Para mais sobre o vínculo entre "elegância" e "força" na corte de Luís XIV, ver principalmente Louis Marin, que a própria Sheriff cita com relação a isso; as referências de suas obras estão por toda parte nas presentes notas.

44. O ensaio de Sheriff citado acima continua sendo a melhor reflexão que encontrei sobre a noção de que se esperava que a consorte do rei francês refletisse a glória do marido em sua própria pessoa.

45. Como é sabido, a própria madame de Pompadour censurou o príncipe de Ligne, um oficial de origem belga que lutou pelos austríacos e mais tarde tornou-se adido junto à corte francesa, porque ela e seus compatriotas haviam sido reduzidos a "vender nossa baixela para pagar sua guerra". Ver príncipe de Ligne, *Mémoires du Prince de Ligne*, p.95.

46. Consta que a duquesa de Grammont – que não deve ser confundida com sua cunhada, a condessa de Grammont, que se tornou membro da comitiva de Maria Antonieta – era hostil a Du Barry também porque ela, a duquesa, pretendera tornar-se ela própria a favorita de Luís XV. Ver O. Bernier, *The Eighteenth-Century Woman*, p.86.

47. Barão de Lamothe-Langon, *Memoirs of Madame Du Barry*, p.55. Condessa d'Armaillé, *Marie-Thérèse et Marie Antoinette*, p.126.

48. Luís XV tinha mais uma filha solteira, Louise, freira no Convento das Carmelitas em Saint-Denis. Apesar de seu afastamento da vida na corte, as irmãs conseguiam por ve-

zes envolvê-la em suas maquinações contra Maria Antonieta. Ver E. e J. de Goncourt, *Histoire de Marie Antoinette*, p.53-5.

49. Para um bom resumo dos conflitos de Choiseul com outras facções poderosas na corte, ver J. Hardman, *Louis XVI*.

50. Como o expressou um membro do partido devoto, "Deus permite este mal [Du Barry] para curar um mal maior, ... que é a existência de monsieur Choiseul". Citado em O. Bernier, op.cit., p.89.

51. C. Erickson, op.cit., p.69; A. Fraser, op.cit., p.82.

52. Um dos contemporâneos do rei, o marquês d'Argenson, chegou ao ponto de observar que, nessa época, Luís havia ganhado um novo apelido: "Luís o Bem-Odiado". Ver marquês d'Argenson, *Journal et mémoires du marquis d'Argenson*, org. E.J.B. Ratherty, vol.V, p.371.

53. S. Schama, *Citizens: A Chronicle of the French Revolution*, p.80. Para mais detalhes sobre as acrimoniosas relações entre Luís XV e os parlamentos, ver também S. Schama, ibid., p.103-9.

54. Embora esta frase seja freqüentemente atribuída, de forma equivocada, ao próprio Luís XV, ele a ecoou em seu famoso pronunciamento: "As coisas como estão continuarão assim durante minha vida. Depois..." Citado em C.A. Sainte-Beuve, *Portraits of the Eighteenth Century, Historic and Literary*, vol.I, p.452.

55. Biblioteca Nacional da França, Departamento de Estampas: *Portraits de Marie Antoinette, Reine de France*, tomo I, vol.1181, D 205801.

56. A. von Arneth e M.A. Geoffroy, op.cit., vol.I, p.84.

57. H.A. Younghusband, op.cit., p.17.

58. S. Zweig, *Marie Antoinette: The Portrait of an Average Woman*, p.11.

59. Esse cartum é reproduzido e discutido no Capítulo 7.

2. DESPIDA *(p.33 a 57)*

1. S. Zweig, *Marie Antoinette: The Portrait of an Average Woman*, p.11. Na verdade, Maria Antonieta não foi em absoluto a primeira esposa de um rei francês a ser entregue dessa maneira. No século XVII, a mulher de Luís XIV fora "trocada" de maneira semelhante numa ilha do rio Bidaossa, entre a França e a Espanha.

2. J.-L.-H. Campan, *Mémoires de Madame Campan: Première femme de chambre de Marie Antoinette*, p.52.

3. H.A.Younghusband, *Marie Antoinette: Her Early Youth 1770-1774*, p.13.

4. S. Zweig, op.cit., p.13. Que Maria Antonieta conseguiu conservar seu relógio é confirmado pelo fato de que ainda o tinha consigo quando foi presa durante a Revolução. Talvez valha a pena notar que André Castelot contesta as afirmações de madame Campan e outros biógrafos de que a delfina perdeu tudo durante a *remise*. Sem citar suas fontes, ele estipula de forma intrigante que ela "pôde conservar suas jóias de menina: colares, *aigrettes* ... e um 'grampo de diamantes' para seu cabelo". Ver A. Castelot, *Marie Antoinette*, 1962, p.33.

5. P. Amiguet (org.), *Lettres de Louis XV à son petit-fils Ferdinand de Parme*, p.136.

6. I. Dunlop, *Marie Antoinette: A Portrait*, p.51.

7. Ibid., p.47.

8. A este respeito, minha interpretação da *remise* difere da de Antonia Fraser, que sugere que Maria Antonieta não viu nada de particularmente humilhante na experiência. (Ver A.

Fraser, *Marie Antoinette: The Journey*, p.60-1.) Essa interpretação não considera a experiência no contexto mais amplo da história e tradição européias do vestuário, em que, como observou Jan Cuisenier, "a prática do despimento ritual" funciona regularmente para expressar "um sentimento de condenação e a imposição de uma indignidade". Desde as bruxas na Idade Média até as mulheres acusadas de confraternizar com os nazistas no fim da Segunda Guerra Mundial, e, ao longo de toda a história francesa, de prisioneiros sendo levados para o cadafalso a oficiais sendo despojados de suas honras militares, a punição envolve um "desnudamento público ritual" que traz consigo "inequivocamente" conotações vergonhosas. Ver G. Klopp (org.), *Mille ans de costume français*, p.18. Eu deveria observar também aqui que, embora o desnudamento ritual de Maria Antonieta seja descrito em praticamente todos os relatos biográficos e estudos da *remise* que li, a biógrafa Evelyne Lever o rejeita como produto "da imaginação lasciva de alguns historiadores". Ela não oferece, contudo, nenhuma prova convincente em apoio a essa opinião. Ver E. Lever, *Marie Antoinette: The Last Queen of France*, p.18.

9. Baronesa d'Oberkirch, *Mémoires de la Baronne d'Oberkirch sur la cour de Louis XVI et la société française avant 1789*, p.57. Segundo Burkard, Oberkirch escreveu suas memórias em 1789, mas elas só foram publicadas na década de 1850: em 1852 em inglês e em 1853 em francês. Vale a pena notar que os exemplares em capa dura e brochura dessa edição têm uma paginação acentuadamente diferente; as referências de página nestas notas referem-se à brochura.

10. Barão de Lamothe-Langon, *Souvenirs sur Marie-Antoinette et la Cour de Versailles*, vol. II, p.87. Estudiosos tão diversos quanto Élisabeth de Feydeau, John Hardman e Munro Price atribuíram essa obra à condessa d'Adhémar, um membro da comitiva de Maria Antonieta. No entanto, o ex-curador do Trianon, Pierre de Nolhac, argumenta convincentemente contra essa atribuição e descreve o texto como uma compilação de memórias produzidas por volta da época da Restauração. Ver P. de Nolhac, *Autour de la Reine*, p.51-2. Sobre este ponto, ver também M. Tourneux, *Marie Antoinette devant l'histoire: essai bibliographique*, p.37.

11. Oberkirch, op.cit., p.57.

12. Citado em A. Fraser, op.cit., p.51.

13. Citado em P. de Nolhac, *La Dauphine Marie Antoinette*, p.46-7.

14. P. Delorme, *Marie Antoinette: Épouse de Louis XVI, mère de Louis XVII*, p.40.

15. E. Vigée-Lebrun, *The Memoirs of Élisabeth Vigée-Lebrun*, p.32; A. Tilly, *Mémoires du Comte Alexandre de Tilly, pour servir à l'histoire des moeurs de la fin du XVIIIe siècle*, p.72; barão de Lamothe-Langon, *Memoirs of Madame Du Barry*, vol.I, p.57; príncipe de Ligne, *Mémoires du Prince de Ligne*, p.85; Oberkirch, op.cit., p.57. Fontes secundárias que compilam várias descrições contemporâneas da tez branca de Maria Antonieta incluem: D.M. Mayer, *Marie Antoinette: The Tragic Queen*, p.19; A. Fraser, op.cit., p.24-65; e C. Melchior-Bonnet, em sua introdução às *Mémoires du Comte Alexandre de Tilly*, p.20-1.

16. E. Lever, *Marie Antoinette: The Last Queen of France*, p.17.

17. M. Boutry, *Le Mariage de Marie Antoinette*, p.62.

18. Barão de Lamothe-Langon, *Souvenirs sur Marie-Antoinette*, vol.II, p.87.

19. E. Lever, op.cit., p.18.

20. Akiko Fukai (org.), *Fashion from the Eighteenth to the Twentyeth Century*, p.8.

21. S. Zweig, op.cit., p.13.

22. Ver também P. Saint-Amand, "Adorning Marie Antoinette", p.21.

23. E. Lever, op.cit., p.18.

24. M. Boutry, op.cit., p.165.

25. J.W. von Goethe, *Mémoires*, vol.I, p.207.

26. Oberkirch, op.cit., p.58; H.A. Younghusband, op.cit., p.14. É digno de nota que, embora o abade de Vermond não a considerasse uma aluna excepcionalmente bem-dotada ou motivada, Maria Antonieta parece ter adquirido uma competência mais do que superficial no domínio da mitologia grega e latina. Ao longo da vida, ela salpicou suas falas com alusões clássicas – comparando a si mesma e a Luís XVI a Vênus e Vulcano, a encantadora filhinha de uma amiga a uma combinação de Vênus e Diana e coisas semelhantes. Essas referências, embora não excepcionais numa pessoa de seu meio, pareceriam contradizer a afirmação taxativa de Evelyne Lever de que ela "tinha pouco conhecimento de mitologia". Ver E. Lever, op.cit., p.18. Para as alusões clássicas aqui mencionadas, ver *Correspondance de Marie Antoinette*, vol.I, p.68-9; e G. de Broglie, *Madame de Genlis*, p.148.

27. J.W. von Goethe, op.cit., vol.I, p.207-9.

28. Oberkirch, op.cit., p.58.

29. Idem.

30. J.-L.-H. Campan, op.cit., p.52; A. Baron Imbert de Saint-Amand, *Marie Antoinette and the Downfall of Royalty*, p.213.

31. S. Zweig, op.cit., p.14.

32. Barão de Lamothe-Langon, *Souvenirs sur Marie Antoinette*, vol.II, p.87.

33. M. Delpierre, *Dress in France in the Eighteenth Century*, p.60.

34. A. von Arneth e M.A. Geoffroy, op.cit., vol.I, p.32.

35. J.-L.-H. Campan, op.cit., p.53.

36. S. Zweig, op.cit., p.14.

37. Barão de Lamothe-Langon, op.cit., p.88.

38. Armaillé, *Marie-Thérèse et Marie Antoinette*, p.91.

39. Oberkirch, op.cit., p.56.

40. Dunlop, op.cit., p.50.

41. Oberkirch, op.cit., p.56.

42. Ibid., p.58.

43. Ibid., p.57.

44. Diferentemente da maioria dos objetos pessoais de Maria Antonieta, esse leque sobreviveu à Revolução. Está em exposição permanente no Musée Carnavalet, em Paris.

45. E. Lever, op.cit., p.18-9.

46. J.-F. Léonard, *The Souvenirs of Léonard, Hairdresser to Queen Marie Antoinette*, vol.I, p.74. Segundo um autor do início do século XX, Émile Langlade, os herdeiros de Léonard contestaram a autenticidade desse texto quando ele foi publicado pela primeira vez em 1838. Infelizmente, Langlade não fornece provas arquivais para sustentar sua afirmação e eu mesma não consegui encontrar nenhum material desse tipo. Além disso, Langlade admite que o nível extraordinário de conhecimento detalhado de informações sigilosas demonstrado nos *Souvenirs* sugere uma familiaridade profunda e contemporânea com Maria Antonieta e seu círculo íntimo, e que o livro pode ao menos ser visto como um compósito de "todo tipo de narrativas e memórias daquela época". (Ver E. Langlade, p.16-7, 89.) É sem dúvida por essa razão que o próprio Langlade cita amplamente os *Souvenirs*, como o faz Desmond Hosford, que, igualmente sem provas arquivais, chama o texto de apócrifo, mesmo admitindo que ele "contém um grau de verdade confirmado por outras fontes". (Ver D. Hosford, "The Queen's Hair: Marie Antoinette, Politics, and DNA", p.183-200.) Ademais, significativamente, muitas biografias recentes esmeradamente pesquisadas (por

exemplo, as de Antonia Fraser e Michelle Sapori) citam os *Souvenirs* sem absolutamente nenhuma referência a seu possível status apócrifo; e, como mostrou Emmanuel Bourassin, o grande biógrafo de Maria Antonieta André Castelot dá crédito ao texto (ver conde d'Hézècques, p.xxvi). Porque esse status não foi definitivamente estabelecido, porque o livro se baseia tão claramente em outras importantes fontes do século XVIII, e porque é tão amplamente citado nos estudos existentes sobre Maria Antonieta, optei por conservar os *Souvenirs* como fonte nesta obra.

47. Citado em I. Dunlop, op.cit., p.51.

48. Oberkirch, op.cit., p.57.

49. Ibid., p.56.

50. S. Zweig, op.cit., p.15.

51. I. Dunlop, op.cit., p.50.

52. Oberkirch, op.cit., p.56-7.

53. D.M. Mayer, op.cit., p.19; I. Dunlop, op.cit., p.51.

54. Oberkirch, op.cit., p.58.

55. F. Funck-Brentano, *L'Affaire du Collier*, p.11-3.

56. A. Fraser, op.cit., p.63.

57. J. Weber, *Mémoires de Joseph Weber concernant Marie Antoinette, archiduchesse d'Autriche et reine de France et de Navarre*, p.20.

58. Idem.

59. J.-L.-H. Campan, op.cit., p.54.

60. J. Haslip, *Marie Antoinette*, p.12, 26.

61. M. Boutry, op.cit., p.170.

62. A. von Arneth e M.A. Geoffroy, op.cit., vol.I, p.12. Embora Fraser atribua esta expressão a Maria Teresa (ver A. Fraser, op.cit., p.85), o próprio Mercy a relata como vinda dos lábios de Luís XV.

63. D.M. Mayer, op.cit., p.22.

64. Marquês de Ségur, *Marie Antoinette*, p.81. Antes de partir para a França, Marie Antoinette recebeu um retrato do delfim ajudando a arar um campo. Mas essa imagem – nada menos que uma cena de multidão – disfarçava seus traços físicos menos felizes e assim nada tinha da crueldade da pilhéria do cortesão anônimo. Ver *Monsieur le Dauphin labourant sous la conduite de son précepteur le Duc de La Vauguyon*, na Biblioteca Nacional da França, Departamento de Estampas, reproduzido em A. Castelot, *Marie Antoinette*, 1967, p.14.

65. H. Walpole, *Letters of Horace Walpole*, vol.IV, p.414.

66. J.-L.-H. Campan, op.cit., p.24.

67. A. Fraser, op.cit., p.65.

68. J.-L.-H. Campan, op.cit., p.29.

69. I. Dunlop, op.cit., p.18.

70. S. Bertière, *Les Reines de France au temps des Bourbons: Marie Antoinette, l'insoumise*, p.33.

71. J.-L.-H. Campan, op.cit., p.24.

72. E. Lever, op.cit., p.22.

73. J.-L.-H. Campan, op.cit., p.28.

74. H.A. Younghusband, op.cit., p.29.

75. J.-L.-H. Campan, op.cit., p.55.

76. Citado em A. Cabanès, *Moeurs intimes du passé*, vol.I, p.254.

77. E. Lever, op.cit., p.29.

78. F. Bluche, *La Vie quotidienne au temps de Louis XVI*, p.87.

79. Quatro estudos indispensáveis sobre esse assunto são J. Apostolidès, *Le Roi-machine: Spectacle et politique au temps de Louis XIV*; L. Marin, *Le Portrait du roi*; N. Elias, *A sociedade de corte*; e P. Burke, *A fabricação do rei*. É importante notar, entretanto, como faz Elias, que o feito de Luís XIV foi menos inventar a etiqueta cortesã francesa que consolidá-la e sistematizá-la (p.76-7). Uma descrição mais vívida e menos analítica da etiqueta sob Luís XIV aparece em W.H. Lewis, *The Splendid Century*, p.54-66.

80. J. Apostolidès, op.cit., p.46. Ou, como Apostolidès disse mais tarde na mesma obra: "Aqueles homens que haviam sido atores políticos tornaram-se espectadores de um desempenho político, devotados à glória do rei somente." (p.63) Para análises detalhadas adicionais desse complexo e importante sistema, ver todos os quatro autores citados na nota 79, acima. Ver também a história do reinado de Luís XIV escrita por Voltaire, citada no Capítulo 4.

81. O. Bernier (org.), *Secrets of Marie Antoinette*, p.9-10.

82. M. Contini, *Fashion from Ancient Egypt to the Present Day*, p.166.

83. Idem.

84. Conde de Ségur, *Memoirs and Recollections of Count Ségur*, p.63.

85. A conhecida observação do aforista francês aristocrático do século XVII, La Rochefoucauld – "Pode-se dizer que o mundo é feito de aparências" – é especialmente pertinente aqui, e seus efeitos políticos foram discutidos por uma variedade de autores de nossos dias, muitos dos quais eu citei na nota 79, acima, e dos quais vou citar apenas mais dois aqui. O primeiro é Tom Conley, que observa em seu prefácio à tradução inglesa de Louis Marin que "nas artes da representação são encontradas as origens e os órgãos reais de controle social". Ver T. Conley, "The king's effects", em L. Marin, *The Portrait of the King*, p.vi. Num espírito semelhante, os Batterberry comentam que, ao regular tão cuidadosamente as esplêndidas "roupas dos cortesãos franceses, Luís capturava sua nobreza numa intricada rede de bagatelas financeiramente depauperantes". Ver M. e A. Batterberry, *Mirror Mirror: A Social History of Fashion*, p.148.

86. H.A.Younghusband, op.cit., p.37.

87. A. Fraser, op.cit., p.69.

88. J.-L.-H. Campan, op.cit., p.57.

89. Duquesa de Northumberland, *The Diaries of a Duchess*, s.p.; citado também em I. Dunlop, op.cit., p.75; e D.M. Mayer, op.cit., p.25.

90. Barão de Lamothe-Langon, op.cit., p.88-9.

91. J.-L.-H. Campan, op.cit., p.57.

92. Além de madame Campan, as duas testemunhas oculares que se alongam mais enfaticamente sobre a beleza da delfina são a duquesa de Northumberland e o duque de Croÿ. Ver Nothumberland, citada acima; e duque de Croÿ, *Journal inédit du Duc de Croÿ (1718-1784)*, vol.II, p.396-7. Os diários da duquesa de Northumberland não revelam quaisquer inclinações políticas particulares que a teriam levado a exagerar os encantos da noiva, e embora Croÿ fosse um ardoroso monarquista, certas partes de seu diário são críticas a Maria Antonieta, o que sugere que a descrição que faz dela no casamento não é excessiva ou injustamente lisonjeira.

93. J.-L.-H. Campan, op.cit., p.54-5; S. Bertière, op.cit., p.35. Ao ver a delfina não muito tempo após o casamento, Edmund Burke a descreveu igualmente como "uma visão maravilhosa ... brilhando como a estrela da manhã, cheia de vida e esplendor". Ver E. Burke, op.cit., p.169.

94. O custo do traje de casamento de Luís XVI é dado em P. Mansel, *Dressed to Rule: Royal and Court Costume from Louis XIV to Elizabeth II*, p.31.

95. J. Lough (org.), *France on the Eve of Revolution: British Travellers' Observations, 1763-1788*, p.263.

96. S. Zweig, op.cit.,p.18.

97. Segundo o duque de Croÿ, que qualificou a nova *salle de spectacles* de "a mais bela sala jamais vista na Europa", as reformas custaram cerca de 800 mil libras. Ver Croÿ, op.cit., vol.II, p.398.

98. Madame du Deffand, *Lettres de la Marquise du Deffand à Horace Walpole (1766-1780)*, vol.II, p.113.

99. H. Walpole, *Correspondence*, org. W.S. Lewis, XXXII, p.254.

100. Citado em A. Castelot, op.cit., 1962, p.39.

101. Condessa de Genlis, *De l'esprit des étiquettes*, p.40.

102. J. Duindam, *Vienna and Versailles: The Courts of Europe's Dynastic Rivals 1550-1780*, p.215.

103. E. Lever, op.cit., p.24.

104. A. Castelot, op.cit., 1962, p.56; C. Kunstler, *La Vie privée de Marie Antoinette*, p.27.

105. Mademoiselle de Mirecourt, *L'Autrichienne: Mémoires inédits de Mademoiselle de Mirecourt sur la reine Marie Antoinette*, p.28.

106. S. Zweig, op.cit., p.23-4.

107. Citado em E. Lever, op.cit., p.25.

108. A. Castelot, op.cit., 1962, p.58; J. Haslip, op.cit., p.19; E. Lever, op.cit., p.25. Essa especulação é corroborada ainda pelas palavras que, segundo consta, Luís XV teria trocado com o neto durante o banquete nupcial. Notando quanto o delfim estava comendo, o rei o aconselhou a não se abarrotar na noite de núpcias, ao que o jovem respondeu: "Mas por que não? Sempre durmo melhor depois de ter comido bem." Citado em P. Delorme, op.cit., p.54 – Delorme não fornece referências em suas citações – e em outros lugares.

3. ESPARTILHADA *(p.58 a 87)*

1. C. Hibbert et al., *Versailles*, p.103.

2. I. Dunlop, *Marie Antoinette: A Portrait*, p.80. Ver também H.A. Younghusband, *Marie Antoinette: Her Early Youth 1770-1774*, segundo a qual madame du Deffand teria dito: "A iluminação, bem como o espetáculo do baile, foi da maior e mais esplêndida magnificência." (p.55)

3. L.P. de Bachaumont, *Mémoires secrets pour servir à l'histoire de la république des lettres en France*, vol.V, p.113. Nestas notas, respeitei a convenção bibliográfica corrente de identificar Bachaumont como autor dos *Mémoires secrets*, embora, como Jack Censer mostrou recentemente, Bachaumont tenha morrido em 1771, ao passo que os *Mémoires* continuaram aparecendo até 1789. Ver J.R. Censer, "Remembering the Mémoires secrets", vol.35, n.1 (inverno de 2002), p.291-5.

4. C. Kunstler, *La Vie privée de Marie Antoinette*, p.27.

5. E. e J. de Goncourt, *Histoire de Marie Antoinette*, p.17-8 n.3.

6. S. Zweig, *Marie Antoinette: The Portrait of an Average Woman*, p.33. Ver também E.Croÿ, *Journal inédit du Duc de Croÿ (1718-1784)*, vol.II, p.111.

7. I. Dunlop, op.cit., p.75.

8. Segundo Carrolly Erickson, o idoso cardeal de Rohan (que não deve ser confundido com o príncipe Louis de Rohan, que mais tarde se tornaria cardeal), ao dar as boas-vindas à delfina ao solo francês em Estrasburgo, ficou especialmente impressionado com sua "ima-

culada pele de porcelana". Citado em C. Erickson, *To the Scaffold: The Life of Marie Antoinette*, p.45.

9. Mirecourt, *L'Autrichienne: Mémoires inédits de Mademoiselle de Mirecourt sur la reine Marie Antoinette*, p.26.

10. J.-L.-H. Campan, *Mémoires de Madame Campan: Première femme de chambre de Marie Antoinette*, p.54.

11. Ver A. de Tilly, *Mémoires du Comte Alexandre de Tilly, pour servir à l'histoire des moeurs de la fin du XVIIIe siècle*, p.72; E. Vigée-Lebrun, *The Memoirs of Élisabeth Vigée-Lebrun*, p.32; E. e J. de Goncourt, op.cit., p.75; e G.A.H. Reiset, *Modes et usages au temps de Marie Antoinette: Livre-journal de Madame Éloffe*, vol.I, p.109.

12. S.F. Genlis, *De l'esprit des étiquettes*, p.26. Sobre a dificuldade de andar com o vestido de corte, ver também marquesa de La Tour du Pin de Gouvernet, *Mémoires: Journal d'une femme de cinquante ans (1778-1815)*, p.91.

13. S. Zweig, op.cit., p.34.

14. C. Kunstler, op.cit., p.29.

15. A. von Arneth e M.A. Geoffroy, op.cit., vol.I, p.10, 14.

16. Ibid., p.14.

17. Ibid., p.6.

18. Ibid., p.88.

19. Ibid., p.12.

20. Ibid., p.19; C. Kunstler, op.cit., p.45.

21. E. Lever, *Marie Antoinette: The Last Queen of France*, p.30.

22. A. von Arneth e M.A. Geoffroy, op.cit., vol.I, p.154.

23. C. Erickson, op.cit., p.57.

24. J. de la Bruyère, *Les Caractères ou les moeurs de ce siècle*, p.241.

25. C. Thomas, *The Wicked Queen: The Origins of the Myth of Marie Antoinette*, p.67.

26. J. Haslip, *Marie Antoinette*, p.26, 29.

27. C. Erickson, op.cit., p.64-5.

28. Citado em D.M. Mayer, *Marie Antoinette: The Tragic Queen*, p.24.

29. L.P. de Bachaumont, op.cit., vol.VI, p.123.

30. J.-L.-H. Campan, op.cit., p.55-6.

31. E. Lever, op.cit., p.33-4.

32. O. Bernier, *The Eighteenth-Century Woman*, p.82.

33. D.M. Mayer, op.cit., p.31.

34. O conde d'Espinchal, citado em O. Bernier, op.cit., p.82.

35. E. e J. de Goncourt, *Les Maîtresses de Louis XV et autres portraits de femmes*, p.460; C. Erickson, op.cit., p.63.

36. Para mais sobre este assunto, ver a obra indispensável de R. Darnton, *The Literary Underground of the Old Régime*, p.139-146. A literatura panfletária contra Du Barry e Maria Antonieta é discutida em mais detalhadamente nos Capítulos 4 e 5.

37. C. Erickson, op.cit., p.67-8; E. Lever, op.cit., p.34.

38. E. Lever, op.cit., p.34.

39. A. von Arneth e M.A. Geoffroy, op.cit., vol.I, p.17.

40. Citado em C. Erickson, op.cit., p.45.

41. A. von Arneth e M.A. Geoffroy, op.cit., vol.I, p.31.

42. Duque de Choiseul, *Mémoires*, p.191.

43. J.-L.-H. Campan, op.cit., p.25.

44. E. e J. de Goncourt, *Les Maîtresses de Louis XV*, p.436.

45. Citado em L.C. Smythe (org.), *The Guardian of Marie Antoinette: Letters from the Comte de Mercy-Argenteau, Austrian Ambassador to the Court of Versailles, to Marie Thérèse, Empress of Austria (1770-1780)*, vol.I, p.15.

46. Ver, por exemplo, os comentários de madame du Deffand em *Lettres de la Marquise du Deffand à Horace Walpole (1766-1780)*, vol.II, p.237; e os da condessa de la Marck, cunhada de madame de Noailles, citados em C. Kunstler, op.cit., p.34.

47. H.A.Younghusband, op.cit., p.175; P. Amiguet (org.), *Lettres de Louis XV à son petit-fils Ferdinand de Parme*, p.161.

48. G. Girard (org.), *Correspondance entre Marie-Thérèse et Marie Antoinette*, p.53.

49. Citado em I. Dunlop, op.cit., p.86.

50. Esta foi a avaliação de um médico especialista chamado Van Swieten que Maria Teresa decidiu consultar acerca da "frigidez" do delfim; ver A. Fraser, *Marie Antoinette: The Journey*, p.91.

51. P. Griffet, *Mémoires pour servir à l'histoire de Louis Dauphin*, citado em I. Dunlop, op.cit., p.63.

52. J.-L.-H. Campan, op.cit., p.38; J. Haslip, op.cit., p.11; M. Price, *The Road from Versailles: Louis XVI, Marie Antoinette, and the Fall of the French Monarchy*, p.11-2.

53. J.-L.-H. Campan, op.cit., p.61.

54. *Correspondance de Marie Antoinette*, vol.I, p.69.

55. Príncipe de Ligne, *Mémoires du Prince de Ligne*, p.99.

56. Madame du Deffand, op.cit., vol.II, p.237.

57. A. von Arneth e M.A. Geoffroy, op.cit., vol.I, p.6.

58. Ibid., p.157; G. Girard (org.), op.cit., p.42.

59. Citado em I. Dunlop, op.cit., p.86.

60. E. Lever, op.cit., p.90.

61. Citado em I. Dunlop, op.cit., p.88.

62. E. Lever, op.cit., p.91.

63. C. Hibbert, op.cit., p.102. Ver também C. Kunstler, *La Vie quotidienne sous Louis XVI*, p.171; e A. Karmel, *Guillotine in the Wings: A New Look at the French Revolution and Its Relevance to America Today*, p.52-3. Após relatar a incrível capacidade do rapaz para a glutonaria, Karmel acrescenta: "Ele comia com tal voracidade que o naturalista Buffon disse que a visão lembrou-lhe um macaco no zoológico." (p.53)

64. A. von Arneth e M.A. Geoffroy, op.cit., vol.I, p.25.

65. Ibid., p.26.

66. Ibid., p.25-6.

67. Ibid., p.26.

68. J.-L.-H. Campan, op.cit., p.61; C. Kunstler, *La Vie privée de Marie Antoinette*, p.28.

69. C. Kunstler, op.cit., p.28; D.M. Mayer, op.cit., p.24.

70. Para uma lista completa das pessoas que integravam a casa da delfina nessa época, ver barão de Lamothe-Langon, *Souvenirs sur Marie Antoinette et la Cour de Versailles*, p.75-79.

71. H.A.Younghusband, op.cit., p.266.

72. Conde d'Hézècques, *Page à la cour de Louis XVI: Mémoires du Comte d'Hézècques*, p.200.

73. C. Erickson, op.cit., p.59.

74. Ibid., p.100.

75. J.-L.-H. Campan, op.cit., p.90.

76. J. de La Bruyère, *Les Caractères, ou les moeurs de ce siècle*, "Du souverain et de la république", p.145.

77. J.-L.-H. Campan, op.cit., p.96. Ver também E. Feydeau, *Jean-Louis Fargeon, Marie Antoinette's Perfumer*, p.86-7.

78. Esse hábito estava em nítido contraste com o comportamento dos próprios príncipes Bourbon: Luís XIV só tomava banho duas vezes por ano.

79. M. de la Rochetière e marquês de Beaucourt (orgs.), *Lettres de Marie Antoinette*, vol. I, p.8.

80. Citado em C. Erickson, op.cit., p.79.

81. A. von Arneth e M.A. Geoffroy, op.cit., vol.I, p.404.

82. Citado em H.A.Younghusband, op.cit., p.176.

83. Citado em ibid., p.178.

84. J.-F. Léonard, op.cit., vol.I, p.74.

85. A. Castelot, *Marie Antoinette d'après des documents inédits*, p.30. Ver também P. Delorme, *Marie Antoinette: Épouse de Louis XVI, mère de Louis XVII*, p.100.

86. Citado em J.E.N. Hearsey, *Marie Antoinette*, p.36.

87. A citação vem de C. Erickson, op.cit., p.64. Para mais informação sobre Zamor e sua estonteante coleção de "trajes especialmente feitos", ver O. Bernier, op.cit., p.87-8.

88. C. Erickson, op.cit., p.82.

89. E. e J. de Goncourt, *Les Maîtresses de Louis XV et autres portraits de femmes*, p.508.

90. Ibid., p.509.

91. O. Bernier, op.cit., p.86.

92. Barão de Lamothe-Langon, op.cit., p.58.

93. A. von Arneth e M.A. Geoffroy, op.cit.,vol.I, p.217-8; citado também em P. Delorme, op.cit., p.82.

94. Ibid., p.36.

95. Ibid., p.176.

96. Ibid., p.36.

97. Ibid., p.3.

98. Citado em A. Fraser, op.cit., p.77.

99. P. de Nolhac, *The Trianon of Marie Antoinette*, p.151.

100. J.-F. Léonard, op.cit., vol.I, p.75-6.

101. A. von Arneth e M.A. Geoffroy, op.cit., vol.I, p.14-5, p.142.

102. Ver N. Elias, *A sociedade de corte*, p.144-5.

103. A. von Arneth e M.A. Geoffroy, op.cit., vol.I, p.19.

104. Ibid., p.17.

105. Ibid., p.4.

106. C.A. Sainte-Beuve, *Portraits of the Eighteenth Century, Historic and Literary*, vol.I, p.254.

107. A. Fraser, op.cit., p.77.

108. Ibid., p.75.

109. J.-L.-H. Campan, op.cit., p.89-90.

110. Ibid, p.90.

111. Idem.

112. Idem.

113. A. von Arneth e M.A. Geoffroy, op.cit., vol.I, p.77-8.

114. Ibid., p.27.

115. Condessa de Boigne, *Mémoires de la Comtesse de Boigne, née d'Osmond, récits d'une tante. I. Du règne de Louis XVI à 1820*, p.64. Segundo Berchet, que organizou a obra, a condessa de Boigne começou a escrever suas memórias por volta de 1837, mas elas só foram publicadas 70 anos após a sua morte (p.vi).

116. E. Lever, op.cit., p.29.

117. Ver E. e J. de Goncourt, *La Femme au XVIIIe siècle*, p.257.

118. Para mais sobre a significação do ruge na corte de Versalhes, ver C. Thomas, op.cit., p.87-8.

119. Sir H. Beaumont, *Crito: A Dialogue on Beauty* (1752), citado em R. Corson, *Fashions in Makeup from Ancient to Modern Times*, p.218.

120. D. Roche, *The Culture of Clothing*, p.123.

121. Fontes dos séculos XVI e XVII citadas em V. Steele, *The Corset: A Cultural History*, p.12.

122. S.F. Genlis, op.cit., p.34.

123. Marquesa de La Tour du Pin de Gouvernet, op.cit., p.86.

124. Ibid., p.87.

125. J. Bulwer, *The Artificial Changeling*, citado em V. Steele, op.cit., p.14.

126. A. von Arneth e M.A. Geoffroy, op.cit., vol.I, p.85.

127. H.A. Younghusband, op.cit., p.262.

128. C. Erickson, op.cit., p.73-4.

129. L.P. de Bachaumont, op.cit., vol.V, p.121-3.

130. J.-L.-H. Campan, op.cit., p.23.

131. A. von Arneth e M.A. Geoffroy, op.cit., vol.I, p.33.

132. C. Hibbert, op.cit., p.103.

133. A. von Arneth e M.A. Geoffroy, op.cit., vol.I, p.33.

134. H.A.Younghusband, op.cit., p.262.

135. P.J.A. Roussel d'Épinal, *Le Château des Tuileries*, p.360-1. O texto de Roussel d'Épinal, que pretende ser um relato em primeira mão, é a descrição mais detalhada que encontrei da situação nas Tulherias após a partida forçada da família real em agosto de 1792. Entre outros estudiosos, os historiadores e curadores que organizaram em 1993 a exposição "La Famille royale à Paris" usaram-no como uma fonte histórica fidedigna. Ver especialmente os vários ensaios em J.-M. Léri e J. Tulard (orgs.), *La Famille royale à Paris: De l'histoire à la légende*, citados ao longo de todo este livro, e a escrupulosa pesquisa bibliográfica e arquival de M. Tourneux que apóia essa opinião; ver M. Tourneux, *Marie Antoinette devant l'histoire: essai bibliographique*, p.58-9. Por estas razões, sinto-me fortemente avessa a rejeitar o relato de Roussel como apócrifo e até – pela data de sua publicação, em 1802 – como uma peça de mera propaganda monarquista.

136. Citado em H.A.Younghusband, op.cit., p.283. Ver também A. von Arneth e M.A. Geoffroy, op.cit., vol.I, p.83-4.

137. A. von Arneth e M.A. Geoffroy, op.cit., vol.I, p.65.

138. Ibid., p.27.

139. Ibid., p.49-50.

140. Ibid., p.50.

141. L.P. de Bachaumont, op.cit., vol.V, p.121-3.

142. A. von Arneth e M.A. Geoffroy, op.cit., vol.I, p.65.

143. Ibid., p.85.

144. J.-L.-H. Campan, op.cit., p.61.

145. A. von Arneth e M.A. Geoffroy, op.cit., vol.I, p.83.
146. C. Kunstler, *La Vie privée de Marie Antoinette*, p.33.
147. A. von Arneth e M.A. Geoffroy, op.cit., vol.I, p.129.
148. A. Fraser, op.cit., p.96-7.
149. A. von Arneth e M.A. Geoffroy, op.cit., vol.I, p.67.
150. Ibid., p.65.
151. Idem.
152. Ibid., p.135.
153. Ibid., p.137.
154. Idem.
155. Ibid., p.83-4.
156. Duquesa Jules de Polignac, citada em E. e J. de Goncourt, *Histoire de Marie Antoinette*, p.75, bem como em G.A.H. Reisert, op.cit., vol.I, p.109. A aparência admiravelmente régia de Maria Antonieta é discutida também em E. Vigée-Lebrun, op.cit., p.32; e A. de Tilly, op.cit., p.72.

4. Cavalgar como um homem *(p.88 a 108)*

1. A. von Arneth e M.A. Geoffroy, op.cit., vol.I, p.90.
2. Ibid., p.91.
3. Idem.
4. Idem.
5. Ibid., p.127.
6. L.P. de Bachaumont, *Mémoires secrets pour servir à l'histoire de la république des lettres en France*, vol.VI, p.241. Sobre a imagem pública de Maupeou, em particular, como uma "espécie perigosa e desnaturada de andrógino, afeminado em conseqüência das muitas horas que passava nos "deliciosos *boudoirs* de Du Barry", ver S. Maza, "The Diamond Necklace Affair Revisited (1785-1786): The Case of the Missing Queen", em D. Goodman (org.), *Marie Antoinette: Writings on the Body of a Queen*, p.73-97.
7. L.P. de Bachaumont, op.cit., vol.V, p.257.
8. J. Popkin, "Pamphlet Journalism at the End of the Old Régime", p.351-67. Ver também J. Popkin e J.R. Censer (orgs.), *Press and Politics in Pre-Revolutionary France*.
9. A publicação e circulação de literatura clandestina, politicamente explosiva, escrita sob o Ancien Régime é um assunto complexo e fascinante de que este livro não pretende tratar em profundidade. Trabalhos inovadores sobre esse tópico incluem R. Darnton, *The Literary Underground of the Old Régime*, *The Corpus of Clandestine Literature in France 1769-1789* e *The Forbidden Best-sellers of Pre-revolutionary France*; Sarah Maza, *Private Lives and Public Affairs: The Causes Célèbres of Pre-revolutionary France*; e os ensaios em J. Popkin e J.R. Censer (orgs.), citados acima.
10. Anônimo, "Les Fastes de Louis XV, de ses ministres, généraux, et autres notables personages de son règne", p.xlix.
11. L.P. de Bachaumont, op.cit., vol.V, p.172.
12. Idem.
13. Ibid., p.173.
14. J.-F. Léonard, *The Souvenirs of Léonard, Hairdresser to Queen Marie Antoinette*, vol.I, p.49.
15. L.P. de Bachaumont, op.cit., vol.V, p.172. Ver também Goncourt, *Les Maîtresses de Louis XV*, p.480.

16. L.P. de Bachaumont, op.cit., vol.VI, p.13.

17. J.-F. Léonard, op.cit., vol.I, p.49.

18. A. von Arneth e M.A. Geoffroy, op.cit., vol.I, p.129.

19. Idem.

20. Ibid., p.136.

21. Idem.

22. J.-L.-H. Campan, *Mémoires de Madame Campan: Première femme de chambre de Marie Antoinette*, p.61-2.

23. Ibid., p.62.

24. A. von Arneth e M.A. Geoffroy, op.cit., vol.I, p.93.

25. Idem.

26. J.-L.-H. Campan, op.cit., p.62.

27. C. Erickson, *To the Scaffold: The Life of Marie Antoinette*, p.81.

28. A. Ribeiro, *Dress in Eighteenth-Century Europe*, p.45.

29. C. Willett e P. Cunnington, *Handbook of English Costume in the Eighteenth Century*, p.305.

30. A. Ribeiro, op.cit., p.45, 214.

31. Ver L. Frieda, *Catherine de Medici: Renaissance Queen of France*, p.311-2. Entretanto, dada a afirmação de Frieda de que Catarina de Médicis era também considerada a pessoa que "levara o silhão para a França" (p.50), os calções que essa rainha introduzira não teriam tido o papel de permitir ou estimular as mulheres a montar com uma perna de cada lado do cavalo, como o fez Maria Antonieta dois séculos depois.

32. A. Ribeiro, op.cit., p.150.

33. P. Crown, "Sporting with Clothes: John Collet's Prints in the 1770's", p.119-36, 216.

34. P. Crown, op.cit., p.121.

35. P. Salvadori, *La Chasse sous l'ancien régime*, p.194-224.

36. Citado em P. Salvadori, op.cit., p.194.

37. P. Mansel, *Dressed to Rule: Royal and Court Costume from Louis XIV to Elizabeth II*, p.57.

38. *Mémoires de Louis XIV*, vol.II, p.15; também citado em N. Elias, *A sociedade de corte*, p.116.

39. Um excelente exemplo é a representação de Luís XIV como um imperador romano em *Festiva ad capita annulumque decursio a rege Ludovico XIV* (1670), de C. Perrault, agora na British Library em Londres. Uma lista mais longa das representações eqüestres de Luís XIV é fornecida na nota 65, abaixo.

40. Voltaire, *Siècle de Louis XIV*, vol.I, p.310.

41. Ver L. Marin, *Le Portrait du roi*, p.19-20; e R. Chartier, *The Cultural Origins of the French Revolution*, p.133. Enquanto Marin focaliza principalmente os objetivos ideológicos dos retratos exibidos na corte do rei para o benefício dos nobres, Chartier discute o impacto formativo que imagens popularmente disseminadas tinham sobre o populacho como um todo.

42. P. Mansel, op.cit., p.57.

43. Fournier-Sarlovèze, *Louis-Auguste Brun, peintre de Marie Antoinette*, p.49-50.

44. Ibid., p.49.

45. Ibid., p.50.

46. J.G. Palache, *Marie Antoinette, The Player Queen*, p.13-4.

47. Bignon, *De l'excellence des roys et du royaume de France*, citado por M. Sheriff em "The Portrait of the Queen", em D. Goodman (org.), op.cit., p.47. Ver também G. Coquille, *Ins-*

titution du droit des François (1588), que Sheriff cita em seu excelente sumário da história da lei sálica na França. Fontes adicionais sobre a lei sálica são fornecidas na nota 8 à introdução.

48. N. Pellegrin, *Vêtements de la liberté: abécédaire de pratiques vestimentaires en France de 1780 à 1800*, p.125. Sobre este assunto, ver também P. Crown, op.cit., p.126-7.

49. Sobre o uso de roupas masculinas por mulheres para os propósitos da "estimulação erótica", ver R.M. Dekker e L.C. van de Pol, *The Tradition of Female Transvestism in Early Modern Europe*, p.7-8; assim como P. Crown, op.cit., p.128-9.

50. E. Lever, *Marie Antoinette: The Last Queen of France*, p.80.

51. Duque de Lauzun, *Mémoires du Duc de Lauzun*, p.188.

52. A. von Arneth e M.A. Geoffroy, op.cit., vol.I, p.104.

53. Citado em P. Delorme, *Marie Antoinette: Épouse de Louis XVI, mère de Louis XVII*, p.65.

54. A. von Arneth e M.A. Geoffroy, op.cit., vol.I, p.104.

55. *Correspondance de Marie Antoinette*, vol.II. Para uma útil discussão do quanto as origens e a estatura de Maria Antonieta eram consideradas elevadas e especiais, mesmo para uma futura rainha francesa, ver S. Bertière, *Les Reines de France au temps des Bourbons: Marie Antoinette, l'insoumise*, p.20.

56. Seguindo o paradigma teórico estabelecido por Marjorie Garber em seu brilhante trabalho sobre o uso de roupas do sexo oposto, poderíamos dizer que Maria Antonieta se vestia como um soberano para *parecer* possuir poderes (fálicos, masculinos) de que carecia. Tal interpretação é inteiramente confirmada pela confissão posterior da própria Maria Antonieta a seu irmão José II de que ela procurava cultivar "uma *aparência* de prestígio político" na corte, mesmo que na realidade não tivesse nenhum. (Essa carta é discutida em detalhe no Capítulo 5.) Esse gesto "fetichista" – a ocultação de uma falta originária por meio de um falo artificial – torna-se ainda mais interessante quando observamos que, para Freud, a resposta feminina convencional para a "inveja do pênis" é ter um bebê. Como enfatizei ao longo de todo este capítulo, praticamente a única forma de conseguir acesso ao poder disponível para uma rainha francesa era ter filhos. Nesse sentido, a compreensão psicanalítica de Garber do uso de roupas do outro sexo é quase assombrosamente apropriada para a situação de Maria Antonieta em Versalhes: não dispondo do recurso compensatório usual da maternidade, a jovem delfina lidou com sua vulnerabilidade política esforçando-se por *parecer* o que *não* era: um homem poderoso. Ver M. Garber, *Vested Interests: Cross-Dressing and Cultural Anxiety*, especialmente o cap.5, "Fetish Envy", p.118-27. Aprecio em particular a interpretação que Garber dá a uma performance em que Madonna, imitando Michael Jackson (o chamado *Rei* do pop, eu poderia acrescentar), agarrou sua entreperna: "Apertar a entreperna de suas calças tornou-se para ela, no palco, o momento da reivindicação de um travestismo poderoso, de parecer em vez de meramente ter ou *ser* – *não* (a distinção é importante) apenas uma reivindicação de uma feminilidade poderosa." (p.127) Num outro estudo, de orientação mais teórica, seria possível, e fascinante, explorar muito mais os trajes de Maria Antonieta do ponto de vista do "travestismo poderoso": penso em particular nos penteados notavelmente fálicos – os *poufs* – que discuto em termos mais socioculturais no Capítulo 5.

57. Citado em A. Asquith, *Marie Antoinette*, p.23. Lafont d'Aussonne corrobora esse episódio insistindo no "respeito avassalador de Maria Antonieta pela memória de Luís XIV"; ver abade Lafont d'Aussonne, *Mémoires secrets et universels des malheurs et de la mort de la reine de France*, p.473.

58. Mirecourt, *L'Autrichienne: Mémoires inédits de Mademoiselle de Mirecourt sur la reine Marie Antoinette*, p.35.

59. L. Marin, op.cit., p.7-22.

60. A. von Arneth e M.A. Geoffroy, op.cit., vol.I, p.104-5.

61. Ibid., p.167. Além desses dois retratos eqüestres discutidos aqui, eu deveria mencionar um pintado muito mais tarde (em 1788) pelo artista sueco Adolf Ulrik von Wertmüller. Essa obra mostra uma Maria Antonieta notavelmente mais corpulenta e mais velha, da cintura para cima, vestindo um traje de montaria listrado de cinza; ela está agora na coleção do Musée de Versailles et de Trianon.

62. Antonia Fraser sugere que o retrato de Kratzinger é um dos primeiros para os quais Maria Antonieta posou nessa época (A. Fraser, *Marie Antoinette: The Journey*, p.86). No entanto, o historiador da arte Fournier-Sarlovèze e a curadora do museu de Versalhes Marguerite Jallut demonstraram que uma primeira versão do retrato em questão foi iniciada por Michel van Loo, que morreu antes que ele estivesse concluído; depois Jean-Étienne Liotard foi contratado para o trabalho. A correspondência entre Maria Teresa, seu embaixador e sua filha corrobora a afirmação de Fournier-Salovèze e Jallut, que Mary Sheriff ecoa afirmando igualmente que o primeiro retrato eqüestre para o qual Maria Antonieta posou na França está hoje perdido. Ver Fournier-Sarlovèze, op.cit., p.52-4; M.Jallut, *Marie Antoinette et ses peintres*, p.15; e M. Sheriff em D. Goodman (org.), op.cit., "The Portrait of the Queen", p.54.

63. M. Jallut, op.cit., p.15.

64. Para mais sobre esta pintura, ver M. Jallut, op.cit., p.41; e Fournier-Sarlovèze, op.cit., p.52-4.

65. Esses retratos são numerosos demais para que os cataloguemos aqui, mas alguns dos que adornavam as paredes de Versalhes – e com os quais Maria Antonieta devia provavelmente ter familiaridade – são: Pierre Mignard, *Louis XIV em Maastricht* (1673) e *Louis XIV coroado pela vitória* (1692); Adam Frans van der Meulen, *Derrota do exército espanhol perto do canal de Bruges, 31 de agosto de 1667*; e René Antoine Houasse, *Luís XIV a cavalo* (1679-1690). Também na coleção de Versalhes, outras representações do Rei Sol a cavalo incluem a famosa estátua eqüestre de Bernini nos jardins do palácio; *Vitória de Luís XIV sobre os inimigos da França*, um alto-relevo em estuque de Antoine Coysevox no Salon de la Guerre; e os vários painéis dedicados às vitórias militares de Luís XIV na série de tapeçarias *gobelin*, *História do rei* (1665-1680), do ateliê de Jean-Baptiste Mozin.

66. A. von Arneth e M.A. Geoffroy, op.cit., vol.I, p.166.

67. J.-F. Léonard, op.cit., vol.I, p.105-6. Simone Bertière cita a própria Maria Antonieta escrevendo radiante para a irmã sobre o "moustache" da condessa de Provence (p.144). Infelizmente, porém, a carta que Bertière cita é muito provavelmente apócrifa, pois aparece em conde d'Hunolstein (org.), *Correspondance inédite de Marie Antoinette*, p.28. Essa é uma coleção de cartas que Maurice Tourneux rejeitou muito convincentemente como uma mistificação, com base em toda uma série de artigos escritos em meados do século XIX por outros especialistas (entre os quais Alfred von Arneth). Ver M. Tourneux, *Marie Antoinette devant l'histoire: essai bibliographique*, p.2-4.

68. P. Delorme, op.cit., p.80.

69. P. Amiguet (org.), *Lettres de Louis XV à son petit-fils Ferdinand de Parme*, p.178; citado também em A. Fraser, op.cit., p.96.

70. P. Delorme, op.cit., p.80.

71. P. Christoph (org.), *Maria Theresia und Marie Antoinette: ihr geheimer briefwechsel*, p.52.

72. A. von Arneth e M.A. Geoffroy, op.cit., vol.I, p.165.

73. J.E.N. Hearsey, *Marie Antoinette*, p.26.

74. Citado em P. Delorme, *Marie Antoinette*, p.85.

75. J.E.N. Hearsey, op.cit., p.27.

76. A. von Arneth e M.A. Geoffroy, op.cit., vol.I, p.221.

77. Idem.

78. Fournier-Sarlovèze, op.cit., p.53.

79. A. von Arneth e M.A. Geoffroy, op.cit., vol.I, p.89.

80. A. Jourdan, *Monuments de la Révolution 1770-1804: Une histoire de répresentation*, p.51-2. Jourdan não menciona isto em seu livro, mas Luís XVI fez-se pintar numa pose eqüestre heróica muitos anos depois, num retrato da autoria de Jean-Baptiste Carteaux (1791), que continua na coleção do Musée de Versalhes et de Trianon. Parece-me significativo, contudo, que Luís XVI só tenha admitido ser pintado dessa maneira quando a Revolução já estava adiantada – e mais especificamente em 1791, quando ele estava sendo pressionado a aceitar uma nova Constituição que restringia seus poderes absolutistas. Como Luís XIV e Luís XV – e Maria Antonieta – antes dele, Luís XVI só recorreu à iconografia do heroísmo eqüestre quando sua autoridade estava severamente ameaçada.

81. P. Delorme, op.cit., p.91.

82. A. Fraser, op.cit., p.106.

83. A. von Arneth e M.A. Geoffroy, op.cit., vol.I, p.462.

84. Ibid., vol.II, p.95.

85. A. Baron Imbert de Saint-Amand, *Marie Antoinette and the Fall of the Old Régime*, p.64. O comentário muito citado de Rohan lembrava um chiste semelhante do antigo adversário de Maria Teresa, Frederico II da Prússia, que após conspirar com ela na partilha da Polônia, observou: "Ela chorava e chorava, mas tomava e tomava."

86. J. Haslip, *Marie Antoinette*, p.40; A. Fraser, op.cit., p.143.

87. E. Lever, *Marie Antoinette: The Last Queen of France*, p.44-5.

88. A. von Arneth e M.A. Geoffroy, op.cit., vol.I, p.466.

89. A. Fraser, op.cit., p.105-6. De fato, de acordo com seu biógrafo e admirador Lafont d'Aussonne, ela ofuscava o marido regularmente também em Versalhes. Ver Lafont d'Aussonne: "A totalidade das aparições [de Maria Antonieta] ... causava uma impressão igualmente vívida nas pessoas que iam a Versalhes com o único objetivo de ver a rainha – assim como, sob Luís XIV, haviam ido ali exclusivamente para contemplar o rei." (p.149) Como nem é preciso dizer, essa formulação é particularmente interessante no contexto das poses eqüestres de Maria Antonieta *à la* Luís XIV, pois, mais uma vez, sugere o grau em que ela arrogava a si mesma a aura real de seu marido e de seu ancestral.

90. *Le Mercure de France* (jul 1773), p.184-5.

91. A. von Arneth e M.A. Geoffroy, op.cit., vol.I, p.459.

92. Sobre a percepção pública de Maria Antonieta como o avatar de uma idade de ouro, ver J.-L.-H. Campan, op.cit., p.83. A importância que o público, pelo menos a julgar pela efusiva ode citada aqui, parecia atribuir aos "traços deslumbrantes" da princesa nessa época confirma a idéia, implícita no tratamento geral para a melhoria de sua aparência a que havia sido submetida em Viena, de que sua imagem era fundamental para o sucesso. Como foi discutido no Capítulo 1, essa valorização ideológica da beleza da mulher podia estar relacionada não só ao culto francês das aparências reais em geral, mas também à suposta expectativa de Choiseul de que uma linda noiva real impediria o sucessor de Luís XV de cair em flagrante devassidão. Sobre este ponto ver, novamente, P. Saint-Amand, "Terrorizing Marie Antoinette", em D. Goodman (org.), op.cit., p.261.

93. Citado em R. Pernod e M.-V. Clin, *Joan of Arc: Her Story*, p.42.

94. Anônimo, "Louis XVI et Antoinette, traités comme ils le méritent", p.5-6.

5. O DOMÍNIO DO *POUF* (*p.109 a 149*)

1. E. Lever, *Marie Antoinette: The Last Queen of France*, p.74. Ver também Croÿ, *Journal inédit du Duc de Croÿ (1718-1784)*, vol.III, p.171, em que o duque se queixa de que a catedral "parecia excessivamente teatral, como uma *salle de spectacles* encerrada no recipiente muitíssimo esplêndido de uma igreja gótica".

2. Croÿ, op.cit., vol.III, p.181-2.

3. Ibid., p.182.

4. E. Lever, op.cit., p.74.

5. Croÿ, op.cit., vol.III, p.178.

6. A. Castelot, *Marie Antoinette*, 1962, p.127.

7. Croÿ, op.cit., vol.III, p.184.

8. Ibid., p.185.

9. J.-L.-H. Campan, *Mémoires de Madame Campan: Première femme de chambre de Marie Antoinette*, p.105; S. Bertière, *Les Reines de France au temps des Bourbons: Marie Antoinette, l'insoumise*, p.199.

10. Croÿ, op.cit., vol.III, p.174. Ver também S. Bertière, op.cit., p.198, e E. Lever, *Marie Antoinette: la dernière reine*, p.158. Eu deveria especificar aqui que, apesar do título, esse livro de Lever é completamente diferente de sua biografia de Maria Antonieta posterior e mais longa, *Marie Antoinette: The Last Queen of France*, que também cito nestas notas.

11. Abade de Véri, *Journal de l'Abbé de Véri*, vol.I, p.303; A. Fraser, *Marie Antoinette: The Journey*, p.134; e abade Lafont d'Aussonne, *Mémoires secrets et universels des malheurs et de la mort de la reine de France*, p.52.

12. De fato, como salienta J. Haslip, essa ampla lacuna entre a ascensão de Catarina de Médicis e a de Maria Antonieta significou também que "não havia nenhuma lei de precedência que impedisse que [esta última rainha] fosse coroada" lado a lado com o rei. Mas Maurepas e Turgot, dois poderosos membros do gabinete de Luís XVI, haviam conseguido anular essa possibilidade, reduzindo Maria Antonieta a uma mera espectadora na coroação do marido. Ela foi coroada separadamente, numa pequena cerimônia privada, sem a presença de qualquer outra mulher. Ver J. Haslip, *Marie Antoinette*, p.76-7.

13. Croÿ, op.cit., vol.III, p.174.

14. Barão de Lamothe-Langon, *Souvenirs sur Marie-Antoinette et la cour de Versailles*, vol. II, p.268.

15. J.E.N. Hearsey, *Marie Antoinette*, p.35.

16. E. Lever, *Marie Antoinette: The Last Queen of France*, p.51.

17. Como observa Antonia Fraser, a percepção geral foi de que Maria Antonieta fora a única responsável pela demissão de Aiguillon, quando Luís XVI, também, julgava o duque "pessoalmente odioso" e aproveitara de bom grado a chance para excluí-lo da corte. Ver A. Fraser, op.cit., p.125.

18. J. Hardman, *Louis XVI*, p.20. Formalmente falando, a posição de "primeiro-ministro" não existia na França desde 1726; antes de seu exílio, porém, Choiseul detivera esse título de maneira não-oficial, embora servindo como ministro das Relações Exteriores.

19. *Correspondance de Marie Antoinette*, vol.I, p.205.

20. Ibid., p.204-5.

21. A. Fraser, op.cit., p.126.

22. Sobre o gosto de Luís XIV por bailes a fantasia e mascaradas na corte, ver especialmente J. Apostolidès, *Le Roi-Machine: Spectacle et politique au temps de Louis XIV*, p.22, p.52.

23. A. von Arneth e M.A. Geoffroy, op.cit., vol.II, p.280.

24. Ibid., p.295.
25. Idem.
26. Ibid., p.295-6; madame du Deffand, *Lettres de la Marquise du Deffand à Horace Walpole (1766-1780)*, vol.III, p.60.
27. D.M. Mayer, *Marie Antoinette: The Tragic Queen*, p.72.
28. Barão de Lamothe-Langon, op.cit., p.570; conde de Ségur, *Memoirs and Recollections of Count Ségur*, I, 41; madame du Deffand, op.cit., vol.III, p.60 n.2.
29. E. Lever, *Louis XVI*, p.148.
30. Marquês de Ségur, *Marie Antoinette*, p.87.
31. Ver L. Frieda, *Catherine de Medici: Renaissance Queen of France*, p.57-60.
32. De fato, segundo Evelyne Lever, foi a aparição do casal como Henrique IV e Gabrielle d'Estrées que levou o público a começar a comparar Luís XVI com seu avô e Maria Antonieta com uma amante real. E. Lever, op.cit., p.148.
33. Marquês de Ségur, op.cit., p.88.
34. M. Frasko, *Daring Do's: A History of Extraordinary Hair*, p.61.
35. *Correspondance de Marie Antoinette*, vol.I, p.205. O conceito de Marjorie Garber de "travestismo poderoso", discutido na nota 56 do Capítulo 4, é de considerável pertinência aqui também.
36. A. von Arneth e M.A. Geoffroy, op.cit., vol.II, p.281; Croÿ, op.cit., vol.III, p.124.
37. A. von Arneth e M.A. Geoffroy, op.cit., vol.II, p.355.
38. J.-L.-H. Campan, op.cit., p.71.
39. A. von Arneth e M.A. Geoffroy, op.cit., vol.II, p.281.
40. Ibid., vol.I, p.84.
41. Madame du Deffand, op.cit., vol.III, p.60 n.2. Segundo o barão de Lamothe-Langon, os negociantes de tecidos de Lyon também protestaram contra a idéia de um retorno ao Renascimento nos trajes diários da corte, temendo que a mudança fosse prejudicar seus negócios. Ver barão de Lamothe-Langon, op.cit., vol.I, p.570.
42. Segundo Munro Price, a capital francesa tinha 700 mil habitantes e só perdia em tamanho para Londres, ao passo que Evelyne Lever cita um número de 600 mil e considera a Paris do século XVIII a maior cidade da Europa. Ver M. Price, *The Road from Versailles: Louis XVI, Marie Antoinette, and the Fall of the French Monarchy*, p.148; e E. Lever, *Marie Antoinette: The Last Queen of France*, p.43.
43. L.S. Mercier, "De la cour", em J.-C. Bonnet (org.), *Tableau de Paris*, vol.II, p.953-4. Segundo o duque de Lévis, num comentário célebre, tendo sido outrora "o teatro da magnificência de Luís XIV", Versalhes tornou-se sob seus sucessores "uma mera cidade provinciana aonde se ia com relutância e da qual se fugia tão depressa quanto possível". Citado em P. de Nolhac, *The Trianon of Marie Antoinette*, p.168.
44. Em certa medida, isso ocorrera também durante a Regência, o período da infância de Luís XV em que seu primo mais velho, o duque d'Orléans, reinara em seu nome. Depois que Luís XV ascendeu ao trono, a vida da corte voltou a se centrar em Versalhes, mas os cortesãos, tendo experimentado os prazeres da vida parisiense, relutavam em abrir mão deles por completo, e as freqüentes expedições urbanas de Maria Antonieta justificavam que os aristocratas do palácio seguissem o exemplo.
45. C.H. Crowston, "The Queen and Her 'Minister of Fashion': Gender Credit and Politics in Pre-Revolutionary France", p.92-116; D. Roche, *Histoire des choses banales, naissance de la consommation, XVIIe-XVIIIe siècles* e *The Culture of Clothing*, p.159-62.
46. C.H. Crowston, op.cit., p.96.

47. D. Roche, *Histoire des choses banales*, p.232.

48. F. Tétart-Vittu, "1780-1804 ou Vingt ans de 'Révolution des têtes françaises'", em C. Join-Dieterle e M. Delpierre (orgs.), op.cit., p.47.

49. Ver "Mode: marchands, marchandes de", em D. Diderot e J. d'Alembert (orgs.), *Encyclopédie, ou dictionnaire raisonné des sciences, des arts et des métiers par une société de gens de lettres*, vol.XXII, p.18-9.

50. Citado em D. Roche, *The Culture of Clothing*, p.309; bem como em C.H. Crowston, op.cit., p.97. Para outras descrições técnicas mais detalhadas do trabalho das *marchandes de modes*, ver M. Sapori, *Rose Bertin: Ministre des modes de Marie Antoinette*, p.28, e Diderot e d'Alembert, citados acima.

51. No século XVIII, quatro em cinco negociantes de modas eram mulheres. Ver M. Sapori, op.cit., p.292 n.105. Sobre o estatuto legal das *marchandes*, antes e depois de serem legalmente separadas da guilda dos negociantes de tecidos, ver D. Roche, *The Culture of Clothing*, p.308.

52. Apesar da incerteza anterior quanto à sua data de nascimento, freqüentemente dada como 1744, Émile Langlade mostrou convincentemente que Rose Bertin nasceu no dia 2 de julho de 1747. Seu nome legal era Marie-Jeanne Bertin.

53. Segundo Michelle Sapori, a idéia do nome de inspiração asiática da loja pode ter surgido a partir do nome da loja de um prestigioso negociante de sedas, o Grand Turk. Ver M. Sapori, op.cit., p.40. É também possível, contudo, que Bertin tenha nomeado sua loja em homenagem a uma popular trupe de teatro de Londres chamada "Great Mogul's Company of Comedians". Para mais sobre essa trupe, ver K. Shevelow, *Charlotte: Being a True Account of an Actress's Flamboyant Adventures in Eighteenth-Century London's Wild and Wicked Theatrical World*, p.14.

54. Como mostrou Joan Dejean, as próprias vitrines foram uma inovação do fim do século XVII que transformaram drasticamente a experiência de fazer compras e, juntamente com as exposições que abrigavam, "transformaram Paris rapidamente na capital da moda no mundo ocidental". Ver J. Dejean, *The Essence of Style: How the French Invented High Fashion, Fast Food, Chic Cafés, Style, Sophistication and Glamour!*, p.12.

55. Baronesa d'Oberkirch, *Mémoires de la Baronne d'Oberkirch sur la cour de Louis XVI et la société française avant 1789*, p.196; M. Sapori, op.cit., p.37-8.

56. G. d'Assailly, *Les Quinze révolutions de la mode*, p.126-7.

57. O. Bernier, *The Eighteenth-Century Woman*, p.126.

58. Citado em E. Langlade, *La Marchande de modes de Marie Antoinette: Rose Bertin*, p.170-1.

59. Esse toucado seguiu-se imediatamente ao primeiro *succès de scandale* de Bertin, o *quès aco*, que tomou seu nome de um panfleto satírico de Beaumarchais (o título era uma expressão provençal que significava, aproximadamente, "Como vão as coisas?") e apresentava um trio de plumas altas e frisadas reunidas na forma de um ponto de interrogação atrás da cabeça da usuária. Em abril de 1774, os *Mémoires secrets* declararam que o recém-inventado *pouf* era "infinitamente superior ao *quès aco*". Ver L.P. de Bachaumont, op.cit., vol.VIII, p.165.

60. J.-L.-H. Campan, op.cit., p.88; L.S. Mercier, op.cit., vol.I, p.1481-3.

61. M. Delpierre, "Rose Bertin, les marchandes de modes et la Révolution", em C. Join-Dieterle e M. Delpierre (orgs.), op.cit., p.23-4. Segundo o marquês de Valfons, havia 250 maneiras de enfeitar um vestido na época. Ver J.E.J. Quicherat, *Histoire du costume en France depuis le temps les plus reculés jusqu'à la fin du XVIIIe siècle*, p.599.

62. P. de Nolhac, *Autour de la Reine*, p.10. Ver também L.P. de Bachaumont, op.cit., vol. VII, p.165.

63. O. Bernier, *Pleasure and Privilege: Life in France, Naples, and America*, p.74.

64. P. de Nolhac, op.cit., p.10.

65. S. Zweig, *Marie Antoinette: The Portrait of an Average Woman*, p.96-7.

66. Num recente artigo acadêmico, o estudioso Desmond Hosford sustentou que os toucados de Maria Antonieta – como os *poufs* discutidos aqui – foram um "meio de tentar afirmar influência pessoal" sobre e contra as restrições que governavam sua vida como rainha. A tese de Hosford assemelha-se, portanto, à minha, embora sua discussão focalize também o modo como o cabelo de Maria Antonieta, que foi exumado durante a Restauração e mais tarde teve seu DNA examinado, desempenhou postumamente "um papel dinástico performativo". Ver D. Hosford, "The Queen's Hair: Marie Antoinette, Politics and DNA", p.183-200.

67. L.S. Mercier, "La Galerie de Versailles", op.cit., vol.II, p.949. Sobre as atividades de Mercier como editor de moda, ver D. Roche, op.cit., p.482.

68. J. Haslip, op.cit., p.57.

69. Croÿ, op.cit., vol.III, p.118.

70. A afirmação de que Bertin fez esse toucado e que Maria Antonieta o usou aparece em A. Castelot, op.cit., 1962, p.116. Essa é uma das biografias mais ricamente documentadas da rainha, mas infelizmente, como vários dos códigos de identificação para as fontes arquivais de Castelot mudaram desde a publicação do livro, não me foi possível encontrar as provas para a afirmação de que Maria Antonieta, com a ajuda de Bertin, introduziu o *pouf à l'Iphigénie*. Langlade, no entanto, faz a mesma afirmação; ver E. Langlade, op.cit., p.38-9. A *Correspondance secrète* de F. Métra sustenta que esse toucado tornou-se um dos estilos mais requisitados no final da primavera e início do verão de 1774. Uma descrição detalhada dele aparece em A. Blum, *Histoire du costume: les modes au XVIIe et au XVIIIe siècles*, p.79.

71. As complexidades dessa disputa estão habilmente resumidas em A. Fraser, op.cit., p.112-3.

72. E. Lever, op.cit., p.50.

73. Tanto Émile Langlade quanto Evelyne Lever afirmam que Maria Antonieta foi a primeira a usar esse *pouf*. Ver E. Langlade, op.cit., p.47, e E. Lever, op.cit., p.70.

74. J. Haslip, op.cit., p.59.

75. A. Varron, *Paris Fashion Artists of the Eighteenth Century*, p.878-912.

76. Barão de Besenval, *Mémoires sur la Cour de France*, p.223. Ver também J. Haslip, op.cit., p.56; e A. Fraser, op.cit., p.121.

77. Maxime de la Rochetière cita um poema desse período que capta muito bem os primeiros sentimentos públicos em relação ao *pouf*: "Contemplai o penteado de nossa rainha, cujo gosto perfeito nele se vê, seria bom imitar seu estilo e a ela mesma em atos tanto pequenos quanto grandes." Ver M. de la Rochetière e o marquês de Beaucourt (orgs.), *Lettres de Marie Antoinette*, p.117.

78. P. de Nolhac, op.cit., p.10. Segundo Émile Langlade, foi Bertin que lançou a moda do *pouf* cornucópia. Ver E. Langlade, op.cit., p.40.

79. F.C.L. de Montjoie, *Histoire de Marie Antoinette Josèphe Jeanne de Lorraine, Archiduchesse d'Autriche, Reine de France* p.81; J. Haslip, op.cit., p.54.

80. Segundo Bernier, as plumas mais caras podiam custar cerca de 240 libras – duas vezes o que se pagaria mesmo que se quisesse comprar nada menos que um chapéu de Rose Bertin. Ver O. Bernier, op.cit., p.119.

81. Abade de Véri, op.cit., vol.I, p.241.

82. D. Roche, op.cit., p.477-8.

83. Para informação sobre os diferentes tipos de publicação que cobriam a moda durante a época de Maria Antonieta, ver especialmente A. Blum, op.cit., p.23-8; D. Roche, op.cit.; A. Kleinert, *Die frühen Modejournale in Frankreich: Studien zur Literatur der Mode von den Anfängen bis 1848*; A. Kleinert, *Le "Journal des Dames et des Modes" ou la conquête de l'Europe féminine*; e C. Rimbault, "La presse féminine de langue française au 18e siècle", p.50-78, p.250-88. Em seu estudo sobre o "glamour" do século XVII (p.13), J. Dejean afirma otimisticamente que já na década de 1680 uma mulher francesa "podia recorrer [ao jornal] *Le Mercure Galant* para a cobertura impressa, para as estampas [de moda] para o visual – e *voilà*! Tinha uma revista de moda!" (p.69) Contudo, tanto A. Kleinert (*Le "Journal des Dames et des Modes"*, p.13 n.8) quanto D. Roche (op.cit., p.479-80) refutam convincentemente a idéia de que esses primeiros meios independentes combinados por Dejean podiam funcionar ou funcionavam como as "publicações periódicas de moda" que emergiram durante o último terço do século XVIII. De fato, como o desenvolvimento de estampas de moda e almanaques até revistas propriamente ditas ocorreu mais tarde no reinado de Maria Antonieta, esse importante aspecto da imprensa de moda francesa é considerada em mais detalhes no Capítulo 7.

84. Ver, por exemplo, *Galerie des Modes et des Costumes Français, dessinés d'après nature*, vols.II e VII, p.30-1. Ver também E. Langlade, op.cit., p.103. Para mais sobre a *Galerie des Modes*, que foi publicada entre 1778 e 1787, geralmente em pastas de seis gravuras por vez, ver S. Blum (org.), *Eighteenth-Century French Fashions*, p.v.

85. *Nouveau Jeu des Modes Françaises*, coiffure n.62, na Biblioteca Nacional da França, Departamento de Estampas, coleção De Vinck n.346, Qb_1778; 80C 103422.

86. J.-L.-H. Campan, op.cit., p.89.

87. Condessa de Boigne, *Mémoires de la Comtesse de Boigne, née d'Osmond: récits d'une tante*, p.43.

88. L.S. Mercier, "On porte ses cheveux", op.cit., vol.II, p.1089-90; J.E.J. Quicherat, op.cit., p.513-4; R. Corson, *Fabulous Hair: The First Five Thousand Years*, p.215, 227. Embora dedique, surpreendentemente, apenas um curto parágrafo às legendárias perucas de Luís XIV, Dejean fornece um catálogo de outros itens de moda que ele apreciava tanto como cliente quanto como um patrono formativo das manufaturas de artigos de luxo francesas em seus primórdios. Ver J. Dejean, op.cit., 1-20, 82-104, 161-76.

89. R. Corson, op.cit., p.215; G. d'Assailly, op.cit., p.110.

90. P. Saint-Amand, "Terrorizing Marie Antoinette", em D. Goodman (org.), op.cit., p.262.

91. Baronesa d'Oberkirch, op.cit., p.197.

92. E. Langlade, p.183.

93. J.-F. Léonard, op.cit., vol.I, p.161. A história da publicação de *Le Journal des Dames*, que a partir de 1774 foi explicitamente "dedicado à rainha", é amplamente considerada em N.R. Gelbart, *Feminine and Opposition Journalism in Old Régime France: Le Journal des Dames*; "The *Journal des Dames* and Its Female Editors: Politics, Censorship, and Feminism in the Old Régime Press", em Censer and Popkin (orgs.), p.24-74; e S. van Dijk, *Traces de femmes: Présence féminine dans le journalisme du XVIIIe siècle*, p.134-87.

94. M. Sheriff, "The Portrait of the Queen", em Goodman (org.), op.cit., p.59.

95. J.-F. Léonard, op.cit., vol.I, p.89.

96. Ibid., p.91.

97. J.-L.-H. Campan, op.cit., p.89-90. Ver também barão de Lamothe-Langon, op.cit., vol.II, p.113-4; e F.C.L. de Montjoie, op.cit., p.101.

98. P. Lesniewicz, *The World of Bonsai*, p.31; citado em M. Frasko, op.cit., p.63.

99. J.E.J. Quicherat, op.cit., p.596.

100. Citado em C. Erickson, *To the Scaffold: The Life of Marie Antoinette*, p.99.

101. M. Frasko, op.cit., p.55.

102. Marquesa de La Tour du Pin de Gouvernet, *Mémoires: Journal d'une femme de cinquante ans (1778-1815)*, p.90; e J.-L.-H. Campan, op.cit., p.89. Uma famosa caricatura da época mostrando senhoras com *poufs* apinhadas numa carruagem aparece em M. Darly, *Darly's Comic Prints of Characters*, prancha 10.

103. L.P. de Bachaumont, op.cit., vol.IX, p.42-3.

104. Ver M. Darly, "The Optic Curls, or the Obliging Head-Dress", reproduzido em M. Frasko, op.cit., p.64. Ver também J.E.J. Quicherat, op.cit., p.596.

105. R. Corson, op.cit., p.351.

106. Idem.

107. E. e J. de Goncourt, *La Femme au XVIIIe siècle*, p.286.

108. M. de la Rochetière e o marquês de Beaucourt, op.cit., p.116.

109. J.-L.-H. Campan, op.cit., p.89.

110. A. Fraser, op.cit., p.134.

111. S.K. Padover, *The Life and Death of Louis XVI*, p.154.

112. S. Schama, *Citizens: A Chronicle of the French Revolution*, p.84.

113. Abade Baudeau, "Chronique secrète de Paris sous Louis XVI", em J-A. Taschereau (org.), *Revue retrospective du bibliothèque historique*. Citado também em E. Langlade, op.cit., p.51.

114. Citado em marquês de Ségur, op.cit., p.93.

115. N. Dupin, "La Dame de Cour, 1776", em Le Père (org.), *Costumes françois représentant les différens États du Royaume, avec les Habillements*; reproduzido em A. Ribeiro, *Dress in Eighteenth-Century Europe*, p.182.

116. H. Fleischmann, *Les Pamphlets libertins contre Marie Antoinette, d'après des documents nouveaux et les pamphlets tirés de l'Enfer de la Bibliothèque Nationale*, p.59.

117. Ver M. Frasko, op.cit., p.72; e A. Fukai, "Le vetêment rococo et néoclassique", em Fayolle e Davray-Piekolek (orgs.), p.109-17 n.7. Para mais sobre os ingredientes da pomada capilar francesa no século XVIII, ver "Paté de cheveux" e "Perruque", em D. Diderot e J. d'Alembert (orgs.), *Encyclopédie*, 1780, vol.XXIV, p.397-420, 449.

118. Como Antonia Fraser enfatiza corretamente, "Que comam brioches" era uma velha anedota real, com uma longa e variada história de atribuições que remontava pelo menos até a rainha de Luís XIV, Maria Teresa, no século XVII; ver A. Fraser, p.135. De fato, um jornalista do *Financial Times* lembrou recentemente a seus leitores que "a insolente expressão 'que comam brioches' foi citada por Rousseau em seu *Confissões* quando Maria Antonieta tinha apenas dez anos de idade". Ver P. Aspden, "Gilt Verdict".

119. J. Haslip, op.cit., p.66; S. Zweig, op.cit., p.99.

120. C. Thomas, *The Wicked Queen: The Origins of the Myth of Marie Antoinette*, p.83.

121. Sobre esse ponto, ver, novamente, M. Sheriff, "The Portrait of the Queen", em D. Goodman (org.), op.cit., p.59. Falando da tentativa de Maria Antonieta de se aprensentar como uma "mulher elegante" e não uma rainha presa a Versalhes, Sheriff observa: "O que Maria Antonieta não compreendia ... era que uma rainha não podia agir a seu bel-prazer. Ela era a primeira súdita do rei da França, o modelo de todos os demais submetidos a seu poder."

122. J.-L. Soulavie, *Mémoires historiques et politiques du règne de Louis XVI*, vol.II, p.75. A posição virulentamente antiaustríaca de Soulavie suscita questões óbvias acerca da sua

"objetividade" em se tratando de Maria Antonieta, mas ilumina, precisamente, os modos como xenofobia, misoginia e hostilidades políticas e culturais moldavam o que seus inimigos diziam sobre ela. (Para um útil comentário sobre a posição antiaustríaca de Soulavie, ver J. Hardman, op.cit., p.87-8.)

123. G. Lenôtre [Théodore Gosselin], *Versailles au temps des rois*, p.230-1.

124. Citado em G. d'Assailly, op.cit., p.132.

125. M. Sapori, op.cit., p.87.

126. Idem.

127. Idem.

128. M. Delpierre, "Rose Bertin, les marchandes de modes et la Révolution", em C. Join-Dieterle e M. Delpierre (orgs.), op.cit., p.22. Joan Haslip chega ao ponto de declarar que "madame Lamballe era especialmente responsável pelas modas extravagantes da rainha". Ver J. Haslip, op.cit., p.87.

129. A duquesa de Cossé-Brissac, a primeira *dame d'atours* de Maria Antonieta, renunciou em protesto contra a promoção de Lamballe. Atrás apenas da *dame d'honneur* – depois da demissão de madame de Noailles, esta era a princesa de Chimay –, a posição de *dame d'atours* foi considerada a mais elevada na comitiva da rainha até que Maria Antonieta estabeleceu sua amiga como *surintendante*. A duquesa de Cossé-Brissac foi sucedida pela duquesa de Mailly, que manteve o cargo até 1781, quando ele passou à condessa d'Ossun.

130. M. de la Rochetière e o marquês de Beaucourt, op.cit., p.140.

131. J.-L.-H. Campan, op.cit., p.117.

132. J. Haslip, op.cit., p.84.

133. Ibid., p.86.

134. A. von Arneth e M.A. Geoffroy, op.cit., vol.II, p.453. Essa anedota é relatada também em F. Métra, *Correspondance secrète*.

135. Segundo a *Encyclopédie*, as *marchandes de modes* confeccionavam tradicionalmente "alguns artigos particulares de vestuário: a pequena capa, a *pelisse* e o manto curto de corte". Ver "Mode: marchands, marchandes de," em D. Diderot e J. d'Alembert (orgs.), *Encyclopédie*, 1779, vol.XXII, p.18-9. Rose Bertin, entretanto, transgredia esses limites ajudando a criar vestidos de todo tipo – de vaporosos *déshabillés* a rebuscadas *robes à la française* – para sua cliente real.

136. A. Challamel, *The History of Fashion in France, or, the Dress of Women from the Gallo-Roman Period to the Present Times*, p.167.

137. Baronesa d'Oberkirch, op.cit., p.69; citado também em A. Challamel, op.cit., p.167-8. Ver também D.M. Mayer, op.cit., p.73.

138. Barão de Besenval, op.cit., p.174; citado também em E. e J. de Goncourt, *La Femme au XVIIIe siècle*, p.286-7. O *pouf à la puce* aparece no já citado *Nouveau Jeu des Modes Françaises*, coiffure n.10.

139. A. von Arneth e M.A. Geoffroy, op.cit., vol.II, p.293. Na verdade, como madame Campan observou, "somente um marido ou uma mãe" tinha condições de contestar os desatinos indumentários da rainha. Ver J.-L.-H. Campan, op.cit., p.139.

140. A. von Arneth e M.A. Geoffroy, op.cit., vol.II, p.306.

141. Ibid., p.307.

142. Ibid., p.342.

143. Ibid., p.306; citado também em S. Zweig, op.cit, p.99.

144. M. de Lescure (org.), *Correspondance secrète inédite sur Louis XVI, Marie Antoinette, la cour et la ville de 1777 à 1792*, p.61.

145. Segundo Pierre Mariel, os preços de Bertin em 1779 eram o triplo do que haviam sido em 1774. Ver P. Mariel, "Mademoiselle Bertin, fournisseur de la reine", p.2.

146. P. de Nolhac, op.cit., p.16.

147. P. de Nolhac, "La Garde-robe de Marie Antoinette", p.840-59. Com base em ampla pesquisa, Nolhac, o ex-curador do Petit Trianon em Versalhes, sugeriu que 160 mil libras teriam sido uma quantia adequada para cobrir as despesas com vestuário "normalmente" esperadas de uma rainha francesa.

148. Ver M. Sapori, op.cit., p.78-86.

149. Abade de Véri, op.cit., vol.II, p.429 n.39.

150. Ibid., p.431 n.22; A. Fraser, op.cit., p.150. Na verdade, os livros de contabilidade de madame Éloffe revelam que Adelaide gastou mais até que Maria Antonieta com modas no período de 1787 a 1792. Durante esse tempo, de fato, Adelaide gastou mais que qualquer dos outros clientes de Éloffe: um total de 76.427 libras em seis anos. (Durante o mesmo período, os gastos de Maria Antonieta ficaram em segundo lugar, e totalizaram 72.546 libras.) Ver conde de Reiset, *Modes et usages au temps de Marie Antoinette: Livre-journal de Madame Éloffe*, vol.II, p.511.

151. Abade de Véri, op.cit., vol.II, p.106, 431 n.22.

152. A. Fraser, op.cit., p.150. O número relativo às luvas é fornecido em E. Feydeau, *Jean-Louis Fargeon, Marie Antoinette's Perfumer*, p.83.

153. E. Feydeau, op.cit., p.91.

154. J. Haslip, op.cit., p.87.

155. Sobre os pródigos – mas não controversos – gastos com roupas de Maria Leczinska, ver J.-P. Leclercq, "Sur la garde-robe de Marie Leczinska e de Marie Antoinette", p.30-9.

156. Novamente, ver P. Mansel, op.cit., p.172 n.97.

157. Ver M. Bimbenet-Privat, "L'Art et le commerce au service de la reine: une mosaïque d'archives", em Yves Carlier et al. (orgs.), *Les Atours de la Reine: Centre historique des Archives nationales*, p.5-13; bem como P. Saint-Amand, op.cit., p.33 n.7.

158. Citado em R. Corson, op.cit., p.329. É digno de nota que Pompadour não foi a primeira amante real a lançar modas de penteados na corte de Versalhes. Como mostra Dejean, foi a jovem amante de Luís XIV, a duquesa de Fontanges, que lançou o epônimo penteado *fontange* – "o estilo favorito das últimas décadas do século XVII" (p.30). (Como o *pouf* de Maria Antonieta, o *fontange* era um penteado muito alto que ganhava altura adicional graças a tecido e enchimento.) As favoritas reais francesas, portanto, tinham uma história como lançadoras de tendências de penteados; nesse aspecto, Maria Antonieta estava se desviando muito claramente de seu próprio papel de rainha.

159. Confirmando que os excessos de Maria Antonieta com a moda levavam a comparações entre ela e madame Du Barry, Chantal Thomas observou que correram rumores de que a última favorita de Luís XV comprara um vestido feito de ouro sólido quando seu amante estava à morte, e a imprensa clandestina a atacou por "estar constantemente ocupada em se vestir", como o expressou o panfletário Théveneau de Morande. Ver C. Thomas, op.cit., p.97-8. O que também atesta a semelhança que se percebia entre as duas mulheres é o fato de alguns biógrafos terem confundido seus hábitos de compra. Antonia Fraser, por exemplo, afirma que "durante o reinado anterior", Du Barry havia comprado 100 mil libras em "sedas e rendas" de Rose Bertin (ver A. Fraser, op.cit., p.149). Entretanto, livros-razões do estabelecimento de Bertin que sobreviveram provam que a favorita real só se tornou cliente da *marchande de modes* em 1778, quatro anos depois de ser exilada da corte. Ver Biblioteca Nacional da França, Ms. 8157, 8158, e Biblioteca de Versalhes, Ms. 402 (254FO).

160. Citado em marquês de Ségur, op.cit., p.93. Sem dúvida, a inveja que Provence tinha da cunhada por ter precedência a ele pode ter motivado esse comentário. A própria Maria Antonieta estava ciente da rivalidade e, curiosamente, consta que teria dito a uma de suas damas: "O conde de Provence me acusa de lhe tomar seu prestígio." Ver barão de Lamothe-Langon, op.cit., vol.II, p.18.

161. L.P. de Bauchaumont, op.cit., vol.VIII, p.82.

162. A. von Arneth e M.A. Geoffroy, vol.II. Em relação a isto, o abade de Véri registrou em 1º de março de 1775 uma interessante história que admitia ser uma invenção, mas que, segundo ele, estava circulando amplamente na sociedade parisiense e captava "a atitude geral do público" em face de Maria Antonieta. Segundo a história, "a rainha, ao ver uma senhora vestida com menos elegância que outras, zombou de sua parcimônia, e essa senhora respondeu com impaciência: 'Madame, não basta comprarmos nossos próprios vestidos – somos obrigadas a pagar pelos seus também.'" Ver Véri, op.cit., vol.I, p.243. A "atitude geral do público" era portanto, evidentemente, baseada na idéia de que a rainha estava sangrando a nação até a última gota para sua própria diversão com as modas.

163. De maneira bastante semelhante, registrou Olivier Bernier, Maria Antonieta enfurecia sua *dame d'atours* ao insistir em encomendar ela própria suas roupas de Rose Bertin: tradicionalmente, fazer essas encomendas era um privilégio exclusivo da *dame d'atours*. Ver O. Bernier, op.cit., p.122.

164. Abade de Véri, vol.I, p.303-4; ver também E. Feydeau, op.cit., p.88-9.

165. L.S. Mercier, "Marchandes de modes", op.cit., vol.I, p.1481; S. Zweig, op.cit., p.95. Inversamente, André Castelot salientou que Bertin só podia vestir Maria Antonieta nos aposentos menores, uma vez que, como plebéia, não possuía Direitos de Entrada no quarto de dormir oficial da rainha. Ver A. Castelot, op.cit., 1989, p.37.

166. J.-L.-H. Campan, op.cit., p.88.

167. De maneira semelhante, em setembro de 1777, 600 cabeleireiras foram admitidas na antes exclusivamente masculina guilda dos Mestres Barbeiros e Peruqueiros, com base no fato de que "o penteado do sexo feminino tornou-se tão importante que devemos certamente multiplicar os artistas que constroem seus galantes edifícios" (L.P. de Bachaumont, op.cit., vol.X, p.213).

168. M. Sapori, op.cit., p.60-8.

169. A. Blum, op.cit., p.23.

170. Citado em M. e A. Batterberry, *Mirror Mirror: A Social History of Fashion*, p.170.

171. P. Mariel, op.cit., p.2; L.S. Mercier, op.cit., vol.I, p.1482, e "Le Bal de l'Opéra", op.cit., vol.II, p.608; M. Sapori, op.cit., p.91, 107-8.

172. Abade Jacques Delille, *De l'imagination*; citado também em M. Sapori, op.cit., p.53.

173. Oberkirch, p.94. Com relação a isto, ver também Delpierre, "Rose Bertin", p.25, para uma citação de um economista não identificado que, em 1775, se espantava com o modo como "os imensos e dispendiosos toucados que entraram em moda aumentam consideravelmente nossa produção comercial".

174. M. Sapori, op.cit., p.51-2. Para uma discussão mais geral sobre como os negociantes de moda femininos vieram a "invadir esse domínio masculino", ver J. Dejean, op.cit., p.42.

175. Oberkirch, op.cit., p.197; M. Sapori, op.cit., p.41. Para mais sobre como Bertin ultrapassou os limites de sua classe, ver M. Sapori, op.cit, p.75-6, e abaixo.

176. Citado em E. Langlade, op.cit., p.183.

177. Oberkirch, op.cit., p.196. Queixas semelhantes contra Bertin aparecem em barão de Lamothe-Langon, op.cit., vol.II, p.14-5.

178. Para mais informação sobre o mercado de roupas de segunda mão através do qual *parvenus* como Léonard adquiriam seus trajes, ver L. Fontaine, "The Circulation of Luxury Goods in Eighteenth-Century Paris: Social Redistribution and an Alternative Currency", em M. Berg e E. Eger (orgs.), *Luxury in the Eighteenth Century: Debates, Desires, and Delectable Goods*, p.89-102.

179. S. Zweig, op.cit., p.99; P. Delorme, *Marie Antoinette: Épouse de Louis XVI, mère de Louis XVII*, p.111.

180. Condessa de Genlis, *Mémoires inédits de la Comtesse de Genlis*, vol.I, p.225.

181. J.-F. Léonard, op.cit., vol.I, p.228.

182. C. Thomas, op.cit., p.94.

183. M. Sapori, op.cit., p.135; F. Métra, op.cit., vol.VI, p.146; Anônimo, "Essai historique sur la vie de Marie Antoinette d'Autriche, reine de France", p.66. Como observa Simon Schama, esse texto foi "publicado pela primeira vez em 1781, novamente em 1783, e depois com revisões anuais para acompanhar os eventos até sua execução em 1793. Em 1783, 534 exemplares foram queimados na Bastilha pelo carrasco público, mas a obra continuou um item favorito de contrabandistas de livros e amplamente distribuída em Paris." Ver S. Schama, op.cit., p.224. De fato, como observou Vivian Gruder, exemplares do "Essai" foram "'liberados' da Bastilha" depois da insurreição de 14 de julho de 1789, e puderam assim voltar a circulação. Ver V. Gruder, "The Question of Marie Antoinette: The Queen and Public Opinion Before the Revolution", em *French History*, vol.16, n.3 (set 2002): p.269-98. Detalhes adicionais sobre a complicada história da publicação desse texto são fornecidos em M. Tourneux, *Marie Antoinette devant l'histoire: essai bibliographique*, p.44-5.

184. Enquanto a maior parte dos estudos sobre o modo como a imprensa clandestina tratava Maria Antonieta focaliza o período revolucionário, Vivian Gruder fez um trabalho pioneiro sobre os panfletos que proliferaram já desde meados da década de 1770, e Jacques Revel sobre textos que emergiram em 1779. Ver V. Gruder, op.cit., p.269-98; e J. Revel, "Marie Antoinette and Her Fictions: The Staging of Hatred", em B. Fort (org.), *Fictions of the French Revolution*, p.111-29. As evidências arquivais apresentadas nesses artigos permitem modificar a idéia corrente, proposta entre outros por Sarah Maza, de que "ataques abertos à rainha foram muito raros antes de meados dos anos 1780". Ver S. Maza, *Private Lives and Public Affairs*, p.176.

185. Anônimo, "Essai historique", p.66.

186. Idem.

187. C. Thomas, op.cit., p.95.

188. Para uma descrição contemporânea dessa batalha, ver abade de Véri, op.cit., vol.II, p.129-30. O governo francês havia reconhecido a soberania americana em março de 1778 e rompido relações diplomáticas com a Inglaterra no mês seguinte.

189. A frase famosa com que Maria Antonieta diz preferir navios a diamantes aparece em J.-L.-H. Campan, op.cit., p.236. Descrições contemporâneas do toucado da *Belle Poule* aparecem no *Recueil général des costumes et modes contenant les différens habillemens et les coëffures les plus élégantes*, p.14; e na Biblioteca Nacional da França, Departamento de Estampas, coleção QB_1778; 46.B.2139 e 67.A.16387.

190. Ver M. Frasko, op.cit., p.68. De fato, com base em minha própria ampla revisão das caricaturas de moda na grande coleção do Departamento de Estampas, na Biblioteca Nacional da França, concluí que o toucado da *Belle Poule* aparece com mais freqüência nas imagens da época que praticamente qualquer outro tornado famoso pela rainha.

191. C.H. Crowston, op.cit., p.109.

192. Barão de Frénilly, *Mémoires 1768-1828: Souvenirs d'un ultra-royaliste*, org. Frédéric d'Agay, p.60.

193. L.S. Mercier, "Marchandes de modes", op.cit., vol.I, p.1481-2; J.-L.-H. Campan, op.cit., p.88-9.

194. O. Bernier, op.cit., p.126.

195. C.H. Crowston, op.cit., p.100-4.

196. Ibid., p.97.

197. *Recueil général des costumes et modes contenant les différens habillemens et les coëffures les plus élégantes*, p.24-48.

198. J.-L.-H. Campan, op.cit., p.89.

199. L.S. Mercier, op.cit., vol.I, p.1482.

200. Ibid., p.1483.

201. Citado em marquês de Ségur, op.cit., p.87-8.

202. J.-F. Léonard, op.cit., vol.I, p.133.

203. Idem: "Naquela época, nenhum princípio na França era defesa contra as atrações de uma nova moda lançada pela rainha." (Nesse caso, a moda em discussão é um toucado chamado *coiffure à la comète*, que teria se tornado uma coqueluche depois que Maria Antonieta o usou no teatro em Paris.)

204. A. Fraser, op.cit., p.108; E. Lever, op.cit., p.108.

205. J.-L.-H. Campan, op.cit., p.106.

206. Citado em P. Delorme, op.cit., p.125; e em A. Fraser, op.cit., p.156. Nas mesmas linhas, o próprio Frederico II da Prússia recebeu um boletim em abril de 1777 declarando que "a falta de interesse físico que até agora Sua Majestade Cristianíssima sente seja por sua esposa, seja pelas mulheres em geral, é indubitavelmente o efeito de um defeito interno, de correção muito fácil na opinião dos médicos; mas o príncipe recusou tratamento, seja por medo das conseqüências penosas da operação, ou porque seu temperamento não a aceita"; citado sem informação bibliográfica em A. de Baecque, *The Body Politic: Corporeal Metaphor in France, 1770-1800*, p.42. Se Luís XVI chegou a se submeter a uma cirurgia de fimose (ou mesmo se precisou disso) continua em debate: alguns estudiosos, entre eles Antonia Fraser e Simone Bertière, sustentam que seus problemas sexuais eram em grande parte psicológicos, ao passo que outros, como John Hardman e Alex Karmel, afirmam que esses problemas realmente provinham de uma doença que a cirurgia finalmente curou. Um útil sumário do debate cirurgia *versus* psicologia aparece em M. Price, op.cit., p.12-3. Uma hipótese proposta com menos freqüência é a afirmação extremamente duvidosa de Paul e Pierrette Girault de Coursac de que "Maria Antonieta, cuja educação a tornara frígida, trancava a porta de seu quarto para o jovem príncipe", com isso tornando as relações conjugais impossíveis. Ver P. e P. Girault de Coursac, *Le Secret de la Reine*, p.15.

207. Como salientou Mercier, a rainha não pôs simplesmente em moda as excursões dos cortesãos a Paris; ela as tornou convenientes, providenciando para que postes de luz fossem instalados ao longo de todas as estradas desde os portões de Versalhes até a entrada da cidade em Vincennes. Ver L.S. Mercier, "La Galerie de Versailles", op.cit., vol.II, p.950.

208. Citado e discutido em A. de Baecque, op.cit., p.49.

209. Abade de Véri, op.cit., vol.I, p.152.

210. Ver A. de Baecque, op.cit., p.47-8.

211. Ver V. Gruder, op.cit., p.275-6, acerca das motivações freqüentemente desconsideradas sob muitos dos panfletos pré-revolucionários contra a rainha.

212. Citado em P. Delorme, op.cit., p.125.

213. A. Challamel, p.169-70; A. Castelot, op.cit., 1989, p.37. Reconhecidamente, Bertin não estava sozinha na tendência a dar nomes sugestivos a seus produtos; ela era partilhada por seu principal concorrente, um negociante de modas do sexo masculino chamado Beaulard. Mas Maria Antonieta comprava muito pouco de Beaulard – em grande parte, ao que parece, para aplacar Bertin, que recusava seus serviços aos clientes dele. Sobre a rivalidade entre Beaulard e Bertin, ver A. Varron, op.cit., p.899-900. Cabe notar também que acessórios com nomes provocativos faziam parte dos costumes da corte francesa havia algum tempo. Sob madame de Pompadour, por exemplo, *robes à la française* exibiam "um debrum de renda plissada maliciosamente chamado *tâtez-y* [toque aqui]" e uma fita "no meio do decote [chamada] *parfait contentement* [perfeita felicidade]". Ver M. Contini, *Fashion from Ancient Egypt to the Present Day*, p.192. E sob Luís XIV, penteados femininos tinham nomes como "destruidor de corações". Ver J. Dejean, op.cit., p.30.

214. Nenhum exemplar desse panfleto, que teve uma tiragem de 2 mil exemplares, sobreviveu, mas ele é amplamente mencionado em escritos da época e históricos sobre a rainha. Para mais sobre a publicação, a disseminação e o confisco final desse texto, ver Lafont d'Aussonne, op.cit., p.123-5.

215. A. Fraser, op.cit., p.152-3.

216. P. Cornu (org.), *Galerie des modes et costumes français: 1778-1787*, vol.II, prancha 93. Essa reimpressão não contém todas as imagens que apareceram no *Galerie des Modes et des Costumes Français* original, citado na nota 84 acima. Contudo, como a reimpressão está muito mais amplamente disponível, sempre que possível vou me referir a ela em lugar do original, designando a primeira como Cornu (org.) e a última como *Galerie des Modes*.

217. Conde de Camaran, *Mémoires*, p.637.

218. F.C.L. de Montjoie, op.cit., p.101. Sobre esse assunto, ver também M. Sapori, op.cit., p.89-90, bem como minha discussão sobre leis suntuárias no Capítulo 6.

219. E. Langlade, op.cit., p.94-102. Para mais informação sobre a fusão de atrizes e prostitutas na imaginação cultural do século XVIII francês, ver L. Berlanstein, *Daughters of Eve: A Cultural History of French Theater Women from the Old Régime to the Fin-de-Siècle*; J. Duvignaud, *L'Acteur: Esquisse d'une sociologie du comédien*, p.40; e B. Didier, *Diderot, dramaturgue du vivant*, p.16.

220. Anônimo, "Essai historique", p.67.

221. Citado em J.-L. Soulavie, op.cit., vol.II, p.76.

222. L.P. de Bachaumont, vol.VIII, p.149. Como ressalta Simone Bertière, mesmo a tíbia tentativa de Maria Antonieta de apaziguar a mãe enviando-lhe estampas de moda que representavam as modas mais recentes – presumivelmente prova de que ela, Maria Antonieta, não estava fazendo nada de errado ao se vestir daquela maneira – despertaram apenas a reprovação da imperatriz: "Devo admitir, esses estilos franceses me parecem extraordinários; eu nunca teria podido acreditar que coisas como essas eram usadas, especialmente na corte." Ver S. Bertière, op.cit., p.242.

223. Segundo o barão de Frénilly, somente as mulheres usavam máscaras nos bailes da Ópera; ver barão de Frénilly, op.cit., p.41. Outros relatos, contudo, sugerem que os convidados do sexo masculino também usavam disfarces; ver P. de Courcillon, marquês de Dangeau, *Journal du Marquis de Dangeau, publié en son entier pour la première fois*, org. M.M. Soulié, Dussieux, de Chennevières, Mantz e de Montaiglon, vol.XVI, p.291-2.

224. R. Semmens, *The* bals publics *at the Paris Opéra in the Eighteenth Century*, p.97-8.

225. L.S. Mercier, "Bal de l'Opéra', op.cit., vol.I, p.607; barão de Frénilly, op.cit., p.41.

226. O. Bernier, *The Eighteenth-Century Woman*, p.195. Um *pouf* desse tipo aparece em *Galerie des Modes*, vol.II, prancha 122.

227. S. Zweig, op.cit., p.101-2.

228. Príncipe de Ligne, op.cit., p.125; barão de Frénilly, op.cit., p.41; e J.-L.-H. Campan, op.cit., p.140.

229. H. Fleischmann, *Les Pamphlets libertins contre Marie Antoinette*, p.59-61, e *Les Maîtresses de Marie Antoinette*, p.51.

230. M. de la Rochetière e o marquês de Beaucourt, op.cit., p.141.

231. J.-L.-H. Campan, op.cit., p.137.

232. Entre os amantes de alta estirpe de Guimard estavam Jean-Baptiste de La Borde, o príncipe de Soubise e o bispo de Orléans. Em 1789 ela se casou com o coreógrafo Jean-Etienne Despréaux. Ver C.W. Beaumont, *Three French Dancers of the Eighteenth Century: Camargo, Sallé, Guimard*.

233. L.P. de Bachaumont, op.cit., vol.VI, p.237.

234. De maneira semelhante, como notou Elizabeth Colwill, a "espantosa proteção que Maria Antonieta dava a mulheres públicas como mademoiselle Arnould da Opéra e mademoiselle de Raucourt da Comédie Française confirmavam reciprocamente suas (más) reputações". Ver E. Colwill, "Pass as a Woman, Act Like a Man: Marie Antoinette as Tribade in the Pornography of the French Revolution", em D. Goodman (org.), op.cit., p.139-69.

235. Anônimo, "Essai historique", p.66. Durante o período revolucionário, outro panfleto afrontoso relatou que "Bertin e Guimard, ao presidir a augusta *toilette* [da rainha], haviam poupado às prostitutas o trabalho de ter de se esconder entre mulheres honestas", porque agora todas as mulheres se vestiam da mesma maneira. Ver L. de Keralio, "Les Crimes des reines de France". Esse texto foi impresso sob o nome do editor de Kelario, Louis Prudhomme. Sobre a história da publicação de "Les Crimes des reines de France", ver L. Hunt, *The Family Romance of the French Revolution*, p.109, 110 n.50.

236. Anônimo, "Memoirs of Marie Antoinette, *ci-devant* Queen of France", p.22-3.

237. Essa mesma observação aparece em barão de Frénilly, op.cit., p.60.

6. A VIDA SIMPLES *(p.150 a 186)*

1. Segundo Mercy, Maria Antonieta vinha insinuando com insistência, havia algum tempo, seu desejo de possuir esse palácio.

2. I. Dunlop, *Marie Antoinette: A Portrait*, p.191.

3. A. Asquith, *Marie Antoinette*, p.80.

4. Pierre Saint-Amand e Rachel Laurent consideram igualmente o Petit Trianon uma extensão do interesse de Maria Antonieta por roupas, embora o vejam como um sintoma de seu narcisismo e não como um caso de auto-afirmação estilística. Saint-Amand observa que "o Trianon era como uma extensão do corpo da rainha", em que "tudo foi construído para refletir sua imagem de volta para ela"; ao passo que, segundo Laurent, Maria Antonieta "contaminou a arquitetura com a arte da toalete e concebeu a decoração como um adorno pessoal". Ver P. Saint-Amand, "Adorning Marie Antoinette", em D. Goodman (org.), *Marie Antoinette: Writings on the Body of a Queen*, p.23-4; R. Laurent, "Marie Antoinette: le caprice et le style", p.113.

5. Essa expressão vem de H. Levin, *The Myth of the Golden Age in the Renaissance*, p.59.

6. O tema do Renascimento e das tradições pastorais do século XVII é extenso demais para ser tratado numa obra sobre o vestuário de Maria Antonieta. Entre os estudiosos que

examinaram essas tradições com mais detalhe estão Levin, citado acima, e J.-P. van Elslande, *L'Imaginaire pastoral du XVIIe siècle: 1600-1650.*

7. Embora eu tenha escrito extensamente sobre Rousseau em outro lugar, não posso esperar fazer justiça à complexidade de seu pensamento nesses parágrafos necessariamente condensados. Os leitores interessados na crítica de Rousseau ao luxo e ao refinamento da sociedade deveriam consultar em particular seu *Politics and the Arts: Letter to M. d'Alembert on Theater*, p.17-25; seu *Discourse on the Origins of Inequality*; e seu *Discourse on Political Economy*. Esses discursos são reproduzidos nos segundo e terceiro volumes de R. Masters e C. Kelly (org.), *The Collected Writings of Jean-Jacques Rousseau*.

8. Como madame Campan e o príncipe de Ligne ressaltaram ambos em suas memórias, Maria Antonieta identificava-se orgulhosamente como alguém que detestava a leitura e a literatura (ver J.-L.-H. Campan, *Mémoires de Madame Campan: Première femme de chambre de Marie Antoinette*, p.128; e príncipe de Ligne, *Mémoires du Prince de Ligne*, p.265), e não se sabe em que medida ela estava realmente familiarizada com a obra de Rousseau, além de sua forma abastardada em moda como um (idealizado, romantizado) chamado à simplicidade bucólica. Para uma excelente visão geral do culto da natureza de Rousseau, ver S. Schama, *Citizens: A Chronicle of the French Revolution*, p.150-1, 155-62; e N. Hampson, *A Cultural History fo the Enlightenment*. A rejeição da civilização por Rousseau é discutida também em P. Gay, *The Enlightenment: An Interpretation – The Rise of Modern Paganism*.

9. Em 1782, Maria Antonieta chegou mesmo a fazer uma peregrinação a Ermenoville, o célebre refúgio de Rousseau e local onde foi enterrado – uma peregrinação que, segundo os *Mémoires secrets*, era comumente empreendida por pessoas elegantes. Ver S. Schama, op.cit., p.156-7.

10. A. Castelot, *Marie Antoinette*, 1989, p.73.

11. Como notou Élisabeth de Feydeau, o público condenou esse teatro como "uma sala inteira decorada com pedras preciosas", não sabendo que todos os ornatos eram baratas pedras falsas. Ver E. Feydeau, *Jean-Louis Fargeon, Marie Antoinette's Perfumer*, p.109.

12. E. Lever, *Marie Antoinette: The Last Queen of France*, p.133. Para mais sobre a coleção de curiosidades da rainha, ver *Marie Antoinette, Archiduchesse, Dauphine et Reine: Exposition au château de Versailles 16 mai-2 novembre 1955*; e M. Kopplin (org.), *Les Laques du Japon: Collections de Marie Antoinette*.

13. J.-J. Rousseau, *La Nouvelle Héloïse: Julie, or the New Heloise*, p.304-5. Sobre o "sucesso imediato e avassalador" desse romance, ver a introdução de McDowell, p.2.

14. I. Dunlop, op.cit., p.198. Como mostrou John Garbor Palache, a rainha não estava sozinha ao formar um "jardim inglês elegante e informal tal como descrito por Rousseau". O atrativo estava em moda e era exibido por muitas outras propriedades principescas. Ver J.G. Palache, *Marie Antoinette, The Player Queen*, p.73.

15. O príncipe de Ligne comentou certa vez que o Petit Trianon, embora acessível a partir de Versalhes por meio de uma longa caminhada ou de um breve percurso de carro, dava a impressão de estar a centenas de léguas da corte – distância muito substancial por padrões do século XVIII. Ver príncipe de Ligne, op.cit., p.98; citado também em S. Bertière, *Les Reines de France au temps des Bourbons: Marie Antoinette, l'insoumise*, p.326.

16. A. Asquith, op.cit., p.84.

17. J.E.N. Hearsey, *Marie Antoinette*, p.51.

18. P. Delorme, *Marie Antoinette*, p.138.

19. J.-L.-H. Campan, op.cit., p.155.

20. Nicolas de Maistre, *Nicholas de Maistre: Marie Antoinette Archiduchesse d'Autriche, Reine de France*, org. P. del Perugia, p.74-5; P. de Nolhac, *The Trianon of Marie Antoinette*, p.140.

21. E. Lever, op.cit., p.135.

22. J.-L.-H. Campan, op.cit., p.122.

23. S. Bertière, op.cit., p.326.

24. J.G. Palache, op.cit., p.78.

25. Como Fersen queimou grande parte de sua correspondência antes de morrer, foi impossível para os historiadores averiguar a natureza precisa e a extensão de seu envolvimento com a rainha. Praticamente todos os biógrafos dão por certo que os dois mantinham algum tipo de ligação, embora se debata acaloradamente – com muito pouca esperança de resolução – se essa ligação envolvia sexo ou não. Dois livros clássicos que focalizam essa questão são: S. Loomis, *The Fatal Friendship*; e E. Farr, *Marie Antoinette and Count Fersen*. Uma visão geral curta, mas excelente, da ligação entre Maria Antonieta e Fersen – incluindo todas as dificuldades históricas para se estabelecer quando, ou mesmo se, a ligação se tornou sexual – pode ser encontrado em A. Fraser, *Marie Antoinette: The Journey*, p.203-4.

26. A única exceção a essa regra era a princesa de Lamballe, que, embora nascida no exterior, havia se tornado uma princesa de sangue real por casamento e havia de fato conservado seu status após a morte do marido, recusando-se a se casar de novo e dedicando-se ao rico e respeitado sogro, o duque de Penthièvre.

27. J.G. Palache, op.cit., p.78.

28. A. Castelot, *Marie Antoinette*, 1967, p.106.

29. J.G. Palache, op.cit., p.75.

30. Para mais sobre as encenações teatrais privadas da rainha, ver P. de Nolhac, op.cit., p.189-99. Como Nolhac salienta no mesmo livro, obras teatrais ocupavam um lugar desproporcionalmente grande entre as coleções da biblioteca do Trianon. Isso talvez não fosse um acidente, pois o bibliotecário de Maria Antonieta, monsieur Campan, era por vezes convidado a participar das encenações de sua trupe.

31. J.-L.-H. Campan, op.cit., p.69; sobre os trajes desenhados para encenações teatrais de Maria Antonieta, ver especialmente A. Blum, *Histoire du costume: les modes au XVIIe et au XVIIIe siècles*, p.136.

32. J.-L.-H. Campan, op.cit., p.69; A. Castelot, op.cit., 1967, p.103-4; P. de Nolhac, op.cit., 191-2.

33. J.-L.-H. Campan, op.cit., p.225.

34. I. Dunlop, op.cit., p.208.

35. J.-L.-H. Campan, op.cit., p.201.

36. I. de Saint-Amand, *Marie Antoinette and the Downfall of Royalty*, p.67.

37. A. Castelot, op.cit., 1989, p.73.

38. J.-L.-H. Campan, op.cit., p.102.

39. Idem.

40. T.E. Kaiser, "Ambiguous Identities: Marie Antoinette and the House of Lorraine from the Affair of the Minuet to Lambesc's College", em D. Goodman (org.), op.cit., p.171-98.

41. J.-L.-H. Campan, op.cit., p.104.

42. T.E. Kaiser, op.cit., em Goodman (org.), p.177.

43. A. Castelot, op.cit., 1989, p.31; A. Ribeiro, *Dress in Eighteenth-Century Europe*, p.228.

44. J.-L.-H. Campan, op.cit., p.152; J.E.J. Quicherat, *Histoire du costume en France depuis le temps les plus reculés jusqu'à la fin du XVIIIe siècle*, p.604-5. Anos mais tarde, Félix de

Montjoie veria na visita de José II à França o primeiro passo para um importante desenvolvimento, culpando o imperador pela degradação da etiqueta e da estatura régias em geral atribuída a Maria Antonieta. Montjoie escreveu que José II "esqueceu sua condição e dignidade, e esforçou-se por erradicar de sua pessoa tudo que teria podido atrair o respeito das massas. Assim, por uma fatalidade quase inconcebível, aqueles mesmos [soberanos] que deveriam ter se mostrado ao povo como nada menos que deuses, encarregaram-se de provar que não eram maiores que o mais humilde dos homens." Ver F.C.L. de Montjoie, *Histoire de Marie Antoinette Josèphe Jeanne de Lorraine, Archiduchesse d'Autriche, Reine de France*, p.131.

45. J.-L.-H. Campan, op.cit., p.152; E. Feydeau, op.cit., p.77.

46. A. Fraser, op.cit., p.220.

47. José II tinha feito a viagem também para buscar o apoio de Luís XVI para seu plano de se opor a Frederico II num conflito que estava se armando com relação ao futuro da Baviera, mas esse assunto foge à alçada deste livro.

48. Citado em E. Langlade, *La Marchande de modes de Marie Antoinette: Rose Bertin*, p.86.

49. Sobre esse ponto, ver M. Delpierre, "Rose Bertin, les marchandes de modes et la Révolution", p.25.

50. O. Bernier, *Secrets of Marie Antoinette*, p.217-8.

51. J.-L.-H. Campan, op.cit., p.170-1; M. Price, *The Road from Versailles: Louis XVI, Marie Antoinette, and the Fall of the French Monarchy*, 12-3. Ver também D. Beales, *Joseph II: In the Shadow of Maria Theresa*, p.375 n.66.

52. J.-L.-H. Campan, op.cit., p.168. Segundo Mercy e outros, Provence foi um dos principais responsáveis pela disseminação desse boato particular. Ver de A. de Baecque, op.cit., p.47.

53. Como ressaltou Antonia Fraser, Maria Teresa exigia que todas as primeiras filhas de seus filhos recebessem seu nome, o que "significava que haveria no fim um total de seis princesas em vários países chamadas Maria Teresa". A. Fraser, op.cit., p.163.

54. L.P. de Bachaumont, *Mémoires secrets pour servir à l'histoire de la république des lettres en France*, vol.XIII, p.299; M. Sapori, *Rose Bertin: Ministre des modes de Marie Antoinette*, p.1.

55. L.P. de Bachaumont, op.cit., vol.XIII, p.299; E. Langlade, op.cit., p.106.

56. Antoine de Baecque mostrou que "panfletos e canções" produzidos na esteira dessas cerimônias oficiais "não hesitaram em virar as imagens oficiais de cabeça para baixo", transformando o aparente triunfo da rainha em motivo adicional de queixa entre seus súditos. Para uma maior discussão desses libelos, ver de A. de Baecque, op.cit., p.49.

57. J.-L.-H. Campan, op.cit., p.173-4.

58. J.G., Palache, op.cit., p.75.

59. A. de Baecque, op.cit., p.48.

60. J. Revel, "Marie Antoinette and Her Fictions: The Staging of Hatred", em B. Fort (org.), *Fictions of the French Revolution*, p.123.

61. Como Pierre Saint-Amand escreve em "Terrorizing Marie Antoinette": "O Trianon transmite uma espécie de libertinagem das aparências ... por exemplo, em seu uso de ... espelhos móveis, na maneira como ele transforma constantemente o espaço." (p.262) *Boudoirs* forrados de espelhos figuram em clássicos da literatura erótica do século XVIII como Vivant Denon, *Point de lendemain* (1777), Choderlos de Laclos, *As relações perigosas* (1782), e Marquês de Sade, *La Philosophie dans le boudoir* (c.1793-1794).

62. Essa idéia tornou-se um lugar-comum nos estudos sobre Maria Antonieta, graças acima de tudo ao trabalho pioneiro de Chantal Thomas, Lynn Hunt e Robert Darnton.

Outros estudiosos que analisaram a retórica insistentemente sexualizada sobre a rainha incluem Dena Goodman, Jacques Revel, Elizabeth Colwill, Mary Sheriff, Sarah Maza e Pierre Saint-Amand. Refiro-me da maneira mais específica à obra de cada um desses autores em outras notas.

63. Para uma discussão da ausência de Fersen dos tablóides de escândalos nessa época (nas proximidades da Revolução, ele apareceria com os outros companheiros mais íntimos da rainha, mulheres e homens), ver J.E.N. Hearsey, op.cit., p.66.

64. Por exemplo, depois que Maria Antonieta foi vista usando uma pluma que o duque de Lauzun lhe deu, correu o rumor de que os dois estavam tendo um caso, e o arrogante Lauzun nada fez para dissipá-lo. Uma deslealdade maior ocorreu quando a rainha se encontrou com o barão de Besenval privadamente para pedir seu auxílio num conflito entre dois outros cavalheiros na corte – tendo descoberto mais tarde que Benseval apresentou essa entrevista como um encontro amoroso. (Chegou a escrever sobre ele em suas memórias.) Sobre esses incidentes, ver J.-L.-H. Campan, op.cit., p.144 (Lauzun) e p.159-60 (Benseval).

65. Mary Sheriff explica que o Petit Trianon estimulava acusações desse tipo porque, embora tivesse outrora testemunhado as devassidões viris de Luís XV, foi "feminizado por Maria Antonieta e suas amigas. A sexualidade masculina foi banida e substituída por uma intimidade entre mulheres." Ver M. Sheriff, "The Portrait of the Queen" em D. Goodman (org.), op.cit., p.62. Fontes que documentam essas acusações de lesbianismo são fornecidas na nota 71, abaixo.

66. H. Fleischmann, *Les Pamphlets libertins*, p.104; S. Schama, op.cit., p.225.

67. A. von Arneth e M.A. Geoffroy, op.cit., vol.II, p.404.

68. Príncipe de Ligne, op.cit., p.127.

69. O rancor de Charles pelos membros da família real tornara-se ainda mais intenso depois que Luís XVI o expulsou da corte por causa de seu mau comportamento numa batalha naval. Ver A. Fraser, p.165-6.

70. Citado em H. Fleischmann, op.cit., p.241-2.

71. Fontes contemporâneas que trataram do suposto lesbianismo da rainha incluem J.-L.-H. Campan, op.cit., p.144-5; J.-L. Soulavie, *Mémoires historiques et politiques du règne de Louis XVI*, vol.X, p.49; E. Raunié, *Chansonnier historique du XVIIIe siècle*, vol.X, p.229-37, 287-95; abade Baudeau, "Chronique secrète de Paris sous Louis XVI", em J.-A. Taschereau (org.), vol.III, p.281; e Anônimo, "Portefeuille d'un talon rouge", reproduzido em H. Fleischmann, *Les Maîtresses de Marie Antoinette*, p.201-33. (Esta lista não inclui a miríade de publicações que apareceram após a deflagração da Revolução, quando imputações a Maria Antonieta de envolvimento sexual com mulheres proliferaram de maneira ainda mais abundante.) Fontes secundárias que comentam esse fenômeno incluem: M. Gutwirth, *Twilight of the Goddesses: Women and Representation in the French Revolutionary Era*, p.145-9; H. Fleischmann, op.cit. e *Les Pamphlets libertins contre Marie Antoinette*; P. Delorme, op.cit., p.136-7; V. Gruder, "The Question of Marie Antoinette: The Queen and Public Opinion Before the Revolution", em *French History*, p.280 n.37; C. Thomas, *The Wicked Queen: The Origins of the Myth of Marie Antoinette*, p.119-24; E. Colwill, "Pass as a Woman, Act Like a Man", em Goodman (org.), op.cit., p.139-70; e as numerosas obras de Lynn Hunt, citadas por toda parte nestas notas.

72. Nesse contexto, talvez seja significativo que o abade Baudeau, citado acima, fosse um dos autores a acusá-la de um relacionamento lésbico com Rose Bertin, porque Baudeau era um fisiocrata, preocupado com o uso eficaz dos recursos do reino. Considerado

em termos de efeito procriador, o "tribadismo" da rainha teria parecido assim um esbanjamento tão grande quanto o uso de farinha de trigo em seus *poufs*.

73. Como Elizabeth Colwill disse em termos mais gerais, no século XVIII o intercurso sexual entre mulheres "assinalava a dupla transgressão de abandonar o homem e assumir suas prerrogativas sexuais". Ver E. Colwill, op.cit., p.148. Nesse contexto, abandonar o rei e assumir as prerrogativas sexuais *dele* representavam uma transgressão de ordem particularmente hedionda. Ou, nas palavras de Chantal Thomas, "por trás da fantasia de uma conspiração lésbica estava o medo de que os homens estivessem perdendo o controle sobre as rédeas políticas" (p.121).

74. Anônimo, "Essai historique", p.64.

75. Ver Anônimo, "Portefeuille d'un talon rouge", p.206-7. Em *Les Pamphlets libertins contre Marie Antoinette*, Fleischmann conclui, com base em registros policiais da época, que a polícia apreendeu e destruiu esse texto em maio de 1873 e sustenta que ele foi escrito entre 1780 e 1783. Vivian Gruder sugere que ele poderia ter sido publicado em 1781, ao passo que Chantal Thomas data sua publicação de 1780; ver H. Fleischmann, *Les Maîtresses de Marie Antoinette*, p.308; V. Gruder, op.cit., p.275; e C. Thomas, op.cit., p.159 n.12.

76. Anônimo, "Essai historique", p.64.

77. Fleischmann sublinha o aspecto mercenário da relação da condessa Jules de Polignac com Maria Antonieta em seu memorável título de capítulo sobre o assunto: "Amizade por 50 mil libras anuais". Ver H. Fleischmann, op.cit., p.180.

78. A. Foreman, *Georgiana, Duchess of Devonshire*, p.40. Não por acaso, Foreman fornece essa perspicaz descrição do sentimentalismo feminino no século XVIII ao discutir a amiga inglesa de Maria Antonieta, Georgiana, que, como a rainha francesa, era uma mulher supremamente elegante num casamento menos que satisfatório. Também como Maria Antonieta, Georgiana tinha intensas amizades femininas que provocaram acusações de lesbianismo.

79. Condessa de Boigne, *Mémoires de la Comtesse de Boigne, née d'Osmond: récits d'une tante*, p.43.

80. Ibid., p.44; E. Daudet (org.), *Dans le palais des rois: récits d'histoire d'après des documents inédits*, p.162. De maneira semelhante, Carrolly Erickson escreve que "o uniforme sueco dos dragões do rei, com sua capa azul, túnica branca, calções apertados de camurça e vistosa barretina com plumas azuis e amarelas, havia sido especialmente desenhado pelo rei Gustavo III para exibir a figura masculina da maneira mais favorável. Quando usado pelo conde Fersen ... atraía a atenção de todas as mulheres na sala, a começar pela rainha." (p.113)

81. Anônimo, "Les Fureurs utérines de Marie Antoinette", p.6. Embora escritas durante o período revolucionário – quando, como é mencionado acima e discutido em maior detalhe no Capítulo 8, textos pornográficos contra a rainha proliferaram e circularam em números maiores –, as linhas citadas aqui se referem aos divertimentos pré-revolucionários de Maria Antonieta no Petit Trianon.

82. Sobre esse ponto, ver especialmente J.-J. Rousseau, *Politics and the Arts: Letter to M. d'Alembert on Theater*, p.17-25. Como ressalta Edward Hundert, a simplicidade no trajar desempenhou um papel na própria notoriedade profissional de Rousseau, pois o público francês "prestava consideravelmente menos atenção a suas idéias econômicas [que condenavam o gasto com artigos de luxo] que a sua rejeição de roupas elegantes quando ele adotou o rústico traje 'corso' que veio servir como seu emblema público". Ver E. Hundert, "Mandeville, Rousseau, and the Political Economy of Fantasy", em Berg e Eger (orgs.), p.28-40.

83. *Correspondance de Marie Antoinette*, vol.I, p.164.

84. G. Lenôtre, *Versailles au temps des rois*, p.228; *Nouveau Jeu des Modes Françaises*, coiffure n.52.

85. F. Métra, *Correspondance secrète*, vol.I, p.158; citado também em H. Fleischmann, *Les Pamphlets libertins*, p.45 n.2.

86. Mais tarde a mitologia popular atribuiu o *pouf* da ave canora à própria Maria Antonieta; no filme *Marie Antoinette* de 1938, nossa heroína é mostrada usando-o na primeira de suas festas a fantasia em Versalhes. Além disso, curiosamente, essa cena se segue imediatamente a outra em que Maria Antonieta é abertamente humilhada pelos barrystas, que lhe enviam um berço vazio para zombar de sua esterilidade; o corte abrupto entre o berço vazio e o toucado extravagante parece confirmar o argumento que estou propondo aqui, de que a rainha se voltou para a moda como uma alternativa audaciosa à maternidade.

87. P. de Nolhac, op.cit., p.162.

88. *Recueil général des costumes*, p.7.

89. P. Cornu (org.), op.cit., vol.II, prancha 116.

90. E. Feydeau, op.cit., p.111-2.

91. Ibid., p.112.

92. P. Cornu (org.), op.cit., vol.II, prancha 240; E. e J. de Goncourt, *La Femme au XVIIIe siècle*, p.288.

93. A.E. Guillaumot, *Costumes du XVIIIe siècle*, p.3, prancha 6.

94. Mademoiselle de Mirecourt, *L'Autrichienne: Mémoires inédits de Mademoiselle de Mirecourt sur la reine Marie Antoinette*, p.131.

95. Idem.

96. A. Kraatz, "Marie Antoinette: la passion des étoffes", p.78.

97. Idem.

98. P. Cornu, op.cit., vol.VII, p.27.

99. M. Delpierre, *Dress in France in the Eighteenth-Century*, p.18. Para outra boa descrição da *polonaise* – bem como da levita e do redingote, detalhadamente descritos abaixo – ver T.A. Black e M. Garlan, *A History of Fashion*, p.154-5.

100. A. Fraser, op.cit., p.177; P. Cornu, op.cit., vol.VII, p.1.

101. P. Cornu, op.cit., vol.II, prancha 83. Segundo Cornu, a levita era inspirada nos trajes usados pelos sacerdotes judaicos numa encenação de 1780 da peça de Jean Racine, *Athalie*, no Théâtre Français. (O nome *lévite* pretendia evocar um exotismo "semita".) Curiosamente, essa mesma peça fora encenada durante as celebrações do casamento de Maria Antonieta e lhe parecera mortalmente enfadonha; ver S. Bertière, op.cit., p.41. Foram, portanto, os trajes da produção mais recente que atraíram a atenção da rainha e de suas seguidoras.

102. Se Maria Antonieta realmente amamentou seus filhos é uma questão aberta a discussão, mas essa vantagem da levita é sublinhada em M. Delpierre, op.cit., p.19; e J.E.J. Quicherat, op.cit., p.601.

103. Ver os Arquivos Nacionais da França, AEI 6 n.2: *Garde-robe des Atours de la Reine, Gazette pour l'année 1782* [referido daqui em diante como "a *gazette des atours* de 1782"]. Esse álbum, que é uma das melhores fontes de informação sobreviventes sobre o guarda-roupa de Maria Antonieta, contém amostras de tecido e breves descrições dos vestidos comprados para a rainha usar em 1782. Como mencionado antes, Maria Antonieta consultava esse álbum, mantido por sua *dame d'atours*, para escolher seus trajes a cada dia. Dos 97 registros da *gazette* de 1782 (dos quais sobrevivem 78 amostras), 21 registros designavam levitas e 14 *robes turques*, primos próximos destas.

104. P. Cornu, op.cit., vol.II, prancha 83.

105. J.-L.-H. Campan, op.cit., p.188; Fournier-Sarlovèze, *Louis-Auguste Brun, peintre de Marie Antoinette*, p.43. De maneira semelhante, o marquês de Bombelles registrou como, em 1789, aristocratas no salão parisiense da condessa de Brionne, que estimulava seus convidados a trocar histórias maldosas sobre a rainha, ainda estavam se queixando dessa tendência no vestuário. Ver M.M., marquês de Bombelles, *Journal* (1744-1822), vol.II, p.276-7.

106. A *gazette des atours* de 1782 lista sete redingotes no guarda-roupa da rainha, cinco dos quais são azuis – azul-celeste, azul-esverdeado claro e um azul cor de brim desbotado. Os dois outros são arroxeados: um malva e um cor de berinjela. É provável que suas encomendas desses trajes tenham apenas crescido depois que os franceses e os ingleses assinaram um tratado de paz em 1783, pois depois disso redingotes "ingleses" ficaram mais desejáveis e em voga que nunca.

107. Ver M. Jallut, *Marie Antoinette et ses peintres*, p.41.

108. A. von Arneth e M.A. Geoffroy, op.cit., vol.I, p.221.

109. Chantal Thomas identificou o apreço da aristocracia pré-revolucionária por "cores fulgurantes" como uma tendência política ou politizada: "A censura pelo bom gosto, pela burguesia, que preferia cinza ou bege a rosa forte ou laranja, não existia naquela época: o orgulho aristocrático ia de par com ... uma presença conspícua." (p.88) Nesse sentido, a atração de Maria Antonieta por matizes mais claros – que incluíam cinza e bege, bem como uma ampla gama de cores pastel – pode ser compreendida como mais um afastamento da ostentação codificada de sua classe.

110. C. Thomas, op.cit., p.88. Embora ela não discuta as implicações da mudança de Maria Antonieta em suas preferências de cor, a própria Thomas descreve poeticamente o Trianon como "um pequenino oásis de doçura e luz, ... um refúgio em linho branco e cinzas pastel". Ver C. Thomas, p.62. Eu deveria notar, entretanto, que Maria Antonieta não foi a primeira lançadora de tendências francesa a flertar com tecidos mais modestos: como salienta Joan Dejean, o final do século XVII viu uma explosão de "tecidos populares" que não as sedas, como "um tecido barato de sarja cinza conhecido como *grisette*, [que em 1677] foi o assunto da cidade". Embora não cite exemplos específicos do uso de *grisette* – até então associado a humildes caixeirinhas – na corte francesa, Dejean sugere algo semelhante quando observa que era "como se o brim tivesse sido usado na feitura de um vestido de baile para uma festa em Versalhes". Ver J. Dejean, *The Essence of Style: How the French Invented High Fashion, Fast Food, Chic Cafés, Style, Sophistication and Glamour!*, p.52. Apesar disso, como observam os historiadores do vestuário Michael e Ariane Batterberry, "os cortesãos se aferraram obstinadamente às roupas de seda" do princípio ao fim dos reinados de Luís XIV e Luís XV. Ver M. e A. Batterberry, *Mirror Mirror: A Social History of Fashion*, p.130.

111. Até as luvas de montaria da rainha – embora ainda luxuosamente embalsamadas "entre duas camadas de flores frescas durante oito dias antes de serem usadas" –, eram agora feitas de peles claras, discretas, que contribuíam para seu aspecto funcional, sóbrio. Ver E. Feydeau, op.cit., p.82.

112. Novamente, é a *gazette des atours* de 1782 que fornece mais informação sobre os padrões e cores que a rainha preferia nessa época. Para estudos detalhados dessa *gazette* – e da acentuada mudança na moda que ela documenta – ver P. de Nolhac, "La Garde-robe de Marie Antoinette"; A. Kraatz, "Marie Antoinette: la passion des étoffes"; J.-P. Leclercq, "Sur la garde-robe de Marie Leczinska e de Marie Antoinette", p.30-9; e dois artigos em Y. Carlier, S. Castelluccio, A. Kraatz e F. Tétart-Vittu (orgs.), *Les Atours de la Reine*: A. Kraatz, "La 'Gazette des atours' de Marie Antoinette", p.25-38; e F. Tétart-Vittu, "La Garde-robe de Marie Antoinette et le regard des historiens", p.39-44.

113. Ver, por exemplo, A. Kraatz, "Marie Antoinette: la passion des étoffes", p.76-7. Como Kraatz indica corretamente, a emergência do branco como uma cor apreciada deveu-se em boa medida à descoberta das ruínas de Herculano e Pompéia, que levaram a um interesse geral pelos estilos "clássicos". Kraatz atribui o apetite por tons suaves e sombrios à imensa popularidade do taciturno romance de Goethe, *Os sofrimentos do jovem Werther* (1774).

114. Sobre as origens da *gaulle* nas Índias Ocidentais, ver A. Ribeiro, op.cit., p.227-8; S. Blum (org.), *Eighteenth-Century French Fashions*, p.29; e M. e A. Batterberry, op.cit., p.29.

115. Além das referências fornecidas acima, histórias do vestuário que descrevem a *gaulle* ou a *chemise à la Reine* incluem R.T. Wilcox, *The Mode in Costume*, p.201-14; e B. Payne, *A History of Costume*, p.437-40.

116. Sobre o estilo Maria Antonieta, ver P. Saint-Amand, op.cit., p.262. O neoclassicismo, contudo, tem uma longa e tortuosa história, não tratada em detalhe aqui. Para mais sobre a ascensão do gosto clássico no século XVIII, ver, entre outros, N. Hampson, op.cit., p.248; e P. Gay, op.cit., p.50-1.

117. A. Foreman, op.cit., p.171. Georgiana, por exemplo, escreveu em 1784: "Fui a um concerto com uma das *chemises* de musselina com linda renda que a rainha da França me deu." Ver duquesa de Devonshire, *Extracts from the Correspondence of Georgiana, Duchess of Devonshire*, org. duque de Bessborough, p.91; e A. Ribeiro, op.cit., p.228.

118. J.E.J. Quicherat, op.cit., p.602.

119. Ver F.C.L. de Montjoie, op.cit., p.134: "A indiferença do público, especialmente em Paris, era muito óbvia para a rainha, e deve-se admitir que essa indiferença era francamente escandalosa. Ela dera um delfim à França em 22 de outubro e, no início do mês de janeiro seguinte, o Hôtel de Ville em Paris ainda não havia organizado nenhuma celebração. [Maria Antonieta] perguntou sarcasticamente se teria de esperar até que seu recém-nascido pudesse ir por conta própria a uma festa e dançar, antes que algum evento desse tipo fosse promovido para celebrar sua chegada."

120. L.P. de Bachaumont, op.cit., vol.XXII, p.332-3.

121. Idem.

122. P. Cornu, op.cit., vol.IV, prancha 269.

123. S. Blum, op.cit., p.42.

124. J.E.J. Quicherat, op.cit., p.600. De maneira semelhante, uma estampa de moda de 1778 descreve o surpreendente detalhe num vestido que desnudava os seios como um *ajustement à la Jeanne d'Arc*. De maneira significativa, durante o período pré-revolucionário, um pornógrafo antimonarquista imprimiu um cartum que mostrava a própria Maria Antonieta numa levita que exibia os seios, acariciando os genitais do marquês de La Fayette. Nessa imagem, a suposta lascívia de mulheres apreciadoras da *lévite à la Jeanne d'Arc* é claramente evidente e Maria Antonieta emerge ela própria como um excelente exemplo desse fenômeno. Gentilmente trazido à minha atenção por meu colega Serge Gavronsky, esse cartum é reproduzido em G. Néret, *Erotica Universalis*, p.346.

125. L. de Keralio, "Les Crimes des reines de France", p.447.

126. M.M., marquês de Bombelles, op.cit., vol.I, p.327.

127. P. Cornu, op.cit., vol.II, prancha 117.

128. E. Colwill, op.cit., p.149.

129. P. Cornu, op.cit., vol.IV, prancha 250; *Galerie des Modes*, vol.XXI, p.15. Parece que *bavaroise* era também um termo para os alamares nesse tipo de casaco, mais geralmente designados pelo nome igualmente germânico, *brandebourgs*.

130. Barão de Frénilly, *Mémoires 1768-1828: Souvenirs d'un ultra-royaliste*, p.55.

131. J.-L. Soulavie, op.cit., vol.VI, p.75.

132. Mais especificamente, Luís XVI, embaraçado pela notoriedade que o agente de seu avô estava adquirindo no exterior, chamou o *chevalier* de volta à França em agosto de 1779; encontrou Éon, exausto da atenção obsessiva do público inglês, bastante ansioso por obedecer à ordem. Éon mostrou-se menos entusiástico, contudo, com relação à estipulação real de que, ao retornar à França, aceitasse a condição legal de mulher e conservasse roupas femininas. (Por ocasião de sua morte, constatou-se que Éon era homem.) Para mais detalhes dessa fascinante história, ver as duas monografias seguintes: G. Kates, *Monsieur d'Éon is a Woman: A Tale of Political Intrigue and Sexual Masquerade*; e A. Franck, *D'Éon: Chevalier et chevalière*. Marjorie Garber oferece uma sagaz discussão teórica de Éon – cujo nome, ela salienta, inspirou Havelock Ellis a rotular o travestismo de "eonismo" – em sua obra sobre o uso de roupas do sexo oposto. Ver M. Garber, *Vested Interests: Cross-Dressing and Cultural Anxiety*, p.259-66.

133. E. Langlade, op.cit., p.88.

134. Segundo seus *Souvenirs*, Léonard fez uma visita a Bertin nessas duas noites e, na segunda, não reconheceu de início na "senhora alta, robusta e feia" o "capitão dos dragões" que vira da primeira vez. Ver J.-F. Léonard, *The Souvenirs of Léonard, Hairdresser to Queen Marie Antoinette*, vol.I, p.204.

135. L.P. de Bachaumont, op.cit., vol.X, p.216-7.

136. Ibid., p.289.

137. J.-F. Léonard, op.cit., vol.I, p.205. O andar arrogante de Éon pode ter sido deliberado, se considerarmos a carta que ele escreveu de Versalhes na ocasião: "Não posso expressar minha repugnância, meu desgosto, minha dor, minha perturbação, meu vexame e minha vergonha por ter de aparecer assim publicamente na corte nas roupas e na posição de uma mulher, ... despojado de uma condição de homem e de meu [próprio] uniforme." Citado em M. Garber, op.cit., p.263. Como Garber salienta, o que há de tão interessante em Éon é o fato de que ele insistia na indeterminação de seu gênero, ao passo que isso era precisamente o que "os franceses não podiam tolerar, o que eles tinham de apagar, ou pelo menos rasurar" (p.263).

138. G. Kates, op.cit., p.26; J.-H.-L. Campan, op.cit., p.163.

139. J.-L.-H. Campan, op.cit., p.163.

140. Citado em G. Kates, op.cit., p.29-30.

141. Madame du Deffand, *Lettres de la Marquise du Deffand à Horace Walpole (1766-1780)*, vol.III, p.512; J.-L. Soulavie, op.cit., vol.V, p.116-7.

142. M.M., marquês de Bombelles, vol.II, p.12.

143. Em outra passagem de suas memórias, Bombelles explica que a corte tradicionalmente apoiou alguns regulamentos protecionistas estritos em favor dos fabricantes de seda, como a exigência de que os oficiais militares não usassem seus uniformes na corte, exceto no primeiro dia de sua chegada ali e no dia da partida para o serviço ativo. Essa proibição obrigava oficiais aristocratas a gastar mais dinheiro em trajes de corte civis, feitos de seda. Ver M.M., marquês de Bombelles, op.cit., vol.I, p.246. Para mais sobre a antiga dependência dos fabricantes de seda para com a corte, ver também P. Mansel, *Dressed to Rule: Royal and Court Costume from Louis XIV to Elizabeth II*, p.9, 71.

144. J.-L. Soulavie, op.cit., vol.VI, p.41.

145. A. Varron, *Paris Fashion Artists of the Eighteenth Century*, p.910.

146. L. de Keralio, op.cit., p.446-8. Ver também M. de Lescure (org.), *Correspondance secrète inédite sur Louis XV, Marie Antoinette, la cour et la ville 1772-1792*, vol.II, p.228.

147. Mirecourt, op.cit., p.131.

148. J.-L. Soulavie, op.cit., p.41-2.

149. H. Martin, *Histoire de France, depuis le temps les plus reculés jusqu'en 1787*, vol.XVI, p.514.

150. J.-L. Soulavie, op.cit., vol.VI, p.42. Para mais sobre a petição dos fabricantes de seda à família real, ver P. Arizzoli-Cémentel (org.), *Soieries de Lyon: Commandes royales du XVIIIe siècle (1730-1800)*, p.96.

151. J.-L. Soulavie, op.cit., p.42.

152. Ibid., p.43.

153. A. Fraser, op.cit., p.25.

154. Esses números são fornecidos em P. de Nolhac, "La Garde-robe de Marie Antoinette", p.849. Mais detalhes sobre o luto usado por Maria Teresa, Maria Antonieta e pelo resto da corte francesa estão disponíveis nos Arquivos Nacionais da França, K1017(1), n.539.

155. J.-L. Soulavie, op.cit., p.41.

156. L. de Keralio, op.cit., p.51.

157. Sobre essas cores de roupa, ver, entre outras referências, P. Adamy (org.), *Recueil de lettres secrètes: année 1783*, p.100 n.116.

158. Para mais sobre esse fenômeno, ver P. de Nolhac, *Autour de la reine*, p.264-5.

159. F. Boucher, *20,000 Years of Fashion: The History of Costume and Personal Adornment*, p.320. Ver também A. Varron, op.cit., p.909.

160. M. Sapori, op.cit., p.64.

161. E. e J. de Goncourt, *La Femme au XVIIIe siècle*, p.287.

162. L.-S. Mercier, "Marchandes de modes", op.cit., vol.I, p.1482.

163. Ver H. Fleischmann, op.cit., p.50-2.

164. A. Kraatz, op.cit., p.78.

165. Barão de Frénilly, op.cit., p.55.

166. Ibid.; E. e J. de Goncourt, op.cit., p.288.

167. Mirecourt, op.cit., p.132.

168. Citado em O. Bernier, *The Eighteenth-Century Woman*, p.92.

169. Ver a prancha de 1778 reproduzida em S. Blum, op.cit., p.5.

170. Como Daniel Roche observa acerca desse período, os luxos elegantes que "haviam sido antes limitados aos estreitos círculos da alta aristocracia ou da burguesia muito rica haviam se tornado um fenômeno geral, [levando à] mistura de condições e classes. Camareiros e senhores, criadas e senhoras se confundiam no teatro urbano" que era Paris. Ver *The Culture of Clothing*, p.111.

171. L.-S. Mercier, "Lois somptuaires", op.cit., vol.II, p.496-7. Essas leis haviam sido suspensas em 1724.

172. E. e J. de Goncourt, op.cit., p.289 n.1.

173. Para mais sobre a relação entre Maria Antonieta e Vigée-Lebrun, ver G. May, *Elisabeth Vigée Le Brun: The Odissey of an Artist in an Age of Revolution*, cap.4, "Marie Antoinette's Portraitist".

174. A maneira controversa como Maria Antonieta se apresenta nesse retrato recebe tratamento detalhado em M. Sheriff, "The Portrait of the Queen", em D. Goodman (org.), op.cit.

175. M. Jallut, op.cit., p.37.

176. O "público geral" que freqüentava o Salão era no entanto em grande parte uma audiência burguesa educada, de elite. Para mais sobre os Salões do século XVIII, ver T. Crow, *Painters and Public Life in Eighteenth-Century France*.

177. A primeira dessas citações aparece em P. de Nolhac, op.cit., p.169; a segunda, em Mirecourt, op.cit., p.133.

178. Citado em P. de Nolhac, op.cit., p.170.

179. Embora fosse lembrado principalmente por sua magnificência – e pelo forte e eficaz apoio que seu ministro Colbert deu à indústria francesa da seda –, Luís XIV tinha, em certos momentos de seu reinado, aprovado editos exigindo maior simplicidade nos tecidos e nas roupas. Ver J.E.J. Quicherat, op.cit., p.517.

180. Mirecourt, op.cit., p.133. É também significativo que, embora um retrato da cunhada de Maria Antonieta, a condessa de Provence, vestindo um traje muito parecido, estivesse pendurado ao lado de *La Reine en gaulle* no Salão, os relatos da época enfatizem que apenas o retrato da rainha provocou indignação pública (ver M. Jallut, op.cit., p.37). Nesse sentido, a sugestão de Mirecourt deveria ser modificada: não era que o povo não suportasse ver "seus príncipes" representados como plebeus. O problema era antes que o povo não podia perdoar *Maria Antonieta* por essa última transgressão dos padrões indumentários reais. A condessa de Provence, que, fossem quais fossem seus defeitos, não tinha um histórico de ofensas a seus súditos através do vestuário, parece ter ficado relativamente imune a esse tipo de ira.

181. E. Vigée-Lebrun, *The Memoirs of Élisabeth Vigée-Lebrun*, p.33.

182. Para observações contemporâneas sobre a indecência da *gaulle/chemise*, ver F.-M. Grimm et al., *Correspondance littéraire, philosophique et critique*, org. Maurice Tourneux, vol. XIII, p.441-2; e L.P. de Bachaumont, op.cit., vol.XXII, p.116-7.

183. Citado em H. Bouchot, "Marie Antoinette et ses peintres", em *Les Lettres et les arts*, n.1, p.46.

184. M. Sheriff, "The Portrait of the Queen", em D. Goodman (org.), op.cit., p.61; no mesmo ensaio, Sheriff observa que "os fabricantes de seda em Lyon ... acusaram-na de arruinar uma indústria nacional em benefício do irmão José, o soberano Habsburgo", e acrescenta: "Como pensavam que seu irmão se beneficiaria da mudança não é claro." (p.61) O benefício, como mostrei, era econômico, e derivava dos interesses dos Habsburgo nas manufaturas de linho e musselina nos Países Baixos.

185. A. James-Sarazin, "Le Miroir de la reine: Marie Antoinette et ses portraitistes", em Carlier et al. (orgs.), p.13-24.

186. G. May, op.cit., p.138.

187. M. Sheriff, "Woman? Hermaphrodite? History Painter? On the Self-imaging of Elisabeth Vigée-Lebrun", p.2-27.

188. Ver, por exemplo, os retratos de Maria Antonieta feitos por Vigée-Lebrun em 1785 e 1786 e o *Retrato de Maria Antonieta com seus filhos*, de 1787.

189. M. Sapori, op.cit., p.64.

190. E. Langlade, op.cit., p.116.

7. Atormentada *(p.187 a 218)*

1. Como Simon Schama observa adequadamente, "no próprio centro de tudo isso, inevitavelmente, estava Maria Antonieta. Era sua transformação aos olhos da opinião pública de vítima inocente em megera vingativa, de rainha da França em 'puta austríaca', que prejudicava a legitimidade da monarquia num grau incalculável." Ver S. Schama, *Citizens: A Chronicle of the French Revolution*, p.205.

2. I. de Saint-Amand, *Marie Antoinette and the Downfall of Royalty*, p.65-6.

3. Os pormenores desse encontro no Bosque de Vênus aparecem nos testemunhos de Rohan, de Le Guay, da condessa de La Motte e de Cagliostro, todos eles reimpressos (sem paginação seqüencial e muitas vezes sem títulos de capítulo ou seção) numa coleção de autor não mencionado intitulada *Pamphlets de l'Affaire du Collier*, guardada na Butler Library, Universidade de Columbia, n.92M33 Z. Os detalhes incluídos aqui aparecem também em três dos excelentes livros escritos sobre o "Caso do colar de diamantes": E. Campardon, *Marie Antoinette et le procès du collier, d'après la procédure instruite devant le Parlement de Paris*; F. Funck-Brentano, *L'Affaire du collier*; e F. Mossiker, *The Queen's*. Destas obras, a de Mossiker talvez seja a mais útil, porque cita trechos da enorme série de testemunhos e súmulas de julgamento gerados pelos procedimentos do tribunal e os tece numa narrativa integrada, explanatória. Ver também os capítulos relevantes nas biografias de autoria de Asquith, Castelot, Dunlop, Fraser, Goncourt, Hearsey, Lever, I. de Saint-Amand, entre outros. Sumários mais curtos e convincentes do "Caso do colar de diamantes" aparecem em S. Schama, op.cit., p.203-10, e em S. Maza, *Private Lives and Public Affairs*, p.167-211, e "The Diamond Necklace Affair Revisited (1785-1786): The Case of the Missing Queen", em D. Goodman (org.), *Marie Antoinette: Writings on the Body of a Queen*, p.73-97.

4. Sobre este ponto, ver especialmente o *mémoire* legal do testemunho de Cagliostro, também reimpresso nos *Pamphlets de l'Affaire du Collier*.

5. Abade Lafont d'Aussonne, *Mémoires secrets et universels des malheurs et de la mort de la reine de France*, p.91; I. de Saint-Amand, op.cit., p.67; S. Schama, op.cit., p.207.

6. De todos os biógrafos de Maria Antonieta, Ian Dunlop é talvez quem descreve o colar em maiores detalhes: "uma tira de 17 pedras do mesmo tamanho envolvia o pescoço; desta pendia um festão central fixado entre dois menores, cada um encerrando um pingente. Abaixo disto, uma longa cadeia dupla de brilhantes pendia na forma de um M maiúsculo a que estavam presas duas borlas bastante pesadas." (I. Dunlop, *Marie Antoinette: A Portrait*, p.210)

7. J.-L.-H. Campan, *Mémoires de Madame Campan: Première femme de chambre de Marie Antoinette*, p.244.

8. Citações tomadas, respectivamente, de S. Maza, "The Diamond Necklace Affaire Revisited", em D. Goodman (org.), op.cit., p.81, e *Private Lives and Public Affairs*, p.193. Esta última obra, em particular, fornece muitos detalhes úteis sobre a "avalanche" de publicações gerada pelo escândalo (p.190-2).

9. S. Schama, op.cit., p.205.

10. S. Maza, *Private Lives and Public Affairs*, p.185.

11. I. de Saint-Amand, op.cit., p.104.

12. Sobre esse ponto, ver S. Maza, "The Diamond Necklace Affair Revisited", p.87-8; e P. Saint-Amand, "Terrorizing Marie Antoinette", em D. Goodman (org.), op.cit., p.264.

13. Citado em F. Mossiker, op.cit., p.313-4. Mossiker acrescenta numa nota de rodapé que a polícia recebeu ordens explícitas de "remover o retrato" da *bonbonnière*. Os *Mémoires secrets* tornaram a história ainda mais titilante ao relatar que, a pedido de Maria Antonieta, La Motte não mandara apenas que a imagem de *La Reine en gaulle* fosse pintada na tampa da caixinha, mas também que um retrato obsceno da rainha seminua fosse pintado no interior. Ver L.P. de Bachaumont, *Mémoires secrets pour servir à l'histoire de la république des lettres en France*, vol.XXX, p.29-30; citado também em J. Hervez (org.), *Mémoires de la Comtesse de La Motte*, p.263 n.1.

14. J. Hervez (org), op.cit., p.262-4. Entretanto, argumentou Doillot, advogado de La Motte, Rohan deveria ter sido capaz de distinguir entre uma mulher de origem humilde

como Le Guay e "uma rainha que é tanto filha quanto irmã de imperadores" apenas pelo seu modo de andar. Na lógica de Doillot, a incapacidade do cardeal de distinguir entre o famoso porte régio de Maria Antonieta e os movimentos necessariamente inferiores de uma imitadora atestava mais "a extravagância das fantasias do cardeal" de promoção na corte que a duplicidade da própria La Motte. Ver Doillot, *Mémoire pour dame Jeanne de Saint-Rémy de Valois, épouse du Comte de la Motte*, citado em E. Campardon, op.cit., p.130.

15. Citado em P. Cornu (org.), *Galerie des modes et costumes français: 1778-1787*, vol.III [3^2], prancha 204. Ver também J. Blondel, *Mémoire pour la demoiselle Le Guay d'Oliva, contre M. le Procureur Général, accusateur*, em *Pamphlets de l'Affaire du Collier*, p.16.

16. E. Lever, *Marie Antoinette: The Last Queen of France*, p.178.

17. A. Fraser, *Marie Antoinette: The Journey*, p.242.

18. S.P. Hardy (registro em diário em 6 set 1785), citado em F. Mossiker, op.cit., p.338. Ver também A. Varron, op. cit., p.893, e conde de Reiset, *Modes et usages au temps de Marie Antoinette: Livre-journal de Madame Éloffe*, vol.I, p.10.

19. Abade de Georgel, citado em F. Mossiker, op.cit., p.339.

20. E. Campardon, op. cit., p.143; S. Schama, op.cit., p.208.

21. F. Mossiker, op.cit., p.338.

22. I. Dunlop, op.cit., p.233.

23. Barão de Besenval, *Mémoires sur la Cour de France*, p.383.

24. J.-L.-H. Campan, op.cit., p.250.

25. F. Mossiker, op.cit., p.52; I. Dunlop, op.cit., p.233.

26. J.-L.-H. Campan, op.cit., p.500.

27. A. Fraser, op.cit., p.240.

28. F. Métra, *Correspondance secrète* (27 fev 1785); citado também em E. Langlade, *La Marchande de modes de Marie Antoinette: Rose Bertin*, p.168.

29. Baronesa d'Oberkirch, *Mémoires de la Baronne d'Oberkirch sur la cour de Louis XVI et la société française avant 1789*, p.540.

30. Duque de Bessborough (org.), *Extracts from the Correspondence of Georgiana, Duchess of Devonshire*, p.106.

31. J.-L.-H. Campan, op.cit., p.500; marquesa de La Tour du Pin de Gouvernet, *Mémoires: Journal d'une femme de cinquante ans (1778-1815)*, p.89.

32. Marquesa de La Tour du Pin de Gouvernet, op.cit., p.89.

33. P. Cornu, op.cit., vol.III [3^2], prancha 207.

34. C. Erickson, *To the Scaffold: The Life of Marie-Antoinette*, p.177.

35. Sobre essa explosão de rumores difamatórios sobre a paternidade, em que Fersen foi incluído, ver A. de Baecque, *The Body Politic*, p.48.

36. J. Weber, *Mémoires de Joseph Weber concernant Marie Antoinette, archiduchesse d'Autriche et reine de France et de Navarre*, p.65-8; abade Lafont d'Aussonne, *Mémoires secrets et universels des malheurs et de la mort de la reine de France*, p.76; E. Lever, op.cit., p.157.

37. M.-F. Boyer, *The Private Realm of Marie Antoinette*, p.62-6. Embora nunca tenha sido provado que Maria Antonieta serviu como modelo para as famosas "xícaras seios" do Hameau, a história continuou sendo parte de sua lenda. Ver H. Fleischmann, *Les Pamphlets libertins*, p.64-5.

38. A. Castelot, *Marie Antoinette*, 1989, p.94. Ver também *Correspondance de Marie Antoinette*, vol.II, p.105, onde ela descreve os filhos – e em particular seu *chou d'amour*, Luís Carlos – como seu "único consolo".

39. M. Delpierre, *Dress in France in the Eighteenth Century*, p.30.

40. Sobre esse escândalo do Salão, ver L.P. de Bachaumont, op.cit., vol.XXX, p.189; *Le Mercure de France* (1º out 1785); e M. Olausson (org.), *Marie Antoinette: Porträtt av en drottning.*

41. Para mais sobre o amor da rainha por essa canção, e as modas que ela suscitou, ver L.P. de Bachaumont, op.cit., vol.XXI, p.186; vol.XXII, p.149; e vol.XXIII, p.13, bem como C. Hirsch (org.), *Correspondance d'Eulalie, ou Tableau du libertinage à Paris*, p.159-60. Além de um novo estilo de "toucados, fitas, penteados e chapéus", a obsessão da rainha por Marlborough inspirou uma enxurrada de peças, vaudevilles e poemas com "Marlborough" no título, inclusive uma comédia muito apreciada de Beaumarchais. Por razões que continuam obscuras, quando um homem era descrito como sendo "à la Marlborough" isso implicava que tinha tendências homossexuais; ver P. Adamy (org.), *Recueil de lettres secrètes: année 1783*, p.364 n.476.

42. P. Cornu, vol.III [3[1]], pranchas 178 e 187.

43. S. Blum, op.cit., prancha 53.

44. P. Adamy (org.), op.cit., p.364. Ver também F. Métra (24 set 1783), op.cit., vol.XIV, p.123.

45. A. Challamel, *The History of Fashion in France; or, the Dress of Women from the Gallo-Roman Period to the Present Time*, p.172; P. Adamy (org.), op.cit., p.364.

46. A. Challamel, op.cit., p.174; para mais sobre a "descoberta" da harpia, ver S. Schama, op.cit., p.225-6; e A. de Baecque, op.cit., p.166-7.

47. P. Cornu, vol.III [3[2]], pranchas 239 e 240.

48. Sobre esse panfleto, a "Description historique d'un monstre symbolique, pris sur les bords du Lac Fagua, près de Santa Fé..." ("Santa Fé et Paris"), ver V. Gruder, "The Question of Marie Antoinette: The Queen and Public Opinion Before the Revolution", p.283 n.47; A.de Baecque, op.cit., p.168; e A. Duprat, *Le Roi décapité: essai sur les imaginaires politiques*, p.75 – que identificam todos Provence como o responsável pelo panfleto, talvez até seu autor, e Maria Antonieta como a "harpia" no cartum. A imagem da rainha como harpia foi retomada mais tarde por caricaturistas revolucionários, como discuto no Capítulo 8.

49. Citado em A. Challamel, op.cit., p.175.

50. P. de Nolhac, "La Garde-robe de Marie Antoinette", p.853; M. Sapori, *Rose Bertin: Ministre des modes de Marie Antoinette*, p.77-8.

51. M. Sapori, op.cit., p.80; A. Varron, op.cit., p.903.

52. Ver condessa d'Ossun, *État général des dépenses de la Garde-robe de la Reine*, nos Arquivos Nacionais da França, O.1.3792-3798.

53. P. de Nolhac, op.cit., p.853.

54. A. Varron, op.cit., p.893; conde de Reiset, op.cit., vol.I, p.10.

55. F. Furet, *Revolutionary France 1770-1880*, p.38.

56. Conde de Ségur, *Memoirs and Recollections of Count Ségur*, p.175. Como a inquietação política e o descontentamento com os hábitos esbanjadores e despóticos da monarquia estiveram fermentando na França desde os conflitos de Luís XV (e de fato de Luís XIV) com os parlamentos, Ségur talvez exagere o grau em que, antes que Necker publicasse seu relatório, a nação havia sido "uma estranha a seus próprios negócios". Ele está certo, entretanto, ao insistir que o relatório de Necker catalisou grande descontentamento adicional contra o trono.

57. S. Schama, op.cit., p.93; e J. Hardman, *Louis XVI*, p.58-9.

58. S. Schama, op.cit., p.92.

59. F. Furet, op.cit., p.39.

60. S. Schama, op.cit., 235.

61. Ibid., p.236.

62. G. May, *Élisabeth Vigée Le Brun: The Odyssey of an Artist in an Age of Revolution*, p.138.

63. F.C.L. de Montjoie, *Histoire de Marie Antoinette Josèphe Jeanne de Lorraine, Archiduchesse d'Autriche, Reine de France*, p.193. E segundo Joan Haslip, o "público geral em Paris ... cantarolava uma cançoneta" que "vinculava diretamente o nome da rainha ao de Calonne": "*Não* é Calonne que eu amo / Mas sim seu ouro abundante / Quando me vejo num aperto / Vou direto a ele / E minha favorita [Polignac] faz o mesmo / E depois rimos às escondidas, bem baixinho." Ver J. Haslip, *Marie Antoinette*, p.172.

64. S. Blum (org.), op.cit., prancha 56. Significativamente, essa estampa de moda combina o *chapeau à la Calonne* com o vestido característico da rainha, a *chemise* branca.

65. J.-L.-H. Campan, op.cit., p.220-1.

66. J. Haslip, *Madame Du Barry: The Wages of Beauty*, p.128.

67. A. Asquith, *Marie Antoinette*, p.127. A suposta cumplicidade de Maria Antonieta com os excessos de Calonne foi mais tarde reiterada em Anônimo, "Observations et précis sur le caractère et la conduite de Marie Antoinette d'Autriche", p.9-12.

68. F. Furet, op.cit., p.40. Segundo Simon Schama, a estimativa inicial de Calonne para o déficit corrente foi de 80 milhões de libras, número que ele reviu subseqüentemente para 112 milhões.

69. C. Erickson, op.cit., p.180.

70. E. Lever, op.cit., p.185.

71. Conde de Reiset, op.cit., vol.I, p.64.

72. Ver Capítulo 5.

73. J. Haslip, *Marie Antoinette*, p.172.

74. E. Lever, op.cit., p.29.

75. D.M. Mayer, *Marie Antoinette: The Tragic Queen*, p.164.

76. Sobre o "forte colapso" que o rei sofreu nessa época, ver A. Fraser, op.cit., p.454.

77. P. Delorme, *Marie Antoinette: Épouse de Louis XVI, mère de Louis XVII*, p.205.

78. Ver, por exemplo, ibid., p.208.

79. Segundo madame Campan, Maria Antonieta havia recebido uma "prova escrita" do envolvimento de Calonne na publicação das memórias de La Motte. Ver J.-L.-H. Campan, op.cit., p.315-6, bem como E. Campardon, op.cit., p.180. Para as próprias memórias, ver J. Hervez, *Mémoires de La Comtesse de La Motte-Valois ... d'après les mémoires justificatifs de la Comtesse de La Motte, les mémoires du comte de La Motte, etc.*

80. Biblioteca Nacional da França, Ms. Français 6686.

81. E. Langlade, op.cit., p.201-2.

82. Baronesa d'Oberkirch, p.187. De maneira bastante interessante, a própria Oberkirch também era capaz de recorrer a crédito para gastar muito mais do que podia (ou pelo menos muito mais do que estava disposta a pagar): segundo Michelle Sapori, a baronesa figurava na lista de "devedores duvidosos" do *marchand de modes* Beaulard – isto é, entre as pessoas de quem ele não esperava receber – em 1789. Ver M. Sapori, op.cit., p.289. Bertin mantinha listas semelhantes que revelaram até que ponto suas aristocráticas clientes se dispunham a abusar de seu crédito com ela; em 1820, ainda havia 1.300 clientes que não haviam liquidado suas contas com a *marchande de modes* e que, em decorrência das devastações da era revolucionária, provavelmente jamais o fariam. Ibid., p.296 n.180.

83. Hardy citado em E. Langlade, op.cit., p.198, e C.H. Crowston, "The Queen and Her 'Minister of Fashion': Gender, Credit, and Politics in Pre-revolutionary France", p.92.

84. A. Varron, op.cit., p.893; Blum, p.79; M. Contini, *Fashion from Ancient Egypt to the Present Day*, p.196.

85. Arquivos Nacionais da França, O.1.3798.

86. Conde de Reiset, op.cit., vol.I, p.59.

87. Idem.

88. Ibid., p.40, 54.

89. J. Haslip, *Madame du Barry: The Wages af Beauty*, p.128.

90. E. Langlade, op.cit., p.200.

91. J. Haslip, *Marie Antoinette*, p.176. Em seu panfleto da harpia, o conde de Provence já havia aludido a esse apelido, satirizando sua gananciosa heroína como "Madame Laspicit"; ver A. de Baecque, op.cit., p.168.

92. Conde de Reiset, op.cit., vol.I, p.15.

93. Idem.

94. E. Langlade, op.cit., p.204.

95. J.-L.-H. Campan, op.cit., p.122.

96. E. Lever, op.cit., p.187.

97. Citado em J. Haslip, op.cit., p.167.

98. E. Langlade, op.cit., p.204.

99. Para mais sobre *Le Magasin des Modes* e a emergência de revistas de moda na França, ver A. Fukai, em "Le vêtement rococo et néoclassique", em R.-M. Fayolle e R. Davray-Piekolek (orgs.), *La Mode en France 1715-1815: de Louis XV à Napoléon Ier*, p.113-7; A.Varron, op.cit., p.911; e, mais importante, três trabalhos definitivos de A. Kleinert: *Die frühen Modenjournale in Frankreich*; *Le "Journal des Dames et des Modes"*; e "La Mode, miroir de la Révolution française", em C. Join-Dieterle e M. Delpierre (orgs.), *Modes et Révolutions, Musée de la mode et du costume (8 février-7 mai 1989)*, p.59-81. (No segundo desses três textos [p.13 n.10], Kleinert delineia também o desenvolvimento da imprensa de moda na Inglaterra, a partir de 1792, e na Alemanha, a partir de 1786.) Como tanto Kleinert quanto Fukai salientam, as revistas de moda francesas mencionadas aqui devem ser distinguidas das estampas de moda, dos almanaques e da cobertura impressa em jornais como *Le Mercure Galant* (1677-1730) e o *Courier de la Nouveauté* (1758). Como tais, essas revistas de moda tiveram apenas um predecessor francês digno de nota: o *Courier de la Mode ou Journal du Goût*, que teve uma breve existência em 1768 (ver A. Fukai, op.cit., p.113, e A. Kleinert, *Le "Journal des Dames et des Modes"*, p.13 n.3). De fato, foi com o *Cabinet* e *Le Magasin des Modes* que as revistas de moda (suspensas por um breve período durante o Reinado do Terror) tornaram-se uma instituição duradoura na França.

100. A. Ribeiro, *The Art of Dress: Fashion in England and France 1750 to 1820*, p.76.

101. *Le Magasin des Modes Nouvelles Françaises et Anglaises* (20 nov 1786), cad.I, p.1. A adoção generalizada de "roupas de homens" pelas mulheres em 1786, especialmente "redingotes e sapatos de salto baixo", recebeu menção também no intelectualizado *Correspondance littéraire*; ver F. Bluche, *La Vie quotidienne au temps de Louis XVI*, p.137.

102. Ver conde de Reiset, op.cit., vol.I, p.144 e prancha 35.

103. *Le Magasin des Modes Nouvelles Françaises et Anglaises* (30 abr 1787), cad.XVII, p.133. Essa afirmação sobre a primazia do *pouf* não era inteiramente verdadeira, como as próprias pranchas desse jornal de moda atestavam. No final da década de 1780, chapéus extravagantemente grandes – não tanto altos como vastamente redondos e largos – emergiram ao lado dos *poufs* como toucados preferidos e foram amplamente documentados em *Le Magasin des Modes*. Embora nenhum registro sobrevivente associe Maria Antonieta a essa

tendência em chapéus, muitos deles receberam os nomes de personagens das peças de Beaumarchais, que, apesar de suas implicações políticas incendiárias, a rainha incentivava ativamente e até encenava no Petit Trianon.

104. A. Ribeiro, *Fashion in the French Revolution*, p.33-4; *Le Magasin des Modes Nouvelles Françaises et Anglaises* (20 jan 1787), cad.VII, p.49. Sobre o amor pela moda que Maria Antonieta e Georgiana partilhavam, ver A. Foreman, *Georgiana, Duchess of Devonshire*, p.39.

105. *Le Magasin des Modes Nouvelles Française et Anglaises* (20 nov 1786), cad.I, p.3-4; (10 dez 1786), cad.III, p.19.

106. *Le Magasin des Modes Nouvelles Française et Anglaises* (20 jun 1787), cad.XXII, p.170. Essa edição é notável porque chama os redingotes "masculinos" e os vestidos brancos – duas das mais conhecidas inovações da rainha – de *os* dois estilos da era.

107. F.C.L. de Montjoie, op.cit., p.101. Ver também conde de Reiset, op.cit., vol.I, p.48. Para explicar esse paradoxo, Pierre Saint-Amand lançou a sugestiva hipótese de que, ao "se apresentar como um objeto a ser contemplado, um objeto de desejo", a rainha se expunha a "rivalidade e imitação" generalizadas, que por sua vez eram fomentadas tanto por inveja quanto por admiração, tanto por um desejo de superá-la e destruí-la quanto por um desejo de igualá-la. Ver "Adorning Marie Antoinette", p.25.

108. E. Langlade, op.cit., p.211.

109. T. Tackett, *When the King Took Flight*, p.35. Ver também A. Fraser, op.cit., p.454.

110. T. Tackett, op.cit., p.36.

111. J.-L.-H. Campan, op.cit., p.255-6.

112. J. Necker, *Éloge de Colbert* (1773); citado em S. Schama, op.cit., p.89.

113. *Correspondance de Marie Antoinette*, vol.II, p.16.

114. E. Lever, op.cit., p.200.

115. Como Keith Michael Baker, entre outros, observou, a questão de uma antiga Constituição que já sustentava – ou o fizera outrora – a ordem política francesa havia sido um assunto de intenso debate durante pelo menos quatro décadas antes do retorno triunfante de Necker a Paris. Com a aproximação dos Estados Gerais, a questão urgente foi formulada da seguinte maneira: "Deveria a Constituição francesa ser fixada pelo 'fortalecimento' de uma antiga Constituição ou pelo 'estabelecimento' de uma nova?" – com esta última idéia ganhando preeminência no verão de 1789. Ver K.M. Baker, *Inventing the French Revolution: Essays on French Political Culture in the Eighteenth Century*, p.252-305. Ver também M. Valensise, "La Constitution française", em K.M. Baker (org.), *The French Revolution and the Creation of Modern Political Culture*, vol.I, p.441-68. Como Valensise ressalta, a idéia de uma Constituição preexistente estava enraizada em teorias da soberania dos séculos XVI e XVII, ao passo que a idéia de uma nova Constituição extraía sua força da filosofia política do Iluminismo (p.447).

116. De fato, Loménie de Brienne já havia instado o rei a dar esse passo mais cedo no verão.

117. *Cahier de doléances* do *baillage* de Fenestrange; citado em J. Hardman, *The French Revolution Sourcebook*, p.76-7.

118. Ver J. Hardman, *Louis XVI*, p.90-2, 95; e A. Karmel, *Guillotine in the Wings: A New Look at the French Revolution and Its Relevance to America Today*, p.55.

119. No fim das contas, a dupla representação não aumentou o poder de voto do Terceiro Estado, pois acabou sendo decretado que os votos nos Estados Gerais seriam contados "por ordem" e não "por cabeça". Mas, como recordou madame Campan, a duplicação do número de deputados desse Estado "preocupou todas as pessoas interessadas na política" nos meses que levaram à convocação. Essa questão introduziu também uma desa-

vença entre Maria Antonieta, que era a favor da dupla representação, e o conde d'Artois, que se opunha ativamente a ela. Ver J.-L.-H. Campan, op.cit., p.258.

120. F.-E. Guignard, *Comte de Saint-Priest, Mémoires: Règnes de Louis XV et Louis XVI*, barão de Barante (org.), vol.II, p.77-83; J.-L.-H. Campan, op.cit., p.224; T. Tackett, op.cit., p.36; e A. Karmel, op.cit., p.54-5. Segundo madame Campan, o arraigado monarquismo de Maria Antonieta a levava também a reprovar por completo o envolvimento da França na Revolução Americana, pois "ela não podia compreender como um soberano podia ser persuadido a contribuir para a degradação da Inglaterra, auxiliando um povo a organizar uma Constituição republicana". Ver J.-L.-H. Campan, op.cit., p.254.

121. J.-L.-H. Campan, op.cit., p.258. Fraser observa que essa era também a opinião do antigo protegido da rainha, Loménie de Brienne; ver A. Fraser, op.cit., p.261-2.

122. A. Fraser, op.cit., p.272-3.

123. L.S. Mercier descreve o legendário Diamante Sancy em "Diamants", vol.I, p.273.

124. A. Fraser, op.cit., p.273.

125. J. Haslip, *Marie Antoinette*, p.186.

126. Idem; E. Langlade, op.cit., p.210; S. Zweig, *Marie Antoinette: The Portrait of an Average Woman*, p.212.

127. C. Manceron, *Blood of the Bastille 1787-1789*, p.457; A. Ribeiro, *Fashion in the French Revolution*, p.45, e *The Art of Dress*, p.83; e J. Starobinski, *1789, les emblèmes de la raison*, p.12.

128. R. Saint-Étienne, *Précis historique de la Révolution française*, p.68. Numa disposição mais indignada, a escritora progressista britânica Mary Wollstonecraft fulminou: "A nobreza estava brilhantemente ataviada para o espetáculo, ao passo que os plebeus receberam a ordem estúpida de vestir aquele manto preto." Ver M. Wollstonecraft, A *Vindication of the Rights of Woman*, p.437.

129. Abade Sieyès, *Qu'est-ce que le Tiers état?*.

130. R. Saint-Étienne, op.cit., p.68-9.

131. J. Starobinski, op.cit., p.12, e M. e A. Batterberry, *Mirror Mirror: A Social History of Fashion*, p.192. Como os Batterberry observam em seguida: "Ultrajado por essa forma de humilhação indumentária, [o Terceiro Estado] amotinou-se contra todas as distinções de classe que haviam sido cristalizadas nas regras repressivas de vestuário. A era da lei suntuária passara havia muito, e era uma triste prova da falta de percepção do rei o fato de que ele pensasse de outra maneira."

132. Marquesa de La Tour du Pin de Gouvernet, *Mémoires: Journal d'une femme de cinquante ans (1778-1815)*, p.111.

133. J.-L.-H. Campan, op.cit., p.261.

134. Ibid., p.259.

135. Marquês de Bombelles, *Journal (1744-1822)*, F. Durif e J. Grassion (orgs.), vol.II, p.305.

136. Duquesnoy, citado em C. Manceron, op.cit., p.462.

137. A. Castelot, *Marie Antoinette*, 1989, p.119.

138. Como escreveu Jean Starobinski, o desdém do povo pelos trajes esplêndidos das ordens mais elevadas representou uma mudança decisiva na história francesa, pois foi o momento em que "os gastos profusos da corte deixaram de inspirar assombro respeitoso". Ver J. Starobinski, op.cit., p.12.

139. Duquesnoy, em C. Manceron, op.cit., p.462.

140. S. Zweig, op.cit., p.212. Como John Hardman explica, Mirabeau estava de fato legalmente qualificado como membro do Terceiro Estado porque as reivindicações de no-

breza de sua família eram relativamente recentes. Assim, embora pudesse e quisesse se posicionar como um defensor aristocrático do "povo", Mirabeau foi em certo sentido empurrado para essa posição por uma designação legal que provocava, nos termos de Hardman, "considerável ressentimento" nele e em outros homens recentemente nobilitados considerados membros do Terceiro Estado. Ver J. Hardman, *Louis XVI*, p.89.

8. Correção revolucionária *(p.219 a 250)*

1. A. Ribeiro, *Fashion in the French Revolution*, p.46.

2. D.M. Mayer, *Marie Antoinette: The Tragic Queen*, p.172-3.

3. Marquesa de La Tour du Pin de Gouvernet, *Mémoires: Journal d'une femme de cinquante ans (1778-1815)*, p.117.

4. G. Morris, *A Diary of the French Revolution*, B.C. Davenport (org.), vol.I, p.66.

5. D.M. Mayer, op.cit., p.173. Isso dito, reconheço que enorme quantidade de pesquisa foi feita sobre a questão difícil e profundamente importante de quando e como a "Revolução" teve início, e não posso nem começar a entrar nessa polêmica numa obra que pretende se concentrar principalmente em "como Maria Antonieta se vestiu para a Revolução". Essa complexa questão recebe um tratamento especialmente persuasivo e sutil na obra de Keith Michael Baker citada acima. Eu deveria acrescentar que, embora seu foco e fontes sejam vastamente diferentes dos meus, a perspectiva de Baker me foi útil na medida em que ele sustenta que:

> A política ... depende da existência de representações culturais que definam as relações entre atores políticos, permitindo com isso a indivíduos e grupos fazer exigências uns aos outros e ao conjunto. Essas exigências só podem se tornar inteligíveis e forçosas na medida em que atores políticos fazem uso de recursos simbólicos possuídos em comum por membros da sociedade política, desse modo refinando e redefinindo as implicações desses recursos. ... A contestação política assume, portanto, a forma de esforços rivais para mobilizar e controlar as possibilidades do discurso político e social, esforços através dos quais esse discurso é propagado, remodelado e – ocasionalmente – até radicalmente transformado. (p.33)

É minha tese nestes capítulos finais que os revolucionários, assim como Maria Antonieta, reconheciam o vestuário como um "recurso simbólico" ou "representação cultural" que podia ajudá-los a "fazer exigências uns aos outros" e aos seus inimigos.

6. Citado em J. Godechot, *La Révolution française: chronologie commentée 1789-1799*, p.59.

7. Para um relato mais completo do juramento da sala de "jeu de paume", ver K.M. Baker, *Inventing the French Revolution: Essays on French Political Culture in the Eighteenth Century*, p.252-64.

8. E. Lever, *Marie Antoinette: The Last Queen of France*, p.209.

9. Idem.

10. Barão de Lamothe-Langon, *Souvenirs sur Marie Antoinette*, vol.III, p.170-5; J. Hardman, *The French Revolution Sourcebook*, p.97.

11. Citado em E. Lever, *Louis XVI*, p.146.

12. J. Godechot, op.cit., p.61; G. Lenôtre e A. Castelot, *L'Agonie de la royauté*, p.88.

13. J. Godechot, op.cit., p.61.

14. Como observou Vivian Gruder, o costume de usar uma roseta para indicar as próprias lealdades políticas havia de fato precedido a Revolução. Em sua obra ainda não publicada, *The Notables and the Nation: The Political Schooling of the French, 1787-1788*, ela conta

como se usaram *cocardes* para mostrar entusiasmo pela decisão de Luís XVI de chamar de volta seus parlamentares exilados no outono de 1787. Ademais, observa ela, essas *cocardes* eram tricolores em emulação à libré azul, branca e vermelha do rei. Como muitos outros historiadores mostraram, entretanto, a roseta tricolor não se tornou um acessório político onipresente até depois de julho de 1789, ponto em que assumiu um valor político muito diferente. Para um tratamento mais exaustivo deste tópico, ver R. Wrigley, *The Politics of Appearances: Representations of Dress in Revolutionary France*, cap.3, "Cockades: Badge Culture and its Discontents", p.97-134.

15. Ver R. Wrigley, op.cit., p.98-9; L. Hunt, *Politics, Culture and Class in the French Revolution*, p.57; e J. Censer e L. Hunt (orgs.), *Liberty, Equality, Fraternity: Exploring the French Revolution*.

16. Conde de Reiset, *Modes et usages au temps de Marie Antoinette: Livre-journal de madame Éloffe*, vol.II, p.159.

17. Novamente, ver o indispensável capítulo de R. Wrigley sobre a roseta, p.97-134.

18. D.M. Mayer, op.cit., p.180.

19. J.-M. Devocelle, "D'un costume politique à une politique du costume", em C. Join-Dieterle e M. Delpierre (orgs.), op.cit., p.83-104; e L. Hunt, "Freedom of Dress in Revolutionary France", em S.E. Meltzer e K. Norberg (orgs.), *From the Royal to the Republican Body: Incorporating the Political in Seventeenth- and Eighteenth-Century France*, p.11. Ver também "Cockades: Badge Culture and Its Discontents" em R. Wrigley, p.97-134. Sobre o tema mais geral de como as roupas se tornaram politizadas durante a Revolução Francesa, ver também L. Hunt, *Politics, Culture and Class*; R. Wrigley; A. Ribeiro, *Dress in the French Revolution*; e a maior parte dos artigos em Fayolle e Davray-Piekolek (orgs.) e C. Join-Dieterle e M. Delpierre (orgs.).

20. J.-M. Devocelle, op.cit., p.85.

21. Conde de Reiset, op.cit., vol.I, p.351.

22. A. de Baecque, *The Body Politic*, p.162.

23. T. Carlyle, *The French Revolution*, vol.I, p.305-6. Essa passagem refere-se especificamente a uma série de episódios em 4 de outubro de 1789, mas a perseguição mais prolongada a homens usando rosetas pretas é descrita em barão de Lamothe-Langon, op.cit., vol. IV, p.248.

24. T. Carlyle, op.cit., vol.I, p.306.

25. Voltaire, *La Henriade*, cap.IV, linha 456.

26. G. Lenôtre e A. Castelot, p.95-6, 100.

27. J. Hardman, op.cit., p.106-7.

28. Citado em J. Haslip, *Marie Antoinette*, p.199.

29. Um relato detalhado e bem documentado desse incidente aparece em conde de Reiset, op.cit., vol.II, p.159.

30. D. Outram, "Review of Richard Wrigley, *The Politic of Appearances: Representations of Dress in Revolutionary France*", em *H-France*, uma publicação eletrônica da Society for French Studies (jan 2004): http://www3.uakron.edu/hfrance/reviews/outram.html.

31. Citado em J.Haslip, op.cit., p.199.

32. Citado em J. Godechot, *La Prise de la Bastille: 14 Juillet 1789*, p.418.

33. Conde de Reiset, op.cit., vol.II, p.159.

34. Para um tratamento mais nuançado das diferentes concepções políticas dos membros da Assembléia no verão de 1789, ver S. Schama, *Citizens: A Chronicle of the French Revolution*, p.441-5.

35. Cabe notar que, tal como a adoção de uma "roseta" de folha verde por Desmoulins em 12 de julho, a aparente invenção da roseta tricolor por La Fayette é atestada acima de tudo por seus próprios escritos e foi contestada por comentadores subseqüentes – por exemplo, M. Pastoureau, *Dictionnaire des couleurs de notre temps*, p.34. Seja qual for sua origem, a paleta tricolor da roseta nacional tornou-se também, é claro, a base para a bandeira francesa tal como existe até hoje. Diferentemente da *cocarde tricolore*, porém, a bandeira tricolor só foi adotada em 21 de setembro de 1790.

36. Condessa de Boigne, *Mémoires de la Comtesse de Boigne, née d'Osmond: récits d'une tante*, p.95. Sobre a importância do "triunfo das cores nacionais sobre o branco real", ver também D. Roche, *The Culture of Clothing*, p.254.

37. Após 6 de outubro de 1789, Maria Antonieta aparentemente instruiu um soldado da Guarda Nacional a nunca aparecer diante dela de uniforme, alegando que "ele me faz lembrar todos os infortúnios que minha família sofreu". Citado em A. Castelot, *Marie Antoinette*, 1962, p.471.

38. J.-L.-H. Campan, *Mémoires de Madame Campan: première femme de chambre de Marie Antoinette*, p.276.

39. J. Haslip, op.cit., p.199.

40. L.-S. Mercier, *Le Nouveau Paris*, J.-C. Bonnet (org.), p.282.

41. E. Lever, *Philippe-Égalité*, p.346; J. Hammond, *A Keeper of Royal Secrets, Being the Private and Political Life of Madame de Genlis*, p.191.

42. Conde de Reiset, op.cit., vol.I, p.373, p.380.

43. Ibid., p.380, 423, 438-9. Apesar da sagaz observação de Vivian Gruder sobre a breve emergência de uma roseta tricolor pró-monarquista nas províncias em 1787, nenhum desses aristocratas jamais encomendara acessórios *tricolore* a madame Éloffe antes da queda da Bastilha.

44. Conde de Reiset, op.cit., vol.I, p.432.

45. *Journal de la cour et de la ville* (abr 1791); ver também E. Langlade, *La Marchande de modes de Marie-Antoinette: Rose Bertin*, p.216.

46. Para mais sobre a coqueluche dos trajes que a Revolução inspirou, ver especialmente A. Kleinert, "La Mode, miroir de la Révolution française", em C. Join-Dieterle e M. Delpierre (orgs.), op.cit., p.59-82. Sobre a orientação política de muitas das mulheres que adotaram a roseta tricolor nessa primeira fase da Revolução, ver E. Langlade, op.cit., p.216.

47. Sobre o medalhão de madame Genlis, ver J. Hammond, op.cit., p.191. Sobre a confecção de *cocardes nationales* por Bertin, ver M. Delpierre, "Rose Bertin, les marchandes de modes et la Révolution", em C. Join-Dieterle e M. Delpierre (orgs.), op.cit., p.22; e E. Langlade, op.cit., p.219. Como salienta Langlade, Bertin era "monarquista por convicção e por interesse" e parece ter restringido sua oferta de artigos pró-revolucionários às *cocardes*. De fato, Michelle Sapori afirma que, como Maria Antonieta, Bertin sentia aversão por modas como "vestidos *à l'égalité* e *à la Constitution*" e se recusava a vendê-los em sua loja. Ver M. Sapori, *Rose Bertin: Ministre des modes de Marie Antoinette*, p.145-6.

48. A. Varron, *Paris Fashion Artists of the Eighteenth Century*, p.897.

49. H.M. Williams, *Letters Written in France, in the Summer of 1790, to a Friend in England: Containing Various Anecdotes Relative to the French Revolution*, N. Fraistat e S.S. Lanser (orgs.), p.14.

50. *Le Magasin des Modes Nouvelles Françaises et Anglaises* (1º dez 1789), cad.XXXIV, p.267.

51. J. Haslip, op.cit., p.196.

52. C. Erickson, *To the Scaffold: The Life of Marie-Antoinette*, p.235.

53. Idem.

54. Marquesa de La Tour du Pin de Gouvernet, op.cit., p.131.

55. C. Erickson, op.cit., p.235.

56. Essa foi a premissa que uma feminista revolucionária chamada Olympe de Gouges formulou em sua Declaração dos Direitos da Mulher em 1791. Embora não tenha feito das roupas femininas um ponto focal em seu manifesto (que pretendia ser uma correção da exclusão das mulheres da Declaração dos Direitos do Homem), Gouges o dedicou a Maria Antonieta.

57. *Le Magasin des Modes Nouvelles Françaises et Anglaises* (21 set 1789), cad.XXXIV, p.228.

58. Idem.

59. Ibid., p.227.

60. Ibid., p.228.

61. Um ano depois, de fato, as revistas de moda da época promoveriam *bonnets à la paysanne* ("toucados à camponesa") e várias outras toucas de gaze e musselina enfeitadas, precisamente, com as flores de romã (*fleurs de grenadier*) do chapéu Granada do Ancien Régime. Ver *Le Journal de la Mode et du Goût* (15 mar 1790), cad.III, p.2.

62. De fato, embora as estéticas neoclássica e pastoral (na literatura, filosofia etc.) tenham sido ambas anteriores a Maria Antonieta, foi durante seu reinado – e em emulação a seus trajes do Trianon – que elas se fundiram no nível do vestuário para fornecer a silhueta drapejada e fluida da *gaulle*, que se tornou ainda mais leve e semelhante a uma toga à medida que a Revolução avançou.

63. A própria Moitte publicou dois panfletos incitando as mulheres francesas à generosidade patriótica. São eles A.-M.-A. Moitte, *L'Âme des Romaines dans les femmes françaises* e *Suite de L'Âme des Romaines dans le femmes françaises*. Outra fonte contemporânea que narra o episódio é J.-G. Wille, *Mémoires et journal de Jean-Georges Wille, graveur du roi*, vol.II, p.219-23. Para um tratamento mais detalhado desse incidente, ver L. Auricchio, "Portraits of Impropriety: Adelaide Labille-Guiard and the Careers of Women Artists in Late Eighteenth-Century Paris", p.18-30.

64. H.M. Williams, op.cit., p.86.

65. A.-M.-A. Moitte, *L'Âme des Romaines dans les femmes françaises*, p.5-6.

66. A. Ribeiro, *Fashion in the French Revolution*, p.98; G. Lenôtre e A. Castelot, op.cit., p.142.

67. A.-M.-A. Moitte, op.cit., p.5.

68. L. Auricchio, op.cit., p.24. Auricchio observa também que "as roupas brancas das *donatrices* ... acrescentavam uma outra camada de significação" à sua generosa ação (p.21). Para mais sobre o papel dos irmãos Lesueur na moldagem da cultura visual da Revolução, ver P. de Carbonnières, *Lesueur: Gouaches révolutionnaires. Collections du Musée Carnavalet.*

69. Citado em D. Roche, "Apparences révolutionnaires ou révolution des apparences", em C. Join-Dieterle e M. Delpierre (orgs.), op.cit., p.193-201.

70. Isso, novamente, não é negar que os gostos tanto pastoral quanto neoclássico da França do final do século XVIII tiveram outros importantes antecedentes e avatares, como é discutido no início do Capítulo 6. No domínio específico do vestuário, porém, não houve nenhum partidário do estilo "Trianon" mais notável ou amplamente reconhecido que a própria Maria Antonieta.

71. A. Ribeiro, *The Art of Dress: Fashions in England and France 1750 to 1820*, p.86. Sobre a ambigüidade política da cor branca na era revolucionária, ver D. Roche, *The Culture of Clothing*, p.245.

72. *Le Journal de la Mode et du Goût* (15 abr 1790), cad.XIV, p.2-3; A. Ribeiro, *Fashion in the French Revolution*, p.58.

73. A. Fukai, "Le vêtement rococo et néoclassique", em R.-M. Fayolle e R. Davray-Piekolek (orgs.), *La Mode en France 1715-1815: de Louis XV à Napoléon Ier*, p.109-17.

74. Conde de Reiset, op.cit., vol.II, prancha 74.

75. A. Ribeiro, op.cit., p.88.

76. Sobre a misoginia na política revolucionária francesa, ver especialmente L. Hunt, *The Family Romance of the French Revolution*, e J.B. Landes, *Women and the Public Sphere in the Age of the French Revolution*.

77. *Le Journal de la Mode et du Goût* (25 out 1790), cad.XIX, p.2, prancha II.

78. L. Hunt, op.cit., p.104.

79. E. Colwill, "Pass as a Woman, Act Like a Man: Marie Antoinette as Tribade in the Pornography of the French Revolution", em D. Goodman (org.), *Marie Antoinette: Writings on the Body of a Queen*, p.145. Ver também A. Duprat, *Le Roi décapité: essai sur les imaginaires politiques*, p.58.

80. C. Thomas, *The Wicked Queen: The Origins of the Myth of Marie Antoinette*, p.108. Colwill defende a mesma idéia que Chantal Thomas em seu artigo sobre panfletos revolucionários que descreviam o suposto lesbianismo de Maria Antonieta: "O que havia de revolucionário nas acusações de desvio sexual feitas à rainha era, em parte, sua crescente audiência e seu potencial de mobilização política." Ver E. Colwill, op.cit., p.145.

81. L. Hunt, op.cit., p.105. Ver também Hunt, "The Many Bodies of Marie Antoinette". Eu deveria salientar aqui que Hunt faz uma distinção entre pornografia pré-revolucionária e revolucionária, na medida em que a primeira era muitas vezes posta a serviço de um programa filosófico mais amplo, ao passo que a última era "dedicada quase exclusivamente à descrição do prazer por si mesmo". Talvez a distinção mais importante no caso de Maria Antonieta, contudo, seja aquela em que Elizabeth Colwill insiste quando observa que, na pornografia filosófica do Ancien Régime, "os corpos eram intercambiáveis", ao passo que "a pornografia da Revolução especificava precisamente que corpos estavam fazendo o quê" e prestavam particular atenção ao corpo da rainha. Ver E. Colwill, op.cit., p.147.

82. Como Antoine de Baecque mostrou, a literatura panfletária da Revolução retratou muitos membros altamente situados da nobreza como monstros depravados, descendentes de Judas Iscariotes (cujo último nome era um acrônimo imperfeito de "aristocrata") e traidores da França. Como de Baecque também mostra, pelo menos um panfleto revolucionário descrevia Maria Antonieta como a mãe desse horrível Iscariotes, situando-a assim na raiz da corrupção que era vista como assolando a nação. Ver A. de Baecque, *The Body Politic*, p.161-3. De maneira interessante para os propósitos de minha análise, de Baecque observa como o penteado de Maria Antonieta a associa a esse monstruoso personagem, tanto através de suas "tranças de serpentes" como através do cabelo ruivo (p.162).

83. Ver Anônimo, "Les Fureurs utérines de Marie Antoinette" (s.l., [1791]).

84. Anônimo, "La Messaline française"; reproduzido em H. Fleischmann, *Les Maîtresses de Marie Antoinette*, p.190.

85. Idem.

86. "Le Godmiché royal"; reimpresso e traduzido em C. Thomas, op.cit., p.191-201. Para corroboração das supostas identidades de "Juno" e "Hebe" nesse texto, ver L. Hunt, op.cit., p.104.

87. Sobre essa noção, ver também o panfleto de L. de Keralio, "Les Crimes des reines de France", p.447.

88. C. Thomas, op.cit., p.107.

89. Para mais sobre a "conspiração austríaca" de outubro de 1789 e sua cobertura na imprensa revolucionária, ver de A. de Baecque, op.cit., p.157.

90. Ver minha descrição desse toucado no Capítulo 5. Talvez não por acaso, pelo menos uma caricatura de moda pré-revolucionária mostrava a metade inferior do corpo de uma mulher elegante transformada na de uma galinha pela bainha cortada e franzida de sua *polonaise*. Essa imagem, intitulada *La Poule polonaise* (A galinha polonesa), é reproduzida em E. Langlade, op.cit., p.128. A semelhança entre as duas imagens confirma que o caricaturista revolucionário de *La Poule d'Autri/uche* estava utilizando o vocabulário visual da moda para expressar seu sarcasmo contra a rainha.

91. Sobre a freqüente descrição da rainha na imprensa revolucionária como um monstro, ver A. de Baecque, op.cit., p.168-73; A. Duprat, op.cit., p.79; P. Saint-Amand, "Terrorizing Marie Antoinette", em D. Goodman (org.), op.cit., p.265; e E.F. Henderson, *Symbol and Satire in the French Revolution*, p.161.

92. Para uma datação precisa dessa imagem, que foi reimpressa várias vezes ao longo de todo o período revolucionário, estou me baseando em A. de Baecque, op.cit., p.169.

93. Anônimo, "Memoirs of Marie Antoinette", p.51.

94. Ver, por exemplo, Anônimo, *Petit journal du Palais Royal*, n.4; citado em A. de Baecque, op.cit., p.169.

95. Anônimo, "L'Iscariote de la France, ou le député autrichien", p.5, 16.

96. J.E.N. Hearsey, *Marie Antoinette*, p.115.

97. T. Carlyle, op.cit., p.195-6.

98. A. Fraser, op.cit., p.292.

99. J.-L.-H. Campan, op.cit., p.277-8; marquesa de La Tour du Pin de Gouvernet, op.cit., p.133-4; e marquesa de La Rochejaquelein, *Mémoires de la Marquise de La Rochejaquelein*, A. Sarazin (org.), p.78. Sem dúvida as lealdades monarquistas dessas mulheres dão margem à possibidade de que tenham mentido, mas seu relato foi quase universalmente aceito por historiadores que discutiram o incidente. Ainda não encontrei uma biografia de Maria Antonieta que afirme que ela distribuiu rosetas brancas nesse banquete.

100. Marquesa de La Tour du Pin de Gouvernet, op.cit., p.134. Nem Campan nem La Rochejaquelein aludem a esse momento, mas seus relatos da noite confirmam em geral a versão de La Tour du Pin.

101. S. Schama, op.cit., p.460.

102. O conde de Saint-Priest, citado em I. Dunlop, *Marie Antoinette: A Portrait*, p.266.

103. Segundo Joan Landes, desordeiros vestidos de mulher na insurreição de outubro de 1789 e outras anteriores do Ancien Régime "usavam o poder sexual e a energia de mulheres rebeldes ... para defender os interesses e bandeiras da comunidade e dizer a verdade sobre o governo injusto". Ver J.B. Landes, op.cit., p.234. Ao defender essa idéia, Landes cita N.Z. Davis, *Society and Culture in Early Modern France*, p.147-50. Ao mesmo tempo, Landes identifica o preconceito antifeminista inerente a relatos desse episódio (como o de Mary Wollstonecraft, citado abaixo) que atribuem um peso indevido ao papel desempenhado por homens vestidos de mulher e seus líderes ostensivamente masculinos. Ver J.B. Landes, op.cit., p.149-50.

104. Barão de Lamothe-Langon, op.cit., vol.IV, p.248. Ver também M. Wollstonecraft, *An Historical and Moral View of the Origin and Progress of the French Revolution and the Effect It Has Produced in Europe*, p.430-58.

105. S. Schama, op.cit., p.462. Embora, segundo Wille, os homens da classe trabalhadora no grupo "em sua maioria usassem coletes, aventais de couro ou casacos surrados", gravuras contemporâneas representam vários desses homens com roupas de mulher. Ver J.G.Wille, op.cit., vol.II, p.225.

106. Relatos muito mais detalhados desse episódio aparecem em J. Michelet, *Histoire de la Révolution française*, livro II, caps. 8 e 9; e marquesa de La Tour du Pin de Gouvernet, p.134-44. Segundo relatos de testemunhas oculares citadas por Thomas Carlyle, o número total dos guardas que se reuniram para defender Versalhes não passou de 2.800. Ver T. Carlyle, op.cit., p.318.

107. J.-L.-H. Campan, op.cit., p.295.

108. Testemunhos de messieurs de Frondeville, Brayer, de La Serre e Jobert, em *Procédure criminelle instruite au Châtelet de Paris*, vol.II, p.13-5, 71, 83, 125-6. Ver também marquesa de La Tour du Pin de Gouvernet, op.cit., p.145.

109. J.-L.-H. Campan, op.cit., p.292.

110. Conde de Reiset, op.cit., vol.I, p.445.

111. Esses detalhes de vestuário aparecem em J.-L.-H. Campan, op.cit., p.293; A. Castelot, *Marie Antoinette*, 1962, p.327; e E. Lever, op.cit., p.232.

112. J.-F. Léonard, *The Souvernirs of Léonard, Hairdresser to Queen Marie Antoinette*, vol. II, p.2.

113. S. Schama, op.cit., p.468.

114. Duquesa de Tourzel, *Memoirs of the Duchesse de Tourzel, Governess to the Children of France*, duque des Cars (org.), vol.I, p.38.

115. Conde d'Hézècques, p.149.

116. Marquesa de La Tour du Pin de Gouvernet, op.cit., p.136; E. Lever, op.cit., p.231.

117. J.G. Wille, op.cit., vol.II, p.227.

118. Conde d'Hézècques, *Page à la cour de Louis XVI: Mémoires du Comte d'Hézècques*, Emmanuel Bourassin (org.), p.150.

119. Além do relato desse incidente feito pelo conde d'Hézècques, ver os de J.-L.-H. Campan, op.cit., p.296-7; e Bertrand de Molleville, segundo o qual os cabeleireiros foram encontrados em Sens, não em Sèvres.

120. G. Touchard-Lafosse (org.), *Chroniques pittoresques et critiques de l'Oeil-de-Boeuf, sous Louis XIV, la Régence, Louis XV e Louis XVI*, vol.IV, p.539. Como Touchard-Lafosse intitula-se o "organizador" dessa obra, não fui capaz de descobrir qualquer informação sobre as "testemunhas" – muito menos determinar suas possíveis filiações políticas – desse episódio particular, ou mesmo de estabelecer sua veracidade. Segundo uma etiologia alternativa, um pouco menos convincente, do termo *sans-culotte*, sua origem estaria num estudo da cultura indiana do século XVIII, que introduziu os leitores franceses a uma divindade sem calças chamada Camaltzèque; ver P.J.A. Roussel d'Épinal, *Le Château des Tuileries*, p.281 n.1.

121. R.Wrigley, op.cit., p.190.

122. G. Touchard-Lafosse, op.cit., vol.IV, p.239. Sobre o *sans-culottisme* como um fenômeno indumentário bem como político, ver especialmente R. Wrigley, cap.5, "Sans-culottes: The Formation, Currency and Representation of a Vestimentary Estereotype", op.cit., p.187-227.

123. Como observou Daniel Roche, embora sem nenhuma referência a Maria Antonieta, "a maneira de se vestir dos *sans-culottes* veio a simbolizar um ideal político e um compromisso com a mudança social definitiva". Ver D. Roche, "Apparences révolutionnaires ou révolution des apparences", em C. Join-Dieterle e M. Delpierre (orgs.), op.cit., p.193.

De maneira semelhante, Albert Soboul escreveu que "o *sans-culotte* caracteriza-se exteriormente por seu traje e dessa maneira se opõe às categorias sociais mais elevadas: o *pantalon* é o sinal distintivo do povo, o *culotte*, da aristocracia.... Esse traje social é acompanhado por certo comportamento social; e também nesse domínio, o *sans-culotte* se afirma por oposição." Ver A. Soboul, *Les Sans-culottes en l'An II: Mouvement populaire et gouvernement révolutionnaire*, p.22.

124. Duquesa de Tourzel, op.cit., vol.I, p.43.

125. J.G. Wille, op.cit., vol.II, p.227.

126. Duquesa de Tourzel, op.cit., vol.I, p.44.

127. *Correspondance de Marie Antoinette*, vol.II, p.30.

128. Conde de Reiset, op.cit., vol.I, p.431.

129. N. Pellegrin, *Vêtements de la liberté: abécédaire de pratiques vestimentaires en France de 1780 à 1800*, p.118. Em contraposição, as *cocardes* usadas nessa época pelas senhoras de Versalhes custavam algo entre sete e nove libras na loja de Bertin.

130. J.-L.-H. Campan, op.cit., p.299.

131. G. Walter (org.), *Actes du Tribunal révolutionnaire*, p.48.

132. Idem.

133. Ibid., p.49.

134. Nas Tulherias, os membros da família real eram, como escreveu Montjoie, "vigiados como criminosos; todas as suas ações e movimentos estavam sob vigilância" (p.249). Além disso, Anne Forray-Carlier especifica que, como em Versalhes, "todas as pessoas decentemente vestidas eram admitidas nos jardins das Tulherias". Ver A. Forray-Carlier, "La Famille royale aux Tuileries", em J.-M. Léri e J. Tulard (orgs.), p.17-51.

135. Ver, por exemplo, *Correspondance de Marie Antoinette*, vol.II, p.32, 35.

136. Ver Anônimo, *Premier hommage des habitants de Paris à la famille royale, 7 octobre 1789* (1789), no Musée Carnavalet; reproduzido em J.-M. Léri e J. Tulard (orgs.), prancha 16, p.14.

137. *Correspondance de Marie Antoinette*, vol.II, p.30; conde de Reiset, op.cit., vol.I, p.432.

138. *Correspondance de Marie Antoinette*, vol.II, p.169.

139. Sobre o transporte dos pertences da família real (especialmente seus móveis) de Versalhes para as Tulherias, ver A. Forray-Carlier, op.cit., p.26.

140. Conde de Reiset, op.cit., vol.II, p.88-9. Foi o sucessor de José II e irmão de Maria Antonieta, Leopoldo, que a informou em fevereiro da morte do imperador mais velho.

141. *Le Journal de la Mode et du Goût* (25 mar 1790), cad.IV, p.7-8. As práticas de luto francesas são discutidas com mais detalhes no Capítulo 9.

142. Ver conde de Reiset, op.cit., vol.II, p.6-185.

143. Para mais sobre o vestuário "patriótico" de 1790, ver *Le Journal de la Mode et du Goût*, cads.I-XXXV.

144. J.-L.-H. Campan, op.cit., p.323; A. Ribeiro, *Fashion in the French Revolution*, p.58.

145. Sobre o erro tático do rei ao se recusar a usar o uniforme da Guarda Nacional nessa e em outras aparições durante a Revolução, ver P. Mansel, *Dressed to Rule: Royal and Court Costume from Louis XIV to Elizabeth II*, p.72-3.

146. Sobre a acolhida positiva do público à rainha, ver duquesa de Tourzel, op.cit., vol.I, p.166; e Anônimo, *Détails de tout ce qui s'est passé au Champ de Mars, à la Cérémonie de la Fédération le 14 Juillet: anecdote sur la Reine*, p.5-6. Sobre o culto à "boa mãe" no discurso revolucionário, ver especialmente L. Hunt, op.cit., cap.6, "Rehabilitating the Family", p.151-91.

147. Duquesa de Tourzel, op.cit., vol.I, p.166.

9. AS CORES VERDADEIRAS *(p.251 a 282)*

1. A. Ribeiro, *Fashion in the French Revolution*, p.58.

2. *Correspondance de Marie Antoinette*, vol.II, p.87.

3. J. Haslip, *Marie Antoinette*, p.227.

4. Para mais sobre o sentimento anti-revolucionário da rainha nessa época, ver especialmente *Correspondance de Marie Antoinette*, vol.II, p.169, 180. Na segunda dessas citações, ela deprecia os líderes da Assembléia como "um bando de canalhas, loucos e brutos".

5. Para uma boa visão geral da atitude do rei e da rainha em relação à Constituição nessa época, ver M. Price, *The Road from Versailles: Louis XVI, Marie-Antoinette, and the Fall of the French Monarchy*, p.218-21.

6. Sobre esse contraste muito observado, ver, por exemplo, T. Tackett, *When the King Took Flight*, p.36: "Diferentemente de Luís, a rainha não era atormentada pela indecisão e a incerteza. Ela nunca duvidou nem por um instante de que as reformas propostas pelos 'patriotas' e ministros liberais eram a condenação de tudo em que acreditava." De maneira semelhante, como salienta Munro Price ao documentar o grau em que Maria Antonieta "desempenhou um papel capital" nas maquinações políticas da família real, "é mais fácil acompanhar suas idéias [políticas] que as do rei", porque grande parte de "sua correspondência política mais íntima sobreviveu, o que não ocorreu com quase nenhuma de Luís". Ver M. Price, op.cit., p.217.

7. Conde de Mirabeau, *Notes pour la cour* (20 jun 1790); citado em I. de Saint-Amand, *Marie Antoinette at the Tuileries*, p.54; e em E. Lever, *Marie Antoinette: The Last Queen of France*, p.239-40.

8. *Journal de la cour et de la ville* (5 mai 1790); citado também em L. Hunt, *Family Romance of the French Revolution*, p.115.

9. Anônimo, "Memoirs of Marie-Antoinette", p.35. Para mais sobre a visão (inversa) que o povo tinha de Luís XVI como um "Restaurador da Liberdade", ver A. Karmel, *Guillotine in the Wings: A New Look at the French Revolution and Its Relevance to America Today*, p.167.

10. Anônimo, "Louis XVI e Antoinette, traités comme ils le méritent", p.5-6.

11. Anônimo, "Le Rêve d'un Parisien, ou, Ce qui n'a point été, ce qui devroit être, et ce qui ne sera peut être pas", p.3.

12. J.-L.-H. Campan, *Mémoires de Madame Campan: première femme de chambre de Marie Antoinette*, p.329.

13. A. Mousset, *Un témoin ignoré de la Révolution: le comte Fernan Nuñez, ambassadeur d'Espagne à Paris*, p.244.

14. J.-L.-H. Campan, op.cit., p.323. Ver também marquês de Bertrand de Molleville, *Mémoires secrets pour servir à l'histoire de la dernière année du règne de Louis XVI*, vol.II, p.295.

15. Sobre os planos para o divórcio da rainha, ver especialmente A. Fraser, *Marie Antoinette: The Journey*, p.317, e E. Lever, op.cit., p.244.

16. No interesse da brevidade, condensei esse relato da fuga da família real, que recebe um tratamento muito mais completo por Lenôtre, Tackett e Schama e, mais recentemente, por M. Ozouf em seu *Varennes: la mort de la royauté 21 juin 1791*, bem como em relatos contemporâneos como o do duque de Choiseul-Stainville, todos citados ao longo de toda esta seção. Como esses autores salientam corretamente, as tensões que precederam a fuga dos Bourbon foram substancialmente exacerbadas por dois fatores que não considero em detalhe aqui: a crescente tensão entre o rei e os revolucionários por causa da Constituição Civil do Clero (a que Luís XVI não queria que seu clero jurasse lealdade), e a controversa emigração de Mesdames, as Tias, para Roma em fevereiro de 1791.

17. N. Destremau, *Les Évasions manquées de la reine Marie Antoinette*, cap.1, "Les premiers projets d'évasion". (A curta monografia de Destremau não contém números de página, mas seu resumo da sugestão de fuga de Mirabeau aparece na última página deste capítulo.)

18. Para uma investigação da questão ainda um tanto obscura de "o que Luís XVI e Maria Antonieta pretendiam fazer depois que chegassem a Montmédy e qual era seu plano político para pôr fim à Revolução, se é que tinham algum", ver M. Price, op.cit., p.192-205. Como Price salienta, no mês anterior à fuga havia planos rivais que contemplavam resultados muito diferentes.

19. O.G. de Heidenstam (org.), *The Letters of Marie Antoinette, Fersen, and Barnave*, p.63. Sobre a idéia crucial de que "a Revolução não somente dependeu de uma linguagem mas *foi* uma linguagem, uma linguagem de consenso por meio da qual homens e mulheres falavam" e – eu poderia acrescentar – se vestiam, ver C. McDonald, "Words of Change: August 12, 1789", em S. Petrey (org.), *The French Revolution 1789-1989: Two Hundred Years of Rethinking*, p.33-46.

20. De fato, as três principais encomendas que fez a Éloffe durante a primavera de 1791 foram de vestidos de corte azuis; pelo menos um desses três, um "*habit* azul para a primavera, bordado com pequenos buquês", parece ter sido usado com um "fichu inglês" branco. Ver conde de Reiset, *Modes et usages au temps de Marie Antoinette: Livre-journal de Madame Éloffe*, vol.II, p.506. Em 19 de março, ela mandou também fazer consertos em dois de seus redingotes de primavera – um azul e branco e outro "listrado de azul" – e encomendou 12 *aunes* de fita azul. Ver ibid., vol.II, p.203.

21. Pierre Saint-Amand faz esta observação de uma maneira mais geral quando salienta que "a longa marcha de Maria Antonieta para o cadafalso a levará de uma ignorância deliberada dos panfletos ... até o ponto em que passa a encarnar essas declarações, conformando-se à imagem que se criara dela. Maria Antonieta torna-se a imagem projetada por seus perseguidores, a encarnação de seu ódio." Ver P. Saint-Amand, "Terrorizing Marie Antoinette", em D. Goodman (org.), *Marie-Antoinette: Writings on the Body of a Queen*, p.266. Mais adiante nessa passagem, Saint-Amand cita uma observação similar, e igualmente perspicaz, de Chantal Thomas: "As palavras dos panfletos fizeram-se carne, e essa carne era sua própria pessoa." Ver C. Thomas, *The Wicked Queen: The Origins of the Myth of Marie Antoinette*, p.72.

22. L.-M. Prudhomme, "Reproche véritable par la majesté du peuple à l'épouse du roi sur ses torts", p.6.

23. Mercier expôs mais ou menos a mesma idéia quando observou que os parisienses não gostavam de ver sua rainha usar o filho como se ele fosse "um acessório numa tragédia". Ver L.S. Mercier, *Le Nouveau Paris*, vol.III, p.416.

24. Embora já em março ela tenha começado a encomendar um número limitado de roupas e acessórios verdes e violeta – um redingote e 14 *aunes* de fita de cada cor (ver conde de Reiset, op.cit., vol.II, p.203) –, essa combinação de cores só se tornou verdadeiramente proeminente nas grandes encomendas de roupas que fez a Éloffe pouco antes de partir: em 1º, 10 e 16 de junho de 1791 (ibid., p.230-5). As mesmas cores começaram a predominar também nas encomendas que fez a Rose Bertin nos meses que antecederam sua partida: 14 de janeiro (uma *robe* de cetim verde), 24 de abril (um vestido de corte de cetim branco), 1º de maio (uma saia de gaze branca e uma sobreveste "listrada de violeta sobre violeta"), 12 de junho (adorno para um vestido de corte de tafetá violeta) e 18 de junho (adorno para uma *robe à la turque* listrada de preto e azul). Para esses registros, ver Fundo Jacques Doucet, Dossier 596.

25. J.-L.-H. Campan, op.cit., p.338.

26. Uma versão provavelmente apócrifa desse episódio sustenta que o próprio La Fayette foi previamente informado dos planos de fuga da família real e questionou Rose Bertin diretamente sobre seu papel ao auxiliá-los. Para provar que sabia que havia alguma coisa em andamento, ele sacudiu amostras de tecido dos trajes de viagem da família na cara de Bertin. Diante disso, consta que Bertin correu direto para a rainha e a advertiu de que "uma pessoa desleal" nas Tulherias (isto é, a criada revolucionária do guarda-roupa) havia dado a La Fayette detalhes incriminadores sobre "os vestidos que Vossa Majestade deverá usar no dia da vossa partida". Ver J.-F. Léonard, *The Souvenirs of Léonard, Hairdresser to Queen Marie Antoinette*, vol.II, p.60-5.

27. J.-L.-H. Campan, op.cit., p.289-90; duque de Choiseul-Stainville, *Relation du départ de Louis XVI, le 20 juin 1791*, p.50-2.

28. C. Hyde (org.), *Secret Memoirs of Princess Lamballe, Being her Journals, Letters, and Conversations During her Confidential Relations with Marie Antoinette*, p.302.

29. Anônimo, "Memoirs of Marie Antoinette", p.23.

30. C. Desmoulins, *Les Révolutions de France et de Brabant*, n.62.

31. J.-L.-H Campan, op.cit., p.338.

32. Para a lista completa dos nomes que a família real usou e os trajes que vestiu em sua viagem, ver conde de Reiset, op.cit., vol.II, p.239-40; e A. de Beauchesne, *Louis XVIII: His Life, His Suffering, His Death: The Captivity of the Royal Family in the Temple*, p.68-70. Beauchesne era um monarquista ferrenho, mas até onde pude verificar, seu relato dos trajes dos membros da família real para a fuga não tem nenhum sinal óbvio de idealização ou invenção. O fato de que mesmo seus relatos mais politicamente carregados de como Luís Carlos foi tratado posteriormente na prisão sejam confirmados pelos testemunhos de pessoas no extremo oposto do espectro político (por exemplo, guardas da prisão revolucionários) parece fazer dele um comentador confiável, como assinalou Ian Dunlop. Ver I. Dunlop, *Marie Antoinette: A Portrait*, p.368.

33. A. de Beauchesne, op.cit., vol.III, p.68.

34. Nem os livros-razões de Rose Bertin nem os de madame Éloffe parecem fazer menção ao vestido ou ao toucado que, ao que se diz, a rainha teria usado na fuga para Varennes. No entanto, em 18 de maio de 1791 ela encarregou Bertin de fazer um xale preto simples, que pode ter sido o que usou para a fuga. Ver os Arquivos Nacionais da França, OI 3792. Seu grande chapéu preto e outros aspectos dos trajes da família real em Varennes recebem menção em duque de Choiseul-Stainville, op.cit., p.261.

35. Muitos comentadores destacaram que, mesmo que não estivesse estorvada por tanta carga, a berlinda que Fersen encomendou para a família real era luxuosa e chamativa demais para servir como veículo eficiente numa fuga. Ver conde de Reiset, op.cit., vol. II, p.241.

36. Esse estojo de manicure está na coleção permanente do Musée Carnavalet em Paris.

37. Para um relato em primeira mão desses atrasos e contratempos, ver duquesa de Tourzel, *Memoirs of the Duchesse de Tourzel, Governess to the Children of France*, vol.I, p.326-8.

38. J. Haslip, op.cit., p.232. Ver também T. Tackett, op.cit., p.59.

39. Duque de Choiseul-Stainville, op.cit., p.80-4; G. Lenôtre, *The Flight of Marie Antoinette*, p. 229-31; T. Tackett, op.cit., p.71.

40. Ver G. Lenôtre, op.cit., p.232; e J. Michelet, *Histoire de la Révolution française*, p.552. Esse detalhe foi relatado em *Correspondance secrète* de F. Métra já em 30 junho de 1791.

41. T. Tackett, op.cit., p.72. Segundo a lenda revolucionária, Luís XVI saiu da carruagem em Sainte-Menehould para experimentar a iguaria local, pés de porco, e foi assim que Drouet o reconheceu. Como Tackett e outros mostraram, contudo, essa história é apócrifa.

42. Ibid., p.75-6.

43. M. Price, op.cit., p.181.

44. Embora Bouillé e suas tropas não tenham aparecido, Choiseul-Stainville havia conseguido entrar na cidade com uma cavalaria de hussardos, e ofereceu-se para ajudar a família real a fugir de Varennes à força. Luís XVI, contudo, rejeitou esse plano sob a alegação de que "nesse combate desigual um tiro de mosquete poderia matar a rainha, ou minha filha, ou meu filho, ou minha irmã". Ver duque de Choiseul-Stainville, op.cit., p.93-4.

45. E. Lever, op.cit., p.259; M. Price, op.cit., p.184.

46. I. de Saint-Amand, op.cit., p.183.

47. E. Lever, op.cit., p.261.

48. T. Tackett, op.cit., p.81.

49. J.E.N. Hearsey, *Marie Antoinette*, p.158.

50. Conde d'Hézècques, *Page à la cour de Louis XVI: Mémoires du Comte d'Hézècques*, Emmanuel Bourassin (org.), p.179.

51. Duquesa de Tourzel, op.cit., vol.I, p.360.

52. J.-L.-H. Campan, op.cit., p.348.

53. Ibid., p.349.

54. Ver *Le Patriote français* (22 jun 1792), n.683.

55. Sobre o papel axial do Clube dos Cordeliers na oposição republicana que emergiu após Varennes, ver especialmente T. Tackett, op.cit., p.111-6.

56. M.-J. Philippon Roland, *Lettres de Madame Roland*, C. Perrould (org.), vol.II, p.316.

57. Ao ser coroado em Reims, o rei havia sido ungido como "representante de Deus na Terra", uma pessoa excepcional entre os mortais e o intercessor entre a França e o céu. Ver conde d'Hézècques, op.cit., p.iv.

58. J.-L.-H. Campan, op.cit., p.360-2; M. Price, op.cit., p.219.

59. S. Schama, *Citizens: A Chronicle of the French Revolution*, p.573.

60. J.-L.-H. Campan, op.cit., p.360.

61. Também o rei foi virulentamente atacado por sua participação na fuga, que destruiu praticamente de forma definitiva a idéia anterior de Luís XVI como um "Restaurador da Liberdade Francesa" pró-revolucionário. Para um relato mais abrangente da reação irada do público à fuga para Varennes, ver T. Tackett, op.cit., p.88-150. Para uma análise detalhada das caricaturas políticas tanto do rei quanto da rainha que proliferaram em resposta a Varennes, ver A. Duprat, *Le Roi décapité: essai sur les imaginaires politiques*, p.58-209.

62. Anônimo, "Memoirs of Marie Antoinette", p.51, 62. Em seu estudo de caricaturas que criticavam a fuga para Varennes, Annie Duprat observa que "os códigos visuais" usados para designar a rainha incluem acima de tudo "penteados exibindo serpentes e plumas de pavão ou avestruz. ... É o cabelo da rainha que a transforma numa figura de discórdia, e é sua roupa que forma a base da crítica dos cartunistas como adequada a uma mulher cujo gosto por modas dispendiosas é bem conhecido!" Ver A. Duprat, op.cit., p.69.

63. Anônimo, "Nouvelle scène tragicomique et nullement héroïque entre M. Louis Bourbon, maître serrurier, et Madame Marie Antoinette, sa femme", p.6.

64. Tanto o adorno azul no fichu da rainha quanto a fita azul enrolada em seu chapéu evocam a faixa azul e as plumas de *La Reine en gaulle* – o que atesta a persistência do escândalo que a tela provocou.

65. J.E.N. Hearsey, op.cit., p.155.

66. J.-L.-H. Campan, op.cit., p.341.

67. Todos esses elementos estão talvez implícitos na sugestiva afirmação de um comentador de que "a fuga da família real francesa foi [em última análise] frustrada pela devoção à moda de Maria Antonieta". Ver A. Varron, *Paris Fashion Artists of the Eighteenth Century*, p.912.

68. Conde de Reiset, op.cit., vol.II, p.245. Ver também T. Tackett, op.cit., p.98, que relata a destruição que esses invasores promoveram "no quarto da rainha", mas não menciona suas roupas em particular.

69. Para maior discussão sobre como esse mau negócio não só trocava "coroa por penteado" como "autoridade" por "humilhação", ver A. Duprat, op.cit., p.70.

70. Como vários cartuns sobre Varennes, este zombava da rainha por se disfarçar de "la baronne de Korff", embora madame de Tourzel é que tenha assumido essa identidade, ao passo que Maria Antonieta tentou se passar pela governanta da baronesa. Com toda a probabilidade, o erro do cartunista foi resultado do som germânico do sobrenome da baronesa, que funcionou assim como uma prova adicional de que Maria Antonieta estivera operando como uma infame agente da Áustria, não uma patriótica rainha da França.

71. G. Lenôtre, op.cit., p.231.

72. Sob esse aspecto talvez seja revelador que, entre a volta de Varennes e sua morte dois anos depois, Marie Antoinette fez apenas mais uma única encomenda de *rubans à la Nation*, em 4 de janeiro de 1792. Quanto ao mais, parece ter excluído o motivo tricolor por completo de seu guarda-roupa. Ver conde de Reiset, op.cit., vol.II, p.506.

73. L.-M. Prudhomme, "Réponse aux reproches qu'on nous a faits de n'avoir rien dit à Marie Antoinette pour l'année 1792", em *Les Revolutions de Paris*, n.131, p.152. Essa publicação foi fundada por Élysée Loustalot, que morreu em 1790, deixando Prudhomme no controle dali em diante.

74. J.-L.-H. Campan, op.cit., p.346.

75. Para as encomendas a Éloffe, ver conde de Reiset, op.cit., vol.II, p.238-50. Para as encomendas a Bertin, ver Fundo Jacques Doucet, Dossier 596; bem como E. Langlade, *La Marchande de modes de Marie-Antoinette: Rose Bertin*, p.221.

76. *Correspondance de Marie Antoinette*, vol.II, p.136.

77. A. Fraser, op.cit., p.358. Ver também P. e P. Girault de Coursac, *Le Secret de la Reine*, p.199-237; e S. Schama, op.cit., p.585.

78. O.G. de Heidenstam (org.), *The Letters of Marie Antoinette, Fersen, and Barnave*, p.112.

79. Fundo Jacques Doucet, Dossier 596.

80. Anônimo, "Vie de Marie Antoinette, reine de France, femme de Louis XVI, roi des Français", p.130-2; citado e traduzido em C. Thomas, op.cit., p.59.

81. Citado em A. Castelot, *Marie Antoinette*, 1962, p.331.

82. O.G. de Heidenstam, op.cit., p.189.

83. Esse pedaço de tecido, um cetim branco cremoso bordado com um padrão de grinaldas cinza-pombo, está na coleção permanente do Musée Carnavalet em Paris.

84. *Correspondance de Marie Antoinette*, vol.II, p.180. É André Castelot que formula a hipótese de que "poderosa" é a palavra ilegível na carta da rainha. Ver A. Castelot, *Marie Antoinette*, 1962, p.412.

85. A. Fraser, op.cit., p.356.

86. *Correspondance de Marie Antoinette*, vol.II, p.171-3.

87. C. Erickson, *To the Scaffold: The Life of Marie Antoinette*, p.300.

88. E. Langlade, op.cit., p.215-6.

89. H.M. Williams, *Letters Written in France, in the Summer of 1790, to a Friend in England: Containing Various Anecdotes Relative to the French Revolution*, vol.I, p.143.

90. A. Pizard, *La France en 1789*, p.33.

91. O chapéu é mencionado em J.-F. Léonard, op.cit., vol.II, p.72; o cachorro em A. Fraser, op.cit., p.361.

92. Isso não quer dizer que Luís XVI tenha deixado inteiramente de tomar qualquer iniciativa política durante esse período, pois como Munro Price, entre outros, salientou, seu compromisso com a causa monarquista era arraigado e absoluto. (Ver M. Price, op.cit., p.5, 192-205). Quer dizer antes que ele estava longe de concordar plenamente com a mulher quanto a como – e com quanta rapidez e força – deviam reagir à ameaça revolucionária. Em conseqüência, observa igualmente Price (p.224-6), Luís XVI era visto por muitos, mesmo em seu próprio governo, como deploravelmente dissociado dos problemas que a coroa enfrentava. Como seu ministro das Relações Exteriores, Montmorin, disse ao amigo de Mercy, o conde de La Marck, em janeiro de 1791, quando o rei "falava de seus negócios e de sua posição tinha-se a impressão de que estava falando sobre assuntos relacionados ao imperador da China". Ver A. de Baucourt (org.), *Correspondance entre le Comte de Mirabeau et le Comte de La Marck*, vol.III, p.30.

93. A. Castelot, *Marie Antoinette*, 1962, p.402.

94. *Correspondance de Marie Antoinette*, vol.II, p.178.

95. Para um bom relato superficial das opiniões políticas de Le Brun, ver A. Kleinert, "La Mode, miroir de la Révolution française", em C. Join-Dieterle e M. Delpierre (orgs.), op.cit., p.70-1. Ver também F. Tétart-Vittu, "Presse et diffusion des modes françaises", em C. Join-Dieterle e M. Delpierre (orgs.), op.cit., p.129-36.

96. Ver P. Arizzoli-Clémentel (org.), *Soieries de Lyon: Commandes royales du XVIIIe siècle*, p.90-3.

97. *Le Journal de la Mode et du Goût* (15 fev 1791), cad.XXXVI, p.1; e (15 mar 1791), cad.III, p.1-2.

98. Sobre o êxodo dos comerciantes de modas de Paris, ver, entre outros, G. Morris, *A Diary of the French Revolution*, vol.I, p.368; citado em A. Ribeiro, op.cit., p.75.

99. P. Mansel, *Dressed to Rule: Royal and Court Costume from Louis XIV to Elizabeth II*, p.71; ver também D. Roche, op.cit., p.315.

100. E. e J. de Goncourt, *Histoire de la société française pendant la Révolution*, p.9. Sobre a substituição de comerciantes de modas parisienses por provincianos durante esse período, ver também G. Morris, op.cit., vol.I, p.368.

101. E. e J. de Goncourt, op.cit., p.12.

102. M. Delpierre, "Rose Bertin, les marchandes de modes et la Révolution", em C. Join-Dieterle e M. Delpierre (orgs.), op.cit., p.22.

103. *Journal de la cour et de la ville* (1º abr 1790), p.12.

104. *Le Journal de la Mode et du Goût* (25 jun 1790), cad.XIII, p.1.

105. Ibid. (15 mai 1791), cad.IX, p.2. Esse continuaria sendo um dos penteados favoritos de Le Brun, voltando à tona em sua revista já em 25 de outubro de 1791 e de novo em 1º de agosto de 1792, não muito antes que a revista falisse.

106. Ibid. (25 mai 1791), cad.X, p.2.

107. E. e J. de Goncourt, op.cit., cap.V. Ver também A. Ribeiro, op.cit., p.75-6.

108. *Le Journal de la Mode et du Goût* (25 jun 1791), cad.XIII, p.1; (5 jul 1791), cad.XIV, p.1-2; e (15 jul 1791), cad.XV, p.2.

109. *Le Journal de la Mode et du Goût* (5 out 1791), cad.XVII, p.1; (15 out 1791), p.2; (5 set 1791), cad.XXII, p.2; (15 nov 1791), cad.XXX, p.2; (25 dez 1791), cad.XXXI, p.2.

110. E. Lever, op.cit., p.277.

111. J.-F. Léonard, op.cit., vol.II, p.68; E. Langlade, op.cit., p.227.

112. J.-F. Léonard, op.cit., vol.II, p.68.

113. Abade Lafont d'Aussonne, *Mémoires secrets et universels des malheurs et de la mort de la reine de France*, p.569.

114. Barão de Klinckowström (sobrinho de Fersen), *Le Comte de Fersen et la cour de France*, vol.II, p.219. Ver também duquesa de Tourzel, op.cit., vol.II, p.109.

115. M. de La Rochetière e marquês de Beaucourt (orgs.), *Lettres de Marie Antoinette*, vol. II, p.339.

116. Conde de Reiset, op.cit., vol.II, p.300.

117. Madame Elisabeth da França, *Mémoires de Madame Élisabeth, soeur de Louis XVI*, p.401.

118. Nessa ocasião, Luís XVI vetou também uma medida que previa severas punições para padres que se recusassem a fazer o juramento à Constituição Civil do Clero. Ele aceitou, no entanto, um decreto contemporâneo que ordenava a dispersão da Guarda Real em atividade nas Tulherias. Para uma convincente visão geral do início da guerra e a natureza e efeitos desses vetos, ver M. de La Rochetière, op.cit., vol.II, p.317-23; bem como A. Aulard, *The French Revolution: A Political History, 1789-1804*, vol.II, p.31-3.

119. Para mais sobre o barrete frígio ou "barrete da liberdade" e o *bonnet rouge* (eles próprios propensos a sutis distinções), ver R. Wrigley, *The Politics of Appearances: Representations of Dress in Revolutionary France*, p.152-8.

120. F.C.L. de Montjoie, *Histoire de Marie Antoinette Josèphe Jeanne de Lorraine, Archiduchesse d'Autriche, Reine de France*, p.322.

121. J.E.N. Hearsey, op.cit., p.169; F.C.L. de Montjoie, op.cit., p.322; P. Mansel, op.cit., p.156.

122. Ibid., p.72. Ver também duque de Lévis-Mirepoix, *Aventures d'une famille française*, p.279.

123. Maria Antonieta permitiu, contudo, que pusessem o barrete na cabeça do delfim, depois que os arruaceiros começaram a gritar ameaçadoramente: "Se amais a Nação, ponde o barrete vermelho na cabeça do vosso filho!" Ver I. de Saint-Amand, *Marie Antoinette and the Downfall of Royalty*, p.213.

124. P.J.A. Roussel d'Épinal, *Le Château des Tuileries*, p.279.

125. Essa afirmação de que "Ça ira" vinha de uma canção que Maria Antonieta sabidamente tocava no clavicórdio aparece em conde de Reiset, vol.II, p.130-1. A tradução para o inglês do título e refrão "Ça ira" como "It will go on" ["Vai continuar"] vem de H.M. Williams, op.cit., vol.I, p.143 n.6.

126. O que não quer dizer que Danton e Robespierre tenham começado suas carreiras como republicanos radicais; Danton e os Cordeliers só haviam assumido essa posição depois de Varennes, e Robespierre (que em junho de 1791 condenou a reivindicação de republicanismo dos Cordeliers como inoportuna) inverteu sua própria posição, constitucional-monarquista, vários meses depois. Ver A. Karmel, op.cit., p.77-9.

127. *Le Père Duchesne*, n.123. É digno de nota que, apesar do sentimento "republicano" que havia emergido depois da fuga para Varennes em junho de 1791, e apesar de seu próprio envolvimento nessa mudança e da exploração que fez dela, Hébert foi muito cauteloso com relação a endossar o "republicanismo" como tal até o outono de 1792, quando a publicação

dos papéis oficiais ocultos de Luís XVI "desmonarquizaram" fortemente – no linguajar de Hébert – a opinião pública. Sobre este ponto, ver A. Aulard, op.cit., vol.II, p.94-5.

128. Duquesa de Tourzel, op.cit., vol.II, p.204; A. Castelot, *Marie Antoinette*, 1966, p.428.

129. J.-L.-H. Campan, op.cit., p.399. Luís XVI, em contraposição, vestiu uma couraça de metal à prova de bala quando apareceu diante das multidões potencialmente hostis na Fête de la Fédération de 1792. Ver E. Lever, op.cit., p.277.

130. I. de Saint-Amand, op.cit., p.263-4.

131. A própria Maria Antonieta observou isso ao escrever para Fersen em 15 de julho de 1792: "Paris está em grande agitação; todos aguardam algum grande acontecimento, de que cada grupo espera tirar proveito, mas que eu mal posso imaginar..." Nove dias mais tarde, ela lhe enviou outra carta para informá-lo de que "as vidas do rei e da rainha estão em gravíssimo perigo; que um atraso de apenas um dia poderia levar a incalculável desgraça; que estamos esperando [os aliados] com extrema impaciência; ... [e que] o bando de assassinos está crescendo de maneira irrefreável". Ver *Correspondance de Marie Antoinette*, vol.II, p.243, 246.

132. E. Lever, op.cit., p.279.

133. Arquivos Nacionais da França, AN C192: depoimentos de Calley, Larchey, Topet, Frenot; citado também em P. Mansel, op.cit., p.74.

134. *Correspondance de Marie Antoinette*, vol.II, p.248.

135. F. Huë, *Dernières années du règne et de la vie de Louis XVI par l'un des officiers de la chambre du roi, appelé par le prince, après la journée du 10 août, à l'honneur de rester auprès de lui et de la famille royale*, com uma nota bibliográfica de René du Menil de Maricourt, p.328. É digno de nota que as memórias de Huë foram publicadas antes da Restauração, e portanto não podem ser (e não foram) rejeitadas como propaganda monarquista destinada a bajular o novo governo Bourbon.

136. Esse sapato foi salvo e hoje faz parte da coleção permanente do Musée Carnavalet em Paris.

137. J.E.N. Hearsey, op.cit., p.180.

138. F. Huë, op.cit., p.339; "Relation de Dufour", em G. Lenôtre (org.), *La Captivité et la mort de Marie Antoinette, d'après des relations de témoins oculaires et des documents inédits*, p.10; J.-B. Cléry, *Journal de ce qui s'est passé à la tour du Temple pendant la captivité de Louis XVI, roi de France, au Temple*, p.45, 206 n.1. Como as de Huë, as memórias de Cléry foram publicadas antes da Restauração, podendo portanto ser isentas de acusações de monarquismo politicamente oportunista.

139. "Relation de Dufour", em G. Lenôtre (org.), op.cit., p.13.

140. F. Huë, op.cit., p.338.

141. P.J.A. Roussel d'Épinal, op.cit., 168.

142. J.G. Millingen, *Recollections of Republican France from 1790 to 1801*, p.120.

143. P.J.A. Roussel d'Épinal, op.cit., p.168. Outro relato afirma que "os chapéus, toucas, toucados e outros artigos de adorno feminino foram postos sobre as partes dos cadáveres em decomposição" caídos nos assoalhos do palácio. Ver C. Hyde, op.cit., p.303.

144. P.J.A. Roussel d'Épinal, p.168-9. Sobre as pinturas de Vigée-Lebrun que sobreviveram ao saque do guarda-roupa de Maria Antonieta, ver ibid., p.362.

145. P. Saint-Amand, "Adorning Marie Antoinette", p.29. A maravilhosa expressão de Saint-Amand para esse processo, cunhada para descrever o mísero e cada vez mais restrito guarda-roupa da rainha na prisão, é "a gradual desnarcisação de Maria Antonieta". Ver P. Saint-Amand, "Terrorizing Marie Antoinette", p.266.

146. P.J.A. Roussel d'Épinal, op.cit., p.92-3, 114-5.

147. No leilão dos bens reais, as roupas de Maria Antonieta provocaram lances muito mais entusiásticos que as de seu marido. (Um dos trajes de corte mais insanamente luxuosos do rei, que "era bordado com mil flores" e cuja confecção custara 30 mil libras, alcançou apenas 110 libras, por exemplo.) Esses leilões começaram no verão de 1793 e duraram seis meses, mas renderam lucros decepcionantes para a nação. Ver E. Langlade, op.cit., p.225-6; e A. Fraser, op.cit., p.420. Segundo Roussel d'Épinal, a coroa e o cetro que Luís XVI recebera em sua coroação foram enviados para a casa da moeda e fundidos para o aproveitamento do ouro (p.369 n.2).

148. Sobre a "disseminação generalizada e coletiva de itens do vestuário real" após 10 de agosto, ver R. Wrigley, op.cit., p.21. Como Wrigley salienta, em 31 de agosto a Convenção ordenou que todos os artigos roubados das Tulherias fossem devolvidos e entregues aos Arquivos Nacionais, mas esse decreto não parece ter sido estritamente obedecido no que diz respeito às roupas de Maria Antonieta.

149. Sobre a transformação dos bens abandonados pelos membros da família real em relíquias monarquistas, ver ibid., p.18-25. Para uma discussão mais longa de como as roupas funcionaram, no início do período moderno, como "materiais de memória", ver A.R. Jones e P. Stallybrass, *Renaissance Clothing and the Materials of Memory*. Embora esse livro focalize a Inglaterra renascentista, sua tese central de que a memória, que na aurora do período moderno era compreendida como situada nas roupas, tornou-se gradualmente "errante e sujeita a inquieta mudança" é fascinante. Ela poderia ser extremamente útil numa consideração mais detalhada de como as relíquias realistas funcionaram na esteira da execução dos soberanos, quando os revolucionários tentaram, como política de Estado, apagar a memória dos membros da família real.

150. A encomenda desse *pouf* sobrevive nos Arquivos Nacionais da França, F4 1311, e é reproduzida em E. Langlade, op.cit., p.225.

151. Sobre esse ponto, ver A. Soboul, *Les Sans-culottes en l'An II: Mouvement populaire et gouvernement révolutionnaire*, p.22; A. Ribeiro, op.cit., p.67-70; e D. Roche, "Apparences révolutionnaires ou révolution des apparences", em C. Join-Dieterle e M. Delpierre (orgs.), op.cit., p.193.

152. H.M. Williams, vol.II, p.193. Como é bem sabido, Maximilien Robespierre representava uma inusitada exceção a essa regra, preferindo conservar o penteado empoado, os paletós de seda feitos sob medida e as impecáveis gravatas de folhos do Ancien Régime, apesar de suas idéias políticas radicais. Como Helen Maria Williams observou acerca do líder jacobino, ele "sempre se mostrava não somente vestido com cuidado, mas com elegância, e embora se intitulasse o líder dos *sans-culottes*, nunca adotou o traje de seu bando" (vol.I, p.194). Para mais sobre as roupas andrajosas dos *sans-culottes*, ver P.J.A. Roussel d'Épinal, op.cit., p.267. De fato, vários desses homens eram muito mais prósperos do que seu encardido uniforme revelava – um ótimo exemplo sendo o bem-sucedido cervejeiro Santerre, que havia participado da invasão da Bastilha e ajudado a liderar o ataque às Tulherias de 20 de junho de 1792. Como Simon Schama observou, Santerre e alguns dos outros líderes dos *sans-culottes* "não tinham uma situação meramente confortável: eram ricos"; sua adoção das calças dos trabalhadores, em particular, revelava assim uma "romantização do mundo humilde das oficinas", apesar de suas próprias origens nos "estratos mais abastados das ocupações e profissões artesanais". Ver S. Schama, op.cit., p.602-3. O autor do século XIX Alexandre Dumas, *père*, ridiculariza essa contradição ao escrever em *Le Chevalier de Maison-Rouge* – romance histórico baseado no "Caso do cravo" (discutido

abaixo) – que "o patriotismo de Santerre era visível nas manchas de graxa em seu paletó". Ver A. Dumas, *Le Chevalier de Maison-Rouge*, org. G. Sigaux, p.170.

153. F. Hervé (org.), *Madame Tussaud's Memoires and Reminiscences of France*, p.177.

154. Sobre esse ponto, ver também Dr. John Moore, *A Journal During a Residence in France, from the Beginning of August to the Middle of December, 1792*, vol.II, p.430; citado em A. Ribeiro, op.cit., p.70, no contexto de sua discussão mais ampla do modo como, durante essa fase da Revolução, "a simplicidade funcional ... foi por vezes levada a extremos numa determinação de indicar simpatia pelo republicanismo". A desconfiança com que Orléans era visto tornou-se inteiramente manifesta quando ele foi detido e executado como suspeito de atividades contra-revolucionárias em 1793, mas mesmo sua eleição para a nova Convenção Nacional no outono de 1792 atestava a redução de sua popularidade pública. Como notou A. Aulard, Orléans recebeu menos votos que qualquer outro representante de Paris. Ver A. Aulard, op.cit., vol.II, p.122.

10. Preto *(p.283 a 318)*

1. S. Zweig, *Marie Antoinette: The Portrait of an Average Woman*, p.367.

2. Duquesa de Tourzel, *Memoirs of the Duchesse de Tourzel, Governess to the Children of France*, vol.II, p.347.

3. F. Huë, *Dernières années du règne et de la vie de Louis XVI par l'un des officiers de la chambre du roi, appelé par le prince, après la journée du 10 août, à l'honneur de rester auprès de lui et de la famille royale*, p.343.

4. E. Lever, *Marie Antoinette: The Last Queen of France*, p.282.

5. F. Huë, op.cit., p.348.

6. Ibid., p.347.

7. A. Castelot, *Marie Antoinette*, 1962, p.444.

8. Um cavalinho de madeira com charrete com que o delfim brincava na Torre sobrevive até hoje; uma fotografia dele aparece em A. Castelot, *Marie Antoinette*, 1989, p.196.

9. A. Fraser, *Marie Antoinette: The Journey*, p.384. Em seu texto, Fraser se refere a esse cachorro por seu apelido, Mignon ("Mimoso"). Conservei, no entanto, o nome que a princesa de Lamballe lhe deu originalmente, Thisbée – em parte porque, por acaso, é o nome de meu próprio cachorro, e em parte porque é um nome que, nas *Metamorfoses* de Ovídio, significa fidelidade até a morte, qualidade que Lamballe demonstrou em grau considerável. Curiosamente, o romancista Alexandre Dumas, *père*, muda o nome desse animal para "Preto" ao narrar o cativeiro de Maria Antonieta, e imagina Preto, "exausto, esquelético, alquebrado", uivando desconsoladamente numa esquina de Paris quando sua ama é levada para a guilhotina. Nessa cena, o próprio Preto se torna – como os trajes pretos de luto de Maria Antonieta e o chapéu preto de pele de castor de sua amiga Lamballe – uma imagem da lealdade monarquista inextinguível e do luto (não verbalizado). Ver A. Dumas, *Le Chevalier de Maison-Rouge*, p.492.

10. J.-B. Cléry, *Journal de ce qui s'est passé à la tour du Temple pendant la captivité de Louis XVI, roi de France, au Temple*, p.63.

11. A descrição mais detalhada – embora possamos suspeitá-la de malevolência – da transformação física de Maria Antonieta é oferecida por Walter em seus materiais introdutórios aos documentos do julgamento da rainha. Ver G. Walter (org.), *Actes du Tribunal révolutionnaire*, p.57.

12. Citado em A. Castelot, *Marie Antoinette*, 1962, p.448.

13. "Relation de Goret", em G. Lenôtre (org.), *La Captivité et la mort de Marie Antoinette*, p.129 n.1.

14. J.-B. Cléry, op.cit., p.45.

15. Segundo Madeleine Delpierre, os trajes dos Bourbon no Templo revelavam uma "expressiva ... mistura de simplicidade e vestígios de esplendor". Ver M. Delpierre, "La Garde-robe de la famille royale au Temple", em C. Join-Dieterle e M. Delpierre (orgs.) p.27-30.

16. "Relation de Moelle", em G. Lenôtre (org.), op.cit., p.204-5 n.1. Como a maioria das narrativas publicadas da coleção de Lenôtre, a de Moelle apareceu pela primeira vez durante a Restauração. Ver Moelle, *Six journées passées au Temple et autres details sur la famille royale qui y a été détenue*.

17. Sobre a encomenda a Bertin de 1º de maio de 1791, ver Arquivos Nacionais, OI 3792; e E. Langlade, *La Marchande de modes de Marie Antoinette: Rose Bertin*, p.221. Sobre as encomendas que Maria Antonieta fez a Bertin no início de seu confinamento, ver Arquivos Nacionais da França, F4 1311; e E. Langlade, op.cit., p.240. Sobre as encomendas a Éloffe nessa época, ver conde de Reiset, *Modes et usages au temps de Marie Antoinette: Livre-journal de Madame Éloffe*, vol.II, p.347-50. Sobre as encomendas a vários outros fornecedores de modas enquanto permaneceu no Templo, ver A. Asquith, *Marie Antoinette*, p.194-5.

18. E. Langlade, op.cit., p.255; Arquivos Nacionais da França, F4 1311.

19. Conde de Reiset, op.cit., vol.II, p.507. O vestido marrom com bordados florais que ela também usou no Templo é mencionado na "Relation de Moelle", em G. Lenôtre (org.), op.cit., p.206, assim como o vestido-*chemise* de tafetá (p.206 n.1). Sobre a praticidade da cor "lama de Paris", convenientemente em moda, ver conde de Reiset, vol.II, p.342. Até essa cor pardacenta parece ter continuado parte da lenda da moda de Maria Antonieta, pois recentemente um jornalista, escrevendo para *The New York Times Magazine*, previu que "a [moda] da próxima estação fará provavelmente uma reverência coletiva a Rose Bertin, estilista de Maria Antonieta, que criou um tom de marrom baseado na cor da lama das sarjetas de Paris". Ver H. Silva, "Belles de Jour", *The New York Times Magazine* (26 fev 2006), p.80. Mencionado no Posfácio, o vestido "Maria Antonieta" que a Rochas revelou em dezembro de 2005 antecipou essa previsão.

20. Segundo Huë, ela tinha de fato três *femmes de chambre* a seu serviço, mas nenhuma delas, ao que parece, era qualificada ou estava disposta a auxiliar a *toilette* da rainha. Cléry, de sua parte, relata que ele próprio foi convocado para arrumar o cabelo de Maria Antonieta; ver J.-B. Cléry, op.cit., p.63.

21. Um cuidado desse tipo seria compatível com a preocupação rigorosamente "germânica" de Maria Antonieta com a higiene, observada por mulheres que a serviram em Versalhes, como madame Campan, e em sua prisão posterior na Conciergerie, como Rosalie Lamorlière (citada abaixo).

22. "Relation de Moelle", em G. Lenôtre (org.), op.cit., p.206-7.

23. Um relato escrito durante o Terror afirmou que Léonard havia sido guilhotinado, presumivelmente por suas ligações suspeitas com a rainha; posteriormente, porém, provou-se que esse relato era falso, pois Léonard escapou de algum modo das autoridades e sobreviveu até o século seguinte. (Talvez o irmão tenha sido executado em seu lugar.) Ver G. Lenôtre, *The Flight of Marie Antoinette*, p.232-7.

24. Embora fosse comumente chamado Cléry, o nome completo do camareiro era Jean-Baptiste Cathaney. Como Simone Bertière observa, foi porque Cléry havia "provado seu patriotismo em 1789" que Pétion aceitou seu oferecimento para servir à família real no Templo. Ver S. Bertière, *Les Reines de France au temps des Bourbons: Marie Antoinette, l'insoumise*, p.603.

25. Entre 1785 e 1788, Léonard recebeu entre 1.574 e 4.063 libras por ano por seus serviços à rainha. Ver Arquivos Nacionais da França, OI. 3792.

26. Numa disposição um pouco diferente, Carrolly Erickson formulou a hipótese de que "pode ter dado a Antonieta um pequeno grau de satisfação gastar o dinheiro da Comuna em ornamentos ... convencida como estava de que a qualquer dia os soldados austríacos e prussianos estariam em Paris". Ver C. Erickson, *To the Scaffold: The Life of Marie Antoinette*, p.320-1.

27. Madame Campan conta que a afeição de Maria Antonieta por Luís XVI viera crescendo constantemente por mais de uma década antes de sua prisão – e que embora seus sentimentos nunca tenham assumido a forma de uma grande paixão romântica, a rainha sentia forte "entusiasmo e ternura pela bondade de seu caráter". Ver J.-L.-H. Campan, *Mémoires de Madame Campan: première femme de chambre de Marie Antoinette*, p.211.

28. A. Castelot, *Marie Antoinette*, 1962, p.447.

29. S. Bertière, op.cit., p.609.

30. M. Cléry, *Journal de ce qui s'est passé à la tour du Temple, suivi de "Dernières heures de Louis XVI", par l'abbé Edgeworth de Firmont, et de "Mémoire" écrit par Madame Royale de France*, org. J. Brosse, p.42.

31. Ibid., p.41.

32. Ibid., p.40.

33. *La Chronique de Paris* (21 out 1792); citado também em A. de Baecque, *Glory and Terror*, p.221.

34. M. Cléry, op.cit., p.63; F. Huë, op.cit., p.351-2.

35. M. Cléry, op.cit., p.69.

36. S. Zweig, op.cit., p.370; S. Bertière, op.cit., 610-1.

37. A. Fraser, op.cit., p.386. Mas, como madame Royale recordou, ela e sua família tinham ocasionalmente permissão para ler jornais escritos por jornalistas revolucionários relatando as vitórias da nação contra os aliados e o incessante êxodo de aristocratas franceses para destinos fora da França. Ao que parece, essas exceções esporádicas à proibição dos jornais tinham por objetivo desmoralizar os prisioneiros. Ver madame Royale de France, *Mémoire sur la captivité des princes et princesses ses parents depuis le 10 août 1792 jusqu'à la mort de son frère*, em J.-B. Cléry, op.cit., p.131-83.

38. F. Huë, op.cit., p.366-7; J-B. Cléry, op.cit., p.51-2.

39. Sobre esse ponto, ver A. Fraser, op.cit., p.409; bem como a nota 172 abaixo.

40. Já nos dias que levaram à revolta de 10 de agosto, os parisienses haviam pedido formalmente a derrubada da monarquia, exigência que os membros da Assembléia não consideraram a tempo de dissuadir o povo da violência.

41. S. Schama, *Citizens: A Chronicle of the French Revolution*, p.627; A. Aulard, *The French Revolution: A Political History*, vol.II, p.109.

42. *Chronique de Paris* (19 set 1792); citado em A. Aulard, op.cit., vol.II, p.107.

43. Conde de Reiset, op.cit., vol.II, p.361.

44. J.-L.-H. Campan, op.cit., p.306. André Sarazin observou que, com o tempo, as rosetas se tornaram onipresentes também entre os contra-revolucionários insurgentes da Vendéia; ver marquesa de La Rochejaquelein, *Mémoires de la Marquise de La Rochejaquelein*, A. Sarazin (org.), p.xxx.

45. O retrato original de Dumont é alternativamente datado de 1791 (por Marguerite Jallut) e de 1792 (pelo conde de Reiset); é Reiset quem afirma ter dado miniaturas dele a madame de Tourzel e à duquesa de Fitz-James em algum momento no verão de 1792. Ver

conde de Reiset, op.cit., vol.II, p.287. Jallut, em contraposição, atribui essas miniaturas ao pintor polonês Alexandre Kucharski (que executou um retrato inacabado de Maria Antonieta, usando um traje muito diferente, durante o verão de 1792). Jallut sugere que a imagem de Dumont pertencia ao próprio Luís XVI e foi copiada mais tarde por um gravador chamado Tardieu. Ver M. Jallut, *Marie Antoinette et ses peintres*, p.58.

46. *Le Journal de la Mode et du Goût* (20 set 1792). De fato, Le Brun havia transmitido uma mensagem semelhante em sua revista no primeiro aniversário da fuga para Varennes. Nessa edição, ele apresentou também um *pouf à la contre-Révolution*, preto e amarelo, e escreveu sobre sua combinação de cores: "Isto é inteiramente simbólico e as mulheres distintas sabem perfeitamente bem como interpretá-lo." Ver *Le Journal de la Mode et du Goût* (20 jun 1792), cad.XIX, p.3.

47. A. Aulard, op.cit., vol.II, p.91.

48. C. Erickson, op.cit., p.305.

49. J.-L.-H. Campan, op.cit., p.306. De maneira semelhante, Richard Wrigley documentou os atos de violência que "esses sinais de desordem" – as rosetas Bourbon – ocasionavam nessa época. Ver R. Wrigley, p.102-3.

50. J.-B. Cléry, op.cit., p.46. Madame Elisabeth foi também forçada a ajudar a descoser os monogramas reais.

51. C. Thomas, *The Wicked Queen: The Origins of the Myth of Marie Antoinette*, p.103. Segundo Annie Duprat, Hébert preocupava-se particularmente em manter a simplicidade dos guarda-roupas dos prisioneiros, vendo isso como parte de um projeto mais amplo de "desmonarquização" da república. Ver A. Duprat, *Le Roi décapité: essai sur les imaginaires politiques*, p.208.

52. J. Godechot, *La Prise de la Bastille: 14 Juillet 1789*, p.113. Como Godechot salienta, Jean-Paul Marat era particularmente útil para insuflar os temores públicos de que a contra-revolução estava sendo preparada pelos prisioneiros aristocráticos de Paris.

53. Madame Royale, *Mémoire sur la captivité des princes et princesses ses parents depuis le 10 août 1792 jusqu'à la mort de son frère arrivé le 9 juin 1795*, em M. Cléry, *Journal de ce qui s'est passé à la tour du Temple pendant la captivité de Louis XVI, roi de France, au Temple*, p.138.

54. Citado em J.E.N. Hearsey, *Marie Antoinette*, p.192. Relatos adicionais que corroboram esse episódio são citados em R. Wrigley, op.cit., p.115. Segundo madame Campan, a mesma tática havia sido usada para proteger a família real durante sua breve estada no convento dos Feuillants depois de 10 de agosto. Ver J.-L.-H. Campan, op.cit., p.409.

55. A. de Baecque, op.cit., p.78. Antonia Fraser, em contraposição, afirma que a história do cabelo de Lamballe sendo penteado após o assassinato é "plausível" com base no fato de que "o penteado original da princesa dificilmente poderia ter sobrevivido ao ataque dos bandidos fora de La Force, mesmo que ela tivesse conseguido preservá-lo durante as duas semanas que passou lá dentro", e que foi seu penteado louro que a tornou "instantaneamente reconhecível" pelos habitantes da Torre.

56. Citado em A. de Baecque, op.cit.; e em M. de Lescure, *La Princesse de Lamballe*, p.421.

57. Citado em A. de Beauchesne, *Louis XVIII: His Life, His Suffering, His Death: The Captivity of the Royal Family in the Temple*, p.364-5; e em A. de Bacque, op.cit., p.79.

58. Nesta interpretação, separo-me um pouco de Antoine de Bacque, que observa que o novo penteado feito em Lamballe "pretendia mostrar, em contraste com o sangue jorrante, ... o refinamento em que a princesa queria viver. Sua aparência delicada, finamente trabalhada, frívola, designa o passado e a casta a que a vítima pertence: o Ancien Régime,

a *corte*." Ver A. de Baecque, op.cit., p.80. Embora sugestiva, essa observação deixa de reconhecer que, de fato, a "aparência delicada, finamente trabalhada" de Lamballe a identificava especificamente com a rainha, com quem ela se parecia tanto fisicamente quanto em seu gosto em matéria de roupas, e não só com a corte de maneira geral.

59. Idem.

60. N.R. de la Bretonne, *Les Nuits révolutionnaires: 1789-1793*, p.103. Como outras supostas testemunhas oculares, Rétif insiste que os assassinos de Lamballe decidiram "lavar e ondular" seu cabelo antes de levar sua cabeça para o Templo (p.103).

61. A frase é de A. de Baecque (op.cit., p.80), embora ele interprete essas qualidades meramente como um "sinal [generalizado] de escandalosa feminilidade", sem insistir no grau em que elas sublinham o envolvimento específico, partilhado e "escandaloso" das duas amigas com a moda.

62. Madame Royale, op.cit., p.138.

63. Idem.

64. A. Fraser, op.cit., p.389.

65. Madame Royale, op.cit., p.138; Dr. J. Moore, *A Journal During a Residence in France, from the Beginning of August to the Middle of December, 1792*, p.183.

66. C.N. de Maistre, *Marie Antoinette, Archiduchesse d'Autriche, Reine de France*, p.23.

67. Anônimo, *La Famille royale préservée au Temple par la garde nationale de Paris et surtout par la conduite énergique d'un officier municipal, secondé par les commissaires de service, le 3 septembre 1792*, citado em A. de Baecque, op.cit., p.62; e em G. Bertin, *Madame de Lamballe d'après des documents inédits*, p.323-6.

68. A. Fraser, op.cit., p.387; J. Godechot, op.cit., p.114.

69. "Vie de Marie Antoinette d'Autriche", p.124; citado e traduzido em C. Thomas, op.cit., p.124. Como o "Essai historique", a "Vie de Marie Antoinette" teve várias reimpressões e foi expandida a cada vez para incluir referências aos últimos eventos correntes e alegações escandalosas. A versão citada aqui refere-se, portanto, à prisão de Lamballe (agosto de 1792) e aos massacres na prisão (setembro de 1792), muito embora uma versão anterior tenha sido publicada no verão de 1791.

70. Talvez não por coincidência, esse tropo de marcas vermelhas sobre pele branca emerge também em pelo menos uma descrição da punição – marca a ferro em brasa com a letra "V", de *voleuse* (ladra) – que madame de La Motte recebeu por sua participação no "Caso do colar de diamantes". As memórias de Léonard aludem ao latejante "V" vermelho como ressaltando belamente na "pele branca como cetim" de La Motte (op.cit., vol.II, p.108).

71. "Vie de Marie Antoinette", p.78; citado e traduzido em C. Thomas, op.cit., p.134.

72. Como mostrou Antoine de Baecque, a Convenção nunca "proclamou [oficialmente] a fundação de um novo regime. O historiador pode procurar: não encontrará em lugar algum um decreto oficial nos arquivos instalando a primeira república francesa. Encontrará apenas, datada de 21 de setembro de 1792, uma sugestão de Camus, responsável pelos Arquivos Nacionais, de que todos os documentos administrativos fossem datados dali em diante do 'Ano I da República Francesa'" (op.cit., p.87). Apesar disso, o dia 21 de setembro é a data geralmente dada para a abolição da monarquia e a fundação da República, embora às vezes em vez dela seja mencionado o dia 22 de setembro, como a data em que um decreto reiterando a idéia de Camus do "Ano I", imediatamente efetivo, foi publicado. Ver J. Godechot, op.cit., p.121.

73. Relatado no dia seguinte em *Le Moniteur Universel*, n.266 (22 set 1792). Como Aulard salienta, a Assembléia declarou em 14 de agosto que o nome do rei deveria ser eliminado da

lista de autoridades públicas e removido de todos os documentos governamentais. De maneira semelhante, a Comuna decretou a destruição de todos os emblemas heráldicos e reais em 21 de agosto de 1792 – embora, de fato, muitos desses emblemas já tivessem sido destruídos após Varennes em junho de 1791. Ver A. Aulard, op.cit., vol.II, p.85-6, 92.

74. D.P. Jordan, *The King's Trial: The French Revolution versus Louis XVI*, p.57-8.

75. Ibid., p.58.

76. Sobre as complexidades legais e políticas da submissão do rei a julgamento, ver ibid., p.56-207, bem como a longa e excelente introdução de Michael Walzer a sua antologia, *Regicide and Revolution: Speeches at the Trial of Louis XVI*, , especialmente p.8-68.

77. M. Walzer, op.cit., p.123-4; itálicos no original.

78. J. Godechot, op.cit., p.123; C. Erickson, op.cit., p.323-4.

79. A. Aulard, op.cit., vol.II, p.83.

80. M. Walzer, op.cit., p.138.

81. Ibid. Maihle, o colega deputado de Robespierre, salientou contudo que, sendo Maria Antonieta mera esposa do rei, cujo papel fora circunscrito pela lei sálica, seu caso não merecia a consideração especial que o do marido necessariamente exigia: "Por que direito poderia seu caso ser tratado como o de Luís XVI? Alguma vez as cabeças dessas mulheres que usaram o nome de rainha da França foram algo mais invioláveis ou mais sagradas que as cabeças da turba de rebeldes e conspiradores? Quando chegardes a considerar seu caso, decidireis se há fundamentos para apresentar acusações contra ela, e é somente para tribunais ordinários que essas acusações podem ser enviadas." Ver M. Walzer, op.cit., p.108.

82. Essa mudança na nomenclatura talvez tivesse por objetivo não só despojar Luís XVI de seu título régio, mas também lembrar-lhe, como mostra Michael Walzer, que "outrora os reis eram eleitos", como o evidencia o fato de que "na França, a própria família reinante datava sua autoridade da escolha de Hugo Capeto, cujo pai não era rei e que não foi ele próprio nenhum conquistador" (p.47). O próprio Luís XVI, contudo, opôs-se vigorosamente a essa designação; ver J.-B. Cléry, op.cit., p.74.

83. Cléry, que ajudou o rei a se vestir para comparecer à Convenção, confirma que ele usou "seu chapéu e seu redingote" (p.74). Que o redingote em questão era "o paletó de montaria de cor *cheveux de la Reine*" que ele encomendou para seu cativeiro fica claro a partir da referência a seu "paletó amarelado" no *Grand détail exact de l'interrogatoire de Louis Capet à la barre de la Convention nationale*, citado em A. de Baecque, op.cit., p.90.

84. J.-B. Cléry, op.cit., p.77.

85. J. Godechot, op.cit., p.125.

86. Ibid., p.126. Ver também os *Décrets de la Convention nationale de 15, 16, 17, 19 et 20 janvier*, artigo I. A pena de morte é estipulada no artigo II.

87. J.-B. Cléry, op.cit., p.104-5.

88. "Relation de Goret", em G. Lenôtre (org.), *La Captivité et la mort de Marie Antoinette*, p.148.

89. E. Lever, op.cit., p.288; "Relation de Turgy", em G. Lenôtre (org.), op.cit., p.102. Segundo Bertrand de Molleville, Luís XVI havia usado seu redingote – de cor *cheveux de la Reine* – no cadafalso. Ver marquês Bertrand de Molleville, *Mémoires secrets pour servir à l'histoire de la dernière année du règne de Louis XVI*, vol.III, p.219.

90. "Relation de Goret" e "Relation de Turgy", em G. Lenôtre (org.), op.cit., p.149 e 129, respectivamente. Embora esse incidente seja comumente relatado em biografias da rainha, eu deveria observar aqui que Antonia Fraser contestou sua plausibilidade, alegando que não foi registrado por madame Royale, "a principal testemunha" das reações de sua mãe

nesse dia, e que "o reconhecimento aberto do menino como rei teria sido um ato espantosamente perigoso" tão pouco tempo após a execução de Luís XVI (p.404-5).

91. S. Schama, op.cit., p.673.

92. *Correspondance de Marie Antoinette*, vol.II, p.180.

93. Ibid., p.236.

94. A. Fraser, op.cit., p.404; madame Royale, op.cit., p.147.

95. "Relation de Goret", em G. Lenôtre (org.), op.cit., p.149. Esse relato é corroborado por madame Royale, op.cit., p.147.

96. Antonia Fraser defende uma idéia semelhante quando afirma que "como a viúva de um rei da França, ela atribuía muita importância simbólica" a seu traje de luto (p.378).

97. "Relation de Goret", em G. Lenôtre (org.), op.cit., p.149. Ver também *Demandes de Marie Antoinette à la Commune de Paris, avec les arrêts que la Commune a pris sur ces demandes (23 janvier 1793)*, nos Arquivos Nacionais da França, N. L641.489.

98. Enquanto Fraser identifica Pion como a mulher que fez as roupas, Haslip a descreve como "uma criada outrora vinculada à casa [de madame Royale]", que foi simplesmente chamada para "fazer as alterações" em roupas mal ajustadas fornecidas por outra fonte, não nomeada. Dunlop, de sua parte, identifica Pion como "uma das mulheres de madame Tourzel" e observa meramente que ela foi chamada para "preparar as roupas" para os membros da família real enlutados. Ver A. Fraser, op.cit., p.378; J. Haslip, op.cit., p.278; e I. Dunlop, *Marie Antoinette: A Portrait*, p.363.

99. Ibid., p.363-4.

100. "Relation de Lepitre", em G. Lenôtre (org.), op.cit., p.172; M. Delpierre, "La Garderobe de la famille royale au Temple", em C. Join-Dieterle e M. Delpierre (orgs.), op.cit., p.29; F. de Vyré, *Marie Antoinette: Sa vie, sa mort*; e os Arquivos Nacionais da França, F4.131, *mémoires* variados datados de 26 e 27 de janeiro de 1793.

101. Arquivos Nacionais da França, AF II 3, prancha 14; reproduzido em M. Sapori, *Rose Bertin: Ministre des modes de Marie Antoinette*, il.57. A conta detalhada de Bertin é reproduzida em M. Sapori, il.58.

102. Ver nota 100 acima; bem como M. Delpierre, op.cit., p.29.

103. M. Sapori, op.cit., p.231.

104. A. Zanger, "Making Sweat: Sex and the Gender of National Reproduction in the Marriage of Louis XIII", em F. Jaouën e B. Semple, *Corps mystique, corps sacré: Textual Transfiguration of the Body from the Middle Ages to the Seventeenth Century*, edição especial de *Yale French Studies*, n.86, p.187-205. Para o período de luto de seis meses, ver conde de Reiset, op.cit., vol.II, p.224.

105. J. de Norvins, *Mémorial*, vol.I, p.56. Ver também L.S. Mercier, "De l'habit noir", em *Tableau de Paris*, vol.I, p.200-1.

106. A. Castelot, *Queen of France: A Biography of Marie Antoinette*, p.76. Ver também C. Erickson, op.cit., p.95-6.

107. É muito difícil acompanhar com precisão as sutilezas do luto francês no início da idade moderna, pois as fontes se contradizem mutuamente quanto ao que constituía o vestuário apropriado, para quem e em que estágio do processo de luto. Algumas informações úteis sobre o assunto, no entanto, aparecem em conde de Reiset, op.cit., vol.II, p.223-5; P.J.A. Roussel d'Épinal, op.cit., p.308-9; A. Kraatz, "Marie Antoinette: la passion des étoffes", p.76-7; e N. Pellegrin, *Vêtements de la liberté: abécédaire de pratiques vestimentaires en France de 1780 à 1800*, p.71-3. A explicação do luto real francês sob Luís XV oferecida em C.

Erickson, op.cit., p.95-6, é muito semelhante àquela fornecida em A. Castelot, *Queen of France*, 1957, p.76.

108. *Le Journal de la Mode et du Goût* (25 mar 1790), cad.IV, p.7-8.

109. N. Pellegrin, op.cit., p.72.

110. Para o relato de um homem que foi preso por usar botões e colarinho pretos, interpretados como sinais de luto pela morte do rei, ver N. Pellegrin, op.cit., p.49.

111. Marquês Bertrand de Molleville, op.cit., vol.III, p.220; C. Erickson, op.cit., p.329; S. Schama, op.cit., p.670.

112. Em 1815, no início da Restauração que levou Luís XVIII, anteriormente duque de Provence, ao trono, os restos de Luís XVI e Maria Antonieta foram desenterrados e reenterrados em Saint-Denis. Talvez o relato mais inesquecível dessa exumação apareça em R. de Chateaubriand, *Mémoire d'Outre-Tombe*, vol.I, p.906. Nessas memórias, Chateaubriand afirmou ter reconhecido o sorriso outrora encantador de Maria Antonieta em sua mandíbula desenterrada.

113. Talvez a imagem contemporânea mais conhecida do rei decapitado, essa gravura é reproduzida em C. Weber, *Terror and its Discontents*, p.67-8. Ela pode ser encontrada também na Bibliothèque Nationale de France, Département des Estampes, Qb1 M101 880. Imagens semelhantes espalharam-se no jornal de Prudhomme, *Les Révolutions de Paris*.

114. Citado em J. Haslip, *Marie Antoinette*, p.277. Para mais sobre a reação inglesa à morte de Luís XVI, ver I. Dunlop, op.cit., p.362; e D. Bindman, *In the Shadow of the Guillotine: Britain and the French Revolution*.

115. J. Haslip, op.cit., 277; A. Fraser, op.cit., p.412.

116. Sobre a profusão de acessórios pretos entre monarquistas nessa época, ver J.-F. Léonard, op.cit., vol.II, p.287.

117. L.S. Mercier, "Collets noirs", em *Le Nouveau Paris*, vol.II, p.206.

118. Sobre a violência que os emblemas pretos dos monarquistas, em particular, provocavam, ver N. Pellegrin, op.cit., p.49-50. Essa violência já era evidente antes de 10 de agosto, como por exemplo quando a multidão atacou o guarda real que ousou vestir luto por Leopoldo II. Sobre o grau em que os monarquistas eram obrigados a se manter ocultos nesse período, ver A. Aulard, op.cit., vol.II, p.119.

119. A questão do luto real permaneceu tão politizada, de fato, que quando madame Du Barry foi levada perante o Tribunal Revolucionário em novembro de 1793, uma das acusações apresentadas contra ela era a de que havia "usado luto por Capeto". Na verdade, Du Barry havia voltado da Inglaterra (onde vivera quando exilada) para a França vestida de preto, mas isso era um tributo a um amante recentemente falecido, não ao neto do antigo amante. Essa parte da transcrição de seu julgamento é citada em H.N. Williams, *Memoirs of Madame Dubarry of the Court of Louis XV*, p.370-1.

120. Como Edgar Quinet, um dos grandes historiadores da Revolução do século XIX, observou, "assim que o rei morreu, [republicanos] pensavam estar vendo o renascimento da monarquia em toda parte: as pessoas pareciam levá-la ou usá-la [*la porter*] dentro de si mesmas". Ver E. Quinet, *La Révolution française*, p.356.

121. Citado em R. Wrigley, op.cit., p.116; extraído dos *Archives Parlementaires*, n.59 (8 mar 1793), p.712.

122. A preocupação dos republicanos com o modo de se vestir dos cidadãos, e com a possibilidade de que roupas não controladas pudessem levar ao caos político, acabou por conduzir o convencional, propagandista e artista Jacques-Louis David a começar a desenhar trajes nacionais a serem propostos ao povo francês. Essa questão provocou também a

publicação de Claude-François-Xavier Mercier de Compiègne, *Comment m'habillerai-je? Réflexions politiques et philosophiques sur l'habillement français et sur la necessité d'un costume national*. Nesse texto, Mercier de Compiègne criticou o hábito do antigo regime de "imortalizar feitos heróicos através de toucados", como o *bonnet à la Grenade*, e ressaltou que nos tempos romanos os heróis eram celebrados mediante monumentos públicos (p.4, 8-10).

123. Ironicamente, essa proibição "patriótica" da seda fez exatamente aquilo de que os detratores de Maria Antonieta a haviam acusado ao usar (impatrioticamente) tecidos como a musselina, o que arruinaria a indústria francesa da seda. Enquanto em 1786 havia 12 mil teares de seda em operação em Lyon, em 1793 esse número caíra para 5 mil. Ver P. Mansel, op.cit., p.71, 74-5.

124. R. Wrigley, op.cit., p.104. Como Wrigley também observa, em abril de 1793 a Convenção estava revendo propostas que legislavam precisamente sobre o modo como a roseta deveria ser usada: seu tamanho, sua posição no chapéu e assim por diante (p.105).

125. S. Schama, op.cit., p.735.

126. Como salientou Roussel d'Épinal, essa estratégia por vezes funcionava, tendo por exemplo salvado a vida do perseguido editor do monarquista *Journal de la cour et de la ville*. Os próprios prisioneiros reais, de fato, poderiam ter se beneficiado dessa tática: um dos planos nunca realizados para salvar a rainha e sua família teria envolvido vestir seus filhos com as "calças surradas e rotas" de seus inimigos. Ver A. Fraser, op.cit., p.409.

127. Curiosamente, o conto "A carta roubada", de Edgar Allan Poe, escrito em 1845, é ambientado em Paris, e a carta epônima é roubada de uma rainha francesa por um ministro traidor que deseja chantageá-la ou desgraçá-la. Para esconder essa carta – descobre Dupin, o engenhoso detetive de Poe – "o ministro recorreu ao expediente radical e sagaz de absolutamente não tentar escondê-la" e a colocou "imediatamente debaixo do nariz de todo o mundo, como forma de melhor evitar que qualquer porção desse mundo chegasse sequer a percebê-la". Talvez tenha sido essa a estratégia que Maria Antonieta, que afinal de contas estava acostumada a levar sua vida "diante de todo o mundo [*devant tout le monde*]", descobriu ao pedir um vestido de luto. Com esse traje, ela tornou seu monarquismo invisível para seus captores precisamente por exibi-lo "imediatamente debaixo do nariz de todo o mundo". A interpretação psicanalítica clássica do conto de Poe aparece em Jacques Lacan, "O seminário sobre 'A carta roubada'", em *Escritos*, p.13-66.

128. "Relation de Goret", em G. Lenôtre (org.), op.cit., p.149.

129. N. Pellegrin, op.cit., p.71.

130. A. Fraser, op.cit., p.408.

131. Ver Anônimo, "Les Fureurs utérines de Marie Antoinette".

132. Sobre as visitas de Kucharski ao Templo e, mais tarde, à Conciergerie, ver M. Jallut, op.cit., p.64-5. Dizeres numa das representações que Kucharski fez da rainha nesse período observam que ele se esmerou em "recriar, nos mínimos detalhes, seu traje de luto"; citado em M. Jallut, op.cit., p.67.

133. Segundo a lembrança que madame Royale tinha da mãe nessa época, "viver e morrer haviam se tornado a mesma coisa para ela". Ver Arquivos Nacionais da França, F4.1314.

134. A tolerância dos carcereiros com as escolhas de roupas da rainha é corroborada ainda por registros das despesas dos prisioneiros durante os primeiros quatro meses de 1793. Esses registros revelam que Maria Antonieta e sua família tiveram permissão para gastar quase 2 mil libras para que seus trajes matinais fossem consertados, lavados e passados. Ver Arquivos Nacionais da França, F4.1314.

135. A. Fraser, op.cit., p.408.

136. "Relation de Moelle", em G. Lenôtre (org.), op.cit., p.213. Fraser supõe que a própria rainha partilhava essa esperança, o que é corroborado pelo fato de que, não muito depois de sua conversa com Moelle, Maria Antonieta enviou a Fersen a marca de um anel de sinete ou selo com as palavras, *Tutto a te mi guida* ("Tudo me conduz a ti"), juntamente com um bilhete que dizia "este moto nunca foi mais verdadeiro". Ver A. Fraser, op.cit., p.410. Para a observação sobre os guardas, ver madame Royale, op.cit., p.147.

137. As complexidades das insurreições da Vendéia ultrapassam necessariamente o escopo da presente obra. Para um tratamento mais completo dessa questão, ver a introdução de André Sarazin a Rochejaquelein, op.cit., p.9-30.

138. *Le Moniteur* (27 mar 1793), p.816.

139. *Procès de Marie Antoinette, ci-devant reine des français, ou, recueil exact de tous ses Interrogatoires, réponses, dépositions des témoins*, p.87. Sobre a importância desse símbolo para agitadores contra-revolucionários, ver conde de Reiset, op.cit., vol.II, p.361.

140. Isso fica evidente na discussão que a promotoria fez desse pedaço de tecido no julgamento de Maria Antonieta em outubro de 1793. Ver *Procès de Marie Antoinette*, p.43, 86-7, 136.

141. Ibid., p.104. Em seu testemunho, Jobert especifica que mostrou alguns de seus medalhões para "a viúva Capeto e a filha".

142. Ibid., p.104.

143. Ibid., p.97. Eu deveria acrescentar que essa afirmação acerca da descoberta do medalhão de Medéia não é uma invenção republicana: em seu julgamento, a própria Maria Antonieta reconheceu que havia possuído um camafeu assim quando estava no Templo.

144. Para uma discussão de como "a Revolução manipulou continuamente o nome da rainha" e a caluniou ao equipará-la constantemente com outros seres monstruosos e de má reputação, ver P. Saint-Amand, "Terrorizing Marie Antoinette", em D. Goodman (org.), op.cit., p.265.

145. Panfleto anônimo publicado como prefácio a *Procès criminel de Marie Antoinette de Lorraine, archiduchesse d'Autriche*, p.7.

146. Seu traje de luto pode de fato ter representado um grito de guerra para os legalistas que receberam cópias do retrato que Kucharski fez dela vestida de preto, pois o artista polonês distribuiu grande número de réplicas entre emigrados no exterior. Ver M. Jallut, op.cit., p.66-8.

147. Citado em P. Delorme, *Marie Antoinette: Épouse de Louis XVI, mère de Louis XVII*, p.300.

148. E. Lever, op.cit., p.290.

149. Citado em P. Delorme, op.cit., p.301.

150. Madame Royale, op.cit., p.154.

151. É madame Royale que nos conta que "a desolação [de Maria Antonieta] chegou ao auge quando ela ficou sabendo que Simon, o sapateiro, que ela vira antes, havia sido encarregado de cuidar de seu pobre filho"; ver madame Royale, op.cit., p.154. Sobre o papel decisivo que a Comuna – e particularmente seu procurador-geral, Chaumette – desempenhou planejando e implementando a "reeducação patriótica" de Luís Carlos, ver J. Hamann, "Louis XVII et l'enfant du Temple", em J.-M. Léri e J. Tulard (orgs.), *La Famille royale à Paris: De l'histoire à la légende*, p.70-2; e A. Fraser, op.cit., p.413. Segundo Fraser, Chaumette teria dito sobre o menino: "Desejo lhe dar alguma educação. Vou tirá-lo de sua família e fazê-lo perder a idéia de sua posição social."

152. Madame Royale, op.cit., p.157. Sobre as roupas pretas que Luís Carlos recebeu depois da morte do pai, ver a conta de seu alfaiate, Bosquet, datada de 26 de janeiro de 1793, nos Arquivos Nacionais da França, F.1314.

153. Madame Royale, op. cit., p. 157.

154. Ibid., p.155.

155. As forças aliadas tinham acabado de conquistar uma vitória crucial em Valenciennes, deixando o caminho para Paris perigosamente livre. Os membros da Convenção parecem ter pensado que a ameaça de levar Maria Antonieta a julgamento lhes garantiria algum poder de barganha com seus inimigos. Ver A. Castelot, *Le Procès de Marie Antoinette*, p.106-7. Além disso, como Antonia Fraser enfatiza, a Convenção estava sob enorme pressão dos *sans-culottes* militantes para tratar de forma severa a viúva cativa. Ver A. Fraser, op. cit., p.424-5.

156. Ibid., p.156.

157. A. Castelot, *Marie Antoinette*, 1962, p.471.

158. Madame Royale, op.cit., p.156.

159. Idem; P. Sipriot, *Les Soixante derniers jours de Marie Antoinette*, p.18.

160. "Relation de Rosalie Lamorlière", em G. Lenôtre (org.), op.cit., p.238.

161. Para um inventário completo dos pertences que Philippe-Egalité teve permissão para manter na Conciergerie, ver conde de Reiset, op.cit., vol.II. Essa lista apresenta um surpreendente contraste com o curto inventário dos bens de Maria Antonieta na mesma prisão, fornecido também pelo conde de Reiset, op.cit., vol.II, p.432 n.1.

162. P. Saint-Amand, "Terrorizing Marie Antoinette", p.266; e "Adorning Marie Antoinette", p.30-2.

163. "Relation de Rosalie Lamorlière", em G. Lenôtre (org.), op.cit., p.257.

164. É digno de nota que, embora a "Relation de Rosalie Lamorlière" citada nessas páginas tenha sido publicada pela primeira vez durante a Restauração, uma entrevista subseqüente com Lamorlière foi realizada em 1836, seis anos depois que a Restauração chegou ao fim, e portanto num momento em que teria sido menos politicamente vantajoso para a ex-criada entoar louvores à falecida rainha. No entanto, a entrevista e a "Relation" anterior contêm versões notavelmente similares de todos os fatos salientados do cativeiro de Maria Antonieta; Lenôtre, que publica ambas em sua antologia, observa num prefácio do editor que essa mútua corroboração atesta a fidedignidade de ambos os textos. Sobre a fidedignidade das memórias de Lamorlière – e também de certa madame Bault (citada abaixo) –, ver também lorde Ronald Gower, *Last Days of Marie Antoinette*, p.56-7.

165. "Relation de Rosalie Lamorlière", em G. Lenôtre (org.), op.cit., p.239.

166. "Souvenirs de Mademoiselle Fouché", em G. Lenôtre (org.), op.cit., p.314.

167. "Relation de Rosalie Lamorlière", em G. Lenôtre (org.), op.cit., p.239. Lamorlière observa aqui que ela confiou o toucado à mulher do porteiro da prisão, madame Richard, para os necessários cortes e a recostura.

168. Como Pierre Saint-Amand comenta, era uma suprema ironia que "a mulher que insistira em levar a própria costureira [i.e., Bertin] para Versalhes" tivesse agora que remendar ela mesma suas roupas surradas, privada até do uso de tesouras de costura. Ver "Adorning Marie Antoinette", p.30.

169. "Relation de Rosalie Lamorlière" e "Relation de la femme Bault", em G. Lenôtre (org.), op.cit., p.232, 282. Ver também A. Castelot, *Le Procès de Marie Antoinette*, p.111-2. Essas mulheres eram madame Larivière, a idosa mãe do carcereiro da prisão; madame Harel, cujo marido trabalhava para a polícia; e, após uma mudança na diretoria da prisão em 13 de setembro, mademoiselle Bault, a filha do novo porteiro.

170. Como observou madame Bault, a mulher do porteiro que substituiu monsieur Richard em meados de setembro: "Seu vestido preto estava em frangalhos e seus sapatos es-

tavam completamente gastos." Ver "Relation de la femme Bault", em G. Lenôtre (org.), op.cit., p.282.

171. A. von Fersen, *Save the Queen: A Diary of the French Revolution, 1789-1793*, p.197.

172. Ao tentar persuadir outros monarcas da Europa (especialmente o da Áustria) a ajudar a rainha, Fersen estava travando uma batalha perdida, pois todos eles tinham suas próprias razões políticas para ficar fora do assunto. Segundo consta, quando abordado por outro legalista que pedia seu auxílio para a libertação de Maria Antonieta da prisão, o imperador austríaco respondeu friamente: "Bem, senhor, conheço a força de caráter de minha tia; ela saberá como morrer." Ver abade Lafont d'Aussonne, op.cit., p.417.

173. Lamorlière comentou o "desconforto que as ondas de calor do mês de agosto causavam à rainha"; ver "Relation de Rosalie Lamorlière", em G. Lenôtre (org.), op.cit., p.249.

174. Lamorlière descreve o gesto de pendurar o relógio como um dos primeiros da rainha ao perceber a "horrível nudez de sua nova cela". Ibid., p.230.

175. "Relation de Madame Simon-Vouet", em G. Lenôtre (org.), op.cit., p.271. Ver também lorde R. Gower, *Last Days of Marie Antoinette*, p.27.

176. "Relation de Rosalie Lamorlière", em G. Lenôtre (org.), op.cit., p.239.

177. "Relation de la femme Bault", em G. Lenôtre (org.), op.cit., p.287-8.

178. As causas e o momento da morte do jovem Luís XVII permanecem obscuros: ele não foi oficialmente declarado morto até 8 de junho de 1795, e os historiadores continuam a debater o que realmente aconteceu com a criança e quando. Contudo, como Madeleine Delpierre e Édouard Dupland assinalaram, contas sobreviventes da lavadeira que se encarregava de suas roupas enquanto ele estava no Templo (novamente, roupas contando a história) sugerem convincentemente que o menino morreu no dia 4 de janeiro de 1794 ou por volta dessa data. Ver M. Delpierre, op.cit., p.30; e E. Dupland, *Vie et mort de Louis XVII*, p.87.

179. A. Castelot, *Madame Royale*, p.111.

180. Citado em A. Castelot, *Marie Antoinette*, 1967, p.470.

181. "Relation de Rosalie Lamorlière", em G. Lenôtre (org.), op.cit., p.238. Esse relato é corroborado pela lista de roupas inventariadas após a execução de Maria Antonieta; ver conde de Reiset, op.cit., vol.II, p.423 n.1.

182. "Relation de Rosalie Lamorlière", em G. Lenôtre (org.), op.cit., p.239, 243.

183. Lorde R. Gower, op.cit., p.68.

184. "Relation de Rosalie Lamorlière", em G. Lenôtre (org.), op.cit., p.243-4.

185. Idem.

186. Ibid., p.237.

187. A Conciergerie estava cheia de prisioneiros aguardando julgamento pelo Tribunal Revolucionário, mas também de pessoas cujas idas e vindas estavam relacionadas com aquela corte e que por acaso se alojavam no complexo da prisão. Nesse cenário movimentado, observa Fraser, e "com a possível conivência de carcereiros afáveis, dispostos a agradar o público sempre que possível (por dinheiro), Maria Antonieta tornou-se uma das curiosidades da Conciergerie" (p.416). Sobre esse ponto, ver também lorde R. Gower, p.12-3. Ademais, certas autoridades faziam visitas regulares à sua cela: Fouquier-Tinville, o temível promotor público do Tribunal Revolucionário, visitava-a todas as noites depois do trabalho para observá-la. Ver "Relation de Rosalie Lamorlière" e "Relation de la femme Bault", em G. Lenôtre (org.), op.cit., p.237, 281.

188. O "Caso do cravo" é um tanto complexo e recebe tratamento mais adequado em outros lugares, como em A. Fraser, op.cit., p.418, 423-4, 429-30; e N. Destremau, "L'Affaire de l'oiellet" (a monografia de Destremau não tem paginação). Eu deveria mencionar que

esse não foi o primeiro plano de fuga que os legalistas apresentaram a Maria Antonieta; enquanto estava no Templo, ela havia recebido algumas sugestões, mas rejeitara-as todas, em grande parte porque teriam exigido que abandonasse seus filhos. Depois que ela foi para a Conciergerie, isso deixou, é claro, de ser uma consideração.

189. Sobre o fato muitas vezes negligenciado de que a decisão de julgar Maria Antonieta foi anterior à descoberta do "Caso do cravo", ver A. Fraser, p.424-5.

190. "Relation de Rosalie Lamorlière" e "Enquête de Madame Simon-Vouet", em G. Lenôtre (org.), op.cit., p.245, 275.

191. "Relation de Rosalie Lamorlière", em G. Lenôtre (org.), op.cit., p.237.

192. Ibid., p.246.

193. Ibid., p.245; ver também a "Relation de la femme Bault", p.282-3.

194. Ibid., p.246.

195. Sobre esse ponto, ver especialmente lorde R. Gower, op.cit., p.75-7, 85-8, 104-5.

196. Essas acusações aparecem em *Procès de Marie Antoinette*, nas seguintes páginas: p.18-9, 21, 96 (depauperação do Tesouro nacional e canalização de fundos para a Áustria); 31 (precipitação de uma fome de âmbito nacional); 94-5 (os custos do Petit Trianon); 24 (escolha de ministros governamentais perversos); 102 (capacidade de "fazer o que queria do *ci-devant* rei"); 28 (apoio a Calonne); 95 (envolvimento com La Motte); 20, 32-4, 60, 65, 128 (a distribuição de rosetas brancas e pisoteamento da *tricolore* no banquete de Flandres); 50, 87 (os trajes que encomendou para Varennes); 43, 86-7, 130 (o tecido do Sagrado Coração); 97, 104 (o medalhão de Medéia).

197. *Procès de Marie Antoinette*, p.65.

198. Ibid., p.18.

199. Variações em torno dessa expressão aparecem com notável freqüência na transcrição das atas do julgamento; ver *Procès de Marie Antoinette*, p.21, 23, 24, 27, 35, 57, 121.

200. Esse provérbio aparece como uma das definições de "*noir*" ("negro") em pelo menos três dicionários franceses do século XVIII: o *Dictionnaire de l'Academie française*, 4ª e 5ª edições; e Jean-François Feraud (org.), *Dictionnaire de la langue française* (1787-1788). Todos esses dicionários foram escaneados para o banco de dados ARTFL da Universidade de Chicago: http://humanities.uchicago.edu/orgs/orgs/ARTFL.

201. E. Lever, op.cit., p.301.

202. L. Hunt, *The Family Romance of the French Revolution*, p.95. Hunt defende essa idéia a propósito das freqüentes referências da promotoria às acusações sexuais e pornográficas que haviam sido dirigidas contra a rainha muito antes que ela fosse levada a julgamento.

203. "Petition from the Section des Piques", citado em A. Castelot, *Le Procès de Marie Antoinette*, p.130.

204. Consta que, já em sua prisão, o contraste entre as roupas horrivelmente esfarrapadas de Maria Antonieta e seu comportamento calmo e digno havia levado numerosos transeuntes a ímpetos de apaixonada reverência. Segundo madame Bault, "várias pessoas pediram insistentemente" farrapos do debrum que sua filha substituíra no vestido preto da viúva Capeto ("Relation de la femme Bault", p.282). De maneira semelhante, Rosalie Lamorlière conta que sempre que ela e um guarda da prisão benevolente tentavam raspar a sujeira agarrada aos sapatos da prisioneira, tanto prisioneiros quanto visitantes pediam que lhes fosse permitido beijá-los ("Relation de Rosalie Lamorlière", p.240-1).

205. "Relation de Larivière", em G. Lenôtre (org.), op.cit., p.355. A mãe de Larivière foi uma das mulheres que ajudaram a remendar o vestido preto de Maria Antonieta na Conciergerie.

206. Sobre esse ponto, ver, novamente, a horrorizante descrição física da rainha em G. Walter (org.), op.cit., p.57; o inesquecível retrato que Kucharski pintou dela em seu traje de viúva; e os apontamentos de Fersen em seu diário sobre o estado emaciado, devastado a que, segundo ele fora informado, a rainha tinha sido reduzida. Evidentemente, nenhum desses relatos pode ser aceito como objetiva ou empiricamente "verdadeiro", mas, considerados em conjunto, pintam o quadro de uma mulher cuja beleza a deixara havia muito e cujas tribulações haviam lhe cobrado um pesado tributo físico.

207. Antonia Fraser corrobora essa idéia ao escrever: "A aparência de Maria Antonieta causou uma sensação imediata na sala repleta do tribunal. ... A *ci-devant* rainha parecia lívida. ... Sua aparência desfigurada contrastava estranhamente com a imagem mental que a maioria dos espectadores tinha da acusada. ... Ela não era [patentemente nem] a avestruz com cara de harpia das caricaturas nem a resplandecente rainha com seus diamantes e plumas a menear. ... Como *Le Moniteur* admitiu, [a viúva] Capeto estava 'prodigiosamente mudada'." (p.429)

208. *Procès de Marie Antoinette*, op.cit., p.48-9.

209. "Relation de Chauveau-Lagarde", em G. Lenôtre (org.), op.cit., p.343. De maneira semelhante, madame Bault supôs que Maria Antonieta seria declarada inocente porque "respondia como um anjo". Ver "Relation de la femme Bault", em G. Lenôtre (org.), op.cit., p.348; para M. de La Rochetière e marquês de Beaucourt (orgs.), *Lettres de Marie Antoinette*, ver p.343-4 n.2. Lenôtre explica que a platéia no julgamento parece ter sido uma mistura de revolucionários militantes, curiosos e monarquistas disfarçados.

210. Lorde R. Gower, op.cit., p.89. Um relato semelhante aparece em A. Castelot, *Marie Antoinette*, 1989, p.211.

211. Lorde R. Gower, op.cit., p.104-5; e A. Fraser, op.cit., p.429. Gower observa que, juntamente com Herman e Fouquier-Tinville, "o tribunal que julgou a rainha era composto de ... quatro juízes, o escrivão-chefe e 15 jurados. ... As testemunhas, mais de 40 em número, eram de todas as classes. Essas pessoas pareciam ter sido selecionadas tanto quanto possível dentre os que eram sabida ou supostamente inimigos da rainha." (p.85)

212. "Relation de Rosalie Lamorlière", em G. Lenôtre (org.), op.cit., p.274.

11. BRANCO *(p.319 a 321)*

1. Essa carta, que madame Elisabeth nunca recebeu e que foi encontrada entre os pertences de Fouquier-Tinville quando ele foi preso durante o golpe do Termidor no verão seguinte, está nos Arquivos Nacionais da França. É reproduzida na íntegra em lorde R. Gower, *Last Days of Marie Antoinette*, p.122-3.

2. "Relation de Rosalie Lamorlière", em G. Lenôtre (org.), op.cit., p.252.

3. "Relation de Rosalie Lamorlière" e "Enquête de Madame Simon-Vouet", em G. Lenôtre (org.), op.cit., p.252-3, 272-3.

4. "Enquête de Madame Simon-Vouet", em G. Lenôtre (org.), op.cit., p.274-5.

5. "Relation de Rosalie Lamorlière", em G. Lenôtre (org.), op.cit., p.274.

6. "Relation de Rosalie Lamorlière" e "Enquête de Madame Simon-Vouet", em G. Lenôtre (org.), op.cit., p.253, 274. Detalhes idênticos sobre o último traje da rainha figuram no suposto testemunho ocular dado pelo visconde Charles Desfossés, "Récit de Charles Desfossés", em G. Lenôtre (org.), op.cit., p.374.

7. A severa perda de sangue da rainha é comentada em "Relation de Rosalie Lamorlière", em G. Lenôtre (org.), op.cit., p.252. Duas das pretensas testemunhas da morte da

rainha fazem menção à sua extrema palidez: ver "Récit de Desessartis" e "Récit de Charles Desfossés", em G. Lenôtre (org.), op.cit., p.372, 373-4.

8. Embora preto, violeta e azul fossem as cores dominantes do luto real no século XVIII, Fraser salienta que "ninguém lembrou que no passado o branco havia sido a cor do luto da rainha da França". Ver A. Fraser, op.cit., p.438. Não enfatizei esse aspecto do traje de Maria Antonieta aqui, entretanto, porque não fui capaz de averiguar com alguma especificidade quando, exatamente, tons mais escuros substituíram o branco nos trajes do luto principesco. Inversamente, um curador de moda meu conhecido sugeriu que o branco foi temporariamente revivido como principal cor do luto no fim do século XVII, durante uma breve voga do preto em roupas elegantes (não de luto), mas não encontrei nenhuma fonte publicada que desse respaldo a essa afirmação. De fato, em agosto de 1789, *Le Magasin des Modes Nouvelles* afirmava categoricamente que sob o Ancien Régime, "o luto e até o luto aliviado eram sempre usados unicamente em preto" e que somente no início da nova era – a da Revolução – as pessoas teriam sido capazes de "substituir por branco e cores" essa antiga tradição aristocrática. Ver *Le Magasin des Modes Nouvelles Françaises et Anglaises* (1º out 1789), p.194.

9. Ver, por exemplo, "Relation du Gendarme Léger", "Récit de Desessartis" e "Récit de Charles Desfossés", em G. Lenôtre (org.), op.cit., p.371, 374. O jornal francês *Le Moniteur* também registrou o traje branco, detalhe que impressionou tanto Goethe, que havia percorrido seu *pavillon de remise* 23 anos antes, que ele escolheu um vestido branco como a roupa com que sua heroína, Maria, rainha da Escócia, ruma para a morte em sua peça *Maria Stuart*. Sou grata a Liliane Weissberg por me informar sobre essa fascinante anedota literário-histórica.

10. Talvez as duas melhores narrativas da reação inesperadamente emudecida à passagem de Maria Antonieta apareçam em lorde R. Gower, op.cit., p.145-6; e H. de Viel-Castel, *Marie Antoinette et la Révolution française*, p.351. Gower e Viel-Castel descrevem ambos como um ator revolucionário militante chamado Grammont cavalgou ao lado da carroça de Maria Antonieta e tentou incitar o povo a insultá-la – esforço que foi em grande parte malsucedido até que ele encontrou pequenos grupos de vendedoras do mercado arruaceiras e bêbadas diante da igreja Saint-Roch e do Clube dos Jacobinos. Mas afora essas explosões limitadas, que aparentemente Grammont organizara de antemão dizendo às vendedoras do mercado onde se postar e cumulando-as liberalmente de vinho, as multidões ficaram acima de tudo "chocadas e estupidificadas" (H. de Viel-Castel, op.cit., p.351) à visão de sua antiga rainha na carroça da morte. Curiosamente, Gower atribui essa reação ao "pasmo [dos circunstantes] por ver sua figura vestida de branco, tão simples e no entanto tão grandiosa em seu desamparo" (p.145) – como se o traje levasse por si mesmo as multidões a silenciar.

11. P. Saint-Amand, "Adorning Marie Antoinette", em D. Goodman (org.), *Marie Antoinette: Writings on the Body of a Queen*, p.32.

12. Pierre Saint-Amand descreve eloqüentemente esse desenho como "a assinatura final e definitiva do processo de desnarcisação" que os revolucionários perpetraram sobre o corpo de sua vítima real. No esboço de David, continua ele, "Maria Antonieta já está morta, consumida, apagada, esvaziada". Ver P. Saint-Amand, "Terrorizing Marie Antoinette", em D. Goodman (org.), op.cit., p.267.

13. O nome do carrasco era Sanson, e a afirmativa de que Maria Antonieta o viu enfiar no bolso um cacho de seu cabelo aparece em "Relation de Larivière", em G. Lenôtre (org.), op.cit., p.363. De maneira bastante interessante, o costume dos carrascos de tosquiar

o cabelo das vítimas antes que elas fossem para a guilhotina era conhecido como "a toalete final". Como em suas toaletes anteriores, Maria Antonieta viu assim seu cabelo ser objeto de atenção politizada e cerimonial: segundo Larivière, a mecha de cabelo que Sanson furtou foi ritualmente queimada num vestíbulo da Conciergerie (p.363). Viel-Castel, entretanto, afirma que o cacho de cabelo emergiu mais tarde no leilão dos bens do filho de um antigo convencional. Ver H. de Viel-Castel, op.cit., p.345.

Posfácio: Vítima da moda *(p.323 a 326)*

1. Citado em M. e A. Batterberry, *Mirror Mirror: A Social History of Fashion*, p.145.

2. É interessante notar que Walter Benjamin defende uma idéia semelhante ao comparar a memória seletiva dos próprios revolucionários franceses – que tentaram sobrescrever o passado monárquico da França reinventando o Estado como uma versão revista de uma república romana – com a mecânica da moda. Ver W. Benjamin, *Illuminations*, org. H. Arendt, p.261.

3. Muita tinta foi gasta sobre o célebre "estilo" dessas mulheres, um tópico que escapa aos limites do presente projeto. Eu gostaria, contudo, de mencionar um livro que me parece extremamente inspirador em sua análise criativa e inteligente da relação de Jacqueline Kennedy Onassis com a moda. Trata-se da obra de W. Koestenbaum, *Jackie Under My Skin: Interpreting an Icon*.

4. H. de Viel-Castel, *Collection de costumes, armes e meubles, pour servir à l'histoire de la Révolution Française et l'Empire*, p.10.

5. É claro que, em termos tanto psicanalíticos quanto marxistas, "fetichismo" é o termo precisamente para essa desconfortável coexistência entre memória e esquecimento; em outro ensaio, eu veria com bons olhos a oportunidade de considerar mais profundamente os mecanismos fetichistas tanto da relação de Maria Antonieta com a moda quanto da relação do mundo da moda contemporâneo com Maria Antonieta. Sinto-me especialmente intrigada pela observação do filósofo Jacques Derrida de que a cultura da mercadoria transforma tanto mercadorias quanto consumidores em fantasmas – traços bruxuleantes no vértice entre passado e presente, materialidade e abstração, ser e nada. A história da *vida após a morte* de Maria Antonieta *na moda* ainda está por ser escrita – como suas roupas foram destruídas, redistribuídas, preservadas, de fato transformadas em fetiche após sua morte, e como sua imagem desde então, nas palavras de uma jornalista de moda contemporânea (citada abaixo), "tornou-se oficialmente uma marca". Como o crítico Thomas Keenan salientou, "no rigor da abstração" pela qual uma pessoa, digamos, torna-se uma marca, "somente fantasmas sobrevivem" (p.168). Não é nenhum exagero afirmar que Maria Antonieta obseda o cenário da moda atual e, ao sermos obsedados por ela, nós mesmos deslizamos para uma posição liminar, nem reconhecendo plenamente nem esquecendo por completo sua existência "material". Referências-chave para uma investigação desse tipo seriam J. Derrida, *Specters of Marx: The State of Debt, the Work of Mourning, and the New International*, cap.5, "Apparition of the Inapparent", p.125-176; e T. Keenan, "The Point is to (Ex)change It: Reading *Capital*, Rhetorically", em E. Apter e W. Pietz (orgs.), *Fetichism as Cultural Discourse*, p.152-85.

6. A. Browne, "Let Them Wear Couture", p.64.

Bibliografia selecionada

Correspondência, memórias, crônicas, testemunhos

abade Baudeau. *Chronique secrète de Paris sous Louis XVI*, reproduzido em *Revue rétrospective du bibliothèque historique*. Jules-Antoine Taschereau (org.). Paris, H. Fournier, 1833-1838.

abade de Véri, Joseph-Alphonse. *Journal de l'Abbé de Véri*. Barão Jehan de Witte (org.). 2 vols. Paris, Jules Tallandier, 1928.

abade Delille. *De l'imagination*. Paris, Guiget et Michaud, 1806.

abade Sieyès, Emmanuel Joseph. *Qu'est-ce que le Tiers état?* Paris, s.n., 1788.

Adamy, Paul (org.). *Recueil de lettres secrètes: année 1783*. Lausanne, Droz, 1997.

Amiguet, Philippe (org.). *Lettres* de *Louis XV à son petit-fils Ferdinand* de *Parme*. Paris, B. Grasset, 1938.

Bachaumont, Louis Petit de. *Mémoires secrets pour servir à l'histoire de la république des lettres en France*. Londres, Gregg International, 1970.

barão de Besenval, Pierre-Victor. *Mémoires Sur la Cour de France*. Ghislain de Diesbach (org.). Paris, Mercure de France, 1987 [1805].

barão de Frénilly, Auguste-François. *Mémoires 1768-1828: Souvenirs d'un ultra-royaliste*. Frédéric d'Agay (org.). Paris, Perrin, 1987.

barão de Klinckowström, R.M. *Le Comte de Fersen et la cour de France*. 2 vols. Paris, Firmin-Didot, 1877-1888.

baronesa d'Oberkirch, Henriette-Louise de Waldner de Freudenstein. *Mémoires de la Baronne d'Oberkirch sur la cour de Louis XVI et la société française avant 1789*. Suzanne Burkard (org.). Paris, Mercure de France, 1970 [1853].

Baucourt, A. de (org.). *Correspondance entre le Comte de Mirabeau et le Comte de La Marck*. 3 vols. Paris, s.n., 1851.

Bernier, Olivier (org.). *Secrets of Marie Antoinette*. Nova York, Fromm, 1986.

Bretonne, Nicolas Rétif de la. *Les Nuits révolutionnaires: 1789-1793*. Paris, Éditions de Paris, 1989.

Burke, Edmund. *Reflections on the Revolution in France*. Conor Cruise O'Brien (org.). Baltimore, Penguin, 1969 [1790].

Campan, Jeanne-Louise-Henriette. *Mémoires de Madame Campan: première femme de chambre de Marie Antoinette*. Jean Chalon (org.). Paris, Mercure de France, 1988 [1822].

Chateaubriand, René de. *Mémoires d'Outre-Tombe*. 2 vols. Paris, Gallimard / Pléïade, 1955 [1803-1841].

Christoph, Paul. *Maria Theresia und Marie Antoinette: ihr geheimer briefwechsel*. Viena, Cesam, 1952.

Cléry, Jean-Baptiste. *Journal de ce qui s'est passé à la tour du Temple pendant la captivité de Louis XVI, roi de France, au Temple*. Paris, Mercure de France, 1987 [1798].

conde d'Hézècques, Félix. *Page à la cour de Louis XVI, Mémoires du Comte d'Hézècques*. Emmanuel Bourassin (org.). Paris, Tallandier, 1987 [1804].

conde d'Hunolstein, Paul Vogt (org.). *Correspondance inédite de Marie Antoinette*. Paris, E. Dentu, 1864.

conde de Caraman. *Mémoires*. Paris, Revue de France, 1935.

conde de Saint-Priest, François-Emmanuel Guignard. *Mémoires: Règnes de Louis XV et Louis XVI*. Barão de Barante (org.). 2 vols. Paris, Calmann-Lévy, 1929.

conde de Ségur, Louis Philippe. *Memoirs and Recollections of Count Ségur*. Boston, Wells & Lilly, 1825.

conde de Tilly, Alexandre. *Mémoires du comte Alexandre de Tilly, pour servir à l'histoire des moeurs de la fin du XVIIIe siècle*. Christian Melchior-Bonnet (org.). Paris, Mercure de France, 1986 [1804-1806].

condessa d'Ossun. *État général des dépenses de la Garde-robe de la Reine*. Arquivos Nacionais da França, OI.3792-3798.

condessa de Boigne, Adèle d'Osmond. *Mémoires de la Comtesse de Boigne, née d'Osmond, récits d'une tante. I. Du règne de Louis XVI à 1820*. Jean-Claude Berchet (org.). Paris, Mercure de France, 1999 [c.1837].

condessa de Genlis, Stéphanie Félicité. *Mémoires inédits de la Comtesse de Genlis*. 10 vols. Paris, L'Advocat, 1825.

______. *De l'esprit des étiquettes*. Paris, Mercure de France, 1996.

Demandes de Marie Antoinette à la Commune de Paris, avec les arrêts que la Commune a pris sur ces demandes (23 janvier 1793). Arquivos Nacionais da França, N. L641.489.

Diderot, Denis, e Jean Le Rond d'Alembert (orgs.). *Encyclopédie, ou dictionnaire raisonné des sciences, des arts et des métiers par une société de gens de lettres*. Lausanne / Berna, Chez les Sociétés Typographiques, 1779.

duque de Choiseul, Étienne-François de Stainville. *Mémoires*. Jean-Pierre Giucciardi e Philippe Bonnet (orgs.). Paris, Mercure de France, 1982 [1790].

duque de Choiseul-Stainville, Claude-Antoine-Gabriel. *Relation du départ de Louis XVI, le 20 juin 1791*. Paris, Badouin Frères, 1822.

duque de Croÿ, Emmanuel. *Journal inédit du Duc de Croÿ (1718-1784)*. Paul Cottin e Vicomte de Grouchy (orgs.). 4 vols. Paris, Flammarion, 1907.

duque de Lauzun, Armand-Louis de Gongaut-Biron. *Mémoires du Duc de Lauzun*. Georges d'Heylli (org.). Paris, Édouard Rouveyre, 1880 [1858].

duque de Lévis-Mirepoix. *Aventures d'une famille française*. Paris, s.n., 1949.

duquesa de Devonshire, Georgiana. *Extracts from the Correspondence of Georgiana, Duchess of Devonshire*. Duque de Bessborough (org.). Londres, Murray, 1955.

duquesa de Northumberland, Elizabeth Seymour Percy. *The Diaries of a Duchess*. Londres, Hodder and Stoughton, 1926.

duquesa de Tourzel, Louise Élisabeth Félicité. *Memoirs of the Duchesse de Tourzel, Governess to the Children of France*. Duque des Cars (org.). 2 vols. Londres, Remington & Co., 1886.

Feraud. *Dictionnaire critique de la langue française*, 3ed. Marselha, Mossey, 1787-1788.

Fersen, Axel von. *Save the Queen: A Diary of the French Revolution, 1789-1793*. Londres, G. Bell & Sons, 1971.

Girard, George (org.). *Correspondance entre Marie-Thérèse et Marie Antoinette*. Paris, Grasset, 1931.

Goethe, Johann Wolfgang von. *Mémoires*. 2 vols. Paris, Charpentier & Fasquelle, 1855.

Grand détail exact de l'interrogatoire de Louis Capet à la barre de la Convention Nationale. Paris, s.n., 1792.

Griffet, Pierre. *Mémoires pour servir à l'histoire de Louis Dauphin*.

Grimm, Friedrich-Melchior et al. *Correspondance littéraire, philosophique et critique*. Maurice Tourneux (org.). Paris, Garnier Frères, 1877-1882.

Hardy, S.-P. *Mes loisirs ou journal d'évènements tels qu'ils parviennent à ma connaissance de 1764 à 1790*. Paris, s.d.

Heidenstam, O.G. de (org.). *The Letters of Marie Antoinette, Fersen, and Barnave*. Londres, John Lane, 1926.

Heinzmann, Johann Georg. *Voyage d'un Allemand à Paris*. Lausanne, s.n., 1800.

Hervé, F. (org.). *Madame Tussaud's Memoires and Reminiscences of France*. Londres, s.n., 1838.

Huë, François. *Dernières années du règne et de la vie de Louis XVI par l'un des officiers de la chambre du roi, appelé par ce prince, après la journée du 10 août, à l'honneur de rester auprès de lui et de la famille royale*. Prefácio de René de Menil de Maricourt. Paris, Henri Plon, 1860 [1814].

Khevenhüller-Metsch, Rudolf, e Hans Schlitter (orgs.). *Aus der Zeit Maria Theresias: Tagebuch des Fürsten Johann Joseph Khevenhüller-Metsch*. 8 vols. Viena, Hozhausen, 1972 [1907-1925].

La Rochetière, Maxime de, e Marquis de Beaucourt (orgs.). *Lettres de Marie Antoinette*. 2 vols. Paris, A. Picard et fils, 1895-1896.

Léonard, Jean-François. *The Souvernirs of Léonard, Hairdresser to Queen Marie Antoinette*. 2 vols. Londres, s.n., 1897.

Lescure, Mathurin de (org.). *Correspondance secrète inédite sur Louis XVI, Marie Antoinette, la cour et la ville de 1777 à 1792*. Paris, Henri Plon, 1866.

Lough, John (org.). *France on the Eve of Revolution: British Traveller's Observations, 1763-1788*. Londres, Croom Helm, 1978.

madame du Deffand. *Lettres de la Marquise du Deffand à Horace Walpole (1766-1780)*. Mrs. Paget Toynbee (org.). 3 vols. Londres, Methuen, 1912.

madame Elisabeth da França. *Mémoires de Madame Élisabeth, soeur de Louis XVI*. F. de Barghon Fort-Rion (org.). Paris, Auguste Vaton, 1860.

madame Royale da França. *Mémoire sur la captivité des princes et princesses ses parents depuis le 10 août 1792 jusqu'à la mort de son frère arrivé le 9 juin 1795*, em J.-B. Cléry, *Journal de ce qui s'est passé à la tour du Temple pendant la captivité de Louis XVI, roi de France, au Temple*.

Maria Antonieta. *Correspondance de Marie-Antoinette*. 2 vols. Clermont-Ferrand, Paléo, 2004.

______, Maria-Teresa d'Áustria e o conde de Mercy-Argenteau. *Correspondance secrète*. Alfred von Arneth e Mathieu Auguste Geoffroy (orgs.). 3 vols. Paris, Firmin-Didot, 1875.

marquês d'Argenson. *Journal et mémoires du marquis d'Argenson*. E.J.B. Ratherty (org.). 9 vols. Paris, J. Renouard, 1839.

marquês de Bertrand de Molleville, Antoine François. *Mémoires secrets pour servir à l'histoire de la dernière année du règne de Louis XVI*. 3 vols. Londres, Strahan, 1797.

marquês de Bombelles, Marc Marie. *Journal (1744-1822)*. Frans Durif e Jean Grassion (orgs.). Genebra, Droz, 1977-1982.

marquês de Dangeau, Philippe de Courcillon. *Journal du Marquis de Dangeau*. MM. Soulié, Dussieux, de Chennevières, Mantz e de Montaiglon (orgs.). 19 vols. Paris, Firmin-Didot, 1854-1860.

marquesa de La Rochejaquelein, Marie-Louise-Victoire de Donnissan. *Mémoires de la Marquise de La Rochejaquelein*. André Sarazin (org.). Paris, Mercure de France, 1984.

marquesa de La Tour du Pin de Gouvernet, Henriette-Lucie Séraphin Dillon. *Mémoires: Journal d'une femme de cinquante ans (1778-1815)*. Christian de Liedekerke Beaufort (org.). Paris, Mercure de France, 1989 [1907].

Mercier de Compiègne, Claude-François-Xavier. *Comment m'habillerai-je? Réflexions politiques et philosophiques sur s'habillement françois et sur la nécessité d'un costume national*. Paris, 1793.

Mercier, Louis Sébastien. *Le Nouveau Paris*. Jean-Claude Bonnet (org.). 2 vols. Paris, Mercure de France, 1994.

_____. *Tableau de Paris*. Jean-Claude Bonnet (org.). 2 vols. Paris, Mercure de France, 1994.

Métra, François. *Correspondance secrète*. 18 vols. Londres, John Adamson, 1787-1790.

Mirecourt, mademoiselle de. *L'Autrichienne: Mémoires inédits de Mademoiselle de Mirecourt sur la reine Marie Antoinette et les prodromes de la Révolution*. Paris, Albin Michel, 1966.

Moelle, *Six journées passées au Temple et autres details sur la famille royale qui y a été détenue*. Paris, Dentu, 1820.

Moitte, Adelaide-Marie-Anne. *L'Âme des Romaines dans les femmes françaises*. Paris, Gueffier le jeune, 1789.

_____. *Suite de L'Âme des Romaines dans les femmes françaises*. Paris, Knapen fils, 1789.

Moore, Dr. John. *A Journal During a Residence in France, from the Beginning of August to the Middle of December, 1792*. 2 vols. Londres, s.n., 1793.

Morris, Gouverneur. *A Diary of the French Revolution*. Beatrix Cary Davenport (org.). 2 vols. Boston, Houghton Mifflin, 1939.

Mousset, Albert. *Un Témoin ignoré de la Révolution: le comte Fernan Nuñez, Ambassadeur d'Espagne à Paris*. Paris, s.n., 1924.

Norvins, Jacques de. *Mémorial*. 2 vols. Paris, s.n., 1896.

príncipe de Ligne, Charles-Joseph Lamoral. *Mémoires du Prince de Ligne*. Prefácio de Chantal Thomas. Paris, Mercure de France, 2004 [1809].

Procédure criminelle instruite au Châtelet de Paris. 3 vols. Paris, Chez Baudouin, 1790.

Procès criminel de Marie Antoinette de Lorraine, archiduchesse d'Autriche. Paris, Chez Denné, Chez la citoyenne Toubon, Chez Courdier, 1793.

Procès de Marie Antoinette, ci-devant reine des français, ou, recueil exact de tous ses Interrogatoires, réponses, depositions des Témoins. Paris, Chez les Principaux Libraires, 1793.

Prudhomme, Louis-Marie. *Reproche véritable par la majesté du peuple à l'épouse du roi sur ses torts*. Paris, Imprimerie des Révolutions de France, 1790.

_____. "Réponse aux reproches qu'on nous a faits de n'avoir rien dit à Marie Antoinette pour l'année 1792", *Révolutions de Paris*, s.d., p.131, 152.

Raunié, Emile. *Chansonnier historique du XVIIIe siècle*. Paris, A. Quantin, 1879-1884.

Recueil général des costumes et modes contenant les différens habillemens et les coëffures les plus élégantes. Paris, Chez Desnos, 1780.

Roland, Marie-Jeanne Philippon. *Lettres de Madame Roland*. Claude Perrould (org.). 2 vols. Paris, s.n., 1902.

Roussel d'Épinal, Pierre Joseph Alexis. *Le Château des Tuileries*. Paris, Lerouge, 1802.

Smythe, Lillian C. (org.). *The Guardian of Marie Antoinette: Letters from the Comte de Mercy-Argenteau, Austrian Ambassador to the Court of Versailles, to Marie Thérèse, Empress of Austria (1770-1780)*. 2 vols. Nova York, Dodd, Mead, 1902.

Soulavie, Jean-Louis. *Mémoires historiques et politiques du règne de Louis XVI.* 6 vols. Paris, Treuttel & Würtz, An X.
Touchard-Lafosse, G. (org.). *Chroniques pittoresques et critiques de l'Oeil-de-Boeuf, sous Louis XIV, la Régence, Louis XV, et Louis XVI.* 4 vols. Paris, Gustave Barba, 1845.
Vigée-Lebrun, Élisabeth. *The Memoirs of Élisabeth Vigée-Lebrun.* Bloomington e Indianapolis, Indiana University Press, 1989 [1835].
Voltaire. *Siècle de Louis XIV.* 2 vols. Paris, Garnier-Flammarion, 1966.
Walpole, Horace. *Letters of Horace Walpole.* P. Cunninghan (org.). 9 vols. Londres, s.n., 1891.
_____. *Correspondence.* W.S. Lewis (org.). New Haven e Londres, Yale University Press, 1965.
Walter, Gérard (org.). *Actes du Tribunal révolutionnaire.* Paris, Mercure de France, 1968.
Weber, Joseph. *Mémoires de Joseph Weber concernant Marie Antoinette, archiduchesse d'Autriche et reine de France et de Navarre.* Berville e Barrière (orgs.). 3 vols. Paris, Baudouin Frères, 1822.
Wille, Johann Georg. *Mémoires et journal de Jean-Georges Wille, graveur du roi.* 2 vols. Paris, J. Renouard, 1857.
Williams, Helen Maria. *Letters Written in France, in the Summer of 1790, to a Friend in England; Containing Various Anecdotes Relative to the French Revolution.* Neil Fraistat e Susan S. Lanser (orgs.). Toronto, Broadview Literary Texts, 2001.
Wollstonecraft, Mary. *A Vindication of the Rights of Woman.* Londres, s.n., 1792.
_____. *An Historical and Moral View of the Origin and Progress of the French Revolution and the Effect It Has Produced in Europe.* Nova York, Scholars' Facsimiles, 1975 [1794].

Literatura panfletária da época

[a menos que indicado de outro modo, as fontes são anônimas]

"Description historique d'un monstre symbolique, pris sur les bords du Lac Fagua, près de Santa Fé" ... "Santa Fé & Paris", s.n., 1784.
"Détails de tout ce qui s'est passé au Champ de Mars, à la Cérémonie de la Fédération le 14 juillet: anecdote sur la Reine". Marselha, Jean Mossy, 1790.
"Essai historique sur la vie de Marie Antoinette d'Autriche, reine de France". Paris, Chez la Montensior, 1789.
"Les Fastes de Louis XV, de ses ministres, généraux, et autres notables Personages de son règne". Villefranche, Chez la Veuve Liberté, 1782.
"Les Fureurs utérines de Marie Antoinette". s.n., [1791].
"Le Godmiché royal". Paris, s.n., 1789.
"L'Iscariote de la France, ou le député autrichien". Paris, s.n., set 1789.
[Keralio, Louise de.] "Les Crimes des reines de France". Paris, Chez Prudhomme, 1791.
[Lebois, R.-F.] "Grand complot découvert, de mettre Paris à feu et à sang à l'époque du 10 août jusqu'au 15 août, de faire assassiner les patriots par des femmes, et par des calotins déguisés en femmes; Marie Antoinette d'Autriche d'infernale mémoire, sur la scélette...". Paris, De l'Imprimerie de l'Ami des sans-culottes, [1792].
"Louis XVI et Antoinette, traités comme ils le méritent". Paris, Imprimerie des Amis de la Constitution, 1791.
"Memoirs of Marie Antoinette, ci-devant Queen of France". Paris, s.n. [traduzido e reimpresso nos Estados Unidos], 1794.
"La Messaline française". Tribaldis [*sic*], De l'imprimerie Priape, 1789.

[Morande, Charles Théveneau de.] "Le gazetier cuirassé ou anecdotes scandaleuses de la cour de France". Imprimé à 100 lieues de la Bastille [*sic*]: 1783.

[La Motte, Jeanne de Saint-Rémy de Valois, Comtesse de.] *Mémoires de la Comtesse de La Motte-Valois ... d'après les mémoires justicatifs de la Comtesse de La Motte, les mémoires du comte de La Motte, etc.* Jean Hervez (org.). Paris, Bibliothèque des Curieux, 1911.

"Nouvelle scene tragicomique et nullement héroïque entre M. Louis Bourbon, maître serrurier, et Madame Marie Antoinette, sa femme". Paris, Imprimerie de Tremblay, [1792].

"Observations et précis sur le caractère de la conduite de Marie Antoinette d'Autriche". Paris, s.n., 1793.

Pamphlets de l'Affaire du Collier. Paris, s.n., 1786.

"Petit journal du Palais Royal". Paris, s.n., 1789.

"Portefeuille d'un talon rouge". Paris, Imprimerie du Comte de Paradès, 178 ... [*sic*].

"Le Rêve d'un Parisien, ou, ce qui n'a point été, ce qui devroit être, & ce qui ne sera peut-être pas". Paris, Imprimerie de L.M. Cellot, [1789].

"Vie de Marie Antoinette, reine de France, femme de Louis XVI, roi des Français". Paris, s.n., 1791.

Fontes arquivais

AN: Arquivos Nacionais da França
BNE: Biblioteca Nacional da França, Departamento de Estampas
FJD: Fundo Jacques Doucet
BV: Biblioteca de Versalhes

AEI 6 n.2	[AN]
AF II 3, pl.14	[AN]
AN C192	[AN]
Dossier 596	[FJD]
F4.1311	[AN]
F4.1314	[AN]
K 1017(1) (bobina 539)	[AN]
Portraits de Marie Antoinette (t.I, vol.1181, D 205801) Ms. 402 (254F)	[BNE]
Ms. 402 (254F)	[BV]
Ms. Français 6686	[BNE]
Ms. 8157 e 8158	[BNE]
N.L64I.489	[AN]
O1. 3792-3798	[AN]
Qb_1778 (cotes 46.B.2139, 67.A.16387, 80C 103422)	[BNE]
Qb1 M101 880	[BNE]

Revistas e periódicos da época

L'Ami du Peuple
Le Cabinet des Modes
Chronique de Paris
Journal de la Cour et de la Ville
Le Journal de la Mode et du Goût

Le Magasin des Modes Nouvelles Françaises et Anglaises
Le Mercure de France
Le Mercure Galant
Le Moniteur Universel
Nouveau Jeu des Modes Françaises
Le Patriote Français
Le Père Duchesne
Les Révolutions de France et de Brabant
Les Révolutions de Paris

Maria Antonieta: biografias e bibliografia

abade Lafont d'Aussonne. *Mémoires secrets et universels des malheurs et de la mort de la reine de France*. Paris, A. Philippe, 1836.
Asquith, Annunziata. *Marie Antoinette*. Londres, Weidenfeld & Nicolson, 1974.
Bertière, Simone. *Les Reines de France au temps des Bourbons: Marie Antoinette, l'insoumise*. Paris, Fallois, 2002.
Campardon, Émile. *Marie Antoinette et le proces du collier, d'après la procédure instruite devant le Parlement de Paris*. Paris, Plon, 1863.
Castelot, André. *Queen of France: A Biography of Marie Antoinette*. Nova York, Harper & Brothers, 1957.
_____. *Marie Antoinette*. Paris, Perrin, 1962.
_____. *Marie Antoinette*. Paris, Hachette, 1967.
_____. *Marie Antoinette d'après des documents inédits*. Paris, Perrin, 1989.
_____. *Le Procès de Marie Antoinette*. Paris, Perrin, 1993.
Chalon, Jean. *Chère Marie Antoinette*. Paris, Perrin, 1988.
condessa d'Armaillé. *Marie-Thérèse et Marie Antoinette*. Paris, Didier & Cie., 1870.
Delorme, Philippe. *Marie Antoinette: Épouse de Louis XVI, mère de Louis XVII*. Paris, Pygmalion / Gérard Watelet, 1999.
Dunlop, Ian. *Marie Antoinette: A Portrait*. Londres, Sinclair Stevenson, 1993.
Erickson, Carrolly. *To the Scaffold: The Life of Marie Antoinette*. Nova York, William Morrow, 1991.
Fraser, Antonia. *Marie Antoinette: The Journey*. Nova York, Doubleday / Nan A. Talese, 2001.
Goncourt, Edmond e Jules de. *Histoire de Marie Antoinette*. Robert Kopp (org.). Paris, Bourin, 1990 [1858].
Gower, lorde Ronald. *Last Days of Marie Antoinette*. Boston, Roberts Brothers, 1886.
Haslip, Joan. *Marie Antoinette*. Nova York, Weidenfeld & Nicolson, 1987.
Hearsey, John E.N. *Marie Antoinette*. Nova York, E.P. Dutton & Co., 1973.
Imbert de Saint-Amand, Arthur-Léon B. *Marie Antoinette and the Fall of the Old Régime*. Nova York, Charles Scribner's Sons, 1891.
_____. *Marie Antoineite at the Tuileries*. Nova York, Charles Scribner's Sons, 1891.
_____. *Marie Antoinette and the Downfall of Royalty*. Nova York, Charles Scribner's Sons, 1895.
Lever, Evelyne. *Marie Antoinette: la dernière reine*. Paris, Fayard, 1991.
_____. *Marie Antoinette: The Last Queen of France*. Nova York, Farrar, Strauss and Giroux, 2000.
Maistre, Chevalier Nicolas de. *Marie Antoinette, archiduchesse d'Autriche, reine de France*. Paul del Perugia (org.). Mayenne, Yves Floch, 1993 [1793].

marquês de Ségur. *Marie Antoinette*. Nova York, E.P. Dutton, 1929.

Mayer, Dorothy Moulton. *Marie Antoinette: The Tragic Queen*. Nova York, Coward McCann, 1968.

Montjoie, Félix Christophe Louis de. *Histoire de Marie Antoinette Josèphe Jeanne de Lorraine, Archiduchesse d'Autriche, Reine de France*. Paris, H.L. Perronneau, 1797.

Palache, John Garbor. *Marie Antoinette, the Player Queen*. Nova York, Longmans, Green & Co., 1929.

Sipriot, Pierre. *Les Soixante derniers jours de Marie Antoinette*. Paris, Plon, 1993.

Tourneux, Maurice. *Marie Antoinette devant l'histoire: essai bibliographique*. Paris, Henri Leclerc, 1901.

Viel-Castel, Horace de. *Marie Antoinette et la Révolution française*. Paris, J. Techener, 1859.

Vyré, F. de. *Marie Antoinette: sa vie, sa mort*. Paris, Plon, 1889.

Younghusband, Helen Augusta. *Marie Antoinette: Her Early Youth 1770-1774*. Londres, MacMillan & Co., 1912.

Zweig, Stefan. *Marie Antoinette: The Portrait of an Average Woman*. Nova York, Harmony Books, 1984.

FONTES ADICIONAIS

American Research on the Treasury of the French Language. http://humanities.uchicago.edu/orgs/ARTFL/.

Apostolidès, Jean. *Le Roi-machine: Spectacle et politique au temps de Louis XIV*. Paris, Minuit, 1981.

Appiah, Anthony. "Tolerable Falsehoods: Agency and the Interests of Theory", em *Consequences of Theory: Selected Papers from the English Institute 1987-1988*. Jonathan Arac e Barbara Johnson (orgs.). Baltimore e Londres, The Johns Hopkins University Press, 1991.

Apter, Emily, e William Pietz (orgs.). *Fetishism as Cultural Discourse*. Ithaca, Cornell University Press, 1993.

Arrizioli-Clémentel, Pierre (org.). *Soieries de Lyon: Commandes royales du XVIIIe siècle (1730-1800)*. Lyon, Sézanne, 1989.

Aspden, Peter. "Gilt Verdict". *Financial Times*, 26 nov 2005.

Assailly, Gisèle d'. *Les Quinze Révolutions de la mode*. Paris, Hachette, 1968.

Aulard, A. *The French Revolution: A Political History, 1789-1804*. Bernard Mall (org.). Nova York, Charles Scribner's Sons, 1910.

Auricchio, Laura. *Portraits of Impropriety: Adelaide Labille-Guiard and the Careers of Women Artists in Late Eighteenth-Century Paris*. Tese de doutorado, Columbia University, 2000.

Baecque, Antoine de. *The Body Politic: Corporeal Metaphor in Revolutionary France, 1770-1800*. Palo Alto, Stanford University Press, 1997.

______. *Glory and Terror: Seven Deaths under the French Revolution*. Nova York e Londres, Routledge, 2001.

Baker, Keith Michael. *Inventing the French Revolution, Essays on French Political Culture in the Eighteenth Century*. Cambridge, Cambridge University Press, 1990.

barão de Lamothe-Langon, Étienne-Léon. *Memoirs of Madame Du Barry*. Nova York, Stokes & Co., 1930.

______. *Souvenirs sur Marie Antoinette et la Cour de Versailles*. L. Mame (org.). 4 vols. Paris, Bourgogne et Martinet, 1836.

Batterberry, Michael e Arianne. *Mirror Mirror: A Social History of Fashion*. Nova York, Holt, Rinehart & Winston, 1977.

Beales, Derek. *Joseph II: In the Shadow of Maria Theresa*. Cambridge, Cambridge University Press, 1987.

Beauchesne, Alcide de. *Louis XVIII: His Life, His Suffering, His Death: The Captivity of the Royal Family in the Temple*. W. Hazlitt (org.). 4 vols. Nova York, Harper & Bros., 1853.

Beaumont, C.W. *Three French Dancers of the Eighteenth Century: Camargo, Sallé, Guimard*. Londres, s.n., 1934.

Benjamin, Walter. *Illuminations*. Hannah Arendt (org.). Nova York, Schocken Books, 1968.

Berg, Maxine, e Elizabeth Eger (orgs.). *Luxury in the Eighteenth Century: Debates, Desires, and Delectable Goods*. Londres, Palgrave Macmillan, 2003.

Berlanstein, Léonard. *Daughters of Eve: A Cultural History of French Theater Women*. Cambridge, Harvard University Press, 2001.

Bernier, Olivier. *The Eighteenth-Century Woman*. Nova York, Doubleday, 1981.

______. *Pleasure and Privilege: Life in France, Naples, and America 1770-1790*. Nova York, Doubleday, 1981.

Bertelli, Sergio, Franco Cardini e Elvira Garbeo Zorzi. *Italian Renaissance Courts*. Nova York, Sidgwick & Jackson, 1986.

Bertin, Georges. *Madame de Lamballe d'après des documents inédits*. Paris, Bureaux de la Revue Retrospective, 1888.

Bimbenet-Privat, Michèle. "L'art et le commerce au service de la reine: une mosaïque d'archives", em Yves Carlier et al. (orgs.), *Les Atours de la Reine, Centre historique des Archives nationales (26 février-14 mai 2001)*. Paris: RMN, 2001, p.5-12.

Bindman, David. *The Shadow of the Guillotine: Britain and the French Revolution*. Londres, British Museum Publications, 1989.

Black, T. Anderson, e Madge Garlan. *A History of Fashion*. Nova York, William Morrow, 1980.

Bluche, François. *La Vie quotidienne au temps de Louis XVI*. Paris, Hachette, 1980.

Blum, André. *Histoire du costume: les modes au XVIIe et au XVIIIe siècle*. Paris, Hachette, 1928.

Blum, Stella (org.). *Eighteenth-Century French Fashions*. Nova York, Dover, 1982.

Boucher, François. *20,000 Years of Fashion: The History of Costume and Personal Adornment*. Nova York, Harry N. Abrams, 1987 [1965].

Bouchot, Henri. "Marie Antoinette et ses peintres". *Les Lettres et les arts*, n.1, 1887, p.45-8.

Boutry, Maurice. *Le Mariage de Marie Antoinette*. Paris, s.n., 1904.

______. *Autour de Marie Antoinette*. Paris, Emile-Paul, 1908.

Boyer, Marie-Françoise. *The Private Realm of Marie Antoinette*. Nova York, Thames & Hudson, 1996.

Broglie, Gabriel de. *Madame de Genlis*. Paris, Perrin, 1985.

Brooks, Peter. "The Opening of the Depths", em Sandy Petrey (org.), *The French Revolution, Two Hundred Years of Rethinking*. Lubbock, Texas Tech University Press, 1989, p.113-22.

Browne, Alix. "Let Them Wear Couture". *The New York Times Magazine*, 26 fev 2006, p.63-71.

Burke, Peter. *The Fabrication of Louis XIV*. New Haven e Londres, Yale University Press, 1992. [Ed. bras.: *A fabricação do rei*. Rio de Janeiro, Zahar, 1994.]

Cabanès, Auguste. *Moeurs intimes du passé*. 11 vols. Genebra, Parnot, 1976.

Carbonnières, Philippe de. *Lesueur: Gouaches révolutionnaires. Collections du musée Carnavalet*. Paris, Nicolas Chaudun, 2005.

Carlier, Yves, Stéphane Castellucio, Anne Kraatz e Françoise Tétart-Vittu (orgs.). *Les Atours de la Reine*. Paris, Centre Historique des Archives Nationales, 2001.

Carlyle, Thomas. *The French Revolution*. 3 vols. Londres, Methuen & Co., 1902.

Castelot, André, e G. Lenôtre [Théodore Gosselin]. *L'Agonie de la royauté*. Paris, Perrin, 1962.

Censer, Jack. "Remembering the *Mémoires secrets*", *Eighteenth-Century Studies*, vol.35, n.1, 2002, p.291-5.

_____ e Lynn Hunt (orgs.). *Liberty, Equality, Fraternity: Exploring the French Revolution*. University Park, Pennsylvania State University Press, 2001.

_____ e Jeremy Popkin (orgs.). *Press and Politics in Pre-revolutionary France*. Berkeley e Londres, University of California Press, 1987.

Challamel, Augustin. *The History of Fashion in France; or, the Dress of Women from the Gallo-Roman Period to the Present Time*. Londres, Sampson Low, Marston, Searle, & Rivington, 1882.

Chartier, Roger. *The Cultural Origins of the French Revolution*. Durham, Duke University Press, 1991.

Colwill, Elizabeth. "Pass as a Woman, Act Like a Man: Marie Antoinette as Tribade in the Pornography of the French Revolution", em Dena Goodman (org.), *Marie Antoinette: Writings on the Body of a Queen*. Nova York e Londres, Routledge, 2003, p.139-69.

conde de Reiset, Gustave-Armand-Henry. *Modes et usages au temps de Marie Antoinette: Livre-journal de Madame Éloffe*. 2 vols. Paris, Firmin-Didot, 1885.

Contini, Mila. *Fashion from Ancient Egypt to the Present Day*. Prefácio do conde Emilio Pucci. Nova York, Crescent Books, 1965.

Cornu, Paul (org.). *Galerie des modes et costumes français: 1778-1787*. 4 vols. Paris, Émile Lévy, 1912.

Corson, Richard. *Fabulous Hair: The First Five Thousand Years*. Londres, Peter Owen, 1980 [1965].

_____. *Fashions in Make-Up from Ancient to Modern Times*. Londres, Peter Owen, 2003 [1972].

Crawford, Katherine. *Perilous Performances: Gender and Regency in Early Modern France*. Cambridge, Harvard University Press, 2004.

Crow, Thomas E. *Painters and Public Life in Eighteenth-Century France*. New Haven e Londres, Yale University Press, 1985.

Crown, Patricia. "Sporting with Clothes: John Collet's Prints in the 1770's", *Eighteenth-Century Life*, vol.26, n.1, 2002, p.119-36.

Crowston, Clare Haru. *The Seamstresses of Old Régime France. 1675-1791*. Durham, Duke University Press, 2001.

_____. "The Queen and Her 'Minister of Fashion': Gender, Credit, and Politics in Pre-revolutionary France", *Gender & History*, vol.14, n.1, 2002, p.92-116.

Cuisenier, Jean. *Mille ans de costume français*. Gérard Klopp (org.). Thionville, Klopp S.A., 1991.

Cunnington, Phillis, e C. Willett. *Handbook of English Costume in the Eighteenth Century*. Filadélfia, Dufour, 1957.

Darnton, Robert. *The Literary Underground of the Old Régime*. Cambridge e Nova York, Harvard University Press, 1982.

_____. *The Forbidden Best-Sellers of Pre-revolutionary France*. Nova York, W.W. Norton, 1995.

_____. *The Corpus of Clandestine Literature in France 1769-1789*. Nova York, W.W. Norton, 1995.

Daudet, Ernest (org.). *Dans le palais des rois: récits d'histoire d'après des documents inédits*. Paris, Hachette, 1914.

Davis, Natalie Zemon. *Society and Culture in Early Modern France*. Palo Alto, Stanford University Press, 1975.

Dejean, Joan. *The Essence of Style: How the French Invented High Fashion, Fast Food, Chic Cafés, Style, Sophistication, and Glamour!* Nova York, Free Press, 2005.

Dekker, Rudolf M., e Lotte C. van de Pol. *The Tradition of Female Transvestism in Early Modern Europe*. Nova York, St. Martin's Press, 1989.

Delpierre, Madeleine. *Dress in France in the Eighteenth Century*. New Haven e Londres, Yale University Press, 1997.

_____. "La Garde-robe de la famille royale au Temple", em *Modes et Révolutions, Musée de la mode et du costume (8 février-7 mai 1989)*. Catherine Join-Dieterle e Madeleine Delpierre (orgs.). Paris, Éditions Paris-Musées, 1989, p.27-34.

_____. "Rose Bertin, les marchandes de modes et la Révolution", em *Modes et Révolutions, Musée de la mode et du costume (8 février-7 mai 1989)*. Catherine Join-Dieterle e Madeleine Delpierre (orgs.). Paris, Éditions Paris-Musées, 1989, p.21-6.

Derrida, Jacques. *Specters of Marx: The State of Debt, the Work of Mourning, and the New International*. Nova York e Londres, Routledge, 1994.

Destremau, Noëlle. *Les Évasions manquées de la reine Marie Antoinette*. Paris, s.n., 1990.

Devocelle, Jean-Marc. "D'un costume politique à une politique du costume", em Catherine Join-Dieterle e Madeleine Delpierre (orgs.), *Modes et Révolutions, Musée de la mode et du costume (8 février-7 mai 1989)*. Paris, Éditions Paris-Musées, 1989, p.83-104.

Didier, Béatrice. *Diderot, dramaturge du vivant*. Paris, PUF, 2001.

Drew, Katherine Fischer (org.). *The Laws of the Salian Franks*. Filadélfia, University of Pennsylvania Press, 1991.

Duindam, Jeroen. *Vienna and Versailles: The Courts of Europe's Dynastic Rivals 1550-1780*. Cambridge, Cambridge University Press, 2003.

Dumas, Alexandre, *père*. *Le Chevalier de Maison-Rouge*. Gilbert Sigaux (org.). Lausanne, Rencontre, 1967.

Dupland, Édouard. *Vie et mort de Louis XVII*. Paris, O. Orban, 1987.

Duprat, Annie. *Le Roi décapité: essai sur les imaginaires politiques*. Paris, Cerf, 1992.

Duvignaud, Jean. *L'Acteur: Esquisse d'une sociologie du comédien*. Paris, Gallimard, 1965.

Eckhardt, Karl. *Lex Salica*. Hanover, Hahn, 1969.

Elias, Norbert. *La Société de cour*. Paris, Flammarion, 1985. [Ed. bras.: *A sociedade de corte*. Rio de Janeiro, Zahar, 2001.]

Farr, Evelyn. *Marie Antoinette and Count Fersen*. Londres e Chester Springs, Peter Owen, 1995.

Fayolle, Rose-Marie, e Renée Davray-Piekolek (orgs.). *La Mode en France 1715-1815: de Louis XV à Napoléon Ier*. Paris, Bibliothèque des Arts, 1990.

Feydeau, Élisabeth. *Jean-Louis Fargeon, Marie Antoinette's Perfumer*. Paris, Perrin, 2004.

Fleischmann, Hector. *Les Maîtresses de Marie Antoinette*. Paris, Editions du Bibliophile, 1910.

_____. *Les Pamphlets libertins contre Marie Antoinette, d'après des documents nouveaux et des pamphlets tirés de l'Enfer de la Bibliothèque Nationale*. Paris, Publications Modernes, 1911.

Fontaine, Laurence. "The Circulation of Luxury Goods in Eighteenth-Century Paris Social Redistribution and an Alternative Currency", em Maxine Berg e Elizabeth Eger (orgs.), *Luxury in the Eighteenth Century: Debates, Desires, and Delectable Goods*. Londres, Palgrave Macmillan, 2003, p.89-102.

Foreman, Amanda. *Georgiana, Duchess of Devonshire*. Nova York, Random House, 1999.

Forray-Carlier, Anne. "La Famille royale aux Tuileries", em Jean-Marc Léri e Jean Tulard (orgs.), *La Famille royale à Paris: De l'histoire à la légende, Musée Carnavalet, 16 octobre 1993-9 janvier 1994*. Paris, Paris-Musées, 1993, p.17-51.

Fournier-Sarlovèze. *Louis-Auguste Brun, peintre de Marie Antoinette*. Paris, Goupil, 1911.

Franck, André. *D'Éon: Chevalier et chevalière*. Paris, Amiot-Dumont, 1953.

Frasko, Mary. *Daring Do's: A History of Extraordinary Hair*. Paris e Nova York, Flammarion, 1994.

Frieda, Leonie. *Catherine de Medici: Renaissance Queen of France*. Nova York, Fourth Estate/HarperCollins, 2003.

Fukai, Akiko. "Le vêtement rococo et néoclassique", em Rose-Marie Fayolle e Renée Davray-Piekolek (orgs.), *La Mode en France 1715-1815: de Louis XV à Napoléon Ier*. Paris, Bibliothèque des Arts, 1990.

_____ (org.). *Fashion from the Eighteenth to the Twentieth Century*. Colônia, Taschen, 2004.

Funck-Brentano, Frantz. *L'Affaire du collier*. Paris, Hachette, 1903.

Furet, François. *Revolutionary France 1770-1880*. Oxford, Blackwell, 1996 [1992].

Galerie des Modes et des Costumes Français, dessinés d'après nature. 16 vols. Paris, Chez les Sieurs Esnauts & Rapilly, 1778-1787.

Garber, Marjorie. *Vested Interests: Cross-dressing and Cultural Anxiety*. Nova York e Londres, Routledge, 1992.

Gay, Peter. *The Enlightenment: An Interpretation — The Rise of Modern Paganism*. Nova York, Knopf, 1966.

Gelbart, Nina Rattner. *Feminine and Opposition Journalism in Old Régime France*: Le Journal des Dames. Berkeley e Londres, University of California Press, 1987.

_____. "The *Journal des Dames* and Its Female Editors: Politics, Censorship, and Feminism in the Old Régime Press", em Jack R. Censer e Jeremy Popkin (orgs.), *Press and Politics in Pre-revolutionary France*. Berkeley e Londres, University of California Press, 1987.

Girault de Coursac, Paul e Pierrette. *Le Secret de la Reine*. Paris, F.X. de Guibert, 1996.

Godechot, Jacques. *La Prise de la Bastille: 14 juillet 1789*. Paris, Gallimard, 1965.

_____. *La Révolution française: chronologie commentée 1789-1799*. Paris, Perrin, 1988.

Goncourt, Edmond e Jules de. *La femme au XVIIIe siècle*. Paris, Flammarion, 1982.

_____. *Histoire de la société française pendant la Révolution*. Paris, Boucher, 2002.

_____. *Les Maîtresses de Louis XV et autres portraits de femmes*. Robert Kopp (org.). Paris, Robert Laffont, 2003.

Goodman, Dena (org.). *Marie Antoinette: Writings on the Body of a Queen*. Nova York e Londres, Routledge, 2003.

Gruder, Vivian. "The Question of Marie Antoinette: The Queen and Public Opinion Before the Revolution", *French History*, vol.16, n.3, 2002, p.269-98.

_____. *The Notables and the Nation: The Political Schooling of the French, 1787-1788* [manuscrito inédito].

Guillaumot, A. Étienne. *Costumes du XVIIIe siècle*. Paris, Roquette, 1874.

Gutwirth, Madelyn. *Twilight of the Goddesses: Women and Representation in the French Revolutionary Era*. New Brunswick, Rutgers University Press, 1992.

Haigh, Christopher. *Elizabeth I*. Nova York, Longmans, 1998.

Hamann, Jacques. "Louis XVII et l'enfant du Temple", em Jean-Marc Léri e Jean Tulard (orgs.), *La Famille royale à Paris: De l'histoire à la légende, Musée Carnavalet, 16 octobre 1993-9 janvier 1994*. Paris, Paris-Musées, 1993.

Hammond, J. *A Keeper of Royal Secrets, Being the Private and Political Life of Madame de Genlis*. Londres, s.n., 1912.

Hampson, Norman. *A Cultural History of the Enlightenment*. Nova York, Pantheon, 1968.

Hardman, John. *Louis XVI*. New Haven, Yale University Press, 1993.

_____. *The French Revolution Sourcebook*. Londres, Arnold, 1999.

Haslip, Joan. *Madame Du Barry: The Wages of Beauty*. Nova York, Grove Weidenfeld, 1991.

Henderson, Ernest F. *Symbol and Satire in the French Revolution*. Nova York e Londres, G.P. Putnam's Sons, 1912.

Hibbert, Christopher et al. *Versailles*. Nova York, Newsweek Book Division, 1972.

Hirsch, Charles (org.). *Correspondance d'Eulalie, ou Tableau du libertinage à Paris*. Paris, Fayard, 1986 [1785].

Hosford, Desmond. "The Queen's Hair: Marie Antoinette, Politics, and DNA", *Eighteenth-Century Studies*, vol.38, n.1, outono 2004, p.183-200.

Huet, Marie-Hélène. *Mourning Glory: The Will of the French Revolution*. Filadélfia, University of Pennsylvania Press, 1997.

Hundert, Edward. "Mandeville, Rousseau, and the Political Economy of Fantasy", em Maxine Berg e Elizabeth Eger (orgs.), *Luxury in the Eighteenth Century: Debates, Desires, and Delectable Goods*. Londres, Palgrave Macmillan, 2003, p.28-40.

Hunt, Lynn. *Politics, Culture, and Class in the French Revolution*. Berkeley, University of California Press, 1984.

_____. "Freedom of Dress in Revolutionary France", em Sara E. Melzer e Kathryn Norberg (orgs.), *From the Royal to the Republican Body: Incorporating the Political in Seventeenth- and Eighteenth-Century France*. Berkeley, University of California Press, 1988.

_____. "History as Gesture, or the Scandal of History", em *Consequences of Theory: Selected Papers from the English Institute 1987-88*, p.91-107.

_____. "The Many Bodies of Marie Antoinette", em Lynn Hunt (org.), *Eroticism and the Body Politic*. Baltimore, The Johns Hopkins University Press, 1991, p.108-30.

_____. *The Family Romance of the French Revolution*. Berkeley, University of California Press, 1992.

_____."The Many Bodies of Marie Antoinette", em Dena Goodman (org.), *Marie Antoinette: Writings on the Body of a Queen*. Nova York e Londres, Routledge, 2003, p.117-38.

Hurt, John J. *Louis XIV and the* Parlements*: The Assertion of Royal Authority*. Manchester e Nova York, Manchester University Press, 2002.

Hyde, Catherine [marquesa de Gouvion Broglie Scolari] (org.). *Secret Memoirs of Princess Lamballe, Being her Journals, Letters, and Conversations During her Confidential Relations with Marie Antoinette*. Washington e Londres, M. Walter Dunne, 1901.

Jallut, Marguerite. *Marie Antoinette et ses peintres*. Paris, A. Noyer, 1955.

James-Sarazin, Ariane. "Le Miroir de la reine: Marie Antoinette et ses portraitistes", em Yves Carlier, Stéphane Castellucio, Anne Kraatz e Françoise Tétart-Vittu (orgs.), *Les Atours de la Reine*. Paris, Centre Historique des Archives Nationales, 2001, p.13-24.

Join-Dieterle, Catherine, e Madeleine Delpierre (orgs.). *Modes et Révolutions, Musée de la mode et du costume (8 février-7 mai 1989)*. Paris, Éditions Paris-Musées, 1989.

Jones, Ann Rosalind, e Peter Stallybrass. *Renaissance Clothing and the Materials of Memory*. Nova York, Cambridge University Press, 2000.

Jordan, David P. *The King's Trial: The French Revolution versus Louis XVI*. Berkeley, University of California Press, 1979.

Jourdan, Annie. *Monuments de la Révolution 1770-1804: Une histoire de répresentation*. Paris, Champion, 1997.

Kaiser, Thomas E. "Ambiguous Identities: Marie Antoinette and the House of Lorraine from the Affair of the Minuet to Lambesc's College", em Dena Goodman (org.), *Marie Antoinette: Writings on the Body of* a *Queen*. Nova York e Londres, Routledge, 2003, p.171-98.

Karmel, Alex. *Guillotine in the Wings: A New Look at the French Revolution and Its Relevance to America Today*. Nova York, McGraw-Hill, 1972.

Kates, Gary. *Monsieur d'Éon Is a Woman: A Tale of Political Intrigue and Sexual Masquerade*. Nova York, Basic Books, 1995.

Keenan, Thomas. "The Point Is to (Ex)change It: Reading *Capital*, Rhetorically", em Emily Apter e William Pietz (orgs.), *Fetishism as Cultural Discourse*. Ithaca, Cornell University Press, 1993, p.152-85.

Kleinert, Annemarie. *Die-frühen Modejournale in Frankreich: Studien zur Literatur der Mode von den Anfängen bis 1848*. Berlim, Eric Schmidt Verlag, 1980.

_____. "La Mode, miroir de la Révolution française", em Catherine Join-Dieterle e Madeleine Delpierre (orgs.), *Modes et Révolutions, Musée de la mode et du costume (8 février-7 mai 1989)*. Paris, Editions Paris-Musées, 1989, p.59-82.

_____. *Le "Journal des Dames et des Modes": ou la conquête de l'Europe féminine*. Stuttgart, J. Thorbecke, 2001.

Koestenbaum, Wayne. *Jackie Under My Skin: Interpreting an Icon*. Nova York, Farrar, Strauss and Giroux, 1995.

Kopplin, Monika (org.). *Les Laques du Japon: Collections de Marie Antoinette*. Paris, Réunion des Musées Nationaux, 2002.

Kraatz, Anne. "La 'Gazette des atours' de Marie Antoinette", em Yves Carlier, Stéphane Castellucio, Anne Kraatz e Françoise Tétart-Vittu (orgs.), *Les Atours de la Reine*. Paris, Centre Historique des Archives Nationales, 2001, p.25-38.

_____. "Marie Antoinette: la passion des étoffes", *L'Objet d'art*, n.357, abr 2001, p.73-82.

Kunstler, Charles. *La Vie privée de Marie Antoinette*. Paris, Hachette, 1938.

_____. *La Vie quotidienne sous Louis XVI*. Paris, Hachette, 1950.

La Bruyère, Jean de. *Les Caractères, ou les moeurs de ce siècle*. Robert Garapon (org.). Paris, Garnier Frères, 1962 [1688].

Lacan, Jacques. *Escritos*. Rio de Janeiro, Zahar, 1998.

Landes, Joan B. *Women and the Public Sphere in the Age of the French Revolution*. Ithaca, Cornell University Press, 1988.

Langlade, Émile. *La Marchande de modes de Marie Antoinette: Rose Bertin*. Paris, Albin Michel, 1911.

Laurent, Rachel. "Marie Antoinette: le caprice et le style", *Art-Presse*, 1988, p.113-5.

Leclercq, Jean-Paul. "Sur la Garde-robe de Marie Leczinska et de Marie Antoinette", *L'Oeil, Magazine international d'art*, n.478, jan-fev 1996, p.30-9.

Lenôtre, G. [Théodore Gosselin] (org.). *La Captivité et la mort de Marie Antoinette*. Paris, Perrin et Cie., 1897.

_____. *The Flight of Marie Antoinette*. Filadélfia, J.B. Lippincott, 1908.

_____. *Versailles au temps des rois*. Paris, Bernard Grasset, 1934.

Léri, Jean-Marc, e Jean Tulard (orgs.). *La Famille royale à Paris: De l'histoire à la légende (Musée Carnavalet 16 octobre 1993-9 janvier 1994)*. Paris, Éditions Paris-Musées, 1994.

Lescure, Mathurin de. *La Princesse de Lamballe*. Paris, H. Plon, 1864.

Lesniewicz, Paul. *The World of Bonsai*. Londres, Blanford, 1990.

Lever, Evelyne. *Louis XVI*. Paris, Fayard, 1985.
______. *Philippe-Égalité*. Paris, Fayard, 1996.
Levin, Carole. *"The Heart and Stomach of a King": Elizabeth I and the Politics of Sex and Power*. Filadélfia, University of Pennsylvania Press, 1994.
Levin, Harry. *The Myth of the Golden Age in the Renaissance*. Bloomington e Londres, Indiana University Press, 1969.
Lewis, W.H. *The Splendid Century*. Nova York, Sloane, 1953.
Loomis, Stanley. *The Fatal Friendship*. Nova York, Doubleday, 1972.
Manceron, Claude. *Blood of the Bastille 1787-1789*. Nova York, Touchstone / Simon & Schuster, 1989.
Mansel, Philip. *Dressed to Rule: Royal and Court Costume from Louis XIV to Elizabeth II*. New Haven e Londres, Yale University Press, 2005.
Marie Antoinette, Archiduchesse, Dauphine et Reine: Exposition au château de Versailles 16 mai-2 novembre 1955. Paris, Éditions des Musées Nationaux, 1955.
Mariel, Pierre. "Mademoiselle Bertin, fournisseur de la reine". 8 fev 1941.
Marin, Louis. *Le Portrait du roi*. Paris, Minuit, 1981.
Martin, Henri. *Histoire de France, depuis les temps les plus reculés jusqu'en 1787*. Paris, Furne, 1865.
May, Gira. *Élisabeth Vigée Le Brun: The Odyssey of an Artist in an Age of Revolution*. New Haven e Londres, Yale University Press, 2005.
Maza, Sarah. *Private Lives and Public Affairs: The Causes Célèbres of Pre-revolutionary France*. Berkeley, University of California Press, 1993.
______. "The Diamond Necklace Affair Revisited (1785-1786): The Case of the Missing Queen", em Dena Goodman (org.), *Marie Antoinette: Writings on the Body of a Queen*. Nova York e Londres, Routledge, 2003, p.73-97.
McDonald, Christie. "Words of Change: August 12, 1789", em Sandy Petrey (org.), *The French Revolution 1789-1989: Two Hundred Years of Rethinking*. Lubbock, Texas Tech University Press, 1989, p.33-46.
Michelet, Jules. *Histoire de la Révolution française*. Paris, Laffont, 1979.
Millingen, J.G. *Recollections of Republican France from 1790 to 1801*. Londres, H. Colburn, 1848.
Mossiker, Frances. *The Queen's Necklace*. Nova York, Simon & Schuster, 1961.
Naginsky, Erica. "The object of contempt", *Yale French Studies*, n.101, núm. esp. *Fragments of Revolution*, Caroline Weber e Howard G. Lay (orgs.). Yale University Press, 2002, p.32-53.
Néret, Gilles. *Erotica Universalis*. Colônia, Taschen, 1994.
Nolhac, Pierre de. *La Dauphine Marie Antoinette*. Paris, Nelson, 1896.
______. "La Garde-Robe de Marie Antoinette", *Le Correspondant*, 25 set 1925, p.840-59.
______. *The Trianon of Marie Antoinette*. Londres, T.F. Unwin, 1925.
______. *Autour de la Reine*. Paris, Tallendier, 1929.
Olausson, Magnus (org.). *Marie Antoinette, Porträtt av en drottning*. Estocolmo, Nationalmuseum, 1989.
Ondaatje, Michael. *The Collected Works of Billy the Kid*. Nova York, W.W. Norton, 1974.
Outram, Dorinda. "Review of Richard Wrigley, *The Politics of Appearances: Representations of Dress in Revolutionary France*", *H-France* jan 2004, http: / / www3.uakron.edu / hfrance / reviews / outram.html.
Ozouf, Mona. *Varennes: la mort de la royauté, 21 juin 1791*. Paris, Gallimard, 2005.
Padover, Saul K. *The Life and Death of Louis XVI*. Nova York e Londres, D. Appleton-Century, 1939.

Pastoureau, Michel. *Dictionnaire des couleurs de notre temps*. Paris, Bonneton, 1992.

Payne, Blanche. *A History of Costume*. Nova York, Harper & Row, 1965.

Pellegrin, Nicole. *Vêtements de la liberté: abécédaire de pratiques vestimentaires en France de 1780 à 1800*. Aix-en-Provence, Alinéa, 1989.

Pizard, Alfred. *La France en 1789*. Paris, s.n., s.d.

Popkin, Jeremy. "Pamphlet Journalism at the End of the Old Régime", *Eighteenth Century Studies*, n.22, 1982, p.351-67.

Pernod, Régine, e Marie-Véronique Clin. *Joan of Arc: Her Story*. Bonnie Wheeler (org.). Nova York, St. Martin's Press, 1998.

Price, Munro. *The Road from Versailles: Louis XVI, Marie Antoinette, and the Fall of the French Monarchy*. Nova York, St. Martin's Press, 2002.

Quicherat, Jules Etienne Joseph. *Histoire du costume en France depuis les temps les plus reculés jusqu'à la fin du XVIIIe siècle*. Paris, Hachette, 1875.

Quinet, Edgar. *La Révolution française*. Paris, Belin, 1989.

Revel, Jacques. "Marie Antoinette and Her Fictions: The Staging of Hatred", em Bernadette Ford (org.), *Fictions of the French Revolution*. Evanston, Northwestern University Press, 1991.

Ribeiro, Aileen. *Fashion in the French Revolution*. Nova York, Holmes & Meier, 1988.

______. *The Art of Dress: Fashions in England and France 1750 to 1820*. New Haven e Londres, Yale University Press, 1995.

______. *Dress in Eighteenth-Century Europe: 1715-1789*. New Haven e Londres, Yale University Press, 2002.

Rimbault, Caroline. *La Presse féminine de langue française au XVIIIe siècle*. Dissertação de mestrado, Université de Paris, 1981.

Roche, Daniel. "Apparences révolutionnaires ou révolution des apparences", em Catherine Join-Dieterle e Madeleine Delpierre (orgs.), *Modes et Révolutions, Musée de la mode et du costume (8 février-7 mai 1989)*. Paris, Éditions Paris-Musées, 1989, p.193-210.

______. *The Culture of Clothing: Dress and Fashion in the Ancien Régime*. Cambridge, Cambridge University Press, 1994.

______. *Histoire des choses banales*. Paris, Fayard, 1997.

Rousseau, Jean-Jacques. *La Nouvelle Héloïse: Julie, or the New Heloise*. University Park, Pennsylvania State University Press, 1968.

______. *The Collected Writings of Jean-Jacques Rousseau*. Roger Masters e Christopher Kelly (orgs.). 4 vols. Hanover, University Press of New England for Dartmouth College, 1990-1992.

Saint-Amand, Pierre. "Adorning Marie Antoinette", *Eighteenth-Century Life*, vol.15, n.3, 1991, p.19-34.

______. "Terrorizing Marie Antoinette", em Dena Goodman (org.), *Marie Antoinette: Writings on the Body of a Queen*. Nova York e Londres, Routledge, 2003, p.253-72.

Saint-Étienne, Rabaut. *Précis historique de la Révolution française*. Paris, Didot, [1792].

Sainte-Beuve, C.A. *Portraits of the Eighteenth Century, Historic and Literary*. 2 vols. Nova York, Vogar, 1964.

Salvadori, Philippe. *La Chasse sous l'ancien régime*. Paris, Fayard, 1996.

Sapori, Michelle. *Rose Bertin: Ministre des modes de Marie Antoinette*. Paris, Éditions de l'Institut Français de la Mode, 2003.

Schama, Simon. *Citizens: A Chronicle of the French Revolution*. Nova York, Vintage, 1989.

Semmens, Richard. *The Bals Publics at the Paris Opéra in the Eighteenth Century*. Hillsdale, Pendragon Press, 2004.

Sheriff, Mary. "Woman? Hermaphrodite? History Painter? On the Self-Imaging of Élisabeth Vigée-Lebrun", *The Eighteenth Century*, vol.35, n.1, 1994, p.3-27.

______."The Portrait of the Queen", em Dena Goodman (org.), *Marie-Antoinette: Writings on the Body of a Queen*. Nova York e Londres, Routledge, 2003.

Shevelow, Kathryn. *Charlotte: Being a True Account of an Actress's Flamboyant Adventures in Eighteenth-Century London's Wild and Wicked Theatrical World*. Nova York, Henry Holt, 2005.

Soboul, Albert. *Les Sans-culottes en l'An II: Mouvement populaire et gouvernement révolutionnaire*. Paris, Seuil, 1968.

Starobinski, Jean. *1789, les emblèmes de la raison*. Paris, Flammarion, 1973.

Steele, Valerie. *The Corset: A Cultural History*. New Haven e Londres, Yale University Press, 2001.

Tackett, Timothy. *When the King Took Flight*. Cambridge, Harvard University Press, 2002.

Tapié, Victor Lucien. *L'Europe de Marie-Thérèse: du baroque aux lumières*. Paris, Fayard, 1973.

Tétart-Vittu, Françoise. "1780-1804 ou Vingt ans de 'Révolution des têtes françaises'", em Catherine Join-Dieterle e Madeleine Delpierre (orgs.), *Modes et Révolutions, Musée de la mode et du costume (8 février-7 mai 1989)*. Paris, Éditions Paris-Musées, 1989, p.41-58.

______. "Presse et diffusion des modes françaises", em Catherine Join-Dieterle e Madeleine Delpierre (orgs.), *Modes et Révolutions, Musée de la mode et du costume (8 février-7 mai 1989)*. Paris, Editions Paris-Musées, 1989, p.129-36.

______. "La Garde-robe de Marie Antoinette et le regard des historiens", em Yves Carlier, Stephane Castellucio, Anne Kraatz e Françoise Tétart-Vittu (orgs.), *Les Atours de la Reine*. Paris, Centre Historique des Archives Nationales, 2001, p.39-44.

Thomas, Chantal. *The Wicked Queen: The Origins of the Myth of Marie Antoinette*. Nova York, Zone Books, 1999.

Valensise, Marina. "La Constitution française", em Keith Michael Baker (org.), *Revolution and the Creation of Modern Political Culture*. 4 vols. Oxford e Nova York, Pergamon Press, 1987.

Van Dijk, Suzanna. *Traces des femmes: Présence feminine dans le journalisme du XVIIIe siècle*. Amsterdã e Maarssen, Holland University Press, 1988.

Van Elslande, Jean-Pierre. *L'Imaginaire pastoral du XVIIe siècle: 1600-1650*. Paris, PUF, 1999.

Varron, A. *Paris Fashion Artists of the Eighteenth Century*. Edição especial de *Ciba Review*, n.25 (1939), p.878-912.

Viel-Castel, Horace de. *Collection de costumes, armes et meubles pour servir à l'histoire de la Révolution française et l'Empire*. Paris, Treuttel and Wurtz, 1834.

Villers, Chevalier de. *Essai historique sur la mode et la toilette française*. Paris, s.n., 1824.

Walzer, Michael. *Regicide and Revolution: Speeches at the Trial of Louis XVI*. Nova York, Columbia University Press, 1992.

Weber, Caroline. *Terror and Its Discontents: Suspect Words in Revolutionary France*. Minneapolis, University of Minnesota Press, 2003.

Wilcox, R. Turner. *The Mode in Costume*. Nova York, Charles Scribner's Sons, 1958.

Williams, H. Noel. *Memoirs of Madame Dubarry of the Court of Louis XV*. Nova York, P.F. Collier & Son, 1910.

Wrigley, Richard. *The Politics of Appearances: Representations of Dress in Revolutionary France*. Oxford e Nova York, Berg, 2002.

Zanger, Abby. "Making Sweat: Sex and the Gender of National Reproduction in the Marriage of Louis XIII", *Yale French Studies*, n.86, núm. esp. *Corps mystique, corps sacré: Textual Transfigurations of the Body from the Middle Ages to the Seventeenth Century*, Benjamin Semple e Françoise Jaouën (orgs.). Yale University Press, 1994, p.187-205.

Agradecimentos

POSSO DIZER COM SEGURANÇA que nunca teria conseguido levar a cabo este projeto sem a perspicácia, a sabedoria e os esforços incansáveis de meu agente, Rob McQuilkin, e meu editor, George Hodgman. Como ambos sabem muito bem, houve muitos dias em que trabalhar neste livro se assemelhou mais a uma viagem à guilhotina que a uma tarde no Petit Trianon. Eu não teria podido, contudo, desejar dois leitores mais talentosos ou dois incentivadores mais pacientes que Rob e George. Na verdade, nada me teria deixado mais feliz que trabalharmos como um trio novamente – e muitas vezes. Nesse meio tempo, estou procurando um estilista que faça para mim um *pouf au sentiment* com as imagens deles, emolduradas pelas páginas de brilhantes correções com que me ajudaram a desenvolver uma argumentação e contar uma história.

Na Henry Holt, John Sterling, Sara Bershtel, Jennifer Barth, Supurna Banerjee, Erica Gelbard, Raquel Jaramillo, Richard Rhorer, Kenn Russell e Kelly Too deram todos ao meu projeto o mais entusiástico apoio que eu jamais poderia ter esperado. Na preparação dos originais e leitura de provas, respectivamente, Jolanta Benal operou milagres. Na Lippincott Massie McQuilkin, Maria Massie guiou-me habilmente através do processo de direitos estrangeiros, enquanto Will Lippincott interveio num momento decisivo durante a fase inicial de comercialização. Arabella Stein fez maravilhas com a venda deste livro na Grã-Bretanha. Minha assistente de pesquisa, Sara Phenix, merece uma menção especial por sua incansável disposição para perseguir imagens elusivas e fatos inescrutáveis; foi uma enorme sorte tê-la como parceira na investigação histórica.

Tenho também uma imensa dívida de gratidão para com aqueles colegas e amigos que concordaram em ler fragmentos deste manuscrito antes de sua publicação. Faith Beasley e Darrin McMahon proporcionaram um feedback inicial encorajador. Juntamente com um gentil convite para apresentar trechos deste manuscrito no University College London, Jann Matlock deu-me uma das críticas mais rigorosas, estimulantes e escrupulosamente detalhadas que jamais recebi, e espero que estas páginas sejam melhores por isso. Outros conselhos inestimáveis vieram de Dan Edelstein, Maurie Samuels, Claire Goldstein, Jean-Vincent Blanchard e Kate Norberg. Pierre Saint-Amand e Tom Kaiser, que publicaram ambos textos brilhantes sobre Maria Antonieta, foram extremamente generosos com seu tempo e seu discernimento. Sou igualmente muito agradecida à magnânima contribuição de Chantal Thomas, cuja identificação de Maria Antonieta como uma "rainha da moda" foi o que primeiro me inspirou a explorar mais o assunto.

Obrigada também aos meus colegas Peter Connor, Serge Gavronsky, Anne Boyman, Rachel Mesch, Brian O'Keeffe, Antoine Compagnon, Pierre Force, Elisabeth Ladenson, James Helgeson, Joanna Stalnaker, Sarah Sasson e Priya Wadhera por tornarem os departamentos de francês em Barnard e Columbia lugares tão cooperativos, em que é recompensador trabalhar; aos membros do Columbia Early Modern Salon pelo incessante estímulo intelectual; e a Tracy Hazas, o administrador departamental em Barnard, por resolver alegremente inúmeras crises logísticas e técnicas.

Meu amigo e mentor, Larry Kritzman, convidou-me bondosamente a apresentar uma parte desta obra no Dartmouth Institute for French Cultural Studies; o feedback iluminador que me foi dado por ele e pelos outros membros do seminário permaneceu comigo por muito tempo depois de eu ter deixado Hanover. Sou igualmente agradecida a Wendy Steiner por me convidar para iniciar este projeto sob os auspícios do seminário de um ano de duração do Penn Humanities Forum sobre "Estilo" em 2000, e a alunos de meus cursos sobre "Mitos de Maria Antonieta" na Universidade da Pensilvânia por seu contagiante entusiasmo pelo assunto.

Agradeço a Laura Auricchio, Judith Dolkart, Vivian Gruder, Gita May, Daniel Rosenberg e Downing Thomas por partilharem comigo sua *expertise* em assuntos que vão desde *donatrices patriotiques* a rosetas tricolores e mulheres da Ópera. Amanda Foreman, Simon Schama e Antonia Fraser cederam todos bondosamente o seu tempo para alguém que anteriormente havia apenas admirado seus escritos de longe; sinto-me privilegiada por ter estado com cada um deles. Gridley McKim Smith tornou-se um interlocutor inspirado a respeito dos prazeres e desafios da escrita sobre o vestuário. Meg O'Rourke foi uma caixa de ressonância infinitamente sagaz em relação a todo tipo de questões sobre a atividade do escritor – desde a regra das duas páginas por dia até a insolúvel tensão entre anomia e brilho para os lábios. Autoridades não celebradas sobre a traiçoeira cultura social de Versalhes, Joan Dejean, Elena Russo e Julia Douthwaite proporcionaram-me uma maior compreensão da dinâmica complexa entre Maria Antonieta e Mesdames as Tias.

Na França, beneficiei-me dos sábios conselhos de numerosos bibliotecários, curadores e funcionários culturais. Entre eles destacam-se Camille Boisseau no Museu da História da França; Anne Bonnardel no Departamento de Estampas da Biblioteca Nacional; e a extraordinária Cécile Coutin, que é ao mesmo tempo bibliotecária na Biblioteca Nacional e um luminar da Association Marie Antoinette. Ariane James-Sarazin e Michèle Bimbenet nos Arquivos Nacionais da França tornaram-me possível consultar em primeira mão as *gazettes des atours* sobreviventes de Maria Antonieta: experiência inesquecível pela qual sempre serei grata. Na Inglaterra, Emmajane Lawrence incluiu-me num empolgante dia de estudos sobre Maria Antonieta na Wallace Collection. Aqui em Nova York, recebi maravilhoso apoio dos curadores de Livros Raros e Estampas da Biblioteca Pública de Nova York e de Will Russell, George McNeely, Will Strafford, Kate Swan e Marissa Wilcox na Christie's. No mundo da moda, sou profundamente grata a Anna Wintour e Valerie Steiker por publicarem trechos deste livro em *Vogue*, e a Marc Jacobs por seus esforços para pôr meu manuscrito nas mãos certas.

Direta ou indiretamente, este projeto beneficiou-se também da bondade e da generosidade das seguintes pessoas: Elizabeth Amman, Ulrich Baer, Betsy Bradley, Dan Brewer, Peter Brooks, Tayyibe Gülek Domaç, Ginna Foster, Michael Friedman, Christine Harper, Anne Hayes, Eve Herzog, Elisabeth Hodges, Ömer Koç, Paul Kopperl, Natasha Lee, Claude Mosséri-Marlio, Alain Nerot e David Selikowitz, Rulonna Neilson, Alexandra Pelosi, Ruth Powell, Gerry Prince, Jean-Michel Rabaté, Michèle Richman, Tory Robbins, Sheryl Sandberg e Dave Goldberg, Valerie Schweitzer, Laura Silverstein, Claudia Solacini, Jacob Soll, Teresa Teague, Gillian Thomas e Liliane Weissberg. Os pais e irmãos de meu marido – Jack, Lois, Sally e Bill Stegeman – foram admiravelmente pacientes comigo apesar das limitações que este projeto impôs à minha disponibilidade para reuniões de família. Ainda mais pródigos em sua compaixão, meus próprios pais e irmão – Jack, Carol e Jonathan Weber – continuam sendo três das pessoas mais importantes em minha vida. Não só passaram mais de três décadas suportando minha próprias imprevisíveis declarações de moda como me deram amor e apoio incondicionais desde que anunciei minha intenção de escrever sobre as de uma outra pessoa.

Por fim, e certamente não menos importante, gostaria de agradecer a Tom Stegeman, meu marido, meu cavaleiro valente, meu *grand amour*. Ele leu uma versão inicial deste texto dois anos atrás e suportou amavelmente viver com Maria Antonieta desde então. Mais do que isso, cuidou de mim de maneiras que nem posso começar a enumerar e pelas quais não tenho palavras para expressar adequadamente minha gratidão. Como a autora, este livro é dedicado a ele.

Créditos das ilustrações

PRANCHA 1: John Galliano para Christian Dior, "Masquerade and Bondage", 2000 (*Women's Wear* Daily);

PRANCHA 2: Georg Weikert segundo Martin Mytens, *"O triunfo do amor": Balé executado pelos arquiduques e arquiduquesas da Áustria por ocasião do casamento de José II* [detalhe], 1765 (Réunion des Musées Nationaux / Art Resource, NY);

PRANCHA 3: Joseph Ducreux, *Maria Antonieta, arquiduquesa da Áustria*, 1769 (Réunion des Musées Nationaux / Art Resource, NY);

PRANCHA 4: Desconhecido, *Luís XIV como Apolo no balé "La Nuit"*, séc.XVII (Réunion des Musées Nationaux / Art Resource, NY);

PRANCHA 5: Escola Francesa, *Maria Antonieta chegando a Versalhes*, 1770 (Réunion des Musées Nationaux / Art Resource, NY);

PRANCHA 6: Louis-Auguste Brun, *Maria Antonieta a cavalo*, 1781-1782 (Réunion des Musées Nationaux / Art Resource, NY);

PRANCHA 7: René-Antoine Houasse, *Luís XIV a cavalo*, 1679-1690 (Réunion des Musées Nationaux / Art Resource, NY);

PRANCHA 8: Escola Francesa, *Maria Antonieta da Áustria, rainha da França*, c.1778;

PRANCHA 9: Caricatura de moda francesa: *Coiffure à l'Indépendance ou o Triunfo da liberdade*, c.1778 (Réunion des Musées Nationaux / Art Resource, NY);

PRANCHA 10: Espartilho pertencente a Maria Antonieta (The Picture Gallery, New York Public Library);

PRANCHA 11: Jean-Baptiste Gautier-Dagoty, *Maria Antonieta trajando vestido de corte*, 1775 (Réunion des Musées Nationaux / Art Resource, NY);

PRANCHA 12: Estampa da *Galerie des modes: Robe à la polonaise*, 1778 (The Picture Gallery, New York Public Library);

PRANCHA 13: Estampa da *Galerie des modes: Redingote à l'Allemande*, 1787 (The Picture Gallery, New York Public Library);

PRANCHA 14: Vicenza Benzi-Bastéris, *Maria Antonieta, arquiduquesa da Áustria, rainha da França*, fim do séc.XVIII (Réunion des Musées Nationaux / Art Resource, NY);

PRANCHA 15: Élisabeth Vigée-Lebrun, *A condessa Du Barry*, 1781 (Philadelphia Museum of Art / Art Resource, NY);

PRANCHA 16: Joseph Boze, *Marie Thérese Louise de Savoige Carignan, princesse de Lamballe*, fim do séc.XVIII (Réunion des Musées Nationaux / Art Resource, NY);

PRANCHA 17: Estampa da *Galerie des modes*: Toucado e avental de ordenhadora, c.1780 (The Picture Gallery, New York Public Library);

PRANCHA 18: Gravura de moda: *Coiffure à la redoute e Coiffure à la Nation*, 1790 (The Picture Gallery, New York Public Library);

PRANCHA 19: Eugene Battaille, segundo Adolf Ulrik von Wertmüller, *Maria Antonieta no Petit Trianon*, cópia do séc.XIX da pintura de 1785 (Réunion des Musées Nationaux/Art Resource, NY);

PRANCHA 20: Desconhecido, *Maria Antonieta*, c.1780 (Bibliothèque Nationale de France, Paris);

PRANCHA 21: Pierre-Étienne Lesueur, *Prisão de Luís XVI em Varennes*, c.1791 (Erich Lessing/Art Resource, NY);

PRANCHA 22: Anônimo, Maria Antonieta como uma harpia, c.1789 (Snark/Art Resource, NY);

PRANCHA 23: Estampa de *Le Journal de la Mode et du Goût:* "Uma patriota em seu novo uniforme", 1790 (Bibliothèque Nationale de France, Paris);

PRANCHA 24; Marquesa de Bréhan, *Maria Antonieta presa na Conciergerie*, c.1793-1795 (Erich Lessing/Art Resource, NY);

PRANCHA 25: William Hamilton, *Maria Antonieta levada à guilhotina*, 1794 (Réunion des Musées Nationaux/Art Resource, NY);

PRANCHA 26: Jacques-Louis David, *Maria Antonieta a caminho do cadafalso*, 1793 (Giraudon/Art Resource, NY).

FIGURAS 1, 2, 4, 5, 7, 8, 10, 11, 12, 13, 14: Bibliothèque Nationale de France, Paris;
FIGURA 3: The Picture Gallery, New York Public Library;
FIGURA 6: © Board of Trustees, National Gallery of Art, Washington;
FIGURA 9: Photothèque des Musées de la Ville de Paris;
FIGURAS 15 e 16: Réunion des Musées Nationaux/Art Resource, NY.

Índice remissivo